Wolls Lehr- und Handbücher der Wirtschafts- und Sozialwissenschaften

Herausgegeben von
Universitätsprofessor Professor Dr. Dr. h.c. mult. Artur Woll

Lieferbare Titel:

Aberle, Transportwirtschaft, 4. A.
Anderegg, Agrarpolitik
Assenmacher, Konjunkturtheorie, 8. A.
Barro · Sala-i-Martin, Wirtschaftswachstum
Bretschger, Wachstumstheorie, 3. A.
Büschges · Abraham · Funk, Grundzüge der Soziologie, 4. A.
Cezanne, Allgemeine Volkswirtschaftslehre, 6. A.
Fischer · Wiswede, Grundlagen der
Sozialpsychologie, 2. A.
Tirole, Industrieökonomik, 2. A.
Varian, Mikroökonomie, 3. A.
Wacker · Blank, Ressourcenökonomik I
Wacker · Blank, Ressourcenökonomik II
Wohltmann, Grundzüge der makroökonomischen Theorie, 5. A.

Grundzüge der makroökonomischen Theorie

Totalanalyse geschlossener und offener Volkswirtschaften

von

Professor Dr. Hans-Werner Wohltmann

5., vollständig überarbeitete und erweiterte Auflage

Oldenbourg Verlag München Wien

Bibliografische Information der Deutschen Nationalbibliothek

Die Deutsche Nationalbibliothek verzeichnet diese Publikation in der Deutschen
Nationalbibliografie; detaillierte bibliografische Daten sind im Internet über
<http://dnb.d-nb.de> abrufbar.

© 2007 Oldenbourg Wissenschaftsverlag GmbH
Rosenheimer Straße 145, D-81671 München
Telefon: (089) 45051-0
oldenbourg.de

Lektorat: Wirtschafts- und Sozialwissenschaften, wiso@oldenbourg.de
Herstellung: Anna Grosser
Satz: DTP-Vorlagen des Autors
Coverentwurf: Kochan & Partner, München
Cover-Illustration: Hyde & Hyde, München
Gedruckt auf säure- und chlorfreiem Papier
Druck: Grafik + Druck, München
Bindung: Thomas Buchbinderei GmbH, Augsburg

ISBN 978-3-486-58454-7

Vorwort zur ersten Auflage (Auszug)

Das vorliegende Lehrbuch entstand aus meinen Aufzeichnungen zu makroökonomischen Lehrveranstaltungen an der Christian-Albrechts-Universität zu Kiel. Es vermittelt einen umfassenden Überblick über den Gegenstand der makroökonomischen Grundausbildung und richtet sich an Studenten des Grund- und Hauptstudiums, die sich zum ersten Mal mit dem Gebiet der Ex-ante-Makroökonomik beschäftigen. Die Darstellung des Stoffes erfolgt grundsätzlich verbal, jedoch durch zahlreiche Graphiken und algebraische Ansätze ergänzt. Für sein Verständnis sind Grundkenntnisse in volkswirtschaftlicher Gesamtrechnung sowie in Mikroökonomik zweckmäßig, jedoch nicht Voraussetzung. Hinweise auf andere Lehrbücher werden jeweils im Anschluss an die einzelnen Kapitel gegeben.

Diesem Buch liegt durchgehend eine einheitliche theoretische Darstellung zugrunde. Auf abweichende Lehrmeinungen wird nur am Rande hingewiesen. Hauptgegenstand ist die systematische Entwicklung eines makroökonomischen Totalmodells sowohl für die geschlossene als auch für die offene Volkswirtschaft und darauf aufbauend die komparativ-statische Analyse der Auswirkungen stabilisierungspolitischer Maßnahmen der Geld- und Fiskalpolitik.

Untersucht werden die Determinanten des gesamtwirtschaftlichen Einkommens, der Beschäftigung, des Preisniveaus und des Zinssatzes bei festen und flexiblen Geldlohnsätzen. In einer offenen Volkswirtschaft wird zudem zwischen einem System fester und einem System flexibler Wechselkurse unterschieden. Ein weiterer zentraler Punkt ist die Herausarbeitung der unterschiedlichen Wirksamkeit geld- und fiskalpolitischer Maßnahmen sowohl bei festen als auch flexiblen Preisen, Löhnen und Wechselkursen.

Vorwort zur zweiten Auflage (Auszug)

Mit der Neuauflage wurde der bisherige Stoff vollständig überarbeitet und zum Teil erweitert. Neu aufgenommen wurde Kapitel 7, in dem eine Totalanalyse für den Fall großer offener Volkswirtschaften durchgeführt wird. Hier geht es um die Analyse der internationalen makroökonomischen Interdependenz auf der Basis zweier großer offener Volkswirtschaften und um die Diskussion der Transmissionswirkungen nationaler stabilisierungspolitischer Maßnahmen.

Vorwort zur dritten Auflage (Auszug)

In der nun vorliegenden dritten Auflage wurde der Stoff der zweiten Auflage gründlich überarbeitet und um zahlreiche Unterkapitel erweitert. In Kapitel 4 wurden die Abschnitte 4.3.6 und 4.3.7 neu aufgenommen, in denen Auslandsstörungen im Rahmen des Fixpreismodells für die kleine offene Volkswirtschaft sowie stabilisierungspolitische Maßnahmen in einer Wechselkursunion analysiert werden. Erheblich erweitert und stärker untergliedert wurde ferner Kapitel 7.

Vorwort zur fünften Auflage

In der nun vorliegenden fünften Auflage wurde der bisherige Stoff vollständig überarbeitet und an einigen Stellen erweitert. Erweiterungen finden sich vor allem in Kapitel 6. Bei der Diskussion der Wirkungen stabilisierungspolitischer Maßnahmen im Rahmen der Keynesschen Variante des makroökonomischen Totalmodells wird jetzt auch neben einem rigiden Geldlohnsatz im Unterbeschäftigungsbereich der Fall der unvollständigen und vollständigen Lohnanpassung betrachtet. Die Totalanalyse offener Volkswirtschaften behandelt zusätzlich einen Abschnitt über eine Währungsunion mit flexiblen Preisen und Löhnen.

In der Neuauflage wurden außerdem sämtliche Abbildungen und der Text in einem völlig neuen Layout erstellt. In der neuen Auflage wurde besonderer Wert auf eine übersichtliche und vollständige graphische Analyse, die genaue Darstellung von Anpassungsprozessen als Folge in- und ausländischer Störungen sowie die detaillierte komparativ-statische Gleichgewichtsanalyse stabilisierungspolitischer Maßnahmen gelegt. Das Lehrbuch zeichnet sich daher weniger durch seine „Breite", sondern vor allem durch seine „Tiefe" aus und ist insbesondere auch zum Selbststudium geeignet. Im Vordergrund steht die makroökonomische Methodenlehre und nicht die Darstellung makroökonomischer Theorien und Fragestellungen in ihrer Gesamtheit.

Für die Durchsicht und Diskussion der Neuauflage danke ich meinen Mitarbeitern Dr. Thorsten Hermes und Diplom-Volkswirt Roland Winkler. Ferner danke ich den Herren Sven Offick, Fabian Paetzel, Carlo Petersen, Alexander Totzek und Stephen Sacht sowie Frau Mareike Bulla für die zeitaufwendige redaktionelle Bearbeitung der Neuauflage. Verbleibende Unzulänglichkeiten gehen ausschließlich zu meinen Lasten.

Hans-Werner Wohltmann

Inhaltsverzeichnis

Verzeichnis der wichtigsten Symbole

ALU	Arbeitslosenunterstützung
A	realer Außenbeitrag[1]
a	autonomer Konsum[2]
B	Wertpapierbestand
B^m	monetäre Basis
B^{St}	staatliches Budgetdefizit
b	marginale Konsumquote
C	reale private Konsumgüternachfrage[3]
D	Devisen[4]
E	unternehmerische Ertragserwartungen
e	(nominaler) Wechselkurs
ε	Grad der Lohnindexierung
F	Freizeit[5]
G	reale Staatsausgaben für Güter und Dienste
G^*	ausländische reale Staatsausgaben für Güter und Dienste
γ	Maß für die Geschlossenheit einer Volkswirtschaft
H	heimische Komponente der monetären Basis
HB	bilateraler Handelsbilanzsaldo
I	reale private Investitionsgüternachfrage
Im	realer Import
Im'	mengenmäßiger Import
i	Zinssatz
i_a, i^*	ausländischer Zinssatz

---

[1] A bezeichnet auch den Effizienzparameter in der Cobb-Douglas-Funktion.

[2] In Abschnitt 6.4.2 bezeichnet a die durchschnittliche Arbeitsproduktivität.

[3] In Abschnitt 3.2 bezeichnet C den Bargeld- oder Banknotenumlauf im Nichtbankensektor.

[4] Das Symbol D steht in Abschnitt 3.2 für den Sichteinlagenbestand der Privaten bei den Geschäftsbanken.

[5] In Abschnitt 4.3.1 steht das Symbol F für Kredite an Geschäftsbanken.

i^e	erwarteter Zinssatz
i^k	kritischer Zinssatz
i_O	Zinsobergrenze
i_U	Zinsuntergrenze
K	Sachkapitalbestand[6]
k	Kassenhaltungskoeffizient
KW	Kurswert
KW^e	erwarteter Kurswert
KW^k	kritischer Kurswert
l	Lohnnebenkostensatz
l^*	ausländischer Lohnnebenkostensatz
L	reale Geldnachfrage
L_S	Spekulationskassenhaltung
L_T	Transaktionskassenhaltung
L_V	Vorsichtskassenhaltung
M	Geldmenge
M^*	ausländische Geldmenge
N	Beschäftigung
N^d	Arbeitsnachfrage
N^s	Arbeitsangebot
P	gesamtwirtschaftliches Preisniveau
P_a, P^*	ausländisches Preisniveau
P_I	Preisindex
π	Gewinn
Π	interne Terms of Trade
Q	realer Wechelkurs
q	Bargeldquote
R	Währungsreserven
r	Reservesatz[7]
ρ	interner Zinsfuß, Grenzleistungsfähigkeit des Kapitals
S	reale private Ersparnis

---

[6]In Abschnitt 4.3 bezeichnet K auch den Nettokapitalimport oder Kapitalbilanzsaldo, in 3.2 steht das Symbol K für Kredite an Nichtbanken.

[7]In Abschnitt 6.4.2 steht r auch für den Gewinnaufschlag, in 2.3.2 für den Risikoaufschlag.

s	marginale Sparquote
T	Steuereinnahmen[8]
t	Steuersatz
τ	Terms of Trade (externe)
U	Nutzen[9]
V	Vermögen
v	Umlaufsgeschwindigkeit des Geldes
W	Lohnsatz (Nominallohn, Geldlohnsatz)
X	realer Export
Y	reales Inlandsprodukt, Nationaleinkommen
Y_a, Y^*	ausländisches Einkommen
Y^d	gesamtwirtschaftliche Güternachfrage
Y^F	Nettonationaleinkommen zu Faktorkosten
Y^M	Nettonationaleinkommen zur Marktpreisen
Y^n	nominales Inlandsprodukt
Y^s	gesamtwirtschaftliches Güterangebot
Y^v	verfügbares (disponibles) Einkommen
Z	Devisenbilanzsaldo[10]
z	Diskontierungsfaktor

---

[8]T bezeichnet in Abschnitt 6.5.5 den bilateralen Handelsbilanzsaldo.

[9]U bezeichnet auch die Unterbeschäftigungsrate.

[10]In Abschnitt 3.2 bezeichnet das Symbol Z die Mindestreserven, in Abschnitt 5.1 die Gesamtzeit eines Haushalts und in Abschnitt 2.2.3 die Subventionen.

1 Einführung

In diesem Einführungskapitel sollen die Grundlagen der makroökonomischen Theorie angesprochen werden. Zunächst wird der Gegenstand der Makroökonomik umrissen (Abschnitt 1.1). Womit beschäftigt sich die Makroökonomik, und worin unterscheidet sie sich von der Mikroökonomik? Außerdem wird ein kurzer dogmengeschichtlicher Überblick über die wichtigsten ökonomischen Theorien gegeben. In Abschnitt 1.2 erfolgt eine Diskussion zentraler volkswirtschaftlicher Grundbegriffe und Methoden, die in der Makroökonomik laufend verwendet werden. Unter anderem wird hier der Unterschied zwischen Nominal- und Realgrößen sowie zwischen Strom- und Bestandsgrößen erläutert. Außerdem soll der wichtige Begriff des Gleichgewichts diskutiert werden.

1.1 Gegenstand der Makroökonomik

In der **Makroökonomik** werden **gesamtwirtschaftliche Vorgänge, Zusammenhänge** und **Problemstellungen** untersucht. Typische makroökonomische Fragestellungen, die vor allem in der wirtschaftspolitischen Diskussion eine wichtige Rolle spielen, sind die Erklärung des Bruttoinlandsprodukts, der Inflationsrate und der Arbeitslosenquote einer Volkswirtschaft. Die Beantwortung makroökonomischer Sachfragen erfolgt auf der Basis **aggregierter Größen**, die wiederum auf **gesamtwirtschaftlichen Märkten** aufeinandertreffen. Man analysiert in der Makroökonomik das **Verhalten** und die **Wechselwirkungen** zwischen bestimmten Gruppen von Wirtschaftssubjekten, sogenannten **Wirtschaftssektoren**, sowie die **Funktionsweise aggregierter Märkte**. Wirtschaftssektoren sind der Haushaltssektor, der Unternehmenssektor, der Staat sowie das Ausland. Es handelt sich hierbei um institutionelle Aggregate. Ihre ökonomischen Aktivitäten, die sich auf gesamtwirtschaftlichen Märkten niederschlagen, werden zu funktionellen Aggregaten zusammengefasst. Darunter sind gesamtwirtschaftliche Variablen wie Bruttoinlandsprodukt, gesamtwirtschaftlicher Konsum, gesamtwirtschaftliche Investition, Staatsausgaben sowie Güterexport und -import zu verstehen. Im Unterschied zur Mikroökonomik geht es in der Makroökonomik nicht um das Verhalten einzelner Wirtschaftssubjekte, sondern um die Analyse des Verhaltens homogener Gruppen von Wirtschaftseinheiten. Die vier genannten Wirtschaftssektoren lassen sich wie folgt charakterisieren:

Zum **Haushaltssektor** zählen die privaten Haushalte, d.h. Wirtschaftssubjekte, deren ökonomische Aktivität in der Hauptsache darin besteht, durch Verkauf von Faktorleistungen ein Faktoreinkommen zu erzielen und dieses für Konsumzwecke und für die Ersparnisbildung zu verwenden.

Zum **Unternehmenssektor** werden alle Unternehmen gerechnet, d.h. Wirtschaftssubjekte, die unter Einsatz von Produktionsfaktoren (wie Arbeitsstunden und Sachkapital)

Güter (einschließlich Dienstleistungen) herstellen. Unternehmen sind also keine konsumierenden Wirtschaftseinheiten wie die privaten Haushalte, sondern produzierende Wirtschaftssubjekte. Die Zielsetzung einer Unternehmung besteht in der Regel darin, einen möglichst hohen Gewinn zu erwirtschaften. Unternehmen führen außerdem Investitionen in Form von Ersatz- und Erweiterungsinvestitionen durch, wobei die Finanzierung häufig nicht aus Eigenmitteln, sondern über Kredite erfolgt.

Zum **Staat** oder **öffentlichen Sektor** zählen die Gebietskörperschaften, deren wirtschaftliche Tätigkeit vorwiegend in der Bereitstellung öffentlicher Güter besteht. Öffentliche Güter sind Güter, von deren Nutzung kein Individuum ausgeschlossen werden kann (wie zum Beispiel innere und äußere Sicherheit). Um solche Kollektivgüter finanzieren zu können, erhebt der Staat Zwangsabgaben in Form direkter und indirekter Steuern von den Haushalten und Unternehmen. Außerdem leistet er Transferzahlungen an die privaten Haushalte (beispielsweise Arbeitslosengeld und Sozialhilfe) sowie Finanzhilfen in Form von Subventionen an die privaten Unternehmen. Gewöhnlich übersteigen die Staatsausgaben die staatlichen Einnahmen, so dass sich ein Budgetdefizit ergibt, welches über die Aufnahme von Krediten beim Publikum finanziert werden muss. Zum Staat wird auch die **Zentralbank** als oberste Währungsbehörde eines Landes gerechnet. Ihr kommt die Aufgabe zu, eine ausreichende Geldversorgung der Wirtschaft sicherzustellen. Sie besitzt das Ausgabemonopol auf Banknoten.

Die Zentralbank und der Bund haben außerdem eine gemeinsame **stabilisierungspolitische Aufgabe**: Diese besteht darin, aufgetretene Störungen des gesamtwirtschaftlichen Gleichgewichts zu beseitigen, d.h. für eine Stabilisierung des Wirtschaftsprozesses zu sorgen. Darunter ist vor allem die Erreichung von Preisniveaustabilität und die Stabilisierung der Beschäftigung beim Vollbeschäftigungsniveau zu verstehen. Als Möglichkeiten stehen dem Staat hierzu u.a. Maßnahmen der Fiskal- und Geldpolitik zur Verfügung. Die **Fiskalpolitik** resultiert daraus, dass der Staat an der Einkommensentstehung beteiligt ist, indem er Produktionsfaktoren zur Bereitstellung öffentlicher Dienstleistungen einsetzt und Investitionsvorhaben, wie zum Beispiel Maßnahmen zur Verbesserung der Infrastruktur, durchführt. Außerdem kann der Staat durch Steuern und Transferzahlungen eine Einkommensumverteilung herbeiführen. Die **Geldpolitik** basiert darauf, dass die Organisation des Geldwesens beim Staat liegt und die Zentralbank im Rahmen der bestehenden, auf Kredit beruhenden Geldordnung in der Lage ist, die Geldmenge zu beeinflussen.[1] **Stabilisierungspolitische Zielsetzungen** des Staates bestehen neben der Herstellung von Preisstabilität und Vollbeschäftigung u.a. auch in der Erreichung von außenwirtschaftlichem Gleichgewicht sowie eines stetig verlaufenden Wirtschaftswachstums.

Zum vierten Wirtschaftssektor, dem **Ausland**, zählen alle Wirtschaftssubjekte, die nicht der inländischen Wirtschaft zugerechnet werden. Es handelt sich hierbei um Wirtschaftseinheiten, die ihre ökonomische Aktivität außerhalb der inländischen Volkswirtschaft entfalten und mit dem Inland ökonomische Transaktionen durchführen. Hierzu zählen neben Güter- und Dienstleistungsexporten und -importen vor allem Kapitalexporte und -importe.

Die ökonomischen Aktivitäten der Wirtschaftssektoren lassen sich, wenn man von

---

[1]In der Europäischen Wirtschafts- und Währungsunion ist keine nationale Geldpolitik mehr durchführbar.

Steuer- und Transferzahlungen absieht, als Angebot und Nachfrage auf verschiedenen Märkten darstellen. Bei den wirtschaftlichen Aktivitäten der Sektoren geht es um den **Tausch von Gütern, Geld, Arbeit, Wertpapieren und Devisen**; demzufolge betrachtet man in der Makroökonomik den gesamtwirtschaftlichen Gütermarkt, den Arbeitsmarkt, den Wertpapiermarkt, den Geldmarkt und den Devisenmarkt. Diese Märkte sind Aggregate der jeweiligen Einzelmärkte und lassen sich wie folgt charakterisieren:

Auf dem **Arbeitsmarkt** treffen das gesamtwirtschaftliche Arbeitsangebot und die gesamtwirtschaftliche Arbeitsnachfrage aufeinander. Die unterschiedlichen Arbeitsleistungen werden dabei zu einem homogenen Faktor Arbeit zusammengefasst. Auf diesem Markt bieten die privaten Haushalte Arbeitseinheiten (Stunden) an, während die Unternehmen Arbeitsstunden nachfragen, um diese zusammen mit anderen Produktionsfaktoren (insbesondere Sachkapital) in den Produktionsprozess einzusetzen. Zu den Unternehmen zählen im Grunde auch öffentliche Unternehmen. In der Makroökonomik wird jedoch unterstellt, dass der Staat die von ihm bereitgestellten Kollektivgüter nicht selbst produziert, sondern von privaten Unternehmen herstellen lässt; der Staat entfaltet daher, ebenso wie die privaten Haushalte, keine Arbeitsnachfrage und wird demzufolge als öffentlicher Haushalt aufgefasst.

Eine weitere wichtige Annahme in der hier behandelten **kurzfristigen** Makroökonomik besteht darin, dass der Faktor Arbeit der einzige variable Produktionsfaktor ist. Insbesondere wird der unternehmerische Sachkapitalbestand als konstante Größe aufgefasst und der Faktor Boden ganz vernachlässigt. Aus diesem Grunde ist es auch nicht notwendig, für den Faktor Kapital einen gesamtwirtschaftlichen Markt zu betrachten, auf dem dauerhafte Produktionsmittel gehandelt werden. In der kurzfristigen makroökonomischen Analyse ist der Arbeitsmarkt der einzige Faktormarkt.

Der gesamtwirtschaftliche **Gütermarkt** erfasst das gesamtwirtschaftliche Güterangebot sowie die gesamtwirtschaftliche Nachfrage nach Sachgütern und Dienstleistungen. Rein gedanklich entsteht dieser Markt durch Aggregation der einzelnen Gütermärkte; insofern ist das vom Unternehmenssektor bereitgestellte aggregierte Güterangebot ein Güterbündel. In der Makroökonomik werden die verschiedenen inländischen Güter zu einem homogenen Gut zusammengefasst. Dieses homogene Gut ist universell verwendbar, und zwar von den privaten Haushalten für Konsumzwecke, von den Unternehmen für Investitionszwecke und vom Staat für öffentliche Verwendungen. In einer **offenen Volkswirtschaft** (d.h. bei Berücksichtigung internationaler Wirtschaftsbeziehungen) tritt das Ausland als weiterer Nachfrager auf dem inländischen Gütermarkt in Erscheinung. Die Höhe der inländischen Exporte entspricht dabei der ausländischen Nachfrage nach dem Inlandsgut. Im Fall einer offenen Volkswirtschaft werden außerdem auch im Ausland produzierte Güter vom Inland nachgefragt. Die Importgüter treten dann in Konkurrenzbeziehung zu den Inlandsgütern.

Der in der Makroökonomik analysierte gesamtwirtschaftliche Gütermarkt macht einen wesentlichen formalen Unterschied zwischen der Mikro- und der Makroökonomik deutlich. In der Mikroökonomik findet keine Güteraggregation statt; hier werden immer nur einzelne Gütermärkte analysiert. In der Makroökonomik werden dagegen die einzelnen Gütermärkte zu einem einzigen gesamtwirtschaftlichen Markt aggregiert, auf dem ein ganzes Güterbündel angeboten und nachgefragt wird.

In Geldwirtschaften ist als weiterer gesamtwirtschaftlicher Markt der **Geldmarkt** zu berücksichtigen. Bei diesem Markt handelt es sich um einen fiktiven Markt, da Geld auf keinem eigenständigen Markt gehandelt wird. Stattdessen wird Geld auf jedem einzelwirtschaftlichen Gütermarkt gegen Güter getauscht. Es ist daher gerechtfertigt, nach den Determinanten von Geldangebot und Geldnachfrage zu fragen. Das Geldangebot kommt zum Teil von der Zentralbank, die die Geschäftsbanken (Kreditinstitute) und die Nichtbanken (Haushalte, Unternehmen) mit Zentralbankgeld (Banknoten und Sichteinlagen bei der Zentralbank) versorgt. In modernen Geldwirtschaften kommen als weitere Geldschöpfer die Geschäftsbanken in Frage, die im Wege der Kreditvergabe an die Nichtbanken Giralgeld produzieren. Der Sichteinlagenbestand der privaten Nichtbanken bei den Geschäftsbanken zählt ebenso zum Geldvolumen einer Volkswirtschaft wie der Bargeldumlauf, d.h. der Bestand an Zentralbankgeld in Händen der privaten Nichtbanken. Die gewinnorientierten Geschäftsbanken sind an sich Teil des Unternehmenssektors. In der Makroökonomik werden sie häufig ganz vernachlässigt oder der Einfachheit halber zum öffentlichen Sektor hinzugerechnet. Zu den Geldnachfragern zählt der gesamte Nichtbankenbereich. Im Wesentlichen sind dies die inländischen privaten Haushalte und die Unternehmen, die Geld nachfragen, um damit Gütertransaktionen finanzieren zu können.[2] Unter dem Geldmarkt ist also nicht der Handel zwischen Geschäftsbanken mit Zentralbankgeld sowie zwischen Geschäftsbanken und der Zentralbank mit Geldmarktpapieren zu verstehen.

Der monetäre Sektor einer Volkswirtschaft umfasst weiter den **Wertpapiermarkt**, auf dem das gesamtwirtschaftliche Wertpapierangebot und die gesamtwirtschaftliche Wertpapiernachfrage aufeinandertreffen. Unter dem Begriff „Wertpapier" werden dabei alle handelbaren zinstragenden und kursvariablen Vermögenstitel zusammengefasst. Zinsloses Geld stellt insofern kein Wertpapier dar. Das Wertpapierangebot kommt aus den Sektoren mit einem Finanzierungsdefizit. Es handelt sich hierbei zum einen um den Staat, der zur Finanzierung eines Haushaltsdefizits Staatsschuldtitel (wie zum Beispiel Bundesschatzbriefe und Bundesanleihen) auf dem Wertpapiermarkt anbietet. Zum anderen emittieren private Unternehmen zur Finanzierung von Investitionsvorhaben verbriefte Titel. Als Wertpapiernachfrager treten die Sektoren mit einem Finanzierungsüberschuss auf. Hierbei handelt es sich vor allem um die privaten Haushalte, die Wertpapiere zum Zwecke der Vermögensbildung nachfragen.

In offenen Volkswirtschaften, die durch internationalen Güterhandel sowie internationale Kapitaltransaktionen gekennzeichnet sind, ist als fünfter gesamtwirtschaftlicher Markt der **Devisenmarkt** zu berücksichtigen. Auf diesem Markt werden Devisen, d.h. ausländische Währungen, gehandelt.[3] Durch den Güterexport entsteht in Höhe des Exportwertes ein Devisenangebot. Ebenso ergibt sich ein Devisenangebot, wenn ausländische Kapitalanleger inländische Wertpapiere erwerben. Entsprechend entsteht in Höhe des Güterimportwertes eine Devisennachfrage. Außerdem werden Devisen nachgefragt, wenn inländische Anleger ausländische Wertpapiere erwerben. Neben Güter- und Kapitalexporteuren und -importeuren tritt auch die Zentralbank auf dem Devisenmarkt in Erscheinung. Diese interveniert häufig am Devisenmarkt, um den Wechselkurs,

---

[2]Neben dem Haushaltssektor und dem Unternehmenssektor treten auch Bund und Länder als Nachfrager von Geld auf. In makroökonomischen Modellen wird die Geldnachfrage von dieser Seite aber in der Regel vernachlässigt.

[3]Im Wesentlichen handelt es sich hierbei um Guthaben von inländischen bei ausländischen Banken sowie um Anlagen auf ausländischen Geldmärkten.

d.h. den Preis für Devisen, zu stabilisieren. Gerät zum Beispiel die Einheitswährung der Europäischen Wirtschafts- und Währungsunion, der Euro, gegenüber dem US-amerikanischen Dollar unter Aufwertungsdruck, könnte die Europäische Zentralbank Einheiten dieser ausländischen Währung gegen Euro kaufen und dadurch den Kurs des Euro stützen.[4]

	Haushaltssektor	Unternehmenssektor	Staat
Arbeitsmarkt	Arbeitsangebot	Arbeitsnachfrage	
Gütermarkt	Konsumnachfrage	Investitionsnachfrage Güterangebot	Nachfrage des Staates (Staatsausgaben)
Geldmarkt	Geldnachfrage	Geldnachfrage (Geschäftsbanken: Geldanbieter)	Geldangebot (Zentralbank)
Wertpapiermarkt	Wertpapier-nachfrage	Wertpapierangebot	Wertpapierangebot

Tabelle 1.1: *Angebot und Nachfrage auf gesamtwirtschaftlichen Märkten*

Wird der Devisenmarkt außer Acht gelassen, d.h. nur eine geschlossene Volkswirtschaft betrachtet, so lassen sich das Angebot und die Nachfrage auf den verbleibenden vier gesamtwirtschaftlichen Märkten durch Tabelle 1.1 veranschaulichen. Würde man das Ausland als zusätzlichen Wirtschaftssektor und den Devisenmarkt als weiteren gesamtwirtschaftlichen Markt mitberücksichtigen, so wären auf dem Gütermarkt die Exporte ins Ausland und die Güterimporte aus dem Ausland zu berücksichtigen. Außerdem können ausländische Anleger als zusätzliche Nachfrager nach heimischer Währung und inländischen Wertpapieren in Erscheinung treten. Sie wären dann auch Devisenanbieter auf dem Devisenmarkt. Entsprechend sind die inländischen Haushalte Devisennach-frager, wenn diese neben inländischen auch ausländische Wertpapiere nachfragen. Der Unternehmenssektor kann dagegen sowohl Devisenanbieter als auch -nachfrager sein, da er Güter exportiert und importiert.

1.1.1 Methodische Vorgehensweise

Methodisch wird in der Makroökonomik so vorgegangen, dass die gesamtwirtschaftlichen Märkte zunächst einer **Partialanalyse** unterzogen werden. Hierbei werden mögliche Interdependenzen zwischen dem gerade analysierten Markt und den anderen gesamt-wirtschaftlichen Märkten nicht berücksichtigt; insofern handelt es sich um eine isolierte Betrachtungsweise.

---

[4]Tatsächlich kam es seit der Einführung des Euro als offizielles Zahlungsmittel im Jahr 2002 zu einer kontinuierlichen Aufwertung gegenüber dem US-Dollar, die bis heute anhält (Stand: Frühjahr 2007).

Diese methodische Vorgehensweise erlaubt es, für jeden gesamtwirtschaftlichen Markt eine partielle Gleichgewichtsanalyse durchzuführen. Für jeden makroökonomischen Markt lassen sich – entsprechend dem Vorgehen in der mikroökonomischen Preistheorie – durch das Zusammenspiel von Angebot und Nachfrage der Gleichgewichtswert der jeweiligen aggregierten Mengenvariablen sowie der zugehörige Gleichgewichtspreis bestimmen. Unter **Gleichgewicht** ist dabei die Übereinstimmung des von den Wirtschaftssubjekten **geplanten** und dem Markt signalisierten gesamtwirtschaftlichen Angebots mit der **geplanten** gesamtwirtschaftlichen Nachfrage zu verstehen. Bei der Bestimmung der gleichgewichtigen Preis-Mengen-Kombination werden bei isolierter Betrachtung die Preis- und Mengenvariablen anderer Märkte als mögliche Einflussfaktoren als gegeben (exogen) angenommen, weil sie auf dem gerade betrachteten Markt nicht erklärt werden.

In Kapitel 2 wird der gesamtwirtschaftliche **Gütermarkt** einer Partialanalyse unterzogen. Auf diesem Markt treffen das gesamtwirtschaftliche Güterangebot und die gesamtwirtschaftliche Güternachfrage aufeinander, wobei unterstellt wird, dass auf diesem Markt nur ein Gut bzw. homogenes Güterbündel gehandelt wird, das außerdem universell verwendbar ist. Eine weitere Vereinfachung besteht darin, von einem unendlich elastischen Güterangebot auszugehen. Das bedeutet, dass die Höhe der gesamtwirtschaftlichen Produktion durch die Güternachfrage bei unverändertem Preisniveau bestimmt wird. Eine partielle Gleichgewichtsanalyse des Gütermarktes liefert dann den Gleichgewichtswert der gesamtwirtschaftlichen Produktion bei exogen vorgegebenem gesamtwirtschaftlichen Güterpreisniveau. Die gesamtwirtschaftliche inländische Güterproduktion einer Periode, die für Konsum- und Investitionszwecke verwendet wird, wird auch als **Bruttoinlandsprodukt (BIP)** bezeichnet. Nach Abzug des durch Faktorexport von Inländern im Ausland erworbenen Faktoreinkommens und Hinzurechnung des durch Faktorimport entstandenen Einkommens im Inland erhalten wir das **Bruttonationaleinkommen (BNE)**, welches wiederum dem **Nettonationaleinkommen (NNE)** zu Faktorkosten bzw. dem **Volkseinkommen** entspricht, sofern staatliche Subventionen an die Unternehmen berücksichtigt werden und von Ersatzinvestitionen (Abschreibungen) und indirekten Steuern abgesehen wird. Statistisch gesehen ist die Differenz zwischen dem BIP und dem BNE vernachlässigbar, so dass im Folgenden äquivalent zum Inlandsprodukt vom Nationaleinkommen gesprochen wird.[5] Bei Vernachlässigung von Ersatzinvestitionen stimmen Brutto- und Nettonationaleinkommen zu Marktpreisen überein. Das NNE zu Marktpreisen kann gleichzeitig mit dem NNE zu Faktorkosten (Volkseinkommen) gleichgesetzt werden, wenn von indirekten Steuern und staatlichen Subventionen abstrahiert wird. Die Begriffe „Nationaleinkommen", „Volkseinkommen" und „gesamtwirtschaftliches Einkommen" können dann als Synonyme verwendet werden. Eine Partialanalyse des gesamtwirtschaftlichen Gütermarktes liefert also die Bestimmungsfaktoren für die Höhe des Nationaleinkommens bzw. Volkseinkommens einer Periode.

---

[5]Der Konzeption des Bruttonationaleinkommens (Bruttosozialprodukts in alter Terminologie) liegt nach den Richtlinien des Statistischen Bundesamtes zur Erstellung der Volkswirtschaftlichen Gesamtrechnung das **Inländerkonzept** zugrunde, d.h. es werden alle relevanten Transaktionen von allen in einem Land ansässigen Wirtschaftssubjekten (Inländern) statistisch erfasst und zur Bestimmung des BNE herangezogen. Im Nationaleinkommen werden also auch Faktoreinkommen erfasst, die Inländer im Ausland beziehen. Im Unterschied dazu ist das BIP ein Inlandsprodukt, in dem alle innerhalb der geographischen Grenzen eines Landes hergestellten und für den Endverbrauch bestimmten Güter und Dienstleistungen erfasst werden.

Im Anschluss an die güterwirtschaftliche Partialanalyse erfolgt in Kapitel 3 eine Partialanalyse des **monetären Sektors** einer Volkswirtschaft. Hierzu zählen der Geldmarkt und der Wertpapiermarkt. Der Wertpapiermarkt kann dabei als Spiegelbild des Geldmarktes aufgefasst werden. Vereinfachend wird von einem exogen vorgegebenen Geld- und Wertpapierangebot sowie von homogenen Wertpapieren ausgegangen. Eine Gleichgewichtsanalyse dieser beiden Märkte liefert simultan den **Gleichgewichtszins** und den **Gleichgewichts-Kurswert** der auf dem Wertpapiermarkt gehandelten Wertpapiere. Diese Gleichgewichtswerte sorgen für eine gleichzeitige Markträumung des Geld- und Wertpapiermarktes. Außerdem erfolgt im Rahmen einer Partialbetrachtungsweise des monetären Sektors eine Analyse der Bestimmungsfaktoren der von den Privaten gewünschten Geld- und Wertpapierhaltung.

In Kapitel 4 werden die Partialmodelle des Güter- und Geldmarktes zu einem **Gesamtmodell** zusammengefasst, mit welchem sich simultan der Gleichgewichtswert des Inlandsprodukts und der Gleichgewichtswert des Zinssatzes (sowie des Wertpapierkurses) ermitteln lassen. Hierbei handelt es sich noch nicht um eine makroökonomische Totalanalyse, da der gesamtwirtschaftliche Arbeitsmarkt in diesem Gleichgewichtsmodell unberücksichtigt bleibt. Das **Güter-Geldmarktmodell** geht vereinfachend davon aus, dass die Güterproduktion stets der gewünschten Güternachfrage ohne Preisänderungen angepasst werden kann. Bei Nachfragesteigerungen impliziert diese Annahme, dass die Produktionskapazität der Unternehmen unausgelastet ist und außerdem eine eventuell erforderliche Mehrnachfrage nach dem Produktionsfaktor Arbeit jederzeit auf dem Arbeitsmarkt befriedigt werden kann. Auf eine explizite Analyse dieses Faktormarktes wird im Rahmen des Güter-Geldmarktmodells verzichtet. Stattdessen wird dieses Modell im zweiten Teil von Kapitel 4 durch die Berücksichtigung von Außenhandelsbeziehungen und internationalen Kapitalbewegungen zu einem **Güter-Geldmarktmodell für kleine offene Volkswirtschaften** erweitert. Der **Devisenmarkt** tritt dann als weiterer gesamtwirtschaftlicher Markt hinzu. Auf diesem Markt erfolgt die Bestimmung des **Wechselkurses**. Das Güter-Geldmarktmodell lässt sich im Rahmen offener Volkswirtschaften in verschiedenen Varianten diskutieren, je nachdem, ob man ein festes, ein flexibles oder ein gemischtes Wechselkurssystem zugrundelegt. Insbesondere lässt es sich zu einem **Modell für eine Währungsunion**, die aus zwei kleinen offenen Volkswirtschaften mit einer gemeinsamen Einheitswährung besteht, ausbauen.

In Kapitel 5 erfolgt eine Partialanalyse des gesamtwirtschaftlichen **Arbeitsmarktes**. Hierbei werden die Bestimmungsfaktoren des gesamtwirtschaftlichen Arbeitsangebots und der gesamtwirtschaftlichen Arbeitsnachfrage untersucht und die gleichgewichtige **Beschäftigungsmenge** bestimmt. Im Rahmen einer solchen Analyse lässt sich außerdem der gleichgewichtige **Reallohn** ermitteln, welcher die geplante aggregierte Arbeitsnachfrage und das geplante aggregierte Arbeitsangebot zum Ausgleich bringt und somit für **Vollbeschäftigung** auf diesem Markt sorgt. Ferner lässt sich in einem solchen partialanalytischen Ansatz **Arbeitslosigkeit** auf einen „falschen", d.h. nicht-markträumenden Reallohn zurückführen. Der Reallohn, der die Kaufkraft des Nominal- oder Geldlohnsatzes misst, ergibt sich durch Deflationierung des Geldlohns mit dem Güterpreisniveau. Im Rahmen einer Partialanalyse des Arbeitsmarktes stellt das Preisniveau eine exogen vorgegebene Größe dar, während der Geldlohnsatz endogen bestimmt wird.

Im Anschluss an die partialanalytische Betrachtungsweise der verschiedenen gesamtwirtschaftlichen Märkte erfolgen in den Kapiteln 6 und 7 makroökonomische **Total-analysen**, in denen es um die Ermittlung eines **simultanen Gleichgewichts auf allen Märkten** geht. Totalanalysen werden sowohl für die geschlossene Volkswirtschaft (Kapitel 6) als auch für kleine und große offene Volkswirtschaften (Kapitel 6 bzw. 7) durchgeführt. Das gesamtwirtschaftliche Güterpreisniveau wird jetzt zu einer modellendogenen Variablen, welche simultan mit dem Inlandsprodukt, dem Zinssatz, dem Reallohnsatz und der Beschäftigungsmenge determiniert wird. Solche **makroökonomischen Totalmodelle** haben den großen Vorteil, dass das komplexe wirtschaftliche Geschehen noch in überschaubarer Form dargestellt werden kann, so dass konkrete Aussagen über den Ist-Zustand einer Volkswirtschaft, wie sie gerade für die Wirtschaftspolitik benötigt werden, möglich sind. Außerdem können anhand solcher Modelle die Auswirkungen stabilisierungspolitischer Maßnahmen auf makroökonomische Zielvariablen des Staates analysiert werden. Demgegenüber sind **mikroökonomische Totalmodelle** disaggregierte Modelle, die lediglich der formalen Abbildung ökonomischer Zusammenhänge dienen und keine konkreten Aussagen über die ökonomische Realität zulassen. In solchen Walras-Modellen geht es primär um den Nachweis der Existenz und der Stabilität eines simultanen Gleichgewichts auf allen Güter- und Faktormärkten und damit um die prinzipielle Funktionsweise eines marktwirtschaftlichen Systems.

1.1.2   Beziehung zwischen Mikroökonomik und Makroökonomik

In der Mikroökonomik untersucht man das Verhalten von Individuen und das Zusammenwirken des individuellen Verhaltens auf einzelnen Märkten. Eine Güteraggregation findet in der Mikroökonomik nicht statt, so dass immer nur Märkte für einzelne Güter betrachtet werden. Eine zentrale Fragestellung ist das Problem der optimalen Faktorallokation, d.h. wie können (in der Regel vollbeschäftigte) Produktionsfaktoren so in die verschiedenen Verwendungsmöglichkeiten gelenkt werden, dass sich für die Haushalte eine maximale Bedürfnisbefriedigung ergibt? In der Mikroökonomik als Preistheorie steht die Preisbildung auf einzelnen Märkten durch das Aufeinandertreffen von Angebot und Nachfrage im Vordergrund der Betrachtung. Hierbei wird immer nur über Individuen aggregiert, um zum aggregierten Angebot bzw. zur aggregierten Nachfrage nach einem Gut zu gelangen, nicht jedoch über Güter.

Demgegenüber werden in der Makroökonomik nicht Märkte für einzelne Güter und einzelwirtschaftliche Verhaltensweisen untersucht; vielmehr versucht sie, gesamtwirtschaftliche Phänomene, d.h. das Verhalten von Aggregatvariablen, zu erklären. Zentrale makroökonomische Sachfragen beziehen sich auf die Volkswirtschaft in ihrer Gesamtheit; es geht um die Erklärung makroökonomischer Schlüsselvariablen wie Bruttoinlandsprodukt, Volkseinkommen, Beschäftigung, Arbeitslosigkeit, gesamtwirtschaftliches Preisniveau und Inflationsrate. Daneben stehen aber auch wirtschaftspolitische Fragestellungen wie die Erreichung von Vollbeschäftigung, Preisstabilität, außenwirtschaftlichem Gleichgewicht sowie eines stetig verlaufenden Wirtschaftswachstums im Mittelpunkt der Betrachtung. Solche Fragen der positiven und normativen Ökonomik lassen sich nicht mehr im Rahmen einer partialanalytischen Untersuchung beantworten; vielmehr müssen sie mit Hilfe geeigneter makroökonomischer Totalmodelle, in denen die ökonomischen Interdependenzen zwischen den einzelnen Aggregatvariablen noch in überschaubarer Form Berücksichtigung finden, analysiert werden. Die einzelwirtschaftlichen Größen müssen dazu nach bestimmten Kriterien zu Aggregaten zusammengefasst und das Gesamtsystem auf wenige Gleichungen in den Aggregatvariablen reduziert werden.

1.1.3   Makroökonomische Modellbildung

Im Prinzip könnte man bei der makroökonomischen Modellbildung so vorgehen, dass man von individuellen Verhaltensfunktionen ausgeht und anschließend durch Aggregation zu makroökonomischen Aussagen gelangt. Beim gegenwärtigen Stand der mikroökonomischen Theorie ist dieser Weg allerdings nicht gangbar. Die Hauptschwierigkeit besteht darin, dass es in der Regel unmöglich ist, einzelwirtschaftliche Verhaltensgleichungen durch Aggregation in entsprechende gesamtwirtschaftliche Verhaltensgleichungen überzuführen.

Die **Aggregationsproblematik** lässt sich anhand des folgenden **Beispiels** demonstrieren: In der Makroökonomik wird das Konsumverhalten des Sektors der privaten Haushalte gewöhnlich durch eine Funktion beschrieben, in der der gesamtwirtschaftliche Konsum C in positiver Weise vom gesamtwirtschaftlichen Einkommen Y abhängt:[6]

$$C = C(Y) \qquad (dC/dY > 0). \tag{1.1}$$

In linearisierter Form kann man hierfür auch

$$C = a + b \cdot Y \qquad (a > 0, \ 0 < b < 1) \tag{1.2}$$

schreiben, wobei für die Parameter a und b üblicherweise $a > 0$ und $0 < b < 1$ angenommen wird. Der Parameter a ist hierbei der Basiskonsum oder autonome Konsum, der unabhängig von der Höhe des Volkseinkommens Y getätigt wird, b ist die marginale Konsumneigung oder Konsumquote, welche wegen $dC/dY = b$ angibt, um wie viele Einheiten die private Konsumgüternachfrage ansteigt, wenn sich das gesamtwirtschaftliche Einkommen um eine Einheit erhöht. Wegen $b < 1$ wird von einer unterproportionalen Konsumsteigerung bei einer Einkommenssteigerung um eine Einheit ausgegangen. Diese Konsumhypothese geht auf J.M. Keynes (1936) zurück und wird auch als **absolute Einkommenshypothese** bezeichnet.

Es soll jetzt unterstellt werden, dass bereits einzelwirtschaftlich eine zu Gleichung (1.2) analoge Konsumhypothese gilt:

$$C_i = a_i + b_i \cdot Y_i \qquad (a_i > 0; \ 0 < b_i < 1; \ i = 1, ..., n). \tag{1.3}$$

n ist hierbei die Zahl der privaten Haushalte, Y_i das Einkommen des i-ten Haushalts. Summiert man über alle einzelwirtschaftlichen Einkommen Y_i, ergibt sich das gesamtwirtschaftliche Einkommen Y. Entsprechend erhält man den gesamtwirtschaftlichen Konsum durch Summation über die einzelwirtschaftlichen Konsumausgaben C_i:

$$Y = \sum_{i=1}^{n} Y_i, \qquad C = \sum_{i=1}^{n} C_i . \tag{1.4}$$

---

[6]Anstelle der mathematisch korrekten Schreibweise $C = f(Y)$ mit $df/dY > 0$ wird in der Makroökonomik das Funktionssymbol f durch die zu erklärende Variable (in (1.1): C) ersetzt.

Aggregiert man jetzt die einzelwirtschaftlichen Konsumfunktionen (1.3), so ergibt sich eine gesamtwirtschaftliche Funktion, die die folgende Struktur aufweist:

$$
C = \sum_{i=1}^{n} C_i = \sum_{i=1}^{n} (a_i + b_i \cdot Y_i)
$$

$$
= \underbrace{\sum_{i=1}^{n} a_i}_{a} + \sum_{i=1}^{n} b_i Y_i = a + \sum_{i=1}^{n} b_i Y_i = C(Y_1, ..., Y_n). \tag{1.5}
$$

In der gesamtwirtschaftlichen Konsumfunktion (1.5) steht nicht das Aggregateinkommen Y, sondern eine gewichtete Summe der Individualeinkommen Y_i. Diese Funktion lässt sich im Allgemeinen nicht mehr weiter umformen, so dass die Aggregation der individuellen Konsumfunktionen (1.3) auf eine gesamtwirtschaftliche Funktion der Bauart $C = C(Y_1, ...Y_n)$ führt, welche sich in der Regel von der in (1.1) angegebenen allgemeinen Konsumfunktion $C = C(Y) = C\left(\sum_{i=1}^{n} Y_i\right)$ unterscheidet.

Die additive Aggregation führt nur unter sehr speziellen zusätzlichen Annahmen auf eine gesamtwirtschaftliche Konsumfunktion der Art $C = C(Y)$. Man muss entweder für alle privaten Haushalte eine identische marginale Konsumneigung unterstellen, d.h. $b_i = b$ $(i = 1, ..., n)$, oder von einer konstanten Einkommensverteilung ausgehen, d.h. $Y_i = g_i Y$ $(i = 1, ..., n)$, wobei g_i konstant und insbesondere unabhängig von Y ist. In beiden Fällen erhält man eine lineare gesamtwirtschaftliche Konsumfunktion, wie sie in Gleichung (1.2) dargestellt ist:

$$
C = \sum_{i=1}^{n} a_i + \sum_{i=1}^{n} b Y_i = a + b \sum_{i=1}^{n} Y_i = a + b \cdot Y \quad \text{(falls } b_i = b\text{)}, \tag{1.6}
$$

$$
C = \sum_{i=1}^{n} a_i + \sum_{i=1}^{n} b_i g_i Y = a + \underbrace{\left(\sum_{i=1}^{n} b_i g_i\right)}_{b} Y = a + b \cdot Y \tag{1.7}
$$

$$
\text{(falls } Y_i = g_i Y\text{).}
$$

Dieses Beispiel verdeutlicht, dass eine exakte Aggregation nur unter sehr restriktiven (unrealistischen) Bedingungen möglich ist. Die Verhaltensweisen von einzelwirtschaftlichen Größen lassen sich im Allgemeinen nicht summarisch auf die entsprechenden Aggregatvariablen übertragen.

In der Makroökonomik wird das Aggregationsproblem häufig dadurch umgangen, dass eine Analogie zwischen einzelwirtschaftlichem und gesamtwirtschaftlichem Verhalten unterstellt wird. Durch die **Analogieannahme** gelten mikroökonomische Resultate entsprechend auch für die zugehörigen Aggregate.

Grundlage für die Erklärung individuellen Verhaltens ist die **Hypothese des Rationalprinzips**. Das bedeutet, dass jedes Wirtschaftssubjekt versucht, unter den gegebenen Bedingungen durch Einsatz seiner verfügbaren Mittel einen für ihn optimalen

Zustand zu erreichen. Formal bedeutet dies, dass ein repräsentativer Haushalt bzw. eine repräsentative Unternehmung seine Konsum- bzw. ihre Produktionsentscheidung dadurch trifft, dass er seine Nutzenfunktion bzw. sie ihre Gewinnfunktion unter Beachtung verschiedener Nebenbedingungen maximiert. Das Verhalten eines repräsentativen Wirtschaftssubjektes, das dem Rationalprinzip genügt, leitet sich also aus einem Optimierungsansatz ab. Dieses Optimierungsverhalten wird häufig auch bei der Erklärung des Verhaltens von Wirtschaftssektoren zugrundegelegt. Makroökonomische Verhaltensweisen werden dann unter Verwendung der Analogieannahme direkt aus dem einzelwirtschaftlichen Maximierungsverhalten abgeleitet. Die auf diese Weise gewonnenen makroökonomischen Verhaltenshypothesen besitzen in diesem Fall eine mikroökonomische (entscheidungslogische) Fundierung.

Daneben gibt es aber auch eine Vielzahl gesamtwirtschaftlicher Verhaltenshypothesen, die sich nicht aus einem einzelwirtschaftlichen Optimierungskalkül ableiten lassen und insofern Ad-hoc-Hypothesen darstellen. Dafür lassen sie sich aber in der Regel sehr gut empirisch überprüfen und besitzen, wenn sie sich mit Methoden der empirischen Wirtschaftsforschung nicht widerlegen (falsifizieren) lassen, eine empirische Fundierung.

Ein typisches Beispiel für eine gesamtwirtschaftliche Ad-hoc-Verhaltenshypothese ist die auf J.M. Keynes (1936) zurückgehende absolute Einkommenshypothese, d.h. die makroökonomische Konsumfunktion $C = C(Y)$ mit $0 < dC/dY < 1$. Diese Funktion hängt nur vom gesamtwirtschaftlichen Einkommen Y ab. Dagegen würde eine einzelwirtschaftliche Güternachfragefunktion, die aus dem Nutzenmaximierungsansatz eines repräsentativen Haushalts abgeleitet wird, in der Hauptsache eine Funktion der Güterpreise sein (die wiederum in der Keynesschen Konsumfunktion keine Rolle spielen).

In den heutigen makroökonomischen Theorien, die man grob in eine keynesianische und in eine neoklassische Richtung einteilen kann, findet man sowohl die Ad-hoc-Hypothesenbildung als auch die Mikrofundierung. In der traditionellen Keynesianischen Theorie dominieren dabei ad hoc formulierte Hypothesen, während in der Neoklassischen Theorie mikrofundierte Verhaltenshypothesen im Vordergrund stehen. Weiterentwicklungen der herkömmlichen Keynesianischen Theorie bemühen sich um eine stärkere entscheidungslogische Fundierung ihrer Verhaltensgleichungen.

1.1.4 Makroökonomische Theorien

In der Makroökonomik kennt man verschiedene, zum Teil konkurrierende Theorien zur Erklärung gesamtwirtschaftlicher Phänomene. Dogmenhistorisch gesehen dominierte bis Mitte der dreißiger Jahre des vorigen Jahrhunderts die **Neoklassische Theorie**, die wiederum aus der **Klassischen Theorie** hervorgegangen ist. In beiden Theorien werden die Selbstheilungskräfte des Marktes im Sinne eines funktionierenden Preismechanismus betont. Dieser hat zur Folge, dass sich in einer Marktwirtschaft stets ein dauerhaftes Gleichgewicht bei Vollbeschäftigung der Produktionsfaktoren einstellt. Aus dieser Vorstellung von der Funktionsfähigkeit einer Marktwirtschaft resultiert auch eine ablehnende Haltung gegenüber staatlichen interventionistischen Eingriffen in den Wirtschaftsprozess. Nach klassisch-neoklassischer Auffassung haben Veränderungen der gesamtwirtschaftlichen Geldmenge keine Realwirkungen, d.h. keine Produktions- und Beschäftigungseffekte zur Folge, sondern bewirken lediglich proportionale gleichgerichtete Veränderungen des gesamtwirtschaftlichen Preisniveaus. Geld ist in diesem Sinne neutral in Bezug auf realwirtschaftliche Vorgänge. Ebenso hat nach klassisch-neoklassischer Vorstellung eine Staatsausgabensteigerung keine Auswirkungen auf die Beschäftigung und das gesamtwirtschaftliche Güterangebot. Das Güterangebot ist nur von der Faktorausstattung abhängig und reagiert nach dem Sayschen Theorem nicht auf Schwankungen der Güternachfrage, da sich nach diesem Theorem jedes Güterangebot stets seine eigene Nachfrage schafft und nicht umgekehrt. Letztlich bleibt aber auch das Niveau der gesamtwirtschaftlichen Güternachfrage durch eine Steigerung der Staatsausgaben unverändert, da es im Ausmaß der Staatsausgabenerhöhung zu einem Crowding out, d.h. einer Verdrängung der privaten Güternachfrage, kommt.

Neben diesen Gemeinsamkeiten zwischen der Klassik und der Neoklassik gibt es aber auch einige Unterschiede zwischen beiden Lehrgebäuden. Die Klassik, die im Zeitraum von 1770 bis ungefähr 1870 die dominierende ökonomische Theorie darstellte, war eher makroökonomisch, genauer: klassentheoretisch ausgelegt, d.h. sie untersuchte vor allem das Verhalten ganzer Bevölkerungsgruppen (wie Grundeigentümer und Arbeiter). Die Neoklassik (ca. 1870 bis 1935) ist dagegen eher mikroökonomisch ausgerichtet, da hier der Wirtschaftsprozess auf der Grundlage einzelwirtschaftlichen Verhaltens analysiert wird. In der Klassischen Theorie stehen die langfristigen Entwicklungen (das langfristige Wachstum) einer Volkswirtschaft im Vordergrund, wobei insbesondere untersucht wird, inwieweit das Wachstum des Kapitalstocks langfristig zu einer Verbesserung der Wohlfahrt führt.

Im Gegensatz zur Klassik wird in der Neoklassik nicht mehr das gesamtwirtschaftliche Geschehen im Zeitablauf betrachtet. Vielmehr wird anstelle einer dynamischen Zeitbetrachtungsweise lediglich ein einzelner Zeitpunkt herausgegriffen und im Rahmen einer solchen statischen Sichtweise das Allokationsproblem analysiert. Wie werden knappe – und deshalb im Allgemeinen auch vollbeschäftigte – Ressourcen auf alternative Verwendungsmöglichkeiten verteilt? In der Neoklassik verlagerte sich somit das Interesse von der (makroökonomischen) Wachstums- zur (mikroökonomischen) Preistheorie. Bei der Behandlung des Allokationsproblems verwendeten die Neoklassiker eine neuartige Methode, die den Klassikern unbekannt war: die Differentialanalyse, in wirtschaftstheoretischer Bezeichnung „Marginalanalyse" genannt. Durch die Einführung des Grenznutzens und der Grenzproduktivität konnte das einzelwirtschaftliche Nachfrageverhalten auf Faktormärkten neu, d.h. aus einem Optimierungskalkül heraus, interpretiert werden. Im Gegensatz zur Verbalanalyse der Klassik ist die neoklassische Analyse eher formal ausgerichtet. Unter Verwendung mathematischer Methoden konnte der Nachweis erbracht werden, dass über den Mechanismus der relativen Preise eine optimale Allokation der Ressourcen erreicht werden kann.

Die neoklassische Vorstellung von der Existenz und Dauerhaftigkeit eines gesamtwirtschaftlichen Gleichgewichts bei Vollbeschäftigung wurde durch die Weltwirtschaftskrise, die im Oktober 1929 ausbrach, nachhaltig erschüttert. Die weltweite Depression Anfang der 1930er Jahre führte zu anhaltender Massenarbeitslosigkeit und war mit der bis dahin herrschenden neoklassischen Lehrmeinung einer automatischen Rückkehr zum Vollbeschäftigungsgleichgewicht nicht mehr vereinbar. Dies führte zur Entwicklung einer Neuen Wirtschaftslehre, die von dem britischen Nationalökonomen John Maynard Keynes (1883 - 1946) begründet wurde und daher auch **Keynessche Theorie** genannt wird. In seinem Hauptwerk „Allgemeine Theorie der Beschäftigung, des Zinses und des Geldes" (englisch: „The General Theory of Employment, Interest, and Money") entwickelte er die noch heute im Wesentlichen geltende makroökonomische Einkommens- und Beschäftigungstheorie. Im Gegensatz zur Neoklassik, die in erster Linie das Allokationsproblem knapper bzw. vollbeschäftigter Produktionsfaktoren behandelt, untersuchten Keynes und seine Nachfolger, die Keynesianer, vor allem das Beschäftigungsproblem und damit den Auslastungsgrad unterbeschäftigter Faktoren.

Keynes konnte in seiner Einkommens- und Beschäftigungstheorie den Nachweis erbringen, dass sich in einer Volkswirtschaft ein dauerhaftes Gleichgewicht bei Unterbeschäftigung einstellt, wenn die gesamtwirtschaftliche Güternachfrage zu gering ist, um Vollbeschäftigung herzustellen. In einer solchen Situation, die durch Marktunvollkommenheiten wie Preis- und Lohnrigiditäten entstehen kann, ist es Aufgabe des Staates, durch wirtschaftspolitische, insbesondere fiskalpolitische Maßnahmen das gesamtwirtschaftliche Defizit in der Güternachfrage auszugleichen. Die Keynessche Beschäftigungstheorie war somit vor dem Hintergrund der Weltwirtschaftskrise auch für wirtschaftspolitische Anwendungen gedacht. Sie wird bis in die Gegenwart hinein herangezogen, um die Bekämpfung von Arbeitslosigkeit mittels **antizyklischer** (gegensteuernder) stabilisierungspolitischer Maßnahmen (vor allem der Fiskalpolitik) wirtschaftstheoretisch zu begründen und wirtschaftspolitisch zu rechtfertigen.

Das Keynessche Werk löste eine Keynesianische Revolution in der Nationalökonomie aus. Es entwickelte sich die **Keynesianische Theorie**, die als bedeutendste Keynes-Interpretation angesehen wird und die nach dem Zweiten Weltkrieg zur dominierenden makroökonomischen Theorie wurde. Die Keynesianische Theorie wird auch als **Neoklassische Synthese** bezeichnet, da sie viele Elemente der Neoklassik enthält und insofern eine Art Synthese zwischen der Theorie von Keynes und der Neoklassischen Theorie darstellt. Mit Hilfe der Neoklassischen Synthese lässt sich nicht nur die Existenz dauerhafter Unterbeschäftigungsgleichgewichte theoretisch fundieren (Keynessche Variante der Neoklassischen Synthese), sie enthält darüber hinaus auch die wichtigsten Postulate der Klassik-Neoklassik (Neoklassische Variante der Neoklassischen Synthese). Die Vertreter der **Keynesschen Theorie**, die Keynesianer, teilen die Auffassung der Neoklassiker, dass in der Regel Marktkräfte in Richtung auf das Vollbeschäftigungsgleichgewicht existieren, jedoch sehen sie die Funktionsweise des Marktes als nicht so perfekt an wie die neoklassischen Ökonomen. Daher befürworten sie, im Gegensatz zu den Neoklassikern, staatliche Eingriffe zur Steuerung des Wirtschaftsprozesses.

Die Keynesianische Theorie prägte mindestens bis zum Ende der 1970er Jahre das wirtschaftspolitische Denken. Auch aus empirischer Sicht hat sich diese Theorie jahrzehntelang bewährt. Allerdings konnte mit diesem Ansatz das in den 1970er Jahren im Zuge der beiden Ölpreisschocks auftretende **Stagflationsphänomen**, d.h. das gleichzeitige Auftreten von wirtschaftlicher Stagnation (Arbeitslosigkeit) und Inflation, nicht erklärt werden.

Seit Anfang der 1960er Jahre ist es zu einer Art Neuinterpretation der Keynesschen Lehre gekommen, zur Entwicklung der **Neokeynesianischen Theorie** (auch Neue Keynesianische Makroökonomik genannt). Im Unterschied zur traditionellen Keynesianischen Theorie ist sie besser mikrotheoretisch fundiert und berücksichtigt auch stärker die Spillovers (Übertragungseffekte), die zwischen dem Güter- und Arbeitsmarkt aufgrund von Preisrigiditäten (Preisstarrheiten) und daraus resultierenden mengenmäßigen Restriktionen für die Marktteilnehmer bestehen.

Neben diesen Weiterentwicklungen wurde die Keynesianische Theorie aber auch stets aus dem Lager der Neoklassik kritisiert. Die Keynesianische Theorie konnte die Neoklassische Theorie nicht aus der Nationalökonomie verdrängen, sondern bewirkte vielmehr eine Spaltung der bis Ende der 20er Jahre einheitlichen ökonomischen Theorie. Dem traditionellen Keynesianismus stellten seine Kritiker den **Monetarismus** gegenüber, für den in erster Linie der Staat, insbesondere diskretionäre Maßnahmen der Geldpolitik, für beobachtbare Konjunkturschwankungen (d.h. Schwankungen im Auslastungsgrad des Produktionspotentials) verantwortlich ist. Aus monetaristischer Sicht ist der private Sektor aufgrund eines funktionierenden Preismechanismus stabil. Im Unterschied zu Keynesianern betonen Monetaristen die Auffassung, dass die marktwirtschaftlichen Anpassungskräfte stets ausreichen, um auf dem Arbeitsmarkt ein „natürliches", markträumendes Niveau der Beschäftigung herzustellen. Der Monetarismus, gelegentlich auch als monetaristische Gegenrevolution bezeichnet, kommt deshalb auch zu ganz anderen wirtschaftspolitischen Empfehlungen als die traditionelle Keynesianische Theorie. Der Monetarismus hält Maßnahmen der Fiskalpolitik zur Lösung des Beschäftigungsproblems für weitgehend unwirksam und lehnt jede Form antizyklischer, diskretionär betriebener Geldpolitik strikt ab, weil sich hiermit nur vorübergehend Realwirkungen erzielen lassen und langfristig lediglich Inflation erzeugt wird. Anstelle geldpolitischer Entscheidungen, die von der Zentralbank von Fall zu Fall im eigenen Ermessen getroffen werden, befürwortet der Monetarismus eine **Verstetigung des Geldmengenwachstums** (regelgebundene Geldpolitik), weil sich seiner Ansicht nach auf diese Weise das wirtschaftspolitische Ziel der Preisstabilität am besten erreichen lässt. Langfristig ist Inflation eine rein monetäres Phänomen (M. Friedman), so dass die Steuerung des Geldmengenwachstums durch die Zentralbank gleichzeitig die Steuerung der Inflationsrate impliziert.

Jüngste Weiterentwicklungen der Keynesianischen Theorie sowohl für geschlossene als auch für offene Volkswirtschaften bemühen sich um eine vollständige Mikrofundierung unter expliziter Berücksichtigung von Marktunvollkommenheiten auf Güter- und Faktormärkten (unvollständige Konkurrenz, Marktrigiditäten). Man spricht in diesem Zusammenhang von der **Neuen Neoklassischen Synthese**, der **Neukeynesianischen Theorie** und der **Neuen Makroökonomik offener Volkswirtschaften** (NOEM oder *New Open Economy Macroeconomics*).

Der Monetarismus hat ebenfalls eine Weiterentwicklung erfahren, und zwar in Form der **Neuklassischen Theorie** (auch Neue Klassische Makroökonomik oder Monetarismus zweiter Art genannt). Ebenso wie die Neokeynesianische Theorie besitzt auch diese Theorie eine starke mikroökonomische Fundierung. Im Unterschied zum Neokeynesianismus betont sie allerdings keine Marktunvollkommenheiten (Versagen des Preismechanismus), sondern unterstellt – wie schon die Neoklassik – die Funktionsfähigkeit des Preismechanismus. Verzögerte Anpassungen zum gesamtwirtschaftlichen Gleichgewicht sind allerdings aufgrund **unvollkommener Preisinformation** der Marktteilnehmer denkbar. In der Neuklassischen Theorie wird im Rahmen stochastischer Gleichgewichtsmodelle mit modellendogen erklärten Preiserwartungen der Marktteilnehmer gezeigt,

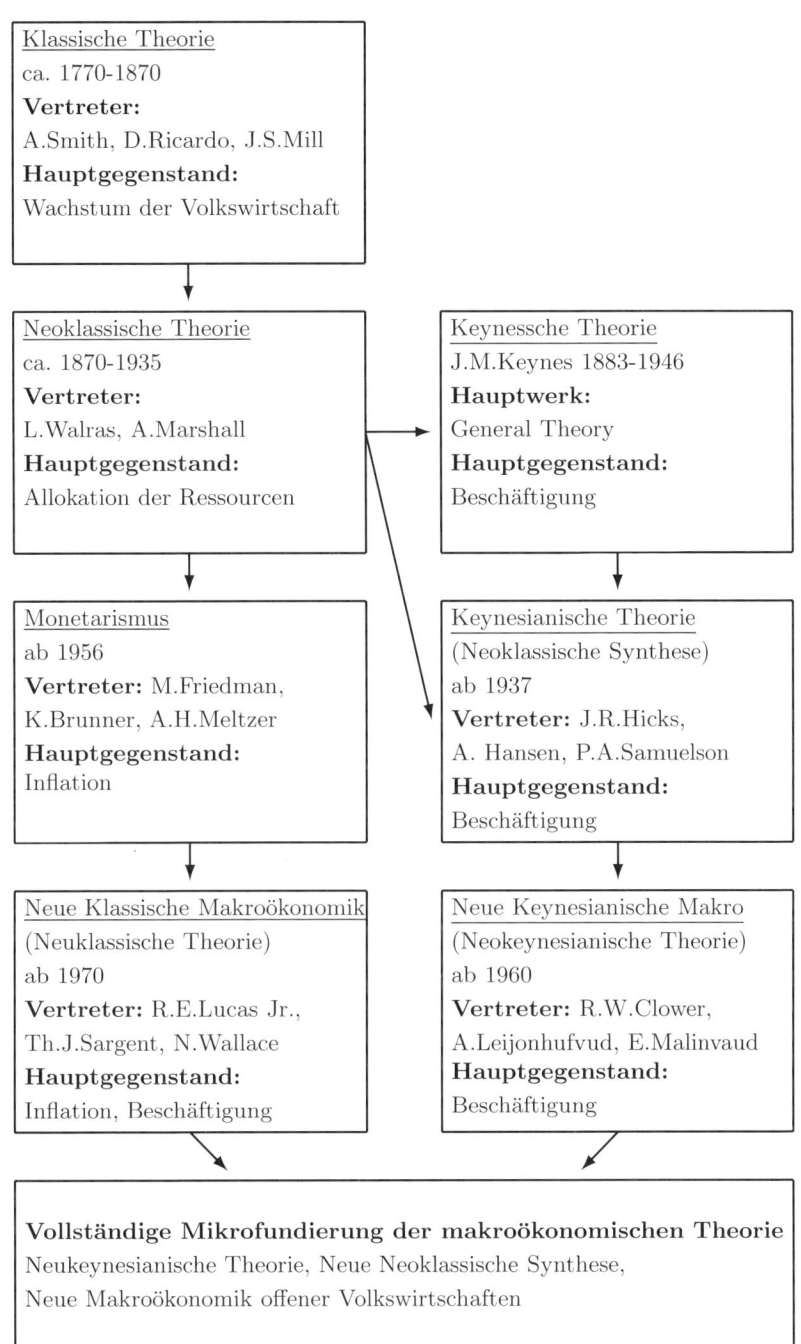

Klassische Theorie
ca. 1770-1870
Vertreter:
A.Smith, D.Ricardo, J.S.Mill
Hauptgegenstand:
Wachstum der Volkswirtschaft

Neoklassische Theorie
ca. 1870-1935
Vertreter:
L.Walras, A.Marshall
Hauptgegenstand:
Allokation der Ressourcen

Keynessche Theorie
J.M.Keynes 1883-1946
Hauptwerk:
General Theory
Hauptgegenstand:
Beschäftigung

Monetarismus
ab 1956
Vertreter: M.Friedman,
K.Brunner, A.H.Meltzer
Hauptgegenstand:
Inflation

Keynesianische Theorie
(Neoklassische Synthese)
ab 1937
Vertreter: J.R.Hicks,
A. Hansen, P.A.Samuelson
Hauptgegenstand:
Beschäftigung

Neue Klassische Makroökonomik
(Neuklassische Theorie)
ab 1970
Vertreter: R.E.Lucas Jr.,
Th.J.Sargent, N.Wallace
Hauptgegenstand:
Inflation, Beschäftigung

Neue Keynesianische Makro
(Neokeynesianische Theorie)
ab 1960
Vertreter: R.W.Clower,
A.Leijonhufvud, E.Malinvaud
Hauptgegenstand:
Beschäftigung

Vollständige Mikrofundierung der makroökonomischen Theorie
Neukeynesianische Theorie, Neue Neoklassische Synthese,
Neue Makroökonomik offener Volkswirtschaften

Abb. 1.1: *Ökonomische Theorien im historischen Überblick*

dass eine systematisch betriebene Geldmengenpolitik – im Unterschied zum traditionellen Monetarismus – auch kurzfristig keine Beschäftigungs- und Realeinkommenswirkungen erzielen kann, sondern nur prozentual gleich große Preis- und Lohnsteigerungen hervorruft. Demgegenüber bewirkt eine unsystematische, von den privaten Wirtschaftssubjekten nicht antizipierbare Geldpolitik zwar vorübergehende Realeffekte, jedoch auch
eine erhöhte Schwankungsfähigkeit des Systems. Da eine solche Form der Geldpolitik
destabilisierend wirkt, kommt die Neuklassische Theorie zu ganz ähnlichen wirtschaftspolitischen Schlussfolgerungen wie der Monetarismus.

Abbildung 1.1 gibt einen **historischen Überblick** über die älteren und neueren Theorien in der Nationalökonomie.[7] Im Folgenden soll im Wesentlichen nur die **Keynesianische Theorie** dargestellt werden, da diese Lehre das makroökonomische Denken
der Nachkriegszeit dominierte und außerdem auch aus wirtschaftspolitischer Sicht von
großer Relevanz ist. Dabei soll insbesondere die Keynesianische Theorie auf kleine und
große offene Volkswirtschaften angewendet werden.

1.2   Grundbegriffe und Methoden

In diesem Abschnitt sollen einige volkswirtschaftliche Grundbegriffe und Methoden, die
in der Makroökonomik als Analysetechnik eine wichtige Rolle spielen, erläutert werden.
Es handelt sich hierbei um die gegensätzliche Paare „nominal - real", „Stromgrößen -
Bestandsgrößen", „Gleichgewicht - Ungleichgewicht" sowie „Statik - Dynamik".

1.2.1   Nominalgrößen und Realgrößen

Gegenstand der Makroökonomik ist das Aufstellen plausibler Hypothesen über das Verhalten der Wirtschaftssektoren Haushalte, Unternehmen, Staat und Ausland. Dabei
spielt die Unterscheidung zwischen **Nominalgrößen** und **Realgrößen** eine wichtige
Rolle. Diese Unterscheidung in der Makroökonomik entspricht der Unterscheidung zwischen **Wert-** und **Mengeneinheiten** in der Mikroökonomik. Für ein einzelnes Gut
ergibt sich der Wert einer bestimmten Gütermenge, indem man das Produkt aus dieser
Menge und dem Güterpreis bildet.

In der Makroökonomik hat man es mit Aggregatgrößen zu tun. Wertgrößen sind hier
gesamtwirtschaftliche Größen, die sich durch Aggregation von einzelwirtschaftlichen
Wertgrößen ergeben. Um dies zu verdeutlichen, soll angenommen werden, dass in einer Volkswirtschaft m Endnachfragegüter (einschließlich Dienstleistungen) gehandelt
werden. Werden die realisierten Endnachfragemengen einer Periode mit $x_1, ..., x_m$ und
die zugehörigen Güterpreise mit $p_1, ..., p_m$ bezeichnet, so gilt für das in Geldeinheiten
ausgedrückte **wertmäßige Nationaleinkommen** oder Inlandsprodukt die Formel:

$$Y^n = p_1 x_1 + p_2 x_2 + \ldots + p_m x_m. \tag{1.8}$$

In der gesamtwirtschaftlichen Wertgröße Y^n werden die Einzelwerte von m unterschiedlichen Güter- und Dienstleistungsarten zusammengefasst. Wie kann man nun aus der

---

[7]Die Allgemeine Gleichgewichtstheorie von K.J. Arrow und G. Debreu (1954) bzw. Debreu (1976),
in der verallgemeinerte Gleichgewichtsmodelle der Neoklassischen Theorie analysiert werden, ist hier
nicht aufgenommen worden.

Wertgröße Y^n die zugehörige Mengengröße ermitteln? Für ein einzelnes Gut ergibt sich aus der Wertgröße (beispielsweise $p_j x_j$) die zugehörige Mengengröße (x_j), indem man durch den Preis dieses Gutes (p_j) dividiert. Geht man zur gesamtwirtschaftlichen Wertgröße Y^n über, so ergibt sich das Problem, dass diese eine Vielzahl von Einzelpreisen ($p_1, ..., p_m$) beinhaltet. Man erhält daher unterschiedliche Mengengrößen, wenn durch unterschiedliche Einzelpreise dividiert wird. Beträgt zum Beispiel das wertmäßige Inlandsprodukt $Y^n = 2$ Billionen €, der Schweinefleischpreis $p_1 = 5$ €/kg und der Rindfleischpreis $p_2 = 10$ €/kg, dann ist $Y^n/p_1 = 400$ Mrd. kg Schweinefleisch und $Y^n/p_2 = 200$ Mrd. kg Rindfleisch der mengenmäßige Ausdruck von Y^n, zum einen gemessen in Schweinefleischeinheiten, zum anderen in Rindfleischeinheiten.

Das Beispiel zeigt, dass man stets eine andere Mengengröße erhält, wenn das wertmäßige Nationaleinkommen Y^n jeweils durch einen anderen Einzelpreis geteilt wird. Das wertmäßige Nationaleinkommen ist somit mengenmäßig nicht eindeutig bestimmt. Es gibt keinen Einzelpreis, durch den man die gesamtwirtschaftliche Wertgröße Y^n dividieren könnte, um zu einer für die makroökonomische Analyse geeigneten Mengengröße zu gelangen. Dafür gibt es aber einen Preisindex, der – aufgefasst als Preis für ein Güterbündel bzw. einen Warenkorb mit fester Zusammensetzung – diese Aufgabe übernehmen kann. In einer Volkswirtschaft mit m Endnachfragegütern lässt sich dieser Preisindex als gewichteter Durchschnittspreis aus den m Einzelpreisen $p_1, ..., p_m$ definieren:

$$P = a_1 p_1 + a_2 p_2 + ... + a_m p_m, \qquad \sum_{j=1}^{m} a_j = 1 \ . \tag{1.9}$$

Die Summe der (nicht-negativen) Gewichtungsfaktoren $a_1, ..., a_m$ muss dabei den Wert eins ergeben. Als Gewicht a_j des Einzelpreises p_j könnte man zum Beispiel den durchschnittlichen Anteil des zugehörigen Gutes j am Gesamtumsatz der Endnachfragegüter verwenden. Der so definierte Preisindex P wird als **Preisniveau des Inlandsprodukts** oder auch als **gesamtwirtschaftliches Preisniveau** bezeichnet.[8]

Wird jetzt das wertmäßige Nationaleinkommen Y^n durch das gesamtwirtschaftliche Preisniveau P dividiert, ergibt sich der Ausdruck:

$$\frac{Y^n}{P} = \frac{p_1}{P} x_1 + \frac{p_2}{P} x_2 + ... + \frac{p_m}{P} x_m \ . \tag{1.10}$$

Der Quotient Y^n/P lässt sich ebenfalls als Mengengröße interpretieren, da er die Anzahl

---

[8]Der angegebene Preisindex P bildet das Preisniveau des Inlandsprodukts periodenbezogen ab. Er wird in jeder Periode neu berechnet und steht in keiner Beziehung zu Preisindizes vergangener Perioden. Andere Indexkonzepte setzen die aktuellen Preise zu Preisen einer Basisperiode 0 in Beziehung. So ist zum Beispiel der Laspeyres-Preisindex (für den Zwei-Güter-Fall) definiert als $(p_1^t x_1^0 + p_2^t x_2^0)/(p_1^0 x_1^0 + p_2^0 x_2^0)$ und der Paasche-Preisindex als $(p_1^t x_1^t + p_2^t x_2^t)/(p_1^0 x_1^t + p_2^0 x_2^t)$. Der hochgestellte Index gibt jeweils die zugrundegelegte Periode an. Zu beachten ist, dass in den Laspeyres-Preisindex nur die in Periode 0 konsumierten Mengeneinheiten und in den Paasche-Preisindex ausschließlich die in der aktuellen Periode t verbrauchten Mengeneinheiten eingehen.
Aus Gründen der Vergleichbarkeit bezüglich der Höhe des Preisniveaus in den Mitgliedsstaaten der EU wurde der **harmonisierte Verbraucherpreisindex** eingeführt, der auf Grundlage eines Kettenindex in Laspeyresform berechnet wird, d.h. es wird ermittelt, auf welchen Wert sich die im Vorjahr gekauften Waren im aktuellen Jahr belaufen.

an Güterbündeln (mit fester Zusammensetzung) angibt, die man beim herrschenden Preisniveau P mit dem Geldbetrag, dem die Wertgröße Y^n entspricht, erwerben kann.

In der Makroökonomik wird der Quotient aus einer gesamtwirtschaftlichen Wertgröße und dem zugehörigen Preisindex als **Realgröße** bezeichnet. Die entsprechende gesamtwirtschaftliche Wertgröße wird **Nominalgröße** genannt. Die gesamtwirtschaftliche Wertgröße Y^n ist somit das **nominale Inlandsprodukt**, der Quotient

$$Y^r = \frac{Y^n}{P} \tag{1.11}$$

das **reale Inlandsprodukt**. Der hochgestellte Index „n" bzw. „r" steht dabei als Abkürzung für „*nominal*" bzw. „*real*".

In den Wirtschaftswissenschaften konzentriert man sich vorwiegend auf die Erklärung von Realgrößen. Hierfür lassen sich im Wesentlichen zwei Gründe angeben. Erstens sind Nominalgrössen für die wirtschaftliche Analyse nicht so wichtig wie Realgrössen, da Nominalgrössen wie das nominale Inlandsprodukt Y^n sowohl bei einem Anstieg der mengenmässigen Güterproduktion als auch bei einem Anstieg der Güterpreise zunehmen. Bei Nominalgrössen ist daher unklar, worauf ihre Veränderungen zurückzuführen sind – auf Preis- oder Mengenänderungen. Diese Zweideutigkeit kann bei Änderungen von Realgrössen nicht auftreten. Zweitens spricht für die Verwendung von Realgrössen in der Makroökonomik die **zentrale Annahme**, dass die Wirtschaftssubjekte, die hinter den vier Wirtschaftssektoren Haushalte, Unternehmen, Staat und Ausland stehen, eine sog. **Realplanung** betreiben, d.h. ihr Verhalten ausschließlich an Realgrößen ausrichten. Die Angebots- oder Nachfrageplanung realer Größen wie Güterangebot oder Konsumgüternachfrage erfolgt dann unabhängig vom Güterpreisniveau.

Das Konzept der Realplanung lässt sich am einfachsten anhand der Konsumgüternachfrage der privaten Haushalte verdeutlichen. Realplanung bedeutet hier, dass die privaten Haushalte festlegen, welche Konsumgütermenge sie erwerben wollen. Die Höhe der gewünschten Konsumgütermenge und damit das Niveau der realen Konsumausgaben hängt dabei nur von Realgrößen ab, zum Beispiel vom realen verfügbaren Einkommen. Das Güterpreisniveau P ist dagegen kein eigenständiger Bestimmungsfaktor der privaten Konsumgüternachfrage. Makroökonomisch lässt sich diese Verhaltenshypothese durch die **Konsumfunktion**

$$C^r = a + b \cdot Y^r \qquad (a > 0, \ 0 < b < 1) \tag{1.12}$$

zum Ausdruck bringen. Hierbei ist C^r der gesamtwirtschaftliche reale private Konsum und Y^r das gesamtwirtschaftliche reale verfügbare Einkommen. Y^r ist der Einfachheit halber mit dem realen Inlandsprodukt gleichgesetzt worden, was – grob gesprochen – immer dann der Fall ist, wenn von direkten und indirekten Steuern (einschließlich Subventionen) des Staates abgesehen wird.

In der Konsumfunktion ist die Konstante a der **autonome Konsum**, welcher unabhängig vom Realeinkommen Y^r festgelegt wird. Er steht für die mengenmäßige Güternachfrage, die von den Haushalten autonom fixiert wird. Die Konstante b ist die **marginale Konsumquote**; sie gibt an, um wie viele Mengeneinheiten C^r ansteigt, wenn sich Y^r um eine Einheit erhöht.[9] Die aufgestellte Konsumhypothese impliziert, dass

---

[9]Es gilt ja $dC^r/dY^r = b$ und damit $dC^r = b$, falls $dY^r = 1$ ist.

die reale Konsumgüternachfrage der Haushalte unverändert bleibt, wenn sich das reale Inlandsprodukt $Y^r = Y^n/P$ nicht ändert. Dies ist zum Beispiel der Fall, wenn sich das nominale Inlandsprodukt Y^n und das Preisniveau P um den gleichen Prozentsatz erhöhen. Trotz des Anstiegs des Inlandsprodukts Y^n bleibt die reale Konsumgüternachfrage konstant. Die Haushalte handeln dann **frei von Geldillusion**.

Der Begriff „**Freiheit von Geldillusion**" ergibt sich aus der Verhaltensweise der Haushalte, bei einer gleichzeitigen und gleich großen Erhöhung von Nominaleinkommen und Preisniveau nicht der Illusion zu unterliegen, dass eine Steigerung des Nominaleinkommens gleichbedeutend mit einer Erhöhung der Kaufkraft ihrer Löhne, also mit einer Steigerung des Realeinkommens ist. Die Erhöhung von Y^n ist dann ohne Auswirkungen auf ihre reale Konsumgüterplanung.

Eine alternative Verhaltensweise zur Realplanung ist die **Nominalplanung**. Die Haushalte planen jetzt nicht mehr eine bestimmte Konsumgütermenge, die sie erwerben wollen, sondern legen einen bestimmten Geldbetrag C^n für den Kauf von Konsumgütern fest. Analog zur obigen Konsumfunktion kann dies in der Weise geschehen, dass ein Teilbetrag a^n autonom fixiert wird, während der Rest in Abhängigkeit vom Nominaleinkommen Y^n festgelegt wird:

$$C^n = a^n + b \cdot Y^n. \tag{1.13}$$

Der autonome Konsum ist jetzt keine Mengengröße mehr, sondern eine Wertgröße, die den autonom fixierten Geldbetrag für Konsumzwecke angibt. Dieser feste Geldbetrag ist unabhängig von der Höhe des Güterpreisniveaus, so dass er nicht angepasst wird, wenn sich P ändert. Für die reale Konsumgüternachfrage $C^r = C^n/P$ ergibt sich bei Zugrundelegung von (1.13) die Funktionsgleichung

$$C^r = \frac{a^n}{P} + b\frac{Y^n}{P} = \frac{a^n}{P} + b \cdot Y^r. \tag{1.14}$$

Das Preisniveau P wird jetzt zu einem eigenständigen Argument der realen Konsumgüternachfrage. Bei Realplanung wäre dies dagegen nicht der Fall. Wenn jetzt Preisniveau und nominales Nationaleinkommen in gleichem prozentualen Ausmaße ansteigen, geht der reale private Konsum zurück, obwohl sich das reale Inlandsprodukt Y^r nicht verändert hat. Der realeinkommensabhängige Teil der realen Konsumgüternachfrage bleibt zwar unverändert; dafür verringert sich aber die Kaufkraft des für Konsumgüterausgaben autonom festgesetzten Geldbetrages a^n. Trotz des Anstiegs der nominalen Konsumausgaben sinkt dann insgesamt die reale Konsumgüternachfrage C^r. Die Haushalte unterliegen in diesem Fall der **Geldillusion**, weil bei der Festlegung der autonomen Konsumausgaben a^n mögliche Preisänderungen unberücksichtigt geblieben sind.

Die Verhaltensweise der Nominalplanung ist dann plausibel, wenn die Haushalte die Steigerung des gesamtwirtschaftlichen Preisniveaus P zunächst gar nicht wahrnehmen, weil sie die entsprechenden Informationen erst mit einer zeitlichen Verzögerung erhalten. Rechnen die Haushalte aber weiterhin mit dem Preisniveau der Vorperiode ($P_H^{erw.} = P_{-1}$), erhöht sich bei einem Anstieg des Nominaleinkommens der von ihnen geplante reale Konsum[10]

$$C^{r,gepl.} = \frac{C^n}{P_H^{erw.}} = \frac{C^n}{P_{-1}} = \frac{a^n + bY^n}{P_{-1}},\qquad(1.15)$$

während die tatsächlichen realen Konsumausgaben $C^r = C^n/P$ zurückgehen. Die Wirtschaftssubjekte antizipieren die Preissteigerung nicht, d.h. erwarten weiterhin das Preisniveau der Vorperiode, so dass sie bei einer Zunahme von Y^n eine Steigerung der realen Konsumausgaben planen.

Im Folgenden soll stets von **perfekter Preisinformation** bei den Wirtschaftssubjekten ausgegangen werden. In diesem Fall ist es gerechtfertigt, die Verhaltensweise der Realplanung und damit Freiheit von Geldillusion zu unterstellen.

1.2.2   Stromgrößen und Bestandsgrößen

In der Makroökonomik treten sowohl **Stromgrößen** als auch **Bestandsgrößen** auf.[11] Auf dem gesamtwirtschaftlichen Güter- und Arbeitsmarkt werden nur Stromgrößen erfasst (wie Inlandsprodukt und Beschäftigungsmenge), während auf dem Geld- und Wertpapiermarkt nur Bestandsgrößen (Geld und Wertpapiere) auftreten.[12]

Bestandsgrößen werden in Geldeinheiten bewertet oder in Mengeneinheiten gemessen (vgl. Abschnitt 1.2.1), wobei die Größe zu einem ganz bestimmten Zeitpunkt (auch Stichtag genannt) ermittelt wird. Man spricht daher auch von **Zeitpunktgrößen**, um anzudeuten, dass Bestandsgrößen (wie der Geldbestand einer Volkswirtschaft) zu einem bestimmten Zeitpunkt gemessen werden. Bei Vermögensobjekten wie Geld oder Wertpapieren wird also festgestellt, wie groß ihr Bestand zu einem bestimmten Stichtag in Händen der privaten Wirtschaftssubjekte ist.

Im Gegensatz zu Bestandsgrößen beziehen sich **Stromgrößen** auf einen Zeitraum. Hier ist die Angabe einer fest vorgegebenen Zeitperiode (etwa ein Jahr) erforderlich. Die meisten Stromgrößen gehen von einer diskreten Zeitbetrachtungsweise, d.h. von einer Periodeneinteilung der Zeit, aus. Sie entstehen aus der Zusammenfassung aller gleichartigen Transaktionen während eines bestimmten Zeitraums. Beispielsweise werden beim Bruttoinlandsprodukt alle Gütertransaktionen eines Jahres innerhalb einer Volkswirtschaft erfasst (abgesehen von Vorleistungstransaktionen). Ein anschauliches Beispiel für eine Stromgröße ist die Wassermenge, die innerhalb eines bestimmten Zeitraums in ein Staubecken hineinfließt. Eine analoge Bestandsgröße wäre die gesamte Wassermenge, die sich zum Ende dieses Zeitraums in dem Staubecken befindet (vgl. Abbildung 1.2).

Die gesamtwirtschaftlichen Größen des güterwirtschaftlichen Bereichs (wie der private Konsum oder die gesamtwirtschaftliche Produktion) lassen sich jeweils als Strom veranschaulichen, der während des betrachteten Zeitraums zwischen Wirtschaftssektoren fließt. So werden in der Volkswirtschaftlichen Gesamtrechnung im Rahmen einer

---

[10]Bezeichnungen: $C^{r,gepl.}$ = geplanter realer Konsum, $P_H^{erw.}$ = erwartetes Preisniveau der privaten Haushalte, P_{-1} = Preisniveau der Vorperiode.

[11]Zur Erklärung der Höhe des Inlandsprodukts müssen neben Strom- auch Bestandsgrößen herangezogen werden.

[12]In der Keynesianischen Theorie ist außerdem auch der Devisenmarkt ein Stromgrößenmarkt, da hier internationale Güter- und Kapitalströme erfasst werden.

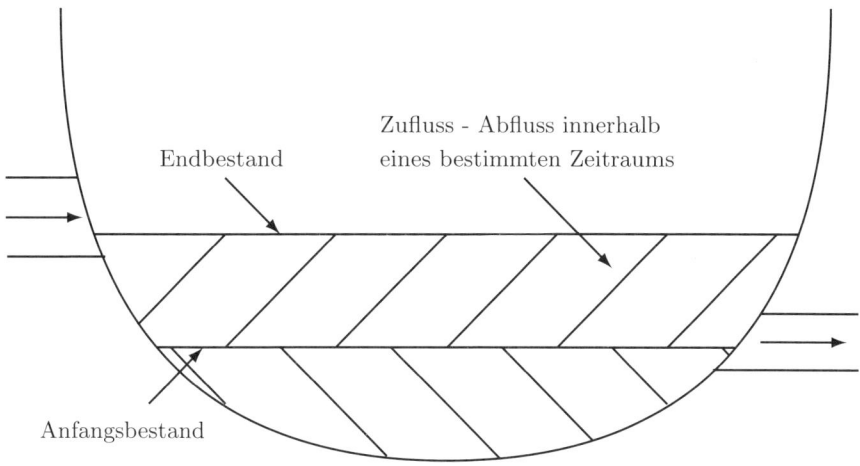

Zufluss - Abfluss innerhalb
eines bestimmten Zeitraums

Endbestand

Anfangsbestand

Abb. 1.2: *Stromgrößen und Bestandsgrößen*

makroökonomischen Ex-post-Analyse die wirtschaftlichen Beziehungen zwischen den
Wirtschaftssektoren in Form von **Kreislaufmodellen** dargestellt. Hierbei werden die
Gütertransaktionen, die innerhalb einer (abgelaufenen) Periode zwischen den Sektoren getätigt wurden, als **Güterströme** im Wirtschaftskreislauf erfasst. Werden als
Sektoren nur die privaten Haushalte und die privaten Unternehmen betrachtet, so fließen Güter in Form von Produktionsfaktoren von den Haushalten an die Unternehmen, während die von den Unternehmen mit Hilfe der Produktionsfaktoren erzeugten
Sachgüter und Dienstleistungen in Form von Konsumgütern an die Haushalte abgesetzt
werden. Diesem Güterkreislauf entspricht ein wertgleicher entgegengerichteter **Geldkreislauf**, da die Haushalte als Gegenleistung für die Überlassung von Produktionsfaktoren ein Geldeinkommen beziehen, welches sie wiederum für den Kauf von produzierten
Konsumgütern verwenden (vgl. Abbildung 1.3).

Eine besondere Form von Stromgrößen sind **Bestandsänderungsgrößen**. Das sind
zeitraumbezogene Größen, die nach Ablauf einer bestimmten Periode zu einer Veränderung von Beständen führen.[13] Die Bestandsänderungen werden jeweils am Anfang einer
Periode gemessen. So gilt zum Beispiel für den Lagerbestand einer Unternehmung die
Formel $AB + Z - A = EB$, d.h. Anfangsbestand AB plus Zugang Z minus Abgang
A (an produzierten Gütern während dieses Zeitraums) ist gleich dem Endbestand EB
des Lagers. Ein analoges volkswirtschaftliches Beispiel betrifft den gesamtwirtschaftlichen **Sachkapitalbestand**: $AB + I^b - D = EB$. In dieser Formel bezeichnet AB bzw.
EB den Anfangs- bzw. Endbestand, während I^b die Bruttoinvestition (Zugang) und D
die Abschreibung bzw. Ersatzinvestition (Abgang) darstellt. Die Differenz zwischen den
beiden Bestandsänderungsgrößen I^b und D ist die Nettoinvestition, die eine Stromgröße
ist.

---

[13]Stromgrößen, die keine Bestandsänderungsgrößen sind, sind beispielsweise die (nicht lagerfähigen)
Dienstleistungen eines Arztes.

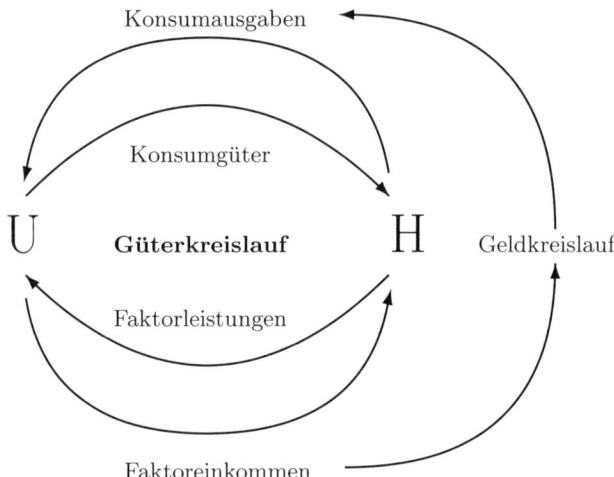

Konsumausgaben

Konsumgüter

U   **Güterkreislauf**   H   Geldkreislauf

Faktorleistungen

Faktoreinkommen

Abb. 1.3: *Einfaches Kreislauf- oder Stromgrößenmodell des güterwirtschaftlichen Bereichs*

1.2.3   Gleichgewicht und Ungleichgewicht

Der Begriff des Gleichgewichts nimmt in der gesamten Volkswirtschaftslehre eine zentrale Stellung ein. In der Mikroökonomik tritt er im Rahmen der Preistheorie (d.h. bei der Preisbildung auf einzelnen Märkten) auf. Er charakterisiert dort Situationen, in denen der Preis für eine **Markträumung**, d.h. für die Übereinstimmung von aggregiertem Güterangebot und aggregierter Güternachfrage, sorgt. Demgegenüber wird in makroökonomischen Theorien der Gleichgewichtsbegriff nicht nur im traditionellen Sinne verwendet, sondern auch auf bestimmte Konstellationen auf makroökonomischen Märkten angewendet, bei denen der Preismechanismus versagt und der Güteraustausch zu nicht-markträumenden Preisen stattfindet. In der Keynesianischen und Neokeynesianischen Theorie finden sich Gleichgewichtskonzeptionen, die zur Beschreibung von Ungleichgewichtssituationen (im Sinne der Nichtübereinstimmung von ursprünglich geplantem Güterangebot und geplanter Güternachfrage) herangezogen werden.

In der **Keynesianischen Theorie** wird zwischen dem theoretischen und methodischen Gleichgewichtsbegriff unterschieden. Der **theoretische** Gleichgewichtsbegriff entspricht der preistheoretischen Gleichgewichtskonzeption und bezieht sich auf die Übereinstimmung der Angebots- und Nachfragepläne auf einem Markt. Der **methodische** Gleichgewichtsbegriff ist dagegen der Naturwissenschaft (insbesondere der Physik) entnommen und charakterisiert einen **zeitlichen Ruhezustand**, d.h. eine Situation mit Beharrungsvermögen. Ein bekanntes Beispiel aus der klassischen Mechanik ist ein Pendel, das sich im Gleichgewicht befindet, wenn es nicht mehr ausschlägt (Abbildung 1.4).

Genauer lassen sich diese beiden Gleichgewichtsbegriffe wie folgt charakterisieren:

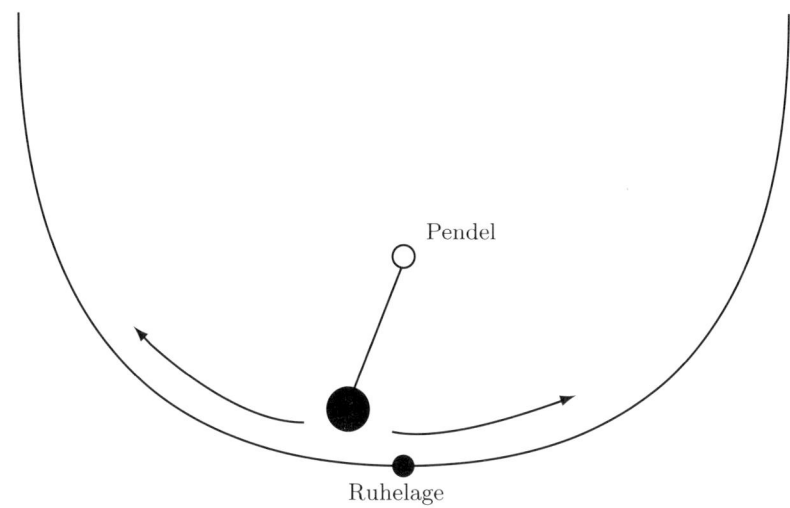

Abb. 1.4: *Gleichgewicht im methodischen Sinne*

Der **theoretische** Gleichgewichtsbegriff ist der traditionelle Gleichgewichtsbegriff in der Wirtschaftstheorie. Er stellt auf die Angebots- und Nachfragepläne der Wirtschaftssubjekte ab, die zu Beginn einer Periode aufgestellt werden. Stimmt das geplante aggregierte Angebot mit der geplanten aggregierten Nachfrage nach einem Gut überein, so befindet sich der betreffende Markt im Gleichgewicht. In diesem Fall liegt ein Zustand der **Markträumung** oder des **Marktausgleichs** vor, da alle Angebots- und Nachfragepläne ohne Abänderung realisiert werden können.

So werden dem gesamtwirtschaftlichen Gütermarkt zu Beginn einer Planperiode (ex ante) von den privaten Haushalten und Investoren die geplante Konsum- bzw. Investitionsgüternachfrage signalisiert. Dies ergibt im Aggregat die geplante gesamtwirtschaftliche Güternachfrage $Y^{d,gepl.}$. Steht dieser Nachfrage ein gleich großes geplantes aggregiertes Güterangebot $Y^{s,gepl.}$ gegenüber, wird auf dem gesamtwirtschaftlichen Gütermarkt im Zuge der Periode ein Inlandsprodukt Y realisiert, welches aufgrund der Übereinstimmung von $Y^{d,gepl.}$ und $Y^{s,gepl.}$ ein Gleichgewichtseinkommen darstellt (Abbildung 1.5).

Der **methodische** Gleichgewichtsbegriff ist in der Keynesianischen Theorie vor allem auf dem Arbeitsmarkt von Bedeutung. In der Realität beobachten wir schon seit Jahren eine dauerhaft hohe Arbeitslosigkeit auf dem gesamtwirtschaftlichen Arbeitsmarkt. In der Keynesianischen Theorie ist unter Arbeitslosigkeit eine Situation zu verstehen, in der es Arbeitssuchende gibt, die bei der herrschenden Entlohnung arbeiten wollen, jedoch keine Beschäftigung finden, weil die Arbeitsnachfrage der Unternehmen (N^d) kleiner ausfällt als das Arbeitsangebot der privaten Wirtschaftssubjekte (N^s): $N^d < N^s$. Die realisierte (tatsächliche) Beschäftigungsmenge (N) stimmt dann mit der geplanten Arbeitsnachfrage (N^d) überein: $N = N^d$. Die sog. **kurze Marktseite** (hier: die Ar-

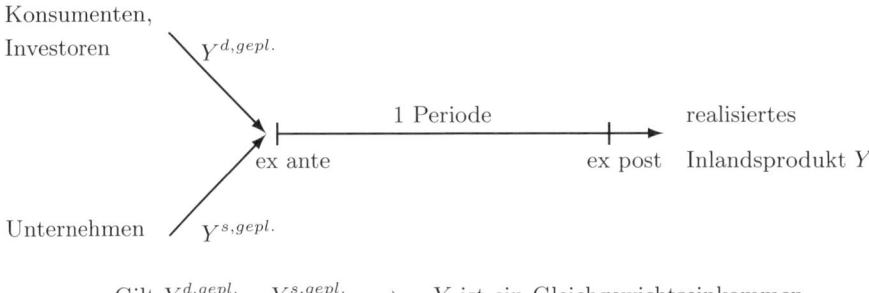

Gilt $Y^{d,gepl.} = Y^{s,gepl.}$ $\Rightarrow$ Y ist ein Gleichgewichtseinkommen.

Abb. 1.5: *Gleichgewicht im theoretischen Sinne*

beitsnachfrage) determiniert das Beschäftigungsvolumen. Es herrscht in diesem Falle ein Zustand **unfreiwilliger Arbeitslosigkeit**. Eine solche Situation, in der keine Markträumung im Sinne des Ausgleichs von geplantem Angebot und geplanter Nachfrage stattfindet, stellt **kein Gleichgewicht im theoretischen Sinne** dar. Es gibt Arbeitsanbieter, die keinen Arbeitsplatz finden, d.h. ihre Arbeitsangebotspläne nicht realisieren können. Der Arbeitsmarkt befindet sich dann in einem **Ungleichgewicht**, sofern man den Gleichgewichtsbegriff mit Markträumung oder Marktausgleich identifiziert.

Ein Unterbeschäftigungszustand $N = N^d < N^s$ kann sehr lange bestehen bleiben, so dass rein äußerlich der Eindruck eines **Ruhezustands** entsteht, d.h. einer Situation, die sich im Laufe der Zeit nicht ändert. Sofern keine exogenen Schocks (Anstöße von außen) stattfinden, würde sich ein solcher Zustand in den nachfolgenden Perioden reproduzieren. Auch eine solche dauerhafte Situation kann als ein Gleichgewicht aufgefasst werden, wobei darunter jetzt allerdings nicht mehr ein Zustand der Markträumung, sondern ein stationärer (zeitlich stabiler) Zustand zu verstehen ist.[14] Anschaulich gesprochen hat sich die Arbeitslosigkeit auf einem sehr hohen Niveau (rund vier Millionen in Deutschland) „eingependelt" (vgl. Abbildung 1.4). Beim methodischen Gleichgewichtsbegriff wird nur auf das äußere Erscheinungsbild eines Prozesses abgestellt. Hierbei spielt es keine Rolle, inwieweit die Angebots- und Nachfragepläne der Wirtschaftssubjekte übereinstimmen. Gleichgewicht im methodischen Sinne ist die bloße Kennzeichnung eines zeitlichen Ruhezustandes.

Der methodische Gleichgewichtsbegriff lässt sich mit der Lösung eines mathematischen Gleichungssystems, welches in formaler Weise das wirtschaftliche Geschehen abbildet, identifizieren. Wird der Wirtschaftsprozess durch ein simultanes Gleichungssystem, d.h. durch ein ökonomisches Modell, beschrieben, so charakterisiert die Lösung dieses öko-

---

[14] In der Neokeynesianischen Theorie (Neuen Keynesianischen Makroökonomik) würde man dagegen bei Vorliegen unfreiwilliger Arbeitslosigkeit von einem temporären Gleichgewicht bei Mengenrationierung sprechen, falls die auf dem Arbeitsmarkt rationierten Haushalte ihr eigentlich geplantes Arbeitsangebot aufgeben und stattdessen zu einem effektiven Arbeitsangebot in Höhe der Rationierungsschranke $N = N^d$ übergehen.

nomischen Systems ein Gleichgewicht (im methodischen Sinne), falls sich der Lösungs-
vektor der **modellendogenen** (durch das System erklärten) Variablen bei Konstanz
der **exogenen** (von außen vorgegebenen) Variablen im Zeitablauf nicht ändert.

Hierzu das folgende **Beispiel** eines (einfachen) **Gütermarktmodells**:

$$Y = C + I + G, \tag{1.16}$$
$$C = a + b \cdot Y \qquad (a > 0; \ 0 < b < 1). \tag{1.17}$$

Dieses Gleichungssystem[15] besitzt die folgenden **Lösungswerte** für das Inlandsprodukt
Y und den privaten Konsum C:

$$Y^0 = \frac{1}{1-b}(a + I + G), \tag{1.18}$$
$$C^0 = \frac{a}{1-b} + \frac{b}{1-b}(I + G). \tag{1.19}$$

Gleichung (1.16) beschreibt das Inlandsprodukt von der Verwendungsseite (Güternachfrageseite): Die Komponenten der gesamtwirtschaftlichen Güternachfrage sind in einer
geschlossenen Volkswirtschaft der private Konsum C, die private Investitionsnachfrage
I und die Staatsausgaben für Güter und Dienste G. Gleichung (1.17) ist die Gleichung
für die makroökonomische Konsumfunktion (vgl. (1.12)). Wird von einem konstanten
(und auf den Wert eins normierten) Preisniveau des Inlandsprodukts ausgegangen (Fixpreisannahme), so fallen Real- und Nominalgrößen zusammen, so dass auch zwischen
Real- und Nominalplanung nicht unterschieden werden muss.

Die Größen Y und C sind **modellendogene** Variablen, die durch das Gleichungssystem
(1.16), (1.17) erklärt werden. Die private Investition I und die Staatsausgaben G sind
dagegen – ebenso wie der autonome Konsum a und die marginale Konsumquote b –
exogene Größen, die von außen vorgegeben werden.

Die Lösungswerte der endogenen Variablen sind durch die Gleichungen (1.18) und (1.19)
gegeben. Diese beschreiben ein Gleichgewicht im methodischen Sinne, da sie sich nicht
ändern, wenn die Werte der exogenen Variablen und Parameter I, G, a und b konstant
sind.

---

[15]Hierbei handelt es sich um ein **statisches** System, da alle Variablen auf die gleiche Zeitperiode
bezogen sind und deshalb auf eine zeitliche Indexierung der Variablen verzichtet werden kann. Das
Modell (1.16), (1.17) kann als stationärer Zustand des **dynamischen** Systems
 (1) $Y_t = C_{t-1} + I_{t-1} + G_{t-1}$,
 (2) $C_t = a + b \cdot Y_t$
aufgefasst werden. In (1) wird unterstellt, dass sich die Unternehmen mit einer zeitlichen Verzögerung
von einer Periode Änderungen der Güternachfrage anpassen. Die zeitliche Entwicklung des Nationaleinkommens wird dann durch die dynamische Gleichung (Differenzengleichung)
 (3) $Y_t = b \cdot Y_{t-1} + a + I_{t-1} + G_{t-1}$
beschrieben. Im stationären Gleichgewicht ändert sich die modellendogene Variable Y bei Konstanz
der exogenen Variablen I und G nicht mehr. Es gilt dann
 (4) $Y^0 = b \cdot Y^0 + a + I^0 + G^0$.
Hieraus folgt der durch (1.18) gegebene Lösungswert für Y, welcher ein methodisches Gleichgewicht
charakterisiert.

Im vorliegenden Beispiel kann die durch (1.18) und (1.19) beschriebene Gleichgewichtslösung auch als ein Gleichgewicht im theoretischen Sinne interpretiert werden.
Dies ist der Fall, wenn auf dem gesamtwirtschaftlichen Gütermarkt ein Zustand der
Planerfüllung vorliegt, d.h. wenn das am Anfang der Planperiode aufgestellte und dem
Gütermarkt signalisierte geplante gesamtwirtschaftliche Güterangebot (Y^s) mit der geplanten gesamtwirtschaftlichen Güternachfrage (Y^d) übereinstimmt. In diesem Fall lässt
sich die Ex-post-Identitätsgleichung (1.16) auch als Ex-ante-Gleichgewichtsbedingung
des Gütermarktes interpretieren: Aus der Gütermarkt-Gleichgewichtsbedingung[16]

$$Y^s \overset{!}{=} Y^d, \tag{1.20}$$

der Definitionsgleichung für das realisierte Inlandsprodukt[17]

$$Y := Y^s \tag{1.21}$$

und der Definitionsgleichung für die gesamtwirtschaftliche Güternachfrage

$$Y^d := C + I + G \tag{1.22}$$

folgt durch Zusammenfassung Gleichung (1.16), d.h. $Y = C + I + G$, welche jetzt eine
Bedingung für ein Gütermarktgleichgewicht im theoretischen Sinne ist. Der Lösungswert
für Y (Gleichung (1.18)) genügt dann insbesondere der Marktgleichgewichtsbedingung
$Y^s \overset{!}{=} Y^d$, so dass es sich bei dem Lösungswert Y^0 sowohl um ein theoretisches als auch
methodisches Gleichgewicht handelt.

Dieses Beispiel zeigt, dass ein Gleichgewicht im methodischen Sinne auch ein Gleichgewicht im theoretischen Sinne sein kann. Generell braucht dies aber nicht der Fall zu
sein. Wenn auf dem Arbeitsmarkt dauerhaft eine Situation der Art $N = N^d < N^s$ vorliegt (d.h. ein dauerhafter Angebotsüberschuss bzw. eine dauerhafte Arbeitslosigkeit),
so befindet sich dieser Markt zwar in einer Ruhelage, jedoch nicht in einer Situation des
Marktausgleichs. Der methodische Gleichgewichtsbegriff ist in gewisser Weise also um-
fassender und weniger stringent als der theoretische, da er auch solche ökonomischen
Zustände als Gleichgewichtszustände interpretiert, bei denen geplantes Angebot und
geplante Nachfrage nicht übereinstimmen.

Andererseits sind aber auch Situationen denkbar, in denen zwar das geplante Angebot
gleich der geplanten Nachfrage ist, trotzdem aber – etwa aufgrund von Erwartungsanpassungen und damit einhergehenden Planrevisionen – kein zeitlicher Ruhezustand vorliegt, sondern ein Marktgleichgewicht, das sich ständig verändert. Man würde dann von
einem **temporären Marktgleichgewicht** sprechen, um anzudeuten, dass sich dieses
in der Zeit aufgrund bestimmter Anpassungsprozesse (wie Anpassung von fehlerhaften

---

[16]Durch das Ausrufungszeichen soll zum Ausdruck gebracht werden, dass es sich in (1.20) um eine
Bedingungsgleichung handelt. Die Doppelpunkte in den nachfolgenden Gleichungen (1.21) und (1.22)
kennzeichnen dagegen Definitionsgleichungen. In einer Ex-ante-Betrachtungsweise handelt es sich bei
Y^s und Y^d um Plangrößen, so dass diese genaugenommen noch mit dem hochgestellten Index „gepl."
zu versehen sind (vgl. Abbildung 1.5).

[17]Gleichung (1.21) besagt, dass die Unternehmen ihre geplante Produktion auch tatsächlich realisieren, so dass in Höhe der geplanten Produktion ein Inlandsprodukt geschaffen wird. Dieses wird also
durch das geplante Güterangebot festgelegt.

Erwartungen) ständig verändert.[18] Nur wenn ein **dauerhaftes Marktgleichgewicht** vorliegt (d.h. wenn alle Anpassungsprozesse abgeschlossen sind und keine exogenen Störungen mehr auftreten), wäre dieser ökonomische Zustand auch ein Ruhezustand des Systems und damit ein Gleichgewicht im methodischen Sinne.

Es wurden bisher zwei Gleichgewichtsbegriffe diskutiert, die in der **positiven Ökonomik** eine zentrale Rolle spielen. Von diesen beiden werturteilsfreien Gleichgewichtskonzeptionen ist der **normative Gleichgewichtsbegriff** zu unterscheiden, der einen wünschenswerten Zustand charakterisiert. So lassen sich die im deutschen Stabilitäts- und Wachstumsgesetz (Gesetz zur Förderung der Stabilität und des Wachstums der Wirtschaft) von 1967 genannten vier **wirtschaftspolitischen Ziele** „Preisniveaustabilität", „hoher Beschäftigungsstand", „außenwirtschaftliches Gleichgewicht" und „angemessenes und stetiges Wirtschaftswachstum" als **gesamtwirtschaftliches Gleichgewicht im normativen Sinne** interpretieren. Positiver und normativer Gleichgewichtsbegriff können leicht auseinanderfallen, wie man sich anhand eines dauerhaften Unterbeschäftigungsgleichgewichts klarmachen kann. Ein dauerhafter Zustand der Art $N = N^d < N^s$ ist ein Gleichgewicht im methodischen Sinne, aber weder ein theoretisches noch normatives Gleichgewicht.

Im Folgenden soll der Gleichgewichtsbegriff immer im **positiven** Sinne interpretiert werden. Man kann die Bedeutung des Gleichgewichtsbegriffes für die ökonomische Analyse daran erkennen, wenn man das Gegenstück zu einem Gleichgewicht im methodischen Sinne betrachtet. In diesem Fall befindet sich das ökonomische System – wenn man nur auf das äußere Erscheinungsbild abstellt – in einem ungleichgewichtigen Zustand, d.h. in einem Zustand ohne Beharrungsvermögen. Wenn kein Zustand der Ruhe vorliegt, handelt es sich um einen vorübergehenden Zustand, der in dieser Form nicht bestehen bleibt. Ein Gleichgewicht im methodischen Sinne beschreibt dagegen definitionsgemäß einen zeitlich beständigen Zustand. Handelt es sich hierbei außerdem um ein **stabiles Gleichgewicht**, so konvergiert das ökonomische System gegen einen solchen Zustand, so dass Ungleichgewichtssituationen, die aufgrund eines exogenen Schocks entstanden sind, keinen dauerhaften Bestand haben. Ein stabiles Gleichgewicht ist dadurch definiert, dass das System bei einer einmaligen äußeren Störung in den ursprünglichen Zustand zurückkehrt. Ein anschauliches Beispiel wäre eine Kugel in einer Schale, die bei einem kleinen und einmaligen Anstoß in die Ruhelage zurückkehrt (Abbildung 1.6). Ein **instabiles Gleichgewicht** liegt dagegen vor, wenn sich die Kugel auf der Schale zunächst in einer Ruhelage befindet, durch einen kleinen Anstoß aber nicht wieder in diesen Anfangszustand zurückkehren kann (Abbildung 1.7).

Wird von der Existenz stabiler Gleichgewichtszustände ausgegangen, so befindet sich ein ökonomisches System eher in einem gleichgewichtigen als in einem ungleichgewichtigen Zustand oder strebt zumindest von der Tendenz her einem (stabilen) Gleichgewicht zu. Ein Gleichgewicht ist ein theoretischer Endzustand des ökonomischen Systems, der

---

[18]Wird das einfache Gütermarktmodell in der Weise modifiziert, dass die Haushalte bei ihrer Konsumplanung nicht das laufende, sondern das Einkommen der Vorperiode zugrundelegen ($C_t = a + b \cdot Y_{t-1}$), so ergibt sich im Falle $Y_t^s \stackrel{!}{=} Y_t^d = Y_t = C_t + I^0 + G^0$ eine Folge temporärer Marktgleichgewichte. Eine Ruhelage wäre erst im stationären Gleichgewicht $Y^0 = C^0 + I^0 + G^0$, $C^0 = a + b \cdot Y^0$, erreicht. Die genaue Beschreibung des Anpassungsprozesses erfolgt im Zuge der Multiplikatoranalyse (Abschnitt 2.1.7).

Abb. 1.6: *Stabiles Gleichgewicht*

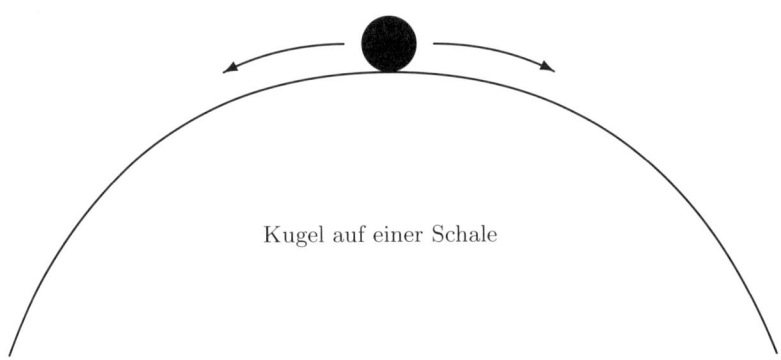

Abb. 1.7: *Instabiles Gleichgewicht*

zwar aufgrund permanenter exogener Störungen des Systems nie erreicht wird, der sich aber ohne Anstöße von außen von selbst einstellen und sich anschließend ad infinitum reproduzieren würde. Stabile Gleichgewichte sind somit Bezugspunkte der ökonomischen Analyse.

1.2.4 Statik und Dynamik

Die **statische** und die **dynamische** Analyse sind zwei wirtschaftswissenschaftliche Analysetechniken, die sich durch die Art der Einbeziehung der Zeit unterscheiden. Bei der statischen Analyse ist die Zeit eine Konstante, während sie in der dynamischen Analyse eine Variable darstellt.

Genauer beziehen sich bei einer **statischen** Analyse alle Variablen des ökonomischen Systems auf die gleiche Zeitperiode, wobei nur diese eine Periode betrachtet wird. Auf eine zeitliche Datierung der Variablen kann in diesem Fall verzichtet werden. Statische Analyse ist zum Beispiel die Ermittlung der Gleichgewichtslösung eines simultanen Gleichungssystems wie des bereits behandelten Gütermarktmodells (1.16), (1.17):

$$\left. \begin{array}{l} Y = C + I + G \\ C = a + b \cdot Y \end{array} \right\} \Rightarrow \begin{array}{l} Y^0 = \dfrac{1}{1-b}(a + I + G) \\ C^0 = \dfrac{a}{1-b} + \dfrac{b}{1-b}(I + G). \end{array} \tag{1.23}$$

Mit Hilfe der statischen Analyse kann untersucht werden, wie ein Gleichgewicht in der betrachteten Periode aussieht. Sie beantwortet dagegen nicht die Frage, wie ein solches Gleichgewicht zustandekommt, d.h. welche Anpassungsprozesse stattfinden, wenn man sich nicht im Gleichgewicht befindet. Die statische Analysetechnik erlaubt nur die Untersuchung einzelner ökonomischer Zustände, nicht dagegen die Analyse zeitlicher (Anpassungs-) Prozesse.

In den Wirtschaftswissenschaften führt man sehr häufig eine **komparativ-statische**, d.h. eine vergleichende statische Analyse durch. Eine komparativ-statische Analyse liegt vor, wenn alternative Gleichgewichtssituationen miteinander verglichen werden. In dem obigen Gütermarktmodell könnte man zum Beispiel im Rahmen einer komparativ-statischen Analyse die Auswirkungen einer Staatsausgabensteigerung auf das Gleichgewichtseinkommen Y^0 untersuchen (Abbildung 1.8).

In Abbildung 1.8 charakterisiert die 45°-Linie $Y^s = Y$ das Angebotsverhalten der Unternehmen (Angebotskurve). Sie besagt, dass die privaten Unternehmen ihre geplante Güterproduktion ohne Abänderung realisieren, so dass in Höhe von Y^s ein realisiertes Inlandsprodukt entsteht. Die gesamtwirtschaftliche Güternachfragekurve Y_0^d ergibt sich, indem die Konsumfunktion $C = a + b \cdot Y$ parallel um den Betrag $I^0 + G^0$ nach oben verschoben wird. Im Schnittpunkt von Angebots- und Nachfragekurve (Punkt Q_0) stimmen die Angebots- und Nachfragepläne überein, so dass zu diesem Punkt das Gleichgewichtseinkommen

$$Y^0 = \frac{1}{1-b}(a + I^0 + G^0) \tag{1.24}$$

gehört. Abbildung 1.8 enthält zwei verschiedene Nachfragekurven (Y_0^d und Y_1^d), die auf unterschiedlichen Werten der Staatsausgaben G beruhen. Die nach oben verschobene Nachfragekurve Y_1^d ergibt sich aus einer exogenen Staatsausgabensteigerung von G^0 auf den höheren Wert G^1. Hieraus resultiert ein höheres Gleichgewichtseinkommen Y^1.

Im vorliegenden Gütermarktmodell lässt sich im Rahmen einer komparativ-statischen Gleichgewichtsanalyse die Frage beantworten, welche Einkommenseffekte die Verschiebung der gesamtwirtschaftlichen Güternachfragekurve mit sich bringt. Bei diesem Vergleich zweier zeitlich auseinanderfallender Gleichgewichtszustände interessiert man sich nicht für den dynamischen Anpassungsprozess, der das System vom Gleichgewichtspunkt Q_0 in den Gleichgewichtszustand Q_1 überführt. Dieser Anpassungsprozess bleibt bei der komparativen Statik stets im Dunkeln. Implizit wird dabei unterstellt, dass

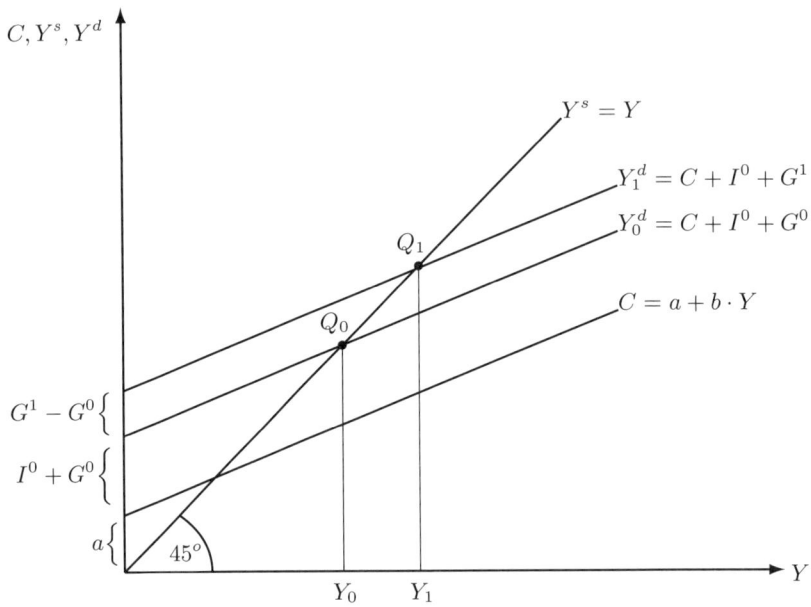

Abb. 1.8: *Komparativ-statische Gleichgewichtsanalyse*

dieser Anpassungsprozess auch tatsächlich zum neuen Gleichgewicht konvergiert, d.h. dass das neue Gleichgewicht Q_1 **stabil** ist. Um die Frage der Stabilität beantworten zu können, bedarf es genaugenommen einer ergänzenden dynamischen modelltheoretischen Betrachtung, die den zeitlich gestreckten Anpassungsprozess in formaler Weise abbildet und außerdem die Formulierung von Stabilitätsbedingungen zulässt. Dies ist im Wesentlichen die Aussage des **Korrespondenzprinzips** von P.A. Samuelson (1947). Die komparativ-statische Betrachtungsweise ist im Grunde ohne ergänzende dynamische Verlaufsanalyse und damit auch ohne Stabilitätsuntersuchung methodisch nicht zu rechtfertigen. Insofern besteht zwischen komparativer Statik und dynamischer Analyse stets ein enger Zusammenhang.

Wir werden uns im Folgenden in der Hauptsache mit statischer und vergleichender statischer, also komparativ-statischer Analyse beschäftigen und dabei der Einfachheit halber **unterstellen**, dass die betrachteten Gleichgewichtszustände **stabil** sind. Eine ergänzende dynamische Verlaufsanalyse ist dann nicht mehr erforderlich.

Literatur zu Kapitel 1

Blanchard, O. (2006), *Macroeconomics*, 4th Edition, Boston (Mass.), Kapitel 27.

Dieckheuer, G. (2003), *Makroökonomik. Theorie und Politik*, 5., vollständig überarbeitete Auflage, Berlin [u.a.], Kapitel 1.

Felderer, B., S. Homburg (2005), *Makroökonomik und neue Makroökonomik*, 9., verbesserte Auflage, Berlin [u.a.], Kapitel 1-3.

Gordon, R.J. (2006), *Macroeconomics*, 10th Edition, Boston (Mass.), Kapitel 1-2.

Keynes, J.M. (1936), *The General Theory of Employment, Interest and Money*, London; deutsche Übersetzung: Keynes, J.M. (2006), *Allgemeine Theorie der Beschäftigung, des Zinses und des Geldes*, 10., verbesserte Auflage, Berlin.

Mankiw, N.G. (2006), *Macroeconomics*, 6th Edition, New York, Kapitel 2 und 16.1.

Spezialliteratur

Arrow, K.J.; G. Debreu (1954), Existence of an Equilibrium for a Competitive Economy, in: *Econometrica* 22, S. 265-290.

Debreu, G. (1976), *Werttheorie*, Berlin. Siehe auch: Theory of Value, New York 1959.

Samuelson, P.A. (1947), *Foundations of Economic Analysis*, Cambridge, 2., erweiterte Auflage 1983.

2   Der Gütermarkt

In diesem Kapitel erfolgt eine Partialanalyse des gesamtwirtschaftlichen Gütermarktes. Zunächst wird das **Grundmodell** des gesamtwirtschaftlichen Gütermarktes entwickelt. Hierbei handelt es sich um ein Gleichgewichtsmodell, welches als einzige Verhaltensgleichung eine makroökonomische Konsumfunktion beinhaltet und von wirtschaftlicher Aktivität des Staates absieht. Dieses Grundmodell wird später dahingehend erweitert, dass die Staatsausgaben für Güter und Dienste sowie die Staatseinnahmen in Form direkter Steuern berücksichtigt werden und schließlich auch eine weitere Verhaltensgleichung in Form einer zinsabhängigen Investitionsfunktion Verwendung findet.

2.1   Das Grundmodell

2.1.1   Zur Gleichgewichtsbedingung des Gütermarktes

Das Grundmodell zur Beschreibung des gesamtwirtschaftlichen Gütermarktes und zur Erklärung des Nationaleinkommens einer Periode ist ein **Gleichgewichtsmodell**; daher erfolgt zunächst eine Diskussion der Gleichgewichtsbedingung dieses Marktes.

Auf dem gesamtwirtschaftlichen Gütermarkt wird das volkswirtschaftliche Güterbündel Y^r gehandelt, das als homogenes, universal verwendbares Gut interpretiert werden soll. Der zugehörige Preis P ist ein Preisindex, d.h. ein gewogener Durchschnitt aller Güterpreise, die im nominalen Nationaleinkommen Y^n enthalten sind.

In diesem Kapitel wird die **zentrale Annahme** getroffen, dass sich das Preisniveau P während des zugrundegelegten Analysezeitraums nicht ändert, d.h. auf einen konstanten Wert P_0 fixiert ist:

$$P = P_0. \tag{2.1}$$

Für die kurzfristige makroökonomische Analyse ist eine solche **Fixpreisannahme** durchaus gerechtfertigt, da Mengen normalerweise schneller reagieren als Preise. Das bedeutet, dass bei Nachfrageveränderungen in der Regel zunächst eine unternehmerische Mengenanpassung (Produktionsänderung, Lagerbestandsänderung) stattfindet und eine Preisanpassung erst mit einer zeitlichen Verzögerung einsetzt.

Die Fixpreisannahme impliziert, dass für die hier zugrundegelegte kurze Frist der Preisanpassungsmechanismus zur Herstellung eines Marktgleichgewichts auf dem Gütermarkt ausfällt. Ein güterwirtschaftliches Gleichgewicht kann somit nur über Mengenanpassungen zustandekommen. Weiter folgt aus der Fixpreisannahme, dass sich nominale und reale Größen stets in die gleiche Richtung und um den gleichen Prozentsatz verändern.[1] Wird außerdem der exogen vorgegebene Preisindex des Nationaleinkommens der Einfachheit halber auf den Wert eins normiert ($P = P_0 = 1$), sind nominales und reales Nationaleinkommen sogar identisch:

$$Y^n = Y^r, \quad \text{falls} \quad P = P_0 = 1. \tag{2.2}$$

Eine entsprechende Identität gilt im Falle $P = P_0 = 1$ für alle Variablen des güterwirtschaftlichen Bereichs, insbesondere für die Konsumgüternachfrage der privaten Haushalte. Insofern hat auch die Frage, ob hinsichtlich ihres Nachfrageverhaltens auf dem gesamtwirtschaftlichen Gütermarkt Geldillusion oder Freiheit von Geldillusion unterstellt werden soll, in diesem Kapitel noch keine Relevanz. Bei konstantem Güterpreisniveau ist Realplanung nicht von Nominalplanung zu unterscheiden. Trotzdem soll auch in diesem Kapitel das Verhalten der Anbieter und Nachfrager auf dem gesamtwirtschaftlichen Gütermarkt nur durch Realgrößen ausgedrückt werden.

Im Folgenden soll auf die Verwendung des hochgestellten Index „r" zur Kennzeichnung von Realgrößen verzichtet werden. Das Symbol Y ist dann eine verkürzte Schreibweise für das **reale Inlandsprodukt** Y^r:

$$Y := Y^r, \quad \text{wobei} \quad Y^r = Y^n/P. \tag{2.3}$$

Durch den Doppelpunkt in (2.3) soll angedeutet werden, dass das Symbol Y als Abkürzung für eine bereits erklärte Variable steht. Bezogen auf den makroökonomischen Gütermarkt ist Y die gesamtwirtschaftliche Menge an Endnachfragegütern, die innerhalb der betrachteten Periode vom Unternehmenssektor realisiert wird. Der gesamtwirtschaftliche Gütermarkt ist somit der Markt für das Nationaleinkommen Y, wobei das dahinter stehende Güterbündel als homogenes und universal verwendbares Gut aufgefasst wird.

In einer makroökonomischen Ex-ante-Analyse des Gütermarktes geht es darum, die Entstehung und Verwendung des Nationaleinkommens für eine **Planungsperiode** zu beschreiben und zu erklären; es muss daher zwischen realisierten Größen und Plangrößen unterschieden werden. Beim realen Nationaleinkommen Y handelt es sich um eine **realisierte** Größe, die sich ex post, d.h. nach Ablauf der Planperiode, durch Zusammenfassung aller Gütertransaktionen der gesamtwirtschaftlichen Endnachfrage ergibt. Demgegenüber sind das aggregierte Güterangebot Y^s und die aggregierte Güternachfrage Y^d – bezogen auf eine Planungsperiode – **Plangrößen**, die ex ante, d.h. zu Beginn der Periode, dem Gütermarkt signalisiert, aber nicht notwendigerweise gleichzeitig realisiert werden (vgl. Abbildung 1.5). Genaugenommen müssten wir also die Größen Y^s und Y^d mit dem folgenden Zusatz versehen, um sie als Planungsgrößen zu kennzeichnen:[2]

$$Y^s := Y^{s,gepl.} \quad \text{bzw.} \quad Y^d := Y^{d,gepl.}. \tag{2.4}$$

Aus Gründen der Vereinfachung wird auf diesen Zusatz häufig verzichtet.

---

[1]Im Falle $P = P_0$ stimmt die Änderungsrate des nominalen mit der Änderungsrate des realen Nationaleinkommens überein: $\Delta Y^n/Y^n = \Delta Y^r/Y^r$, falls $P = P_0$.

[2]Der Zusatz „*gepl.*" steht dabei als Abkürzung für das Wort „geplant". Der hochgestellte Index „s" bzw. „d" steht abkürzend für „*supply*" bzw. „*demand*".

Auf dem gesamtwirtschaftlichen Gütermarkt treffen im Rahmen einer Ex-ante-Analyse das **geplante** gesamtwirtschaftliche Güterangebot Y^s und die **geplante** aggregierte Güternachfrage Y^d aufeinander. Dabei können die dem Markt zu Beginn der Planungsperiode signalisierten Pläne der Anbieter und Nachfrager in ihrer Gesamtheit entweder genau übereinstimmen ($Y^s = Y^d$) oder auseinanderfallen ($Y^s \neq Y^d$). Im ersten Fall werden alle Angebots- und Nachfragepläne voll realisiert, während im zweiten Fall einige Marktteilnehmer nicht zum Zuge kommen.

Die drei Aggregatvariablen Y, Y^s und Y^d stimmen nur dann überein, wenn sich der Gütermarkt in einem Zustand des **Marktausgleichs** befindet, d.h. wenn

$$Y^s = Y^d \tag{2.5}$$

gilt. In diesem Fall wird durch die **Gleichgewichtsbedingung** des Gütermarktes das realisierte Nationaleinkommen Y **definiert**:

$$Y := Y^s \overset{!}{=} Y^d. \tag{2.6}$$

Das Ausrufungszeichen über dem zweiten Gleichheitszeichen von (2.6) soll andeuten, dass es sich bei der zweiten Gleichung um eine **Bedingungsgleichung** handelt, während der Doppelpunkt vor dem ersten Gleichheitszeichen eine **Definitionsgleichung** kennzeichnen soll. Diese doppelte Gleichung ist so zu lesen, dass das Niveau des realisierten Nationaleinkommens, das sich als Strömungsgröße bis zum Ende der Planungsperiode ergibt, bei Übereinstimmung von geplantem Güterangebot und geplanter Güternachfrage sowohl von der Angebotsseite als auch von der Nachfrageseite bestimmt werden kann:

$$Y^s \overset{!}{=} Y^d \;\Rightarrow\; Y = Y^s \quad \textbf{und} \quad Y = Y^d. \tag{2.7}$$

Bei Vorliegen eines Marktgleichgewichts auf dem gesamtwirtschaftlichen Gütermarkt legen Y^s und Y^d gleichzeitig das realisierte Nationaleinkommen fest. Y ist dann ein **gleichgewichtiges Nationaleinkommen** oder **Gleichgewichtseinkommen**.

Was passiert nun, wenn geplantes Güterangebot und geplante Güternachfrage auseinanderfallen ($Y^s \neq Y^d$), d.h. kein Zustand des Marktausgleichs vorliegt? In diesem Fall ergeben sich unter der Voraussetzung, dass die Angebots- und Nachfragepläne in der betrachteten Periode nicht revidiert werden, **ungeplante Lagerbestandsänderungen**. Genauer gilt: Halten die Unternehmen trotz eines bestehenden Marktungleichgewichts ihre zu Beginn der Periode aufgestellte Angebotsplanung aufrecht, entsteht genau in Höhe von Y^s ein Nationaleinkommen:

$$Y = Y^s. \tag{2.8}$$

Im Unterschied zu einem Gütermarktgleichgewicht wird jetzt das realisierte Nationaleinkommen (Y) nur noch durch das geplante Güterangebot (Y^s) determiniert. Wegen $Y^s \neq Y^d$ ist Y kein Gleichgewichtseinkommen mehr. Für die Produzenten ergibt sich dann eine ungeplante Änderung ihres Lagerbestands.

Wenn zum Beispiel die geplante Güternachfrage das geplante Güterangebot übersteigt ($Y^d > Y^s$) und die Unternehmen trotz dieser Überschussnachfrage keine Planrevision vornehmen (d.h. nur in Höhe ihres geplanten Angebots Y^s ein Nationaleinkommen realisieren), so kann der bestehende Nachfrageüberschuss nur durch einen Lagerabbau vermindert werden. Reichen die Lagerbestände nicht aus, kommen einige Nachfrager nicht zum Zuge.

Die umgekehrte Situation liegt bei einem Angebotsüberschuss auf dem Gütermarkt vor ($Y^d < Y^s$). Realisieren die Produzenten ihr geplantes Güterangebot ($Y^s = Y$), ergibt sich eine ungeplante bzw. ungewollte Lageraufstockung im Umfange von $Y - Y^d$. Diese muss **ungeplant** sein, da die Lagerbestandserhöhung eine Vorratsinvestition darstellt und somit zur gesamtwirtschaftlichen Investition zählt, welche wiederum Bestandteil der gesamtwirtschaftlichen Güternachfrage ist. Die **geplante** Güternachfrage beträgt aber nur $Y^d < Y^s$. Wäre die Lageraufstockung von vornherein geplant gewesen, wäre die geplante aggregierte Güternachfrage insgesamt größer, so dass wieder die Gleichgewichtsbedingung $Y^d = Y^s$ gelten würde.[3]

Eine ungeplante Lagerbestandsänderung findet also immer dann statt, wenn geplantes Güterangebot und geplante Güternachfrage auseinanderfallen und die Unternehmen ihr ex ante geplantes Angebot auch realisieren ($Y = Y^s \neq Y^d$). Ein solches Ungleichgewicht auf dem gesamtwirtschaftlichen Gütermarkt kann nur über Planrevisionen der Marktteilnehmer behoben werden. Aus der Sicht der Unternehmen bedeutet dies – da Preisanpassungen annahmegemäß ausfallen – mengenmäßige Anpassungen zur Verminderung von ungeplanten Lagerveränderungen.

Vorstellbar ist auch eine Situation der Art $Y^s \neq Y^d = Y$, in welcher das realisierte Nationaleinkommen durch die geplante Güternachfrage bestimmt wird. Wenn zum Beispiel Y^s das **gewinnmaximale Güterangebot** darstellt, welches wegen $Y^d < Y^s$ nicht vollständig absetzbar ist, so werden die Unternehmen, wenn sie nicht auf Lager produzieren wollen und über ihre Absatzbeschränkung (und damit auch über die daraus resultierende Lageraufstockung) informiert sind, nur eine Gütermenge in Höhe von Y^d herstellen. Es gilt dann $Y = Y^d < Y^s$. Ihr **eigentlich geplantes (hypothetisches) Güterangebot** wird dann aufgegeben und stattdessen ein **effektives Güterangebot** in Höhe der Güternachfrage realisiert. Werden solche Planrevisionen ex ante nicht vorgenommen, liegt keine Gleichgewichtssituation auf dem gesamtwirtschaftlichen Gütermarkt vor.

2.1.2   Das gesamtwirtschaftliche Güterangebot

Wonach richtet sich die Angebotsplanung der Unternehmen? Dazu wird eine einfache Verhaltenshypothese bzgl. des geplanten Güterangebots formuliert. Im Rahmen des hier unterstellten Fixpreisansatzes ist die Hypothese naheliegend, dass die **geplante** Güterproduktion nach Maßgabe der von den Produzenten **erwarteten Güternachfrage** erfolgt: Es soll unterstellt werden, dass die Unternehmen bei dem exogen vorgegebenen Güterpreisniveau $P = P_0$ genau diejenige Gütermenge planen und gleichzeitig realisieren, die der von ihnen erwarteten Güternachfrage ($Y^{d,erw.}$) entspricht. Das realisierte Nationaleinkommen stimmt dann mit der erwarteten Güternachfrage überein:

$$Y^s = Y^{d,erw.} \quad \text{und} \quad Y = Y^s \quad \Rightarrow \quad Y = Y^{d,erw.}. \tag{2.9}$$

---

[3]Ebenso ist der Lagerabbau im Falle $Y^d > Y^s$ ungeplanter Natur, da anderenfalls Y^d nicht größer, sondern gleich Y^s wäre.

Diese Verhaltenshypothese lässt sich folgendermaßen interpretieren: Die gesamtwirtschaftliche Produktionsmenge Y bzw. das realisierte Nationaleinkommen wird von der **Absatzseite** her bestimmt. Das Güterpreisniveau spielt bei der Planung des Güterangebots keine Rolle, da dieses annahmegemäß in der kurzen Frist eine gegebene Größe ist. Änderungen der (erwarteten) Güternachfrage bewirken, dass sich die Unternehmen mit ihrem mengenmäßigen Angebot **vollkommen** dieser Nachfrageänderung anpassen.[4] Angebotsanpassungen bedürfen hierbei keiner Preisänderung. Aus einzelwirtschaftlicher Sicht ist eine solche Verhaltensweise nur dann rational, wenn durch Mengenanpassungen keine Gewinneinbußen verbunden sind. Dies setzt voraus, dass in dem Bereich, in dem Mengenanpassungen stattfinden, der Preis bzw. Grenzerlös größer oder gleich den unternehmerischen Grenzkosten ist; der Grenzgewinn ist dann positiv (oder gleich null). Eine Produktionsmengenausdehnung ist in diesem Fall auch ohne Preissteigerung mit einer Zunahme des Gewinns (oder einer unveränderten Gewinnsituation) verbunden.[5] Die unternehmerische Verhaltenshypothese (2.9) impliziert also, dass Steigerungen des Güterangebots geplant werden können, auch wenn erwartet wird, dass das Güterpreisniveau unverändert bleibt.

Eine vollkommene Mengenanpassung der Produzenten an Nachfrageänderungen, insbesondere Nachfragesteigerungen, setzt weiter voraus, dass Produktionsanpassungen in der kurzen Frist technisch möglich sind, d.h. dass die Produktionskapazität nicht voll ausgelastet ist und außerdem stets in ausreichendem Maße Produktionsfaktoren vorhanden sind, um jede gewünschte Mehrnachfrage befriedigen zu können. Es wird also **Unterbeschäftigung** der Produktionsfaktoren unterstellt.[6] Die Verhaltenshypothese (2.9) der Unternehmen besagt außerdem, dass das geplante Güterangebot von der von ihnen **erwarteten** Güternachfrage bestimmt wird. Die Unternehmen können zwar ihr Güterangebot planen und festlegen, nicht jedoch die Güternachfrage, da diese – neben der unternehmerischen Investitionsnachfrage – vor allem aus der Konsumgüternachfrage der privaten Haushalte besteht.[7] Die Unternehmen sind daher bei der Planung ihres Angebots auf Vermutungen angewiesen, d.h. sie sind gezwungen, über die Höhe der Güternachfrage **Erwartungen** zu bilden. Anschließend planen und produzieren sie ein Angebot, das genau diesen Nachfrageerwartungen entspricht. Das realisierte Nationaleinkommen (Y) stimmt dann mit der von ihnen erwarteten Güternachfrage $(Y^{d,erw.})$ überein.

Die von den Unternehmen erwartete Güternachfrage kann sich ex post, d.h. nach Abschluss der Planperiode, als falsch erweisen; die Folge wäre eine ungeplante Lagerbestandsänderung. Wenn zum Beispiel ihre Nachfrageerwartung größer als die Nachfrageplanung (von Haushalten, Unternehmen und Staat) ist, gilt

$$Y = Y^s = Y^{d,erw.} > Y^d. \tag{2.10}$$

---

[4]Formal bedeutet dies $dY^s/dY^{d,erw.} = 1$.

[5]Für den Gewinn π in Abhängigkeit von der Produktionsmenge Y gilt $\pi(Y) = P \cdot Y - K(Y) =$ Erlös − Kosten. Hieraus folgt für den Grenzgewinn $d\pi/dY$, wenn P ein Datum ist:

$$d\pi/dY = P - dK/dY \overset{!}{>} 0 \Leftrightarrow P > dK/dY \text{ (d.h. Preis > Grenzkosten).}$$

[6]Bei voller Beschäftigung der Faktoren sind keine Mengen-, sondern nur noch Preisanpassungen möglich.

[7]In einer geschlossenen Volkswirtschaft gilt definitionsgemäß $Y^d = C + I + G$ (C = private Konsumgüternachfrage, I = private Investitionsnachfrage, G = Staatsausgaben, d.h. öffentlicher Konsum plus öffentliche Investition).

Hieraus würde eine ungeplante Lageraufstockung im Umfange von $Y - Y^d$ resultieren. Diese ungeplante Lageraufstockung entspricht genau dem unternehmerischen **Erwartungsfehler** $Y^{d,erw.} - Y^d$.

Solange die Nachfrageerwartungen der Unternehmen nicht korrekt sind, befindet sich der Gütermarkt nicht im Gleichgewicht, d.h. fallen geplante Güterproduktion Y^s und geplante Güternachfrage Y^d auseinander:

$$Y^s - Y^d = Y^{d,erw.} - Y^d \neq 0 \quad \Leftrightarrow \quad Y^{d,erw.} \neq Y^d. \tag{2.11}$$

Zur Vermeidung unerwünschter Lagerbestandsänderungen werden die Unternehmen in einem Prozess der Erwartungsrevision mit einhergehender Produktionsanpassung versuchen, ein Marktgleichgewicht herzustellen. Wie dieser Anpassungsprozess zum Gleichgewicht konkret aussieht, kann nur über eine explizite dynamische Analyse geklärt werden, worauf hier aber nicht eingegangen werden soll.

Wir gehen daher im Folgenden von **korrekten** unternehmerischen Nachfrageerwartungen aus:

$$Y^{d,erw.} = Y^d. \tag{2.12}$$

In diesem Fall bestimmt die tatsächlich am Markt auftretende Güternachfrage, die sog. **effektive Güternachfrage** (Y^d), das geplante und realisierte Güterangebot:

$$Y^s = Y = Y^{d,erw.} = Y^d \quad \Rightarrow \quad Y^s = Y^d. \tag{2.13}$$

Wenn die **effektive** (anstelle einer nicht korrekt erwarteten) Güternachfrage das Güterangebot der Unternehmen determiniert, befindet sich der Gütermarkt im Gleichgewicht (im theoretischen Sinne); es wird dann das **Gleichgewichtseinkommen** Y_0, welches durch die Gleichgewichtsbedingung des Gütermarktes, d.h. durch die Gleichheit von Y^s und Y^d definiert ist, realisiert:

$$Y_0 := Y^s \overset{!}{=} Y^d. \tag{2.14}$$

Das Gleichgewichtseinkommen entspricht genau derjenigen Güterproduktion, welche sich bei Übereinstimmung von gesamtwirtschaftlichem Güterangebot und gesamtwirtschaftlicher Güternachfrage ergibt. Wegen

$$Y_0 := Y^d \tag{2.15}$$

stimmt es mit der **effektiven Nachfrage überein**. Bei korrekten unternehmerischen Nachfrageerwartungen legt also die effektive Güternachfrage die Höhe des realisierten Nationaleinkommens fest. Bei diesem Niveau des Nationaleinkommens ergibt sich gleichzeitig ein Zustand der Markträumung auf dem gesamtwirtschaftlichen Gütermarkt. Abbildung 2.1 verdeutlicht diese Zusammenhänge graphisch.

In Abbildung 2.1 ist die Güterangebotskurve $Y^s = Y$ mit der 45°-Linie identisch; dabei wird angenommen, dass jedes beliebig geplante Angebot auch realisierbar ist. Die Güternachfragekurve Y^d (die erst später genau definiert wird) weist demgegenüber

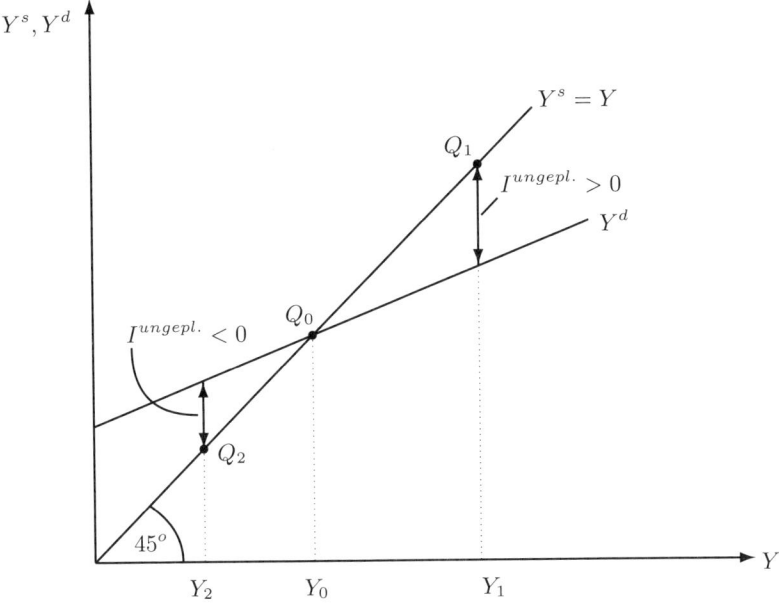

Abb. 2.1: *Bestimmung des Gleichgewichtseinkommens*

eine kleinere (positive) Steigung auf.[8] Im Schnittpunkt beider Kurven (Punkt Q_0) liegt das Gleichgewichtseinkommen Y_0, da genau an dieser Stelle die Gütermarkt-Gleichgewichtsbedingung erfüllt ist. Im Falle $Y = Y_1 > Y_0$ (Punkt Q_1) ergibt sich für die Unternehmen eine ungeplante Lageraufstockung ($I^{ungepl.} > 0$), im Falle $Y = Y_2 < Y_0$ (Punkt Q_2) ein ungeplanter Lagerabbau ($I^{ungepl.} < 0$). Im ersten Fall übersteigt die geplante und realisierte Produktion die geplante gesamtwirtschaftliche Güternachfrage, im zweiten Fall ist sie dagegen kleiner als Y^d. Nur beim Gleichgewichtseinkommen Y_0 sind wegen $Y^s = Y^d$ die Pläne aller Marktteilnehmer miteinander vereinbar. Das von den Unternehmen geplante und realisierte Güterangebot bzw. Inlandsprodukt stimmt im Falle $Y = Y_0$ genau mit der geplanten gesamtwirtschaftlichen Güternachfrage überein. Aus Sicht der Unternehmen sind dann keine Planrevisionen erforderlich, da aufgrund korrekter Nachfrageerwartungen keine ungeplante Lagerbestandsänderung eintreten kann.[9] Die effektive (tatsächliche) Güternachfrage legt in diesem Fall das gesamtwirtschaftliche Güterangebot fest. Lax gesprochen kann man – in Umkehrung des aus der Neoklassik stammenden Sayschen Theorems – auch sagen, dass sich die Nachfrage ihr Angebot schafft.[10]

---

[8]Dies liegt im Wesentlichen daran, dass die marginale Konsumquote der hier verwendeten Keynesschen Konsumhypothese kleiner als eins ist. Vgl. hierzu bereits Abbildung 1.8 aus Abschnitt 1.2.4.

[9]Aus Sicht der Nachfrager können dagegen auch im Falle $Y^s = Y^d$ Planrevisionen eintreten, da die Planung von Y^d auf fehlerhaften Erwartungen (beispielsweise fehlerhaften Einkommenserwartungen der Konsumenten) basieren kann. Hierauf wird in Abschnitt 2.1.6 eingegangen.

[10]Das Saysche Theorem besagt dagegen, dass sich jedes Güterangebot stets seine eigene Nachfrage schafft.

2.1.3 Die Komponenten der gesamtwirtschaftlichen Güternachfrage

Die geplante gesamtwirtschaftliche Güternachfrage Y^d setzt sich in einer geschlossenen Volkswirtschaft ohne staatliche ökonomische Aktivität aus der Konsumgüternachfrage C des Haushaltssektors und der Investitionsgüternachfrage I des Unternehmenssektors zusammen:[11]

$$Y^d = C + I \,. \tag{2.16}$$

C und I sollen hierbei – ebenso wie Y^d – als Realgrößen aufgefasst werden, so dass von Realplanung der Konsumenten und Investoren ausgegangen wird. Die Investitionsnachfrage der Unternehmen bezieht sich strenggenommen auf die Bruttoinvestition, da Kapitalgüter nicht nur zum Zwecke des Ausbaus, sondern auch zur Erhaltung des bestehenden Produktionsapparates nachgefragt werden (Erweiterungs- und Ersatzinvestitionen).

Aus Vereinfachungsgründen soll im Folgenden unterstellt werden, dass keine Ersatzinvestitionen getätigt werden. Dies lässt sich damit rechtfertigen, dass in diesem Kapitel das Verhalten der Güternachfrager untersucht werden soll. Bei den Reinvestitionen handelt es sich aber um eine gesamtwirtschaftliche Größe, die im Wesentlichen vom produktionsbedingten Verschleiß abhängt. Die Höhe der Abschreibungen bzw. Ersatzinvestitionen ist somit produktionstechnisch bedingt. Dagegen hängt die Höhe der Nettoinvestitionen vom Verhalten der Unternehmen auf der Güternachfrageseite ab. Da Ersatzinvestitionen nicht verhaltenstheoretisch erklärt werden und das Verhalten der Güternachfrager betrachtet werden soll, wird die unternehmerische Investitionsnachfrage als **Nettokonzept** aufgefasst.

Wenn I die gesamtwirtschaftliche **Nettoinvestition** darstellt, ist Y das **Nettonationaleinkommen zu Marktpreisen**. Gleichzeitig stimmt Y mit dem **Nettonationaleinkommen zu Faktorkosten (Volkseinkommen)** überein, da bei Vernachlässigung der ökonomischen Aktivität des Staates keine indirekten Steuern und Subventionen berücksichtigt werden müssen.

Im Folgenden sollen Verhaltenshypothesen aufgestellt werden, die das Verhalten der Konsumenten und Investoren erfassen. Zunächst wird nur das Konsumverhalten der privaten Haushalte näher analysiert; hinsichtlich der Investitionsnachfrage der Unternehmen wird der Einfachheit halber unterstellt, dass es sich hierbei um eine exogen vorgegebene Größe handelt:

$$I = \bar{I} \,. \tag{2.17}$$

Die Höhe der geplanten Nettoinvestition wird also – im Gegensatz zum geplanten Konsum C – nicht auf einen kausalen Bestimmungsfaktor zurückgeführt[12] und somit strikt genommen nicht erklärt.

---

[11] Bei Berücksichtigung der ökonomischen Aktivität des Staates sowie von Außenhandelsbeziehungen gilt $Y^d = C + I + G + X - Im$ ($G =$ Staatsausgaben für Güter und Dienste, $X =$ Güterexport, Im = Güterimport). Dabei enthalten die Aggregatgrößen C, I und G auch die jeweilige Nachfrage nach dem Auslandsgut, weshalb die Importgüternachfrage abzuziehen ist, um zur gesamtwirtschaftlichen Nachfrage des In- und Auslands nach dem Inlandsgut zu gelangen.

[12] Dies geschieht erst in Abschnitt 2.3.

Die einfache Investitionshypothese $I = \bar{I}$ lässt sich damit rechtfertigen, dass Grundlage der Investitionsplanung häufig langfristige Ausbaupläne einer Unternehmung sind. Langfristige Ausbaupläne sind von laufenden Produktionsentscheidungen weitgehend unabhängig und werden autonom fixiert. Eine solche Verhaltensweise kann zum Beispiel realistisch sein, wenn die erwartete Güternachfrage zwar mit Hilfe der bestehenden Kapazitäten befriedigt werden kann, trotzdem aber aufgrund technischer Neuerungen Investitionen (insbesondere Rationalisierungsinvestitionen) getätigt werden.

2.1.4 Das Konsum- und Sparverhalten der Haushalte: Die absolute Einkommenshypothese

Im Gegensatz zur Investitionsnachfrage soll die Konsumgüternachfrage der privaten Haushalte kausal erklärt, d.h. auf einen Einflussfaktor zurückgeführt werden. Makroökonomisch ist der wohl wichtigste Bestimmungsfaktor für den geplanten Konsum einer Periode das den Haushalten für diese Periode zur Verfügung stehende Einkommen (Y^v). Dabei kann unterstellt werden, dass sich bei einem Anstieg des **verfügbaren Einkommens** Y^v auch die geplante gesamtwirtschaftliche Konsumgüternachfrage der Haushalte erhöht. Die **Konsumfunktion**

$$C = C(Y^v) \qquad \text{mit} \quad dC/dY^v > 0 \tag{2.18}$$

geht auf J.M. Keynes (1936) zurück und spiegelt die sog. **absolute Einkommenshypothese** wider, wonach die geplante Konsumgüternachfrage[13] maßgeblich vom **laufenden** (verfügbaren) Einkommen, nicht jedoch vom vergangenen oder zukünftigen Einkommen oder von Einkommensänderungen, abhängig ist. Die Größen C und Y^v werden dabei als Realgrößen aufgefasst, so dass der aufgestellten Konsumhypothese Realplanung seitens der privaten Haushalte zugrundeliegt.[14]

Im Rahmen einer Ex-ante-Analyse handelt es sich bei dem verfügbaren Einkommen Y^v genaugenommen um das von den Haushalten (für die Planungsperiode) **erwartete** verfügbare Einkommen. Die Konsumplanung der Haushalte basiert auf ihrer Einkommenserwartung, so dass zunächst

$$C = C(Y_H^{v,erw.}) \tag{2.19}$$

gilt. Wird der Einfachheit halber unterstellt, dass die **Einkommenserwartungen** der Haushalte **korrekt** sind ($Y_H^{v,erw.} = Y^v$), braucht zwischen dem erwarteten und dem tatsächlichen Realeinkommen nicht unterschieden zu werden.

In einer Volkswirtschaft ohne ökonomische Aktivität des Staates stimmen das Nettonationaleinkommen zu Marktpreisen (Y) und das Nettonationaleinkommen zu Faktorkosten (Volkseinkommen) überein; das Volkseinkommen ist wiederum mit dem dispo-

---

[13]Für die geplante Konsumgüternachfrage $C^{gepl.}$ wird vereinfachend nur der Buchstabe C verwendet; auf den Zusatz „gepl." wird verzichtet.

[14]Bei flexiblen Preisen impliziert Realplanung, dass die reale bzw. mengenmäßige Nachfrage nach Konsumgütern unverändert bleibt, wenn Nominaleinkommen und Preisniveau um den gleichen Prozentsatz ansteigen.

niblen (verfügbaren) Einkommen der privaten Haushalte identisch, wenn von einbehaltenen Gewinnen des Unternehmenssektors abstrahiert wird. Diese müssten sonst vom Volkseinkommen abgezogen werden, um zum disponiblen Haushaltseinkommen Y^v zu gelangen, da nicht ausgeschüttete Gewinne für die Haushalte nicht zur Disposition stehen, d.h. nur für die unternehmerische Ersparnisbildung verwendet werden.

Im Folgenden soll stets von möglichen unverteilten Gewinnen der Unternehmen abgesehen werden, so dass in einer Volkswirtschaft ohne staatliche ökonomische Aktivität das Symbol Y sowohl für das Nettonationaleinkommen (zu Marktpreisen und Faktorkosten) als auch für das verfügbare Volkseinkommen steht.

Eigenschaften der Konsumfunktion

Gemäß der **absoluten Einkommenshypothese** nimmt die geplante Konsumgüternachfrage der privaten Haushalte mit wachsendem Realeinkommen zu. Dabei kann die These aufgestellt werden, dass die aus einer Einkommenserhöhung resultierende Konsumsteigerung unterproportional ausfällt, also geringer ist als der zugrundeliegende Einkommensanstieg. Formal weist dann die allgemeine Konsumfunktion $C = C(Y)$ die beiden Eigenschaften

$$\frac{dC}{dY} > 0 \quad \text{und} \quad \frac{dC}{dY} < 1 \quad (\text{also } 0 < \frac{dC}{dY} < 1) \tag{2.20}$$

auf; Keynes (1936, S. 96) bezeichnete das hierdurch zum Ausdruck gebrachte Konsumverhalten der privaten Haushalte als **fundamentales psychologisches Gesetz**.

Der Differentialquotient dC/dY (Kurzform: C_Y),[15] der nach der aufgestellten Gesetzmäßigkeit größer null und kleiner eins ist, wird als **marginale Konsumquote** (marginale Konsumneigung, Grenzneigung zum Konsum) bezeichnet. Sie besagt näherungsweise, um wie viele Einheiten die Konsumnachfrage ansteigt, wenn sich das Realeinkommen um eine Einheit erhöht. Nimmt beispielsweise die marginale Konsumneigung einen konstanten Wert von 0,8 an, so impliziert eine Einkommenssteigerung um eine Einheit unabhängig vom Ausgangsniveau des Einkommens stets eine Konsumsteigerung um 0,8 Einheiten. In dem Parameter bzw. Differentialquotienten dC/dY kommt also eine ganz bestimmte Verhaltenshypothese bzgl. der Konsumplanung der Haushalte zum Ausdruck.

Die aufgestellte Konsumhypothese $C = C(Y)$ darf nicht so verstanden werden, dass der geplante Konsum ausschließlich vom Realeinkommen Y abhängig ist. Y braucht keineswegs die einzige Bestimmungsgröße des privaten Konsums zu sein. Durch die Konsumfunktion soll lediglich zum Ausdruck gebracht werden, dass das Volkseinkommen unter einer Vielzahl möglicher Einflussfaktoren die einzige Determinante ist, die bedeutsam und auch kurzfristig variabel ist.

Im Gegensatz zur Keynesianischen Theorie wird in der **Neoklassischen Theorie** der **Zinssatz** als eine wichtige Bestimmungsgröße der Konsum- und Sparplanung der pri-

---

[15] dC/dY oder C_Y steht für die erste Ableitung der Konsumfunktion nach der unabhängigen Variablen Y.

vaten Haushalte angesehen.[16] Es lässt sich nämlich die Hypothese aufstellen, dass die Ersparnisbildung eines nutzenmaximierenden Haushalts mit wachsendem Zinssatz zunimmt. Je höher der Zinssatz für Wertpapieranlagen ist, desto höher sind die Zinseinkommen in der Zukunft und desto größer ist der Anreiz, heute Ersparnisse zu bilden, d.h. den heutigen Konsum zugunsten eines höheren Zukunftskonsums zu reduzieren. Der laufende Konsum würde dann in negativer Weise vom Zinssatz abhängen.

Aus empirischer Sicht ist eine solche Zinsreagibilität des Konsums eher unbedeutend. Auch von Keynes (1936, S. 94) wurde die Zinsabhängigkeit des Konsums bezweifelt. Solange sich das Realeinkommen nicht ändert, haben kleinere Zinsschwankungen nur geringfügige Auswirkungen auf die laufende Konsum-Sparentscheidung der privaten Haushalte.

Häufig wird auch das **Vermögen** als wichtiger Bestimmungsfaktor des Konsums genannt. Dahinter steht die Vorstellung, dass die Wirtschaftssubjekte einen optimalen Vermögensbestand anstreben. Erhöht sich jetzt das aktuelle Vermögen (zum Beispiel durch eine Zunahme des Aktien- oder Wertpapierbestandes), so verringert sich der Abstand zum gegebenen optimalen Vermögensbestand, so dass weniger gespart und mehr konsumiert wird. Außerdem nehmen mit wachsendem Finanz- und Sachkapitalbestand die Kapitalerträge aus diesen Vermögenskomponenten zu, was wiederum zu einer erhöhten Konsumgüternachfrage führt.

Die Abhängigkeit der realen Konsumgüternachfrage vom Realvermögen lässt sich insbesondere bei Preissenkungen rechtfertigen, da dann sein Gegenwert in Form von Gütern ansteigt. Auch hierdurch können die Haushalte veranlasst werden, ihre Nachfrage nach Konsumgütern zu erhöhen.

Da das Vermögen eine Bestandsgröße ist, die im Unterschied zur Stromgröße Y kurzfristig als konstante Größe aufgefasst werden kann, ist die Vermögensabhängigkeit des Konsums nur für längerfristige Analysen von Relevanz. Außerdem entfällt aufgrund der Fixpreisannahme ein preisinduzierter Realvermögenseffekt. Im Folgenden soll deshalb nur von der Einkommensabhängigkeit der privaten Konsumgüternachfrage ausgegangen werden.

Graphische Darstellung

Für die graphische Darstellung der allgemeinen Konsumfunktion

$$C = C(Y) \qquad \text{mit} \quad 0 < C_Y := \frac{dC}{dY} < 1 \tag{2.21}$$

empfiehlt es sich, von einem **linearen** Ansatz der Form

$$C = a + b \cdot Y \qquad (a > 0, \quad 0 < b < 1) \tag{2.22}$$

---

[16]In der Neoklassischen Theorie resultieren die einzelwirtschaftlichen Angebots- und Nachfragefunktionen der Haushalte und Unternehmen aus Optimierungsansätzen (Nutzenmaximierung der Haushalte, Gewinnmaximierung der Unternehmen). Der optimale Konsumplan eines repräsentativen Haushalts hängt dann nur von Preisvariablen ab. Hierzu zählt auch der Zins, da der Haushalt seine Konsum-Sparentscheidung simultan trifft und der Zins der maßgebliche Preis bzw. Bestimmungsfaktor für die private Ersparnisbildung ist.

mit konstanten Parametern a und b auszugehen. Der Koeffizient $b = dC/dY$ ist hierbei die marginale Konsumneigung, während der Parameter a den **autonomen Konsum** oder **Basiskonsum** kennzeichnet. Er gibt an, in welcher Höhe Konsumausgaben unabhängig von der Einkommenshöhe geplant werden. Die Bezeichnung „Basiskonsum" ergibt sich daraus, dass $C = a$ im Falle $Y = 0$ ist; der Parameter a ist daher der selbst bei einem Realeinkommen von null zur Lebenssicherung unbedingt notwendige Konsum.

Die lineare Konsumfunktion wird graphisch in Abbildung 2.2 dargestellt. Die Lage der

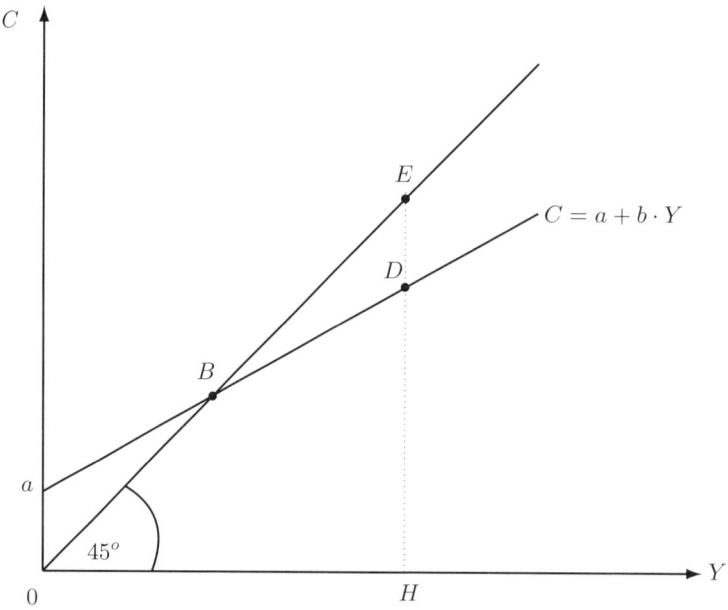

Abb. 2.2: *Die Konsumfunktion*

Funktion wird im C/Y-Diagramm durch die Parameter a und b bestimmt. Die marginale Konsumquote b gibt die Steigung dieser Kurve an.[17] Je größer b ist, desto steiler verläuft die Konsumfunktion. Der Basiskonsum a zeigt dagegen, wie hoch die Funktion im C/Y-Diagramm liegt. Ändert sich im Laufe der Zeit die Verhaltensweise der Haushalte bzgl. ihrer Konsumgüternachfrage, so zeigt sich dies in einer Parallelverschiebung oder in einer Drehung dieser Kurve. Im ersten Fall würde sich der Parameter a, im zweiten Fall der Koeffizient b ändern. Wenn solche Änderungen nicht auftreten oder relativ selten sind, liegt eine **stabile** Konsumfunktion vor. Keynes (1936, S.95 f.) war der Ansicht, dass dies der Fall sei, d.h. dass man den realen privaten Konsum als ziemlich stabile Funktion des Realeinkommens auffassen könne. Wir werden auf die Frage der Stabilität später noch zu sprechen kommen.[18]

---

[17]Die erste Ableitung einer Funktion bestimmt die Steigung dieser Funktion.
[18]Vgl. dazu Abbildung 2.6.

Abbildung 2.2 enthält neben der Konsumfunktion auch die 45°-Linie. Für jeden Punkt
auf dieser Linie stimmen jeweils Ordinaten- und Abszissenwert überein (vorausgesetzt
für beide Achsenbezeichnungen gilt die gleiche Maßeinheit). Man kann deshalb mit Hilfe
der 45°-Linie jedem auf der Abszisse abgetragenen Einkommen einen gleich großen Ordi-
natenwert zuordnen (also gewissermaßen das Einkommen noch einmal auf der Ordinate
abtragen). Zum Beispiel entspricht der Abszissenabschnitt $0H$ dem Ordinatenabschnitt
EH. Zu diesem Realeinkommen gehört aber eine reale Konsumgüternachfrage in Höhe
von DH, so dass im Falle $Y = H$ das Realeinkommen größer als der reale Konsum ist.

Man kann also durch Vergleich von 45°-Linie und Konsumfunktion sofort ersehen, um
welchen Betrag sich Einkommen und Konsum voneinander unterscheiden. Rechts vom
Schnittpunkt B der beiden Geraden ist das Realeinkommen größer als der reale Konsum
($Y > C$), links davon ist dagegen das Einkommen kleiner als der Konsum ($Y < C$).

Damit kann aber sofort der Teil des Einkommens, der nicht konsumiert, also gespart
wird, ermittelt werden. Die **private Ersparnis** S ist die Differenz zwischen dem
verfügbaren Einkommen und dem privaten Konsum:

$$S = Y^v - C. \tag{2.23}$$

Da das verfügbare Einkommen Y^v annahmegemäß mit dem Inlandsprodukt (Nationaleinkommen) Y identisch ist, gilt

$$S = Y - C. \tag{2.24}$$

Die private Ersparnis ist also der Teil des Einkommens, der nicht für Konsumzwecke
verwendet wird. In Abbildung 2.2 bedeutet dies, dass die vertikale Differenz zwischen
45°-Linie und Konsumfunktion die zum jeweiligen Realeinkommen gehörende Ersparnis
ergibt. Damit lässt sich für jedes Einkommensniveau die zugehörige private Ersparnis
ermitteln (vgl. Abbildung 2.3).

In Abbildung 2.3 ist die geplante Ersparnis an der Stelle H gleich der Strecke ED. Im
Schnittpunkt von Konsumfunktion und 45°-Linie ist die geplante Ersparnis gleich null
(Punkt B'); links von diesem Schnittpunkt ist sie negativ. Nur durch die Möglichkeit des
Entsparens kann die Konsumnachfrage überhaupt größer als das laufende Einkommen
ausfallen. Algebraisch ergibt sich die **Sparfunktion**, indem man in die Definitionsglei-
chung $S = Y - C$ die Konsumfunktion einsetzt:

$$S = Y - (a + b \cdot Y) = -a + (1 - b)Y. \tag{2.25}$$

Die Steigung der gesamtwirtschaftlichen Sparfunktion wird durch den Differentialquotienten

$$\frac{dS}{dY} = 1 - b \tag{2.26}$$

gemessen und als **marginale Sparquote** bezeichnet. Bei konstanter marginaler Konsumquote ist auch die marginale Sparquote konstant. Wegen $0 < b < 1$ gilt auch
$0 < 1 - b < 1$.

Die marginale Sparquote ist gewöhnlich kleiner als die marginale Konsumquote, da im
Normalfall $b > 0,5$ gilt (und damit $1 - b < 0,5$). Die Konsumfunktion verläuft dann in

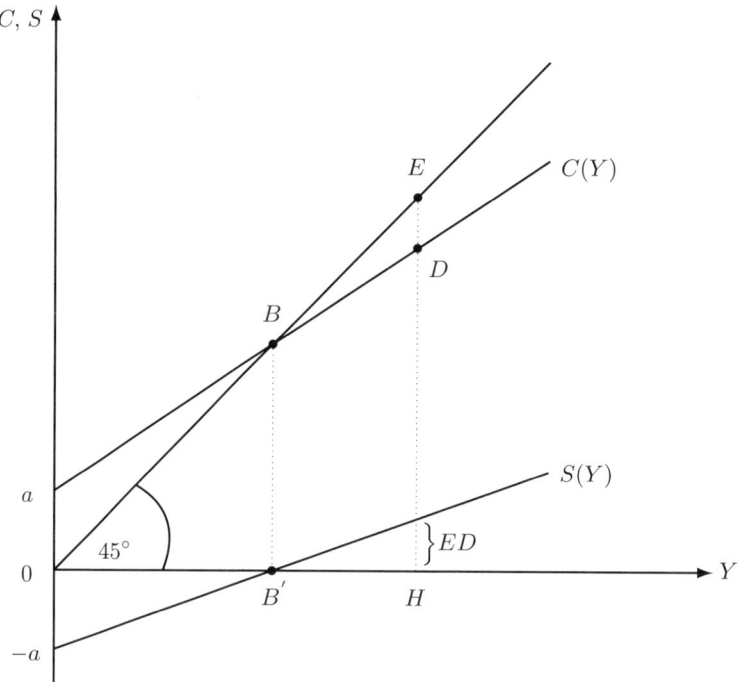

Abb. 2.3: *Konsum- und Sparfunktion*

Abbildung 2.3 **steiler** als die Sparfunktion, so dass auch kein gemeinsamer Schnittpunkt im ersten Quadranten des C/Y-Diagramms existiert.

Zwischen **marginaler** Konsum- und Sparquote besteht außerdem der Zusammenhang, dass beide Größen aufaddiert stets den Wert eins ergeben. Aus der Einkommensverwendungsgleichung

$$Y = C + S \qquad\qquad (2.27)$$

folgt nämlich durch Differentiation nach der Variablen Y:

$$1 = \frac{dC}{dY} + \frac{dS}{dY}. \qquad\qquad (2.28)$$

Diese Beziehung gilt auch für nichtlineare Konsumfunktionen.

Durchschnittliche und marginale Konsumquote

Von der marginalen Konsum- bzw. Sparquote ist die **durchschnittliche** Konsum- bzw. Sparquote zu unterscheiden. Die durchschnittliche Konsumquote C/Y gibt an, welcher

Teil des Einkommens Y für Konsumzwecke entfällt. Entsprechend misst die durchschnittliche Sparquote S/Y den Anteil des Einkommens, der für die Ersparnisbildung verwendet wird. Aus der Definitionsgleichung (2.27) folgt unmittelbar, dass sich die durchschnittlichen Quoten C/Y und S/Y – ebenso wie die marginalen Quoten dC/dY und dS/dY – zum Wert eins addieren:

$$1 = \frac{C}{Y} + \frac{S}{Y}. \tag{2.29}$$

Graphisch ergibt sich die durchschnittliche Konsumquote (Sparquote) zu einem bestimmten Einkommensniveau, indem man den entsprechenden Punkt auf der Konsum- bzw. Sparfunktion mit dem Koordinatenursprung verbindet und anschließend den Tangens des zugehörigen Winkels bildet. Abbildung 2.4 zeigt dies beispielhaft für die Konsumfunktion.

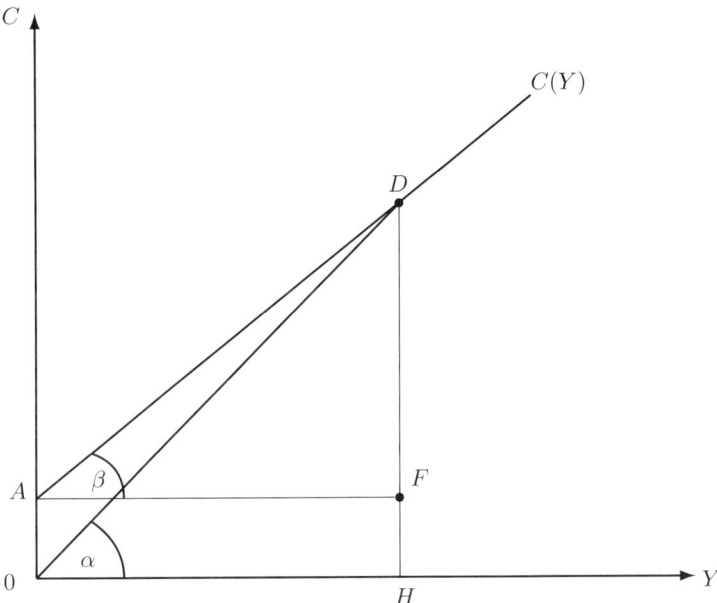

Abb. 2.4: *Durchschnittliche und marginale Konsumquote*

Für den Punkt D auf dieser Funktion und das dazugehörige Einkommensniveau H gilt:

$$tan\,\alpha = \frac{DH}{0H} = \left.\frac{C}{Y}\right|_H, \quad tan\,\beta = \frac{DF}{AF} = \frac{DF}{0H} = \left.\frac{dC}{dY}\right|_H < \left.\frac{C}{Y}\right|_H. \tag{2.30}$$

Für ein beliebiges Einkommensniveau H ist somit die durchschnittliche Konsumquote ($tan\,\alpha$) stets größer als die marginale ($tan\,\beta$). Dies lässt sich auch algebraisch zeigen, indem man die Funktionsgleichung für C, d.h. die Gleichung $C = a + b \cdot Y$, durch Y dividiert:

$$C/Y = a/Y + b > b = dC/dY \qquad (a > 0 \text{ vorausgesetzt}).[19] \qquad (2.31)$$

Bei einem positiven Basiskonsum fällt die durchschnittliche größer als die marginale Konsumquote aus. Der Konsum(anteil) je Einkommenseinheit ist dann stets größer als der zusätzliche Konsum bei einer Einkommenssteigerung um eine Einheit.[20]

Zwischen durchschnittlicher und marginaler Konsumneigung besteht noch ein weiterer wichtiger Unterschied, der anhand Gleichung (2.31) erkennbar ist: Während die **marginale** Konsumquote bei einer **linearen** Konsumfunktion **konstant** ist, ist die **durchschnittliche** Konsumquote **einkommensabhängig**, sofern wir die Existenz eines (positiven) Basiskonsums ($a > 0$) unterstellen. In diesem Fall **nimmt** die **durchschnittliche** Konsumquote mit **wachsendem Einkommen ab**.[21] Zwischen durchschnittlicher Konsumneigung und dem Einkommensniveau besteht also eine negative Beziehung, die graphisch die Form einer Hyperbel hat (Abbildung 2.5). Mit wachsendem Y strebt dabei C/Y gegen die marginale Konsumquote b.

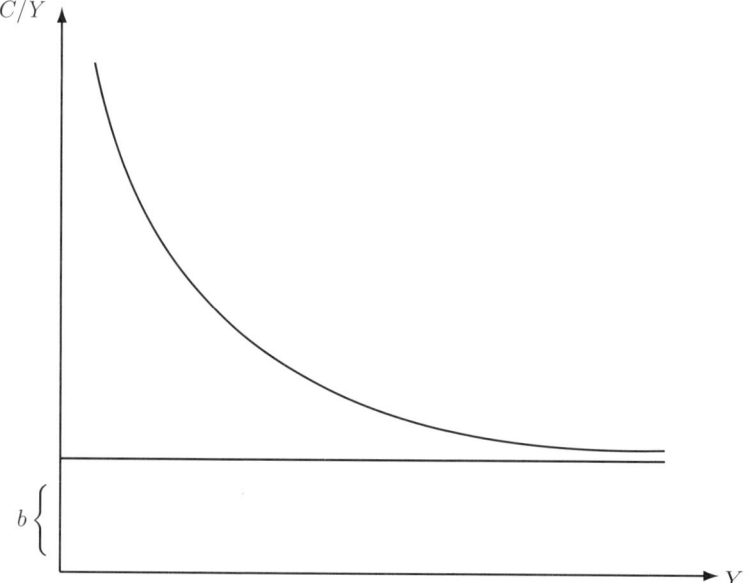

Abb. 2.5: *Einkommensabhängigkeit der durchschnittlichen Konsumquote*

---

[19]Für die durchschnittliche und marginale Sparquote gilt dagegen genau die umgekehrte Relation: $S/Y = 1 - C/Y < 1 - b = dS/dY$.

[20]Im Falle $Y = 1$ gilt $C/Y = C = a + b > b = dC$ (falls $dY = 1$).

[21]In Gleichung (2.31) geht der Term a/Y mit wachsendem Einkommen immer mehr zurück.

Der negative Zusammenhang, der zwischen C/Y und Y besteht, lässt sich auch in der Realität beobachten. Er gilt sowohl im konjunkturellen Aufschwung als auch im konjunkturellen Abschwung. Wenn zum Beispiel das Realeinkommen im Zuge einer Rezession sinkt, so werden die privaten Haushalte ihre Nachfrage nach Konsumgütern nicht proportional,[22] sondern unterproportional, also allmählich, zurücknehmen, um das bisherige Konsumniveau auch weiterhin so weit wie möglich aufrechtzuerhalten. Diese Verhaltensweise ist plausibel, wenn Einkommenssenkungen nur temporärer Natur sind. Aufgrund der Einkommenssenkung steigt dann die durchschnittliche Konsumquote. Umgekehrt werden die Haushalte bei einer Einkommensexpansion ihre Konsumnachfrage nicht sofort in proportionaler Weise anpassen, sondern diese erst langsam steigern. Die durchschnittliche Konsumneigung geht in diesem Fall zurück. Eine vollständige bzw. proportionale Anpassung des Konsums an dauerhafte Einkommensänderungen findet erst langfristig statt, d.h. auf lange Sicht ist die durchschnittliche Konsumquote konstant. Kurzfristig nimmt sie dagegen mit wachsendem Einkommen ab, da auf kurze Sicht immer nur eine allmähliche Anpassung der Konsumnachfrage an eine Änderung des laufenden Realeinkommens stattfindet.

Wir müssen daher von **zwei unterschiedlichen Spezifikationen** der **absoluten Einkommenshypothese** und damit von zwei unterschiedlichen Konsumfunktionen der allgemeinen Bauart $C = C(Y)$ ausgehen: von einer **kurzfristigen** und einer **langfristigen Konsumfunktion**. Die kurzfristige Konsumfunktion ist durch eine mit steigendem Einkommen sinkende durchschnittliche Konsumquote gekennzeichnet. Die langfristige Konsumfunktion beinhaltet dagegen eine konstante durchschnittliche Konsumquote. Dies lässt sich durch die Gleichung

$$C^l = a + b^l \cdot Y \qquad (\text{bzw. } C^l/Y = b^l = \text{const.}) \tag{2.32}$$

zum Ausdruck bringen. Der konstante Parameter b^l ist dabei die **langfristige marginale Konsumquote**, welche gleichzeitig mit der langfristigen durchschnittlichen Konsumquote übereinstimmt.

Wird auch für die **kurze** Frist eine **konstante marginale Konsumneigung** unterstellt, so verläuft die kurzfristige Konsumfunktion ebenfalls linear. Für solche Funktionen ist aber eine mit wachsendem Einkommen **abnehmende durchschnittliche Konsumquote gleichbedeutend** mit der **Existenz** eines **positiven Basiskonsums**.[23] Im Falle $dC/dY = b = \text{const.}$ gilt also für die kurzfristige Konsumfunktion die Gleichung

$$C = a + b \cdot Y \qquad \text{mit} \quad a > 0. \tag{2.33}$$

Hierbei ist die positive Größe a der autonome Konsum, d.h. der selbst bei einem Einkommen von null entfaltete Mindestkonsum. Für das einzelne Wirtschaftssubjekt, das kein Einkommen bezieht, ist die Realisation eines solchen Basiskonsums zwar vorstellbar, da

---

[22]Dies würde die Konsumfunktion $C = b \cdot Y$ implizieren. Der Basiskonsum wäre in diesem Fall gleich null.

[23]Aus $dC/dY = b$ (=const.) folgt die lineare Beziehung $C = a + b \cdot Y$, und aus

$$\frac{d}{dY}\left(\frac{C}{Y}\right) = \frac{d}{dY}\left(\frac{a}{Y} + b\right) = \frac{-a}{Y^2} < 0$$

folgt, dass notwendigerweise $a > 0$ sein muss.

es entsparen oder sich verschulden kann und außerdem die Möglichkeit mildtätiger Zuwendungen besteht; für die Volkswirtschaft insgesamt ist jedoch ein positiver Konsum bei Nullproduktion zumindest längerfristig gesehen ausgeschlossen. Dies gilt insbesondere für geschlossene Volkswirtschaften, bei denen Transferleistungen aus dem Ausland definitionsgemäß nicht auftreten können.

Im Grunde handelt es sich bei dem autonomen Konsum a um eine **statistische Illusion**, die sich ergibt, wenn man in ein C/Y-Diagramm die Zeitreihenwerte von C und Y der letzten Jahre einträgt und dann durch diese Punktwolke eine Regressionsgerade legt, die die Zeitreihenwerte am besten approximiert. Diese Gerade weist dann, wenn man sie bis zur Ordinate fortschreibt, gewöhnlich ein von null verschiedenes Absolutglied a auf (Abbildung 2.6).[24]

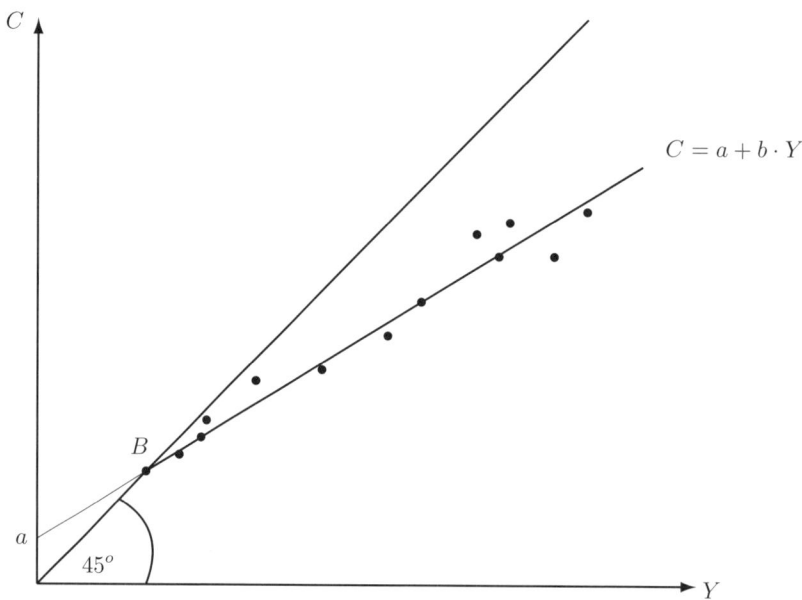

Abb. 2.6: Zur Stabilität der kurzfristigen Konsumfunktion

Die empirischen Werte von C und Y liegen bei positiver Ersparnisbildung wegen $C < Y$ rechts von der eingezeichneten 45°-Linie. So gesehen ist die mit Hilfe der Methode der kleinsten Quadrate ermittelte lineare Konsumfunktion nur für vergleichsweise große Werte von C und Y definiert. In diesem Bereich beschreibt sie, wie zahlreiche empirische Untersuchungen belegen, einen statistisch sehr engen (nicht falsifizierbaren)

---

[24]Empirische Schätzungen der Konsumfunktion ergeben für kurze Schätzzeiträume regelmäßig einen deutlich positiven Wert von a. Für längere Zeiträume wird dagegen a sehr klein oder sogar negativ. Kleine Werte von a sind mit der langfristigen Version der absoluten Einkommenshypothese kompatibel.

Zusammenhang zwischen C und Y.[25]

Im unteren Bereich, insbesondere links vom Schnittpunkt B mit der 45°-Linie, ist die lineare Konsumfunktion **instabil** bzw. nicht definiert. Man kann das Geradenstück, welches die (C, Y)-Werte der vergangenen Jahre am besten approximiert, nicht in beliebiger Weise nach unten fortschreiben. Deshalb empfiehlt es sich, die Konsumfunktion links vom Schnittpunkt B mit der 45°-Linie bzw. für kleine (C, Y)-Werte dünn oder gestrichelt zu zeichnen (und entsprechend auch mit der Sparfunktion zu verfahren). Der Geltungsbereich der linearen Konsumfunktion wäre dann auf relativ große Werte von C und Y beschränkt. Das positive Absolutglied a darf dann nicht mehr als Existenzminimum missverstanden werden.

Nichtlineare Konsumfunktionen

Die beiden bisher diskutierten Spezifikationen der absoluten Einkommenshypothese sind von einer konstanten marginalen Konsumneigung ausgegangen. Diese Annahme ist nicht sehr realistisch; vielmehr kann unterstellt werden, dass die marginale Konsumquote mit wachsendem Einkommen sinkt (weil dann die Ersparnisbildung der Haushalte immer mehr an Bedeutung gewinnt). Eine einkommensabhängige marginale Konsumquote ist gleichbedeutend mit einer **nichtlinearen** Konsumfunktion. Nichtlineare Formulierungen der absoluten Einkommenshypothese sind zum Beispiel die Konsumfunktionen

$$C = c_1 \cdot Y - c_2 \cdot Y^2 \qquad (c_1 > c_2 > 0), \qquad\qquad (2.34)$$

$$C = c_0 \cdot Y^\alpha \qquad\quad (c_0 > 0, \, 0 < \alpha < 1). \qquad\qquad (2.35)$$

Für beide Funktionen gilt, dass neben der durchschnittlichen auch die marginale Konsumquote mit wachsendem Y abnimmt. Außerdem fällt die durchschnittliche Konsumquote stets größer aus als die marginale.[26] Beide Konsumfunktionen können daher auch als kurzfristige Konsumfunktionen interpretiert werden, wobei jetzt allerdings im Falle $Y = 0$ der gesamtwirtschaftliche Konsum gleich null ist.

Eine einkommensabhängige gesamtwirtschaftliche marginale Konsumquote ergibt sich auch im Rahmen eines linearen Ansatzes, sofern man die Gruppe der Haushalte nicht mehr in ihrer Gesamtheit betrachtet, sondern in zwei Sektoren mit unterschiedlichen sektoralen Konsumquoten unterteilt: in **Arbeitnehmer-** und **Unternehmerhaushalte**. Wendet man jetzt die absolute Einkommenshypothese auf diese beiden Haushaltsgruppen an und unterstellt, dass innerhalb einer Gruppe identische Konsumquoten gel-

---

[25]Beispielhaft sei hierzu auf den Diskussionsbeitrag von Wolters (2002) verwiesen, welcher Schätzungen für die Konsumfunktion in Deutschland liefert. Hier wird auch die Problematik solcher Schätzungen diskutiert.

[26]Für die Konsumfunktion (2.34) gilt $dC/dY = c_1 - 2c_2Y$, $C/Y = c_1 - c_2Y$, $C/Y > dC/dY$; außerdem sinken dC/dY und C/Y mit wachsendem Y, da der Parameter c_2 annahmegemäß positiv ist.

Für die Konsumfunktion (2.35) gilt $dC/dY = \alpha c_0 Y^{\alpha-1} = \alpha \cdot c_0/Y^{1-\alpha}$, $C/Y = c_0/Y^{1-\alpha} > dC/dY$ (da $\alpha < 1$). Auch für diese Funktion gehen die Quoten dC/dY und C/Y mit zunehmendem Y zurück, da $\alpha - 1 < 0$ ist.

ten, so erhält man bei Zugrundelegung eines linearen Ansatzes die Konsumfunktionen

$$C^A = a^A + b^A \cdot Y^A \qquad (b^A = const.), \qquad\qquad (2.36)$$
$$C^U = a^U + b^U \cdot Y^U \qquad (b^U = const.). \qquad\qquad (2.37)$$

Der hochgestellte Index „A" steht dabei für die Gruppe der Arbeitnehmerhaushalte, die Lohneinkommen (Einkommen aus unselbständiger Arbeit) Y^A erhalten, während der Index „U" die Unternehmerhaushalte kennzeichnet, die Gewinneinkommen Y^U beziehen.[27] Für das Gesamteinkommen Y gilt dann

$$Y = Y^A + Y^U. \qquad\qquad (2.38)$$

Beide Konsumfunktionen unterscheiden sich im Absolutglied und in der marginalen Konsumquote. Realistischerweise kann man $b^A > b^U$ unterstellen. Die marginale Konsumneigung der Arbeitnehmerhaushalte ist dann größer als die der Unternehmerhaushalte.

Durch **Aggregation** der beiden Funktionen (2.36) und (2.37) ergibt sich die folgende gesamtwirtschaftliche Konsumfunktion:

$$
\begin{aligned}
C = C^A + C^U &= \underbrace{(a^A + a^U)}_{a} + (b^A Y^A + b^U Y^U) \qquad\qquad (2.39) \\
&= a + (b^A Y^A + b^U Y^U)\frac{Y}{Y^A + Y^U} \\
&= a + \underbrace{\left(\frac{Y^A}{Y^A + Y^U}b^A + \frac{Y^U}{Y^A + Y^U}b^U\right)}_{b} \cdot Y \\
&= a + b \cdot Y.
\end{aligned}
$$

Die **gesamtwirtschaftliche** marginale Konsumquote b ist hier das gewogene arithmetische Mittel der sektoralen Konsumquoten b^U und b^A, wobei als Gewichtungsfaktor der jeweilige Anteil des sektoralen Einkommens am Gesamteinkommen fungiert. Die gesamtwirtschaftliche Konsumquote b ist trotz des zugrundegelegten linearen Ansatzes i.a. nicht mehr konstant, da sie einkommensabhängig ist.[28] Eine Änderung von b tritt insbesondere dann auf, wenn sich die **Einkommensverteilung** im Laufe der Zeit ändert, d.h. wenn sich beispielsweise der Anteil des gesamtwirtschaftlichen Lohneinkommens Y^A am Volkseinkommen Y erhöht und entsprechend der Nicht-Lohneinkommensanteil

---

[27] Bei Y^U handelt es sich um ausgeschüttete Gewinne oder allgemeiner um Einkommen aus selbständiger Arbeit.

[28] Ein konstantes b erfordert $b^A = b^U$ oder konstante Anteile Y^A/Y und Y^U/Y. Dies wurde bereits bei der Diskussion der Aggregationsproblematik gezeigt (vgl. Abschnitt 1.1.3).

Y^U/Y zurückgeht.[29] Setzen wir

$$\alpha = Y^A/Y \tag{2.40}$$

für die **Lohnquote**, so gilt wegen

$$b = \alpha \cdot b^A + (1 - \alpha)b^U, \tag{2.41}$$

dass eine Zunahme von α wegen $b^A > b^U$ zu einer Steigerung der gesamtwirtschaftlichen Konsumquote b führt, während eine Erhöhung der Gewinnquote $1 - \alpha$, welche gleichbedeutend mit einer Senkung von α ist, eine Abnahme der Konsumquote b bewirkt. Eine Änderung der Einkommensverteilung (d.h. eine Änderung von α) hat somit selbst dann Auswirkungen auf die reale Konsumgüternachfrage C, wenn sich das Gesamteinkommen Y nicht ändert:

$$\frac{dC}{d\alpha} = (b^A - b^U) \cdot Y > 0. \tag{2.42}$$

Im Folgenden wird eine kurzfristig konstante Einkommensverteilung unterstellt. Für kurzfristige makroökonomische Analysen ist dann das Realeinkommen Y die wichtigste Determinante zur Erklärung der gesamtwirtschaftlichen Konsumgüternachfrage. Außerdem kann unter dieser Voraussetzung von einem stabilen Zusammenhang zwischen Y und C ausgegangen werden.

2.1.5 Alternative Ansätze zur Erklärung der Konsumgüternachfrage der Haushalte

Neben der absoluten Einkommenshypothese zur Erklärung des Konsumverhaltens der privaten Haushalte gibt es noch weitere Konsumhypothesen, von denen hier nur die **relative Einkommenshypothese** von James S. Duesenberry (1949) diskutiert werden soll, da sie in enger Beziehung zur kurz- und langfristigen Version der absoluten Einkommenshypothese steht.[30]

Bei der relativen Einkommenshypothese wird eine **zeitliche Relativierung** des laufenden Einkommens als Hauptdeterminante der Konsumgüternachfrage vorgenommen, d.h. das laufende Einkommen mit dem in der Vergangenheit maximal erzielten Einkommen Y_{max} verglichen. Gemäß dieser Hypothese orientieren sich die Haushalte bei

---

[29]In Deutschland ist die Lohnquote – ebenso wie die sog. bereinigte Lohnquote (in der der Einfluss der sich ändernden Arbeitnehmerquote auf die Einkommensverteilung ausgeschaltet wird) – starken Schwankungen unterworfen. 1981/82 erreichte sie ihr bisheriges Maximum (rund 77%). Danach ging sie im Zuge des anhaltenden konjunkturellen Aufschwungs kontinuierlich zurück und stieg erst Anfang der 90er Jahre mit Beginn der starken Rezession im Anschluss an die Deutsch-Deutsche Wiedervereinigung wieder an. Zu Beginn der Abschwungphase im Jahr 2001 betrug die Lohnquote 72%, während sie im Jahr 2006 auf 66,2% fiel.

[30]Neben der relativen kennt man eine permanente Einkommenshypothese, eine Lebenszyklus-Hypothese und Vorrats- und Anpassungshypothesen der Konsumgüternachfrage. Bei der permanenten Einkommenshypothese spielen alle zukünftig erwarteten Einkommensströme bei der laufenden Konsumplanung eine zentrale Rolle, so dass kurzfristige Einkommensveränderungen kaum Auswirkungen auf den laufenden Konsum haben.

ihrem Konsumverhalten nicht nur am laufenden Einkommen, sondern auch am höchsten Einkommen der vergangenen Jahre.

Für die kurzfristige Konsumentscheidung ist jetzt nicht mehr die absolute Höhe des gegenwärtigen Einkommens maßgeblich, sondern seine relative Stellung in Bezug auf die vergangene Einkommensentwicklung. Dies hat zur Folge, dass die Haushalte bei einem kurzfristigen Einkommensrückgang versuchen, ein einmal erreichtes Konsumniveau möglichst aufrechtzuerhalten. Hieraus resultiert ein vorübergehender Anstieg der durchschnittlichen Konsumquote. Erst bei einem dauerhaften Einkommensrückgang sind sie gezwungen, das zu Y_{max} gehörige Konsumniveau aufzugeben und ihre Konsumausgaben in proportionaler Weise einzuschränken. Die durchschnittliche Konsumquote würde dann wieder auf ihren langfristigen Trendwert fallen.

Die **relative** Einkommenshypothese stellt somit eine **Verbindung** zwischen der **kurzfristigen** und der **langfristigen** Version der **absoluten** Einkommenshypothese her. Graphisch lässt sich dies durch Abbildung 2.7 veranschaulichen.[31]

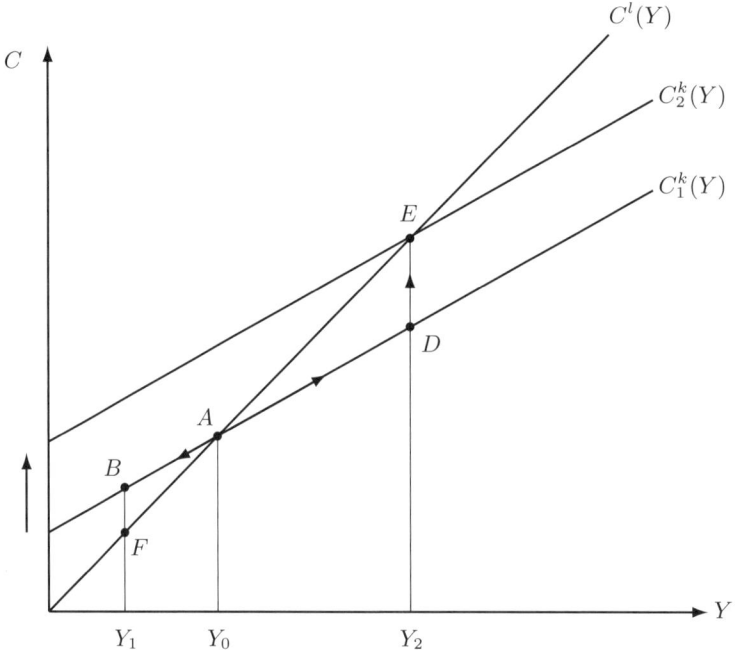

Abb. 2.7: *Die relative Einkommenshypothese*

In Abbildung 2.7 beschreibt die langfristige Konsumfunktion C^l die trendmäßige oder langfristige Entwicklung der Konsumausgaben; sie ist durch eine konstante durch-

---

[31]Bezeichnungen: $C^l(Y) = b^l \cdot Y$ = langfristige Konsumfunktion, $C_i^k(Y) = a_i + b^k \cdot Y$ ($i = 1, 2$) = kurzfristige Konsumfunktionen. Die unteren Bereiche der linearen C^k-Funktionen müssten genaugenommen gestrichelt gezeichnet werden, da sie dort instabil sind. Weiter soll $b^k < b^l$ gelten, da sonst die Schnittpunkte A und E nicht existieren würden.

schnittliche Konsumquote gekennzeichnet. Die kurzfristigen Konsumfunktionen C_1^k und C_2^k charakterisieren demgegenüber kurzfristige bzw. temporäre Abweichungen vom langfristigen Entwicklungspfad der Variablen C; Einkommensänderungen bewirken hier nur allmähliche Änderungen der Konsumgewohnheiten, was gleichbedeutend damit ist, dass kurzfristig die durchschnittliche Konsumquote mit wachsendem Einkommen abnimmt. Jeder kurzfristigen Konsumfunktion entspricht ein ganz bestimmter Lebens- bzw. Konsumstandard, welcher durch den jeweiligen Schnittpunkt mit der langfristigen Konsumfunktion charakterisiert ist. Eine Verbesserung des Lebensstandards drückt sich in einer Verlagerung der kurzfristigen Konsumfunktion nach oben aus.

In der Realität hat sich die wirtschaftliche Lage der Haushalte im langfristigen Trend kontinuierlich verbessert. Die kurzfristige Konsumfunktion C^k hat sich daher im Zeitverlauf immer weiter nach oben verschoben. Das bedeutet, dass für die Haushalte ein einmal erreichter Lebensstandard wie eine Sperre für kurzfristige Konsumreaktionen auf Einkommensänderungen wirkt. Man spricht deshalb auch von einem **Sperrklinkeneffekt** (Ratchet-Effekt).

Der Sperrklinkeneffekt lässt sich anhand von Abbildung 2.7 wie folgt verdeutlichen: Es wird dazu angenommen, dass sich die Volkswirtschaft im Rahmen eines normalen Konjunkturverlaufs beim Volkseinkommen Y_0 befindet. Tritt jetzt eine Rezession auf, ergibt sich eine Realeinkommenssenkung auf das Niveau Y_1. Die Haushalte berücksichtigen nun bei ihrer Konsumentscheidung neben dem laufenden Einkommen Y_1 auch das vergangene Einkommen Y_0. Dies hat zur Folge, dass sie nicht das Konsumniveau F auf ihrer langfristigen, sondern das höhere Niveau B auf ihrer kurzfristigen Konsumfunktion wählen, worin der Sperrklinkeneffekt zum Ausdruck kommt. Sobald sich ein Rückgang der Rezession eingestellt hat, d.h. Einkommenssenkungen nur temporärer Natur sind, bewegen sich die Haushalte wieder zum Ausgangspunkt A zurück.

Wenn jetzt umgekehrt eine konjunkturelle Aufschwungphase mit dem Einkommen Y_2 vorliegt, wird aus ganz analogen Gründen zunächst nur der Punkt D auf der kurzfristigen Konsumfunktion realisiert. Die Boomphase wird zwar normalerweise nicht unbegrenzt anhalten, aber im Regelfall befindet sich die konjunkturelle Wirtschaft gleichzeitig in einem Wachstumsprozess. Das Einkommen wird sich daher nicht wieder auf das Niveau Y_0 reduzieren, sondern auf dem höheren Niveau Y_2 stabilisieren. Die Haushalte verlassen dann ihren bisherigen Lebensstandard A und realisieren stattdessen den Punkt E auf der langfristigen Konsumfunktion. Die kurzfristige Konsumfunktion passt sich dann diesem neuen Konsumniveau an, d.h. wird von C_1^k nach C_2^k verschoben.

Die **relative Einkommenshypothese** lässt sich formal durch die folgende Gleichung für den Durchschnittskonsum C/Y beschreiben:

$$\frac{C_t}{Y_t} = a^* - b^* \frac{Y_t}{Y_{max}} \qquad (a^* > b^* > 0).^{32} \tag{2.43}$$

C_t bzw. Y_t bezeichnet hierbei die realen Konsumausgaben bzw. das Realeinkommen der laufenden Periode t, während Y_{max} für das höchste Einkommen der vergangenen Jahre steht.

---

[32]Es muss $a^* > b^*$ gelten, da $a^* - b^*$ mit der langfristigen marginalen Konsumquote übereinstimmt: $C = (a^* - b^*)Y$, falls $Y = Y^{max}$.

Für die durchschnittliche Konsumquote C_t/Y_t gilt gemäß Gleichung (2.43), dass diese langfristig, d.h. im Falle $Y_t = Y_{max}$, konstant ist, während sie bei gegebenem Y_{max} mit wachsendem Y abnimmt bzw. mit fallendem Y zunimmt. Ein vorübergehender Einkommensrückgang, zum Beispiel infolge eines konjunkturellen Abschwungs, führt also zu einem Anstieg der durchschnittlichen Konsumquote (und entsprechend zu einer Senkung der durchschnittlichen Sparquote). Der Konsumrückgang fällt dann unterproportional zum Einkommensrückgang aus (Bewegung von A nach B in Abbildung 2.7). Die Haushalte sind somit bestrebt, einen einmal erreichten Konsumstandard, d.h. $C^l(Y_{max})$, auch bei einer Einkommenskontraktion soweit wie möglich aufrechtzuerhalten. Hierin kommt der Sperrklinkeneffekt zum Ausdruck.

Die formale Spezifikation der relativen Einkommenshypothese (Gleichung (2.43)) führt auf die Funktion

$$C = a^* \cdot Y - b^* \frac{Y^2}{Y_{max}}, \tag{2.44}$$

welche für gegebenen Wert von Y_{max} nichtlinear ist. Diese kurzfristige Konsumfunktion ist nicht mit den linearen Konsumfunktionen C_1^k und C_2^k der Abbildung 2.7 kompatibel, da die marginale Konsumquote

$$\frac{dC}{dY} = a^* - 2b^* \frac{Y}{Y_{max}} \tag{2.45}$$

jetzt einkommensabhängig (und nicht mehr konstant) ist. Ebenso wie die durchschnittliche Konsumquote nimmt auch die marginale Konsumquote mit wachsendem Einkommen ab.

Die kurzfristige Konsumfunktion (2.44), für die Y_{max} ein Datum ist, ist eine durch den Koordinatenursprung verlaufende, nach unten geöffnete Parabel (Abbildung 2.8). Die langfristige Konsumfunktion ist demgegenüber eine Ursprungsgerade:

$$C^l = (a^* - b^*)Y. \tag{2.46}$$

Durch Gleichsetzen der Funktionsgleichungen für C^k und C^l folgt, dass sich die kurzfristige und langfristige Konsumfunktion genau an der Stelle $Y = Y_{max}$ schneiden. Wir können

$$Y_{max} < \frac{1}{2}\frac{a^*}{b^*}Y_{max} \quad \text{oder gleichwertig dazu} \quad a^* > 2b^* \tag{2.47}$$

unterstellen.[33] Der gemeinsame Schnittpunkt A liegt dann im aufsteigenden Ast der nichtlinearen Konsumfunktion, d.h. links vom Maximum der Parabel $C^k(Y)$. Wird nun die nichtlineare Konsumfunktion $C^k(Y)$ an der Stelle $Y = Y_{max}$ linear approximiert, ergibt sich Abbildung 2.7 mit den kurzfristigen linearen Konsumfunktionen C_1^k und C_2^k. Außerdem erhält man erst über diese lineare Näherung einen signifikanten Basiskonsum a.

Die relative Einkommenshypothese ist vor allem für längerfristige makroökonomische Untersuchungen geeignet. Für kurzfristige Analysen, um die es im Folgenden geht, ist dagegen die kurzfristige Version der absoluten Einkommenshypothese vorzuziehen.

---

[33]Diese Bedingung ist in empirischen Untersuchungen erfüllt. Näherungsweise ist $a^* = 0,9$ und $b^* = 0,1$.

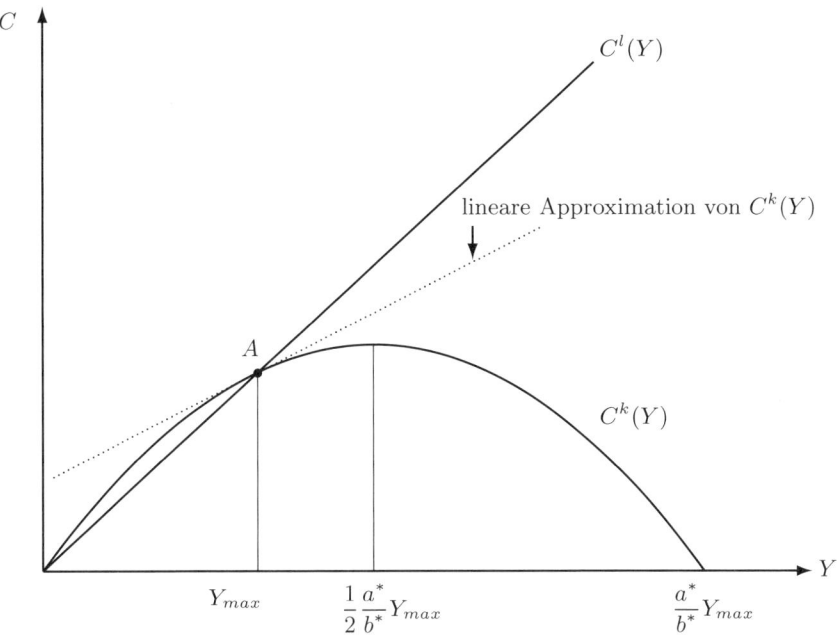

Abb. 2.8: *Nichtlineare Konsumfunktion der relativen Einkommenshypothese*

2.1.6 Güterwirtschaftliches Gleichgewicht bei exogener Investitionsnachfrage

Unter Verwendung der Keynesschen Konsumfunktion soll im Folgenden das **güterwirtschaftliche Gleichgewicht** ermittelt werden. Auf dem gesamtwirtschaftlichen Gütermarkt ergibt sich nur dann ein Gleichgewicht im theoretischen Sinne, wenn die unternehmerischen Nachfrageerwartungen korrekt sind. Das von den Unternehmen geplante Güterangebot stimmt dann genau mit der geplanten Güternachfrage überein, so dass ein Gleichgewichtseinkommen produziert wird. Das **vollständige Gütermarktmodell** lautet jetzt wie folgt:

$$Y = Y^s \tag{2.48}$$

$$Y^s = Y^{d,erw.} \tag{2.49}$$

$$Y^{d,erw.} = Y^d \tag{2.50}$$

$$Y^d = C + I \tag{2.51}$$

$$C = a + b \cdot Y_H^{erw.} \tag{2.52}$$

$$Y_H^{erw.} = Y \tag{2.53}$$

$$I = \overline{I}. \tag{2.54}$$

Gleichung (2.48) besagt, dass das von den Unternehmen zu Beginn der Periode geplante Güterangebot auch realisiert wird, so dass in Höhe von Y^s ein gesamtwirtschaftliches Einkommen entsteht. Hierbei handelt es sich um ein Gleichgewichtseinkommen, da die Produzenten ein Güterangebot in Höhe der von ihnen erwarteten Güternachfrage planen (Gleichung (2.49)), welche wiederum korrekt antizipiert wird (Gleichung (2.50)). Für das realisierte Nationaleinkommen Y ist somit die Gütermarkt-Gleichgewichtsbedingung

$$Y^s \overset{!}{=} Y^d \tag{2.55}$$

erfüllt. Die Höhe des Nationaleinkommens Y stimmt dann mit der effektiven Güternachfrage überein.

In einer geschlossenen Volkswirtschaft ohne ökonomische Aktivität des Staates besteht die gesamtwirtschaftliche Güternachfrage aus der Konsumgüternachfrage der privaten Haushalte und der Investitionsgüternachfrage der privaten Unternehmen (Gleichung (2.51)). Die Investitionsnachfrage wird dabei nicht näher erklärt; sie ist eine exogen vorgegebene Größe (Gleichung (2.54)). Das Konsumverhalten der privaten Haushalte wird dagegen durch eine lineare Konsumfunktion beschrieben, in der die absolute Einkommenshypothese zum Ausdruck kommt (Gleichung (2.52)). Es handelt sich hierbei um eine kurzfristige Verhaltenshypothese, da die durchschnittliche Konsumquote wegen des positiven Absolutglieds a mit wachsendem Einkommen abnimmt. Die marginale Konsumquote b ist dagegen eine konstante Größe, die nach dem fundamental-psychologischen Gesetz von Keynes zwischen null und eins liegt. Hinsichtlich der Einkommenserwartungen der privaten Haushalte wird unterstellt, dass diese das Einkommen, das sie während der gesamten Periode insgesamt erzielen, perfekt antizipieren (Gleichung (2.53)); der geplante Konsum ist daher eine Funktion des laufenden Periodeneinkommens.

Fasst man die Gleichungen (2.48) bis (2.51) zu einer einzigen Gleichung zusammen, so lässt sich die Gütermarkt-Gleichgewichtsbedingung (2.55) auch in der folgenden Form darstellen:

$$Y = C + I. \tag{2.56}$$

Diese Gleichung besagt, dass das von den Unternehmen erstellte Nationaleinkommen genau mit der geplanten gesamtwirtschaftlichen Güternachfrage übereinstimmt. Von der Herleitung her handelt es sich bei (2.56) nicht um eine Ex-post-Gleichung, welche die Verwendung des Inlandsprodukts definiert, sondern um eine Gleichgewichtsbedingung, da gemäß Gleichung (2.55) die Übereinstimmung der Plangrößen Y^s und Y^d unterstellt wird.

Durch Einsetzen der Investitions- und Konsumfunktion in die Gleichgewichtsbeziehung (2.56) ergibt sich für das Gleichgewichtseinkommen die Bestimmungsgleichung

$$Y = a + b \cdot Y + \overline{I}. \tag{2.57}$$

Hieraus folgt für Y der Lösungswert

$$Y_0 = \frac{1}{1-b}\{a + \overline{I}\}. \tag{2.58}$$

Diese Gleichung definiert den Gleichgewichtswert des realen Nationaleinkommens. Die Gleichgewichtslösung für Y hängt nur von den exogen vorgegebenen Größen des Modells ab, also von der marginalen Konsumquote b, dem autonomen Konsum a und der privaten Investitionsnachfrage $\bar{I}$.

Bei dem Gleichgewichtseinkommen Y_0 wird genau jene Gütermenge für Konsum- und Investitionszwecke nachgefragt, die der Unternehmenssektor in der betrachteten Periode insgesamt produziert hat. Die Gleichgewichtslösung Y_0 ist mit der effektiven, d.h. mit der am Gütermarkt auftretenden gesamtwirtschaftlichen Nachfrage Y^d identisch. Bei Realisation von Y_0 sind die Pläne der Anbieter und Nachfrager in ihrer Gesamtheit genau miteinander vereinbar. Für die Anbieter, die Unternehmen, besteht in dieser Situation kein Anlass zu Planrevisionen, da keine ungeplanten Lagerbestandsänderungen auftreten können. Für die privaten Haushalte und Investoren wird die geplante Nachfrage nach Konsum- bzw. Investitionsgütern voll befriedigt, so dass alle Nachfrager im Falle $Y = Y_0$ zum Zuge kommen. Für die Haushalte besteht dann ebenfalls kein Anlass zu Planrevisionen. Dies setzt allerdings voraus, dass ihre Konsumgüterplanung auf einer korrekten Einkommenserwartung ($Y_H^{erw.} = Y$) basiert, da sie andernfalls eine Überraschung im Sinne einer ungeplanten Ersparnisbildung erleben würden, die wiederum Erwartungsanpassungen zur Folge hätte. Wenn wir also – wie angenommen – von korrekten Einkommenserwartungen der privaten Haushalte ausgehen, kommt es beim Gleichgewichtseinkommen Y_0 weder auf der Angebots- noch auf der Nachfrageseite zu Planrevisionen, so dass das Marktgleichgewicht Y_0 auch ein **Erwartungsgleichgewicht** und bei Konstanz der exogenen Größen b, a und $\bar{I}$ gleichzeitig einen Ruhezustand des Systems (Gleichgewicht im methodischen Sinne) beschreibt.

Die Gleichgewichtsbestimmung auf dem gesamtwirtschaftlichen Gütermarkt wird graphisch in Abbildung 2.9 veranschaulicht. In dieser Abbildung wird die Güterangebotsfunktion Y^s durch die 45°-Linie dargestellt. Annahmegemäß wird das geplante Güterangebot stets realisiert; daher gilt $Y^s = Y$. Dies ist gerade die Gleichung für die 45°-Linie. Die Abbildung enthält weiter die Güternachfragefunktion Y^d, welche sich durch vertikale Addition der Konsumfunktion $C = a + b \cdot Y$ und der Investitionsfunktion $I = \bar{I}$ ergibt. Das güterwirtschaftliche Gleichgewicht Y_0 liegt im Schnittpunkt Q_0 von Güterangebots- und -nachfragekurve. Bei diesem Einkommensniveau stimmen das geplante aggregierte Güterangebot und die geplante aggregierte Güternachfrage genau überein.

Die $S = I$-Bedingung

Das güterwirtschaftliche Gleichgewicht lässt sich auch mit Hilfe der geplanten privaten Ersparnis charakterisieren. In Abbildung 2.9 ist dazu die vertikale Differenz zwischen der Angebots- und Konsumfunktion zu bilden. Wegen $Y^s = Y$ stimmt die Differenz $Y^s - C$ mit dem Ausdruck $Y - C$ überein, welcher wiederum gleich der gesamtwirtschaftlichen Ersparnis ist:

$$S = S(Y) = Y^s - C = Y - C = Y - (a + b \cdot Y) = -a + (1 - b)Y. \quad (2.59)$$

Die gesamtwirtschaftliche Ersparnis ist in positiver Weise vom Einkommen Y abhängig; in Abbildung 2.9 nimmt daher die Differenz zwischen der Angebotsfunktion und der Konsumfunktion mit wachsendem Einkommen zu. Dagegen ist der Unterschied zwischen der gesamtwirtschaftlichen Nachfragefunktion Y^d und der Konsumfunktion C

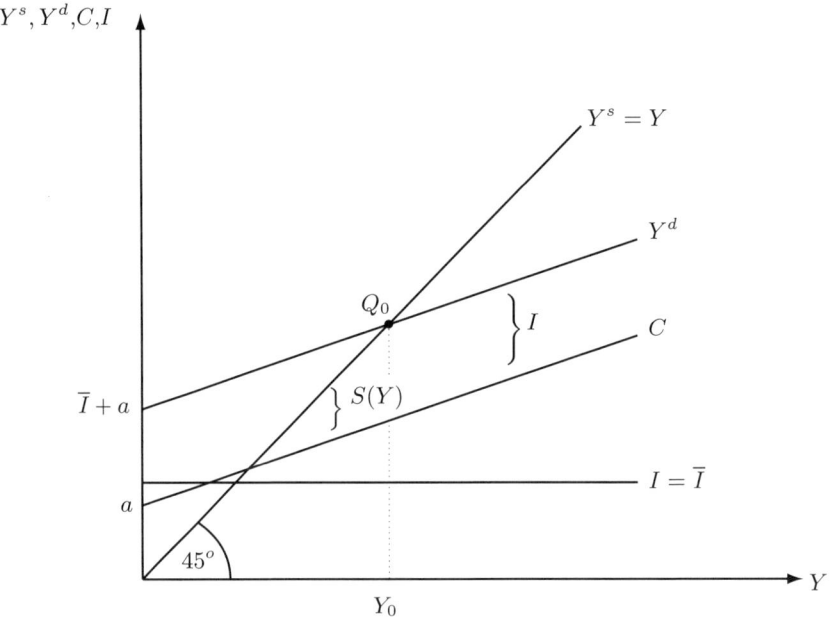

Abb. 2.9: *Gleichgewichtsbestimmung auf dem Gütermarkt*

konstant, da die Differenz $Y^d - C$ mit der privaten Nettoinvestition übereinstimmt, welche autonom vorgegeben ist:

$$I = \overline{I} = Y^d - C \, . \tag{2.60}$$

Da die Differenz $Y^s - C$ mit zunehmendem Y ansteigt, während $Y^d - C$ stets konstant bleibt, gibt es genau ein Einkommensniveau, bei dem $Y^s - C$ gleich $Y^d - C$ ist. Dies ist beim Gleichgewichtseinkommen Y_0 der Fall. Im güterwirtschaftlichen Gleichgewicht Y_0 stimmt dann die geplante private Ersparnis mit der geplanten privaten Nettoinvestition überein:

$$S(Y_0) = \overline{I} \, . \tag{2.61}$$

Bei der **$S = I$-Bedingung** handelt es sich ebenfalls um eine **Gleichgewichtsbedingung des Gütermarktes**,[34] die zur eigentlichen Gleichgewichtsbedingung $Y^s = Y^d$

---

[34]In makroökonomischen Totalmodellen, in denen der **Kapitalmarkt** explizit Berücksichtigung findet, lässt sich die $S = I$-Bedingung auch als Gleichgewichtsbedingung des Kapitalmarktes interpretieren. Da viele Investitionen fremdfinanziert werden, kann I als gesamtwirtschaftliche Kapitalnachfrage aufgefasst werden, während die gesamtwirtschaftliche Ersparnis für das Kapitalangebot steht. Bei dieser Interpretation ist es sinnvoll, S und I als **zinsabhängige** Funktionen darzustellen. Dies ist in **neoklassischen** Makromodellen der Fall. Der Gütermarkt wird in solchen Modellen als bloßes Spiegelbild des Kapitalmarktes angesehen. In den hier analysierten **keynesianischen** Makromodellen steht dagegen der Gütermarkt im Vordergrund der Betrachtungsweise. Der Kapitalmarkt geht jetzt in den Wertpapiermarkt über, welcher wiederum ein Spiegelbild des Geldmarktes ist.

(d.h. geplantes gesamtwirtschaftliches Güterangebot gleich geplante gesamtwirtschaftliche Güternachfrage) **äquivalent** ist. Im Rahmen der vorliegenden Partialanalyse des Gütermarktes ergibt sich nämlich die Bedingung $S = I$ aus der Gleichgewichtsbedingung $Y = C + I$ und der Einkommensverwendungsgleichung $Y = C + S$, indem diese beiden Gleichungen gleichgesetzt werden:

$$C + S \overset{!}{=} C + I \quad \Leftrightarrow \quad S = I. \tag{2.62}$$

Die Gütermarkt-Gleichgewichtsbedingung $Y^s = Y^d$ bzw. $Y = C + I$ lässt sich also auch durch die Bedingung $S = I$ (d.h. geplante private Ersparnis gleich geplante private Nettoinvestition) zum Ausdruck bringen:

$$Y^s = Y^d \quad \Leftrightarrow \quad S = I. \tag{2.63}$$

Die Äquivalenz, die zwischen den Bedingungen $Y^s = Y^d$ und $S = I$ besteht, ist unter der Voraussetzung abgeleitet worden, dass die Einkommenserwartungen der privaten Haushalte korrekt sind (Gleichung (2.53)). Genaugenommen ist die geplante Ersparnis der privaten Haushalte die Differenz zwischen dem von ihnen **erwarteten** Einkommen und dem geplanten Konsum:

$$S = Y_H^{erw.} - C. \tag{2.64}$$

Bei korrekten Einkommenserwartungen ($Y_H^{erw.} = Y$) kann hierfür auch $S = Y - C$ geschrieben werden. Nur in diesem Falle kann die Gütermarkt-Gleichgewichtsbedingung $Y^s = Y^d$ bzw. $Y = C + I$ in die dazu gleichwertige Bedingung $S = I$ umgeformt werden. Es gilt also bei Vorliegen eines Gleichgewichts auf dem Gütermarkt (bzw. korrekten Absatzerwartungen der privaten Unternehmen) die **Aussage**: Bei korrekten Einkommenserwartungen der privaten Haushalte stimmt das geplante gesamtwirtschaftliche Güterangebot genau dann mit der geplanten gesamtwirtschaftlichen Güternachfrage überein, wenn die geplante private Ersparnis gleich der geplanten privaten Nettoinvestition ist.

Sind dagegen die Einkommenserwartungen der privaten Haushalte mit einem Erwartungsfehler verbunden (d.h. $Y - Y_H^{erw.} \neq 0$), so gilt – wenn die Güternachfrage von den Unternehmen weiterhin perfekt antizipiert und befriedigt wird[35] –

$$S - I = (Y_H^{erw.} - C) - (Y - C) = Y_H^{erw.} - Y \neq 0. \tag{2.65}$$

Bei **fehlerhaften Einkommenserwartungen** der privaten Haushalte stimmen also selbst bei einem Gütermarktgleichgewicht die geplante private Ersparnis (S) und die geplante private Nettoinvestition (I) **nicht** mehr überein. Das Gleichgewichtseinkommen würde in diesem Fall von dem Erwartungsgleichgewicht $Y = Y_0$, welches im Schnittpunkt von Y^s- und Y^d-Kurve liegt, **abweichen** (wie das Einkommen Y_2 in der

---

[35]Diese Annahme impliziert, dass trotz falscher Einkommenserwartungen der Haushalte der geplante Konsum voll realisiert wird und die geplante mit der realisierten Nettoinvestition übereinstimmt. Ungeplante Lagerbestandsänderungen oder Nachfrager, die nicht zum Zuge kommen, können dann nicht auftreten. Zwischen geplanter und realisierter Konsum- bzw. Investitionsgüternachfrage braucht nicht unterschieden zu werden. Allerdings wird jetzt ein Gleichgewichtseinkommen realisiert, das nicht mehr mit dem Erwartungsgleichgewicht $Y = Y_0$ übereinstimmt. Vgl. Abbildung 2.11.

nachfolgenden Abbildung 2.11). Notwendigerweise müssen sich dann die Plangrößen S und I unterscheiden.[36] Nur wenn die Erwartungen der Haushalte bzgl. ihres Realeinkommens korrekt sind, lässt sich die Gütermarkt-Gleichgewichtsbedingung $Y = C + I$ gleichwertig zur Ex-ante-Bedingung $S = I$ umformen.

Korrekte Realeinkommenserwartungen sind keineswegs selbstverständlich. Auch wenn das Nominaleinkommen in Form von Lohneinkommen aufgrund bestehender Tarifvertragsvereinbarungen in der Regel bekannt ist, ist die Bedingung $Y_H^{erw.} = Y$ wegen $Y = Y^n/P$ nur dann gegeben, wenn vollständige Preisinformation herrscht. Da es sich beim Preisniveau des Nationaleinkommens P um einen Preisindex handelt, müssen die privaten Haushalte über eine große Zahl von Einzelpreisen vollständig informiert sein, um das Realeinkommen der laufenden Periode perfekt antizipieren zu können. Außerdem ist zu beachten, dass zum gesamtwirtschaftlichen Einkommen neben Lohneinkommen auch Einkommen aus Unternehmertätigkeit und Vermögen (ausgeschüttete Gewinne, Kapitaleinkommen) zählen, die häufig mit Unsicherheit behaftet sind.

Als Gleichgewichtsbedingung impliziert die Gleichheit von Sparen und Investieren, dass es sich hierbei um **geplante** Größen handelt. Beim Erwartungsgleichgewicht Y_0 aus Abbildung 2.9 planen die Haushalte gerade so viel Einkommen nicht zu konsumieren, wie die Unternehmen zu investieren beabsichtigen. Beim realisierten Einkommen Y_0 kann es nicht zu einer ungeplanten bzw. unfreiwilligen Lagerinvestition kommen. Außerdem tritt bei den privaten Haushalten keine ungeplante Ersparnisbildung auf, da ihre Realeinkommenserwartungen im Falle $Y_H^{erw.} = Y_0$ korrekt sind. Da das Gleichgewichtseinkommen Y_0 auf korrekten Nachfrageerwartungen der Produzenten und korrekten Einkommenserwartungen der privaten Haushalte basiert, handelt es sich hierbei um ein **Erwartungsgleichgewicht**.

Betrachten wir im Folgenden Gütermarktkonstellationen, die **keine Erwartungsgleichgewichte** darstellen, d.h. die entweder auf fehlerhaften Nachfrageerwartungen der Unternehmen oder auf falschen Einkommenserwartungen der Haushalte basieren.

Wir gehen dazu zunächst von dem Fall einer falsch antizipierten Güternachfrage durch die Produzenten aus. Angenommen diese realisieren ein Nationaleinkommen in Höhe von Y_1, das nicht mit dem Erwartungsgleichgewicht Y_0 übereinstimmt ($Y_1 \neq Y_0$). Wenn die Haushalte mit dem Einkommen Y_1 rechnen ($Y_H^{erw.} = Y_1$), gilt

$$Y^s = Y_1 \neq C(Y_1) + \overline{I} = Y^d. \tag{2.66}$$

Das geplante gesamtwirtschaftliche Güterangebot weicht in diesem Fall von der geplanten gesamtwirtschaftlichen Güternachfrage ab, so dass es bei den Unternehmen zu einer **ungeplanten Änderung des Lagerbestands** kommt. Da Lagerbestandsänderungen zu den (Vorrats-)Investitionen zählen, enthält die **realisierte Nettoinvestition** eine **ungeplante** Komponente. Bei den privaten Haushalten tritt dagegen keine ungeplante Ersparnisbildung auf, da sie annahmegemäß korrekte Einkommenserwartungen haben und daher ihre geplante Ersparnis der tatsächlichen entspricht. Die $S = I$-Bedingung ist dann als **Ex-ante-Bedingung verletzt**, d.h. die geplante private Ersparnis weicht von

---

[36]Dies gilt dagegen nicht für die realisierte Ersparnis und die realisierte Nettoinvestition. Diese beiden gesamtwirtschaftlichen Größen stimmen auch bei einem Erwartungsirrtum der Haushalte überein, da sie stets gleich der Differenz $Y - C$ sind.

der geplanten privaten Nettoinvestition ab. Als **Ex-post-Bedingung** ist sie dagegen auch im vorliegenden Fall eines Gütermarkt-Ungleichgewichts **erfüllt**. Die realisierte (tatsächliche) gesamtwirtschaftliche Ersparnis stimmt unabhängig von der Konstellation auf dem Gütermarkt stets mit der realisierten Nettoinvestition überein; die geplante Ersparnis und die geplante Nettoinvestition sind dagegen in der Regel nur in einem Erwartungsgleichgewicht identisch.

Um dies für den vorliegenden Fall einer von den Produzenten nicht korrekt antizipierten Güternachfrage zu zeigen, wird unterstellt, dass die von den Unternehmen erwartete Güternachfrage größer als die von Haushalten und Unternehmen insgesamt geplante Güternachfrage ist ($Y^{d,erw.} > Y^d$). Das geplante (und realisierte) Güterangebot übersteigt dann die geplante Güternachfrage ($Y^s = Y > Y^d$).[37] Ein Teil des Produktionsvolumens in Höhe von $Y = Y^s$ kann jetzt nicht abgesetzt werden, so dass es zu einer ungeplanten Lageraufstockung kommt, die wiederum ein Bestandteil der insgesamt realisierten Nettoinvestition ist. Die tatsächliche Nettoinvestition der Produzenten besteht in diesem Fall aus einer geplanten und ungeplanten Komponente, wobei die ungeplante Komponente (die unfreiwillige Lageraufstockung) mit dem Angebotsüberschuss auf dem Gütermarkt identisch ist (Abbildung 2.10).

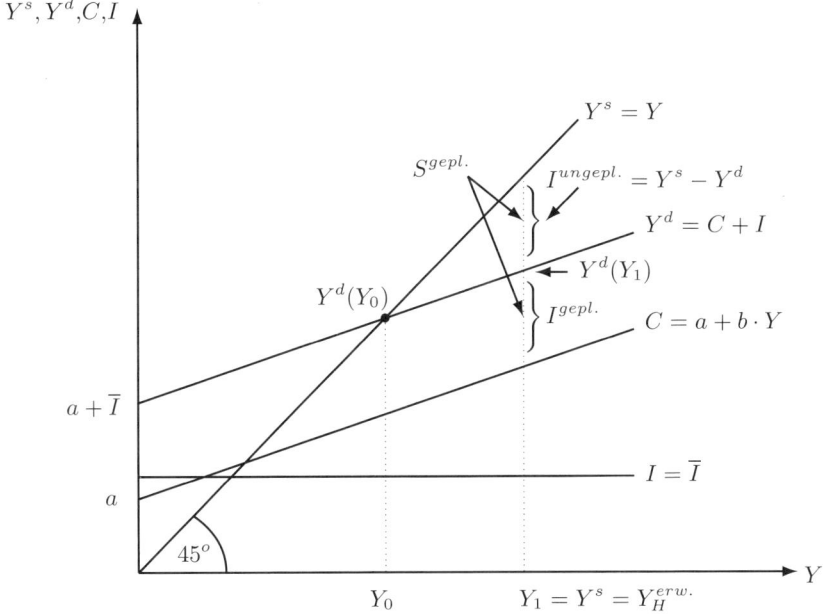

Abb. 2.10: *Erwartungsungleichgewicht auf dem Gütermarkt*

Abbildung 2.10 verdeutlicht, dass auf dem gesamtwirtschaftlichen Gütermarkt im Falle

---

[37]Bezogen auf Abbildung 2.9 befinden wir uns jetzt rechts vom Gleichgewichtseinkommen Y_0. Die vertikale Differenz zwischen der Y^s- und Y^d-Kurve repräsentiert dabei die ungeplante Lageraufstockung bzw. Nettoinvestition, was durch Abbildung 2.10 verdeutlicht wird.

$Y^s = Y_1$ ein Angebotsüberschuss (d.h. $Y^s - Y^d > 0$) auftritt, der mit der vertikalen Differenz zwischen Y^s- und Y^d-Kurve an der Stelle Y_1 übereinstimmt. In Höhe dieses Angebotsüberschusses ergibt sich eine ungeplante Nettoinvestition ($I^{ungepl.}$), also eine unfreiwillige Lageraufstockung. Diese hat zur Folge, dass sich die geplante Nettoinvestition ($I^{gepl.}$) in Höhe von $\bar{I}$ von der realisierten Nettoinvestition ($I^{real.}$) unterscheidet ($I^{gepl.} \neq I^{real.}$). Wegen des positiven Angebotsüberschusses fällt die realisierte Nettoinvestition größer als die geplante aus ($I^{real.} > I^{gepl.}$). Für die Haushalte gilt dagegen unter der Voraussetzung korrekter Einkommenserwartungen ($Y_H^{erw.} = Y_1$) die Gleichheit von geplanter und realisierter Ersparnis ($S^{gepl.} = S^{real.}$). Wenn die Haushalte das realisierte Einkommen Y_1 korrekt antizipieren, erleben sie hinsichtlich ihrer Ersparnisbildung keine Überraschung ($S^{ungepl.} = 0$); geplante und tatsächliche (realisierte) Ersparnis müssen dann übereinstimmen.

Weiter ist anhand von Abbildung 2.10 zu erkennen, dass im Falle $Y = Y_1$ die Ex-ante-Bedingung $S^{gepl.} = I^{gepl.}$ verletzt ist ($S^{gepl.} > I^{gepl.}$); dagegen ist die Ex-post-Identität $S^{real.} = I^{real.}$ auch an der Ungleichgewichtsstelle $Y = Y_1$ erfüllt:

$$I^{real.} = I^{gepl.} + I^{ungepl.} = \bar{I} + (Y^s - Y^d) = S^{gepl.} = S^{real.}. \tag{2.67}$$

Die Ex-post-Gleichung $I^{real.} = S^{real.}$ gilt immer, d.h. unabhängig davon, ob sich der Gütermarkt im Gleichgewicht oder Ungleichgewicht befindet. Sie gilt auch bei fehlerhaften Erwartungen der privaten Haushalte.

Dies lässt sich anhand von Abbildung 2.11 demonstrieren, wenn weiterhin für die Einkommenserwartung der privaten Haushalte $Y_H^{erw.} = Y_1$ gilt, die daraus resultierende Güternachfrage in Höhe von $Y^d(Y_1) = C(Y_1) + \bar{I}$ jetzt aber von den Unternehmen korrekt antizipiert wird ($Y^{d,erw.} = Y^d(Y_1)$). In diesem Fall produzieren sie ein Gleichgewichtseinkommen in Höhe von $Y^s = Y_2$. Dabei gilt $Y_2 = Y^d(Y_1)$. Dem Punkt B auf der Nachfragekurve entspricht in Abbildung 2.11 der auf gleicher Höhe liegende Punkt A auf der Angebotskruve $Y^s = Y$. Das Gleichgewichtseinkommen Y_2 fällt größer aus als das Erwartungsgleichgewicht (Erw.GG) Y_0 und ist geringer als die Einkommenserwartung $Y_H^{erw.} = Y_1$. Es gilt also $Y_0 < Y_2 < Y_1$. Die geplante Ersparnis der privaten Haushalte in Höhe von $S^{gepl.} = Y_1 - C(Y_1)$ (Streckenabschnitt ED) ist **größer** als die geplante und gleichzeitig realisierte Nettoinvestition im Umfang von $\bar{I}$. Für die Haushalte ergibt sich in dieser Situation ein **ungeplantes Entsparen**, welches genau ihrem Erwartungsfehler entspricht ($S^{ungepl.} = Y_2 - Y_1 < 0$). Die ungeplante (negative) Ersparnis entspricht dem Streckabschnitt AB. Wegen der 45°-Linie ist dieser mit dem Streckenabschnitt BE identisch. Gemäß Gleichung (2.65) ist dann die $S = I$-Bedingung nur noch ex post gesehen erfüllt. Für die realisierte Ersparnis als Summe von geplanter ($S^{gepl.}$) und ungeplanter ($S^{ungepl.} = Y_H^{erw.} - Y = Y_2 - Y_1$) Ersparnis gilt dann die Übereinstimmung mit der realisierten und gleichzeitig geplanten Nettoinvestitionen $\bar{I}$.

Die Ex-post-Identität $S^{real.} = I^{real.}$ gilt selbst dann, wenn sowohl die Unternehmen als auch die Haushalte fehlerhafte Erwartungen bilden. Wir haben in diesem Fall eine Situation vorliegen, in der sich weder das Güterangebot noch die Güternachfrage in einem gleichgewichtigen Zustand (i.S. einer zeitlich stabilen Ruhelage) befinden, so dass es zu einer ungeplanten Nettoinvestition und gleichzeitig auch zu einer ungeplanten Ersparnisbildung kommt.

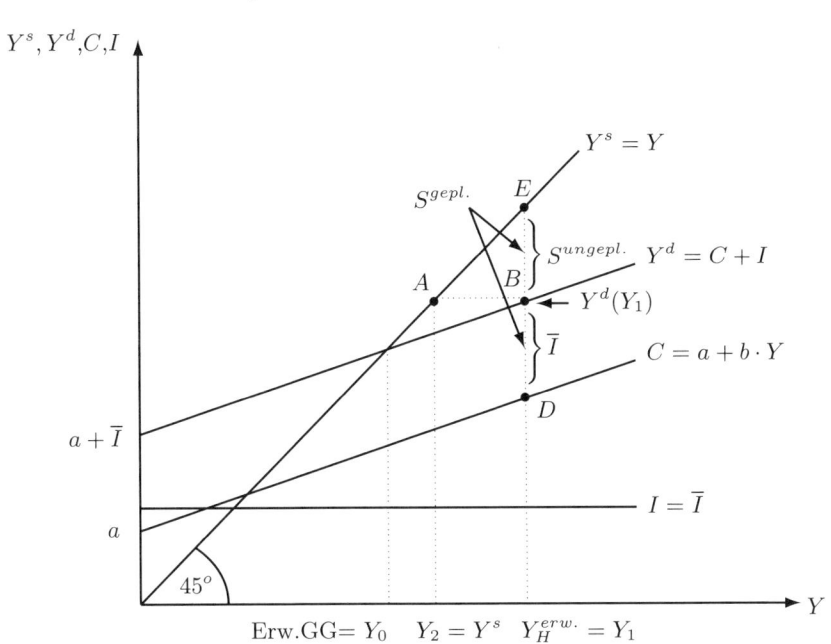

Abb. 2.11: *Falsche Einkommenserwartungen der privaten Haushalte*

Angenommen die Haushalte rechnen mit dem Gleichgewichtseinkommen Y_0, realisiert werde aber (aufgrund falscher unternehmerischer Nachfrageerwartungen) das größere Einkommen $Y = Y_1$. Für die Haushalte ergibt sich wiederum neben einer geplanten auch eine ungeplante Ersparnis. Außerdem tritt jetzt bei den Unternehmen eine ungeplante Lageraufstockung auf (vgl. Abbildung 2.12). Diese entspricht dem Angebotsüberschuss $Y^s - Y^d$, welcher größer ausfällt als im zuerst angenommenen Fall $Y_H^{erw.} = Y_1$, d.h. korrekter Einkommenserwartungen der Haushalte:

$$Y^s - Y^d = Y_1 - Y^d(Y_0) \tag{2.68}$$
$$= (Y_1 - Y^d(Y_1)) + (Y^d(Y_1) - Y^d(Y_0))$$
$$= (Y_1 - Y^d(Y_1)) + (C(Y_1) - C(Y_0))$$
$$> Y_1 - Y^d(Y_1).$$

$C(Y_1) - C(Y_0)$ ist hierbei der zusätzliche Angebotsüberschuss auf dem Gütermarkt, der aus den zu geringen Einkommenserwartungen der privaten Haushalte resultiert. Damit ist aber auch die ungeplante Nettoinvestition (unfreiwillige Lageraufstockung) angestiegen, da diese mit dem gesamten Angebotsüberschuss $Y^s - Y^d$ übereinstimmt.

Für die realisierte Ersparnis und die realisierte Nettoinvestition gilt weiterhin die Ex-post-Identität

$$S^{real.} = Y_1 - C(Y_0) = I^{gepl.} + Y^s - Y^d = I^{gepl.} + I^{ungepl.} = I^{real.}. \tag{2.69}$$

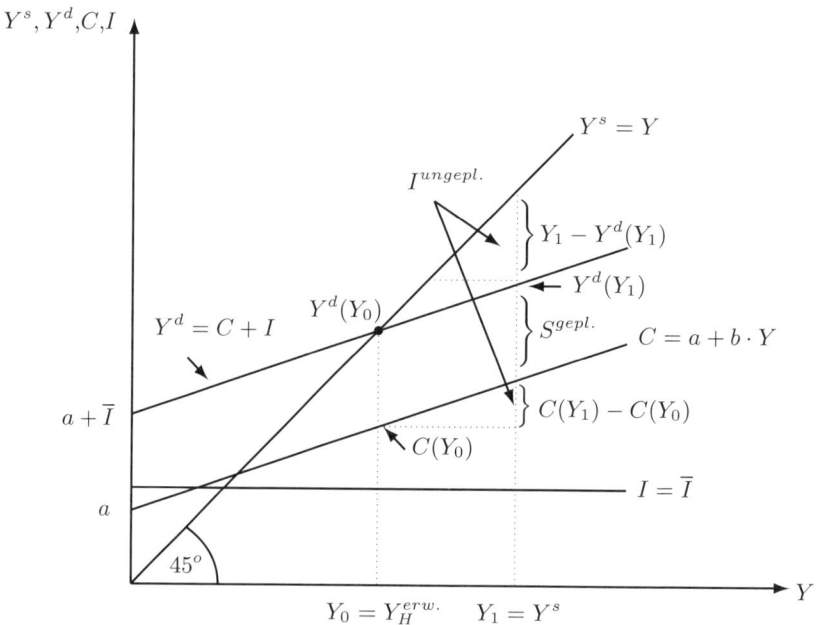

Abb. 2.12: *Fehlerhafte Erwartungen der Haushalte und Unternehmen*

Im vorliegenden Fall eines Marktungleichgewichts mit falschen Einkommenserwartungen der privaten Haushalte stimmt sogar die geplante Ersparnis mit der geplanten
Nettoinvestition überein ($S^{gepl.} = I^{gepl.}$), da die Einkommenserwartung der Haushalte
dem ursprünglichen Erwartungsgleichgewicht Y_0 entspricht und außerdem die Höhe der
geplanten Nettoinvestition einkommensunabhängig ist; es gilt dann [38]

$$S^{gepl.} = Y_H^{erw.} - C^{gepl.} = Y_0 - C(Y_0) = \overline{I} = I^{gepl.} . \tag{2.70}$$

Für den Fall, dass sich weder das Güterangebot noch die Güternachfrage in einem
gleichgewichtigen Zustand (i.S. einer Ruhelage) befinden, kommt es gleichzeitig zu einer
ungeplanten Nettoinvestition und einer ungeplanten Ersparnisbildung; gilt dabei speziell
$Y_H^{erw.} = Y_0$, ist die ungeplante Ersparnis gleich der ungeplanten Nettoinvestition, so dass
auch die geplante Ersparnis mit der geplanten Nettoinvestition übereinstimmt.

Insgesamt gilt die folgende **Aussage**: Liegt kein Erwartungsgleichgewicht auf dem gesamtwirtschaftlichen Gütermarkt vor, so kommt es zu ungeplanter Ersparnisbildung
oder ungeplanter Nettoinvestition, so dass die $S = I$-Bedingung außer im Sonderfall
$Y_H^{erw.} = Y_0$ sowie exogener Investitionsnachfrage nur noch ex post gilt.

Tabelle 2.1 fasst noch einmal die verschiedenen Konstellationen, die sich auf dem

---

[38]Die Bedingung $S^{gepl.} = I^{gepl.}$ gilt in Ungleichgewichtssituationen ($Y^s \neq Y^d$) nur in diesem Spezialfall (d.h. $Y_H^{erw.} = Y_0$, $I = \overline{I}$); anderenfalls ist sie stets verletzt. Die Ex-ante-Bedingung $S^{gepl.} = I^{gepl.}$
gilt im Normalfall nur für Gleichgewichtssituationen.

$Y^{d,erw.} = Y^d$ $Y_H^{d,erw.} = Y$ $Y^s = Y = Y^d = Y_0$	$Y^{d,erw.} = Y^d$ $Y_H^{d,erw.} \neq Y$ $Y^s = Y = Y^d \neq Y_0$	$Y^{d,erw.} \neq Y^d$ $Y_H^{d,erw.} = Y$ $Y^s = Y \neq Y^d$	$Y^{d,erw.} \neq Y^d$ $Y_H^{d,erw.} \neq Y$ $Y^s = Y \neq Y^d$
(stabiles) Gleichgewicht (GG) auf dem Gütermarkt, gleichzeitig Erwartungs-Gleichgewicht	(temporäres) GG auf dem Güter- markt, **kein** Erw.- Gleichgewicht	**kein** GG auf dem Gütermarkt, $Y \neq Y_0$	**kein** GG auf dem Gütermarkt
$S^{gepl.} = I^{gepl.}$ $S^{ungepl.} = 0$ $I^{ungepl.} = 0$	$I^{gepl.} = \overline{I}$ $S^{gepl.} \neq S^{real.}$ $S^{ungepl.} \neq 0$ $I^{gepl.} \neq S^{gepl.}$ $I^{real.} = S^{real.}$ $I^{ungepl.} = 0$	$I^{ungepl.} \neq 0$ $I^{real.} \neq I^{gepl.}$ $S^{gepl.} = S^{real.}$ $S^{ungepl.} = 0$ $I^{gepl.} \neq S^{gepl.}$ $I^{real.} = S^{real.}$	$I^{ungepl.} \neq 0$ $S^{ungepl.} \neq 0$ Falls $Y_H^{erw.} = Y_0$ und $I = \overline{I} \Rightarrow$ $S^{gepl.} = I^{gepl.} = \overline{I}$ $I^{ungpl.} = S^{ungpl.} \neq 0$

Tabelle 2.1: *Gütermarktkonstellationen bei korrekter und fehlerhafter Erwartungsbildung*

gesamtwirtschaftlichen Gütermarkt bei korrekten bzw. fehlerhaften Nachfrage- und Einkommenserwartungen ergeben können, überblicksartig zusammen. In den ersten beiden Fällen wird jeweils von einem Gütermarktgleichgewicht, also korrekten Nachfrageerwartungen der Produzenten, ausgegangen. Im Falle eines Erwartungsgleichgewichts (erste Spalte von Tabelle 2.1) ist dieses Gleichgewicht unter der Voraussetzung konstanter exogener Größen stabiler bzw. dauerhafter Natur, während es sich im zweiten Fall (zweite Spalte) lediglich um ein vorübergehendes (temporäres) Gleichgewicht handelt, da die privaten Haushalte nach Wahrnehmung ihrer ungeplanten Ersparnisbildung eine Erwartungsanpassung vornehmen werden. In den beiden letzten Fällen von Tabelle 2.1 liegt keine Gleichgewichtssituation auf dem Gütermarkt vor, da es jetzt zu einer ungeplanten Lagerbestandsänderung bei den Produzenten kommt. Auch diese ungleichgewichtigen Zustände werden in dieser Form nicht bestehen bleiben, sondern aufgrund von Erwartungsanpassungen von der Tendenz her gegen das stabile Erwartungsgleichgewicht konvergieren.

Ein Zahlenbeispiel

Die verschiedenen Gütermarktkonstellationen, die bisher betrachtet wurden, können durch das folgende Zahlenbeispiel konkretisiert werden:

$$Y = Y^s \tag{2.71}$$

$$Y^s = Y^{d,erw.} \tag{2.72}$$

$$Y^d = C + I \tag{2.73}$$

$$C = 20 + 0,8 \cdot Y_H^{erw.} \tag{2.74}$$

$$I = 580. \tag{2.75}$$

Fall 1: Erwartungsgleichgewicht ($Y^{d,erw.} = Y^d$, $Y_H^{erw.} = Y$)

Bei korrekten Nachfrageerwartungen der Unternehmen sowie korrekten Einkommenserwartungen der Haushalte ergibt sich das folgende Gleichgewichtseinkommen:

$$Y_0 = \frac{1}{1-b}(a + \overline{I}) = 5 \cdot (20 + 580) = 3000. \tag{2.76}$$

Für den geplanten Konsum (C_0) gilt dann

$$C_0 = 20 + 0,8 \cdot 3000 = 2420, \tag{2.77}$$

und die geplante private Ersparnis (S_0) stimmt mit der geplanten privaten Nettoinvestition überein:

$$S_0 = Y_0 - C_0 = 580 = \overline{I}. \tag{2.78}$$

Fall 2: Marktgleichgewicht bei fehlerhaften Einkommenserwartungen

Wir betrachten jetzt den Fall, dass die Haushalte ein Einkommen Y_1 erwarten, welches größer als Y_0 ist und die Unternehmen die daraus resultierende gesamtwirtschaftliche Güternachfrage perfekt antizipieren. Es ergibt sich dann ein Gütermarktgleichgewicht mit ungeplanter Ersparnisbildung der Haushalte. Wird

$$Y_H^{erw.} = Y_1 = 3125 \tag{2.79}$$

unterstellt, gilt für den geplanten Konsum und die geplante Ersparnis

$$C = C(Y_1) = 20 + 0,8 \cdot 3125 = 2520, \quad S^{gepl.} = Y_1 - C(Y_1) = 605. \tag{2.80}$$

Die geplante Ersparnis übersteigt dann die geplante Nettoinvestition ($S^{gepl.} > \overline{I}$). Für die geplante Güternachfrage (Y^d) errechnet sich der Wert

$$Y^d = C(Y_1) + \overline{I} = 2520 + 580 = 3100, \tag{2.81}$$

so dass sich bei korrekten unternehmerischen Nachfrageerwartungen ein Gleichgewichtseinkommen Y in gleicher Höhe einstellt. Da die Haushalte mit dem Einkommen $Y_1 = 3125$ gerechnet haben, ergibt sich für sie ein ungeplantes Entsparen in Höhe von

$$S^{ungepl.} = Y - Y_H^{erw.} = -25. \tag{2.82}$$

Für die realisierte Ersparnis gilt dann

$$S^{real.} = S^{gepl.} + S^{ungepl.} = 605 - 25 = 580 = \overline{I}. \tag{2.83}$$

Die $S = I$-Bedingung ist also ex post erfüllt, ex ante dagegen verletzt.

Fall 3: Marktungleichgewicht bei korrekten Einkommenserwartungen

Wir unterstellen jetzt ein geplantes (und realisiertes) Güterangebot, das sich an dem von den Haushalten erwarteten Einkommen in Höhe von Y_1 ausrichtet:

$$Y^s = Y_H^{erw.} = Y_1 = 3125. \tag{2.84}$$

Für die Haushalte liegen in diesem Fall korrekte Einkommenserwartungen vor, während die geplante Güternachfrage von den Unternehmen überschätzt wird:

$$Y^s = 3125 > Y^d(Y_1) = C(Y_1) + \overline{I} = 3100. \tag{2.85}$$

Die Folge ist eine ungeplante Lagerbestandsaufstockung bzw. Investition in Höhe des Angebotsüberschusses auf dem Gütermarkt:

$$I^{ungepl.} = Y^s - Y^d = 25. \tag{2.86}$$

Die realisierte Investition fällt jetzt höher aus als die geplante:

$$I^{real.} = I^{gepl.} + I^{ungepl.} = 580 + 25 = 605. \tag{2.87}$$

Dagegen stimmen die geplante und die tatsächliche (realisierte) Ersparnis der Haushalte überein:

$$S^{gepl.} = Y_1 - C(Y_1) = 3125 - 2520 = 605 = S^{real.} . \tag{2.88}$$

Die geplante Ersparnis ist also größer als die geplante Nettoinvestition. Die $S = I$-Bedingung ist daher nur ex post erfüllt.

Fall 4: Marktungleichgewicht bei fehlerhaften Einkommenserwartungen

Wir unterstellen als letzten Fall eine geplante Produktion im Umfang von Y_1 und eine Einkommenserwartung in Höhe von Y_0:

$$Y^s = Y_1 = 3125, \qquad Y_H^{erw.} = Y_0 = 3000. \tag{2.89}$$

Die Haushalte unterschätzen ihr tatsächliches Einkommen Y_1, so dass sich eine ungeplante Ersparnisbildung ergibt. Die Unternehmen überschätzen dagegen die geplante Güternachfrage, welche einen Umfang von

$$Y^d = C(Y_0) + \overline{I} = 2420 + 580 = 3000 = Y_0 \tag{2.90}$$

hat, so dass eine ungeplante Lageraufstockung eintritt. Der Angebotsüberschuss auf dem Gütermarkt fällt jetzt größer aus als im Fall 3, da die Haushalte mit dem Einkommen Y_0 rechnen, welches kleiner als Y_1 ist:

$$I^{ungepl.} = Y^s - Y^d = Y_1 - Y_0 = 3125 - 3000 = 125. \tag{2.91}$$

Die ungeplante Ersparnis der Haushalte entspricht der ungeplanten Nettoinvestition, da $Y_H^{erw.} = Y_0 = Y^d$ gilt:

$$S^{ungepl.} = Y_1 - Y_H^{erw.} = Y_1 - Y_0 = 125. \tag{2.92}$$

Außerdem muss die geplante Ersparnis mit der geplanten Nettoinvestition übereinstimmen, da die Haushalte ihrer Planung das Einkommen im Erwartungsgleichgewicht zugrundelegen und die geplante private Nettoinvestition konstant ist:

$$S^{gepl.} = Y_H^{erw.} - C = Y_0 - C(Y_0) = 580 = \overline{I}. \tag{2.93}$$

Obwohl die $S = I$-Bedingung sowohl ex post als auch ex ante gilt, liegt kein Marktgleichgewicht vor, da sich im Unternehmenssektor eine ungeplante Nettoinvestition ergibt. Ist umgekehrt ein Marktgleichgewicht gegeben, folgt aus der Gleichgewichtsbedingung $Y^s = Y^d$ nur dann die Gleichheit von geplanter privater Ersparnis und geplanter privater Nettoinvestition, falls die Haushalte ihr Periodeneinkommen korrekt antizipieren.

Wir können **festhalten**, dass im Rahmen des einfachen Gütermarktmodells die Gleichung $S = I$ ex post gesehen immer erfüllt ist. Unabhängig von der zugrundegelegten Konstellation auf dem gesamtwirtschaftlichen Gütermarkt stimmt die realisierte Ersparnis der privaten Haushalte stets mit der realisierten Nettoinvestition der privaten Unternehmen überein. In einer geschlossenen Volkswirtschaft, in der definitionsgemäß kein Außenhandel und keine internationalen Kapitalströme auftreten, begrenzt also die Ersparnisbildung der privaten Haushalte die Investitionstätigkeit der privaten Unternehmen. Aus der Übereinstimmung der gesamtwirtschaftlichen realisierten Ersparnis mit der realisierten Nettoinvestition folgt in der Regel nicht die Übereinstimmung der zugehörigen gesamtwirtschaftlichen Plangrößen. Die $S = I$-Bedingung ist als Ex-ante-Beziehung im Normalfall verletzt, wenn geplantes Güterangebot und geplante Güternachfrage nicht übereinstimmen, auf dem Gütermarkt also ein Ungleichgewicht (im theoretischen Sinne) vorliegt. Befindet sich dagegen der Gütermarkt in einem Zustand des Marktausgleichs, so ist die Beziehung $S = I$ auch als Ex-ante-Bedingung (i.S. von $S^{gepl.} = I^{gepl.}$) erfüllt, falls die Einkommenserwartungen der privaten Haushalte korrekt sind. In einem solchen Erwartungsgleichgewicht ist die Ex-ante-Gleichung $S = I$ äquivalent zur Gütermarkt-Gleichgewichtsbedingung $Y = C + I$. Unter der Annahme korrekter Einkommenserwartungen der privaten Haushalte lässt sich die $S = I$-Bedingung also ebenfalls als Gleichgewichtsbedingung des gesamtwirtschaftlichen Gütermarktes auffassen.

Die Gleichheit von Sparen und Investieren kann als Gleichgewichtsbedingung auch mit Hilfe der Sparfunktion veranschaulicht werden.

Für die **Sparfunktion** gilt wegen $S = Y - C$ und $C = a + b \cdot Y$:

$$S = -a + (1 - b)Y. \tag{2.94}$$

Hierbei werden korrekte Einkommenserwartungen der privaten Haushalte unterstellt, so dass geplante und realisierte Ersparnis identisch sind. Das **Gleichgewichtseinkommen** Y_0 ergibt sich dann im Schnittpunkt von Spar- und Investitionsfunktion (Abbildung 2.13). Wird das Gleichgewichtseinkommen Y_0 **nicht** realisiert, sondern zum Beispiel ein höheres Einkommen Y_1, kommt es zu einer **ungeplanten Nettoinvestition**:

$$I^{ungepl.} = S(Y_1) - \bar{I}. \tag{2.95}$$

Da die $S = I$-Bedingung als Ex-post-Gleichung immer gilt, muss die ungeplante Nettoinvestition der Differenz zwischen der geplanten (und gleichzeitig realisierten) Ersparnis und der geplanten Nettoinvestition entsprechen. Die ungeplante Investition bzw. Lagerbestandsänderung ist rechts vom Gleichgewichtseinkommen Y_0 positiv, da hier $Y^s > Y^d$ ist. Sie entspricht dem (positiven oder negativen) Angebotsüberschuss auf dem Gütermarkt bei fehlerhaften unternehmerischen Nachfrageerwartungen.[39]

---

[39]Es gilt an der Stelle $Y_1 : S(Y_1) - I(Y_1) = Y_1 - C(Y_1) - \bar{I} = Y_1 - Y^d(Y_1) = Y^s(Y_1) - Y^d(Y_1) = I^{ungepl.}$.

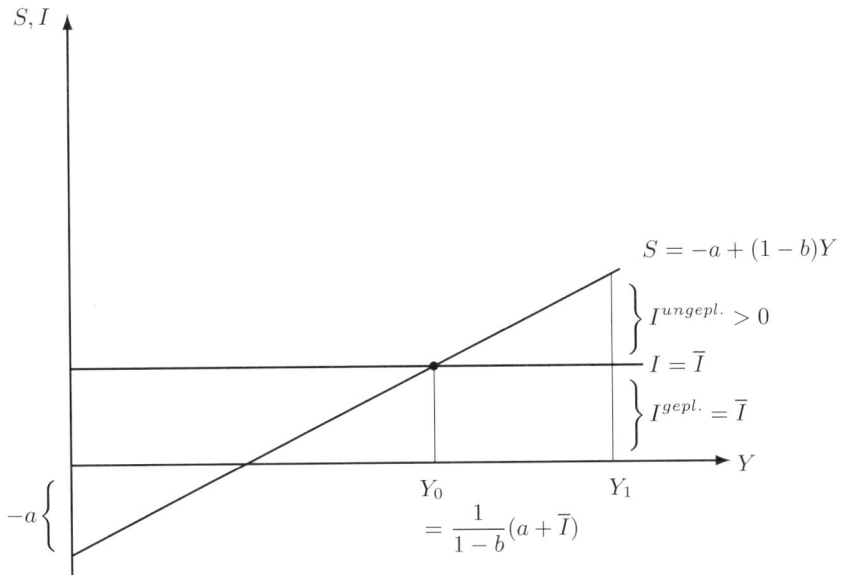

Abb. 2.13: *Gleichheit von Sparen und Investieren*

2.1.7 Multiplikatoranalyse

Wir betrachten in diesem Abschnitt die Wirkungen, die von einer Steigerung der exogen vorgegebenen Nettoinvestition auf das Gleichgewichtseinkommen ausgehen. Ergibt sich dabei eine im Vergleich zur Investitionserhöhung überproportionale oder unterproportionale Zunahme des Einkommens? Außerdem soll untersucht werden, wie sich der Anpassungsprozess zum neuen Gleichgewicht darstellen lässt.

Der elementare Multiplikator

Das Gleichgewichtseinkommen des einfachen Gütermarktmodells (2.48) bis (2.54) ist allgemein von der Form (vgl. (2.58))

$$Y = \frac{1}{1-b}(a+I). \tag{2.96}$$

Es hängt – neben dem exogen vorgegebenen Modellparameter b – von den exogenen Modellvariablen a und I ab. Kommt es zu einer Änderung des autonomen Konsums oder der autonomen Nettoinvestition, ergibt sich eine Änderung des Gleichgewichtseinkommens. Im Folgenden soll im Rahmen einer **komparativ-statischen Analyse** das neue Gleichgewichtseinkommen, welches sich bei einer Änderung von a oder I nach Abschluss aller Anpassungsprozesse einstellt, mit dem Ausgangsgleichgewicht verglichen werden. Im Rahmen einer solchen Analysemethode ist weniger die Höhe des neuen

Gleichgewichtseinkommens, sondern vor allem der betragsmäßige Unterschied zum alten Gleichgewichtswert, also die Höhe der Veränderung des Ausgangsgleichgewichts, von Interesse. Die quantitative Beziehung, die zwischen der Änderung einer exogenen Variablen und der daraus resultierenden Änderung des Gleichgewichtseinkommens resultiert, lässt sich in einem **Multiplikator** zum Ausdruck bringen. Hierbei handelt es sich um eine Marginalgröße, die sich aus dem totalen Differential der Gleichgewichtslösung (2.96) ergibt:

$$dY = \frac{1}{1-b}(da + dI).$$ (2.97)

Ist der autonome Konsum konstant ($da = 0$), ergibt sich hieraus für die Änderung dY des Gleichgewichtseinkommens Y der Ausdruck

$$dY = \frac{1}{1-b}dI \qquad (da = 0).$$ (2.98)

Da die marginale Konsumquote kleiner eins ist, bewirkt eine (infinitesimal kleine) Zunahme der privaten Nettoinvestition ($dI > 0$) eine Steigerung des Realeinkommens ($dY > 0$). Die Einkommensexpansion fällt dabei stärker aus als die Erhöhung der privaten Nettoinvestition, da der Kehrwert der marginalen Sparquote, d.h. der Ausdruck $1/(1 - b)$, wegen $0 < b < 1$ größer als eins ist. Es gilt also $dY > dI$. Der Differentialquotient

$$\frac{dY}{dI} = \frac{1}{1-b} \qquad (> 1)$$ (2.99)

wird als **elementarer Multiplikator** oder **Investitionsmultiplikator** (in Bezug auf das Einkommen Y) bezeichnet. Er gibt das **Vielfache** an, um das sich das Gleichgewichtseinkommen erhöht, wenn die autonome Nettoinvestition um eine Einheit ansteigt. Da der Multiplikator größer eins ist, ergibt sich eine **mehrfache** Einkommenssteigerung.

Gilt zum Beispiel für die marginale Konsumquote $b = 0,8$, so ist $1/(1-b) = 1/0,2 = 5$. Der Multiplikator dY/dI nimmt dann den Wert 5 an. Y würde in diesem Fall um das fünffache der Steigerung von I zunehmen.

Dieses Zahlenbeispiel macht unmittelbar die Bezeichnungsweise „Multiplikator" einsichtig. Allgemein erfasst dieser Begriff den quantitativen Zusammenhang zwischen einer infinitesimal kleinen Änderung einer exogenen und der daraus resultierenden Änderung einer endogenen Variablen, wobei sich dieser Zusammenhang aus der Lösungsform (reduzierten Form) eines simultanen Gleichungssystems ergibt.[40] Da in einem solchen reduzierten System die modellendogenen Variablen nur noch von den exogenen Modellvariablen abhängen, erhält man die Multiplikatoren durch partielles Ableiten der endogenen nach den exogenen Variablen. Ein Multiplikator muss keineswegs immer größer als eins sein und darf nicht mit bestimmten Größenordnungen verknüpft werden.

---

[40]Im Gegensatz zum Multiplikator erfasst die marginale Konsumquote im Rahmen eines Gütermarktmodells den Zusammenhang zwischen zwei modellendogenen Variablen, und zwar Y und C.

Graphische Darstellung

Für die graphische Darstellung der Wirkungen einer Änderung der privaten Netto-investition auf das Gleichgewichtseinkommen bieten sich zwei Möglichkeiten an, da die Gleichgewichtsbedingung des Gütermarktes sowohl durch die Gleichung $Y^s = Y^d$ (d.h. geplantes gesamtwirtschaftliches Güterangebot gleich geplante gesamtwirtschaftliche Güternachfrage) als auch durch die Gleichung $S = I$ (d.h. geplante private Ersparnis gleich geplante private Nettoinvestition) zum Ausdruck gebracht werden kann.

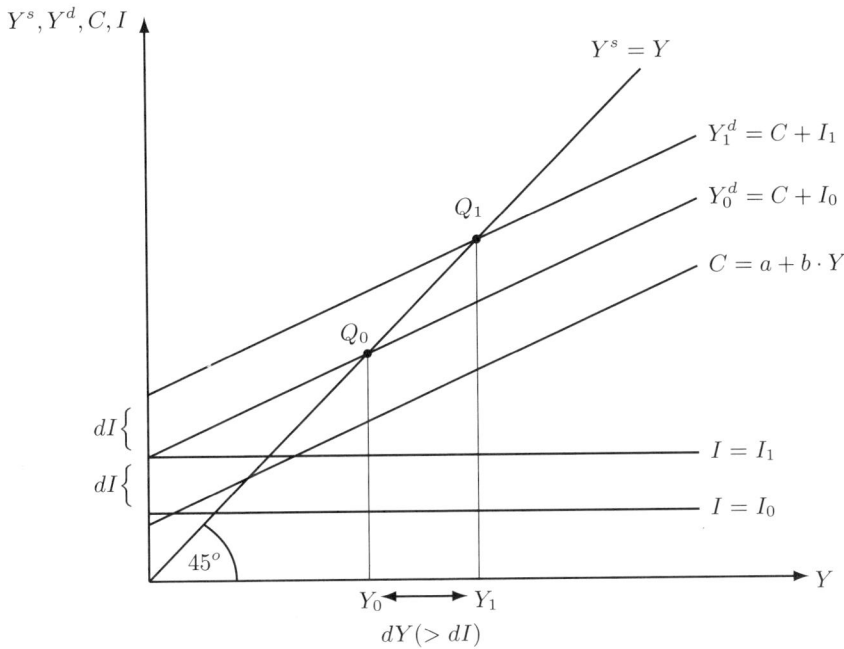

Abb. 2.14: *Auswirkungen einer Investitionssteigerung*

Abbildung 2.14 geht von der Gütermarkt-Gleichgewichtsbedingung $Y^s = Y^d$ aus. Das Gleichgewichtseinkommen liegt im Schnittpunkt von Güterangebots- und Güternach-fragekurve. In Abbildung 2.14 bezeichnet Q_0 das Ausgangsgleichgewicht und Q_1 das neue Gleichgewicht, welches sich aufgrund einer exogenen Erhöhung der privaten Net-toinvestition von I_0 auf den höheren Wert I_1 ergibt. Graphisch hat die Steigerung von I eine Parallelverschiebung der Güternachfragekurve Y_0^d um den Betrag $dI = I_1 - I_0$ zur Folge. Der neue Schnittpunkt Q_1 mit der 45°-Linie, welche die Angebotskurve $Y^s = Y$ charakterisiert, liefert das neue Gleichgewichtseinkommen Y_1. Die Zunahme des Gleich-gewichtseinkommens (d.h. $dY = Y_1 - Y_0$) fällt dabei stärker aus als die Steigerung der autonomen Nettoinvestition von I_0 auf I_1, da der elementare Multiplikator $1/(1 - b)$ größer als eins ist.

Die Änderung des Gleichgewichtseinkommens lässt sich auch mit Hilfe der Sparfunktion

S, die durch die Gleichung

$$S = Y - C = -a + (1 - b)Y \qquad (2.100)$$

gegeben ist, veranschaulichen (Abbildung 2.15). Abbildung 2.15 basiert auf der Gütermarkt-Gleichgewichtsbedingung $S = I$. Das Ausgangsgleichgewicht Q_0 liegt im Schnittpunkt von Spar- und Investitionsfunktion. Durch die exogene Steigerung von I verlagert sich die horizontal verlaufende Investitionsfunktion parallel nach oben. Der neue Schnittpunkt Q_1 mit der in der Lage unveränderten Sparfunktion liefert das neue Gleichgewichtseinkommen Y_1. Die Einkommenssteigerung fällt wegen (2.99) wiederum stärker aus als die Zunahme der privaten Nettoinvestition.

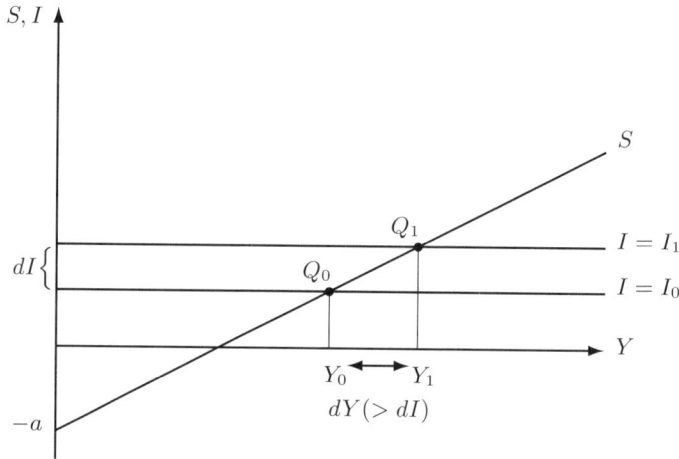

Abb. 2.15: *Der elementare Multiplikator*

Die mehrfache Einkommenserhöhung lässt sich auch damit begründen, dass im neuen Gleichgewicht die $S = I$-Bedingung gelten muss. Die Zunahme der privaten Ersparnis dS muss somit der Steigerung der privaten Nettoinvestition dI genau entsprechen ($dS = dI$). Hierfür ist aber eine mehrfache Einkommenserhöhung erforderlich, da gemäß Gleichung (2.100)

$$dS = s \cdot dY \qquad (s = 1 - b) \qquad (2.101)$$

gilt und die marginale Sparquote s kleiner als eins ist.

Das Sparparadoxon

Wird anstelle einer Änderung der privaten Nettoinvestition eine gleich große Änderung des autonomen Konsums betrachtet, ergibt sich der gleiche Einkommenseffekt wie in

(2.98):

$$dY = \frac{1}{1-b}\,da \qquad (dI = 0).$$ (2.102)

Die Multiplikatoren dY/da und dY/dI stimmen überein und sind gleich dem Kehrwert der marginalen Sparquote. Eine Änderung des autonomen Konsums drückt sich
graphisch in einer Parallelverschiebung der Konsum- und Sparfunktion aus. Abbildung
2.16 beschreibt die Wirkungen, die von einer exogenen **Senkung** des Basiskonsums a
ausgehen.

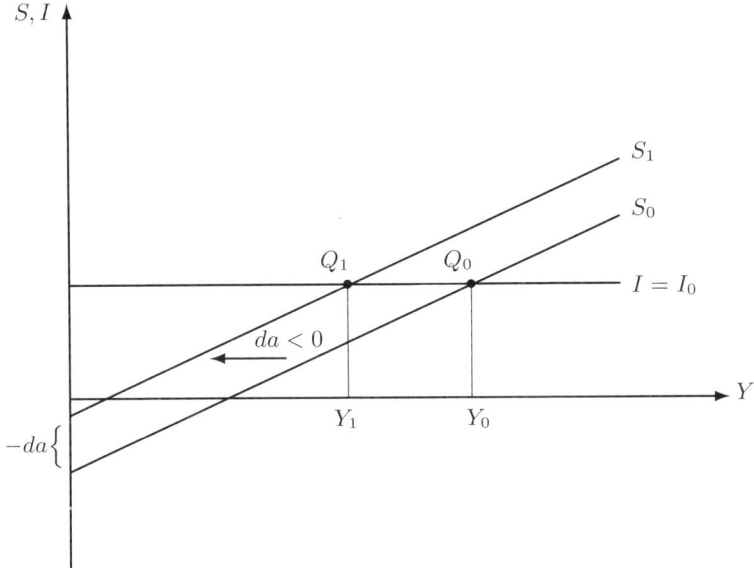

Abb. 2.16: *Das Sparparadoxon*

Eine Reduktion des Basiskonsums a von a_0 auf $a_1 < a_0$ verschiebt die Sparfunktion
$S = -a + (1 - b)Y$ nach links.[41] Bei jedem Einkommensniveau planen die Haushalte
jetzt mehr zu sparen als in der Ausgangslage, da $S_1(Y) > S_0(Y)$ für jeden Wert
von Y ist. Dies gilt auch für das ursprüngliche Gleichgewichtseinkommen Y_0. Da
die zugehörige geplante Ersparnis $S_1(Y_0)$ größer als die geplante Nettoinvestition I_0
ausfällt, kann der Gleichgewichtspunkt Q_0 nicht bestehen bleiben. Die Senkung von a
bewirkt gemäß Gleichung (2.102) eine Einkommenskontraktion. Damit verbunden ist

---

[41]Der Ordinatenabschnitt, welcher betragsmäßig mit dem Basiskonsum übereinstimmt, wird kleiner. Eine Senkung von a bedeutet gemäß der relativen Einkommenshypothese eine Verschlechterung
des Lebensstandards der privaten Haushalte. Der neue Schnittpunkt zwischen kurz- und langfristiger
Konsumfunktion liegt jetzt unterhalb des Ausgangspunktes auf der langfristigen Konsumfunktion.

ein Rückgang des einkommensabhängigen Teils der Ersparnis (d.h. des Terms $s \cdot Y$), und zwar in einem Ausmaße, bis die geplante Ersparnis und die unverändert gebliebene Investitionsgüternachfrage wieder übereinstimmen. Dies ist im neuen Gleichgewicht Q_1 der Fall, da in diesem Punkt $S_1(Y_1) = I_0$ gilt. Obwohl alle Wirtschaftssubjekte durch die Senkung ihrer autonomen Konsumgüternachfrage mehr sparen wollen, bleibt im neuen Gleichgewicht Q_1 die Gesamtersparnis $S_1(Y_1) = -a_1 + (1-b)Y_1$ gegenüber dem Ausgangswert $S_0(Y_0) = -a_0 + (1-b)Y_0$ unverändert ($S_1(Y_1) = S_0(Y_0)$), weil die Ersparnissteigerung infolge des Rückgangs des Basiskonsums durch die induzierte Einkommenssenkung genau wieder ausgeglichen wird. Dies ist das **Paradoxon der Sparsamkeit**. Eine Änderung des autonomen Konsums bewirkt bei exogen vorgegebener Nettoinvestition letztlich keine Änderung der gesamtwirtschaftlichen Ersparnis.[42]

Der Anpassungsprozess

Im Rahmen einer komparativ-statischen Analyse sind bisher die Wirkungen einer isolierten Änderung der privaten Nettoinvestition und des autonomen Konsums auf das Gleichgewichtseinkommen untersucht worden. Aus Gleichung (2.97) lässt sich ableiten, dass eine Erhöhung der autonomen Güternachfrage um insgesamt eine Einheit zu einer Steigerung des Gleichgewichtseinkommens und der effektiven Güternachfrage führt, die genau dem reziproken Wert der marginalen Sparquote entspricht:

$$Y_1 = Y_0 + dY = Y_0 + \frac{1}{s} \quad , \text{ falls } \quad dI + da = 1. \tag{2.103}$$

Es stellt sich die Frage, durch welche Vorgänge im güterwirtschaftlichen Bereich das neue Gleichgewichtseinkommen zustandekommt, d.h. wie sich der Anpassungsprozess zum neuen Gleichgewicht beschreiben lässt. Bezogen auf die Abbildungen 2.14 und 2.15 geht es im Folgenden darum, den Übergang des Gleichgewichtspunktes Q_0 in das neue Gleichgewicht Q_1 ökonomisch zu erläutern.

Die Multiplikatorwirkung einer autonomen Erhöhung der Güternachfrage, die in einer mehrfachen Einkommenssteigerung besteht, lässt sich damit begründen, dass die geplante Ersparnis S nach Abschluss aller Anpassungsprozesse wieder mit der geplanten Nettoinvestition I übereinstimmt. Die Größen S und I ändern sich also in gleichem Ausmaße und in die gleiche Richtung:

$$dS = -da + s \cdot dY = dI \text{ bzw. } s \cdot dY = dI + da \quad (0 < s = 1 - b < 1). \tag{2.104}$$

Da die marginale Sparquote s kleiner als eins ist, muss bei einer Zunahme der autonomen Güternachfrage um den Betrag $dI + da$ eine mehrfache Steigerung des Realeinkommens Y eintreten, um einen Anstieg des einkommensabhängigen Teils der gesamtwirtschaftlichen Ersparnis zu induzieren, der genau der exogenen Steigerung der gesamtwirtschaftlichen Güternachfrage entspricht.

---

[42]Ein analoges Ergebnis gilt auch bei einem Rückgang der marginalen Konsumquote b. In diesem Fall dreht sich die Sparfunktion bei unverändertem Ordinatenabschnitt nach links. Wird von einer einkommensabhängigen Investitionsfunktion der Art $I = I_0 + c \cdot Y$ ($c > 0$) ausgegangen, würde es bei einer Senkung von a oder b sogar zu einem Rückgang von S kommen, da in diesem Fall die Investitionsnachfrage zurückgeht.

Diese eher formale Erklärung für die mehrfache Einkommenssteigerung deckt natürlich noch keinen **Multiplikatorprozess** auf, so dass der hinter der Einkommenserhöhung stehende Anpassungsprozess vom Ausgangsgleichgewicht zum neuen Gleichgewicht weiterhin im Dunkeln bleibt. Um diesen Anpassungsprozess sichtbar zu machen, bedarf es genaugenommen einer **dynamischen** Analyse.

Anstelle einer expliziten dynamischen Untersuchung soll im Folgenden eine **quasi-dynamische** Analyse durchgeführt werden, die den Anpassungsprozess zum neuen Gleichgewicht durch Multiplikatorrunden, d.h. durch eine Folge von Einkommensströmen, die aus einer exogenen Nachfragesteigerung resultieren, beschreibt. Beispielhaft soll hierzu von einer Steigerung der autonomen Nettoinvestition ausgegangen werden. Die Grundidee zur Darstellung des Multiplikatorprozesses ergibt sich, indem die Kausalbeziehungen des Gleichgewichtsmodells

$$Y = C + I, \qquad\qquad (2.105)$$

$$C = a + b \cdot Y \qquad\qquad (2.106)$$

in Form eines **Pfeildiagramms** erfasst werden (Abbildung 2.17). Jeder Pfeil in diesem Schema beschreibt eine Kausalbeziehung zwischen zwei Variablen. Am Pfeilanfang steht die verursachende, am Pfeilende die kausal beeinflusste Variable. I und C beeinflussen als Komponenten der gesamtwirtschaftlichen Güternachfrage das reale Nationaleinkommen Y (da sich die Unternehmen mit ihrem Güterangebot stets der Güternachfrage anpassen), während Y wiederum gemäß der absoluten Einkommenshypothese ein kausaler Beeinflussungsfaktor von C ist.

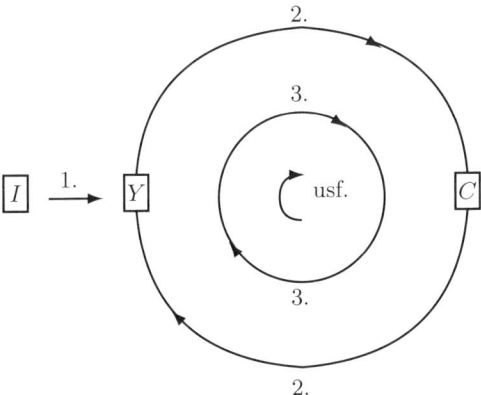

Abb. 2.17: *Kausalbeziehungen im Gütermarktmodell*

Das Pfeilschema ist folgendermaßen zu lesen: Kommt es zu einer exogenen Steigerung der privaten Nettoinvestition, so bewirkt dies in der Anstoßwirkung eine unmittelbare Einkommensexpansion, da die gesamtwirtschaftliche Nachfrage angestiegen ist und sich das gesamtwirtschaftliche Angebot stets der Güternachfrage anpasst (1. Multiplikatorrunde). Diese unmittelbare Einkommenserhöhung in der Investitionsgüterindustrie führt gemäß der absoluten Einkommenshypothese zu einer (unterproportionalen) Zunahme der Konsumgüternachfrage. Der Anstieg von C induziert eine Produktionssteigerung in der Konsumgüterindustrie, woraus wiederum eine zusätzliche Einkommensexpansion resultiert (2. Multiplikatorrunde). Dieser zusätzliche Einkommensanstieg hat eine weitere Konsumsteigerung zur Folge, welche wiederum eine Einkommenssteigerung induziert (3. Runde) usf.

Genauer lassen sich diese Multiplikatorrunden wie folgt beschreiben:

In der ersten Runde bewirkt die Zunahme der autonomen Nettoinvestition einen unmittelbaren Produktions- bzw. Einkommensanstieg in gleicher Höhe. Dieser **primäre** Einkommenseffekt (**Anstoßeffekt**) soll mit $\Delta_1 Y$ bezeichnet werden, wobei $\Delta_1 Y$ die Einkommensänderung in der ersten Multiplikatorrunde bzw. ersten Periode des Anpassungsprozesses angibt:

$$\Delta_1 Y = dI \quad (= I_1 - I_0 > 0). \tag{2.107}$$

Damit ist die erste Multiplikatorrunde abgeschlossen. Eine Konsumsteigerung aufgrund der unmittelbaren Einkommensexpansion soll in dieser Periode noch nicht stattfinden. Dies lässt sich damit rechtfertigen, dass die Haushalte den primären Anstieg von Y erst mit einer zeitlichen Verzögerung wahrnehmen[43] und daher ihrer Konsumplanung weiterhin das ursprüngliche Einkommen Y_0 zugrundelegen. Es gilt dann $\Delta_1 C = 0$.

In der zweiten und in den folgenden Multiplikatorrunden kommt es zu **sekundären** (**induzierten**) Einkommenseffekten, die daraus resultieren, dass die in der ersten Periode eingetretene Einkommenserhöhung eine Zunahme der Konsumgüternachfrage hervorruft, welche wiederum einkommenswirksam ist. In jeder Runde ist dabei die Steigerung von C wegen $b < 1$ geringer als die Einkommensexpansion der jeweils vorangegangenen Periode. Für die Konsumsteigerung in der zweiten Runde gilt wegen der angenommenen Konstanz des autonomen Konsums:

$$\Delta_2 C = b \cdot \Delta_1 Y = b \cdot dI \quad (< dI = \Delta_1 Y). \tag{2.108}$$

Die Zunahme der Konsumgüternachfrage bewirkt in der gleichen Multiplikatorrunde eine weitere Einkommenssteigerung, die vom Umfang her mit dem Anstieg von C in dieser Runde übereinstimmt:

$$\Delta_2 Y = \Delta_2 C = b \cdot dI.^{44} \tag{2.109}$$

Die Einkommensexpansion in der zweiten Runde des Multiplikatorprozesses resultiert aus einer Produktionssteigerung in der Konsumgüterindustrie, welche der Zunahme der Produktion in der Investitionsgüterindustrie zeitlich nachgelagert ist. Diese zusätzliche Einkommenserhöhung induziert in der Folgeperiode (dritten Runde) eine weitere

---

[43]Anstelle korrekter Einkommenserwartungen ($Y_H^{erw.} = Y$) unterstellen wir jetzt die statische Erwartungshypothese $Y_H^{erw.} = Y_{-1}$, wonach die Haushalte stets mit dem Einkommen der Vorperiode rechnen.

[44]In Höhe von $\Delta_2 C$ steigt ja die gesamtwirtschaftliche Güternachfrage ein weiteres Mal an, was wiederum eine gleich große Steigerung von Y zur Folge hat.

Zunahme der Konsumgüternachfrage in Höhe von

$$\Delta_3 C = b \cdot \Delta_2 Y = b^2 \cdot dI. \tag{2.110}$$

Dies bewirkt wiederum eine Einkommensexpansion in gleicher Höhe:

$$\Delta_3 Y = \Delta_3 C = b^2 \cdot dI. \tag{2.111}$$

In der vierten Runde gilt entsprechend

$$\Delta_4 Y = \Delta_4 C = b \cdot \Delta_3 Y = b^3 \cdot dI. \tag{2.112}$$

Die Multiplikatorrunden verdeutlichen, dass sich die Konsumgüternachfrage und das Realeinkommen über die zwischen diesen beiden Größen bestehende wechselseitige Interdependenz immer weiter „hochschaukeln". Allgemein gilt für die n-te Multiplikatorrunde

$$\Delta_n Y = \Delta_n C = b^{n-1} \cdot dI. \tag{2.113}$$

Die Einkommenssteigerungen nehmen mit wachsendem n immer mehr ab, da die marginale Konsumquote kleiner als eins ist und somit

$$b > b^2 > b^3 > ... > b^{n-1} \quad \text{bzw.} \quad b \cdot dI > b^2 \cdot dI > b^3 \cdot dI > ... > b^{n-1} \cdot dI \tag{2.114}$$

gilt. Für die gesamte Einkommenserhöhung ΔY nach n Runden ergibt sich durch Summation der Einkommensströme in den einzelnen Multiplikatorrunden:[45]

$$\begin{aligned}
\Delta Y &= \sum_{i=1}^{n} \Delta_i Y = (dI + b \cdot dI + ... + b^{n-1} \cdot dI) \\
&= (1 + b + b^2 + ... + b^{n-1})dI \\
&= \frac{1 - b^n}{1 - b} dI.
\end{aligned} \tag{2.115}$$

Der Multiplikatorprozess bricht nicht nach n Schritten ab, sondern besteht aus unendlich vielen Runden. Wird die Gesamtänderung von Y nach unendlich vielen Schritten mit dY bezeichnet, so folgt aus (2.115), da b^n gegen null für n gegen unendlich strebt:

$$dY = \left(\sum_{i=1}^{\infty} b^{i-1} \right) dI = \frac{1}{1 - b} dI. \tag{2.116}$$

Gleichung (2.115) geht also für n gegen unendlich in den Investitionsmultiplikator über. Die Gesamtsumme aller Einkommensströme in den einzelnen Multiplikatorrunden ist

---

[45] Das letzte Gleichheitszeichen in (2.115) ergibt sich aus der Summenformel für eine endliche geometrische Reihe.

gleich dem Produkt aus dem elementaren Multiplikator und der autonomen Investitionssteigerung. Die Einkommensänderungen fallen dabei von Runde zu Runde immer kleiner aus, da wegen $b < 1$

$$\Delta_n Y - \Delta_{n-1} Y = (b^{n-1} - b^{n-2})dI = b^{n-2}(b-1)dI < 0 \qquad (2.117)$$

gilt. Der Anpassungsprozess konvergiert dann zum neuen Gleichgewicht

$$Y_1 = Y_0 + \frac{1}{s}dI \quad (s = 1 - b), \qquad (2.118)$$

so dass das neue Gleichgewichtseinkommen Y_1 stabil ist. Anhand von (2.117) ist zu ersehen, dass die Einkommensänderungen nur im Fall einer marginalen Konsumquote, die kleiner als eins ist, immer mehr abnehmen. Nur unter dieser Voraussetzung kommt der Anpassungsprozess überhaupt zum Abschluss. Wäre dagegen b gleich eins, so blieben die Einkommens- und Konsumsteigerungen immer konstant und entsprächen in jeder Multiplikatorrunde der autonomen Investitionssteigerung :

$$\Delta_n Y = \Delta_n C = \Delta_{n-1} Y = \Delta_{n-1} C = dI, \quad \text{falls} \quad b = 1. \qquad (2.119)$$

Der Multiplikatorprozess käme in diesem Grenzfall nie zu einem Ende. Wird dagegen für die marginale Konsumquote gemäß der absoluten Einkommenshypothese ein Wert kleiner eins unterstellt, so fällt mit jeder Einkommenssteigerung die daraus resultierende Konsumsteigerung unterproportional aus, da ein Teil des zusätzlichen Einkommens gespart wird. Dieser Teil kann dann nicht mehr nachfragewirksam werden. Aufgrund dieser **Sickerverluste** werden die Einkommenssteigerungen mit zunehmender Zahl n immer kleiner, so dass sie schließlich (für $n \to \infty$) gleich null werden.

Abbildung 2.18 liefert eine graphische Darstellung des Multiplikatorprozesses. Eine Steigerung der autonomen Nettoinvestition verlagert die Güternachfragekurve parallel nach oben, so dass sich ein neuer Schnittpunkt mit der Angebotskurve $Y^s = Y$ ergibt (Punkt Q_n). Der Multiplikatorprozess lässt sich durch die vertikal und horizontal verlaufenden Pfeile veranschaulichen. Die vertikalen Pfeile beschreiben Änderungen der gesamtwirtschaftlichen Güternachfrage, die horizontalen Pfeile verdeutlichen, dass sich das gesamtwirtschaftliche Güterangebot stets der Güternachfrage anpasst. Die horizontal verlaufenden Pfeile geben somit die Einkommenssteigerung in jeder Multiplikatorrunde an. Der jeweils vor einem waagerechten Pfeil liegende vertikale Pfeil kennzeichnet die Ursache der Einkommenssteigerung, also $\Delta_1 Y = dI$, $\Delta_2 Y = \Delta_2 C$, $\Delta_3 Y = \Delta_3 C$ usw. Die Nummerierung der Pfeile korrespondiert dabei mit der Nummerierung der einzelnen Multiplikatorrunden. Pfeil 1 gibt demnach die Änderung der autonomen Nettoinvestition an, Pfeil 2 die damit verbundene Konsumsteigerung $\Delta_2 C = b \cdot dI$, Pfeil 3 die erneute Konsumänderung $\Delta_3 C = b^2 \cdot dI$ usw. Die Abbildung verdeutlicht außerdem die Konvergenz des Anpassungsprozesses von Q_0 nach Q_n. Das neue Gleichgewichtseinkommen, das hier mit Y_n bezeichnet wird, ist somit stabil.

Ein numerisches Beispiel

Der Multiplikatorprozess soll im Folgenden anhand eines Zahlenbeispiels konkretisiert werden. Mit Hilfe eines solchen Beispiels erhält man auch eine Vorstellung davon, wie

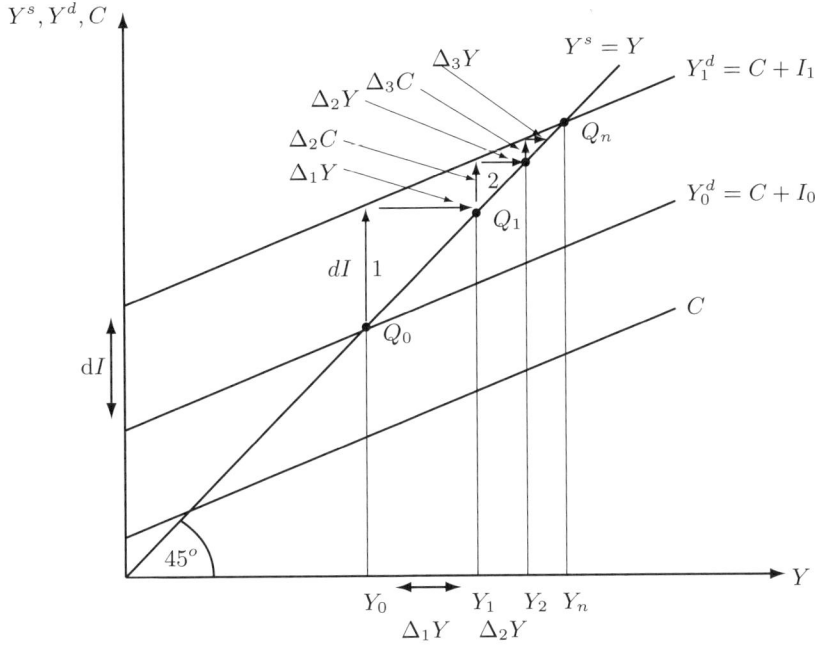

Abb. 2.18: *Der Multiplikatorprozess*

schnell die Konvergenz zum neuen Gleichgewicht erfolgt. Als numerisches Gleichgewichtsmodell wird wieder das Gleichungssystem (2.71) bis (2.75) verwendet, welches
sich in Kurzform wie folgt darstellen lässt:

$$\left.\begin{array}{rcl} Y &=& C + I \\ C &=& 20 + 0,8 \cdot Y \\ I &=& I_0 = 580 \end{array}\right\} \Rightarrow Y_0 = \frac{1}{1-b}(a + I_0) = \frac{1}{0,2}(20 + 580) = 3000\,.$$

$$(2.120)$$

Das Gleichgewichtseinkommen der Ausgangslage beträgt also $Y_0 = 3000$.

Nun werde die private Nettoinvestition von $I_0 = 580$ auf $I_1 = 600$ erhöht. Für das neue
Gleichgewichtseinkommen Y_n errechnet sich dann der Wert

$$Y_n = \frac{1}{1-b}(a + I_1) = \frac{1}{0,2}(20 + 600) = 3100 = Y_0 + \frac{1}{s} \cdot dI. \qquad (2.121)$$

Es gilt also

$$dY = Y_n - Y_0 = 5 \cdot dI = 5 \cdot 20 = 100, \qquad (2.122)$$

d.h. das Gleichgewichtseinkommen erhöht sich um den fünffachen Wert der Investitionssteigerung.

Zur Darstellung des Anpassungsprozesses wird unterstellt, dass die Haushalte bei ihrer Konsumplanung stets von einem Einkommen ausgehen, welches mit dem Einkommen der Vorperiode (Y_{t-1}) übereinstimmt:

$$Y_{H,t}^{erw.} = Y_{t-1}. \qquad (2.123)$$

Bei dieser **statischen Erwartungshypothese** sind die Einkommenserwartungen nur dann korrekt, wenn sich das System in einem zeitlichen Ruhezustand befindet, d.h. wenn sich Y in der Zeit nicht mehr ändert $(Y_t = Y_{t-1})$.

Bei dem Gleichgewichtseinkommen der Ausgangslage handelt es sich um ein Erwartungsgleichgewicht. Die Haushalte erwarten korrekt ein Einkommen in Höhe von $Y_0 = 3000$ und planen daraufhin einen Konsum in Höhe von

$$C_0 = a + b \cdot Y_0 = 20 + 0,8 \cdot 3000 = 2420. \qquad (2.124)$$

Dieser geplante Konsum ergibt zusammen mit der geplanten autonomen Nettoinvestition $I_0 = 580$ eine gesamtwirtschaftliche Güternachfrage in Höhe von $Y_0^d = 3000$. Da die Güternachfrage von den Unternehmen annahmegemäß korrekt erwartet wird und sie sich mit ihrer Produktion stets der gewünschten Nachfrage anpassen, wird in der Ausgangsperiode $t = 0$ ein Gleichgewichtseinkommen in Höhe von $Y_0 = 3000$ realisiert.

In der Folgeperiode $t = 1$ erhöht sich nun die geplante Nettoinvestition der Unternehmen von $I_0 = 580$ auf $I_1 = 600$ und bleibt dann anschließend auf diesem höheren Niveau bestehen. Die Haushalte erwarten in $t = 1$ weiterhin das alte Einkommen $Y_0 = 3000$, da die statische Erwartungshypothese (2.123) unterstellt worden ist. Für $t = 1$ folgt hieraus $Y_{H,1}^{erw.} = Y_0$. Der geplante Konsum in $t = 1$ bleibt somit unverändert:

$$C_1 = C_0 = a + b \cdot Y_0 = 2420. \qquad (2.125)$$

Insgesamt beträgt dann die gesamtwirtschaftliche Güternachfrage in $t = 1$:

$$Y_1^d = C_1 + I_1 = 2420 + 600 = 3020, \qquad (2.126)$$

d.h. Y^d hat sich insgesamt um 20 Einheiten erhöht. Entsprechend steigt dann auch das geplante Güterangebot, da für die Unternehmen korrekte Nachfrageerwartungen unterstellt worden sind. Ihre Angebotsplanung, die sich genau der erwarteten Nachfrage anpasst, lautet somit in $t = 1$: $Y_1^s = Y_1^d = 3020$. In Periode $t = 1$ wird also ein gleichgewichtiges Realeinkommen in Höhe von $Y_1 = 3020$ realisiert. Insgesamt gilt in $t = 1$:

$$I_1 = 600, \quad C_1 = C_0 = 2420, \quad Y_1^d = 3020, \quad Y_1^s = Y_1^d = Y_1 = 3020. \qquad (2.127)$$

Für die privaten Haushalte liegt das tatsächliche Einkommen in $t = 1$ über dem für diese Periode erwarteten Einkommen $(Y_1 > Y_{H,1}^{erw.} = Y_0)$. Da sie ihren auf der Basis von Y_0 geplanten Konsum C_1 auch realisieren, schlägt sich das höhere Einkommen in einer **ungeplanten Ersparnis** nieder. Die ungeplante Ersparnis ist dabei die Differenz zwischen dem tatsächlichen und erwarteten Einkommen:

$$S_1^{ungepl.} = Y_1 - Y_{H,1}^{erw.} = 3020 - 3000 = 20. \qquad (2.128)$$

Die geplante Ersparnis ist dagegen die Differenz zwischen dem erwarteten Einkommen und dem geplanten Konsum (wobei der geplante Konsum aufgrund des unterstellten Angebotsverhaltens der Unternehmen stets realisiert wird):

$$S_1^{gepl.} = Y_{H,1}^{erw.} - C_1^{gepl.} = 3000 - 2420 = 580. \tag{2.129}$$

Für die gesamte (realisierte) Ersparnis in $t = 1$ gilt dann

$$S_1^{real.} = S_1^{ungepl.} + S_1^{gepl.} = 20 + 580 = 600. \tag{2.130}$$

$S_1^{real.}$ ist gleichzeitig die Differenz zwischen dem realisierten Einkommen und dem realisierten Konsum:

$$S_1^{real.} = Y_1 - C_1 = 3020 - 2420 = 600. \tag{2.131}$$

Die realisierte Ersparnis stimmt in $t = 1$ mit der geplanten und gleichzeitig auch realisierten Nettoinvestition in Höhe von $I_1 = 600$ überein. Dagegen ist die geplante Ersparnis $S_1^{gepl.} = 580$ aufgrund der Unterschätzung des tatsächlichen Einkommens kleiner als die geplante Nettoinvestition. Die Bedingung $S = I$ ist also in der Periode $t = 1$ ex post erfüllt, ex ante dagegen nicht, da die privaten Haushalte nicht mit dem höheren Einkommen in $t = 1$ gerechnet haben.

Wie werden die Haushalte auf diese ungeplante Ersparnis bzw. ungeplante Einkommenssteigerung reagieren? Gemäß der Konsumhypothese

$$C_t = a + b \cdot Y_{H,t}^{erw.} = a + b \cdot Y_{t-1} \tag{2.132}$$

gilt in $t = 2$:

$$C_2 = 20 + 0{,}8 \cdot Y_1 = 20 + 0{,}8 \cdot 3020 = 2436 > C_1 = 2420. \tag{2.133}$$

Die ungeplante Einkommenserhöhung induziert also eine geplante Konsumsteigerung von $C_1 = 2420$ auf $C_2 = 2436$. Für die geplante Ersparnis gilt dann in $t = 2$:

$$S_2^{gepl.} = Y_{H,2}^{erw.} - C_2 = Y_1 - C_2 = 3020 - 2436 = 584 < I_2 = I_1 = 600. \tag{2.134}$$

Die geplante Ersparnis liegt also auch in der Periode $t = 2$ unterhalb der geplanten, unverändert gebliebenen Nettoinvestition. Die realisierte Ersparnis stimmt dagegen wiederum mit der Nettoinvestition $I_1 = 600$ überein, denn es gilt für das Einkommen in $t = 2$

$$Y_2 = C_2 + I_2 = C_2 + I_1 = 2436 + 600 = 3036 \tag{2.135}$$

und damit

$$S_2^{real.} = Y_2 - C_2 = 3036 - 2436 = 600 = I_1. \tag{2.136}$$

Für die Periode $t = 2$ ergibt sich dann eine (im Vergleich zur Vorperiode verringerte) ungeplante Ersparnis in Höhe von

$$S_2^{ungepl.} = Y_2 - Y_{H,2}^{erw.} = 3036 - 3020 = 16. \tag{2.137}$$

Die ungeplante Ersparnis bzw. ungeplante Einkommenssteigerung in Höhe von 16 induziert in der Folgeperiode $t = 3$ eine weitere Konsumsteigerung:

$$C_3 = 20 + 0,8 \cdot Y_2 = 20 + 0,8 \cdot 3036 = 2448,8 > C_2 = 2436. \tag{2.138}$$

Das realisierte Einkommen (Inlandsprodukt) in $t = 3$ beträgt jetzt

$$Y_3 = C_3 + I_3 = 2448,8 + 600 = 3048,8. \tag{2.139}$$

Für die ungeplante Ersparnis in $t = 3$ gilt dann

$$S_3^{ungepl.} = Y_3 - Y_{H,3}^{erw.} = Y_3 - Y_2 = 12,8. \tag{2.140}$$

In jeder Stufe des Anpassungsprozesses wird die ungeplante Ersparnis der Haushalte immer mehr abgebaut. Allgemein gilt:

$$S_t^{ungepl.} = Y_t - Y_{H,t}^{erw.} = Y_t - Y_{t-1} = \Delta_t Y. \tag{2.141}$$

$S_t^{ungepl.}$ stimmt aufgrund der unterstellten statischen Erwartungshypothese genau mit der Einkommensänderung in der t-ten Runde des Multiplikatorprozesses überein (Abbildung 2.19).

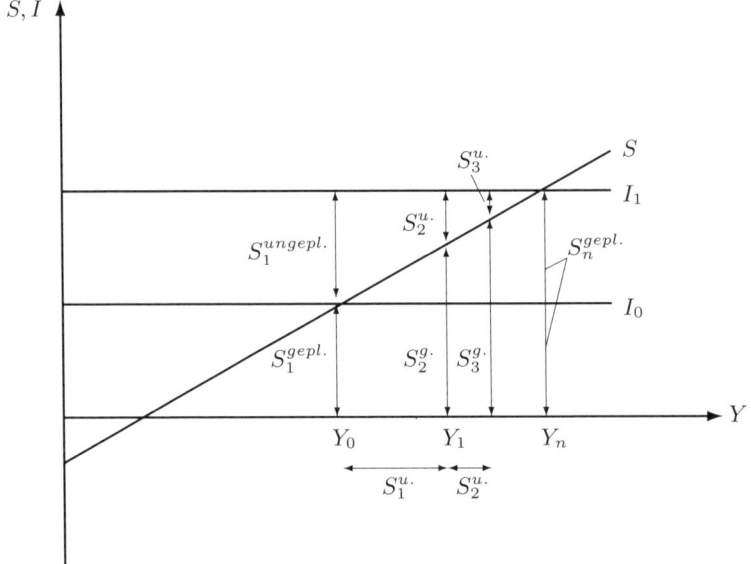

Abb. 2.19: *Der Anpassungsprozess im S/Y-Diagramm*

Diese Einkommensänderungen werden mit wachsendem t immer kleiner. Der Anpassungsprozess kommt erst dann zum Abschluss, wenn die Haushalte das laufende Einkommen korrekt antizipieren und damit keine ungeplante Ersparnis mehr auftritt. In diesem Fall, der genaugenommen erst nach unendlich vielen Perioden eintritt, ist die geplante Ersparnis genau auf das Niveau der geplanten Nettoinvestition angestiegen:

$$S^{ungepl.} = 0 \quad \Rightarrow \quad S^{gepl.} = I_1 = I^{gepl.}. \tag{2.142}$$

Wenn die ungeplante Ersparnis auf null abgebaut ist, ergibt sich ein neuer zeitlicher Ruhezustand des Systems, und zwar das Gleichgewichtseinkommen $Y_n = 3100$. Mit Erreichen von Y_n kann eine weitere Einkommensänderung nicht mehr eintreten, da $S^{ungepl.} = 0$ gleichwertig zu $\Delta Y = 0$ ist. Die Haushalte haben im Falle $Y = Y_n$ korrekte Einkommenserwartungen, so dass der Anpassungsprozess zum Ende gekommen ist.[46]

Um eine Vorstellung davon zu erhalten, wie schnell im vorliegenden Beispiel die Konvergenz des Systems zum Erwartungsgleichgewicht Y_n ist, empfiehlt es sich, die dynamische Anpassungsgleichung für Y aufzustellen und daraus den Lösungszeitpfad für das Realeinkommen abzuleiten. Die Steigerung der privaten Nettoinvestition erfolgt in $t = 1$; ab dieser Periode entwickelt sich Y gemäß der dynamischen Gleichung[47]

$$Y_t = C_t + I_1 = a + b \cdot Y_{t-1} + I_1 = b \cdot Y_{t-1} + 620. \tag{2.143}$$

Der Lösungszeitpfad für Y lässt sich hieraus wie folgt ermitteln: Für $t = 1$ gilt

$$Y_1 = b \cdot Y_0 + 620 \quad (= 0,8 \cdot 3000 + 620 = 3020). \tag{2.144}$$

Für $t = 2$ folgt aus (2.143) und (2.144)

$$\begin{aligned} Y_2 &= b \cdot Y_1 + 620 \quad (= 0.8 \cdot 3020 + 620 = 3036) \\ &= b(b \cdot Y_0 + 620) + 620 \\ &= b^2 \cdot Y_0 + (1 + b) \cdot 620. \end{aligned} \tag{2.145}$$

Weiter gilt für die Periode $t = 3$ durch Einsetzen von (2.145) in (2.143):

$$\begin{aligned} Y_3 &= b \cdot Y_2 + 620 \quad (= 0.8 \cdot 3036 + 620 = 3048,8) \\ &= b^3 \cdot Y_0 + (1 + b + b^2)620. \end{aligned} \tag{2.146}$$

Allgemein gilt dann für die Periode t:

$$\begin{aligned} Y_t &= b^t \cdot Y_0 + (1 + b + b^2 + ... + b^{t-1}) \cdot 620 \\ &= b^t \cdot Y_0 + \frac{1 - b^t}{1 - b} \cdot 620 \\ &= b^t \cdot Y_0 + (1 - b^t) \cdot Y_n \quad \left(Y_n = \frac{1}{1-b}(a + I_1) = 3100 \right) \\ &= (Y_0 - Y_n)b^t + Y_n \\ &= (-100) \cdot b^t + Y_n. \end{aligned} \tag{2.147}$$

---

[46] Ein ähnlicher Anpassungsprozess ergibt sich, wenn die Produzenten auf Änderungen der effektiven Nachfrage mit einer zeitlichen Verzögerung reagieren ($Y_t^s = Y_{t-1}^d$).

[47] Es handelt sich hierbei um eine Differenzengleichung erster Ordnung, da sich die Variable Y sowohl auf die Periode t als auch auf die Vorperiode $t-1$ bezieht. Die gleiche Differenzengleichung würde sich im Fall statischer Nachfrageerwartungen der Produzenten ($Y_t^s = Y_t^{d,erw.} = Y_{t-1}^d$) ergeben: $Y_t = a + b \cdot Y_{t-1} + I_{t-1}$. Ab der Periode $t = 2$ stimmt diese Gleichung mit (2.143) überein, da dann $I = I_1$ ist.

Da b^t gegen null strebt, wenn t beliebig groß wird, konvergiert der Zeitpfad von Y in monotoner Weise gegen das neue Erwartungsgleichgewicht $Y_n = 3100$. Nach drei Perioden sind rund 50 Prozent der Anpassung abgeschlossen ($Y_3 = 3048,8$), nach vier Perioden rund 60 Prozent ($Y_4 = 3059,04$) und nach zehn Perioden knapp 90 Prozent ($Y_{10} = 3089,26$). Die Konvergenz von Y zum neuen Ruhezustand $Y_n = 3100$ ist also nicht allzu schnell.

2.2 Berücksichtigung der wirtschaftlichen Aktivität des Staates

2.2.1 Das modifizierte Gütermarktmodell

Im Folgenden sollen die Auswirkungen, die sich aus der ökonomischen Aktivität des Staates für die gesamtwirtschaftliche Einkommensbestimmung ergeben, im Rahmen eines erweiterten Gütermarktmodells analysiert werden.[48] In einem solchen Modellansatz kommt die wirtschaftliche Tätigkeit des Staates darin zum Ausdruck, dass er Güter nachfragt, Steuern erhebt und Transferzahlungen und Subventionen leistet. Neben einem Güteraspekt schlägt sich die staatliche ökonomische Aktivität auch in einem Einkommensaspekt nieder, da Steuern und Transferzahlungen das verfügbare Einkommen der privaten Haushalte beeinflussen.

Zur Vereinfachung der Analyse werden die folgenden Annahmen getroffen:

1. Der Staat produziert selbst keine Güter, tritt also nicht auf der Güterangebotsseite auf, sondern fragt als öffentlicher Haushalt das von den Unternehmen produzierte und universal verwendbare Güterbündel für öffentliche Zwecke nach.[49] Mit G bezeichnen wir die **Nachfrage des Staates nach Gütern und Diensten**, wobei es sich hierbei wiederum um eine Realgröße handeln soll. Für die staatliche Güternachfrage wird unterstellt, dass der Staat ein ganz bestimmtes reales Ausgabenvolumen plant ($G = \overline{G}$). Die Staatsausgaben werden als Instrumentvariable der Wirtschaftspolitik aufgefasst und sind daher als autonom anzusehen. Da G eine Realgröße darstellt, wird der Staat wie ein Mengenfixierer behandelt, für den ausgabenpolitische Maßnahmen gleichbedeutend mit realen Staatsausgabenvariationen sind. Dabei wird nicht zwischen staatlichen Konsum- und Investitionsausgaben unterschieden.

2. Der Staat kann selbst kein Leistungseinkommen erzielen, da er annahmegemäß keine Güter produziert bzw. nicht an Unternehmen beteiligt ist und außerdem auch keine Dienstleistungen gegen Entgelt anbietet. Die öffentlichen Haushalte erheben stattdessen (direkte und indirekte) Steuern und Sozialversicherungsbeiträge, also Zwangsabgaben ohne direkte Gegenleistung. Außerdem leisten sie Subventionen an die Unternehmen

---

[48]Die genaue Untersuchung der wirtschaftlichen Tätigkeit des Staates ist nicht Gegenstand der Makroökonomik, sondern der Finanzwissenschaft. Für die makroökonomische Einkommensbestimmung genügt es, nur einige Bereiche der staatlichen Aktivität zu berücksichtigen.

[49]Alternativ könnte man auch die öffentlichen Unternehmen zum Unternehmenssektor rechnen und weiterhin von einem homogenen Güterbündel ausgehen, das in diesem Sektor produziert wird. Übrig bleiben in jedem Fall die öffentlichen Haushalte, die Sachgüter und Dienste vom Unternehmenssektor kaufen.

und Transferzahlungen an die Haushalte. Zur Vereinfachung werden die Sozialbeiträge der privaten Haushalte mit in das Steueraufkommen einbezogen. Außerdem werden die Transfereinkommen der Haushalte als negative Steuern interpretiert und mit den direkten Steuern der Haushalte zu einem Aggregat zusammengefasst. Wir interessieren uns also nur für die Nettoabzüge vom Einkommen der privaten Haushalte, d.h. für den Ausdruck

$$T = \text{direkte Steuern} + \text{Sozialversicherungsbeiträge} \tag{2.148}$$
$$- \text{Transfereinkommen}.$$

Diese Größe bezeichnen wir der Einfachheit halber als Steuern bzw. **Steuereinnahmen**, obwohl es sich hierbei um ein Nettokonzept handelt.[50] T soll wiederum als Realgröße aufgefasst werden.

Weiter wird von indirekten Steuern und Subventionen an die Unternehmen abgesehen, so dass das Nettonationaleinkommen zu Marktpreisen mit dem Volkseinkommen übereinstimmt. Man kann daher die Variable Y auch in einem Modell mit staatlicher ökonomischer Aktivität sowohl als reales Nationaleinkommen als auch als reales Volkseinkommen bzw. Realeinkommen interpretieren. Diese Größe soll gleichzeitig die einzige Bemessungsgrundlage für die Steuererhebung des Staates sein. Es wird unterstellt, dass das Steueraufkommen eine positive Funktion des Volkseinkommens ist. Vereinfachend wird dabei von einer proportionalen Beziehung zwischen den Steuereinnahmen T und dem Einkommen Y ausgegangen. Außerdem wird unterstellt, dass der Staat das Bruttoeinkommen der privaten Haushalte korrekt antizipiert. Das geplante Steueraufkommen des Staates hängt dann in proportionaler Weise vom Volkseinkommen Y ab:

$$T = t \cdot Y \quad \text{mit} \quad 0 < t < 1. \tag{2.149}$$

Bei dieser Steuerfunktion kennzeichnet t den (marginalen oder durchschnittlichen) **Steuersatz**. Der Steuersatz t wird vom Staat im Rahmen seiner Steuer- und Sozialgesetzgebung festgelegt und stellt neben den Staatsausgaben für Güter und Dienste G ein weiteres **Instrument** der **Fiskalpolitik** dar.[51]

3. Eine weitere vereinfachende Annahme bezieht sich auf das **staatliche Budgetdefizit** B^{St}. Der Saldo des staatlichen Budgets ist die Differenz zwischen den staatlichen Ausgaben und den Steuereinnahmen:

$$B^{St} = G - T = G - t \cdot Y. \tag{2.150}$$

Im Regelfall übersteigen die Staatsausgaben die Staatseinnahmen, so dass $B^{St} > 0$ ist. B^{St} ist ebenso wie T eine endogene Variable. Zur Vereinfachung soll zunächst das Problem der Finanzierung eines staatlichen Budgetdefizits noch nicht untersucht werden.

---

[50]Man spricht deshalb auch von der Nettoabzugsgröße oder Nettokaufkraftabschöpfung des Staates.

[51]Häufig wird zur weiteren Vereinfachung unterstellt, dass der Staat in der Lage sei, das Steueraufkommen T genau festzulegen, d.h. T wie eine exogene Größe zu behandeln. Tatsächlich ist T aufgrund der institutionellen Gleichung (2.149) eine modellendogene Größe.

Das Gütermarktmodell mit staatlicher Aktivität

Bei Berücksichtigung der ökonomischen Aktivität des Staates ergeben sich für das bisher behandelte Gütermarktmodell die folgenden Modifikationen:

In der gesamtwirtschaftlichen Güternachfrage ist die staatliche Güternachfrage G als zusätzliches Argument zu berücksichtigen:

$$Y^d = C + I + G. \tag{2.151}$$

Das geplante Güterangebot der Unternehmen richtet sich wieder an der erwarteten Güternachfrage aus, wobei diese auch die staatliche Güternachfrage mitenthält. Eine Gleichgewichtsanalyse des Gütermarktes erfordert korrekte Nachfrageerwartungen der Produzenten:

$$Y^s = Y^{d,erw.} = Y^d. \tag{2.152}$$

Das geplante Güterangebot stimmt dann mit der geplanten Güternachfrage überein, so dass das realisierte Nationaleinkommen durch die effektive Nachfrage festgelegt wird.

Für die privaten Haushalte ergibt sich infolge von Steuerzahlungen an den Staat eine Modifikation der Konsumfunktion. Ihr Einkommen, das sie im Produktionsprozess erwirtschaften, wird durch die Steuerabzüge verringert. Für Konsum- und Sparzwecke steht ihnen jetzt nur noch das Einkommen nach Steuerabzug, das **verfügbare** (disponible) **Einkommen**

$$Y^v = Y - T \tag{2.153}$$

zur Verfügung. Wird von korrekten Einkommenserwartungen der privaten Haushalte in Bezug auf Y^v ausgegangen, lautet die allgemeine Konsumfunktion, welche der absoluten Einkommenshypothese genügt:

$$C = C(Y^v) \quad \text{mit} \quad 0 < \frac{dC}{dY^v} < 1. \tag{2.154}$$

Gemäß dieser Konsumhypothese hängt die Konsumgüternachfrage der privaten Haushalte in positiver Weise vom verfügbaren Einkommen ab, wobei ein Anstieg von Y^v eine unterproportionale Erhöhung von C zur Folge hat.

Für das Sparverhalten der privaten Haushalte gilt entsprechend, dass sich ihre geplante Ersparnis ebenfalls am disponiblen Einkommen ausrichtet. Wird dieses korrekt antizipiert, treten keine ungeplanten Ersparnisse auf, so dass die geplante private Ersparnis die Differenz zwischen dem verfügbaren Einkommen und dem geplanten privaten Konsum ist:

$$S = Y^v - C = (Y - T) - C(Y - T) = S(Y - T). \tag{2.155}$$

Im Folgenden soll wieder eine lineare kurzfristige Konsumfunktion unterstellt werden:

$$C = a + b \cdot Y^v = a + b(Y - T) = a + b(1-t)Y \qquad (a > 0, \ 0 < b < 1). \tag{2.156}$$

Der konstante Parameter $b = dC/dY^v$ ist die marginale Konsumquote in Bezug auf das verfügbare Einkommen Y^v. Dagegen ist der Ausdruck $b(1-t) = dC/dY$ die marginale Konsumneigung in Bezug auf das Bruttoeinkommen Y. Diese Größe hängt vom Steuersatz t ab, der unter staatlicher Kontrolle steht; insofern handelt es sich bei dem Ausdruck $dC/dY = b(1-t)$ um keinen echten Verhaltensparameter der privaten Haushalte. Ihr eigentlicher Verhaltensparameter in Bezug auf C ist die Konsumquote $dC/dY^v = b$. Der Differentialquotient $dC/dY = b(1-t)$ gibt dagegen die Steigung der Konsumfunktion im C/Y-Diagramm an (Abbildung 2.20). Da diese bei einer Erhöhung des Steuersatzes kleiner wird, hat eine Steigerung von t eine Rechtsdrehung der Konsumfunktion bei unverändertem Ordinatenabschnitt zur Folge. Eine Änderung von t hat nur Einfluss auf die Steigung dieser Kurve; der autonome Konsum bleibt dadurch unverändert.

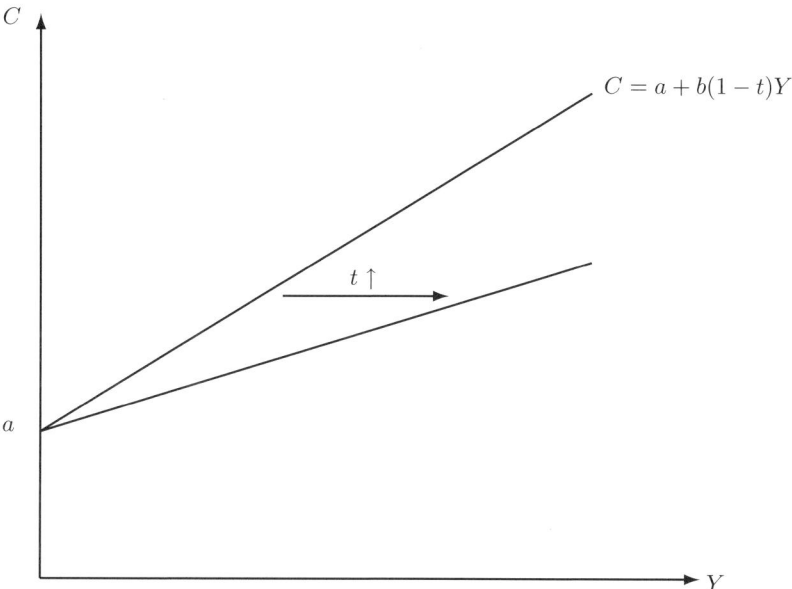

Abb. 2.20: *Die Konsumfunktion bei staatlicher Aktivität*

In zusammengefasster Form lässt sich das **Gleichgewichtsmodell** des **Gütermarktes** mit ökonomischer Aktivität des Staates durch das folgende Gleichungssystem beschreiben:

$$Y^s = Y^d \qquad\qquad\qquad\qquad\qquad\qquad\qquad\qquad\qquad (2.157)$$
$$Y^d = Y \qquad\qquad\qquad\qquad\qquad\qquad\qquad\qquad\qquad (2.158)$$
$$Y^d = C + I + G \qquad\qquad\qquad\qquad\qquad\qquad\qquad (2.159)$$
$$C = a + b \cdot Y^v \qquad (a > 0,\ 0 < b < 1) \qquad\qquad\ (2.160)$$
$$Y^v = Y - T \qquad\qquad\qquad\qquad\qquad\qquad\qquad\quad (2.161)$$
$$T = t \cdot Y \qquad (0 < t < 1) \qquad\qquad\qquad\qquad\ (2.162)$$
$$B^{St} = G - T. \qquad\qquad\qquad\qquad\qquad\qquad\qquad\quad (2.163)$$

Auch in diesem erweiterten Modellrahmen wird wieder von einer exogen vorgegebenen privaten Nettoinvestition ausgegangen ($I = \overline{I}$); darüberhinaus sind die Staatsausgaben G und der Steuersatz t exogene Größen, die wirtschaftspolitische Instrumentvariablen darstellen. Das Modell (2.157) bis (2.163) besteht aus 7 Gleichungen und enthält die 7 endogenen Variablen Y^s, Y^d, Y, C, Y^v, T und B^{St}. Für die Berechnung des Gleichgewichtseinkommens Y_0 werden nur die ersten sechs Gleichungen (2.157) bis (2.162) benötigt. Werden die Gleichungen (2.158) bis (2.162) in die Gleichgewichtsbedingung des Gütermarktes eingesetzt, ergibt sich der Ausdruck

$$Y = C + I + G = a + b(1 - t)Y + I + G. \tag{2.164}$$

Für das Gleichgewichtseinkommen erhält man hieraus den Lösungswert

$$Y_0 = \frac{1}{1 - b(1 - t)}(a + I + G) = \frac{1}{1 - b + b \cdot t}(a + I + G). \tag{2.165}$$

Y_0 hängt wiederum von allen exogenen Größen des Modells ab. Im Unterschied zum Gütermarktmodell ohne staatliche ökonomische Aktivität treten jetzt die fiskalpolitischen Instrumente t und G als zusätzliche Bestimmungsfaktoren des Gleichgewichtswertes Y_0 auf. Durch die Berücksichtigung der staatlichen Güternachfrage G erhöht sich das Gleichgewichtseinkommen im Vergleich zur Gleichgewichtsbestimmung ohne staatliche Aktivität, da G Bestandteil der gesamtwirtschaftlichen Güternachfrage Y^d ist und die effektive Nachfrage das Niveau von Y_0 festlegt. Dagegen bewirkt der positive Steuersatz t isoliert gesehen eine Verringerung von Y_0, da jetzt das verfügbare Einkommen Y^v kleiner als das Volkseinkommen Y ausfällt, was wiederum einen Rückgang der privaten Konsumgüternachfrage zur Folge hat. Algebraisch ist die kontraktive Wirkung des Steuersatzes t auf das Niveau des Gleichgewichtseinkommens daran erkennbar, dass im Nenner der Gleichgewichtslösung (2.165) der Term $b \cdot t$ neu hinzugetreten ist, weshalb der Quotient $1/(1 - b + b \cdot t)$ einen kleineren Wert annimmt als der entsprechende Quotient im Fall $t = 0$.

Abbildung 2.21 zeigt, wie das Gleichgewichtseinkommen graphisch bestimmt werden kann.[52] Y_0 liegt im Schnittpunkt Q_0 von Güterangebotskurve $Y^s = Y$ und Güternachfragekurve $Y^d = C + I + G$, da an dieser Stelle das geplante gesamtwirtschaftliche Güterangebot mit der geplanten gesamtwirtschaftlichen Güternachfrage übereinstimmt.

Die modifizierte $S = I$-Bedingung

Die Gleichgewichtsbedingung des Gütermarktes

$$Y^s = Y^d \qquad \text{bzw.} \qquad Y = C + I + G \tag{2.166}$$

lässt sich auch mit Hilfe der geplanten privaten Ersparnis und der geplanten privaten Nettoinvestition zum Ausdruck bringen. Die geplante Ersparnis der privaten Haushalte ist die Differenz zwischen dem verfügbaren Einkommen und dem geplanten privaten Konsum ($S = Y^v - C$). Da in der Gütermarkt-Gleichgewichtsbedingung $Y = C + I + G$ das Bruttoeinkommen Y anstelle des verfügbaren Einkommens Y^v auftritt, müssen die Steuern T auf beiden Seiten abgezogen werden:

---

[52]Alternativ könnte das Gleichgewichtseinkommen auch in einem S/Y-Diagramm unter Zugrundelegung der Sparfunktion ermittelt werden.

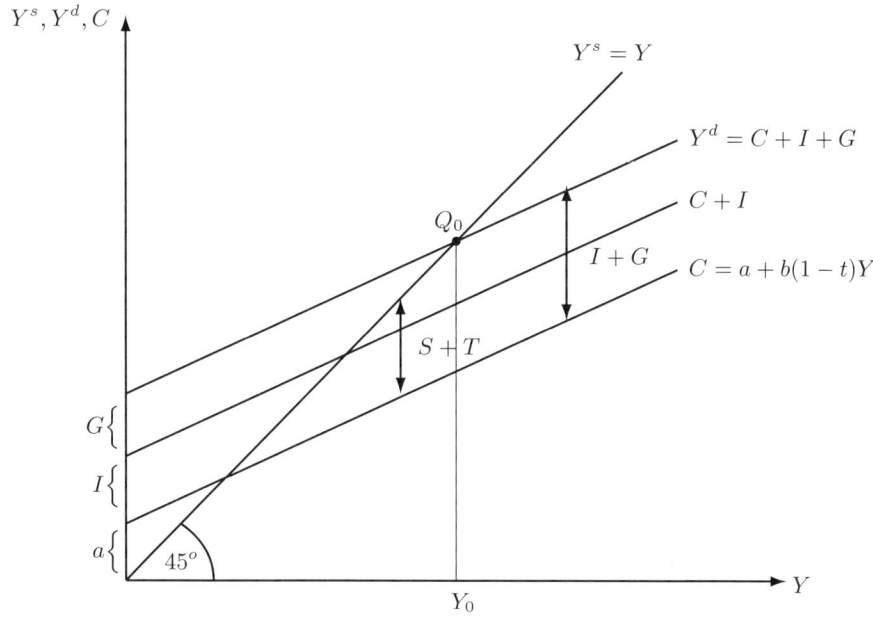

Abb. 2.21: *Bestimmung des Gleichgewichtseinkommens bei staatlicher Aktivität*

$$Y - T = C + I + G - T \Leftrightarrow Y^v - C = I + G - T. \tag{2.167}$$

Gleichwertig hierzu sind die Bedingungen

$$S + T = I + G \tag{2.168}$$

und

$$S = I + B^{St}.{}^{53} \tag{2.169}$$

Diese zu (2.166) äquivalenten Gleichgewichtsbedingungen ersetzen die $S = I$-Bedingung des Grundmodells. Ohne staatliche ökonomische Aktivität ($G = T = 0$) gehen sie wieder in die ursprüngliche $S = I$-Bedingung über. Gleichung (2.168) besagt, dass im güterwirtschaftlichen Gleichgewicht die Summe aus der geplanten Ersparnis der privaten Haushalte und den von ihnen zu leistenden (Netto-)Steuerzahlungen an den Staat gleich der Summe aus der geplanten Nettoinvestition der privaten Unternehmen und den geplanten Ausgaben des Staates für Güter und Dienste ist. Im Gleichgewicht

---

[53]Diese Gleichgewichtsbedingung lässt sich noch wie folgt umformulieren: Da $G = C^{St} + I^{St}$ (= staatlicher Konsum + staatliche Nettoinvestition) gilt und außerdem die staatliche Ersparnis $S^{St} = T - C^{St}$ ist, folgt $S^H = I^U + B^{St} = I^U + C^{St} + I^{St} - T = I^U + I^{St} - S^{St}$ und damit $S^H + S^{St} = I^U + I^{St}$ (S^H = Ersparnisbildung der privaten Haushalte, I^U = Nettoinvestitionen der privaten Unternehmen). Im güterwirtschaftlichen Gleichgewicht stimmt somit die Summe aus geplanter privater und öffentlicher Ersparnis mit der Summe aus geplanter privater und öffentlicher Nettoinvestition überein.

stimmt also derjenige Teil des gesamtwirtschaftlichen Einkommens Y $(= S + T + C)$, der nicht für private Konsumausgaben geplant ist $(S + T)$, mit demjenigen Teil des Inlandsprodukts Y $(= C + I + G)$ überein, der nicht für private Konsumgüternachfrage verwendet wird $(I+G)$. Gleichwertig hierzu ist gemäß (2.169) die Aussage, dass im Falle $Y = Y_0$ die geplante private Ersparnis genau der Summe aus der geplanten privaten Nettoinvestition und dem geplanten staatlichen Budgetdefizit entspricht.[54]

Analog zum Gütermarktmodell ohne staatliche Aktivität lässt sich (2.168) nur dann als Gleichgewichtsbedingung auffassen, wenn es bei den privaten Haushalten zu keiner ungeplanten Ersparnisbildung kommt. Neben der Kenntnis des Bruttoeinkommens der laufenden Periode erfordert dies die Kenntnis des Steuertarifs (Gleichung (2.162)). Bei korrekten Einkommenserwartungen werden dann auch die zu leistenden Zwangsabgaben an den Staat korrekt antizipiert, so dass bei der Prognose des verfügbaren Einkommens kein Erwartungsfehler auftritt. Unter diesen Voraussetzungen lässt sich die Gleichgewichtsbedingung (2.166) in die gleichwertige Bedingung (2.168) überführen. (2.168) kann wiederum in (2.169) transformiert werden, wenn auch der Staat korrekte Einkommenserwartungen hat. Das Steueraufkommen wird dann korrekt geschätzt und weist keine ungeplante Komponente auf, so dass auch das staatliche Budgetdefizit korrekt geplant werden kann und bei Vorliegen eines Gütermarktgleichgewichts mit der Differenz aus der geplanten privaten Ersparnis und der geplanten privaten Nettoinvestition übereinstimmt.[55] Gleichung (2.169) stellt also nur dann eine Gleichgewichtsbedingung dar, wenn neben den Privaten auch der Staat das Bruttoeinkommen der laufenden Periode perfekt antizipiert. Weist der Staat dagegen eine fehlerhafte Einkommenserwartung auf, so kommt es zu einer Fehleinschätzung des Steueraufkommens mit der Folge, dass das geplante von dem tatsächlichen staatlichen Budgetdefizit abweicht.[56] In diesem Fall ist Gleichung (2.169) auch bei Vorliegen eines Gütermarktgleichgewichts als Ex-ante-Bedingung verletzt und nur noch ex post gesehen erfüllt. Dagegen ist Gleichung (2.168) selbst bei ungeplanten Änderungen des staatlichen Budgetdefizits eine zu (2.166) gleichwertige Gleichgewichtsbedingung des Gütermarktes, sofern den Planungen der privaten Wirtschaftssubjekte korrekte Erwartungen zugrundeliegen.

Graphisch lässt sich die modifizierte $S = I$-Bedingung (2.168) anhand von Abbildung 2.21 veranschaulichen. Die Summe aus der geplanten privaten Ersparnis und den geplanten Steuereinnahmen des Staates ist die vertikale Differenz zwischen der Güterangebotskurve und der Konsumfunktion $(S + T = Y^s - C)$.[57] Dagegen ist die Summe aus der privaten Nettoinvestition und den Staatsausgaben die vertikale Differenz zwischen der Güternachfragekurve und der Konsumfunktion $(I + G = Y^d - C)$. Da $S + T$ mit wachsendem Y zunimmt und $I + G$ konstant ist, gibt es genau ein Einkommensniveau, bei dem beide Summen übereinstimmen. Dies ist beim Gleichgewichtseinkommen Y_0

---

[54]Im Rahmen **neoklassischer** Makromodelle würde Gleichung (2.169) als Gleichgewichtsbedingung des Kapitalmarktes aufgefasst werden. Die private Ersparnis steht dabei für das Kapitalangebot, um das die privaten Unternehmen und öffentlichen Haushalte zur Finanzierung von privaten Investitionsvorhaben sowie staatlicher Budgetdefizite konkurrieren.

[55]Korrekte Erwartungen des Staates bezüglich des Volkseinkommens Y implizieren wegen $G = C^{St} + I^{St}$, $S^{St} = T - C^{St}$ sowie $B^{St} = I^{St} - S^{St}$, dass seine realisierte Ersparnis und sein realisiertes Budgetdefizit keine ungeplante Komponente enthalten.

[56]In der Realität ist dies typischerweise der Fall. Das geplante Budgetdefizit des Staates fällt gewöhnlich kleiner aus als das tatsächliche Defizit.

[57]Es gilt ja $Y^s - C = Y - C = (Y - T) - C + T = (Y^v - C) + T = S + T$.

der Fall. Es gilt also

$$S(Y) + T(Y) = I + G \quad \Leftrightarrow \quad Y = Y_0. \tag{2.170}$$

Diese Äquivalenz lässt sich auch algebraisch nachweisen, indem die Gleichung für die Sparfunktion und die Gleichung für das Steueraufkommen in (2.170) eingesetzt werden. Wegen

$$S = Y - T - C = (1-t)Y - a - b(1-t)Y = -a + (1-b)(1-t)Y \tag{2.171}$$

lautet die Gleichgewichtsbedingung (2.170) ausgeschrieben

$$-a + (1-b)(1-t)Y_0 + t \cdot Y_0 = I + G \tag{2.172}$$

bzw.

$$[1 - b(1-t)]Y_0 - a = I + G \Leftrightarrow Y_0 = \frac{1}{1 - b(1-t)}(a + I + G). \tag{2.173}$$

Nach (2.165) entspricht dieser Wert von Y_0 gerade der Lösung des Gütermarktmodells mit staatlicher Aktivität, so dass die Äquivalenz (2.170) gilt.

Entsprechend dem Gütermarktmodell ohne wirtschaftliche Tätigkeit des Staates ist die Gleichung

$$S + T = I + G \tag{2.174}$$

als **Ex-post-Gleichung** stets erfüllt, d.h. für jedes Einkommensniveau stimmt die Summe aus der realisierten privaten Ersparnis und den tatsächlich geleisteten Steuerzahlungen an den Staat stets mit der Summe aus der realisierten privaten Nettoinvestition und den Staatsausgaben für Güter und Dienste überein. Als **Ex-ante-Beziehung** ist (2.174) dagegen im Normalfall verletzt, wenn das realisierte Einkommen Y kein Erwartungsgleichgewicht darstellt,[58] d.h. wenn entweder die private Ersparnis oder die private Nettoinvestition eine ungeplante Komponente enthält.

2.2.2 Auswirkungen isolierter fiskalpolitischer Maßnahmen

Ebenso wie im Gütermarktmodell ohne staatliche Aktivität können auch im Rahmen des erweiterten Modells (2.157) bis (2.163) die Wirkungen exogener Nachfrageänderungen auf das Gleichgewichtseinkommen analysiert werden. Im Unterschied zum Grundmodell des Gütermarktes treten jetzt die fiskalpolitischen Instrumentvariablen G und t als exogene Größen neu hinzu, so dass sich insbesondere die Frage nach den Einkommenswirkungen einer Staatsausgabenerhöhung bzw. Steuersatzvariation

---

[58]Die einzige Ausnahme ist der Sonderfall, dass die privaten Haushalte genau mit dem Gleichgewichtseinkommen Y_0 rechnen, während die privaten Unternehmen ein Nationaleinkommen Y_1 planen und realisieren, das von Y_0 abweicht. Wegen der unterstellten Konstanz bzw. Einkommensunabhängigkeit von I und G stimmt in diesem Fall trotz Vorliegens eines Marktungleichgewichts (d.h. $I^{ungepl.} \neq 0$) der Teil des erwarteten Bruttoeinkommens, der nicht für private Konsumzwecke geplant ist ($S + T$), mit der exogenen Größe $I + G$ überein.

stellt. Die Beantwortung dieser Frage ist vor allem aus wirtschaftspolitischer Sicht von Interesse, da beispielsweise in der Konjunkturpolitik nach den Möglichkeiten des Staates gefragt wird, durch Einsatz seiner Instrumente den Konjunkturverlauf gezielt zu beeinflussen. Von besonderer Relevanz ist dabei die Untersuchung des Problems, ob der Staat durch seine Ausgaben- und Einnahmenpolitik in der Lage ist, gesamtwirtschaftliche Kontraktions- und Expansionsprozesse abzuschwächen oder sogar eine Umkehrung der Konjunkturentwicklung herbeizuführen.

Staatsausgabensteigerung

Aus der Lösungsformel (2.165) für das Gleichgewichtseinkommen folgt, dass eine Staatsausgabensteigerung $(dG > 0)$ das gleichgewichtige Realeinkommen im Umfange von

$$dY = \frac{1}{1 - b(1 - t)} dG \tag{2.175}$$

erhöht. Da der **Staatsausgabenmultiplikator** in Bezug auf das Nationaleinkommen

$$\frac{dY}{dG} = \frac{1}{1 - b(1 - t)} \tag{2.176}$$

größer als eins ist, hat eine Staatsausgabenerhöhung um eine Einheit eine mehrfache Einkommmenssteigerung zur Folge. Im Falle $b = 0,8$ und $t = 0,2$ ist der Multiplikator gleich 100/36, d.h. ungefähr gleich 2,8.

Die mehrfache Einkommenssteigerung ist eine Folge der induzierten Konsumsteigerung. Der Multiplikatorprozess verläuft analog zum Anpassungsprozess bei einer exogenen Steigerung der privaten Nettoinvestition. Der aus (2.165) resultierende **Investitionsmultiplikator**

$$\frac{dY}{dI} = \frac{1}{1 - b(1 - t)}, \tag{2.177}$$

der identisch mit dem Staatsausgabenmultiplikator ist, fällt jetzt allerdings geringer aus als im Fall ohne staatliche Aktivität.[59] Dies liegt daran, dass im Zuge des Multiplikatorprozesses neben der Ersparnisbildung der Haushalte ihre Steuerzahlungen an den Staat als **zusätzliche Sickerverluste** auftreten.

Die einkommensabhängige Steuererhebung des Staates dämpft also die Multiplikatorwirkung einer exogenen Steigerung der privaten Nettoinvestition. Dies gilt allgemein für jeden expansiven oder kontraktiven Nachfrageschock. Der Steuersatz t wirkt wie ein **eingebauter Stabilisator**, d.h. anschaulich gesprochen wie ein Stoßdämpfer, der die Auswirkungen eines exogenen Nachfrageschocks auf das Realeinkommen abschwächt

---

[59]Im Falle $t = 0$ ist dY/dI gleich dem elementaren Multiplikator $1/(1 - b)$, welcher größer als der Multiplikator $1/[1 - (1 - t)b]$ ist. Hierbei wird unterstellt, dass die marginale Konsumquote durch die Berücksichtigung staatlicher ökonomischer Aktivität unverändert bleibt. Aber selbst wenn sie infolge der Versorgung mit öffentlichen Gütern etwas absinken würde, verringert sich bei Berücksichtigung staatlicher Aktivität dennoch der Investitionsmultiplikator. Wenn b_o (b_m) die marginale Konsumquote ohne (mit) Staat ist, so gilt $1/(1 - b_o) > 1/[1 - (1 - t)b_m] \Leftrightarrow (1 - t)b_m < b_o \Leftrightarrow b_m < b_o/(1 - t)$. Die letzte Ungleichung ist aber i.d.R. erfüllt, da typischerweise $b_o/(1 - t) \geq 1$ ist.

und somit automatisch zur Dämpfung von Konjunkturschwankungen beiträgt. In jeder Runde des Multiplikatorprozesses fällt die induzierte Konsumsteigerung kleiner aus als im Fall ohne Staat, da durch die Zwangsabgaben an den Staat das für Konsumzwecke zur Verfügung stehende Einkommen sinkt. Dies setzt allerdings voraus, dass die aus einer autonomen Nachfragesteigerung resultierende Erhöhung des Steueraufkommens vom Staat nicht verausgabt, sondern stillgelegt wird. Im Falle der endogenen Staatsausgabenfunktion $G = T$, bei der die Staatsausgaben perfekt den Einnahmen angepasst werden, ergibt sich für den Investitionsmultiplikator der Wert

$$\frac{dY}{dI}\bigg|_{G=T} = \frac{1}{1 - (1-t)b - t} = \frac{1}{1 - b - t(1-b)} = \frac{1}{(1-b)(1-t)}, \quad (2.178)$$

welcher jetzt größer als der elementare Multiplikator ausfällt. Der Steuersatz t würde in diesem Fall die Wirkung eines exogenen Nachfrageschocks auf das Nationaleinkommen verstärken. Entsprechendes gilt bei einer kontraktiven Nachfragestörung ($dI < 0$). Der Steuersatz wirkt in diesem Fall nur dann als automatischer Stabilisator, wenn der aus der Senkung von I resultierende Steuerausfall keinen entsprechenden Rückgang der Staatsausgaben nach sich zieht. Der Kontraktionsprozess würde sich sonst noch verstärken und insgesamt stärker ausfallen als im Gütermarktmodell ohne Staat.

Ein gegebener Steuersatz bewirkt zwar eine Abschwächung eines aus einer autonomen Nachfragesenkung resultierenden Kontraktionsprozesses, er kann jedoch keine Umkehrung der Konjunkturentwicklung herbeiführen. Hierzu ist ein **aktives antizyklisches**, gegen den Konjunkturverlauf gerichtetes **Eingreifen** des Staates in den Wirtschaftsablauf erforderlich. Bei einer Senkung des Nationaleinkommens bedeutet eine antizyklische Konjunkturpolitik das Durchführen gegensteuernder Maßnahmen, die in Richtung einer Einkommenssteigerung wirken. Der positive Multiplikator staatlicher Konsum- und Investitionsausgaben in Bezug auf das reale Nationaleinkommen zeigt, dass hierzu eine expansive Ausgabenpolitik des Staates prinzipiell in der Lage ist.

Mit jedem staatlichen Ausgabenprogramm stellt sich allerdings immer die Frage der Finanzierung. Kann durch eine expansive Ausgabenpolitik eine so starke Konjunkturbelebung erzeugt werden, dass die sich daraus ergebenden zusätzlichen Steuereinnahmen ausreichen, die erhöhten Staatsausgaben zu decken? Oder erfordern staatliche Konjunkturprogramme wenigstens zum Teil eine Kreditfinanzierung und damit eine Zunahme der Staatsverschuldung?

Um die Wirkungen einer Staatsausgabenerhöhung auf das staatliche Budgetdefizit zu ermitteln, müssen zunächst die Wirkungen auf das Steueraufkommen festgestellt werden. Wegen $T = t \cdot Y$ gilt

$$\frac{dT}{dG} = t \cdot \frac{dY}{dG} = \frac{t}{1 - (1-t)b}. \quad (2.179)$$

Dieser Multiplikator ist ebenfalls positiv, aber im Gegensatz zum Staatsausgabenmultiplikator in Bezug auf das reale Nationaleinkommen (2.176) kleiner als eins.[60] Eine

---

[60]Es gilt $t/[1 - b(1-t)] < 1 \Leftrightarrow t < 1 - (1-t)b \Leftrightarrow \underbrace{t - t \cdot b}_{t(1-b)} < 1 - b \Leftrightarrow (t-1)(1-b) < 0 \Leftrightarrow t < 1$. Nur

im Extremfall $t = 1$ ist der Multiplikator dT/dG gleich eins.

Steigerung von G führt dann aber zu einer Zunahme des staatlichen Budgetdefizits:

$$\frac{dB^{St}}{dG} = 1 - \frac{dT}{dG} = 1 - \frac{t}{1 - b(1 - t)} = \frac{(1 - t)(1 - b)}{1 - (1 - t)b} > 0. \tag{2.180}$$

Im Rahmen des Gütermarktmodells (2.157) bis (2.163) kann eine Erhöhung der Staatsausgaben nur zum Teil durch zusätzliche Steuereinnahmen gedeckt werden. Zwar nimmt das Volkseinkommen um ein Vielfaches der Staatsausgabensteigerung zu ($dY > dG$); trotzdem fällt die induzierte Steigerung des Steueraufkommens ($dT = t \cdot dY$) für jeden Wert des Steuersatzes t geringer aus als die Erhöhung von G ($dT < dG$). Die Folge ist ein Ansteigen des staatlichen Budgetdefizits. Eine automatische Selbstfinanzierung eines expansiven staatlichen Ausgabenprogramms ist also nicht gegeben.[61]

Steigerung des Steuersatzes

Eine Steigerung des Steuersatzes vermindert die marginale Konsumquote in Bezug auf das Volkseinkommen ($b(1 - t)$) und bewirkt graphisch eine Rechtsdrehung der Konsumfunktion (Abbildung 2.22). Hiermit korrespondiert eine Rechtsdrehung der gesamtwirtschaftlichen Güternachfragefunktion Y_0^d, wobei der Ordinatenabschnitt unverändert bleibt. Das neue güterwirtschaftliche Gleichgewicht (Punkt Q_1) ist dann durch ein im Vergleich zur Ausgangslage geringeres Gleichgewichtseinkommen (Y_1) gekennzeichnet.

Eine Steigerung von t bewirkt – isoliert gesehen – einen Rückgang des verfügbaren Einkommens $Y^v = (1 - t)Y$. Hieraus resultiert eine Senkung der privaten Konsumgüternachfrage und damit auch der gesamtwirtschaftlichen Güternachfrage. Die Folge ist eine Reduktion des gesamtwirtschaftlichen Angebots Y^s und des realen Nationaleinkommens Y. Der Rückgang des Einkommens fällt dabei umso stärker aus, je höher das Gleichgewichtseinkommen der Ausgangslage, d.h. die Bemessungsgrundlage für die Steuererhebung, ist. Dies ist anhand des **Steuersatzmultiplikators** in Bezug auf das Volkseinkommen erkennbar, welcher sich aus der Gleichgewichtslösung (2.165) mit Hilfe der Quotientenregel ermitteln lässt:

$$\frac{dY}{dt} = \frac{-b(a + I + G)}{[1 - (1 - t_0)b]^2} = \frac{-b}{1 - (1 - t_0)b} Y_0 < 0. \tag{2.181}$$

Hierbei bezeichnet t_0 bzw. Y_0 den Ausgangswert von t bzw. Y. (2.181) verdeutlicht, dass mit wachsendem Anfangseinkommen Y_0 der Wert des Multiplikators dY/dt absolut gesehen immer mehr zunimmt. Der Einkommensrückgang bei einer Steuersatzerhöhung

---

[61]Diese Aussage ist zu modifizieren, wenn von einer **einkommensabhängigen** Investitionsfunktion ausgegangen wird: $I = I_0 + c \cdot Y$ ($c > 0$). In diesem Fall kann der Multiplikator dT/dG größer als eins ausfallen:

$dT/dG = t/[1 - b(1 - t) - c] > 1 \Leftrightarrow c > (1 - t)(1 - b)$.

Wenn also die **marginale Investitionsquote** c größer als $(1 - t)(1 - b)$ ist, hat eine Staatsausgabensteigerung eine Senkung des Budgetdefizits zur Folge. Eine zusätzliche staatliche Kreditaufnahme wäre in diesem Fall nicht erforderlich. Ein negativer Multiplikator in Bezug auf das staatliche Budgetdefizit, d.h. $dB^{St}/dG < 0$, ist theoretisch zwar denkbar, in der Realität aber eher unwahrscheinlich. So müsste im Fall $t = 0,2$ und $b = 0,8$ die Bedingung $c > 0,16$ erfüllt sein. Vielmehr ist davon auszugehen, dass eine Steigerung von G zu einer Zunahme der ausstehenden Staatsschuld führt, wobei diese gemäß (2.180) um einen kleineren Betrag ansteigt als G ($0 < dB^{St}/dG < 1$).

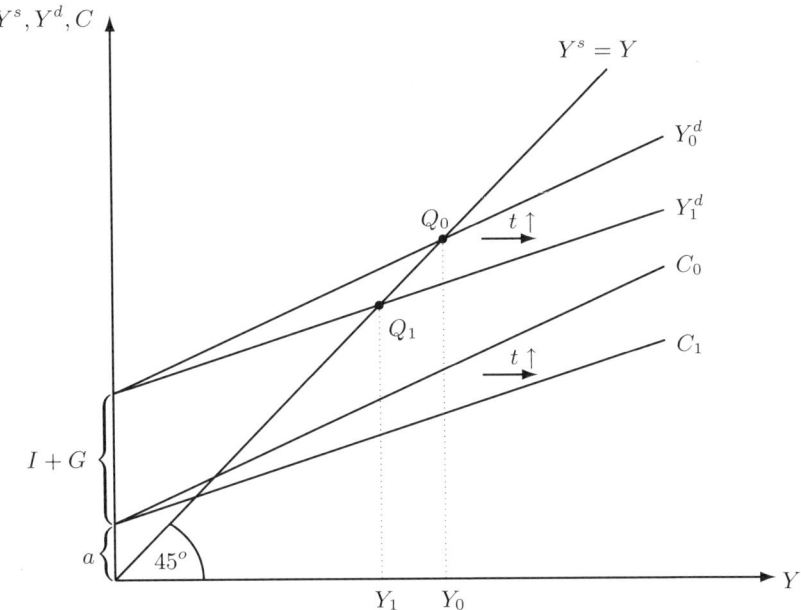

Abb. 2.22: *Auswirkungen einer Steuersatzerhöhung*

fällt daher umso größer aus, je höher das Ausgangsniveau von Y ist. Dies lässt sich damit begründen, dass eine Erhöhung von t bei gegebenem Einkommen $Y = Y_0$ wegen $dT = Y_0 \cdot dt$ eine umso stärkere Wirkung auf das Steueraufkommen T hat, je größer das Einkommen in der Ausgangslage ist. Damit nimmt aber mit wachsendem Y_0 die kontraktive Wirkung einer Steuersatzerhöhung auf das verfügbare Einkommen zu,[62] so dass auch der Konsum C und die Güternachfrage Y^d umso mehr zurückgehen, je höher Y_0 ist. Dies impliziert dann einen Rückgang des Bruttoeinkommens Y, der mit zunehmendem Anfangseinkommen Y_0 immer stärker ausfällt.[63] Anschaulich bedeutet dies: Je höher in Abbildung 2.22 der Ausgangsgleichgewichtspunkt Q_0 auf der Angebotskurve $Y^s = Y$ liegt, desto stärker ist der Rückgang von Y bei einer Steigerung von t.

Wie sehen jetzt die Auswirkungen einer Steuersatzerhöhung auf das staatliche Budgetdefizit aus? Eine Steigerung von t bewirkt für einen gegebenen Wert von Y eine Zunahme des Steueraufkommens und damit einen Rückgang des Budgetdefizits $B^{St} = G - T$. Andererseits hat eine durch eine Erhöhung von t hervorgerufene Einkommenskontraktion eine Senkung von T zur Folge, so dass sich hieraus ein Anstieg von B^{St} ergibt. Um den Nettoeffekt zu ermitteln, muss die Gesamtwirkung einer Steuersatzerhöhung auf das

---

[62]Für gegebenes Einkommen $Y = Y_0$ gilt: $dY^v = -1/[1 - (1 - t_0)b]\, Y_0 dt = -1/[1 - (1 - t_0)b]\, dT$.

[63]Aus der Formel (2.181) für den Steuersatzmultiplikator folgt

$dY = -b/[1 - (1 - t_0)b]\, Y_0 dt = -b/[1 - (1 - t_0)b]\, dT$, so dass dY mit wachsendem Y_0 immer mehr abnimmt.

Steueraufkommen T berechnet werden. Wegen $T = t \cdot Y$ folgt nach der Produktregel

$$\frac{dT}{dt} = Y_0 + t_0 \cdot \frac{dY}{dt} = Y_0 - \frac{t_0 \cdot b}{1 - (1 - t_0)b}Y_0 = \frac{1 - b}{1 - (1 - t_0)b}Y_0 > 0. \quad (2.182)$$

Eine Steuersatzerhöhung führt also für jeden Anfangswert von t zu einem Anstieg des Steueraufkommens.[64] Für die Änderung des staatlichen Budgetdefizits gilt dann wegen $dG/dt = 0$:

$$\frac{dB^{St}}{dt} = -\frac{dT}{dt} = -\frac{1 - b}{1 - (1 - t_0)b}Y_0 < 0. \quad (2.183)$$

Eine Erhöhung des Steuersatzes t bewirkt somit eine Senkung des Budgetdefizits. Der Rückgang von B^{St} entspricht vom Umfang her genau der Veränderung des Steueraufkommens. Das Ausmaß der Änderung des Budgetdefizits ist dabei vom Einkommensniveau der Ausgangslage abhängig: Je größer Y_0 ist, desto größer sind die zusätzlichen Steuereinnahmen bei einer Steuersatzerhöhung und desto stärker ist die Senkung von B^{St}.

2.2.3   Das Haavelmo-Theorem

Nachdem die Wirkungen isolierter Maßnahmen staatlicher Einnahmen- und Ausgabenpolitik dargestellt worden sind, soll nun die Frage untersucht werden, welche Einkommenseffekte die **gleichzeitige** Erhöhung von Staatsausgaben und Steuern hat. Hier soll nur der Fall analysiert werden, dass die zusätzlichen Steuereinnahmen genau der Steigerung der Staatsausgaben entsprechen, so dass sich keine Änderung des staatlichen Budgetdefizits ergibt. Die Multiplikatorwirkung einer ausgeglichenen Ausweitung des Staatshaushalts wurde zuerst von dem Norweger M.T. Haavelmo (1945) untersucht. Das nach ihm benannte **Haavelmo-Theorem** bezieht sich auf die Einkommenswirkung einer **vollständig** durch Steuern finanzierten Staatsausgabensteigerung.

Eine Erhöhung der Staatsausgaben G führt, wie gezeigt wurde, zwar zu einer mehrfachen Einkommenssteigerung, auf der anderen Seite nimmt dadurch aber auch das staatliche Budgetdefizit zu. Soll das Budgetdefizit unverändert bleiben, muss simultan mit der Steigerung von G auch der Steuersatz t erhöht werden, um über vermehrte Steuereinnahmen eine ausgeglichene Budgetausweitung zu erreichen. Da durch eine Steuersatzerhöhung der private Konsum zurückgeht, ist die Vermutung naheliegend, dass eine Staatsausgabensteigerung unter der Nebenbedingung eines konstanten Budgetdefizits keine mehrfache Einkommenssteigerung erzielen kann.

Die Frage, wie groß der Staatsausgabenmultiplikator dY/dG unter der Nebenbedingung $dB^{St} = dG - dT = 0$ ist, soll zunächst unter der vereinfachenden Annahme untersucht werden, dass das Steueraufkommen T eine exogene Variable darstellt. Anstelle einer einkommensabhängigen Steuerfunktion wird jetzt von einer von Y unabhängigen Pauschalsteuer ausgegangen, die genau im Ausmaße der Staatsausgabensteigerung erhöht

---

[64]Diese Aussage gilt auch bei einer einkommensabhängigen Investitionsfunktion der Art
$I = I_0 + c \cdot Y \quad (c > 0)$:
$dT/dt = (1 - b)/[1 - b(1 - t_0) - c] \cdot Y_0 \quad \left(Y_0 = (1/[1 - b(1 - t_0) - c])(a + I_0 + G) \right).$

wird. Die Gleichungen des Gütermarktmodells lauten dann:

$$Y = C + I + G \tag{2.184}$$

$$C = a + b(Y - T) \tag{2.185}$$

$$B^{St} = G - T \quad \text{mit} \quad dB^{St} = 0. \tag{2.186}$$

Bei einer Staatsausgabensteigerung ($dG > 0$) ist jetzt als Nebenbedingung die ausgeglichene Budgeterweiterung ($dB^{St} = 0$) zu beachten; wegen $B^{St} = G - T$ ist dies gleichwertig zu $dG = dT$. Für die Einkommensänderung dY gilt dann wegen

$$(1 - b)Y = a + I - b \cdot T + G \tag{2.187}$$

oder gleichwertig dazu

$$Y = \frac{1}{1 - b}(a + I - b \cdot T + G) \tag{2.188}$$

die Gleichung

$$dY = \frac{1}{1-b}\left(-b \underbrace{dT}_{dG} + dG\right) = \frac{1}{1-b}(-b \cdot dG + dG)$$

$$= \frac{1}{1-b}(1 - b)dG = dG. \tag{2.189}$$

Für den Staatsausgabenmultiplikator gilt dann

$$\left.\frac{dY}{dG}\right|_{dB^{St}=0} = 1. \tag{2.190}$$

Eine vollständig über Steuern finanzierte Erhöhung der staatlichen Güternachfrage lässt das Gleichgewichtseinkommen um den gleichen Betrag ansteigen (**Haavelmo-Theorem**). Der sog. **Haavelmo- oder Budget-Multiplikator** (2.190) nimmt den Wert eins an und ist somit kleiner als der Staatsausgabenmultiplikator, der sich bei partieller Kreditfinanzierung bzw. unvollständiger Steuerfinanzierung einer Steigerung von G ergibt:[65]

$$\left.\frac{dY}{dG}\right|_{dB^{St}=0} = 1 < \left.\frac{dY}{dG}\right|_{dT=t\cdot dY} = \frac{1}{1 - (1 - t)b}. \tag{2.191}$$

Bei einer Staatsausgabenerhöhung mit vollständiger Steuerfinanzierung ist nur der Anstoßeffekt nachfrage- und damit auch einkommenswirksam, während induzierte Effekte, die aus einer Steigerung der privaten Konsumgüternachfrage resultieren würden, nicht auftreten können. Dies liegt daran, dass sich das verfügbare Einkommen $Y^v = Y - T$ im

---

[65]Hierbei bleiben allerdings die Einkommenswirkungen, die aus einer erhöhten Kreditaufnahme des Staates resultieren (wie beispielsweise Zinseffekte), unberücksichtigt.

Falle $dG = dT$ nicht ändert[66] und somit auch der private Konsum konstant bleibt. Eine steuerfinanzierte Ausdehnung der staatlichen Güternachfrage löst dann keinen Multiplikatorprozess aus. Das gesamtwirtschaftliche Güterangebot erhöht sich lediglich im Umfange der Staatsausgabensteigerung. Die vollständige Steuerfinanzierung einer Steigerung der Staatsausgaben G hat somit nur eine geringe Einkommenswirkung zur Folge. Insbesondere ist hiermit keine Zunahme der privaten Güternachfrage verbunden.

Auf den ersten Blick erscheint es vielleicht überraschend, warum sich überhaupt ein expansiver Effekt einstellt, da doch die Erhöhung von G durch zusätzliche Steuern finanziert wird, wodurch wiederum ein Einkommensentzug bei den privaten Haushalten stattfindet. Dies liegt daran, dass die Haushalte dieses entzogene Einkommen aufgrund ihres Sparverhaltens nur zum Teil in eine erhöhte Güternachfrage umgewandelt hätten, während der Staat die zusätzlichen Steuereinnahmen annahmegemäß vollständig für den Kauf von Gütern verwendet. Der Nettonachfrageeffekt muss dann positiv sein.

Der Budgetmultiplikator nimmt auch dann den Wert eins an, wenn eine einkommensabhängige Steuerfunktion unterstellt wird $(T = T(Y))$; in diesem Fall muss der Steuersatz so der Staatsausgabensteigerung angepasst werden, dass der staatliche Budgetsaldo B^{St} unverändert bleibt. Die Steuersatzvariation berechnet sich aus dem totalen Differential der staatlichen Budgetrestriktion

$$B^{St} = G - T = G - t \cdot Y \tag{2.192}$$

unter Beachtung der Nebenbedingung $dB^{St} = 0$:

$$0 = dG - t_0 \cdot dY - Y_0 dt \quad \text{bzw.} \quad dt = (dG - t_0 \cdot dY)/Y_0. \tag{2.193}$$

Y_0 und t_0 sind hierbei die Anfangswerte von Y und t. Aus der Gütermarkt-Gleichgewichtsbedingung (2.184) und der Konsumfunktion

$$C = a + b(1 - t)Y \tag{2.194}$$

folgt dann durch Bildung des totalen Differentials $(dI = da = 0)$:

$$dY = dC + dG = b(1 - t_0)dY - b \cdot Y_0 dt + dG. \tag{2.195}$$

Wird die Steuersatzänderung dt durch (2.193) ersetzt, erhält man

$$dY = b(1 - t_0)dY - b(dG - t_0 dY) + dG \tag{2.196}$$

bzw. gleichwertig dazu

$$(1 - b)dY = (1 - b)dG. \tag{2.197}$$

Hieraus folgt $dY = dG$, so dass der Staatsausgabenmultiplikator in Bezug auf Y wiederum den Wert eins annimmt. Das Haavelmo-Theorem gilt also auch bei einer einkommensabhängigen Steueraufkommensfunktion.

---

[66]Wegen $dY = dG$ und $dG = dT$ gilt für die Änderung des verfügbaren Einkommens: $dY^v = dY - dT = dG - dG = 0$.

Ein analoges Theorem lässt sich auch aufstellen, wenn die Staatsausgabensteigerung vollständig über den **Abbau von Subventionen** (Z) finanziert wird $(dG = -dZ)$. Hierbei muss allerdings zwischen dem Nettonationaleinkommen zu Marktpreisen (Y^M) und dem Nettonationaleinkommen zu Faktorkosten oder Volkseinkommen (Y^F) unterschieden werden, da durch Berücksichtigung staatlicher Subventionen und indirekter Steuern diese beiden Konzeptionen auseinanderfallen. Definitorisch gilt

$$Y^F = Y^M - T^{ind.} + Z. \tag{2.198}$$

Dabei bezeichnet $T^{ind.}$ die indirekten Steuern. Werden diese – ebenso wie die direkten Steuern $T^{dir.}$ – vereinfachend als exogen vorgegeben aufgefasst, gilt wegen

$$Y^M = C + I + G \tag{2.199}$$

sowie

$$C = a + b(Y^F - T^{dir.}) \tag{2.200}$$

die Gleichung

$$\begin{aligned} dY^M &= dC + dG \\ &= b \cdot dY^F + dG \\ &= b(dY^M + dZ) + dG \\ &= b(dY^M - dG) + dG \end{aligned} \tag{2.201}$$

Hieraus ergibt sich der Multiplikator

$$\left. \frac{dY^M}{dG} \right|_{dG=-dZ} = 1. \tag{2.202}$$

Das Nettonationaleinkommen zu Marktpreisen (Y^M) steigt im Ausmaß der Staatsausgabenerhöhung, während das Volkseinkommen (Y^F) gemäß Gleichung (2.198) unverändert bleibt, so dass sich auch der private Konsum nicht ändert:

$$\frac{dY^F}{dG} = \frac{dY^M}{dG} + \frac{dZ}{dG} = 1 - 1 = 0, \qquad \frac{dC}{dG} = 0. \tag{2.203}$$

2.3 Das Gütermarktmodell bei zinsabhängiger Investitionsnachfrage

In diesem Abschnitt soll das Gleichgewichtsmodell des Gütermarktes dahingehend erweitert werden, dass die private Investitionsnachfrage nicht mehr eine autonom vorgegebene Größe darstellt, sondern auf einen kausalen Bestimmungsfaktor zurückgeführt wird. Im Folgenden soll anhand zweier konkurrierender Erklärungsansätze die **Zinsabhängigkeit der privaten Nettoinvestition** aufgezeigt werden. Es handelt sich hierbei um die neoklassische und um die auf J.M. Keynes (1936) zurückgehende Investitionshypothese.

2.3.1   Die neoklassische Investitionsfunktion

Der neoklassische Ansatz zur Begründung der Zinsabhängigkeit der privaten Nettoinvestition ist ein mikroökonomischer Erklärungsansatz, der von unternehmerischer Gewinnmaximierung ausgeht und die gewünschte Nachfrage nach Produktionsfaktoren aus einem einzelwirtschaftlichen Optimierungskalkül ableitet. Die private Investitionsnachfrage resultiert dabei aus der Bestimmung des optimalen Sachkapitalbestands einer für die Volkswirtschaft als repräsentativ angesehenen Unternehmung.

Wir betrachten dazu eine Unternehmung, für die die Faktormärkte und der Absatzmarkt vollständige Konkurrenzmärkte sind; die Faktorpreise und der Absatz- bzw. Produktpreis sind dann für die Unternehmung ein vorgegebenes Datum, an die sie sich nur durch Variation ihrer Nachfrage- und Angebotsmengen anpassen kann. Auf allen Märkten wird also Mengenanpasserverhalten unterstellt.

Die Unternehmung fragt zwei Produktionsfaktoren auf den Beschaffungsmärkten nach, Arbeitsstunden N und Sachkapital K. Die zugehörigen Faktorpreise sind der **Nominallohnsatz** W und der Sachkapitalpreis P^K. Diese Preise sind für die Unternehmung exogen vorgegeben. Die beiden Produktionsfaktoren werden für die Produktion eines (homogenen) Gutes Y eingesetzt. Dieses Gut wird zum vorgegebenen Preis P angeboten und auch abgesetzt. Die Zielsetzung der Unternehmung besteht darin, einen maximalen Gewinn π zu erwirtschaften.

Der Zusammenhang zwischen Faktoreinsatz und Produktionsergebnis kann durch eine technische Relation, die **Produktionsfunktion**, beschrieben werden, die allgemein die Form

$$Y = Y(N, K) \tag{2.204}$$

hat. Hierbei steht Y für die Produktionsmenge (das Güterangebot), die mit Hilfe eines gegebenen Inputbündels (N, K) während der Planperiode maximal produziert werden kann. N bezeichnet den mengenmäßigen Arbeitseinsatz (Zahl der geleisteten Arbeitsstunden) und K den Sachkapitalbestand (den Kapitalstock). Zum Kapitalbestand werden alle reproduzierbaren Güter gezählt, die zur Produktion anderer Güter dienen, wie Maschinen, Anlagen und Gebäude.[67] Lagerbestände werden in der theoretischen Analyse nicht zum Sachkapital gerechnet, da sie in der Regel keine Produktionsmittel darstellen.

In der makroökonomischen Analyse handelt es sich beim Sachkapital um ein homogenes Gut, das mit dem produzierten Gut übereinstimmt. Die Güterproduktion Y ist annahmegemäß universell verwendbar und wird sowohl für den Konsum also auch für die Reproduktion von Gütern verwendet. Produktpreis P und Preis des Kapitalgutes P^K sind dann identisch ($P = P^K$).

Zwischen dem Sachkapitalbestand und der Nettoinvestition besteht der folgende defini-

---

[67]Im Gegensatz dazu ist der Faktor Arbeit nicht reproduzierbar. Er wird in der Produktionsfunktion mit seinen Nutzungseinheiten, also Arbeitsstunden, erfasst, während Sachkapital mit seinen physischen Einheiten eingeht. Die Sachkapitaleinheiten werden dabei nicht direkt physisch verbraucht, sondern letztlich auch nur genutzt (zum Beispiel in Form von Maschinenstunden).

torische Zusammenhang:[68]

$$I_t = K_t - K_{t-1}. \tag{2.205}$$

K_t ist hierbei der realisierte Sachkapitalbestand am Ende der Periode t, K_{t-1} der vorhandene Kapitalbestand am Ende der Periode $t-1$ bzw. am Anfang der Periode t. Die **Nettoinvestition** einer Periode ist somit gleich der **Änderung** des **Kapitalstocks** in dieser Periode. Die aus (2.205) resultierende Gleichung $K_t = K_{t-1} + I_t$ verdeutlicht, dass eine positive Nettoinvestition eine Steigerung des Sachkapitalbestands zur Folge hat. Als Bestandsänderungsgröße erhöht sie die Produktionskapazität der Unternehmung.

Von der Nettoinvestition gehen somit auf dem Gütermarkt zwei Wirkungen aus:

1. Die private Nettoinvestition ist Bestandteil der gesamtwirtschaftlichen Güternachfrage. Eine exogene Steigerung von I hat über den Investitionsmultiplikator eine Steigerung der gesamtwirtschaftlichen Güterproduktion und des Einkommens zur Folge. Dies ist der **Nachfrage-** oder **Einkommenseffekt** der privaten Nettoinvestition.

2. Die Nettoinvestition erhöht den Sachkapitalbestand und damit die gesamtwirtschaftliche Produktionskapazität. Dies ist der **Kapazitätseffekt** der Nettoinvestition. Man kann davon ausgehen, dass die von einer Unternehmung geplante Vergrößerung des Kapitalstocks nicht in der laufenden, sondern frühestens in der Folgeperiode kapazitätswirksam wird, da die von einer Unternehmung erworbenen Anlagen erst installiert werden müssen. Die Kapazitätsanpassung ist dann zeitlich gestreckt, so dass der Kapazitätseffekt nicht in der laufenden Periode wirksam werden kann. Wenn unterstellt wird, dass die in der Periode t produzierten und nachgefragten Kapitalgüter erst in der Folgeperiode $t+1$ für die Produktion von Gütern verwendet werden können, bleibt der Sachkapitalbestand in der Periode t konstant.

In der kurzfristigen makroökonomischen Analyse braucht daher – im Gegensatz etwa zur langfristig ausgerichteten Wachstumstheorie – der Kapazitätseffekt der Nettoinvestition nicht berücksichtigt zu werden. Dies lässt sich auch damit rechtfertigen, dass die gesamtwirtschaftliche Nettoinvestition einer Periode gegenüber dem in der Volkswirtschaft insgesamt vorhandenen Kapitalstock klein ist und diesen kurzfristig nur marginal ändern kann. In diesem Abschnitt wird der Kapazitätseffekt der Nettoinvestition lediglich herangezogen, um die Zinsabhängigkeit der privaten Nettoinvestition einzelwirtschaftlich begründen zu können.

Eigenschaften einer neoklassischen Produktionsfunktion

Die Produktionsfunktion der allgemeinen Bauart (2.204) besagt, dass es zu jeder Kombination der Produktionsfaktoren Arbeit und Kapital eine maximale Ausbringungsmenge gibt. Die Art des funktionalen Zusammenhangs ist dabei vom Stand des technischen Wissens und der verfügbaren Menge des Produktionsfaktors Boden abhängig. Diese Einflussgrößen können für den hier betrachteten kurzfristigen Zeitraum als konstant angenommen werden. Kurzfristige Produktionsmengenänderungen sind daher nur durch Variation der eingesetzten Arbeitsmenge oder des Sachkapitals möglich.

---

[68]Wir sehen dabei von Lagerbestandsänderungen ab. Diese stellen als sogenannte Vorratsinvestitionen ebenfalls eine Form der Investition dar.

Eine grundlegende Eigenschaft einer **neoklassischen** Produktionsfunktion besteht darin, dass die Produktionsfaktoren Arbeit und Kapital nicht in einem festen Einsatzverhältnis stehen, sondern gegeneinander austauschbar (substituierbar) sind. Die gleiche Ausbringungsmenge Y_0 ist prinzipiell mit beliebig vielen Faktorkombinationen (N, K) realisierbar. Dieser substitutionale Zusammenhang zwischen N und K lässt sich durch ein Isoquantendiagramm zum Ausdruck bringen, wobei längs einer Isoquante die Produktionsmenge konstant ist (Abbildung 2.23).

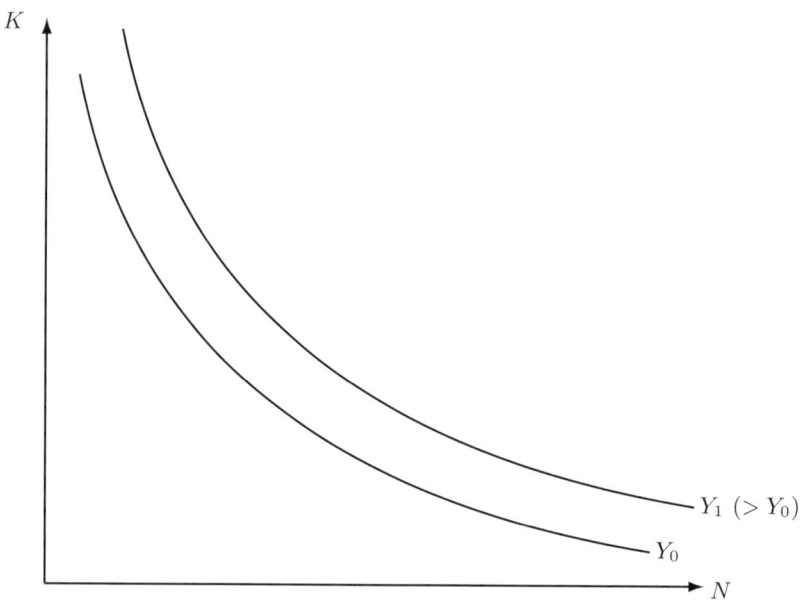

Abb. 2.23: *Produktionsfunktion im Isoquantendiagramm*

Mit wachsender Produktionsmenge Y entfernen sich die (gewöhnlich konvex zum Ursprung verlaufenden) Isoquanten immer weiter weg vom Koordinatenursprung. Implizit ist die Isoquantengleichung durch die Bedingung $\overline{Y} = Y(N, K)$ gegeben, wobei $\overline{Y}$ eine konstante Ausbringungsmenge darstellen soll. Aus dem totalen Differential[69]

$$dY = Y_N dN + Y_K dK = 0 \qquad\qquad (2.206)$$

folgt für die Steigung der Isoquante:

$$\frac{dK}{dN} = -\frac{Y_N}{Y_K} < 0 \qquad (Y_N > 0, \ Y_K > 0). \qquad (2.207)$$

Hierbei wird von **positiven Grenzproduktivitäten** Y_N und Y_K ausgegangen, d.h. es wird unterstellt, dass sich mit wachsendem Einsatz eines Produktionsfaktors sowie Konstanz der Einsatzmenge des jeweils anderen Faktors die Produktionsmenge Y

---

[69] Y_N bzw. Y_K ist hierbei die partielle Ableitung der Produktionsfunktion nach N bzw. K.

erhöht. Der **Grenzertrag** (oder das **Grenzprodukt**) dY ist also positiv, wenn entweder $dN > 0$ oder $dK > 0$ gilt.[70] Eine neoklassische Produktionsfunktion weist dabei das kennzeichnende Merkmal auf, dass der **Grenzertrag** eines Faktors mit wachsendem Einsatz dieses Faktors immer mehr **abnimmt**. Für die Grenzproduktivitäten Y_N und Y_K gilt dann:[71]

$$Y_{NN} < 0, \quad Y_{KK} < 0. \tag{2.208}$$

In einem Y/N- bzw. Y/K-Diagramm lässt sich die Eigenschaft eines überall positiven, aber abnehmenden Grenzertrages durch die Abbildungen 2.24 und 2.25 darstellen. Diese repräsentieren partielle Produktionsfunktionen (**Ertragsfunktionen**), die sich bei **partieller Faktorvariation**, d.h. bei Änderung eines Produktionsfaktors sowie Konstanz des jeweils anderen, aus der allgemeinen Produktionsfunktion (2.204) ergeben.

Abbildung 2.24 verdeutlicht, dass mit gleichbleibendem Anstieg ΔN des Faktors Arbeit die Produktionssteigerung ΔY immer kleiner wird. Das bedeutet, dass bei konstantem Kapitalstock der Produktionsfaktor Arbeit mit wachsender Zahl der Arbeitsstunden immer weniger effizient in den Produktionsprozess eingesetzt werden kann, weil beispielsweise zunächst die beste Maschine genutzt wird, dann die zweitbeste (weniger ertragreichere) usw. Das **Gesetz vom abnehmenden Grenzertrag** ist entsprechend auch auf den Produktionsfaktor Kapital anwendbar, da man annehmen kann, dass die erste Kapitaleinheit am effizientesten verwendet wird und jede weitere Kapitaleinheit immer weniger effizient eingesetzt werden kann. Das Gesetz vom abnehmenden Grenzertrag gilt nur bei partieller Faktorvariation; es macht keine Aussage darüber, was bei totaler Faktorvariation, d.h. bei gleichzeitiger Änderung aller Produktionsfaktoren, geschieht.

Aus einzelwirtschaftlicher (mikroökonomischer) Sicht besteht häufig in der kurzen Frist ein festes Einsatzverhältnis der Produktionsfaktoren, was konstante Grenzproduktivitäten und eine **limitationale Produktionsfunktion** implizieren würde.[72] Dieser Einwand gegen die Verwendung neoklassischer Produktionsfunktionen ist aus makroökonomischer Sicht nicht gerechtfertigt, sofern man unterstellt, dass die gesamtwirtschaftliche Güterproduktion auf eine Vielzahl linear-limitationaler Produktionsprozesse aufgeteilt werden kann; näherungsweise ergibt sich dann im (N, K)-Diagramm die Isoquante einer neoklassischen Produktionsfunktion. Außerdem sind etwas längerfristig gesehen auch für die einzelne Unternehmung alle Produktionsfaktoren substituierbar.

Ein weiterer Aspekt ist, dass die neoklassische Produktionsfunktion und damit das Gesetz vom (überall) abnehmenden Grenzertrag dem **klassischen Ertragsgesetz** widerspricht. Nach dem klassischen Ertragsgesetz steigen die Grenzerträge der einzelnen Faktoren zunächst an und fallen erst bei hinreichend großem Faktoreinsatz. Dieses Gesetz wurde ursprünglich von Turgot für die Landwirtschaft formuliert[73] und ist auch

---

[70]Für die Inputvariation dN (bzw. dK) lautet der zugehörige Grenzertrag $Y_N dN$ (bzw. $Y_K dK$).

[71]$Y_{NN} = \partial^2 Y/\partial N^2$ ist die zweite partielle Ableitung von Y nach dem Produktionsfaktor N. Entsprechend ist $Y_{KK} = \partial^2 Y/\partial K^2$ die zweite partielle Ableitung von Y nach K.

[72]Bei einer (linear-)limitationalen Produktionsfunktion besteht ein proportionaler Zusammenhang zwischen Input und Output: $Y = a \cdot N$ $(a > 0)$, $Y = b \cdot K$ $(b > 0)$. Für das Faktoreinsatzverhältnis gilt dann $N/K = b/a =$ const. (konstantes Einsatzverhältnis). Faktorsubstitution ist jetzt ausgeschlossen.

[73]Siehe dazu Groenewegen (2002).

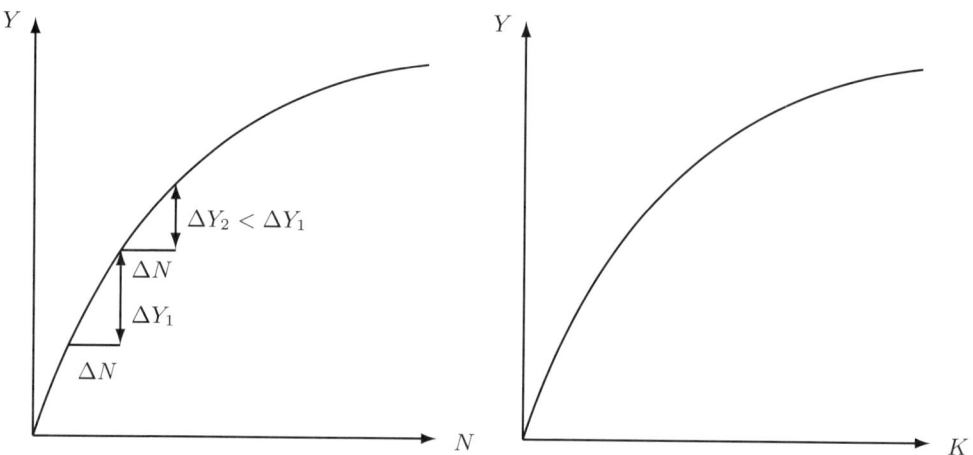

Abb. 2.24: *Produktionsfunktion bei varia-* *blem N und konstantem K*

Abb. 2.25: *Produktionsfunktion bei varia-* *blem K und konstantem N*

für die industrielle Produktion vorstellbar: Wenn beispielsweise eine Maschine genutzt werden soll, so muss die Maschine (mit menschlicher Arbeitskraft) zunächst gewartet und in Gang gesetzt werden, so dass erst nach einer gewissen Vorlaufzeit mit der Maschine Erträge erzielt werden können. Der Grenzertrag der zweiten Arbeitsstunde ist dann höher als der der ersten Stunde.

Die Annahme abnehmender Grenzerträge bedeutet für die ökonomische Analyse keine Beschränkung der Allgemeinheit, da sich zeigen lässt, dass auf vollständigen Konkurrenzmärkten die gewinnmaximale Produktion stets im Bereich fallender Grenzerträge erfolgen muss. Aus ökonomischer Sicht sind daher steigende Grenzerträge irrelevant, so dass sie vernachlässigt werden können.

Eine der bekanntesten neoklassischen Produktionsfunktionen, für die zahlreiche empirische Schätzungen vorliegen, ist die **Cobb-Douglas-Produktionsfunktion**

$$Y = A \cdot N^{\alpha} \cdot K^{1-\alpha} \qquad (A > 0,\ 0 < \alpha < 1). \qquad (2.209)$$

Diese Funktion weist abnehmende Grenzerträge auf, die überall positiv sind;[74]

---

[74]Für die partiellen Ableitungen in Bezug auf N gilt:

$$\frac{\partial Y}{\partial N} = \alpha \cdot A \cdot N^{\alpha-1} \cdot K^{1-\alpha} = \alpha \frac{Y}{N} > 0 \qquad (\text{da } \alpha > 0),$$

$$\frac{\partial^2 Y}{\partial N^2} = \alpha(\alpha - 1)A \cdot N^{\alpha-2} \cdot K^{1-\alpha} = \alpha(\alpha - 1)\frac{Y}{N^2} < 0 \qquad (\text{da } \alpha < 1).$$

Der konstante Parameter α stimmt mit der Elastizität der Produktionsmenge in Bezug auf den Faktor

außerdem verlaufen die Isoquanten konvex zum Ursprung[75], so dass für (2.209) die Abbildungen (2.23), (2.24) und (2.25) gelten.

Gewinnmaximierungsansatz

Für die hier zugrundegelegte repräsentative Unternehmung soll das Ziel der kurzfristigen Gewinnmaximierung unterstellt werden. Der geplante (nominale) Gewinn π ist die Differenz zwischen dem unternehmerischen Erlös und der Summe aus Arbeits- und Kapitalkosten:

$$\pi = P \cdot Y^s - W \cdot N - i \cdot P^K \cdot K. \tag{2.210}$$

Das Produkt $P \cdot Y^s$ ist der geplante unternehmerische Erlös, d.h. der Wert des geplanten Güterangebots, $W \cdot N$ sind die Kosten, die der Unternehmung aus der Beschäftigung des Produktionsfaktors Arbeit entstehen, und $i \cdot P^K \cdot K$ sind die Kapitalkosten. Die Arbeitskosten sind das Produkt aus dem (exogen vorgegebenen) **Geldlohnsatz** W und der Beschäftigungsmenge N. Die Kapitalkosten sind dagegen nicht mit dem entsprechenden Produkt $P^K \cdot K$ gleichzusetzen. Bei dem Produkt $P^K \cdot K$ handelt es sich um den Wert des unternehmerischen Sachkapitalbestandes, wobei der Sachkapitalpreis P^K mit dem gesamtwirtschaftlichen Güterpreisniveau P übereinstimmt und wegen der unterstellten Preisniveaukonstanz sowohl den Wiederbeschaffungs- als auch den Anschaffungspreis darstellt. Die Wertgröße $P^K \cdot K$ ist dann der von der Unternehmung in Sachkapitaleinheiten investierte Betrag an Geldkapital. Dieser bildet noch nicht die Kapitalkosten der laufenden Produktion. Bei den Kapitalkosten handelt es sich vielmehr um Zinszahlungen, die für den investierten Geldbetrag zu leisten sind. Die Kapitalkosten sind dann das Produkt aus dem **Zinssatz** i und der Wertgröße $P^K \cdot K$. Handelt es sich bei dem investierten Geldbetrag um Fremdkapital, so stellt die Wertgröße $P^K \cdot K$ den nominalen Schuldenbestand der Unternehmung am Ende der Periode dar; die Kapitalkosten sind dann die Zinskosten für dieses Fremdkapital. Man kann die Kapitalkosten aber auch als entgangene Zinserträge interpretieren, wenn es sich bei dem investierten Geldbetrag nicht um Fremdkapital, sondern um Eigenkapital handelt. Entgangene Zinserträge (**Opportunitätskosten**) ergeben sich, wenn das Eigenkapital in Sachanlagen und nicht in alternative zinstragende Finanzanlagen (wie zum Beispiel staatliche Wertpapiere) angelegt wird. Bei Selbstfinanzierung der unternehmerischen Sachanlagen handelt es sich bei den Kapitalkosten also um kalkulatorische Kosten in Form von Opportunitätskosten.

Wird die neoklassische Produktionsfunktion in die Gewinnfunktion π eingesetzt, lautet

---

Arbeit überein, d.h. misst die relative Outputänderung bei einer relativen Änderung des Inputs N:

$$\alpha = \frac{dY/Y}{dN/N} = \frac{dY}{dN} \cdot \frac{N}{Y} = \left(\alpha \cdot \frac{Y}{N}\right) \cdot \frac{N}{Y}.$$

Entsprechend ist $1 - \alpha$ die Produktionselastizität in Bezug auf K.

[75]

$$\frac{dK}{dN} = -\frac{\partial Y/\partial N}{\partial Y/\partial K} < 0, \qquad \frac{d^2 K}{dN^2} = \frac{\alpha}{1-\alpha}\frac{K}{N^2} > 0 \qquad \text{(Konvexitätsbedingung)}.$$

der unternehmerische Gewinnmaximierungsansatz

$$\pi = \pi(N, K) = P \cdot Y(N, K) - W \cdot N - i \cdot P^K \cdot K \to \max_{N, K}. \qquad (2.211)$$

Gesucht wird ein optimaler (gewinnmaxierender) Einsatz der Produktionsfaktoren N und K. Die Preisvariablen P, W und P^K sowie der Zinssatz i sind dabei exogen vorgegeben.

Die (notwendigen) Bedingungen für ein Gewinnmaximum erhält man, indem die Gewinnfunktion partiell nach N und K abgeleitet wird und die so erhaltenen ersten partiellen Ableitungen gleich null gesetzt werden:

$$\frac{\partial \pi}{\partial N} = P \cdot \frac{\partial Y}{\partial N} - W \overset{!}{=} 0 \ \Rightarrow \ W = P \cdot \frac{\partial Y}{\partial N}. \qquad (2.212)$$

$$\frac{\partial \pi}{\partial K} = P \cdot \frac{\partial Y}{\partial K} - i \cdot P^K \overset{!}{=} 0 \ \Rightarrow \ i \cdot P^K = P \cdot \frac{\partial Y}{\partial K} \text{ bzw. } i = \frac{\partial Y}{\partial K}. \qquad (2.213)$$

Im unternehmerischen Gewinnmaximum ist der Grenzgewinn der beiden Faktoren gleich null. Das Produkt aus dem Güterpreisniveau P und der Grenzproduktivität $\partial Y/\partial N$ bzw. $\partial Y/\partial K$ wird als **Wertgrenzprodukt des Faktors Arbeit** bzw. **Kapital** bezeichnet. Das Wertgrenzprodukt ist der Wert der (physischen) **Grenzproduktivität** eines Faktors. Die Bedingung für den **optimalen Arbeitseinsatz** besagt dann, dass im **Gewinnmaximum** der **Nominallohnsatz gleich** dem **Wertgrenzprodukt** des **Faktors Arbeit** ist. Entsprechend lautet die Bedingung für den **optimalen Kapitaleinsatz**, dass die **Zinskosten** für eine zusätzliche Kapitaleinheit **gleich** dem **Wertgrenzprodukt** des **Faktors Kapital** sein müssen. Da aus makroökonomischer Sicht Güterpreisniveau P und Kapitalgutpreis P^K identisch sind, besagt die Bedingung für den optimalen Kapitaleinsatz auch, dass der **Zinssatz** i mit der **Grenzproduktivität** des **Kapitals** übereinstimmt ($i = \partial Y/\partial K$).

Aus mikroökonomischer Sicht lassen sich die Optimalitätsbedingungen (2.212) und (2.213) folgendermaßen begründen: Da der (exogene) Geldlohnsatz W gleich den Grenzkosten des Faktors Arbeit ist und das Produkt $P \cdot \partial Y/\partial N$ den Grenzerlös der Arbeit darstellt[76], handelt es sich bei der Entscheidungsregel (2.212) um eine **„Grenzkosten = Grenzerlös" - Bedingung**. Entsprechendes gilt auch für die Optimalitätsbedingung (2.213).

Solange der Grenzerlös eines Faktors die (konstanten) Grenzkosten dieses Faktors übersteigt ($P \cdot \partial Y/\partial N > W$ bzw. $P \cdot \partial Y/\partial K > i \cdot P^K$), ist der zugehörige Grenzgewinn positiv. Für die Unternehmung lohnt sich dann eine Mehrnachfrage nach diesem Faktor, weil der Erlös aus dieser vermehrten Faktornachfrage stärker ansteigt als die entsprechenden Faktorkosten. Der Grenzerlös als Produkt aus dem konstanten Güterpreis und der physischen Grenzproduktivität nimmt mit wachsendem Faktoreinsatz ab, da wir für jeden Faktor abnehmende Grenzproduktivitäten unterstellt haben[77]; mit wachsender Faktornachfrage verringert sich daher der Gewinnzuwachs immer mehr. Schließlich

---

[76]Grenzkosten und Grenzerlös des Faktors Arbeit sind die erste partielle Ableitung der Kostenfunktion $W \cdot N + i \cdot P^K \cdot K$ bzw. Erlösfunktion $P \cdot Y$ nach dem Produktionsfaktor N. Entsprechendes gilt für die Grenzkosten und den Grenzerlös des Faktors Kapital.

[77]Aus $Y_{NN} < 0$ bzw. $Y_{KK} < 0$ folgt bei unterstellter Konstanz des Preisniveaus P auch $P \cdot Y_{NN} < 0$ bzw. $P \cdot Y_{KK} < 0$ (d.h. ein abnehmender Grenzerlös des Faktors Arbeit bzw. Kapital).

ist diejenige Faktormehrnachfrage erreicht, bei der der Grenzerlös auf die unverändert gebliebenen Grenzkosten abgesunken ist; an dieser Stelle liegt dann der gewinnmaximale Faktoreinsatz. Eine entsprechende Überlegung gilt, wenn der Grenzerlös eines Faktors kleiner als die Grenzkosten ausfällt. In diesem Fall wird die gewinnmaximierende Unternehmung die Faktornachfrage solange einschränken, bis der Grenzerlös auf das Niveau der Grenzkosten angestiegen ist.

Mit Hilfe der Optimalitätsbedingungen (2.212) und (2.213) gelingt es jetzt, die Arbeitsnachfrage und die Kapitalnachfrage jeweils auf einen kausalen Bestimmungsfaktor zurückzuführen. Die Bedingung für die optimale Arbeitsnachfrage (2.212) lässt sich auch mit Hilfe des **Reallohns** W/P ausdrücken:

$$\frac{\partial Y}{\partial N} = \frac{W}{P} \qquad \text{(bzw. in Kurzform: } Y_N = W/P\text{).} \qquad (2.214)$$

Diese Gleichung besagt, dass im Gewinnmaximum die Grenzproduktivität der Arbeit gleich dem vorgegebenen Reallohnsatz W/P ist. Hieraus lässt sich nun eine **negative**

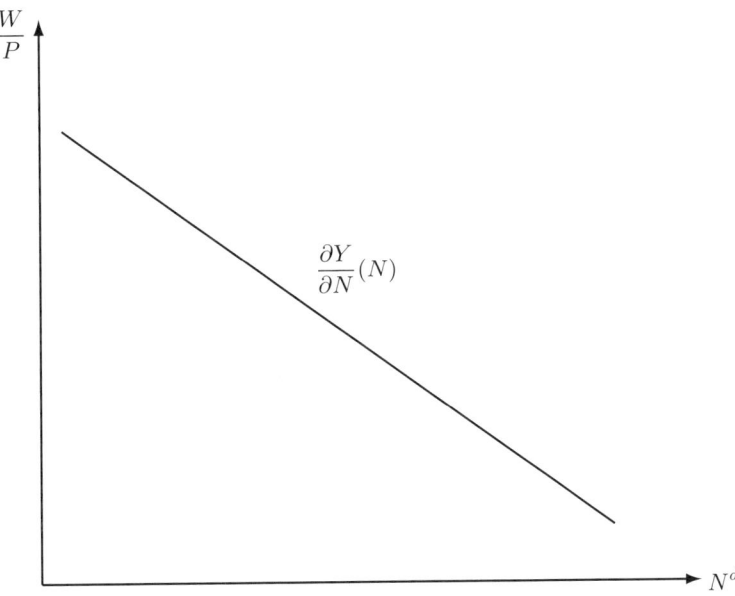

Abb. 2.26: *Die Arbeitsnachfragefunktion*

Beziehung zwischen **Reallohnsatz** und (gewinnmaximaler) **Arbeitsnachfrage** ableiten: Kommt es zu einem exogenen Anstieg des Reallohnsatzes[78], so muss die gewinnmaximierende Unternehmung ihre Arbeitsnachfrage so anpassen, dass die Optimalitätsbedingung (2.214) weiterhin erfüllt ist. Die Anpassung muss dabei derart erfolgen, dass

---

[78]Bei gegebenem Güterpreisniveau $P = P_0$ ist eine Steigerung des Reallohnsatzes W/P gleichbedeutend mit einer Zunahme des Nominallohnsatzes W. Bei gegebenem Geldlohnsatz $W = W_0$ ist dagegen ein Anstieg von W/P gleichwertig zu einer Senkung des Güterpreisniveaus P.

die Grenzproduktivität Y_N im Ausmaße der Reallohnsteigerung zunimmt. Aufgrund der Annahme abnehmender Grenzproduktivität für den Faktor Arbeit ($Y_{NN} < 0$) ist eine Erhöhung von Y_N nur dann erreichbar, wenn die Arbeitsnachfrage sinkt. Also geht mit wachsendem Reallohnsatz die unternehmerische Nachfrage nach Arbeit zurück (Abbildung 2.26).

Der negative Zusammenhang zwischen W/P und Arbeitsnachfrage N^d basiert maßgeblich auf dem Gesetz vom abnehmenden Grenzertrag und der unternehmerischen Zielsetzung der Gewinnmaximierung. In einem $W/P - N^d$-Diagramm ist dann die Arbeitsnachfragekurve mit der Grenzproduktivitätskurve $Y_N(N)$ identisch.[79]

Allgemein gilt für die gewünschte unternehmerische Arbeitsnachfrage

$$N^d = N^d(W/P) \quad \text{mit} \quad \frac{dN^d}{d(W/P)} < 0. \tag{2.215}$$

Eine Steigerung des unternehmerischen Reallohnsatzes erhöht real gesehen die Kosten für den Einsatz des Produktionsfaktors Arbeit und bewirkt einen Rückgang der Arbeitsnachfrage. Maßgeblich für diese negative Beziehung zwischen W/P und Faktornachfrage N^d ist dabei die Zugrundelegung der **neoklassischen Grenzproduktivitätstheorie.**

Für die Kapitalnachfragefunktion lässt sich aus der Optimalitätsbedingung

$$\partial Y/\partial K = i \quad \text{(bzw. in Kurzform: } Y_K = i) \tag{2.216}$$

entsprechend eine **negative** Beziehung zwischen Zinssatz und gewünschtem Kapitalstock ableiten. Eine exogene Zunahme des Zinssatzes i erfordert bei abnehmender Grenzproduktivität des Faktors Kapital einen Rückgang der Nachfrage nach Sachkapital, damit (2.216) weiterhin erfüllt ist. In einem i/K^d-Diagramm hat die Kapitalnachfragefunktion einen fallenden Verlauf und ist ebenso wie die Arbeitsnachfragekurve mit der zugehörigen Grenzproduktivitätskurve $Y_K(K)$ identisch (Abbildung 2.27).

Das graphische Bild der Nachfragekurve nach Sachkapital verdeutlicht, dass mit wachsendem Zinssatz i der von der repräsentativen Unternehmung gewünschte Sachkapitalbestand abnimmt. Allgemein gilt daher für den **gewünschten** bzw. **optimalen Kapitalstock** $K^*(= K^d)$

$$K^* = K^*(i) \quad \text{mit} \quad dK^*/di < 0.^{80} \tag{2.217}$$

Aus der Zinsabhängigkeit des geplanten Kapitalstocks lässt sich jetzt eine **zinsabhängige Investitionsfunktion** ableiten. Für die Nettoinvestition I gilt definitionsgemäß

---

[79] Häufig wird die Grenzproduktivitätskurve auch als Grenzertragskurve bezeichnet.

[80] Genaugenommen hängt die Faktornachfrage nach N bzw. K nicht nur in negativer Weise vom eigenen Preis W/P bzw. i ab, sondern in der Regel auch positiv vom Preis des zugehörigen substitutiven Faktors:

$$\begin{aligned} N^d &= N^d(W/P, i) & (N_i^d \geq 0), \\ K^* &= K^*(i, W/P) & (K_{W/P}^* \geq 0). \end{aligned}$$

Dies folgt einfach daraus, dass die repräsentative Unternehmung ihre Arbeits- und Kapitalnachfrage simultan plant und nicht unabhängig voneinander festlegt. Eine Zinsabhängigkeit der Arbeitsnachfrage lässt sich dann bei einer **negativen Kreuzableitung** ($Y_{NK} < 0$) begründen: Kommt es nämlich auf-

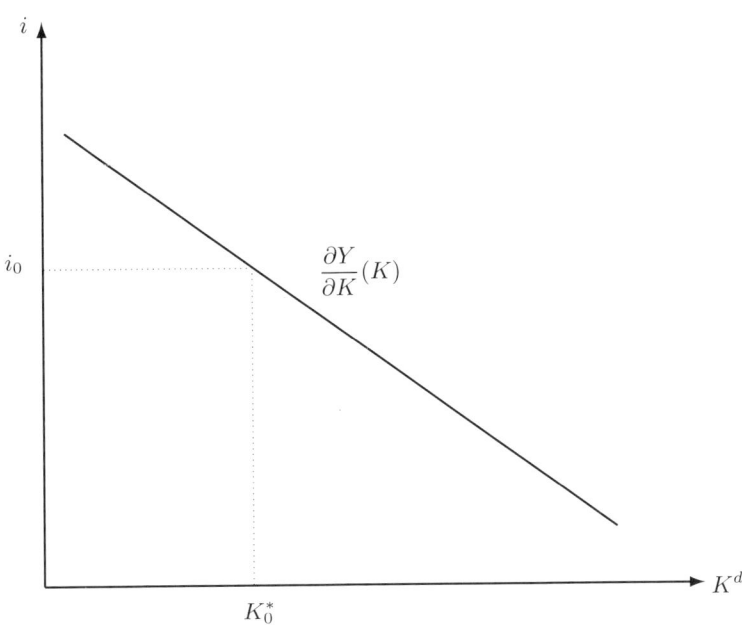

Abb. 2.27: *Die Kapitalnachfragefunktion*

$I = K_1 - K_0$; hierbei ist K_1 der tatsächliche Kapitalstock am Ende der betrachteten Periode und K_0 der (vorgegebene) Anfangsbestand an Sachkapital. Wird der gewünschte Sachkapitalbestand K^* nach **einmaliger** Investition, d.h. ohne zeitliche Streckung, realisiert, gilt $K^* = K_1$ und damit für die **gewünschte Nettoinvestition**

$$I = K^* - K_0 = K^d(i) - K_0 = I(i, K_0). \tag{2.218}$$

Bei **vollständiger Anpassung** des Anfangskapitalstocks K_0 an den gewünschten Kapitalbestand K^* innerhalb einer Periode ist die geplante Nettoinvestition die Differenz zwischen dem optimalen Kapitalstock und dem Kapitalbestand zu Beginn der Periode.

---

grund einer exogenen Zinssteigerung gemäß (2.217) zu einer Senkung des gewünschten Kapitalstocks, so steigt im Falle $Y_{NK} < 0$ die Grenzproduktivität der Arbeit (Y_N) an. Bei gegebenem Reallohn W/P erfordert dann aber die Optimalitätsbedingung (2.214) für die gewünschte Arbeitsnachfrage eine Zunahme von N, weil auf diese Weise wieder eine Reduktion der Grenzproduktivität Y_N auf das vorgegebene Niveau des Reallohns W/P erreicht werden kann. Der Faktor Kapital wird in diesem Fall partiell durch den Faktor Arbeit substituiert. In entsprechender Weise lässt sich auch eine positive Abhängigkeit der gewünschten Kapitalnachfrage von W/P begründen. Steigt nämlich der reale Faktorpreis für Arbeit (W/P) an, so wird die repräsentative Unternehmung bestrebt sein, den relativ teurer gewordenen Faktor N durch den relativ billiger gewordenen substitutiven Faktor K zu ersetzen. Diese Abhängigkeiten treten nicht auf, wenn die Kreuzableitungen Y_{NK} und Y_{KN} gleich null sind. Dies wird im Folgenden stillschweigend unterstellt.

Wirkung einer Zinssatzsenkung

Unter welcher Voraussetzung ist I ungleich null, d.h. weicht der gewünschte Kapitalstock vom Anfangskapitalbestand der zugrundgelegten Periode ab? Wir betrachten dazu die Wirkung, die von einer einmaligen **Zinssatzsenkung** auf die geplante Investitionsgüternachfrage ausgeht. Wenn der Zinssatz i vom Anfangswert i_0 auf ein niedrigeres Niveau i_1 fällt, erhöht sich der optimale Kapitalstock von K_0^* auf K_1^* (Abbildung 2.28).

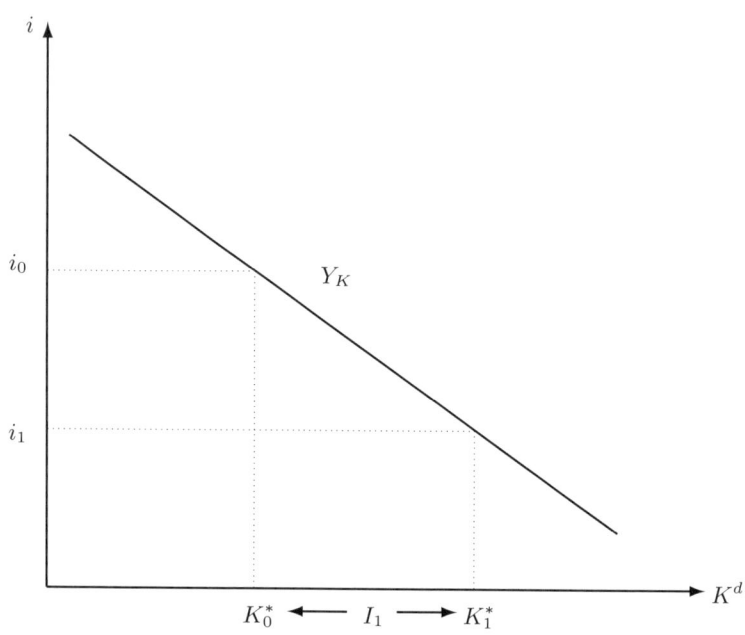

Abb. 2.28: *Wirkung einer Zinssatzsenkung auf den optimalen Kapitalstock*

Der gewünschte Sachkapitalbestand liegt dort, wo die Grenzproduktivität des Kapitals (Y_K) mit dem herrschenden Zinssatz übereinstimmt. Bei sinkendem Zinssatz muss gemäß der Entscheidungsregel (2.216) auch die Grenzproduktivität Y_K entsprechend fallen, was wegen $Y_{KK} < 0$ eine Zunahme der gewünschten physischen Kapitalnachfrage erfordert. Daher steigt der optimale Kapitalstock von K_0^* auf K_1^*. Wird die geplante Änderung des physischen Kapitalbestands vollständig bis zum Ende der laufenden Periode $t = 1$ durchgeführt, stimmt der Endkapitalbestand der Periode $t = 1$ (K_1) mit dem optimalen Kapitalstock (K_1^*) überein, so dass für die geplante private Nettoinvestition in der Periode $t = 1$ gilt:

$$I_1 = K_1^* - K_0^*. \tag{2.219}$$

Wenn nun das neue, gesunkene Zinsniveau auch in der nächsten Periode $t = 2$ gilt ($i_2 = i_1$), sinkt die Nettoinvestition auf null ab, denn für diese Folgeperiode errechnet sich für I der Wert

$$I_2 = K_2^* - K_1^* = K_1^* - K_1^* = 0. \tag{2.220}$$

Die private Nettoinvestition ist also bei einer **einmaligen** dauerhaften Zinssatzsenkung nur in der Periode der Zinsänderung positiv; in allen Folgeperioden ist sie dagegen gleich null. Es findet lediglich eine **einmalige** Investition in Höhe von $I_1 = K_1 - K_0$ statt.

Wir können **festhalten**, dass die geplante Nettoinvestition bei sofortiger, zeitlich nicht gestreckter Kapitalstockanpassung gleich null ist, sofern sich der Zinssatz in der betrachteten Periode nicht ändert. In diesem Fall gilt $I = \Delta K^* = 0$.[81]

Damit sich nun durch eine Zinssatzsenkung keine einmalige, sondern eine **stetige**, auch in zukünftigen Perioden erfolgende **Investition** ergibt, muss unterstellt werden, dass **der Zinssatz kontinuierlich fällt**, sich also dauerhaft verändert. Die Höhe der Nettoinvestition hängt dann von der **Veränderung** des Zinssatzes ab, denn nur wenn der Zins sinkt, ist die Nettoinvestition positiv. Bleibt i in der laufenden Periode unverändert, ändert sich der optimale Kapitalbestand dieser Periode nicht, so dass keine Nettoinvestition stattfindet. Das bedeutet aber, dass die geplante Nettoinvestition im Fall einer unverzögerten, innerhalb einer Periode erfolgenden Kapitalstockanpassung eine Funktion der Zinssatzänderung ist:

$$I = I(\Delta i) \qquad (\text{mit } I(0) = 0 \text{ und } I(\Delta i) > 0, \text{ falls } \Delta i < 0). \qquad (2.221)$$

Bei vollständiger Kapitalstockanpassung innerhalb einer Periode hängt die geplante private Nettoinvestition nicht vom Niveau, sondern von der Änderung des Zinssatzes ab. Es fragt sich, unter welcher Voraussetzung auch bei **konstantem** Zins Investitionen möglich sind, d.h. lässt sich eine zinsabhängige Investitionsfunktion herleiten, die vom Niveau und nicht von der Änderung des Zinssatzes abhängig ist? Wir müssen dazu eine **zeitlich gestreckte Kapitalstockanpassung** unterstellen. Diese Annahme ist realistisch, da sich normalerweise die gewünschte Anpassung des Sachkapitalbestandes über mehrere Perioden erstreckt, um dadurch Anpassungskosten gering zu halten. Dies lässt sich damit begründen, dass die Anpassungskosten, die durch die Integration neuer Anlagen in die vorhandene Produktionsausrüstung entstehen, umso größer ausfallen, je mehr zusätzliche Maschinen innerhalb einer Periode installiert werden. Für eine Unternehmung ist es dann rational, die Anpassung des vorhandenen an den gewünschten Kapitalbestand nicht in einer Periode durchzuführen, sondern zeitlich zu strecken. Die geplante Nettoinvestition innerhalb einer Periode ist dann nicht mehr die Differenz zwischen dem optimalen (zinsabhängigen) Kapitalbestand und dem vorhandenen Kapitalstock ($K^* - K_0$). Man kann vielmehr unterstellen, dass in diesem Fall die geplante Nettoinvestition innerhalb einer Periode einem bestimmten Anteil α der Differenz zwischen K^* und K_0 entspricht:

$$I = \alpha(K^* - K_0) \qquad (0 < \alpha < 1). \qquad (2.222)$$

Ist der Anpassungskoffizient α kleiner als eins, stimmt der gewünschte Kapitalstock K^* nicht mehr mit dem am Ende der laufenden Periode realisierten Sachkapitalbestand K_1 überein,[82] sondern fällt unter der Voraussetzung einer gewünschten Steigerung des

---

[81]Dies setzt allerdings voraus, dass auch die übrigen Einflussfaktoren von K^* unverändert bleiben. Kommt es beispielsweise im Zuge des technischen Fortschritts zu einem kontinuierlichen Anstieg der Grenzproduktivität Y_K, so nimmt auch der gewünschte Kapitalstock K^* stetig zu, so dass sich selbst bei konstantem Zinsniveau eine dauerhaft positive Nettoinvestition ergeben würde. Beim technischen Fortschritt handelt es sich allerdings um einen erst langfristig wirkenden Einflussfaktor auf den gewünschten Kapitalbestand.

[82]Dies wäre nur im Grenzfall $\alpha = 1$ der Fall.

Anfangskapitalbestands ($K^* > K_0$) größer als K_1 aus ($K^* > K_1$). Eine bestehende Lücke zwischen dem optimalen und dem vorhandenen Kapitalstock wird innerhalb einer Periode nur im Ausmaß eines bestimmten Anteils α dieser Lücke geschlossen. Bei konstantem Koeffizienten α gilt allgemein für die Periode t

$$I_t = \alpha(K^* - K_{t-1}).^{83} \tag{2.223}$$

Wenn jetzt in $t = 1$ der Zinssatz von $i = i_0$ auf $i = i_1$ sinkt und anschließend auf diesem neuen Niveau konstant bleibt, werden auch in den Folgeperioden $t = 2, 3, \ldots$ Investitionen getätigt, obwohl sich der Zinssatz in diesen Perioden nicht mehr ändert. Die Nettoinvestition bleibt auch bei konstantem Zinssatz positiv, nimmt allerdings von Periode zu Periode immer mehr ab, da sich das absolute Ausmaß der Kapitalstockanpassung fortlaufend verringert:

$$\begin{aligned} I_t - I_{t-1} &= \alpha(K^* - K_{t-1}) - \alpha(K^* - K_{t-2}) \\ &= \alpha(K_{t-2} - K_{t-1}) < 0 \quad \Rightarrow \quad I_t < I_{t-1}. \end{aligned} \tag{2.224}$$

Ohne zeitliche Indizierung hat die Investitionsfunktion allgemein das Aussehen

$$I = \alpha(K^*(i) - K) = I(i, K). \tag{2.225}$$

Hierbei ist K^* der geplante, als optimal angesehene Kapitalbestand und K der am Anfang der betrachteten Periode vorhandene Kapitalbestand. Es gilt dann

$$I > 0 \qquad \Leftrightarrow \qquad K^*(i) > K; \tag{2.226}$$

außerdem sind die partiellen Ableitungen negativ:

$$\frac{\partial I}{\partial i} = \alpha \cdot \frac{dK^*}{di} < 0, \qquad \frac{\partial I}{\partial K} = -\alpha < 0. \tag{2.227}$$

Wegen $dK^*/di < 0$ ist auch $\partial I/\partial i < 0$. Dagegen ist $\partial I/\partial K < 0$, da das absolute Ausmaß der Kapitalstockanpassung von Periode zu Periode immer kleiner wird.[84]

Wir können **festhalten**, dass sich aus dem unternehmerischen Gewinnmaximierungsansatz bei Zugrundelegung einer neoklassischen Investitionsfunktion eine vom Zinsniveau abhängige, von null verschiedene Investitionsfunktion ableiten lässt, sofern eine zeitliche Streckung der Kapitalstockanpassung unterstellt wird.

2.3.2   Die Keynessche Investitionshypothese

Die Zinsabhängigkeit der privaten Nettoinvestition lässt sich auch mit Hilfe eines auf J.M. Keynes zurückgehenden Ansatzes begründen. Dieser Ansatz basiert auf einem einzelwirtschaftlichen Investitionskalkül, und zwar auf der **Methode** zur Berechnung des **internen Zinsfußes** eines geplanten Investitionsvorhabens.

---

[83] K_{t-1} ist hierbei der Sachkapitalbestand am Anfang der Periode t bzw. am Ende der Periode $t-1$.
[84] Aus $K_{t-1} < K_t$ folgt gemäß (2.224): $I_{t+1} < I_t$.

Man kann sich zur Verdeutlichung dieser Methode einen Unternehmer vorstellen, der ein bestimmtes Investitionsprojekt plant, beispielsweise den Kauf einer Maschine. Der Unternehmer wird zu diesem Zweck die mit der Investition verbundene Anfangsausgabe A_0 (wie zum Beispiel die Anschaffungskosten für die Maschine) mit dem Strom zusätzlich erwarteter Nettoeinnahmen vergleichen, die sich während der Lebensdauer des Investitionsobjektes ergeben. Die für die Zukunft erwarteten zusätzlichen Nettoeinnahmen sind die Differenz aus den zusätzlichen Bruttoeinnahmen, die aus dem Verkauf der Mehrproduktion resultieren, und den zusätzlichen Ausgaben (ohne Abschreibungen) für den damit verbundenen Mehreinsatz an Produktionsfaktoren.

Mit E_t soll die für die Periode t erwartete Nettoeinnahme aus dem geplanten Investitionsvorhaben bezeichnet werden. Der Zeitindex t laufe von $t = 1$ bis $t = n$, wobei n die ökonomische Lebensdauer des Investitionsobjektes bezeichnen soll. Beim Vergleich der Anfangsausgabe A_0 mit den erwarteten Nettoeinnahmen $E_1, ..., E_n$ ist zu beachten, dass sich die Anfangsausgabe und die erwarteten Nettoeinnahmen auf verschiedene Zeitperioden beziehen. Um die Rentabilität des Investitionsobjektes beurteilen zu können, müssen alle zukünftigen Nettoerträge E_t auf den Gegenwarts- bzw. Kalkulationszeitpunkt abgezinst werden. Es genügt nicht, die Gesamtsumme der Nettoeinnahmen $\sum_{t=1}^{n} E_t$ mit A_0 zu vergleichen, denn eine Geldeinheit, die man heute besitzt, ist mehr wert als eine zukünftige Geldeinheit, da sich die heutige Geldeinheit in der Zwischenzeit zinsbringend anlegen lässt. Die zukünftigen Nettoerträge müssen daher abgezinst werden. Die Diskontierung erfolgt mit Hilfe eines **Kalkulationszinssatzes** z, von dem unterstellt wird, dass er für alle zukünftigen Perioden gleich groß ist. Durch die Abzinsung aller erwarteten Nettoerträge auf den Kalkulationszeitpunkt $t = 0$ erhält man den **Gegenwartswert** oder **Barwert** dieser Nettoeinnahmen. Wird der Barwert mit E_0 bezeichnet, gilt

$$E_0 = \frac{E_1}{1+z} + \frac{E_2}{(1+z)^2} + ... + \frac{E_n}{(1+z)^n}. \tag{2.228}$$

Zieht man hiervon die Anfangsausgabe A_0 für das Investitionsobjekt ab, erhält man den **Kapitalwert** (KW_0) des geplanten Investitionsobjekts:

$$KW_0 = E_0 - A_0. \tag{2.229}$$

Aus Vereinfachungsgründen soll im Folgenden unterstellt werden, dass die erwarteten Nettoerträge $E_1, E_2, ..., E_n$ in allen Perioden gleich groß sind ($E_t = E$, $t = 1, ..., n$) und dass das Investitionsobjekt ein dauerhaftes Kapitalgut ist, d.h. eine unendliche Lebensdauer aufweist ($n = \infty$). Für n gegen unendlich strebt dann der Gegenwartswert der Nettoeinnahmen gegen den Ausdruck E/z.[85] Wird dieser in die Formel (2.229) eingesetzt, gilt für den Kapitalwert die Formel

$$KW_0 = E/z - A_0. \tag{2.230}$$

In dieser Gleichung sind die Größen E und A_0 fest vorgegeben, während KW_0 und z variabel sind. Man kann daher entweder den Diskontierungsfaktor z festlegen und dann

---

[85]Dies lässt sich unter Verwendung der Summenformel für eine unendliche geometrische Reihe zeigen:
$E_0 = \sum_{j=1}^{\infty} E/[(1+z)^j] = E \left\{ \sum_{j=1}^{\infty} (1/[1+z])^j \right\} = E \left\{ \frac{1}{1-1/(1+z)} - 1 \right\} = E \left(\frac{1+z}{z} - 1 \right) = E/z.$

den Kapitalwert KW_0 berechnen, oder man geht genau umgekehrt vor, d.h. fordert einen bestimmten Wert für KW_0 und ermittelt daraus den zugehörigen Kalkulationszinsfuß. Die erste Vorgehensweise wird **Kapitalwertmethode**, die zweite **Methode des internen Zinsfußes** genannt.

1. Bei der **Kapitalwertmethode** wird für den Zinssatz z ein fester Wert vorgegeben, mit dem der Kapitalwert KW_0 kalkuliert wird. Dieser Kalkulationszinsfuß gibt die **Mindestrendite** an, die das Investitionsvorhaben erbringen muss, damit sich seine Durchführung lohnt. Der Investor wird sich bei der Festlegung des Kalkulationszinssatzes weitgehend am herrschenden Marktzinssatz i für alternative Finanzanlagen (Wertpapiere) orientieren. Es gilt also gewöhnlich $z = i$.[86] Mit der Festlegung des Diskontfaktors z ist auch der Gegenwartswert der erwarteten Nettoeinnahmen E_0 bestimmt. Der Investor wird sich dann nach der folgenden **Entscheidungsregel** richten:

Das Investitionsvorhaben ist lohnend, wenn der Gegenwartswert der zukünftigen Nettoeinnahmen grösser oder gleich der Anfangsausgabe A_0 ist, d.h. wenn der Kapitalwert einen nichtnegativen Wert annimmt: $KW_0 \geq 0$.

Zu beachten ist, dass es sich beim Kapitalwert um eine subjektive Größe handelt, da sie – neben i – maßgeblich von den unternehmerischen Ertragserwartungen abhängig ist.

2. Neben der Kapitalwertmethode gibt es außerdem die **Methode des internen Zinsfußes** zur Ermittlung der Rentabilität eines Investitionsobjektes. Es handelt sich hierbei um einen zur Kapitalwertmethode äquivalenten Ansatz. Nach der Methode des internen Zinsfußes ist eine Investition genau dann vorteilhaft, wenn der zugehörige **interne Zinsfuß** ρ größer oder gleich dem herrschenden Marktzinssatz i für alternative Finanzanlagen ist: $\rho \geq i$. Der interne Zinsfuß ist dabei derjenige Kalkulationszinssatz (Diskontierungsfaktor) z, bei dem der Kapitalwert des geplanten Investitionsobjekts gerade den Wert null annimmt:

$$KW_0(\rho) = 0. \tag{2.231}$$

Der interne Zinsfuß ergibt sich dann aus der Bedingung

$$KW_0(\rho) = E/\rho - A_0 \overset{!}{=} 0 \quad \Rightarrow \quad \rho = E/A_0. \tag{2.232}$$

Dieser spezielle Kalkulationszinsfuß wird mit dem herrschenden Marktzinssatz i für alternative Wertpapieranlagen verglichen. Wenn jetzt der interne Zinsfuß des Kapitalgutes mindestens ebenso groß ausfällt wie der Zinssatz für Finanzanlagen ($\rho \geq i$), so ist dies gleichwertig dazu, dass der Kapitalwert in Abhängigkeit des Marktzinssatzes i größer oder gleich null ist:

$$\rho \geq i \quad \Leftrightarrow \quad KW_0(i) \geq 0. \tag{2.233}$$

Im Falle $\rho \geq i$ ist $E/\rho \leq E/i$ und damit

$$\frac{E}{\rho} - A_0 \leq \frac{E}{i} - A_0 \quad \text{bzw.} \quad KW_0(\rho) \leq KW_0(i). \tag{2.234}$$

---

[86]Unterschiede zwischen Kalkulationszinssatz und Marktzinssatz können sich nur dann ergeben, wenn der Investor im Entscheidungskalkül das mit einer Investition verbundene Risiko mitberücksichtigt. Risikoaverses Verhalten würde einen Risikoaufschlag auf i bewirken, was $z > i$ zur Folge hätte.

Da $KW_0(\rho)$ definitionsgemäß den Wert null annimmt, folgt aus (2.234), dass $KW_0(i) \geq 0$ gilt. Nach der Kapitalwertmethode ist somit im Falle $\rho \geq i$ das geplante Investitionsvorhaben lohnend.

Keynessche Investitionsfunktion

Es wurde bisher die Frage analysiert, unter welcher Bedingung ein bestimmtes Investitionsprojekt durchgeführt wird. Damit ist noch nichts darüber ausgesagt, bis zu welchem Umfang Investitionen getätigt werden. Wie groß ist bei gegebenem Marktzinssatz i das geplante Investitionsvolumen eines Investors? Der **Keynessche Ansatz** zur Bestimmung der Investitionsfunktion geht dazu von der **internen Zinssatzmethode** aus. Die Investitionsfunktion wird dabei analog zum neoklassischen Ansatz über den optimalen Sachkapitalbestand K^* einer repräsentativen Unternehmung ermittelt, indem wiederum die Differenz zwischen K^* und dem bestehenden Kapitalstock betrachtet wird. Für die Ermittlung des optimalen Kapitalstocks und damit des Umfangs geplanter Investitionen wird der interne Zinsfuß ρ als Funktion des physischen Sachkapitalbestandes K aufgefasst, wobei man aufgrund der abnehmenden Grenzproduktivität des Kapitals von einer negativen Beziehung zwischen K und ρ ausgehen kann:

$$\rho = \rho(K) \quad \text{mit} \quad d\rho/dK < 0. \tag{2.235}$$

Es wird also unterstellt, dass der interne Zinsfuß mit wachsendem Kapitalstock sinkt. Dies lässt sich auch damit begründen, dass ein Investor bei gegebenen Investitionsgüterpreisen zunächst Investitionsvorhaben mit dem höchsten erwarteten Nettoertrag (und damit der höchsten internen Verzinsung) durchführen wird, danach weniger vorteilhafte und schließlich solche, die gerade noch lohnend sind. Wenn also die repräsentative Unternehmung alle denkbaren Investitionsobjekte nach der Höhe ihrer erwarteten Nettoerträge anordnet, nimmt die interne Verzinsung jeder zusätzlich investierten Kapitaleinheit mit wachsendem Investitionsvolumen ab. Zwischen ρ und K besteht dann ein negativer Zusammenhang.[87] Graphisch wird dieser Zusammenhang durch Abbildung 2.29 dargestellt.

Die ρ-Kurve wird auch Kurve der **Grenzleistungsfähigkeit** des **Kapitals** genannt. Abkürzend spricht man von der **MEC-Kurve**, wobei MEC für den von Keynes (1936, S. 115 ff.) verwendeten Ausdruck *M*arginal *E*fficiency of *C*apital steht. In der Terminologie von Keynes ist der interne Zinsfuß gleichbedeutend mit der Grenzleistungsfähigkeit des Kapitals. Durch diesen Begriff soll zum Ausdruck gebracht werden, dass die in einer Periode getätigten Investitionen immer klein im Vergleich zum vorhandenen Sachkapitalbestand einer Volkswirtschaft sind und diesen daher nur marginal (an der Grenze) erhöhen.

---

[87]Ein negativer Zusammenhang zwischen K und ρ ergibt sich auch dann, wenn sich mit wachsender Nachfrage nach Kapitalgütern der Anschaffungspreis von Sachkapital erhöht. Handelt es sich hierbei um eine Einheit eines (neu zu produzierenden) Kapitalgutes, so stimmt die Anschaffungsausgabe A_0 mit dem von der Investitionsgüterindustrie geforderten Angebotspreis des Investitionsgutes (P^I) überein. Besteht das geplante Investitionsvorhaben aus m (homogenen) Kapitaleinheiten, gilt $A_0 = m \cdot P^I$. Diese Erklärung für die negative Beziehung zwischen K und ρ widerspricht allerdings der Fixpreisannahme, die zu Beginn dieses Kapitels getroffen wurde. Sie ist nur im Rahmen makroökonomischer Modelle mit flexiblem Güterpreisniveau zulässig.

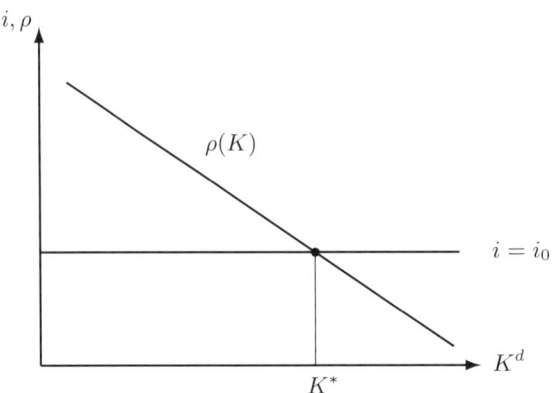

Abb. 2.29: *Bestimmung des optimalen Kapitalstocks*

Die Grenzleistungsfähigkeit des Kapitals ist eine erwartete Renditegröße, die maßgeblich von den unternehmerischen Ertragserwartungen und damit von psychologischen Faktoren abhängt. Sie ist nicht mit der rein produktionstechnischen Konzeption der Grenzproduktivität des Kapitals (Y_K) zu verwechseln, die Grundlage für die Herleitung der neoklassischen Investitionsfunktion ist. Eine Verbesserung der unternehmerischen Ertragserwartungen führt zu einer Steigerung des internen Zinssatzes und verlagert die MEC-Kurve nach rechts. Eine Verschlechterung der Ertragserwartungen bewirkt eine Linksverschiebung dieser Kurve.

Abbildung 2.29 zeigt die Ermittlung des optimalen unternehmerischen Sachkapitalbestands mit Hilfe der internen Zinssatzmethode. Nach dieser Methode liegt der **optimale** bzw. **gewünschte Kapitalbestand** dort, wo der **interne Zinsfuß** der letzten marginalen Kapitaleinheit (d.h. der zuletzt installierten Maschine) mit dem **Marktzinssatz** i **übereinstimmt**. Solange $\rho > i$ ist, lohnt sich eine Ausdehnung des Kapitalstocks, da die zugehörigen Investitionsprojekte mit einem positiven Kapitalwert verbunden sind. In Abbildung 2.29 liegt der Wertpapierzins i auf dem Niveau i_0. Der optimale Sachkapitalbestand ergibt sich dann im Schnittpunkt der ρ-Kurve mit der Parallelen $i = i_0$. An dieser Stelle ist die Optimalitätsbedingung $\rho = i$ erfüllt.[88]

Kommt es zu einer Senkung des Marktzinssatzes i, so resultiert hieraus eine Steigerung des gewünschten Kapitalstocks K^*, da jetzt mehr Investitionsvorhaben lohnend sind als vorher. Fällt der Zins von i_0 auf $i_1 < i_0$, so werden dadurch auch Investitionen rentabel, für die $i_1 < \rho < i_0$ gilt, d.h. deren interne Verzinsung zwischen i_1 und i_0 liegt. Eine Erhöhung des gewünschten Kapitalstocks K^* tritt außerdem bei einer Verbesserung der unternehmerischen Ertragserwartungen ein, da hiermit eine Steigerung von ρ verbunden

---

[88]In der entsprechenden Graphik des neoklassischen Ansatzes (Abbildung 2.27) lautet die Optimalitätsbedingung $Y_K = i$. Die Y_K-Kurve weist ebenso wie die MEC-Kurve einen fallenden Verlauf auf. Auch von der sprachlichen Bezeichnung her weisen sie eine gewisse Ähnlichkeit auf, da ρ die Grenzleistungsfähigkeit und Y_K die Grenzproduktivität des Kapitals bezeichnet. Trotz dieser Ähnlichkeiten sind die Keynessche und neoklassische Optimalitätsbedingung nicht äquivalent.

ist. Nimmt die Ertragserwartung aufgrund einer verbesserten Konjunkturlage von E_0 auf $E_1 > E_0$ zu, werden auch solche Investitionsvorhaben profitabel, für die $E_0/A_0 < i_0 < E_1/A_0$ gilt, d.h. deren interne Verzinsung durch den Anstieg von E über den herrschenden Marktzinssatz i_0 hinaus ansteigt.

Entsprechend gilt bei einem Rückgang von E, dass der gewünschte Kapitalbestand sinkt. Eine Verschlechterung unternehmerischer Ertragserwartungen lässt sich auch mittels eines Risikoaufschlags $r\,(>0)$ auf den Marktzinssatz i erfassen; der Kalkulationszinssatz ist dann $z = (1+r)i$. Bei konstantem $i = i_0$ sinkt der optimale Kapitalstock K^*, wenn sich r erhöht. In Abbildung 2.29 wäre in diesem Fall die Horizontale $i = i_0$ durch die Horizontale $z = (1+r)i_0$ zu ersetzen, die sich bei einer Steigerung von r nach oben verlagert. Wird von extrem pessimistischen Ertragserwartungen ausgegangen, verläuft die MEC-Kurve sehr flach, während z relativ groß ist (Abbildung 2.30).

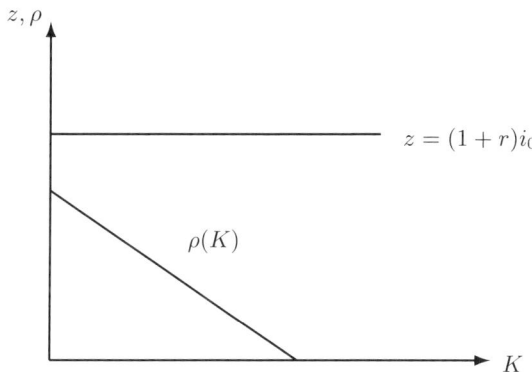

Abb. 2.30: *Pessimistische Ertragserwartungen*

In diesem Sonderfall existiert kein Schnittpunkt dieser beiden Kurven im ersten Quadranten, so dass die interne Zinssatzmethode für K^* den Wert null liefert. Werden dennoch Investitionen getätigt, sind diese zinsunabhängig, d.h. autonom fixiert ($I = \overline{I}$).

Allgemein gilt für den optimalen Kapitalstock

$$K^* = K^*(i; E) \quad \text{mit} \quad \partial K^*/\partial i < 0 \quad \text{und} \quad \partial K^*/\partial E > 0. \qquad (2.236)$$

Hieraus lässt sich wieder eine **zinsabhängige Investitionsfunktion** ableiten, wenn entsprechend dem neoklassischen Ansatz eine zeitliche Streckung der Kapitalstockanpassung unterstellt wird.

$$I = \alpha\left(K^*(i; E) - K\right) = I(i, E, K) \qquad (2.237)$$
$$(\text{mit} \quad \partial I/\partial i < 0, \quad \partial I/\partial E > 0, \quad \partial I/\partial K < 0).$$

Im Gegensatz zur neoklassischen Investitionsfunktion ist die Keynessche Investitionsfunktion auch von subjektiven Faktoren wie der Zukunftseinschätzung der Unternehmen abhängig. Da sich Einschätzungen über den erwarteten Absatz oder die zukünftige

Konjunkturlage häufig ändern können (optimistische Ertragserwartungen können aufgrund plötzlicher Angebots- oder Nachfrageschocks leicht in pessimistische Zukunftserwartungen umschlagen), weist die Keynessche Investitionsfunktion einen **geringeren Stabilitätsgrad** auf als die rein produktionstechnisch begründete neoklassische Investitionsfunktion. Die Keynessche Investitionsfunktion kann selbst bei unveränderter Produktionstechnologie und unverändertem Zinssatz starken kurzfristigen Schwankungen unterworfen sein. Dies ist der Fall, wenn aufgrund eines Wandels des wirtschaftlichen Klimas die Stimmung der Unternehmen von Optimismus in Pessimismus umschlägt oder umgekehrt. Die häufige Änderung von solchen subjektiven Faktoren hat zur Folge, dass die Keynessche Investitionsfunktion $I = I(i)$ **keinen stabilen** Zusammenhang zwischen Zinssatz und privater Nettoinvestition verkörpert. Dies wird auch durch Abbildung 2.31 verdeutlicht.

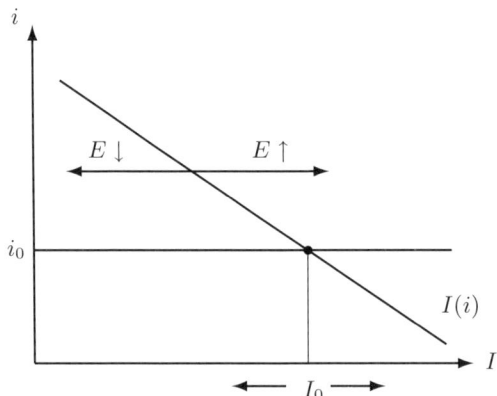

Abb. 2.31: *Die Keynessche Investitionsfunktion*

Bei ständig wechselnden Erwartungen über die zukünftige wirtschaftliche Lage ist die gewünschte private Investitionsnachfrage selbst bei konstantem Zins $i = i_0$ permanenten Änderungen unterworfen. Wenn aber die private Investitionsnachfrage und damit auch die gesamte Güternachfrage häufigen Schwankungen unterliegt, lässt sich die **neoklassische These** von der **grundsätzlichen Stabilität** des **privaten** Sektors eines marktwirtschaftlichen Systems **nicht** mehr aufrechterhalten. Nicht zuletzt deswegen befürworten Keynesianer antizyklische (gegensteuernde) wirtschaftspolitische Maßnahmen zur Konjunkturstabilisierung.

Im Gegensatz zur Keynesschen Investitionsfunktion beschreibt die neoklassische Investitionsfunktion eine stabile Beziehung zwischen Zinssatz und privater Nettoinvestition. Ihre Lage hängt nicht von der subjektiven Zukunftseinschätzung der Unternehmen ab und kann daher nicht durch kurzfristige Änderungen der Ertragserwartungen, sondern nur durch dauerhaft wirkende Faktoren, wie zum Beispiel den technischen Fortschritt, verändert werden.

Die Akzelerator-Hypothese

Es sind bisher die Keynessche und die neoklassische Investitionshypothese diskutiert worden. Beide Hypothesen erklären die private Nettoinvestition in Abhängigkeit des Zinssatzes für alternative Vermögensanlagen. Neben der Zinsabhängigkeit lässt sich auch eine **Einkommensabhängigkeit** der privaten Investitionsnachfrage begründen. Dies ist Gegenstand der keynesianischen **Akzelerator-Hypothese**[89], die als Produktionstechnologie nicht mehr eine neoklassische Produktionsfunktion (mit substitutionalen Produktionsfaktoren) unterstellt, sondern von einer **limitationalen Produktionsfunktion** mit dem Faktor Kapital als Engpassfaktor ausgeht:

$$Y = \min(N/\alpha, K/\beta) = K/\beta \quad (\alpha > 0, \ \beta > 0). \tag{2.238}$$

Im Isoquantendiagramm (Abbildung 2.32) ergibt sich bei limitationaler Produktionstechnologie eine Schar rechtwinkliger Isoquanten. Wenn K der Engpassfaktor (knappe Faktor) und N der Überflussfaktor ist, sind nur die vertikalen Isoquanten-Teilstücke von Relevanz. Auf dem Ursprungsstrahl $N/K = \alpha/\beta$ wird kein Faktor im Überfluss eingesetzt.

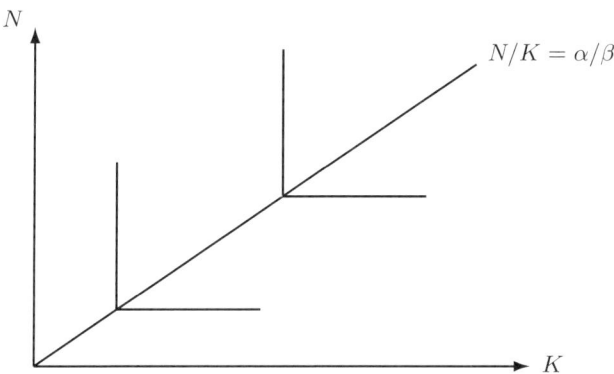

Abb. 2.32: *Limitationale Produktionsfunktion im Isoquantendiagramm*

Gemäß der Produktionsfunktion (2.238) besteht jetzt zwischen der Produktionsmenge Y und dem Sachkapitalbestand K ein strikt proportionaler Zusammenhang:

$$K = \beta \cdot Y. \tag{2.239}$$

Bezeichnet hierbei K den Kapitalstock zu Beginn einer Periode, so ist eine Produktionssteigerung in dieser Periode nur durch vorherige Erweiterung der Kapazitäten möglich. Bei Verwendung zeitlicher Indizes gilt dann

$$K_{t-1} = \beta \cdot Y_t, \tag{2.240}$$

---

[89]Bekannt wurde die Akzelerator-Hypothese u.a. durch P.A. Samuelson (1939). Sie wird hier in leicht abgewandelter Form dargestellt.

wobei K_{t-1} der Kapitalstock am Anfang der Periode t bzw. Ende der Periode $t-1$ ist. Es wird also eine Situation der Vollauslastung der vorhandenen Produktionskapazität unterstellt. Entsprechend gilt für die geplante Produktion in der Folgeperiode $t+1$ und dem Kapitalstock zu Beginn dieser Periode die Beziehung

$$K_t = \beta \cdot Y_{t+1}. \tag{2.241}$$

Eine in $t+1$ geplante und realisierte Produktionssteigerung $(Y_{t+1} > Y_t)$ setzt eine Ausweitung der vorhandenen Produktionskapazität (K_{t-1}) voraus, die ohne zeitliche Streckung innerhalb einer Periode durchgeführt wird. Gewünschter und realisierter Kapitalstock am Ende der Periode t bzw. am Anfang der Periode $t+1$ stimmen dann überein $(K_t^* = K_t)$.

Für die geplante Nettoinvestition in der Periode t ergibt sich jetzt eine proportionale Abhängigkeit von der geplanten Produktionsänderung:

$$I_t = K_t - K_{t-1} = K_t^* - K_{t-1}^* = \beta \cdot (Y_{t+1} - Y_t) \qquad (\beta > 0). \tag{2.242}$$

Die geplante Nettoinvestition ist als Bestandsänderungsgröße von der Einkommensänderung abhängig, wenn zwischen dem geplanten Sachkapitalbestand und dem gewünschten Produktionsniveau eine feste Relation besteht. In Gleichung (2.242) wird der Parameter β als **Akzelerator** (Beschleuniger) bezeichnet. Im Falle $\beta > 1$ erhöhen sich die privaten Nettoinvestitionen um ein Mehrfaches der Einkommens- bzw. Güternachfrageänderung.

Die auf dem **Akzelerator-Prinzip** basierende Investitionsfunktion hängt neben dem laufenden auch von dem Einkommen der Folgeperiode ab und ist eine dynamische, im Zeitablauf sich ändernde Funktion (die endogene Variable Y bezieht sich auf zwei verschiedene Perioden).[90] Mit Hilfe einer dynamischen Investitionsfunktion können konjunkturelle Schwankungen modellendogen erzeugt werden.[91] Für die komparativ-statische Analyse, die auf die Bestimmung und den Vergleich von Gleichgewichtswerten abzielt, können solche Überlegungen vernachlässigt werden. Im Folgenden soll daher nur von der Zinsabhängigkeit der privaten Nettoinvestition ausgegangen werden.

2.3.3   Die IS-Kurve

Die IS-Kurve ist eine Gleichgewichtskurve des Gütermarktes und beschreibt einen funktionalen Zusammenhang zwischen dem Marktzinssatz i und dem realen Nationaleinkommen Y. Sie resultiert aus der partialanalytischen Betrachtungsweise des Gütermarktes und lässt sich aus dem Gleichgewichtsmodell des Gütermarktes mit zinsabhängiger Investitionsnachfrage ableiten. Bei Berücksichtigung der ökonomischen Aktivität des Staates

---

[90]Denkbar ist auch eine Investitionsfunktion, die anstelle der Einkommensänderung das Einkommensniveau als Argumentvariable hat: $I = I(Y)$ $(dI/dY > 0)$. Mit wachsendem Inlandsprodukt würde dann auch die Investitionsnachfrage zunehmen, weil i.d.R. eine wachsende Volkswirtschaft mit einer starken Zunahme der unternehmerischen Gewinne verbunden ist.

[91]Die dynamische Investitionsfunktion $I_t = \beta(Y_{t+1} - Y_t)$ führt auf ein dynamisches Gütermarktmodell, welches unter bestimmten Bedingungen Schwingungslösungen in Form trigonometrischer Funktionen erzeugt.

lauten die Gleichungen des Gütermarktmodells:

$$Y = Y^s \tag{2.243}$$
$$Y^s = Y^d \tag{2.244}$$
$$Y^d = C + I + G \tag{2.245}$$
$$C = a + b \cdot Y^v \quad (a > 0, \ 0 < b < 1) \tag{2.246}$$
$$Y^v = Y - T \tag{2.247}$$
$$T = t \cdot Y \quad\quad (0 < t < 1) \tag{2.248}$$
$$I = I(i) \quad\quad (dI/di < 0). \tag{2.249}$$

Im Unterschied zum Gütermarktmodell aus Abschnitt 2.2 wird jetzt die private Netto-investition modellendogen erklärt. Wird der Keynessche Ansatz zugrundegelegt, hängt I neben dem Zinssatz auch von der unternehmerischen Ertragserwartung ab, welche eine exogene Größe darstellt. Weitere exogene Modellvariablen sind die fiskalpolitischen Instrumente G und t.

Das Gleichgewichtsmodell (2.243) bis (2.249) lässt sich auf eine einzige Gütermarktglei-chung reduzieren, welche das folgende Aussehen hat:

$$Y = a + b \cdot (1 - t)Y + I(i) + G. \tag{2.250}$$

Hieraus ergibt sich als Lösungsform für das Gleichgewichtseinkommen der Ausdruck

$$Y_0 = \frac{1}{1 - b(1 - t)}(a + I(i) + G). \tag{2.251}$$

Der Wert des Gleichgewichtseinkommens Y_0 ist von der Höhe des Zinssatzes i abhängig. Unterschiedliche Zinsniveaus bewirken unterschiedliche Werte des Gleichgewichtsein-kommens. Um eine eindeutige Lösung für Y zu erhalten, müssen die Bestimmungs-faktoren des Zinsniveaus erklärt werden, was wiederum eine Analyse des Geld- und Wertpapiermarktes erforderlich macht (Kapitel 3).

Die durch Gleichung (2.251) beschriebene **Gleichgewichtskurve** des **Gütermarktes** gibt alle Kombinationen von Realeinkommen Y und Zinssatz i an, bei denen auf dem Gütermarkt ein Marktgleichgewicht herrscht. Dabei wird ein vollkommen elastisches Mengenanpassungsverhalten der Produzenten an erwartete Änderungen der Güternach-frage unterstellt. Die Güternachfrage-Gleichgewichtskurve (2.251) wird als **IS-Kurve** (genauer: $I = S$-Kurve) bezeichnet, da die Gütermarkt-Gleichgewichtsbedingung $Y^s = Y^d$ bei Vernachlässigung der ökonomischen Aktivität des Staates in die Bedingung $I = S$ (Gleichheit von geplanter privater Investition und geplanter privater Ersparnis) übergeführt werden kann.[92]

Durch die Gleichung für die IS-Kurve wird eine funktionale Beziehung zwischen Zins-satz und Nationaleinkommen hergestellt, die sich graphisch in einem i/Y-Diagramm darstellen lässt (Abbildung 2.33). Da eine Zinssteigerung mit einer Senkung der ge-planten privaten Nettoinvestition verbunden ist und diese wiederum gemäß Gleichung (2.251) einen Rückgang des Gleichgewichtseinkommens Y_0 bewirkt, beschreibt die IS-Kurve einen **negativen** Zusammenhang zwischen Zinssatz und Realeinkommen.

---

[92]Es gilt ja die Äquivalenz $Y^s = Y^d \Leftrightarrow Y = C + I + G \Leftrightarrow Y - T - C = I + G - T \Leftrightarrow S = I + B^{St}$.

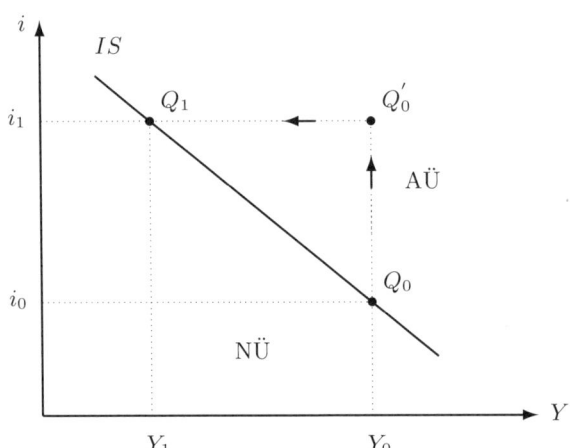

Abb. 2.33: *Die IS-Kurve*

Ökonomisch lässt sich die negative Beziehung zwischen Zinssatz und Realeinkommen wie folgt begründen: Kommt es – ausgehend vom Gleichgewichtspunkt Q_0 – zu einer exogenen Steigerung des Zinssatzes von $i = i_0$ auf das höhere Niveau $i = i_1$, so resultiert hieraus bei zunächst unverändertem Nationaleinkommen Y_0 ein Angebotsüberschuss (AÜ) auf dem gesamtwirtschaftlichen Gütermarkt, da die private Investitionsnachfrage zurückgegangen ist. In Abbildung 2.33 repräsentiert der Punkt Q_0' rechts der IS-Kurve dieses Überschussangebot auf dem Gütermarkt. Zur Herstellung eines neuen Marktgleichgewichts ist ein Rückgang des geplanten Güterangebots erforderlich. Durch eine Senkung von $Y^s = Y$ kann der Angebotsüberschuss vollständig abgebaut werden, da mit jeder Produktions- und Einkommenssenkung ein lediglich unterproportionaler Rückgang der privaten Konsumgüternachfrage verbunden ist.[93] Eine Reduktion von $Y^s = Y$ induziert somit einen kleineren Rückgang der gesamtwirtschaftlichen Güternachfrage Y^d, so dass der Angebotsüberschuss abgebaut und ein neues Gleichgewicht auf der IS-Kurve erreicht wird (Punkt Q_1).

Das graphische Bild der IS-Kurve verdeutlicht, dass auf dem gesamtwirtschaftlichen Gütermarkt Zins- und Einkommensbewegungen genau entgegengerichtet verlaufen. Je niedriger im Gütermarktgleichgewicht das reale Nationaleinkommen ist, desto höher ist der Zinssatz und umgekehrt.

Außerhalb der IS-Kurve befindet sich der Gütermarkt nicht im Gleichgewicht. Oberhalb bzw. rechts dieser Kurve herrscht – wie schon gezeigt wurde – auf dem Gütermarkt ein Angebotsüberschuss ($Y^s > Y^d$), unterhalb bzw. links dieser Kurve ein Nachfrageüberschuss ($Y^d > Y^s$).

In Abbildung 2.33 ist die IS-Kurve vereinfachend linear eingezeichnet worden. Ihre Steigung hängt maßgeblich vom Grad der Zinsabhängigkeit der privaten Nettoinvestition ab. Aus der Lösungsformel (2.251) für das Gleichgewichtseinkommen ergibt sich für die

---

[93]Die marginale Konsumquote in Bezug auf Y, d.h. $(1 - t)b$, ist ja kleiner als eins.

Steigung der IS-Kurve der Ausdruck

$$\left.\frac{di}{dY}\right|_{IS} = \frac{1 - (1-t)C_{Y^v}}{I_i} < 0 \qquad (C_{Y^v} = b). \qquad (2.252)$$

Die IS-Kurve verläuft umso steiler, je geringer die Zinsabhängigkeit der privaten Netto-investition ist. Im Extremfall einer vollkommen zinsunabhängigen Investitionsnachfrage ($I_i = 0$) ergibt sich ein vertikaler Verlauf der IS-Kurve (Abbildung 2.34).

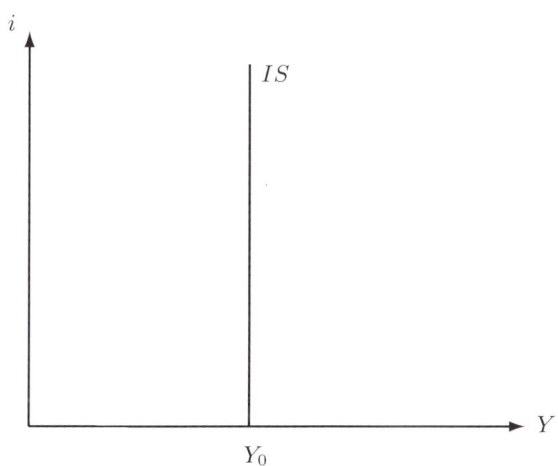

Abb. 2.34: *Die IS-Kurve bei zinsunabhängiger Nettoinvestition*

Dieser Grenzfall ist bei extrem pessimistischen Ertragserwartungen denkbar. Nach der Kapitalwertmethode bzw. Methode des internen Zinsfußes werden in diesem Fall keine zinsabhängigen Investitionsvorhaben durchgeführt. Die gesamtwirtschaftliche Investiti-onsgüternachfrage ist dann autonom fixiert ($I = \overline{I}$),[94] so dass die IS-Kurve zinsunela-stisch verläuft. Unabhängig vom Verlauf dieser Kurve ergibt sich stets eine Rechtsver-schiebung, wenn die Staatsausgaben für Güter und Dienste G (oder andere exogene Nachfragekomponenten) zunehmen oder eine Verbesserung unternehmerischer Ertrags-erwartungen eintritt. Dagegen wird die IS-Kurve nach links verlagert, wenn der Steuer-satz t erhöht wird.

---

[94] Bei pessimistischen Ertragserwartungen ist ein Investitionsvorhaben nur dann lohnend, wenn für den internen Zinsfuß $\rho = E/A_0$ gilt: $\rho \geq (1+r)i$. Hierbei ist r der Risikoaufschlag auf i. Wenn r sehr groß und der erwartete unternehmerische Nettoertrag E hinreichend klein ist, ist die Ungleichung für positive Werte des Zinssatzes i verletzt, d.h. kein Vorhaben mehr profitabel (vgl. Abbildung (2.30)).

Literatur zu Kapitel 2

Blanchard, O. (2006), *Macroeconomics*, 4th Edition, Boston (Mass.), Kapitel 3.

Dieckheuer, G. (2003), *Makroökonomik. Theorie und Politik*, 5., vollständig überarbeitete Auflage, Berlin [u.a.], Kapitel 3.1 und 3.2.

Dornbusch, R.; S. Fischer; R. Startz (2001), *Macroeconomics*, 8th Edition, Boston (Mass.), Kapitel 9.

Gordon, R.J. (2006), *Macroeconomics*, 10th Edition, Boston (Mass.), Kapitel 3.

Heubes, J. (2001), *Makroökonomie*, 4. Auflage, München, Kapitel 1.

Jarchow, H.-J. (2003), *Theorie und Politik des Geldes*, 11., neu bearbeitete und wesentlich erweiterte Auflage, Göttingen, Kapitel IV.2.

Keynes, J.M. (1936), *The General Theory of Employment, Interest and Money*, London; deutsche Übersetzung: Keynes, J.M. (2006), *Allgemeine Theorie der Beschäftigung, des Zinses und des Geldes*, 10., verbesserte Auflage, Berlin, Kapitel 8-12.

Mankiw, N.G. (2006), *Macroeconomics*, 6th Edition, New York, Kapitel 10.1.

Siebke, J.; H.J. Thieme (1999), Einkommen, Beschäftigung, Preisniveau, in: *Vahlens Kompendium der Wirtschaftstheorie und Wirtschaftspolitik*, Band 1, 7., überarbeitete Auflage, München, S. 99-117.

Spezialliteratur

Duesenberry, J.S. (1949), *Income, Saving and the Theory of Consumer Behavior*, Cambridge (Mass.).

Groenewegen, P.D. (2002), *Eighteenth-Century Economics : Turgot, Beccaria and Smith and their Contemporaries*, London.

Haavelmo, T. (1945), Multiplier Effects of a Balanced Budget, in: *Econometrica* 13, S. 311-318.

Samuelson , P.A. (1939), Interactions between the Multiplier Analysis and the Principle of Acceleration, in: *Review of Economic Statistics* 21, S. 75-78.

Romer, D. (2006), *Advanced Macroeconomics*, 3rd Edition., Boston (Mass.) [u.a.], Kapitel 7, (S.349-353).

Wolters, J. (2002), Zur Stabilität der Beziehung zwischen Einkommen und Konsum in Deutschland, in: *Diskussionsbeiträge des Fachbereichs Wirtschaftswissenschaft der Freien Universität Berlin* 2002/15, Berlin.

3   Der Geldmarkt

Nach der Diskussion des Gütermarktes erfolgt in diesem Kapitel eine Partialanalyse des
Geldmarktes. Auf diesem Markt wird das Gut Geld angeboten und nachgefragt. Bei
diesem gesamtwirtschaftlichen Markt handelt es sich – im Gegensatz zum real existierenden Banken-Geldmarkt – um eine Fiktion, da für das Gut Geld kein ökonomischer
Ort des Tausches existiert. Geldangebot und Geldnachfrage entfalten sich jedoch indirekt auf jedem Güter- und Wertpapiermarkt, da in einer Geldwirtschaft Güter oder
Wertpapiere gegen Geld getauscht werden (und umgekehrt). Insofern ist es auch gerechtfertigt, nach den Determinanten von Geldangebot und Geldnachfrage zu fragen und eine
Gleichgewichtsanalyse des monetären Bereichs einer Volkswirtschaft durchzuführen.

Der monetäre Sektor besteht neben dem Geldmarkt auch aus dem **Wertpapiermarkt**.
Auf diesem Markt bieten die Unternehmen und der Staat Wertpapiere an, die wiederum
von den Haushalten zum Zwecke der Vermögensbildung nachgefragt werden. Neben
der Wertpapierhaltung kann auch die Geldhaltung als Vermögensobjekt dienen. Geld
kann als eine Form der Wertaufbewahrung angesehen werden, da es im Gegensatz zu
kursvariablen Wertpapieren zwar keine oder nur sehr geringfügige Zinserträge erbringt,
dafür aber weitgehend risikolos ist und außerdem den höchsten Liquiditätsgrad aufweist.
Im Gegensatz zu Wertpapieren ist Geld jederzeit verfügbar.

Das **Nominalvermögen** V^n der privaten Wirtschaftssubjekte setzt sich somit aus dem
Geldbestand M und dem nominalen Wertpapierbestand B^n zusammen:

$$V^n = M + B^n. \tag{3.1}$$

Die Höhe des Vermögens hängt dabei maßgeblich von der Ersparnisbildung der privaten
Haushalte ab. In der kurzfristigen makroökonomischen Analyse wird der Vermögensbestand trotz positiver Ersparnisse als gegeben angenommen.[1] Dieser vorgegebene
Vermögensbestand wird von den Wirtschaftssubjekten auf die Geld- und Wertpapierhaltung verteilt. Die Nachfrage nach Geld und die Nachfrage nach Wertpapieren sind
deshalb nicht unabhängig voneinander. Bei gegebenem Wert von V^n ist jeder Geldhaltung eine ganz bestimmte Wertpapierhaltung zugeordnet und umgekehrt. Der Wertpapiermarkt lässt sich daher als Spiegelbild des Geldmarktes auffassen. Wenn im Rahmen
einer makroökonomischen Partialanalyse nur die beiden Bestandsmärkte für Geld und
Wertpapiere untersucht werden, so gilt nach dem **Gesetz von Walras**, dass ein Gleichgewicht auf dem Geldmarkt ein Gleichgewicht auf dem Wertpapiermarkt impliziert und
umgekehrt. Das Gesetz von Walras besagt allgemein, dass bei Vorliegen von k Märkten
auch auf dem „letzten" Markt Gleichgewicht im theoretischen Sinne herrscht, wenn dies

---

[1]Die Annahme eines exogen vorgegebenen Vermögensbestandes ist analog zu sehen zum gesamtwirtschaftlichen Sachkapitalbestand, der ebenfalls – trotz positiver Nettoinvestition – als konstant
angenommen wird.

für die ersten $k - 1$ Märkte gilt. Bei der isolierten Betrachtung des monetären Bereichs einer Volkswirtschaft hat man zwei Märkte vorliegen, so dass ein Gleichgewicht auf dem Geldmarkt gleichbedeutend mit einem Gleichgewicht auf dem Wertpapiermarkt ist. Bei der Analyse des monetären Sektors können wir uns daher auf die Untersuchung des Geldmarktes beschränken. Trotzdem existiert der Wertpapiermarkt weiterhin im Hintergrund und wird zum Verständnis der Zusammenhänge auf dem Geldmarkt häufiger herangezogen. Auch wenn es sich beim Geldmarkt um eine Fiktion handelt, ist doch zu fragen, was unter Geld zu verstehen ist, wie es in einer modernen Geldwirtschaft entsteht und aus welchen Motiven heraus Geld von den Wirtschaftssubjekten gehalten wird.

3.1   Zum Begriff des Geldes

Man kann den Begriff des Geldes funktionell, d.h. von seinen Funktionen in einer Geldwirtschaft, definieren. Das bedeutet, dass jedes Medium, das die Geldfunktionen erfüllt, Geld darstellt. Geldfunktionen sind dabei die **Tauschmittel-** oder **Zahlungsmittelfunktion**, die **Rechenmittel-** oder **Recheneinheitsfunktion** und die **Wertaufbewahrungsfunktion**. Die Tauschmittelfunktion resultiert daraus, dass Geld ein Medium sein sollte, das generell zur Bezahlung von Gütern oder zur Abdeckung anderer wirtschaftlicher Verpflichtungen akzeptiert wird. Die zweite Geldfunktion, die Rechenmittelfunktion, ergibt sich für industrialisierte Volkswirtschaften mit einer großen Anzahl von Gütertransaktionen. Eine möglichst kostengünstige Abwicklung aller Tauschvorgänge erfordert die Existenz einer Recheneinheit, die eine einheitliche Bewertung aller Güter ermöglicht. Mit der Wertaufbewahrungsfunktion des Geldes wird darauf verwiesen, dass Geld ein Vermögensobjekt sein kann. Dies wird allerdings nur dann der Fall sein, wenn die Kaufkraft des Geldes einigermaßen stabil ist. Im Folgenden sollen die Geldfunktionen näher erläutert werden.

3.1.1   Geldfunktionen

Tauschmittelfunktion

In hochindustrialisierten Volkswirtschaften, die durch weitgehende Arbeitsteilung gekennzeichnet sind, sollte der komplexe Güteraustausch gemäß dem ökonomischen Prinzip so organisiert sein, dass seine Abwicklung einen möglichst geringen Einsatz an Produktionsfaktoren erfordert. Dies setzt die Existenz eines allgemein akzeptierten Tauschmittels voraus.

Die Vorteilhaftigkeit eines allgemeinen Zahlungsmittels lässt sich am besten erkennen, wenn eine Real- oder Naturaltauschwirtschaft betrachtet wird, in der jeder ökonomische Tausch ohne Zuhilfenahme eines allgemein akzeptierten Zahlungsmittels abgewickelt werden muss. Beim Realtausch besteht die Schwierigkeit, einen Tauschpartner zu finden, der nicht nur das von einem selbst angebotene Gut nachfragt, sondern außerdem auch das nachgefragte Gut anbietet. Ein solcher direkter Tausch erfordert die wechselseitige Übereinstimmung von Angebot und Nachfrage und wird nur schwer zu realisieren sein. Eine Möglichkeit, dieses Problem zu umgehen, besteht in indirekten Tauschvorgängen, d.h. in der Erlangung des gewünschten Gutes über eine ganze Kette von Zwischentransaktionen. Man würde dann von anderen Wirtschaftssubjekten angebotene Güter nur zu dem Zweck erwerben, diese in weiteren Tauschtransaktionen schließlich gegen das eigentlich gewünschte Gut einzutauschen. Die Durchführung von kettenweisen Tauschtransaktionen ist offensichtlich mit hohen Transaktionskosten verbunden. Ebenso erfordern direkte Tauschvorgänge hohe Informationskosten. Solche Kosten lassen sich weitgehend vermeiden, wenn ein allgemein akzeptiertes Tauschmittel eingeführt wird, gegen das sich jedes Gut eintauschen lässt. In einer Geldwirtschaft, in der ein solches Zahlungsmittel existiert, wird jeder Realtausch in zwei zeitlich getrennte Vorgänge aufgespalten, und zwar in Verkauf, d.h. Tausch des angebotenen Gutes (A) gegen das Zahlungsmittel (M), und Kauf, d.h. Tausch des Zahlungsmittels gegen das gewünschte Gut (B) (vgl. Abbildung 3.1).

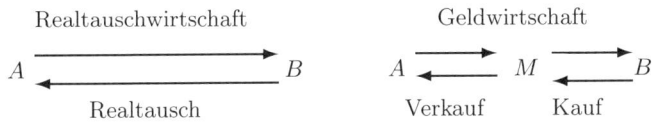

Abb. 3.1: *Tauschvorgänge in einer Realtausch- und Geldwirtschaft*

Die Trennung von Verkaufsakt und Kaufakt durch die Dazwischenschaltung eines allgemeinen Tauschmittels hat den Vorteil, dass der Käufer des angebotenen Gutes A nicht mehr mit dem Verkäufer des nachgefragten Gutes B identisch sein muss. Bei den beiden Tauschvorgängen Kauf und Verkauf braucht der jeweils gesuchte Tauschpartner nicht mehr Käufer und Verkäufer in einer Person zu sein. Der Realtausch „Gut gegen Gut" wird durch die Dazwischenschaltung eines allgemein akzeptierten Zahlungsmittels in zwei getrennte Phasen zerlegt, die jeweils mit einer anderen Person und zu unterschiedlichen Zeitpunkten abgewickelt werden können. Der Tauschvorgang wird dadurch erheblich vereinfacht. Ein allgemeines Zahlungsmittel senkt somit Transaktions- und Informationskosten in einer Tauschwirtschaft, wodurch Ressourcen, die in einer Realtauschwirtschaft zur Informationsgewinnung oder zur Durchführung von kettenweisen Transaktionen benötigt werden, freigesetzt werden.

Rechenmittelfunktion

Eine weitere wichtige Voraussetzung für die kostengünstige Abwicklung von Gütertransaktionen in einer arbeitsteiligen Wirtschaft ist die Existenz einer Recheneinheit. In diesem Fall ist eine einheitliche Bewertung aller Güter möglich. Bei Vorhandensein einer Recheneinheit kann der Wert jedes Gutes in Einheiten ein und derselben Bezugsgröße ausgedrückt werden. Geld dient aufgrund seiner Rechenmittelfunktion als allgemeiner Wertmaßstab, da in einer Geldwirtschaft alle Güter durch Geldpreise bewertet werden können. In einer Geldwirtschaft ist der Preis p_i eines Gutes i die Relation

$$p_i = k \text{ GE/ME}_i, \tag{3.2}$$

d.h. k Geldeinheiten (GE) je Mengeneinheit (ME) des Gutes i. Es handelt sich hierbei um das Tauschverhältnis zwischen dem Gut Geld und dem Gut i. In einer Geldwirtschaft mit n Gütern (einschließlich Geld) braucht man nur die $n-1$ Preise bzw. Tauschverhältnisse zum Geld zu kennen, um alle Güter wertmäßig vergleichen zu können.

Würde dagegen kein Rechenmittel als Wertmaßstab existieren, so wäre eine Teilnahme am Tauschverkehr nur bei Kenntnis aller Austauschrelationen möglich. In einer Naturaltauschwirtschaft gibt das Austauschverhältnis (X_{ij}) zwischen zwei Gütern i und j an, wie viele Einheiten des Gutes i gegen eine Einheit des Gutes j getauscht werden können. Allgemein gilt dann

$$X_{ij} = r\,\mathrm{ME}_i/\mathrm{ME}_j, \tag{3.3}$$

d.h. r Mengeneinheiten des Gutes i pro Mengeneinheit des Gutes j. Bei n verschiedenen Gütern existieren in einer Realtauschwirtschaft insgesamt $n(n-1)/2$ Austauschrelationen. Im Fall $n = 100$ hat man 4950 Austauschverhältnisse zu ermitteln, im Fall $n = 1000$ bereits 499500. Bei 10000 Gütern steigt die Zahl der Austauschverhältnisse auf knapp 50 Millionen (49995000) an. In einer Geldwirtschaft sind dagegen die Tauschrelationen die Güterpreise, so dass bei n Gütern einschließlich Geld die Zahl der Tauschrelationen auf $n-1$ sinkt (der Preis des Geldes ist dabei gleich eins). Im Falle $n = 1000$ sind bei Existenz einer Recheneinheit lediglich 999 Geldpreise zu ermitteln, um alle Güter wertmäßig vergleichen zu können. In einer Realtauschwirtschaft ist dagegen ein vollständiger wertmäßiger Vergleich nur bei Kenntnis der viel größeren Zahl an Austauschrelationen (rd. 1/2 Million im Falle $n = 1000$) möglich. Diese Größenrelation sowie die bessere Vergleichbarkeit der Geldpreise zeigen, dass in einer Geldwirtschaft die Informationskosten für den wertmäßigen Gütervergleich viel geringer sind als in einer reinen Tauschwirtschaft.[2]

Wertaufbewahrungsfunktion

Durch die Verwendung eines allgemein akzeptierten Zahlungsmittels können in der Regel Verkauf oder Geldeinnahmen und Kauf oder Geldausgaben zeitlich getrennt werden. Aufgrund dieser zeitlichen Diskrepanz zwischen Verkauf und Kauf besteht für ein Wirtschaftssubjekt die Möglichkeit, den durch den Verkauf von Gütern und Produktionsfaktoren erworbenen Geldbetrag vorübergehend in Form von Vermögensobjekten zu „lagern". Wenn die Wertaufbewahrungsfunktion des Geldes erfüllt ist, kann Geld neben zinstragenden Alternativanlagen ebenfalls als Vermögensobjekt angesehen werden. Geld dient dann als Wertaufbewahrungsmittel. Für die Erfüllung der Wertaufbewahrungsfunktion des Geldes muss allerdings gewährleistet sein, dass seine Kaufkraft einigermaßen konstant bleibt. In diesem Fall kann für eine Geldeinheit auch in der Zukunft die annähernd gleiche Gütermenge wie in der Gegenwart eingetauscht werden. Die Kaufkraft des Geldes kann dabei durch die **reale Geldmenge** M/P gemessen werden. M ist hierbei der nominale Geldbestand, der in Geldeinheiten angegeben wird. P

---

[2]Ein ähnliches Argument gilt auch, wenn sich Länder mit unterschiedlichen Währungen zu einer Währungsunion mit einer Einheitswährung zusammenschließen. So wird in den Mitgliedsländern der Europäischen Währungsunion seit dem 01.01.2002 der Wert aller Güter in Euro ausgedrückt und nicht mehr in unterschiedlichen Währungen.

ist ein geeignet definierter Preisindex und hat die Dimension „Geldeinheiten pro Mengeneinheit". Der Quotient M/P wird dann in Mengeneinheiten gemessen und gibt das Güterbündel an, das beim herrschenden Preisniveau P mit der nominalen Geldmenge M erworben werden kann.

Wenn der Preisindex P bei unverändertem Geldbestand M ansteigt, sinkt der Realwert bzw. die Kaufkraft des Geldes. In diesem Fall ist die Wertaufbewahrungsfunktion des Geldes beeinträchtigt, da sich Geld als Mittel zur „Zwischenlagerung" von Kaufkraft nicht mehr so gut eignet. Da Geld aber als Tausch- und Rechenmittel sehr vorteilhaft ist, wird man einen leichten Kaufkraftschwund hinnehmen oder dadurch abmildern, dass andere Formen der Vermögensanlage gewählt werden, die Zinserträge abwerfen (wie Wertpapiere) oder an Preissteigerungen partizipieren (wie Sachvermögen). Bei einem starken Preisanstieg bzw. Kaufkraftschwund des Geldes kann allerdings das Vertrauen in die Funktionsfähigkeit des herrschenden Geldsystems zerstört werden. Wenn die Wertaufbewahrungsfunktion des Geldes nicht mehr gegeben ist, verliert es auch seine Tauschmittelfunktion, da die Wirtschaftssubjekte das bestehende Zahlungsmittel nicht mehr als allgemeines Tauschmittel akzeptieren würden. In diesem Fall werden die Geldfunktionen zum Teil von anderen Medien (wie Fremdwährungen oder Zigaretten) übernommen. Das offizielle (gesetzliche) Zahlungsmittel unterscheidet sich dann vom allgemein akzeptierten Tauschmittel.

Die genannten Geldfunktionen können nur dann gleichzeitig erfüllt werden, wenn es sich beim Geld um ein knappes Gut handelt. Wenn das Kriterium der Knappheit verletzt ist, d.h. wenn Geld im Überfluss vorhanden ist, verliert Geld seine Wertaufbewahrungsfunktion und außerdem auch die Tauschmittelfunktion. Unter Geld ist daher jedes knappe Gut zu verstehen, das die Tauschmittel-, Rechenmittel- und Wertaufbewahrungsmittelfunktion gleichzeitig erfüllt.

3.1.2   Geldmengenkonzepte

Im Folgenden soll erläutert werden, was in einer Geldwirtschaft unter der Geldmenge zu verstehen ist. Bei der Abgrenzung der Geldmenge steht üblicherweise die Tauschmittelfunktion des Geldes im Vordergrund, da mit Hilfe der Geldmenge die potentielle Kaufkraft bzw. wertmäßige Güternachfrage in einer Volkswirtschaft erfasst werden soll. Das Geldvolumen entspricht dann den Geldbeständen, die unmittelbar zur Abwicklung des Tauschverkehrs herangezogen werden. Hierzu zählen der **Bargeldumlauf**, d.h. die Bestände an Banknoten und Münzen, die sich in Händen der inländischen Nichtbanken, des Publikums, befinden, sowie ihre **Buch-** oder **Giralgeldbestände**, d.h. ihre Sichtguthaben bei den Banken. Im Gegensatz zu Noten und Münzen sind die **Sichteinlagen** der Nichtbanken bei den Geschäftsbanken und der Zentralbank kein gesetzliches Zahlungsmittel; sie können jedoch jederzeit (d.h. auf Sicht) in gesetzliche Zahlungsmittel umgetauscht werden und haben daher den gleichen Liquiditätsgrad wie das Bargeld. Da sie jederzeit verfügbar sind, werden sie auch als täglich fällige Einlagen bezeichnet. Nicht zur Geldmenge zählen die Geldbestände des Bankensektors sowie seine Sichteinlagen bei der Zentralbank. Die Bargeldbestände der Geschäftsbanken dienen der Geldversorgung des Nichtbankensektors und werden aus technischen Gründen gehalten. Die Geschäftsbanken benötigen einen gewissen Bestand an Bargeld, um bei der Umwandlung von Giral- in Bargeld nicht in Zahlungsschwierigkeiten zu geraten. Zum

Geldvolumen werden auch nicht die Einlagen des Bundes bei der Zentralbank und bei den Geschäftsbanken gerechnet, da diese Kassenbestände für die Finanzierung seines Transaktionsvolumens nicht von Bedeutung sind. Zur sogenannten **Geldmenge M1** zählen daher die Bargeldbestände der privaten inländischen Nichtbanken (d.h. der innerhalb des Währungsgebietes ansässigen Haushalte und nichtfinanziellen Unternehmungen) sowie ihre Sichtguthaben (täglich fälligen Einlagen) bei den Geschäftsbanken und der Zentralbank.[3]

Weitere Abgrenzungen der Geldmenge ergeben sich, wenn **geldnahe Forderungen** mitberücksichtigt werden. Hierbei handelt es sich um verzinsliche Einlagen, die nicht unmittelbar für Zahlungszwecke verwendet, jedoch kurzfristig in Bargeld oder Sichteinlagen umgewandelt werden können. Bei solchen befristeten Einlagen unterscheidet man zwischen Termineinlagen und Spareinlagen. **Termineinlagen** sind nicht-verbriefte Forderungen an die Banken, die entweder nach einer bestimmten Laufzeit, d.h. einem genau festgelegten Zeitraum, fällig werden (Festgelder) oder über die erst nach Einhaltung einer bestimmten Kündigungsfrist verfügt werden kann (Kündigungsgelder). Bei **Spareinlagen** handelt es sich ebenfalls um Kündigungsgelder; hierunter werden (in Form einer Schuldurkunde) verbriefte Bankguthaben der Nichtbanken verstanden, die im Unterschied zu den Termineinlagen nicht von vornherein nur einer zeitlich befristeten Geldanlage dienen. Sparguthaben können immer erst nach Einhaltung einer bestimmten, mit den Banken vereinbarten Kündigungsfrist zurückgefordert werden.

Termin- und Spareinlagen erbringen wegen ihrer eingeschränkten Liquidität eine Verzinsung, was bei Sichtguthaben praktisch bedeutungslos ist. Geldnahe Forderungen erfüllen daher besonders gut die Wertaufbewahrungsfunktion des Geldes, dagegen weniger gut die Tauschmittelfunktion, da sie nicht direkt als Zahlungsmittel verwendet werden können. Trotzdem stellen sie gewissermaßen potentielle Kaufkraft dar. Neben dem Geldmengenaggregat M1 kann man daher noch weitere Geldmengenkonzeptionen definieren, und zwar **M2** = M1 + befristete Einlagen mit einer Laufzeit von maximal zwei Jahren sowie Einlagen mit vereinbarter Kündigungsfrist von bis zu drei Monaten, sowie **M3** = M2 + Verbindlichkeiten aus Repogeschäften (Verkäufen von Wertpapieren unter Rückkaufsvereinbarung), Schuldverschreibungen mit einer Laufzeit von bis zu zwei Jahren sowie Verbindlichkeiten aus Geldmarktpapieren und Anteilen an Geldmarktfonds.

Die drei Geldmengenaggregate M1, M2 und M3 erfüllen alle die Wertaufbewahrungsfunktion des Geldes (wenn auch mit unterschiedlicher Betonung). Dagegen wird die Zahlungsmittelfunktion nur von allen Bestandteilen der Geldmengenkonzeption M1 erfüllt; für die zusätzlichen Bestandteile von M2 und M3, die geldnahen Forderungen, ist dagegen diese Geldfunktion nicht unmittelbar gegeben.

---

[3]In der Konzeption der Europäischen Zentralbank werden die Euro-Geldbestände (Noten und Münzen), die sich im Ausland, also außerhalb des Euro-Währungsgebiets, befinden, aus statistischen Gründen auch zur Geldmenge M1 gerechnet. Ebenso zählen auch die Einlagen bestimmter öffentlicher Haushalte (Länder, Gemeinden, Sozialversicherungsträger) zum Geldvolumen M1.

3.2   Das Geldangebot

Im Folgenden soll Geld nur in seiner Funktion als Tauschmittel betrachtet werden. Die Geldmenge M entspricht dann dem Geldmengenkonzept M1, d.h. setzt sich aus dem Bargeldbestand C der privaten Nichtbanken sowie ihrem Bestand an Sichteinlagen D bei den Banken zusammen:

$$M = C + D. \tag{3.4}$$

Diese Formel verdeutlicht, dass in einer Geldwirtschaft das Geldangebot sowohl von der Zentralbank als auch von den Geschäftsbanken stammt. Unter **Geldangebot** oder **Geldschöpfung** ist dabei die Bereitstellung von Geld (im Sinne von M1) an den Geldhaltungssektor (d.h. an die privaten Haushalte und Unternehmungen) zu verstehen. Zum Bargeld zählen Banknoten und Münzen. Für das Euro-Währungsgebiet (Eurosystem) gilt, dass die Europäische Zentralbank (EZB) das alleinige Recht zur Genehmigung der Banknotenemission besitzt. Zur Notenausgabe sind dabei neben der EZB auch die nationalen Zentralbanken berechtigt. Das Münzregal, d.h. das Recht zur Emission von Euromünzen, liegt dagegen bei den Zentralregierungen der Mitgliedsstaaten der Europäischen Währungsunion. Das jeweilige Ausgabevolumen muss allerdings von der EZB genehmigt werden. Im Unterschied zu Bargeld wird Giralgeld – neben der Zentralbank – in der Hauptsache von den Geschäftsbanken angeboten.

Im Folgenden soll unterstellt werden, dass die privaten Nichtbanken keine Einlagen auf Girokonten bei der Zentralbank, sondern nur Sichteinlagen bei den Geschäftsbanken halten. Diese Annahme lässt sich damit rechtfertigen, dass der Sichteinlagenbestand der privaten Nichtbanken bei der Zentralbank äußerst gering ist. Insofern handelt es sich bei den Sichteinlagen D um Forderungen des Publikums gegen die Geschäftsbanken. Dagegen stellen Noten eine Forderung gegenüber der Zentralbank dar.

Bei der Geldschöpfung durch die Banken kann man zwischen aktiver und passiver Geldschöpfung unterscheiden. Eine **aktive Geldschöpfung** findet allgemein dadurch statt, dass eine Bank Aktiva monetisiert, die keine inländischen Zahlungsmittel sind. Das bedeutet, dass Banken Nicht-Zahlungsmittel darstellende Aktiva von Nichtbanken erwerben (wie Devisen oder Aktiva im Zuge der Kreditgewährung) und anschließend mit Forderungen gegen sich selbst, die Zahlungsmittel darstellen (Sichtforderungen), bezahlen.

Hierzu das folgende **Beispiel**: Eine Geschäftsbank gewährt einer Unternehmung einen Kredit in Höhe von 10 Millionen Geldeinheiten (GE) und zahlt davon 5 Millionen GE in Form von Noten aus. Der Differenzbetrag (5 Millionen GE) wird dem Girokonto der Unternehmung gutgeschrieben. In der Bankbilanz ergibt sich hierdurch eine Bilanzverlängerung.

Aktiva	Änderung der Bankbilanz		Passiva
Kredite	+10 Mio	Sichteinlagen	+5 Mio
Noten	-5 Mio		

Noten stellen für die Geschäftsbank eine Forderung gegen die Zentralbank dar und sind auf der Aktivseite der Bilanz zu verbuchen. In diesem Beispiel kommt es als unmittelbare Folge des Kreditgeschäftes zu einer Geldschöpfung genau in Höhe der Kreditgewährung, und zwar steigt der Giralgeldbestand bei den privaten Nichtbanken um 5 Millionen GE, während sich der Bargeldumlauf, d.h. der Bargeldbestand in Händen der Nichtbanken, ebenfalls um diesen Betrag erhöht. Dabei ist zu beachten, dass die Zentralbankgeldbestände der Banken nicht zum Geldvolumen gerechnet werden. Bei diesem Aktivgeschäft der Bank ist es zu einem Anstieg der Aktiva-Bestände, die keine Zahlungsmittel darstellen, gekommen, wobei in gleicher Höhe eine Geldschöpfung stattgefunden hat.

Neben der **aktiven Geldschöpfung**, die sich in einer Bilanzverlängerung der Bankbilanz ausdrückt, kann es auch zu einer **passiven Geldschöpfung** kommen, indem Nichtbanken Termin- oder Sparguthaben bei den Geschäftsbanken in Sichtguthaben oder Bargeld umtauschen. In der Bankbilanz resultiert aus einem solchen Vorgang eine Änderung der Passivseite, ohne dass sich dadurch der Bestand an Aktiva, die keine inländischen Zahlungsmittel darstellen, verändert. Werden Termin- oder Spareinlagen in Sichteinlagen umgewandelt, liegt ein reiner Passivtausch ohne Änderung des Bilanzbetrages vor. Erfolgt dagegen eine Umwandlung in Bargeld, so ergibt sich eine Bilanzverkürzung auf der Aktiv- und Passivseite. In beiden Fällen findet eine passive Geldschöpfung statt.

In dem obigen Beispiel leistet die Geschäftsbank eine Auszahlung in heimischen Banknoten, d.h. in einer Form des Geldes, die sie selbst nicht schaffen kann, sondern von der Zentralbank bereitgestellt wird. Da die Geschäftsbanken im Rahmen ihrer Aktiv- und Passivgeschäfte Auszahlungen in Zentralbankgeld leisten müssen, welches sie selbst nicht schöpfen können, sind ihre Geldschöpfungsmöglichkeiten durch ihre frei verfügbaren Zentralbankgeldbestände (die sog. **freien Liquiditätsreserven**) begrenzt. Die einzelne Geschäftsbank ist nur in der Lage, Kredite und damit Giralgeld maximal in Höhe ihrer freien Liquiditätsreserven zu schöpfen, da der Kreditnehmer in der Regel in voller Höhe über das durch die Kreditgewährung geschaffene Sichtguthaben verfügt. Zu den freien Liquiditätsreserven sind die frei verfügbaren aktuellen Zentralbankgeldbestände zu rechnen, die auch **Überschussreserven** genannt werden. Die Überschussreserven sind primäre Liquiditätsreserven und entsprechen der Differenz zwischen den Zentralbankeinlagen der Geschäftsbanken (der **Barreserve**) und ihrem Mindestreservesoll. Die **Mindestreserven** sind gesetzlich vorgeschriebene Reserven, die die Banken als Guthaben in Höhe eines bestimmten Prozentsatzes des Einlagenbestandes der Nichtbanken bei der Zentralbank halten müssen. Auch die Kassenbestände der Geschäftsbanken zählen zu den Überschussreserven. Neben den Überschussreserven werden auch die potentiellen Zentralbankgeldbestände der Geschäftsbanken zu den freien Liquiditätsreserven gerechnet. Bei diesen sekundären Liquiditätsreserven handelt es sich um alle Aktiva, die von den Banken jederzeit bei der Zentralbank in aktuelles Zentralbankgeld eingetauscht werden können. Außerdem besteht für die Geschäftsbanken grundsätzlich die Möglichkeit, sich innerhalb bestimmter Grenzen bei der Zentralbank zu verschulden. Durch die Einräumung von Notenbankkrediten können sie ebenfalls in den Besitz von Zentralbankgeld gelangen. Im Euro-Währungsgebiet gibt es hierzu verschiedene Refinanzierungsformen, wobei zwischen kurz- und längerfristigen Refinanzierungsgeschäften unterschieden wird. Durch solche Refinanzierungsformen können sich die Banken über die freien Liquiditätsreserven hinausgehendes Zentralbankgeld beschaffen und auf diese Weise die Kredit- und Geldschöpfung steigern.

Das Geldangebotspotential

Anhand eines einfachen Modells für den monetären Sektor soll untersucht werden, wie groß die potentielle Geldmenge in einer Volkswirtschaft sein kann. Wir vernachlässigen dazu mögliche Spar- und Termineinlagen der Nichtbanken bei den Geschäftsbanken. Außerdem sollen die Geschäftsbanken nicht die Möglichkeit der Refinanzierung bei der Zentralbank haben; ihre potentiellen Zentralbankgeldbestände sind dann gleich null. Der gesamte Zentralbankgeldbestand einer Volkswirtschaft besteht aus den Zentralbankgeldbeständen der Geschäftsbanken und der Nichtbanken. Die Zentralbankgeldmenge in Händen der Geschäftsbanken und des Publikums einschließlich des Münzumlaufs wird auch als **monetäre Basis** (B^m) bezeichnet. Mit ihrer Hilfe lässt sich unter Verwendung des Multiplikatorkonzeptes die gesamte Geldmenge einer Volkswirtschaft angeben. Da der Zentralbankgeldbestand in Händen der Geschäftsbanken aus Mindestreserven (Z) und Überschussreserven $(\ddot{U})$ besteht und der Zentralbankgeldbestand der Nichtbanken gleich dem Bargeldumlauf (C) ist, gilt

$$B^m = Z + \ddot{U} + C. \tag{3.5}$$

Die Geschäftsbanken müssen in Höhe eines bestimmten Prozentsatzes des Sichteinlagenbestandes der Nichtbanken (D) Zentralbankgeld bei der Zentralbank halten; daher gilt für die Mindestreserven

$$Z = r \cdot D \tag{3.6}$$

mit r als (Mindest-) **Reservesatz** $(0 < r < 1)$.

Im Gegensatz zu Z handelt es sich bei den Überschussreserven um freiwillige Reserven, die frei verfügbare Barreserven darstellen. Die Geschäftsbanken werden solange Kredite an die Nichtbanken vergeben, solange sie noch über freie Liquiditätsreserven verfügen. Im Geschäftsbankensektor bestehen somit im Fall $\ddot{U} > 0$ noch Geldschöpfungsmöglichkeiten. Für die Berechnung des Geldangebotspotentials muss daher

$$\ddot{U} = 0 \tag{3.7}$$

unterstellt werden. Diese Bedingung kann als **Gleichgewichtsbedingung** im Sinne eines Ruhezustandes beim Geldschöpfungsprozess des Bankensystems verstanden werden, da der Prozess der Kredit- mit einhergehender Geldschöpfung erst dann zum Abschluss kommt, wenn alle Überschussreserven zu Mindestreserven und Bargeld geworden sind.

Das Gleichungssystem (3.4) bis (3.7) muss noch durch eine Gleichung ergänzt werden, welche eine Aussage über die gewünschte Struktur der Geldhaltung der Nichtbanken macht. Man kann unterstellen, dass der Bargeldbestand des Publikums (C) in proportionaler Beziehung zu seinem Sichteinlagenbestand (D) steht:

$$C = q \cdot D. \tag{3.8}$$

Die Größe q, die **Bargeldquote**, gibt dabei das Verhältnis zwischen Bargeldhaltung und Sichteinlagenbestand des Publikums an.

Aus dem Gleichungssystem (3.4) bis (3.8) lässt sich jetzt die gesamte Geldmenge einer Volkswirtschaft als Vielfaches der ihr zugrundeliegenden Zentralbankgeldmenge bestimmen: Aus (3.4) und (3.8) folgt

$$M = C + D = (1 + q)D, \tag{3.9}$$

während aus (3.5), (3.6), (3.7) und (3.8) folgt

$$B^m = Z + C = (r + q)D \quad \text{bzw.} \quad D = \frac{1}{r + q}B^m. \tag{3.10}$$

Eingesetzt in (3.9) ergibt sich die Lösungsformel

$$M = \mu \cdot B^m \quad \text{mit} \quad \mu = \frac{1 + q}{r + q} > 1. \tag{3.11}$$

Nach diesem Multiplikatoransatz ist die maximal mögliche Geldmenge einer Volkswirtschaft das Produkt aus dem **Geldschöpfungs-** oder **Geldangebotsmultiplikator** μ und der monetären Basis B^m. Wegen $\mu > 1$ übersteigt das **Geldschöpfungspotential** (M) die von der Zentralbank bereitgestellte Zentralbankgeldmenge (B^m). Eine Steigerung der monetären Basis um eine Einheit führt somit zu einer mehrfachen Erhöhung des maximal möglichen Geldangebots. Dies lässt sich damit begründen, dass eine Zunahme der freien Liquiditätsreserven im Geschäftsbankensektor einen Prozess der multiplen Kredit- und Giralgeldschöpfung in Gang setzt, der schließlich nach Abbau der freien Liquiditätsreserven bewirkt, dass der gesamte Geldbestand um ein Mehrfaches der Erhöhung der Überschussreserven angestiegen ist.[4] Dabei wirkt der Mindestreservesatz r wie ein eingebauter Stabilisator, weil er die Wirkungen einer Geldbasissteigerung auf das Geldangebot abbremst. Hier zeigt sich eine Analogie zur Wirkung des Steuersatzes t im Rahmen des Multiplikatoransatzes des Gütermarktmodells mit staatlicher Aktivität.

Zur Berechnung des **Kreditschöpfungspotentials** benötigen wir die aus der Geschäftsbankenbilanz resultierende Bilanzrestriktion. Unter den getroffenen Annahmen sieht die Geschäftsbankenbilanz folgendermaßen aus:

Aktiva	Geschäftsbankenbilanz		Passiva
Mindestreserven	Z	Sichteinlagenbestand	D
Überschussreserven	$Ü$		
Kredite an Nichtbanken	K		

Die Bilanzrestriktion der Geschäftsbanken lautet dann

$$Z + Ü + K = D \tag{3.12}$$

---

[4]Zu beachten ist die Analogie zum Multiplikatorprozess auf dem Gütermarkt: Die mehrfache Einkommenssteigerung, die dort infolge eines expansiven Nachfrageimpulses auftritt, resultiert aus einer Zunahme der Konsumgüternachfrage der privaten Haushalte. Auf dem Geldmarkt ergibt sich die mehrfache Geldmengenerhöhung aus der induzierten Kreditschöpfung der Geschäftsbanken.

bzw. unter Zugrundelegung von (3.6) und (3.7)

$$K = (1 - r)D. \tag{3.13}$$

Diese Gleichung besagt, dass die maximale Kreditmenge den sog. **verfügbaren Mitteln** im Geschäftsbankensektor, d.h. der Größe $(1-r)D$, entspricht. Den Geschäftsbanken stehen in Form der Sichteinlagen (D) abzüglich der darauf entfallenden Mindestreserven $(Z = r \cdot D)$ Mittel für Anlagezwecke zur Verfügung. Im Falle $\ddot{U} = 0$ werden diese Mittel vollständig für die Kreditvergabe verwendet.

Die maximale Kreditmenge in Abhängigkeit der monetären Basis ergibt sich jetzt, indem Gleichung (3.10) in (3.13) eingesetzt wird:

$$K = \frac{1 - r}{r + q} B^m. \tag{3.14}$$

Die gesamte Kreditmenge, das Kreditangebotspotential, ist das Produkt aus dem **Kreditschöpfungsmultiplikator** $(1 - r)/(r + q)$ und der monetären Basis B^m. Im Gegensatz zum Geldangebotsmultiplikator kann der Kreditschöpfungsmultiplikator theoretisch kleiner als eins ausfallen; im Extremfall $r = 1$ oder $q = \infty$ ist er gleich null, da dann kein Prozess der multiplen Kreditschöpfung einsetzt.[5] In beiden Grenzfällen würde das maximale Geldvolumen mit der Zentralbankgeldmenge (B^m) zusammenfallen.

Hinter den Formeln (3.11) und (3.14) für die maximale Geld- und Kreditmenge einer Volkswirtschaft steht die Vorstellung, dass die Geschäftsbanken Kreditmaximierer sind, d.h. das Geld- und Kreditschöpfungspotential stets in voller Höhe ausnutzen und somit keine freiwilligen Reserven zu halten wünschen. Inwieweit das Kreditschöpfungspotential tatsächlich voll ausgeschöpft wird, hängt von Rentabilitäts-, Liquiditäts- und Risikoüberlegungen ab. Die Geschäftsbanken sind im Gegensatz zur Zentralbank erwerbswirtschaftlich orientiert und werden bei der Kreditvergabe Kosten und Ertrag des Kreditgeschäfts gegenüberstellen. Der Ertrag besteht dabei aus den Zinseinnahmen der Kreditgewährung, während Kosten zum Beispiel aufgrund einer zusätzlichen Verschuldung (Refinanzierung) bei der Notenbank in Form von Zinszahlungen entstehen können. Kosten können aber auch entgangene Zinserträge sein, die durch die Umwandlung sekundärer Liquiditätsreserven in Zentralbankgeld anfallen. Selbst wenn der Nettoertrag aus der Kreditvergabe positiv sein sollte, wird die Geschäftsbank möglicherweise unter Liquiditäts- und Risikogesichtspunkten das Kreditgeschäft nicht durchführen. Erfordert das Kreditgeschäft eine zusätzliche Verschuldung bei der Zentralbank, nehmen der potentielle Zentralbankgeldbestand und damit auch die freien Liquiditätsreserven ab, wodurch möglicherweise die Zahlungsfähigkeit der Geschäftsbank in Frage gestellt wird. Unter Liquiditätsgesichtspunkten könnte dann die Bank auf das Kreditgeschäft verzichten. Ebenso wird die Geschäftsbank das mit der Kreditvergabe verbundene Risiko mit in ihre Überlegungen einbeziehen. Unter Risikogesichtspunkten kann es für die Bank vorteilhafter sein, andere zinstragende Anlagen zu wählen, die weniger risikobehaftet sind (wie beispielsweise staatliche Wertpapiere). Insgesamt kann man davon

---

[5]Realistisch sind für r und q Werte, die deutlich kleiner als 0,2 sind. Der Kreditschöpfungsmultiplikator ist dann größer als eins, aber immer noch kleiner als der Geldschöpfungsmultiplikator μ, da allgemein $\frac{1 - r}{r + q} < \frac{1 + q}{r + q}$ gilt.

ausgehen, dass die Geschäftsbanken bei Beachtung von Rentabilitäts-, Liquiditäts- und Risikogesichtspunkten nur einen (variablen) Teil ihrer freien Liquiditätsreserven für die Kreditgewährung an Nichtbanken und den restlichen Teil für den Erwerb von Alternativanlagen verwenden. Es lässt sich zeigen, dass in diesem Fall das Kreditangebot und damit auch das Geldangebot von verschiedenen Zinssätzen abhängig sind. Hierzu zählen der Sollzinssatz für die Kreditgewährung, der Refinanzierungssatz sowie der Ertragssatz für zinstragende Alternativanlagen.

Zur Vereinfachung soll im Folgenden stets von der **zinsunabhängigen Geldangebotsfunktion** (3.11) ausgegangen werden. Die Geschäftsbanken verhalten sich dann risikoneutral und verwenden ihre verfügbaren Mittel vollständig für die Kreditvergabe. Außerdem ist annahmegemäß keine Refinanzierung bei der Zentralbank möglich.

Die Geldmenge als exogene Variable

Unter Verwendung der Geldangebotsfunktion (3.11) kann davon ausgegangen werden, dass die Zentralbank die Geldmenge exakt nach ihren Zielen steuern kann und somit M eine exogene Variable darstellt. Die Geldmenge M kann vereinfacht als geldpolitische Instrumentvariable angesehen werden, wenn die Zentralbank mit ihrem Instrumentarium sowohl auf den Geldangebotsmultiplikator $\mu = (1 + q)/(r + q)$ als auch auf die monetäre Basis B^m einwirken kann. Für den Geldschöpfungsmultiplikator ist dies offensichtlich der Fall, da der Reservesatz r unter direkter geldpolitischer Kontrolle steht und außerdem der Strukturkoeffizient $q = C/D$ kurzfristig als konstant angesehen werden kann.[6] Die Frage, inwieweit auch die monetäre Basis B^m durch geldpolitische Aktionen beeinflussbar ist, lässt sich nur beantworten, wenn die Entstehungsseite der monetären Basis betrachtet wird. Wir gehen dazu von der Zentralbankbilanz aus, die in stark vereinfachter Form das folgende Aussehen hat:

Aktiva	Zentralbankbilanz	Passiva
1. Nettoauslandsforderungen (Währungsreserven)	4. Banknotenumlauf	
2. Nettoforderungenen an den Staat (Nettoverschuldung des öffentlichen Sektors)	5. Einlagen der Geschäftsbanken (Mindestreserven, Überschussreserven)	
3. Kredite an Geschäftsbanken	6. Verbindlichkeiten aus abgegebenen Geldmarktpapieren	
	7. Reinvermögen	

Die Bilanz spiegelt die vielfältigen Funktionen der Zentralbank innerhalb der Volkswirtschaft wider. Position 1. auf der Aktivseite enthält vor allem die Währungsreserven (wie den Gold- und Devisenbestand), die durch Devisenmarktinterventionen verändert

---

[6]Häufig wird in makroökonomischen Analysen aus Vereinfachungsgründen $\mu = 1$ (d.h. $r = 1$ oder $q = \infty$) angenommen; zwischen Geldangebot und monetärer Basis braucht dann nicht unterschieden zu werden.

werden können. Position 2. beinhaltet die Verschuldung des Staates bei der Zentralbank abzüglich seiner Zentralbankeinlagen. Seit Inkrafttreten der zweiten Stufe der Europäischen Wirtschafts- und Währungsunion (EWWU) am 1. Januar 1994 dürfen die
Zentralbanken der EU-Mitgliedsländer keine direkten (notenbankfinanzierten) Kredite
an öffentliche Stellen mehr gewähren.[7] Zur Position 2. zählen dagegen (bereits über den
Markt gelaufene) staatliche Wertpapiere, die vom Zentralbankensystem der EWWU im
Zuge von Offenmarktoperationen erworben worden sind. Position 3. enthält die Kredite
der Zentralbank an die Geschäftsbanken, wodurch diese in den Besitz von Zentralbankgeld gelangen. Die Refinanzierung der Geschäftsbanken kann dabei in der Weise erfolgen,
dass diesen im Zuge von Offenmarktkrediten Liquidität im Tenderverfahren, d.h. durch
Versteigerung von Zentralbankgeld, zugeführt wird und die Besicherung der Forderungen an die Geschäftsbanken dadurch geschieht, dass diese Wertpapiere an die Zentralbank verpfänden oder unter Rückkaufsvereinbarung an diese verkaufen.[8] Im Unterschied
zu diesen Offenmarktgeschäften, die auf Initiative der Zentralbank durchgeführt werden und bei denen unter Fristigkeitsgesichtspunkten zwischen Hauptrefinanzierungs-
geschäften und längerfristigen Refinanzierungsgeschäften unterschieden wird, können
Geschäftsbanken auch in Eigeninitiative unbeschränkt Kredite in Anspruch nehmen.
Im Europäischen System der Zentralbanken handelt es sich hierbei um die sog. Spitzen-
refinanzierungsfazilität, die der Deckung eines lediglich vorübergehenden Zentralbank-
geldbedarfs dient. Bei diesen Refinanzierungs- oder Kreditgeschäften, die kurz- oder
längerfristiger Natur sein können, treten verschiedene Sollzinssätze auf, worauf hier im
Einzelnen nicht weiter eingegangen werden soll.[9]

Auf der Passivseite stellen die Positionen 4. und 5. die wesentlichen Komponenten der
monetären Basis von der Verwendungsseite dar.[10] Die Position 6. ergibt sich daraus,
dass die Zentralbank die Möglichkeit besitzt, im Rahmen offenmarktpolitischer Maßnahmen bestimmte Geldmarktpapiere (Zentralbank-Schuldverschreibungen) auf dem offenen Markt auf eigene Rechnung zu begeben. Mit solchen Geldmarktpapieren versucht
die Zentralbank, einen eher längerfristigen Einfluss auf die Bankenliquidität auszuüben.
Durch die Emission von Schuldverschreibungen erfolgt eine Liquiditätsabschöpfung bei
den Geschäftsbanken, während umgekehrt durch den Ankauf solcher Geldmarktpapiere
eine Bereitstellung von Liquidität erfolgt. Die Position 7. ist Bestandteil jeder Bilanz
und beinhaltet das Eigenkapital einschließlich des vorgetragenen Gewinns.[11]

---

[7]Gleichzeitig wurde jedoch auch die Einlagepflicht des staatlichen Sektors nach §17 Bundesbank-
Gesetz aufgehoben, so dass die unter Punkt 2. in der obigen Bilanz aufgeführten Nettoforderungen der
Zentralbank im Falle der Bundesrepublik Deutschland fast ausschließlich auf sogenannte Ausgleichs-
forderungen (aus der Währungsumstellung von 1948) gegenüber dem öffentlichen Sektor zurückgehen.

[8]Die im deutschen Bankwesen gegebene Refinanzierungsmöglichkeit, über die Einreichung (Redis-
kontierung) von Handelswechseln bei der Bundesbank im Rahmen vorgegebener Kontingente in den
Besitz von Zentralbankgeld zu gelangen, ist im Europäischen System der Zentralbanken nicht mehr
gegeben.

[9]Siehe dazu Jarchow (2003), Abschnitt IX.3.

[10]Im Eurosystem werden die Einlagen der Geschäftsbanken bei der Europäischen Zentralbank (Min-
destreserveguthaben, Einlagefazilität) verzinst.

[11]Ein nicht zu verachtender Geldschöpfungseffekt kann auftreten, wenn alljährlich der Großteil eines etwaigen Zentralbankgewinns an die öffentlichen Kassen abgeführt wird. Für den Bundeshaushalt
ergab sich durch die Bundesbankgewinne der Jahre 1991-98 beispielsweise jeweils eine Entlastung im
zweistelligen Milliardenbereich (in DM gerechnet). Auch im Rahmen des Europäischen Systems der
Zentralbanken werden die Zentralbankgewinne zum großen Teil über die nationalen Zentralbanken an

Für die monetäre Basis (B^m) gilt jetzt definitionsgemäß (unter Vernachlässigung des Münzumlaufs)

$$B^m = 4. + 5. = 1. + 2. + 3. - 6. - 7. \tag{3.15}$$

Anhand der Entstehungsseite der monetären Basis wird deutlich, dass die Zentralbank in vielfältiger Weise auf die Größe B^m einwirken kann. Hierzu zählen der An- und Verkauf der unter den Positionen 1., 2. und 3. angegebenen Aktiva, also der An- und Verkauf von Devisen (Devisenmarktinterventionen), der Handel mit Wertpapieren (Offenmarktoperationen), die aus der Kreditaufnahme des öffentlichen Sektors entstehen, sowie die Änderung von Refinanzierungszinssätzen zur Steuerung der Kreditvergabe an die Geschäftsbanken. Außerdem kann die monetäre Basis über den An- und Verkauf von Geldmarktpapieren (Position 6.) beeinflusst werden. Aufgrund dieser Vielzahl geldpolitischer Maßnahmen ist die vereinfachende Annahme gerechtfertigt, dass die monetäre Basis unter direkter Kontrolle der Zentralbank steht, also eine geldpolitische Instrumentvariable darstellt.[12] Dies gilt dann auch für das nominale Geldangebot M. Die Geldmenge M soll daher im Folgenden stets als exogene Variable aufgefasst werden.

3.3   Die Geldnachfrage

Unter Geldnachfrage versteht man den Wunsch eines Wirtschaftssubjektes, eine bestimmte Geldmenge als Kasse zu halten. Die Wirtschaftssubjekte fragen Kasse aus verschiedenen Motiven nach. Man unterscheidet zwischen dem **Transaktionsmotiv**, dem **Vorsichtsmotiv** und dem **Spekulationsmotiv** der Kassenhaltung. Diese verschiedenen Motive der Geldnachfrage resultieren aus den Funktionen des Geldes, und zwar aus der Tauschmittelfunktion und der Wertaufbewahrungsfunktion. Aus der Tauschmittelfunktion des Geldes lässt sich das Transaktions- und Vorsichtsmotiv der Kassenhaltung ableiten, während das Spekulationsmotiv eine Folge der Wertaufbewahrungsfunktion des Geldes ist.

Dies lässt sich wie folgt begründen: Ein Wirtschaftssubjekt fragt Geld zu Transaktionszwecken nach, um die zeitliche Diskrepanz zwischen Einzahlungen und Auszahlungen zu überbrücken. In einer Geldwirtschaft mit einem allgemein akzeptierten Tauschmittel fallen gewöhnlich die Geldeinnahmen aus dem Verkauf von Gütern und Faktoren und die Geldausgaben aus dem Kauf von Gütern zeitlich auseinander. Diese unvollständige zeitliche Übereinstimmung von Ein- und Auszahlungen erfordert eine Kassenhaltung

---

die öffentlichen Haushalte der Mitgliedsstaaten nach einem speziellen Verteilungsschlüssel, der sich nach den Anteilen der jeweiligen Mitgliedsstaaten an der Gesamtbevölkerung und am Bruttoinlandsprodukt der EU errechnet, abgeführt. Durch die Ausschüttung von Zentralbankgewinnen entsteht eine Abnahme des Zinsvermögens. 81,8 Prozent des Nettogewinns der Europäischen Zentralbank wird an die Anteilseigner der EZB entsprechend ihren eingezahlten Anteilen ausgeschüttet. Im Wesentlichen handelt es sich hierbei um die Verteilung der Einkünfte aus dem Euro-Banknotenumlauf und um Erträge, die aus der Verzinsung der Währungsreserven in Händen der EZB resultieren. Für die Deutsche Bundesbank liegt dieser Anteil bei rund 20,5%.

[12]Diese Annahme ist zumindest in geschlossenen Volkswirtschaften gerechtfertigt. In offenen Volkswirtschaften kann dagegen im Falle eines Systems fester Wechselkurse, in dem die Zentralbank zu Devisenmarktinterventionen verpflichtet ist, die Situation eintreten, dass die Zentralbank die Kontrolle über die Geldmengensteuerung verliert.

zu Transaktionszwecken, um auch in solchen Zeitabschnitten zahlungsfähig (liquide) zu sein, in denen keine Einnahmen erzielt werden. Die Kassenhaltung zur Aufrechterhaltung der Zahlungsfähigkeit basiert auf der Zahlungsmittelfunktion des Geldes. Nur wenn ein allgemeines Tauschmittel existiert, wird ein Wirtschaftssubjekt bereit sein, eine Transaktionskasse zu halten. Insofern hängt das Transaktionsmotiv der Kassenhaltung eng mit der Funktion des Geldes als allgemein akzeptiertes Tauschmittel zusammen.

Die **Transaktionskassenhaltung** lässt sich unterteilen in eine Kassenhaltung unter Sicherheit und in eine Kassenhaltung unter Unsicherheit, wobei die Kassenhaltung unter Unsicherheit der **Vorsichtskassenhaltung** entspricht. Bei der Transaktionskassenhaltung unter Sicherheit wird unterstellt, dass Umfang und zeitlicher Verlauf der zukünftigen Gütertransaktionen vollständig bekannt sind. Da Zahlungseingänge und Zahlungsausgänge in der Regel weder zeit- noch größengleich sind, ist auch unter vollständiger Voraussicht eine Kassenhaltung zu Transaktionszwecken notwendig. Bei der Transaktionskassenhaltung unter Unsicherheit wird dagegen ein unvollständiger Informationsstand bzgl. des zeitlichen Verlaufs und des Umfangs von Ein- und Auszahlungen unterstellt. Hieraus resultiert eine Vorsichtskassenhaltung, um auch dann zahlungsfähig zu sein, wenn unvorhersehbare Auszahlungen entstehen.

Bei der **Spekulationskassenhaltung** geht es um die Geldnachfrage als Vermögensanlage. Geld wird allerdings nur dann als Vermögensobjekt angesehen, wenn seine Kaufkraft im Zeitablauf einigermaßen stabil ist, d.h. wenn die Wertaufbewahrungsfunktion des Geldes erfüllt ist. Die Geldhaltung als Vermögensanlage erbringt im Gegensatz zur Wertpapierhaltung zwar keine oder nur geringfügige Zinseinnahmen, ist dafür aber weitgehend risikolos. Demgegenüber ist die geplante Haltung von Wertpapieren mit Risiken verbunden. So sind bei kursvariablen Wertpapieren Kurserwartungen zu bilden, da hier der Kurswert am Ende des Anlagezeitraums vom gegebenen Anfangskurs abweichen kann und deshalb mit Unsicherheit behaftet ist. In der in diesem Kapitel behandelten **Keynesschen Liquiditätspräferenztheorie** wird der Grenzfall sicherer Kurserwartungen betrachtet. Das bedeutet, dass jeder Vermögensanleger mit 100-prozentiger Sicherheit einen ganz bestimmten Kurswert am Ende des Anlagezeitraums erwartet, wodurch Kursrisiken im Entscheidungskalkül des Anlegers unberücksichtigt bleiben. Im Vergleich dazu unterstellt der Portfolioansatz der Spekulationskassenhaltung unsichere, risikobehaftete Kurserwartungen. Als Konsequenz sicherer Kurserwartungen ergibt sich für den einzelnen Anleger eine Entweder-Oder-Entscheidung, die darin besteht, dass er sein gesamtes Vermögen entweder nur in Form von Spekulationskasse oder nur in Form von Wertpapieren halten wird, je nachdem, ob der mit Sicherheit erwartete Ertrag aus der Wertpapierhaltung negativ oder positiv ist. Dagegen wird ein Anleger, der von risikobehafteten anstelle sicherer Kurserwartungen ausgeht, gewöhnlich eine Diversifizierung seines Vermögens vornehmen, d.h. sowohl Kasse als auch Wertpapiere in seinem Portfolio halten.

Im Folgenden sollen die Bestimmungsgründe der Transaktions- und Spekulationskassenhaltung näher analysiert werden.

3.3.1   Die Nachfrage nach Transaktionskasse

Die Transaktionskassenhaltung resultiert aus der Diskrepanz zwischen Einzahlungen und Auszahlungen eines Wirtschaftssubjektes. Wenn Zahlungseingänge und -ausgänge auseinanderfallen, sind die Wirtschaftssubjekte zur Vermeidung von Zahlungsunfähigkeit gezwungen, einen bestimmten Transaktionskassenbestand zu halten.

Im Folgenden soll anhand eines **Beispiels** erläutert werden, von welchen Determinanten die Transaktionskassenhaltung abhängig ist. Hierzu wird eine Volkswirtschaft unterstellt, die aus zwei Wirtschaftssubjekten besteht, einem repräsentativen Haushalt und einer repräsentativen Unternehmung. Der Haushalt verkauft der Unternehmung Arbeitsleistungen und erhält dafür ein Einkommen, das er wiederum vollständig für den Erwerb von Gütern, die von der Unternehmung produziert werden, ausgibt. Der Haushalt soll am Anfang eines jeden Monats eine Einkommenszahlung in Höhe von x Euro erhalten (zum Beispiel $x = 4000$) und diesen Betrag gleichmäßig im Verlaufe des Monats ausgeben. Bei einer geplanten Ersparnisbildung in Höhe von 0 Euro variiert seine Kassenhaltung zwischen x Euro am ersten und 0 Euro am letzten Tag des Monats. Die Transaktionskassenhaltung des Haushalts (L_T^H) lässt sich graphisch durch Abbildung 3.2 beschreiben, wobei aus Vereinfachungsgründen von einer kontinuierlichen und gleichmäßigen Abnahme des Kassenbestandes L_T^H ausgegangen wird.

Abbildung 3.2 verdeutlicht das folgende Problem: Bei der Geldmenge handelt es sich um eine Bestandsgröße; insofern ist die Nachfrage nach einem Bestand zu erklären. Für das einzelne Wirtschaftssubjekt nimmt jedoch die Kassenhaltung zu Transaktionszwecken über die betrachtete Periode hinweg stetig ab. Einzelwirtschaftlich gesehen kann daher nicht mehr von einem gewünschten Bestand an Transaktionskasse gespro-

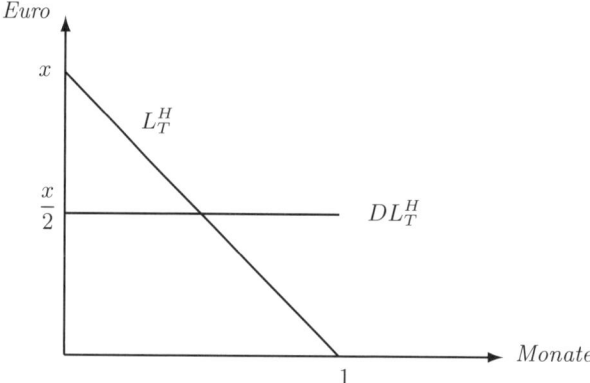

Abb. 3.2: *Tatsächliche und durchschnittliche Transaktionskassenhaltung eines repräsentativen Haushalts*

chen werden. Man führt deshalb eine fiktive Bestandsgröße ein, die **durchschnittliche Transaktionskassenhaltung** (DL_T^H). Diese Größe ist während der gesamten Periode konstant und entspricht bei gleichmäßigem Zahlungsverlauf genau dem halben Ordinatenabschnitt, also $x/2$ Euro. Rechnerisch ergibt sich die durchschnittliche Kassenhaltung, indem man die Fläche unterhalb der Kassenhaltungslinie L_T^H bestimmt, also die kumulative Kassenhaltung ermittelt, und anschließend diesen Wert durch die Länge des Planungszeitraumes dividiert. Da es sich bei der sog. Zeitmengenfläche um ein rechtwinkliges Dreieck handelt, beträgt die kumulierte Kassenhaltung $x/2$ Euro multipliziert mit der Periodenlänge. Dividiert man diesen Wert durch die Zahl der Periodeneinheiten (1 Monat), ergibt sich der Wert $x/2$ Euro (im Falle $x = 4000$ also 2000 Euro). Für den repräsentativen Haushalt gilt somit für die durchschnittliche Transaktionskassenhaltung: $DL_T^H = x/2$ Euro. Diese Größe ändert sich im betrachteten Zeitraum nicht und ist somit eine Bestandsgröße.

In entsprechender Weise lässt sich die durchschnittliche Transaktionskassenhaltung DL_T^U der repräsentativen Unternehmung ermitteln (Abbildung 3.3). Die tatsächliche Transaktionskasse L_T^U verläuft genau spiegelbildlich zur entsprechenden Kurve L_T^H des repräsentativen Haushalts. Zu Beginn des Monats ist $L_T^U = 0$, da Zahlungen in Höhe von x Euro an den Haushalt geleistet worden sind. Von weiteren Auszahlungen, etwa für Einkäufe von Vorleistungen, soll hier abgesehen werden. Im Verlaufe des Monats steigt die Transaktionskasse der Unternehmung kontinuierlich an, da Einzahlungen für Güterverkäufe an den Haushalt erfolgen. Am Ende des Monats hat die Kassenhaltung L_T^U ihren maximalen Wert in Höhe von x Euro erreicht. Der durchschnittliche Kassenbestand DL_T^U beträgt dann $x/2$ Euro. Diese fiktive Bestandsgröße bleibt im Gegensatz zur tatsächlichen Kassenhaltung während der betrachteten Periode unverändert.

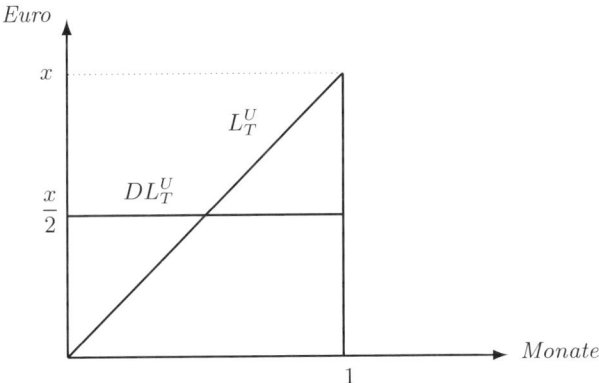

Abb. 3.3: *Tatsächliche und durchschnittliche Tranaktionskassenhaltung einer repräsentativen Unternehmung*

Die **gesamtwirtschaftliche nominale Transaktionskasse** L_T^n lässt sich jetzt sowohl durch Aggregation der einzelwirtschaftlichen Transaktionskassen L_T^H und L_T^U als auch durch Aggregation der zugehörigen Durchschnittskassen DL_T^H und DL_T^U ermitteln. Dies wird durch Abbildung 3.4 verdeutlicht. Der gesamtwirtschaftliche Transaktionskassenbestand ergibt sich, indem die einzelwirtschaftlichen Transaktionskassen in jedem Zeitpunkt der betrachteten Periode vertikal addiert werden. Die gesamtwirtschaftliche

Transaktionskasse L_T^n ist im Gegensatz zu den einzelwirtschaftlichen Kassen L_T^H und L_T^U während der gesamten Periode ein fester Bestand. Da die Bestandsgröße L_T^n auch durch Addition der durchschnittlichen Kassenbestände DL_T^H und DL_T^U ermittelt werden kann, gilt

$$L_T^n = L_T^H + L_T^U = DL_T^H + DL_T^U. \tag{3.16}$$

Die einzelwirtschaftlchen Durchschnittskassenbestände DL_T^H und DL_T^U können somit zur Erklärung der gesamtwirtschaftlichen Transaktionskassenhaltung L_T^n herangezogen werden.

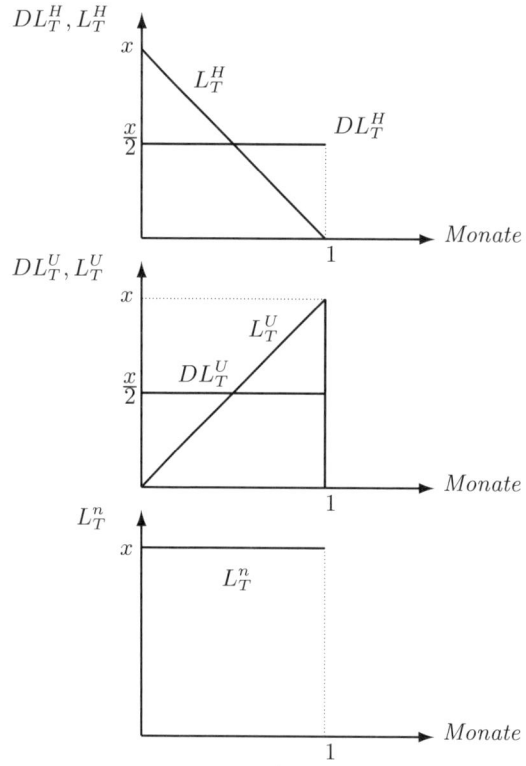

Abb. 3.4: *Einzelwirtschaftliche und gesamtwirtschaftliche Transaktionskassenhaltung*

Von welchen Determinanten ist der durchschnittliche Kassenbestand während einer Periode abhängig? Für das einzelne Wirtschaftssubjekt ändert sich die Durchschnittskassenhaltung zu Transaktionszwecken nicht, wenn ein längerer Planungszeitraum, beispielsweise ein ganzes Jahr, zugrundegelegt wird und Umfang und zeitliche Verteilung der Ein- und Auszahlungen in jedem Monat identisch sind. Für jeden Monat ergeben sich dann die gleichen L_T^H- bzw. L_T^U-Kurven, so dass sich die jahresdurchschnittliche Transaktionskassenhaltung $((12 \cdot x/2)/12$ Euro) gegenüber der monatlichen Durchschnittskas-

senhaltung nicht ändert; sie beträgt weiterhin $x/2$ Euro. Die gesamtwirtschaftliche jährliche Kassenhaltung hat dann den gleichen Wert wie die gesamtwirtschaftliche monatliche Kassenhaltung (x Euro). Eine Änderung der einzelwirtschaftlichen Durchschnittskassenhaltung ergibt sich dagegen, wenn der Umfang der geplanten Gütertransaktionen
aufgrund einer höheren Einkommenszahlung zunimmt oder wenn sich die zeitliche Verteilung der Ein- und Auszahlungen, der Zahlungsrhythmus, ändert. Eine Änderung des
Zahlungsrhythmus liegt zum Beispiel vor, wenn das monatliche Haushaltseinkommen in
Höhe von x Euro nicht in einer Summe am Ersten des Monats ausgezahlt wird, sondern
in zwei gleich großen Teilbeträgen am 1. und am 15. des jeweiligen Monats. Die durchschnittliche Kassenhaltung wird dadurch von $x/2$ auf $x/4$ Euro halbiert (Abbildung
3.5).

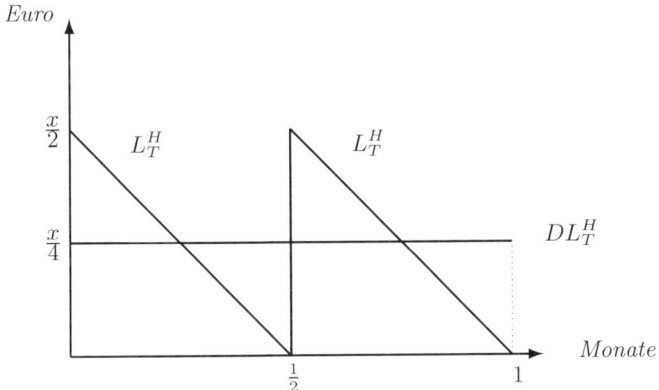

Abb. 3.5: *Änderung des Zahlungsrhythmus und Durchschnittskassenhaltung*

Die Zeitmengenfläche beträgt jetzt

$$\frac{1}{2}\left(\frac{x}{2}\cdot\frac{1}{2}\right) + \frac{1}{2}\left(\frac{x}{2}\cdot\frac{1}{2}\right) = \frac{x}{4}\text{ Euro}\cdot\text{Periodenlänge} \tag{3.17}$$

und somit die durchschnittliche Transaktionskassenhaltung des repräsentativen Haushalts $x/4$ Euro. Der gleiche Wert ergibt sich auch bei einem Planungszeitraum von
einem Jahr, da in diesem Fall die kumulative Kassenhaltung in Höhe von $12\cdot x/4$ Euro
durch die Anzahl der Monate (12) zu dividieren ist, um zur jahresdurchschnittlichen
Transaktionskassenhaltung zu gelangen.

Die durchschnittliche Kassenhaltung würde sich ein weiteres Mal halbieren (auf $x/8$ Euro), wenn der repräsentative Haushalt sein Gesamteinkommen in Höhe von x Euro in
vier gleich großen Teilen wöchentlich ausgezahlt bekommt und angenommen wird, dass
der Monat aus vier Wochen besteht. Die durchschnittliche Transaktionskassenhaltung
würde schließlich sogar auf den Wert null absinken, falls eine perfekte Synchronisation
der Zahlungseingänge und -ausgänge möglich wäre. Die Notwendigkeit einer Transaktionskassenhaltung entfällt, falls Einzahlungen und Auszahlungen zeit- und größengleich
sind.

Kurzfristig kann man von einem gegebenen Zahlungsrhythmus ausgehen, da die Zeitpunkte, in denen Einkommenszahlungen erfolgen, weitgehend festliegen. Die einzelwirtschaftliche Transaktionskassenhaltung hängt dann nur von der Höhe des geplanten Ausgabenbetrages ab. Da dieser wiederum von der Höhe des Einkommens bestimmt wird, ist die Nachfrage nach Transaktionskasse eine Funktion des Einkommens. Allgemein gilt also für die **gesamtwirtschaftliche nominale Transaktionskassenhaltung:**

$$L_T^n = L_T^n(Y^n) \quad \text{mit} \quad dL_T^n/dY^n > 0. \tag{3.18}$$

Eine Steigerung des gesamtwirtschaftlichen Nominaleinkommens führt zu einer Steigerung der gesamtwirtschaftlichen Gütertransaktionen und erfordert gemäß Gleichung (3.18) eine erhöhte Transaktionskassenhaltung. Legt man das Beispiel mit den zwei repräsentativen Wirtschaftssubjekten zugrunde, ergibt sich eine proportionale Beziehung zwischen Einkommen und Transaktionskassenhaltung. Anhand von Abbildung 3.4 ist unmittelbar zu erkennen, dass eine Verdoppelung der monatlichen oder jährlichen Einkommenszahlungen zu einer Verdoppelung der durchschnittlichen Kassenhaltung der beiden Wirtschaftssubjekte führt und somit auch zu einer Verdoppelung der gesamtwirtschaftlichen Transaktionskassenhaltung.

Aufgrund des Beispiels kann man sagen, dass bei gegebenem Zahlungsrhythmus allgemein eine proportionale Beziehung zwischen der einzelwirtschaftlichen Durchschnittskassenhaltung und dem jeweiligen Umsatz bzw. Transaktionsvolumen (T_H bzw. T_U) besteht:

$$DL_T^H = \gamma_H \cdot T_H, \quad DL_T^U = \gamma_U \cdot T_U. \tag{3.19}$$

Die positive Proportionalitätskonstante γ_H bzw. γ_U ist der **Kassenhaltungskoeffizient**; er gibt an, wie lange eine Geldeinheit von einem Wirtschaftssubjekt durchschnittlich als Kasse gehalten wird. Die Größe von γ_H bzw. γ_U hängt von der Länge des zugrundegelegten Planungszeitraums ab. Beträgt dieser einen Monat, gilt im oben diskutierten Beispiel

$$T_H = T_U = x\,\text{Euro}, \quad DL_T^H = DL_T^U = \frac{x}{2}\,\text{Euro}, \quad \gamma_H = \gamma_U = \frac{1}{2}. \tag{3.20}$$

Hier stimmt die Periode, in der das Transaktionsvolumen gemessen wird, mit der Zahlungsperiode überein. Betrachtet man dagegen als Planungsperiode ein ganzes Jahr und behält den Monat als Zahlungsperiode für das Haushaltseinkommen bei, ergibt sich

$$T_H = T_U = 12 \cdot x\,\text{Euro}, \quad DL_T^H = DL_T^U = \frac{x}{2}\,\text{Euro}, \quad \gamma_H = \gamma_U = \frac{1}{24}. \tag{3.21}$$

Der Kassenhaltungskoeffizient beträgt jetzt 1/24, da die Durchschnittskassenhaltung durch die Ausweitung des Planungshorizonts unverändert bleibt. Der Wert von γ_H bzw. γ_U in Höhe von 1/24 folgt dann aus (3.19). Für den gesamtwirtschaftlichen Transaktionskassenbestand erhält man aus (3.21) die Beziehung

$$L_T^n = DL_T^H + DL_T^U = 2 \cdot DL_T^H = 2 \cdot \gamma_H \cdot T_H = \frac{1}{12} \cdot Y^n = x\,\text{Euro}. \tag{3.22}$$

Das jährliche Transaktionsvolumen $T_H = 12 \cdot x$ Euro des repräsentativen Haushalts stimmt jetzt mit dem nominalen Volkseinkommen Y^n überein ($T_H = Y^n$). Aus Gleichung (3.22) folgt dann die Beziehung

$$12 \cdot L_T^n = T_H, \tag{3.23}$$

welche besagt, dass die gesamtwirtschaftliche Transaktionskasse L_T^n in Höhe von x Euro im Verlaufe eines Jahres 12-mal für den Erwerb von Gütern „umgeschlagen" wird, d.h. jede der insgesamt x Geldeinheiten wird innerhalb eines Jahres 12-mal herangezogen, um damit Gütertransaktionen durchzuführen. Man bezeichnet die Größe, welche die „Umschlagshäufigkeit" der gesamtwirtschaftlichen Transaktionskasse angibt, als **Umlaufsgeschwindigkeit des Geldes**. Verwendet man hierfür das Symbol v_T, gilt allgemein

$$L_T^n = \frac{1}{v_T} \cdot T = k_T \cdot T \quad \left(k_T = \frac{1}{v_T} \right). \tag{3.24}$$

Hierbei ist T das **gesamtwirtschaftliche Umsatz-** oder **Transaktionsvolumen** (im Beispiel ist $T = Y^n$) und der Kehrwert von v_T der **Kassenhaltungskoeffizient** k_T.

Das gesamtwirtschaftliche Transaktionsvolumen T erfasst allgemein das Volumen aller innerhalb eines Jahres durchgeführten Gütertransaktionen, also nicht nur Transaktionen der gesamtwirtschaftlichen Endnachfrage, sondern auch den Umsatz von Vorleistungen und Zwischenprodukten. Das gesamtwirtschaftliche Transaktionsvolumen ist empirisch nur schwer zu ermitteln; daher verwendet man als Näherungsgröße für T das nominale Inlandsprodukt Y^n. Da Y^n kleiner als T ist, ändert sich bei unverändertem Wert der Transaktionskassenhaltung L_T^n der Wert der Umlaufsgeschwindigkeit. Es gilt jetzt die Beziehung

$$L_T^n = \frac{1}{v} \cdot Y^n = k \cdot Y^n \quad \left(k = \frac{1}{v} \right), \tag{3.25}$$

wobei die Größe v ($< v_T$) auch als **Einkommenskreislaufgeschwindigkeit des Geldes** bezeichnet wird. k ist wieder der gesamtwirtschaftliche Kassenhaltungskoeffizient. Je größer k ist, desto länger ist der Zeitraum, in dem eine Geldeinheit in der Transaktionskasse gehalten wird, und desto kleiner fällt dann der Wert der Umlaufsgeschwindigkeit v aus. Von der einzelwirtschaftlichen Herleitung her ist der Wert von k konstant, wenn sich die Zahlungsgewohnheiten der Wirtschaftssubjekte nicht ändern. In diesem Fall besteht zwischen der gesamtwirtschaftlichen nominalen Transaktionskasse und dem nominalen Volkseinkommen eine proportionale Beziehung. Eine entsprechende Beziehung gilt dann auch zwischen dem **realen Transaktionskassenbestand** (L_T) und dem Realeinkommen (Y):

$$L_T = k \cdot Y \quad (k > 0). \tag{3.26}$$

In dieser Gleichung kommt auch zum Ausdruck, dass die Wirtschaftssubjekte frei von Geldillusion handeln. Eine Verdoppelung des gesamtwirtschaftlichen Güterpreisniveaus P und des Nominaleinkommens Y^n führt zu einer gleichzeitigen Verdoppelung der nominalen Geldnachfrage L_T^n und lässt die reale Transaktionskassenhaltung L_T unverändert.

3.3.2   Die Nachfrage nach Vorsichtskasse

Die Vorsichtskassenhaltung ist eine Transaktionskassenhaltung unter Unsicherheit. Hier wird nicht mehr – wie bei der Transaktionskassenhaltung unter Sicherheit – von vollkommener Information und deshalb sicheren Erwartungen über die in der Planungsperiode auftretenden Zahlungseingänge und -ausgänge ausgegangen; vielmehr wird jetzt unterstellt, dass die Höhe und die zeitliche Verteilung der zukünftigen Einnahmen und Ausgaben mit Unsicherheit behaftet sind. Diese Annahme ist realistisch, da insbesondere viele Ausgaben unregelmäßig verlaufen und daher nicht mit Sicherheit vorhersehbar sind. Ein Wirtschaftssubjekt wird daher auf der Basis seiner Einnahmen und Ausgaben in den vergangenen Perioden von einem bestimmten erwarteten Verlauf der Ein- und Auszahlungen für die laufende Periode ausgehen und hierfür die Transaktionskasse L_T^H bzw. L_T^U festlegen. Neben dieser aktiven, im Mittel notwendigen Kassenhaltung wird es darüber hinaus auch eine Art „inaktive Kasse" halten, die als Geldreserve für unvorhersehbare Zahlungen dient. Eine solche Vorsichtskasse wird vor allem gehalten, um das Risiko einer plötzlichen Zahlungsunfähigkeit möglichst klein zu halten. Wenn plötzlich Auszahlungen fällig werden, für die keine Liquiditätsreserve verfügbar ist, entstehen Illiquiditätskosten wie Mahngebühren, Kosten für Überziehungskredite sowie Kosten der Umwandlung von zinstragenden Vermögensobjekten in Geld. Zur Vermeidung solcher Kosten ist das Halten einer Vorsichtskasse notwendig. Die Liquiditätsreserve wird umso größer ausfallen, je größer das Risiko der Zahlungsunfähigkeit eingeschätzt wird. Da mit wachsendem Transaktionsvolumen auch die Zahl der unvorhergesehenen Transaktionen zunimmt, hängt die **gesamtwirtschaftliche nominale Vorsichtskassenhaltung** (L_V^n) – ebenso wie die gesamtwirtschaftliche Transaktionskassenhaltung (L_T^n) – vom Ausmaß der wirtschaftlichen Aktivität, dem gesamtwirtschaftlichen Umsatzvolumen, ab. Wird hierfür als Näherungsgröße wiederum das nominale Volkseinkommen (Y^n) herangezogen, ergibt sich

$$L_V^n = L_V^n(Y^n) \qquad \text{mit} \qquad dL_V^n/dY^n > 0. \tag{3.27}$$

Für die **reale Vorsichtskassenhaltung** gilt dann entsprechend

$$L_V = L_V(Y) \qquad \text{mit} \qquad dL_V/dY > 0. \tag{3.28}$$

Da die Transaktionskasse bei Sicherheit (L_T) und die Vorsichtskasse bzw. Transaktionskasse bei Unsicherheit (L_V) jeweils in positiver Weise vom Realeinkommen Y abhängig sind, lassen sie sich zu einer einzigen **gesamtwirtschaftlichen Transaktionskasse** ($L_{T,V}$) zusammenfassen:

$$L_{T,V} = L_T + L_V = L_{T,V}(Y) \qquad \text{mit} \qquad dL_{T,V}/dY > 0. \tag{3.29}$$

Die Gleichung lässt sich so interpretieren, dass mit wachsendem Realeinkommen Y das Volumen an vorhersehbaren und unvorhersehbaren Transaktionen zunimmt und somit auch die gesamtwirtschaftliche Geldnachfrage zu Transaktionszwecken ansteigt.

Zur Zinsabhängigkeit der Transaktionskassenhaltung

Es wurde bisher nur auf die Einkommensabhängigkeit der Transaktionskassenhaltung abgestellt. Die Abhängigkeit der gesamtwirtschaftlichen Geldnachfrage vom Transaktionsvolumen findet sich bereits in der Neoklassischen Theorie und wurde von Keynes in seiner Liquiditätspräferenztheorie übernommen. Spätere Autoren nach Keynes, wie zum Beispiel W.J. Baumol (1952) und J. Tobin (1956), wiesen darauf hin, dass zumindest ein Teil der Nachfrage nach Transaktions- und Vorsichtskasse auch vom Zinssatz abhängig sein kann. Der Grundgedanke ist der, dass mit wachsendem Zinssatz die Opportunitätskosten der Geldhaltung (im Sinne entgangener Zinserträge) ansteigen, so dass es lohnend sein kann, Teile der Transaktionskasse kurzfristig verzinslich anzulegen; die Transaktionskassenhaltung würde dann mit wachsendem Zinssatz zurückgehen. Allerdings sind hiermit stets Umwandlungskosten verbunden, und zwar Kosten für die Umwandlung von Geld in ertragbringende Vermögensobjekte und Kosten für die Liquidierung dieser zinstragenden Alternativanlagen (wie Bank- und Börsengebühren, Provisionen und Zeitkosten). Berücksichtigt man diese Umwandlungskosten neben den Opportunitätskosten der Geldhaltung, so lohnt sich die kurzfristige Anlage von einem Teil der Transaktionskasse in zinstragende Vermögensobjekte erst ab einer bestimmten Mindestzinshöhe i_0.

Abbildung 3.6 veranschaulicht diesen Zusammenhang. Oberhalb des Zinssatzes i_0 verläuft die Kurve der Transaktionskassenhaltung (schwach) zinselastisch, unterhalb davon vollkommen zinsunelastisch. Die Lage der $L_{T,V}$-Kurve ist dabei von der Höhe des gesamtwirtschaftlichen Einkommens Y abhängig. Je größer Y ist, desto weiter rechts verläuft die $L_{T,V}$-Kurve. Eine mögliche Zinsabhängigkeit der Transaktionskassenhaltung wurde zwar auch schon von Keynes (1936, S. 171) gesehen; er hielt diesen Aspekt allerdings für nicht sehr bedeutsam. Stattdessen betonte er die Zinsabhängigkeit der Spekulationskassenhaltung.

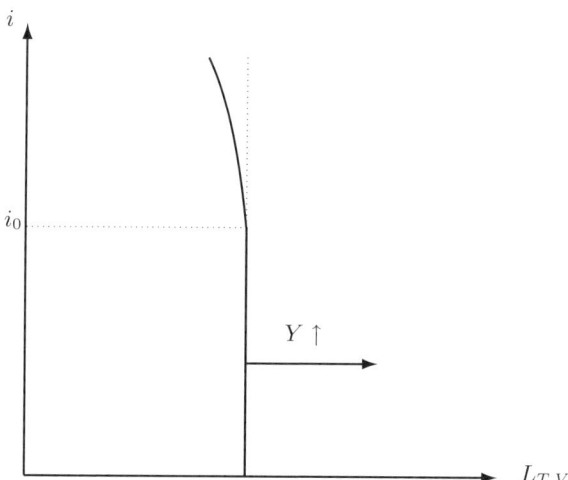

Abb. 3.6: *Zinsabhängigkeit der Transaktionskassenhaltung*

3.3.3   Die Nachfrage nach Spekulationskasse

Unter Spekulationskasse versteht man die Nachfrage nach Geld als Wertaufbewahrungsmittel. Wenn die Wertaufbewahrungsfunktion des Geldes erfüllt ist, dient Geld als Vermögensobjekt und stellt eine Alternative zur Vermögensanlage in Wertpapieren dar. Wird zur Vereinfachung von weiteren Vermögensobjekten abgesehen, ergibt sich für den einzelnen Anleger das Entscheidungsproblem, in welcher Weise sein gesamtes Vermögen auf Geld und Wertpapiere aufzuteilen ist.

Dieses Entscheidungsproblem über die beste Portfoliozusammensetzung wurde unter vereinfachenden Annahmen von Keynes (1936, Kap. 13) im Rahmen seiner Liquiditätspräferenztheorie untersucht. Im Gegensatz zur Klassischen und Neoklassischen Theorie spricht Keynes dem Geld neben der Tauschmittelfunktion auch eine eigenständige Wertaufbewahrungsfunktion zu, so dass Geld sowohl zu Transaktionszwecken als auch zur Wertaufbewahrung dienen kann. Klassiker und Neoklassiker betonten dagegen nur die Tauschmittelfunktion des Geldes. Ihrer Ansicht nach war die Geldhaltung als eine Art der Vermögensanlage irrational, da die Geldhaltung keine Zinserträge abwirft. Keynes musste daher den Nachweis erbringen, inwieweit eine Wertaufbewahrung in Form von Geld ökonomisch rational sein kann. Dies lässt sich mit der Kursentwicklung festverzinslicher Wertpapiere begründen, die in der Keynesschen Analyse die einzige Alternative zur Geldhaltung als Wertaufbewahrungsmittel darstellen. Der Grundgedanke ist der, dass es sich für einen Anleger nicht lohnt, sein Vermögen in Form von Wertpapieren zu halten, wenn er für die Planperiode mit so starken Kursverlusten rechnet, dass sich insgesamt ein negativer Gesamtertrag aus der Wertpapierhaltung ergibt; stattdessen wird er dann sein Vermögen in Form von Geld „aufbewahren".

Im Folgenden soll die Keynessche Liquiditätspräferenztheorie dargestellt werden, wobei zunächst die Spekulationskassenhaltung aus einzelwirtschaftlicher und daran anschließend aus gesamtwirtschaftlicher Sicht diskutiert wird.

Einzelwirtschaftliche Spekulationskassenhaltung

Die Zielsetzung eines Vermögensbesitzers besteht darin, einen möglichst großen Ertrag aus seiner Vermögensanlage zu gewinnen. Als Vermögensobjekte kommen dabei Geld und homogene Wertpapiere in Frage. Die Vermutung ist naheliegend, dass ein Wirtschaftssubjekt sein gesamtes Vermögen in Form von Wertpapieren anlegt, da hiermit im Gegensatz zur Geldhaltung ein Zinsertrag erzielt werden kann. Auf der anderen Seite ist die Geldhaltung bei Erfülltsein der Wertaufbewahrungsfunktion eine risikolose Anlageform, die außerdem den höchsten Liquiditätsgrad aufweist, während Wertpapiere neben einem sehr eingeschränkten Liquiditätsgrad in der Regel mit einem Kursrisiko verbunden sind.

Bei **festverzinslichen, kursvariablen Wertpapieren** (Bonds), die hier als einzige Alternative zur Geldhaltung betrachtet werden sollen, sind zwei Renditekomponenten zu beachten, die auftreten, wenn die Wertpapiere nicht dauerhaft gehalten werden, sondern am Ende eines bestimmten Anlagezeitraumes wieder verkauft werden sollen: die feste Nominalverzinsung und der Kursgewinn bzw. -verlust aufgrund einer Kursänderung während des Anlagezeitraums. Die **Nominalverzinsung** Z ist das Produkt aus dem festen Nominalzinssatz r_0 und dem festen Nennwert (Nominalwert) N: $Z = r_0 \cdot N$.

Wenn zum Beispiel ein festverzinsliches Wertpapier einen Nennwert von 100 Euro hat und der Nominalzinssatz 5% pro Jahr beträgt ($r_0 = 0,05$), so erbringt das Wertpapier eine feste jährliche Verzinsung in Höhe von $Z = 5$ Euro. Da annahmegemäß nur **homogene** Bonds betrachtet werden, weisen alle Wertpapiere die gleiche Nominalverzinsung r_0 und den gleichen Nennwert N auf.

Zur Bestimmung des Gesamtertrages eines festverzinslichen Wertpapiers ist neben der festen Nominalverzinsung Z auch die Kursänderung zu berücksichtigen. Bei einem kursvariablen Wertpapier ist der zugehörige Preis keine feste Größe, sondern bildet sich durch Angebot und Nachfrage am Wertpapiermarkt. Bei solchen Vermögensobjekten kann der **Kurswert**, d.h. der Preis, zu dem das Wertpapier am Wertpapiermarkt momentan gehandelt wird, vom Nennwert des Papiers abweichen. Wenn jetzt ein Wirtschaftssubjekt einen bestimmten Geldbetrag in Form von Wertpapieren anlegen möchte, so hat es dafür den im Anlagezeitpunkt herrschenden Kurswert pro Stück zu bezahlen. Dieser Kurs zu Beginn des Anlagezeitraumes soll mit KW_0 bezeichnet werden. Am Ende der Anlageperiode werden die Wertpapiere zum dann herrschenden Kursniveau KW_1 verkauft. Dadurch tritt die Kursänderung – neben Z – als weitere Renditekomponente auf. Da annahmegemäß ein **homogener** Wertpapiermarkt unterstellt wird, weisen alle auf diesem Markt gehandelten Papiere stets die gleiche Nominalverzinsung (mit jeweils identischem Nominalzinssatz r_0 und identischem Nennwert N) und den gleichen Kurswert auf; für jedes Wertpapier ist dann der Kursgewinn bzw. -verlust stets gleich der Differenz $KW_1 - KW_0$ und der **Gesamtertrag** pro Stück und Periode

$$E = KW_1 - KW_0 + Z. \tag{3.30}$$

Die Größe E kann sowohl positiv als auch negativ ausfallen; ist sie negativ, wäre es für den Anleger vorteilhafter gewesen, sein Vermögen in der Planperiode nur in Form von Geld zu halten. In diesem Fall würde Geld das bessere Wertaufbewahrungsmittel darstellen, obwohl es keinen Zinsertrag erbringt. Problematisch ist nun, dass ein solcher exakter Renditevergleich erst im Nachhinein, also ex post, möglich ist. Zu Beginn der Anlageperiode ist dagegen ein solcher objektiver Vergleich der Erträge der Anlageformen Geld und Wertpapiere nicht durchführbar, da der Kurswert am Ende der Anlageperiode (KW_1) zu Beginn dieser Periode unbekannt ist. Der Anleger kennt zu Beginn des Anlagezeitraums nur die Größen KW_0 und Z, nicht jedoch KW_1. Wenn ein Wertpapieranleger seinen Bestand an kursvariablen Wertpapieren am Ende der Anlageperiode wieder verkaufen will, so muss er Erwartungen über die Größe KW_1 bilden. Im Entscheidungskalkül des Anlegers ist dann nicht die Größe E, sondern der **erwartete Ertrag** pro Wertpapier und Periode zu berücksichtigen:

$$E^e = KW_1^e - KW_0 + Z. \tag{3.31}$$

In dieser Formel ist die Differenz $KW_1^e - KW_0$ der erwartete Kursgewinn bzw. -verlust; der hochgestellte Index „e" soll dabei zum Ausdruck bringen, dass es sich bei E^e und KW_1^e um erwartete Größen handelt.

Grundsätzlich sind Erwartungen mit Unsicherheit behaftet (und damit die gesamte Wertpapieranlage mit einem Risiko verbunden). Man kann nun aus Vereinfachungsgründen annehmen, dass der Anleger über den Kurswert, der sich am Ende der Anlageperiode einstellen wird, ganz genaue Vorstellungen hat, die er als sicher ansieht. Der

Wertpapieranleger erwartet dann mit 100-prozentiger Sicherheit einen ganz bestimmten Kurswert am Ende des Anlagezeitraums. Wir sprechen in diesem Fall von **sicheren Erwartungen** oder auch von **einwertigen Erwartungen** (da der Anleger ja nur mit einem ganz bestimmten Kurswert KW_1 rechnet). Bei sicheren Erwartungen ist KW_1^e für den Anleger ein fester, numerisch spezifizierter Wert.

Die Erwartungssicherheit hinsichtlich des zukünftigen Kurswertes eines kursvariablen Wertpapiers ist ein wesentlicher Bestandteil der Keynesschen Liquiditätspräferenztheorie. Die Annahme der Erwartungssicherheit hat zur Folge, dass sich hinsichtlich der gewünschten Vermögensaufteilung eines Anlegers im Normalfall eine **Entweder-Oder-Entscheidung** ergibt: Der Anleger wird sein gesamtes Vermögen **entweder** nur in Form von Wertpapieren anlegen **oder** nur in Form von Geld. Dies hängt davon ab, ob die mit Sicherheit erwartete Größe E^e positiv oder negativ ist. Es gilt also die Entscheidungsregel

$$V^A = \begin{cases} B^A, & \text{falls} \quad E^e = KW_1^e - KW_0 + Z > 0 \\ L_S^A, & \text{falls} \quad E^e < 0. \end{cases} \qquad (3.32)$$

V^A ist hierbei der Anlagebetrag des Anlegers A, B^A sein Wertpapierbestand (Bondsbestand) und L_S^A seine Spekulationskassenhaltung. Man bezeichnet die Geldhaltung als Vermögensanlage als **Spekulationskasse**, da hinter dieser Kassenhaltung ein spekulatives Motiv steht. Dieses besteht aus der subjektiven Erwartung, durch Geldhaltung einen Verlust bei der Vermögensanlage in Form von Wertpapieren vermeiden zu können. Objektiv gesehen können diese Erwartungen falsch gewesen sein. Aus diesem Grunde ist es überhaupt zulässig, auch bei sicheren Erwartungen von einer spekulativen Kassenhaltung zu sprechen.

Die Entscheidungsregel für den Anleger A verdeutlicht, dass im Falle eines strikt positiven oder eines strikt negativen erwarteten Ertrages stets eine **Vermögenskonzentration** auf genau eine Anlageform (Wertpapiere bzw. Geld) stattfindet. Im Spezialfall eines erwarteten Ertrages von null ($E^e = 0$) liegt dagegen ein indifferentes Anlageverhalten vor. Für den Anleger ist in diesem Sonderfall jede beliebige Aufteilung seines Anlagebetrages V^A in Geld und Wertpapiere akzeptabel. Im Falle $E^e = 0$ gilt somit

$$V^A = L_S^A + B^A, \quad L_S^A = \lambda \cdot V^A, \quad B^A = (1 - \lambda) \cdot V^A, \qquad (3.33)$$
$$0 \leq \lambda \leq 1, \qquad \lambda \text{ beliebig.}$$

Nur im Spezialfall, dass der erwartete Ertrag einer Wertpapieranlage gleich null ist, besteht die Möglichkeit, dass ein Wirtschaftssubjekt sein Vermögen diversifiziert, also ein gemischtes Portfolio in Form von Geld und Bonds anstrebt.

Dieser Spezialfall soll jetzt näher betrachtet werden. Die Gleichung $E^e = 0$ bzw. (bei Vernachlässigung der Indexierung)

$$KW^e - KW + Z = 0 \qquad (3.34)$$

definiert bei gegebenen Werten von KW^e und Z in eindeutiger Weise denjenigen Kurs im Anlagezeitpunkt, also zu Beginn der Anlageperiode, bei dem eine Wertpapieranlage weder einen Gewinn noch einen Verlust erbringt. Dieser spezielle Kurswert wird **kritischer Kurs** (KW^k) genannt. Der kritische Kurs ist Lösung der Gleichung $KW^e - KW + Z = 0$, d.h. für ihn gilt

$$KW^k = KW^e + Z. \tag{3.35}$$

Wegen $Z > 0$ ist $KW^k > KW^e$. Es gilt also folgende Aussage: Die Höhe des kritischen Kurses wird bestimmt durch den für das Ende der Anlageperiode erwarteten Kurs und die feste Nominalverzinsung. Der kritische Kurswert liegt stets über dem erwarteten.

Für den laufenden Kurswert KW sind jetzt im Vergleich zu KW^k und KW^e drei Fälle bzw. Positionen denkbar (Abbildung 3.7):

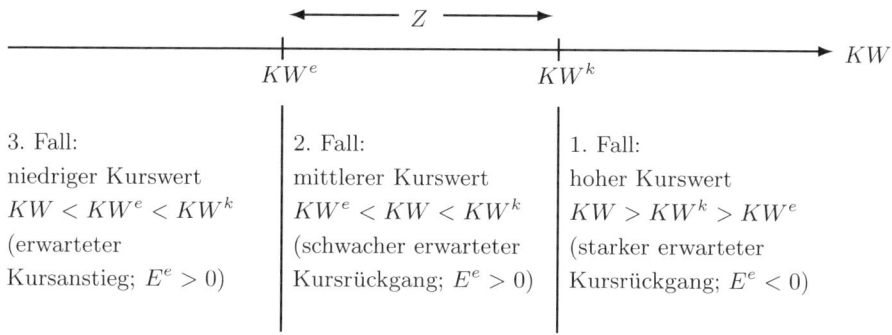

Abb. 3.7: *Laufender Kurswert im Vergleich zum kritischen und erwarteten Kurs*

Im ersten Fall liegt das aktuelle Kursniveau über dem kritischen Kurs. Bei diesem hohen Kursniveau werden so starke Kursrückgänge bis zum Ende der Anlageperiode erwartet, dass der erwartete Kursverlust nicht durch die feste Nominalverzinsung Z ausgeglichen werden kann; der erwartete Gesamtertrag aus der Wertpapierhaltung ist dann negativ. Im zweiten Fall herrscht im Anlagezeitpunkt ein mittleres Kursniveau, das zwischen der Kurserwartung und dem kritischen Kurs liegt. In diesem Fall rechnen die Anleger nur mit einem geringen Kursrückgang, so dass der erwartete Kursverlust kleiner als die feste Verzinsung Z ausfällt; der erwartete Ertrag aus der Wertpapieranlage ist dann positiv. Im dritten Fall ist das herrschende Kursniveau so niedrig, dass mit Kurssteigerungen gerechnet wird. Es wird dann ein positiver Ertrag aus der Wertpapieranlage erwartet, der größer ausfällt als bei Vorliegen eines mittleren Kurswertes.

Es lässt sich jetzt eine Funktion der einzelwirtschaftlichen Spekulationskassenhaltung in Abhängigkeit des laufenden Kurswertes KW aufstellen (Abbildung 3.8). Man kann dabei drei Bereiche dieser Funktion $L_S^A = L_S^A(KW)$ unterscheiden, je nachdem, ob der laufende Kurs oberhalb oder unterhalb des kritischen Kurswertes KW^k liegt oder genau mit KW^k übereinstimmt. Wenn im Anlagezeitpunkt gerade $KW = KW^k$ gilt, also der laufende gleich dem kritischen Kurswert ist, so folgt aus $KW^k > KW^e$, dass der Anleger mit einem Kursverlust am Ende der Periode rechnet.[13] Wegen $E^e = 0$ entspricht

---

[13]KW^e ist ja der erwartete Kurswert am Ende der Anlageperiode. Im Falle $KW > KW^e$ erwartet

dieser Kursverlust genau der festen Nominalverzinsung: $|KW^e - KW| = Z$. An der Stelle $KW = KW^k$ ist dann die Höhe der Spekulationskassenhaltung unbestimmt. Ist dagegen $KW > KW^k$ ($> KW^e$), so ist der erwartete Kursverlust größer als die feste Nominalverzinsung Z (zum Beispiel im Fall $KW = P$); der erwartete Ertrag aus der Wertpapierhaltung ist jetzt negativ und damit die einzelwirtschaftliche Spekulationskassenhaltung maximal (d.h. gleich V^A). Im dritten Fall $KW < KW^k$ gilt dagegen stets $E^e > 0$ (wie zum Beispiel an der Stelle $KW = Q$); die Spekulationskasse des einzelnen Anlegers ist dann minimal (d.h. gleich null). Dies gilt auch für $KW^e < KW < KW^k$, da für solche Kurswerte (zum Beispiel $KW = R$) der erwartete Kursverlust kleiner als Z ausfällt.

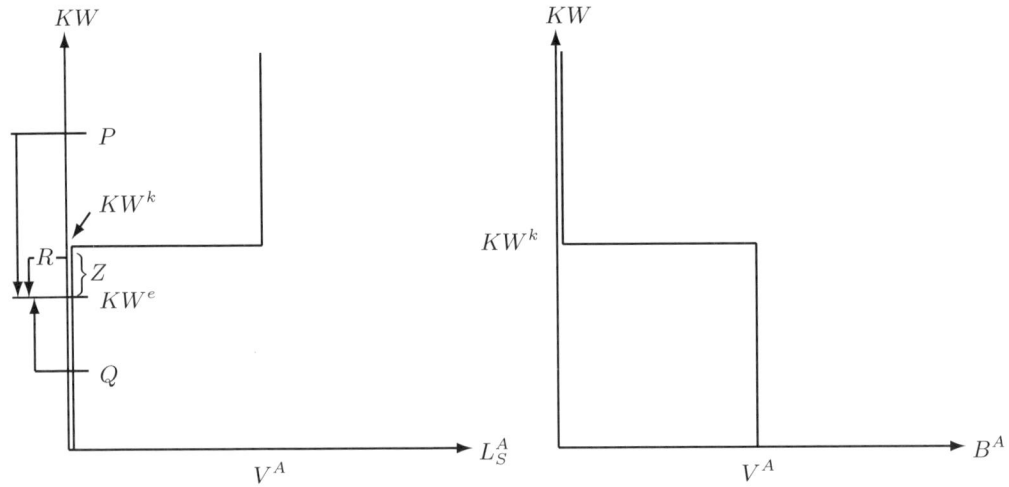

Abb. 3.8: *Einzelwirtschaftliche Spekulationskassen- und Wertpapierhaltung*

Für die Spekulationskassenhaltung des einzelnen Anlegers gilt jetzt die folgende Entscheidungsregel:[14]

$$L_S^A = \begin{cases} 0, & \text{falls} \quad E^e > 0 \Leftrightarrow KW < KW^k \quad (= KW^e + Z) \\ V^A, & \text{falls} \quad E^e < 0 \Leftrightarrow KW > KW^k. \end{cases} \qquad (3.36)$$

Die Spekulationskassenhaltung des einzelnen Vermögensbesitzers ist im Gegensatz zur einzelwirtschaftlichen Transaktionskassenhaltung (L_T^H bzw. L_T^U) eine echte Bestandsgröße, da sie sich während des gesamten Anlagezeitraums nicht verändert. Graphisch ergibt sich für die L_S^A-Funktion der im linken Schaubild von Abbildung 3.8 dargestellte treppenförmige Verlauf (das rechte Schaubild zeigt die spiegelbildliche Wertpapiernachfragefunktion B^A).

---

der Anleger, dass der Kurswert im Verlaufe der Planperiode fällt.

[14]In dieser Entscheidungsregel werden keine Transaktions- oder Umwandlungskosten, die bei der Wertpapieranlage entstehen können, berücksichtigt; alternativ könnte man diese in die feste Nominalverzinsung Z integrieren, bei der es sich dann um eine (feste) Nettoertragsgröße handeln würde.

Für die einzelwirtschaftliche Spekulationskassenhaltung und die einzelwirtschaftliche Wertpapierhaltung erhält man in Abhängigkeit vom laufenden Kurswert KW jeweils eine Treppenfunktion. Liegt der Kurs im Anlagezeitpunkt über dem kritischen Kurs KW^k, wird das gesamte Vermögen ausschließlich in Form von Kasse gehalten, unterhalb von KW^k ausschließlich in Form von Wertpapieren. Im Fall $KW < KW^k$ fällt die L_S^A-Funktion also mit der Ordinate zusammen. Die spiegelbildliche Nachfragefunktion nach Bonds ist dagegen oberhalb von KW^k mit der Ordinate identisch. Beide Kurven ergeben horizontal addiert stets den gesamten Anlagebetrag V^A; dies muss auch an der Stelle KW^k gelten.

Den beiden Schaubildern liegt implizit die Annahme zugrunde, dass eine Änderung des laufenden bzw. herrschenden Kurswertes KW keine Auswirkungen auf den kritischen Kurs KW^k und wegen $KW^k = KW^e + Z$ auch keine Auswirkungen auf den erwarteten Kurs KW^e hat; anderenfalls würde sich die Höhe der Treppenstufe (d.h. KW^k) fortlaufend ändern und somit kein eindeutiger funktionaler Zusammenhang mehr zwischen laufendem Kurswert und Spekulationskassen- bzw. Wertpapierhaltung bestehen.[15] Es wird also angenommen, dass erwarteter und kritischer Kurs unabhängig vom laufenden Kurs sind, d.h. dass die Kurserwartung **unelastisch** in Bezug auf den herrschenden Kurswert KW ist. Wegen $KW^k = KW^e + Z$ ist KW^k unabhängig von KW, wenn dies für KW^e gilt. Wir müssen daher nur die Unabhängigkeit des erwarteten vom laufenden Kurswert begründen.

Aus kurzfristiger Sicht lässt sich die unelastische Kurserwartungsbildung damit rechtfertigen, dass die Anleger ihre Kurserwartungen an einer längerfristigen Entwicklung des Kurswertes orientieren. In die Vorstellungen über den erwarteten Kurs gehen dann die Erfahrungen aus einem längeren Zeitraum der Kursentwicklung in der Vergangenheit ein. Aufgrund dieser historischen Erfahrungen bilden die Wirtschaftssubjekte Vorstellungen über die „normale" bzw. durchschnittliche Höhe des Wertpapierkurses, die sie kurzfristig, d.h. während der Anlageperiode, nicht revidieren. Die Anleger gehen also davon aus, dass ein Anfangskurs, der von diesem **Normalniveau** KW^n abweicht, bis zum Ende der Anlageperiode wieder auf dieses durchschnittliche Niveau zurückgekehrt ist. Der erwartete Kurs entspricht dann diesem Normalkurs: $KW^e = KW^n$. Da die Normalkursvorstellungen nur auf historischen Erfahrungen basieren, ist der erwartete Kurs kurzfristig gesehen vom laufenden Kurswert unabhängig. Änderungen von KW sind dann im Rahmen einer kurzfristigen Analyse ohne Auswirkungen auf den erwarteten und kritischen Kurswert KW^e bzw. KW^k.

Ändert sich jetzt der erwartete Kurs KW^e, so ist dies nicht auf eine Änderung des herrschenden Kurswertes KW zurückzuführen; vielmehr handelt es sich hierbei um eine exogene Störung. Eine Korrektur der Kurserwartung KW^e bewirkt wegen $KW^k = KW^e + Z$ auch eine Änderung des kritischen Kurswertes und damit auch eine Verschiebung der Treppenstufe der einzelwirtschaftlichen L_S^A-Funktion; diese wird vertikal nach oben oder unten verschoben.

---

[15]Eine Änderung im Verlauf der L_S^A- und B^A-Funktion würde sich auch ergeben, falls der für Spekulationszwecke verfügbare Betrag (V^A) teilweise oder ganz aus Wertpapieren besteht. In diesem Fall ist V^A selbst kursabhängig, so dass bei einer Steigerung von KW bewertungsbedingt eine Zunahme des Nominalvermögens eintritt. Die L_S^A-Funktion verläuft dann oberhalb von KW^k nicht mehr vertikal, sondern elastisch (positiv geneigt). Ebenso muss dann die B^A-Funktion unterhalb von KW^k eine positive Steigung aufweisen.

Es ist bisher nur die einzelwirtschaftliche Spekulationskassenhaltung diskutiert worden, nicht jedoch die gesamtwirtschaftliche Nachfrage nach Spekulationskasse. Würde man über alle einzelwirtschaftlichen L_S^A-Funktionen aggregieren, ergäbe sich eine gesamtwirtschaftliche Funktion der Spekulationskassenhaltung in Abhängigkeit vom Wertpapierkurs KW:

$$L_S^n = \sum_A L_S^A(KW) = L_S^n(KW). \tag{3.37}$$

Hierbei bezeichnet L_S^n die **gesamtwirtschaftliche nominale Spekulationskassenhaltung**. Unser Ziel ist die Entwicklung einer L_S^n-Funktion, die nicht vom Kurswert KW, sondern vom Zinssatz i abhängt:

$$L_S^n = L_S^n(i). \tag{3.38}$$

Der Zinssatz ist im gesamtwirtschaftlichen Gütermarktmodell (Abschnitt 2.3) eine Determinante der privaten Nettoinvestition und tritt ebenfalls in der Gleichgewichtskurve des Gütermarktes, der IS-Kurve, auf. Entsprechend soll in der hier durchgeführten partialanalytischen Betrachtungsweise des Geldmarktes eine Gleichgewichtskurve in Abhängigkeit des Zinssatzes entwickelt werden, um dann bei der simultanen Betrachtung von Güter- und Geldmarkt (Kapitel 4) gleichzeitig das Nationaleinkommen Y und den Zinssatz i in endogener Weise bestimmen zu können.

Bei dem Zinssatz i, der an die Stelle des Kurswertes KW treten soll, handelt es sich nicht um den fest vorgegebenen Nominalzinssatz r_0 eines festverzinslichen Wertpapiers, sondern um den **internen Zinssatz** einer Wertpapieranlage. Der interne oder effektive Zinssatz ist die auf den variablen Kurswert bezogene Zinszahlung. Da der Kurswert bei festverzinslichen, kursvariablen Wertpapieren vom Nennwert abweichen kann, wird sich in der Regel der Effektivzinssatz vom fest vorgegebenen Nominalzinssatz unterscheiden. Der interne Zinssatz einer Wertpapieranlage ist – analog zu einer Sachanlageninvestition (Abschnitt 2.3.2) – derjenige Zinsfuß, bei dem der Gegenwartswert aller zukünftigen Nettoeinnahmen gleich dem Anschaffungspreis ist. Bei einer Laufzeit von n Perioden treten als jährliche Nettoeinnahmen die festen Zinserträge Z auf, die auf den Gegenwartszeitpunkt abzudiskontieren sind; außerdem ist für das Ende der Laufzeit eine (abdiskontierte) Tilgungszahlung des Schuldners (d.h. des Staates) zu berücksichtigen. Bei einer Tilgung zum Nominalwert ergibt sich dann für den internen Zinssatz i die Formel

$$KW = \frac{Z}{(1+i)} + \frac{Z}{(1+i)^2} + \cdots + \frac{Z}{(1+i)^n} + \frac{N}{(1+i)^n}. \tag{3.39}$$

Hierbei ist KW der Anschaffungspreis, d.h. der Kurs des Wertpapiers im Anlagezeitpunkt, und N der Nennwert oder Ausgabekurs des Papiers.

Um die Analyse zu vereinfachen, wird von einer unendlichen Laufzeit des Wertpapiers ausgegangen ($n \to \infty$). Solche Wertpapiere mit ewiger Laufzeit werden als **Konsols** bezeichnet. Sie weisen in der Regel geringere Kursschwankungen auf als festverzinsliche Wertpapiere mit endlicher Laufzeit. Lässt man in Gleichung (3.39) für den internen Zinssatz i die Laufzeit n gegen unendlich streben, so vereinfacht sich der Ausdruck zu

$$KW = \frac{Z}{i} \qquad \text{bzw.} \qquad i = \frac{Z}{KW}.^{16} \tag{3.40}$$

KW	i
120	0,04167
110	0,04545
100 $(= N)$	0,05 $(= r_0)$
90	0,0555
80	0,0625

Tabelle 3.1: *Beziehung zwischen Kurswert und Effektivzinssatz*

Beide Formeln verdeutlichen, dass zwischen dem Kurswert KW und dem Effektivzinssatz i eine feste Beziehung besteht, da die Größe Z, die den festen Zinsertrag pro Jahr angibt, eine Konstante ist. Das bedeutet aber, dass am Wertpapiermarkt mit dem Kurswert **gleichzeitig** auch der Effektivzinssatz bestimmt wird. Beim internen Zinssatz i handelt es sich also um einen **Marktzinssatz**, so dass es gerechtfertigt ist, einfach vom Zinssatz i zu sprechen.

Aufgrund der Konstanz von Z besteht zwischen Kurswert und Zinssatz eine umgekehrt proportionale Beziehung: Je größer KW ist, desto kleiner ist i und umgekehrt.[17] Dies lässt sich auch an dem folgenden **Beispiel** verdeutlichen: Mit $N = 100$ Euro (Nennwert) und $r_0 = 0,05$ (fester Nominalzinssatz) gilt $Z = 5$ Euro (pro Jahr) und somit $KW = 5/i$.

Tabelle 3.1 enthält für alternative Kurswerte den jeweils zugehörigen Effektivzinssatz. Sie zeigt sehr deutlich, wie der Zinssatz mit dem Kurswert schwankt. Nur im Spezialfall $KW = N$ stimmen effektiver Zinssatz und Nominalzinssatz überein. Ist dagegen beispielsweise $KW = 120$, so gilt wegen $KW \cdot i = Z = r_0 \cdot N$, dass das Wertpapier p.a. nur noch eine effektive Verzinsung in Höhe von 4,167% erbringt (und keine 5-prozentige Verzinsung wie im Fall $KW = N$). Der Zinssatz i liefert insofern also die auf den variablen Kurswert bezogene Verzinsung.

Aufgrund der festen Beziehung zwischen Kurswert und Zinssatz kann die Spekulationskassennachfrage auch in Abhängigkeit vom Zins ausgedrückt werden. Wir müssen dazu zunächst die Entscheidungsregel für den einzelnen Anleger hinsichtlich seiner gewünschten Vermögensstruktur mit Hilfe des Zinssatzes i formulieren. Bei einem Anlagezeitraum von einer Periode ist der erwartete Gesamtertrag aus einer vorübergehenden Wertpapieranlage pro Stück

$$E^e = KW^e - KW + Z. \tag{3.41}$$

In dieser Formel sind der für das Ende der Periode erwartete Kurswert durch den für

---

[16]Entsprechende Formeln gelten auch für den internen Zinsfuß einer dauerhaften Sachanlageninvestition mit konstanten jährlichen Nettoeinnahmen (vgl. Abschnitt 2.3.2).

[17]Auch im Falle $n < \infty$, d.h. bei endlicher Laufzeit, gilt, dass mit wachsendem Zinssatz der Kurswert fällt und umgekehrt. Dies ist anhand von Formel (3.39) erkennbar, da dort i in allen Summanden der rechten Seite im Nenner steht.

das Ende des Anlagezeitraumes erwarteten Zins und der laufende Kurswert durch den gerade herrschenden Zins zu ersetzen; wegen $KW = Z/i$ und entsprechend $KW^e = Z/i^e$ (i^e = erwarteter Zinssatz) gilt dann

$$E^e = \frac{Z}{i^e} - \frac{Z}{i} + Z = Z \cdot \left[\frac{1}{i^e} - \frac{1}{i} + 1 \right]. \tag{3.42}$$

Bei sicherer oder einwertiger Kurserwartung ist auch die Zinserwartung i^e eine Punkterwartung. Der einzelne Anleger erwartet mit 100-prozentiger Sicherheit ein ganz bestimmtes Zinsniveau, das Normalniveau i^n, für das Ende der Anlageperiode: $i^e = i^n$. Ebenso wie bei KW^e handelt es sich auch bei i^e um eine exogene Größe, die nicht vom herrschenden Zinssatz i abhängt, sondern auf der Grundlage der vergangenen Entwicklung von i gebildet wird.

Bei sicheren Erwartungen hält der einzelne Anleger sein gesamtes Vermögen in Form festverzinslicher Wertpapiere, falls der erwartete Ertrag E^e positiv ist; im Falle $E^e < 0$ würde er dagegen nur Kasse halten. Wegen $Z > 0$ folgt aus der Formel (3.42) für den erwarteten Ertrag in Abhängigkeit von i und i^e:

$$
\begin{aligned}
E^e > 0 &\Leftrightarrow \frac{1}{i^e} - \frac{1}{i} + 1 > 0 \\
&\Leftrightarrow 1 > \frac{1}{i} - \frac{1}{i^e} = \frac{i^e - i}{i \cdot i^e} \\
&\Leftrightarrow i \cdot i^e > i^e - i \\
&\Leftrightarrow i(i^e + 1) > i^e \\
&\Leftrightarrow i > \frac{i^e}{1 + i^e}.
\end{aligned} \tag{3.43}
$$

Entsprechend gilt

$$E^e < 0 \Leftrightarrow i < \frac{i^e}{1 + i^e}. \tag{3.44}$$

Analog zum kritischen Kurs KW^k lässt sich jetzt auch ein **kritischer Zins** i^k definieren. Bei diesem speziellen Zinssatz stimmt der erwartete Kursverlust ($KW^e - KW$) genau mit dem festen Zinsertrag Z überein, so dass der erwartete Ertrag aus der Wertpapieranlage gleich null ist: $E^e(i^k) = 0$. Aus den eben durchgeführten Umformungen folgt unmittelbar, dass für den kritischen Zins gilt:

$$i^k = \frac{i^e}{1 + i^e} < i^e. \tag{3.45}$$

i^k fällt kleiner aus als die Zinserwartung i^e, da man, um von i^e zu i^k zu gelangen, die Zinserwartung i^e durch den Ausdruck $1 + i^e$ dividieren muss, welcher größer als eins ist. Der kritische Zins liegt auch deshalb unterhalb des erwarteten Zinssatzes, weil der kritische Kurs KW^k wegen $KW^k = KW^e + Z$ größer als der erwartete Kurswert ist und zwischen Kurs und Zins eine umgekehrt proportionale Beziehung besteht. Außerdem gilt die Beziehung

$$KW^k \cdot i^k = KW^e \cdot i^e = Z, \qquad (3.46)$$

d.h. die feste Nominalverzinsung Z ist nicht nur das Produkt aus erwartetem Kurs und erwartetem Zins, sondern auch das Produkt aus kritischem Kurs und kritischem Zins. Wenn also KW^k größer als KW^e ausfällt, muss zwingend i^k kleiner als i^e sein, da sonst die Gleichung (3.46) verletzt wäre. Gemäß der Definition von KW^k und i^k gilt

$$
\begin{aligned}
KW^k \cdot i^k &= [KW^e + Z] \cdot \frac{i^e}{1 + i^e} \\
&= \frac{1}{1 + i^e} \cdot [KW^e \cdot i^e + Z \cdot i^e] \\
&= \frac{1}{1 + i^e} \cdot [Z + Z \cdot i^e] \\
&= \frac{1}{1 + i^e} \cdot [1 + i^e] \cdot Z = Z. \qquad (3.47)
\end{aligned}
$$

Es besteht also auch zwischen kritischem Kurswert und kritischem Zinssatz eine umgekehrt proportionale Beziehung ($KW^k = Z/i^k$).

Für die **einzelwirtschaftliche Spekulationskassenachfrage** gilt jetzt in Abhängigkeit des Zinssatzes i:

$$L_S^A = \begin{cases} 0, & \text{falls} \quad i > i^k \ (\Leftrightarrow E^e > 0) \\ V^A, & \text{falls} \quad i < i^k \ (\Leftrightarrow E^e < 0). \end{cases} \qquad (3.48)$$

Im Sonderfall $i = i^k$ ist die Spekulationskassenhaltung des einzelnen Anlegers unbestimmt, da für dieses Zinsniveau der erwartete Ertrag aus der Wertpapierhaltung gleich null ist; der Anleger ist dann zwischen der Geld- und Wertpapierhaltung indifferent. Ist $i = i^k$, so gilt wegen $i^k < i^e$, dass der Anleger mit Sicherheit einen Zinsanstieg von $i = i^k$ auf $i = i^e$ erwartet, was gleichbedeutend mit einem erwarteten Kursverlust ist ($KW^e < KW^k$). Der erwartete Kursverlust ist dabei mit der festen Nominalverzinsung in Höhe von Z Geldeinheiten identisch. Liegt der herrschende Zinssatz über dem kritischen Zinssatz ($i > i^k$), hält der Anleger nur Wertpapiere, da er mit Sicherheit mit einem positiven Ertrag aus der Wertpapieranlage rechnet. Dies gilt selbst im Falle eines erwarteten Kursverlustes ($i^k < i < i^e$), da dieser wegen $i > i^k$ bzw. $KW < KW^k$ kleiner ausfällt als der feste Zinsertrag Z. Ist dagegen $i < i^k \ (< i^e)$, so ist der erwartete Kursverlust so groß, dass er nicht mehr durch die festen Zinseinnahmen in Höhe von Z kompensiert werden kann; in diesem Fall besteht das gesamte Finanzvermögen eines Anlegers nur aus Spekulationskasse. Insgesamt ergibt sich die in Abbildung 3.9 dargestellte **einzelwirtschaftliche Nachfragefunktion nach Spekulationskasse** in Abhängigkeit vom Zinssatz i.

Einzelwirtschaftlich erhält man auch für die Spekulationskassennachfrage in Abhängigkeit von i eine Treppenfunktion. Die Treppenkurve fällt für $i > i^k$ mit der Ordinate zusammen (L_S^A ist in diesem Fall gleich null) und stimmt für $i < i^k$ mit einer

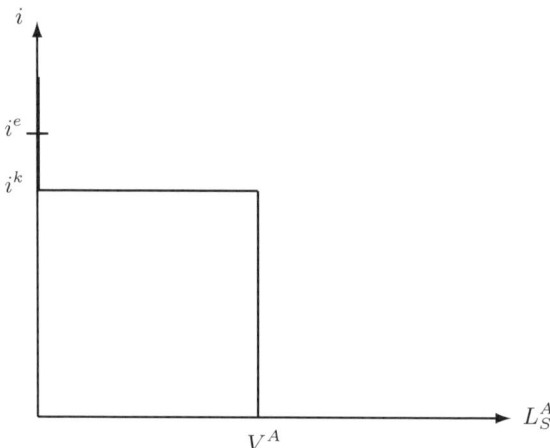

Abb. 3.9: *Einzelwirtschaftliche Nachfrage nach Spekulationskasse*

Parallelen zur i-Achse durch den Abszissenwert V^A überein (L^A_S ist jetzt gleich V^A).[18] Eine Diversifizierung des Vermögens kann nur im Falle $i = i^k$ eintreten, da in diesem Sonderfall $E^e = 0$ gilt; das Ausmaß der Spekulationskassenhaltung ist dann unbestimmt. Es ist zu beachten, dass die Treppenstufe an der Stelle $i = i^k$ und nicht an der Stelle $i = i^e$ liegt. Solange der aktuelle Zins größer als der kritische ausfällt, ist der erwartete Ertrag aus der Wertpapierhaltung positiv, so dass vom Anleger A ausschließlich Wertpapiere gehalten werden; dies gilt auch im Sonderfall $i = i^e$, bei dem der erwartete Ertrag genau mit der festen Nominalverzinsung übereinstimmt ($E^e = Z$). Der Umschlagpunkt von der Wertpapier- zur Kassenhaltung liegt also an der Stelle $i = i^k$ und nicht an der Stelle $i = i^e$.

Gesamtwirtschaftliche Spekulationskassenhaltung

Die gesamtwirtschaftliche Nachfrage nach Geld zu Spekulationszwecken ergibt sich durch Aggregation aller einzelwirtschaftlichen L^A_S-Funktionen:

$$L^n_S = \sum_{j=1}^m L^{A_j}_S. \tag{3.49}$$

Hierbei bezeichnet L^n_S die **gesamtwirtschaftliche nominale Spekulationskassenhaltung** und $L^{A_j}_S$ die gewünschte Spekulationskasse des j-ten Anlegers ($j = 1, \dots, m$). Gesamtwirtschaftlich ergibt sich nur dann eine stetige, monoton fallende Nachfragefunktion der Form $L^n_S = L^n_S(i)$, wenn die **zentrale Annahme** getroffen wird, dass die

---

[18]Die L^A_S-Funktion ist im unteren Bereich nur dann vertikal, wenn das Nominalvermögen V^A im Anlagezeitpunkt ausschließlich aus Geld besteht. Enthält V^A auch Bonds, erhöht sich V^A mit fallendem i, so dass die L^A_S-Funktion für $i < i^k$ zinselastisch (negativ geneigt) verläuft.

Wirtschaftssubjekte jeweils eine **unterschiedliche Zinserwartung** haben:

$$i_j^e \neq i_l^e \quad \text{für } j \neq l \qquad (1 \leq j, l \leq m). \tag{3.50}$$

Bei unterschiedlichen Normalzinsvorstellungen fallen auch die individuellen kritischen Zinssätze $i_j^k = i_j^e/(1 + i_j^e)$ von Wirtschaftssubjekt zu Wirtschaftssubjekt verschieden aus. Gesamtwirtschaftlich erhält man dann eine Kurve, die wie eine mikroökonomische Nachfragefunktion in stetiger Weise von links oben nach rechts unten verläuft (Abbildung 3.10). Bei übereinstimmenden kritischen Zinssätzen würde sich dagegen auch gesamtwirtschaftlich eine Treppenfunktion ergeben.

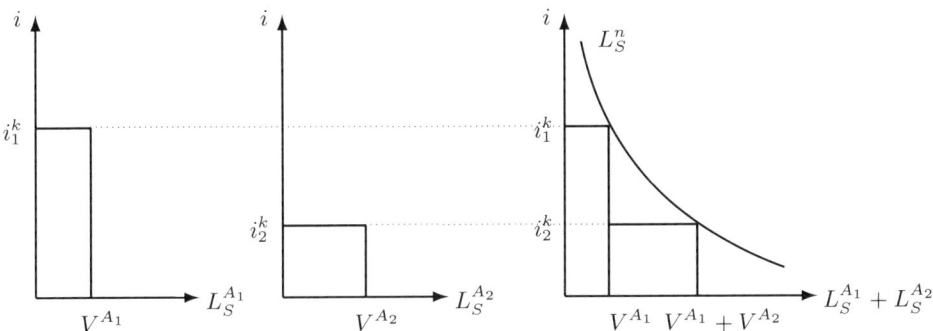

Abb. 3.10: *Aggregation einzelwirtschaftlicher L_S^A-Funktionen*

Aus der Anschauung ist unmittelbar ersichtlich, dass sich bei einer großen Zahl unterschiedlicher kritischer Zinssätze eine stetig verlaufende L_S^n-Funktion ergibt. Ökonomisch bedeutet dies, dass mit sinkendem Zinssatz Geldmarkt und Wertpapiermarkt nicht bei einem bestimmten kritischen Zinssatz schlagartig „umkippen", sondern dass stattdessen eine allmähliche Umschichtung von Wertpapieren zu Geld stattfindet. Wenn der laufende Zinssatz sinkt, bleiben kurzfristig die Normalzinsvorstellungen der Anleger und damit auch ihre individuellen kritischen Zinssätze i_j^k unverändert. Für einige Anleger fällt dann der herrschende Zinssatz unter ihren jeweiligen kritischen Zinssatz, so dass die Zahl der Wirtschaftssubjekte zunimmt, für die i unterhalb von i_j^k liegt, d.h. die mit so großen Zinssteigerungen bzw. Kursverlusten rechnen, dass sich ein negativer erwarteter Ertrag aus einer Wertpapieranlage ergeben würde.[19] Bei gegebenen Zinserwartungen hat somit ein sinkender Zinssatz zur Folge, dass immer mehr Wirtschaftssubjekte Kasse anstelle von Wertpapieren zu halten wünschen. Die gesamtwirtschaftliche Spekulationskassennachfrage nimmt in diesem Fall mit fallendem Zinssatz zu (wobei sich eine kontinuierliche Zunahme ergibt, falls neben unterschiedlichen Zinserwartungen unterstellt wird, dass am Wertpapiermarkt eine große Zahl von Anlegern mit jeweils

---

[19]Die Anleger A_j, für die in der Ausgangslage $i > i_j^k$ und nach der Zinssenkung $i < i_j^k$ gilt, besitzen in der Ausgangssituation nur Wertpapiere ($V^{A_j} = B^{A_j}$). Bei diesen Wirtschaftssubjekten kommt es durch den Zinsrückgang bzw. Kursanstieg bewertungsbedingt zu einer Zunahme ihres Nominalvermögens. Da sie mit starken Kursverlusten bis zum Ende der Periode rechnen, werden sie ihr gesamtes Vermögen (einschließlich des Wertzuwachses) nicht mehr in Form von Bonds halten wollen, sondern vollständig in Kasse umwandeln.

relativ kleinen Anteilen am gesamtwirtschaftlichen Finanzvermögen auftreten). Da mit sinkendem Zins immer mehr Wirtschaftssubjekte von der Wertpapier- zur Kassenhaltung übergehen, gibt es ein sehr niedriges Zinsniveau, ab dem alle Wirtschaftssubjekte Kasse gegenüber Wertpapieren vorziehen.[20] Das Kursniveau ist bei diesem Zinssatz so hoch, dass kein Anleger mehr damit rechnet, erwartete Kursverluste durch die festen Zinseinnahmen Z kompensieren zu können. In dieser Situation ist die Präferenz für die Kassenhaltung so groß, dass jeder Zufluss von Geld vollständig in die Spekulationskasse fließt.

Abbildung 3.11 veranschaulicht den Verlauf der gesamtwirtschaftlichen Spekulationskassenhaltung in Abhängigkeit vom Zinssatz i. Genaugenommen sind drei Bereiche der L_S^n-Funktion zu unterscheiden. Der mittlere Bereich ist der Normalbereich. Mit fallendem Zins nimmt hier die Nachfrage nach Spekulationskasse kontinuierlich zu. Da mit sinkendem Zins immer mehr Wirtschaftssubjekte die Kassenhaltung der Wertpapierhaltung vorziehen, gibt es eine Zinsuntergrenze i_U, ab der alle Wirtschaftssubjekte nur noch Spekulationskasse zu halten wünschen. i_U stimmt dabei mit dem kleinsten einzelwirtschaftlichen kritischen Zinssatz i_j^k überein, d.h.

$$i_U = \min\{i_j^k : j = 1, \cdots, m; \quad m = \text{Zahl der Vermögensbesitzer}\}. \quad (3.51)$$

Im Falle $i = i_U$ halten mit Ausnahme der (indifferenten) Anleger mit dem kleinsten kritischen Zins alle Vermögensbesitzer nur Kasse, da ihre kritischen Zinssätze unterschritten worden sind. Die Nachfrage nach Spekulationskasse wird in diesem Grenzfall vollkommen elastisch, d.h.

$$dL_S^n/di \to -\infty \quad \text{für} \quad i \to i_U.^{[21]} \quad (3.52)$$

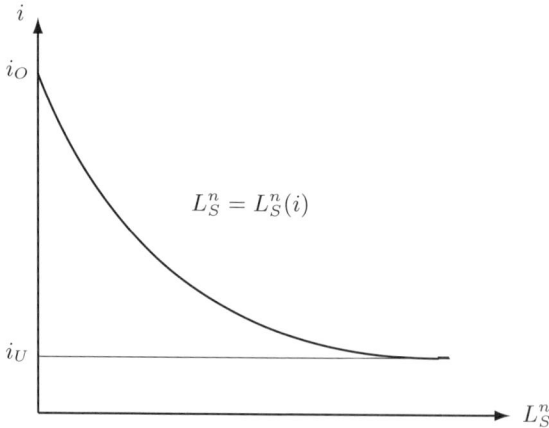

Abb. 3.11: *Gesamtwirtschaftliche Spekulationskassennachfrage*

---

[20]Dieses Zinsniveau kann im Grenzfall auch bei null liegen.

[21]Hierbei wird Differenzierbarkeit der Geldnachfragefunktion L_S^n an der Stelle $i = i_U$ vorausgesetzt.

Der vollkommen zinselastische Bereich der L_S^n-Funktion wird auch als **Keynessche Liquiditätsfalle (Liquidity Trap)** bezeichnet. Die L_S^n-Kurve verläuft an der Stelle $i = i_U$ horizontal (vollkommen zinselastisch). Ein sehr flacher oder horizontaler Verlauf der L_S^n-Kurve an der Stelle $i = i_U$ lässt sich allerdings von der einzelwirtschaftlichen Herleitung dieser Kurve kaum rechtfertigen. Die Existenz eines solchen vollkommen zinselastischen Bereichs setzt voraus, dass in unmittelbarer Nähe von i_U jede kleine Zinssenkung mit einer sehr großen Steigerung der Geldnachfrage verbunden ist, die mit Erreichen der Zinsuntergrenze sogar unendlich groß wird. Dies bedeutet aber, dass für Zinsniveaus, die nur geringfügig oberhalb von i_U liegen, die Zahl der Wirtschaftssubjekte, für die der kritische Zins unterschritten worden ist, plötzlich sehr stark ansteigen muss. Für eine sehr große Zahl von Vermögensbesitzern muss somit der jeweilige kritische Zins in unmittelbarer Nähe der Zinsuntergrenze i_U liegen. Theoretisch ist dies zwar vorstellbar, praktisch jedoch kaum realistisch.

Um einen horizontalen Bereich der L_S^n-Kurve zu rechtfertigen, muss man genaugenommen die zentrale Annahme sicherer Zins- bzw. Kurserwartungen aufgeben und stattdessen zu unsicheren (risikobehafteten) Erwartungen übergehen. Bei unsicheren Erwartungen rechnen die Anleger für die Zukunft nicht mehr mit einem ganz bestimmten Zinsniveau (Normalniveau), sondern erwarten verschieden hohe Zinssätze mit jeweils einer bestimmten Wahrscheinlichkeit. Diese Annahme liegt dem auf J. Tobin (1958) zurückgehenden portfoliotheoretischen Ansatz zur Erklärung der einzelwirtschaftlichen Spekulationskassennachfrage zugrunde. Mit Hilfe dieses Ansatzes, auf den hier nicht näher eingegangen werden soll, lässt sich zeigen, dass sich bei unsicheren Zinserwartungen bereits einzelwirtschaftlich eine stetig fallende Nachfragefunktion nach Spekulationskasse ergibt; aus gesamtwirtschaftlicher Sicht würde dann mit fallendem i der Zuwachs an Spekulationskasse in der Regel immer mehr zunehmen.

Wir können **festhalten**, dass bei Erwartungssicherheit bezüglich des zukünftigen Zinsniveaus nicht die Existenz einer Zinsuntergrenze i_U, ab der nur noch Kasse gehalten wird, Erklärungsschwierigkeiten bereitet, sondern der horizontale Verlauf der L_S^n-Kurve bei diesem Zinssatz i_U. In der Keynesianischen Theorie spielt die Liquiditätsfalle eine wichtige Rolle bei der Erklärung dauerhafter Arbeitslosigkeit; wir werden daher von der Existenz eines vollkommen zinselastischen Bereichs der L_S^n-Kurve ausgehen.

Analog zur Zinsuntergrenze i_U existiert auch eine Zinsobergrenze

$$i_O = \max\{i_j^k : j = 1, \cdots, m\}, \tag{3.53}$$

ab der alle Wirtschaftssubjekte nur noch Wertpapiere zu halten wünschen. Im Falle $i > i_O$ ist das Kursniveau so niedrig, dass alle Anleger mit einem positiven Gesamtertrag aus der Wertpapierhaltung rechnen; die gesamtwirtschaftliche Spekulationskassennachfrage ist dann gleich null.

Wirkung einer exogenen Steigerung von i^e auf L_S^n

Es wurde bisher der Zusammenhang zwischen dem herrschenden Zinssatz i und der Geldnachfrage für spekulative Zwecke untersucht. Dabei wurde von gegebenen Erwartungen über den zukünftigen Zinssatz ausgegangen. Es soll jetzt der Zusammenhang zwischen der Höhe der gesamtwirtschaftlichen Spekulationskasse und den Zinserwartungen bei gegebenem Zinsniveau i analysiert werden. Wie wirkt sich eine exogene

Steigerung von i^e auf die Spekulationskassenhaltung L_S^n aus? Wenn allgemein damit gerechnet wird, dass das zukünftige Zinsniveau höher sein wird als ursprünglich angenommen, so erhöht sich bei gegebenem laufenden Zinssatz gesamtwirtschaftlich gesehen die Zahl der Anleger, die mit so großen Zinssteigerungen bzw. Kursverlusten rechnen, dass der erwartete Ertrag aus der Wertpapierhaltung negativ wird. Die Bereitschaft, Kasse zu halten, nimmt dann aus gesamtwirtschaftlicher Sicht zu. Graphisch kommt es zu einer Verschiebung der L_S^n-Kurve nach oben (Abbildung 3.12). Dabei wird auch der horizontale Bereich der L_S^n-Kurve nach oben verlagert, da ein allgemeiner Anstieg der einzelwirtschaftlichen Zinserwartungen i_j^e eine allgemeine Erhöhung der kritischen Zinssätze $i_j^k = i_j^e/(1 + i_j^e)$ impliziert. Nach der Quotientenregel gilt nämlich

$$\frac{di_j^k}{di_j^e} = \frac{(1 + i_j^e) \cdot 1 - 1 \cdot i_j^e}{(1 + i_j^e)^2} = \frac{1}{(1 + i_j^e)^2} > 0. \tag{3.54}$$

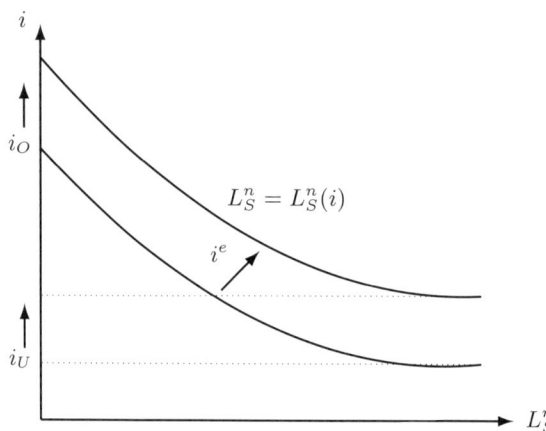

Abb. 3.12: *Wirkung einer Steigerung von i^e auf die Spekulationskassenhaltung*

Neben der Zinsuntergrenze i_U verlagert sich auch die Zinsobergrenze i_O nach oben. Eine allgemeine Korrektur der Zinserwartung nach oben impliziert also eine allgemeine Steigerung der kritischen Zinssätze, so dass bei unverändertem Wert des laufenden Zinssatzes die Anzahl der individuellen kritischen Zinssätze, die über dem herrschenden Zinsniveau liegen, zunimmt. Die Bereitschaft, Kasse anstelle von Wertpapieren zu halten, muss dann ebenfalls gesamtwirtschaftlich gesehen zunehmen.

Zusammenfassend lässt sich sagen, dass die gesamtwirtschaftliche nominale Spekulationskassenhaltung vom Zinssatz i, von der Zinserwartung i^e und vom gesamtwirtschaftlichen Nominalvermögen V^n abhängt:

$$L_S^n = L_S^n \overset{(-)\,(+)\,(+)}{(i,\ i^e, V^n)}. \tag{3.55}$$

L_S^n ist dabei in negativer Weise von i und in positiver Weise von i^e und V^n abhängig. Eine Steigerung des Nominalvermögens V^n führt im i/L_S^n-Diagramm zu einer Rechtsverschiebung der L_S^n-Kurve, wie anhand der Aggregation einzelwirtschaftlicher L_S^A-Funktionen zur gesamtwirtschaftlichen L_S^n-Funktion zu erkennen ist (vgl. Abbildung 3.10).[22]

Die Nachfrage nach Spekulationskasse wurde bisher immer als Nominalgröße aufgefasst. Da die Wirtschaftssubjekte annahmegemäß frei von Geldillusion handeln, d.h. eine Realplanung betreiben, müssen wir die Spekulationskassenhaltung in der Form

$$L_S = L_S \overset{(-)\,(+)\,(+)}{(i,\ i^e, V)} \tag{3.56}$$

schreiben; hierbei bezeichnet $L_S = L_S^n/P$ die **reale Spekulationskassennachfrage** und $V = V^n/P$ das gesamtwirtschaftliche Realvermögen. Die L_S-Funktion lässt sich aus der L_S^n-Funktion ableiten, wenn unterstellt wird, dass die Funktion der nominalen Spekulationskassenhaltung linear-homogen im Nominalvermögen V^n ist.[23] Wegen $V^n = V \cdot P$ steigt dann die nominale Geldnachfrage L_S^n bei gegebenem Realvermögen V proportional mit dem gesamtwirtschaftlichen Preisniveau P an. Für die reale Geldnachfrage L_S gilt daher

$$L_S = L_S^n/P = \frac{1}{P} \cdot L_S^n(i, i^e, V \cdot P) = L_S^n(i, i^e, V \cdot P/P) = L_S(i, i^e, V). \tag{3.57}$$

Im Folgenden soll für die reale Spekulationskassennachfrage die verkürzte Schreibweise

$$L_S = L_S \overset{(-)}{(i)} \tag{3.58}$$

verwendet werden.

3.3.4   Die gesamtwirtschaftliche Geldnachfragefunktion

Die gesamtwirtschaftliche Geldnachfrage setzt sich aus der einkommensabhängigen Transaktionskasse (einschließlich der Vorsichtskasse) sowie der zinsabhängigen Spekulationskasse zusammen:

$$L = L_{T,V} + L_S = L_{T,V} \overset{(+)}{(Y)} + L_S \overset{(-)}{(i)}. \tag{3.59}$$

L bezeichnet hierbei die **gesamtwirtschaftliche reale Geldnachfrage**. Diese hängt in positiver Weise vom Realeinkommen Y und in negativer Weise vom Zinssatz i für

---

[22]Genaugenommen ist hierbei V^n der für Anlagezwecke insgesamt zur Verfügung stehende Geldbetrag. Eine Steigerung des Vermögens kann sich auch durch eine Zunahme des Bondsbestandes ergeben. In der Regel wird dies ebenfalls zu einer Erhöhung von L_S^n führen, was sich portfoliotheoretisch mit Risiko- und Liquiditätsgesichtspunkten begründen lässt, da Geld gegenüber kursvariablen Wertpapieren ein geringeres Risiko und einen höheren Liquiditätsgrad aufweist.

[23]Die allgemeine Funktion der nominalen gesamtwirtschaftlichen Spekulationskassennachfrage (3.55) lässt sich dann genauer in der Form $L_S^n = g \overset{(-)\,(+)}{(i,\ i^e)} \cdot V^n$ darstellen. Zwischen L_S^n und V^n besteht in diesem Fall ein proportionaler Zusammenhang, wobei die Proportionalitätskonstante g zinsabhängig ist.

festverzinsliche Wertpapiere ab. Graphisch ergibt sich die Geldnachfragefunktion, indem man die gesamtwirtschaftliche Liquiditätspräferenz als Funktion des Zinssatzes i auffasst und zu der von Y abhängigen, vertikal verlaufenden $L_{T,V}$-Funktion die gesamtwirtschaftliche L_S-Funktion horizontal addiert (Abbildung 3.13).

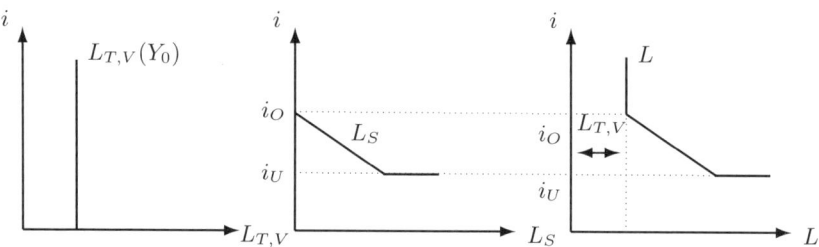

Abb. 3.13: *Die gesamtwirtschaftliche Geldnachfragefunktion*

Die gesamtwirtschaftliche Geldnachfragefunktion besteht aus drei Bereichen, da dies auch für die Geldnachfrage für spekulative Zwecke gilt. Für $i > i_O$ ist die gesamtwirtschaftliche Spekulationskassenhaltung gleich null; Geld wird für Zinssätze, die oberhalb des maximalen individuellen kritischen Zinssatzes liegen, nur zu Transaktionszwecken gehalten. Bei angenommener zinsunabhängiger Transaktionskassenhaltung verläuft dann die L-Kurve für $i > i_O$ vertikal (vollkommen zinsunelastisch). Dies ist der **klassische Bereich** der gesamtwirtschaftlichen Geldnachfragekurve. Geld besitzt aus klassisch-neoklassischer Sicht keine eigenständige Wertaufbewahrungsfunktion, sondern nur eine Tauschmittelfunktion; eine Kassenhaltung für spekulative Zwecke und damit eine zinsabhängige Geldnachfrage konnte es daher aus Sicht der Klassiker und Neoklassiker nicht geben. Im Bereich $i_O > i > i_U$ reagiert die Geldnachfrage normal auf eine Änderung des Zinssatzes, d.h. hier gilt $dL/di < 0$. Dies ist der **Normalbereich** der gesamtwirtschaftlichen Geldnachfragefunktion. An der unteren Zinsgrenze i_U verläuft die L-Kurve horizontal (vollkommen zinselastisch); dies ist die **Keynessche Liquiditätsfalle**.

Gemäß Abbildung 3.13 ergibt sich die gesamtwirtschaftliche Geldnachfrage aus der Addition der Kurven $L_{T,V}$ und L_S. Die Aufspaltung der gesamtwirtschaftlichen Kassenhaltung in eine Transaktions- und Spekulationskasse ist im Grunde eine rein abstrakte Vorgehensweise, da man einem vorhandenen Bestand an Zahlungsmitteln in der Regel nicht ansehen kann, wie groß jeweils der Anteil der Transaktions- und Spekulationskassenhaltung ist. Dennoch ist eine rein gedankliche Trennung der Kassenhaltung in eine Transaktions- und Spekulationskasse zulässig, ebenso dann auch die weitere Aufspaltung der $L_{T,V}$-Kassenhaltung in eine Kassenhaltung für Transaktions- und Vorsichtszwecke. Wird eine solche gedankliche Aufspaltung der gesamten Kassenhaltung nicht vorgenommen, sondern werden lediglich die verschiedenen Motive der Geldhaltung unterstellt, so lässt sich für die gesamtwirtschaftliche Geldnachfragefunktion vereinfacht

$$L = L \overset{(+)(-)}{(Y, i)} \tag{3.60}$$

schreiben. Diese Gleichung besagt, dass die Nachfrage nach der Bestandsgröße Geld in positiver Weise vom Realeinkommen Y und in negativer Weise vom Zinssatz i abhängig ist. Das Argument Y steht dabei für die Kassenhaltung aus dem Transaktionsmotiv, das Argument i für die Kassenhaltung aus dem Spekulationsmotiv. Allerdings handelt es sich hierbei nur um eine grobe Zuordnung, da auch die Transaktionskassenhaltung zinsabhängig sein kann. Für ein Wirtschaftssubjekt kann es rational sein, Kassenüberschüsse, die erst am Ende der Planungsperiode für Transaktionszwecke verausgabt werden, vorübergehend verzinslich anzulegen, um Opportunitätskosten der Geldhaltung zu vermeiden. Dies gilt insbesondere für Bestandteile der Vorsichtskasse, bei der es sich ja um eine inaktive Kassenhaltung handelt. Die Kurve der gesamtwirtschaftlichen Transaktionskassenhaltung verläuft dann oberhalb eines bestimmten Mindestzinssatz i_0 zinselastisch, wobei in diesem Bereich eine negative Zinsabhängigkeit besteht (vgl. Abbildung 3.6).

Wird eine zinsabhängige $L_{T,V}$-Kassenhaltung unterstellt, verläuft der klassische Bereich der gesamtwirtschaftlichen Geldnachfragefunktion nicht mehr vertikal, sondern ebenso wie der Normalbereich zinselastisch. Genaugenommen sind dann nur noch zwei Bereiche der Geldnachfragefunktion zu unterscheiden: ein zinsabhängiger Bereich mit endlicher Zinsreagibilität der Geldnachfrage und die Keynessche Liquiditätsfalle, in der die Geldnachfrage vollkommen zinselastisch ist (vgl. Abbildung 3.14).

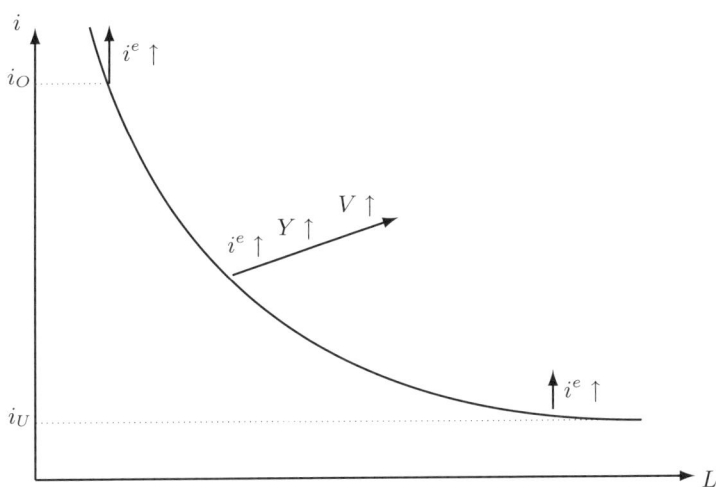

Abb. 3.14: *Die gesamtwirtschaftliche Geldnachfragefunktion und ihre Lageparameter*

Lageparameter der gesamtwirtschaftlichen Geldnachfragefunktion im i/L-Diagramm sind das Realeinkommen Y, die Zinserwartung i^e und das Realvermögen V. Ein Anstieg von Y erhöht die gewünschte Transaktionskassenhaltung und verlagert den gesamten zinsabhängigen Bereich der L-Kurve nach rechts; die Lage der Liquiditätsfalle bleibt dabei unverändert. Dagegen kommt es zu einer Rechtsdrehung des Normalbereichs unter Beibehaltung der Zinsuntergrenze i_U, falls eine exogene Erhöhung des Realvermögens V eintritt. Die Transaktionskassenhaltung bleibt in diesem Fall unverändert, während sich die gewünschte Spekulationskassenhaltung erhöht. Es findet dann eine Rechtsdrehung des Normalbereichs unter Beibehaltung der Zinsobergrenze i_O statt, da für $i > i_O$ nur Transaktionskasse gehalten wird. Tritt dagegen ein allgemeiner Anstieg der Zinserwartung auf, erhöhen sich die Grenzwerte i_O und i_U für die kritischen Zinssätze i_j^k, und die Neigung, Spekulationskasse zu halten, nimmt zu. Normalbereich und horizontaler Bereich der L-Kurve verlagern sich dann nach oben, wobei nur der Abschnitt oberhalb der neuen Zinsobergrenze liegen bleibt, da die Transaktionskassenhaltung nicht von i^e abhängt.

3.4   Bestimmung des Gleichgewichts

Auf dem Geldmarkt herrscht Gleichgewicht im Marktsinne, wenn das geplante gesamtwirtschaftliche Geldangebot mit der gewünschten gesamtwirtschaftlichen Geldhaltung übereinstimmt. Das Geldangebot M^s ist annahmegemäß (d.h. bei Vernachlässigung einer möglichen Zinsabhängigkeit) eine exogen vorgegebene Größe:

$$M^s = M_0. \tag{3.61}$$

M_0 bezeichnet dabei das bestehende Niveau des Geldangebots. M_0 entspricht zugleich der vorhandenen Geldmenge in der Ausgangssituation $(M = M_0)$. Im Geldmarktgleichgewicht muss also der vorhandene Geldbestand ein für die Wirtschaftssubjekte geplanter Bestand sein. Das Geldangebot kann als geldpolitische Instrumentvariable aufgefasst werden. Hierbei handelt es sich im Gegensatz zur fiskalpolitischen Instrumentvariablen G, den realen Staatsausgaben für Güter und Dienste, um eine Nominalgröße. Sie wird erst mit Hilfe des gesamtwirtschaftlichen Güterpreisniveaus P in eine Realgröße, die **reale Geldmenge** M/P, übergeführt. Diese misst bei gegebenem Güterpreisniveau P die Kaufkraft der gesamtwirtschaftlichen Geldmenge M.

Für die gesamtwirtschaftliche reale Geldnachfrage gilt annahmegemäß

$$L = \overset{(+)(-)}{L(Y, i)} \quad \text{mit} \quad dL/di \to -\infty \quad \text{für} \quad i \to i_U. \tag{3.62}$$

Wird die Geldmarkt-Gleichgewichtsbedingung mit Hilfe von Realgrößen zum Ausdruck gebracht, so erfordert die Gleichgewichtsbedingung die Übereinstimmung des realen Geldangebots mit der gewünschten realen Geldnachfrage:

$$M^s/P = L. \tag{3.63}$$

Bei der partialanalytischen Bestimmung des Geldmarktgleichgewichts sind das Güterpreisniveau P und das reale Volkseinkommen Y exogen vorgegebene Größen: $P = P_0$, $Y = Y_0$. Im monetären Gleichgewicht gilt somit

$$M_0/P_0 = L(Y_0, i). \tag{3.64}$$

In dieser Formulierung wird die Gleichgewichtsbedingung des Geldmarktes zu einer Bestimmungsgleichung für den Zinssatz i. Graphisch ergibt sich der Gleichgewichtszins im Schnittpunkt von Geldangebots- und Geldnachfragefunktion (Abbildung 3.15).

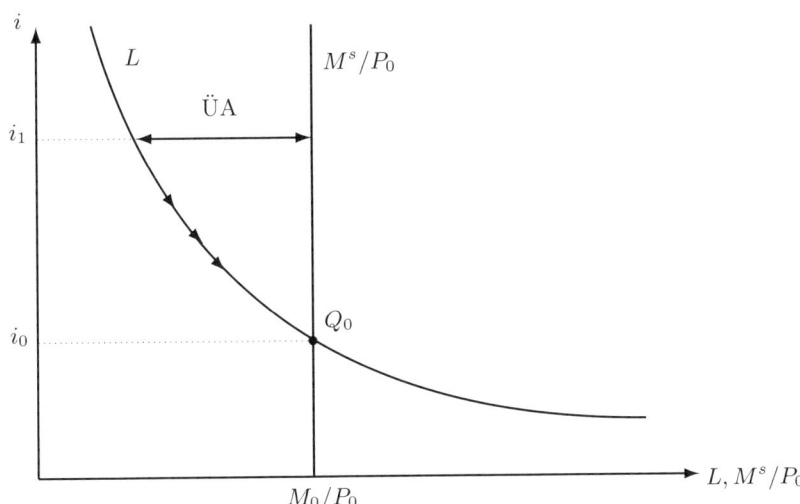

Abb. 3.15: *Gleichgewicht am Geldmarkt*

Die Geldangebotsfunktion verläuft in Abbildung 3.15 vertikal, da annahmegemäß ein zinsunabhängiges nominales Geldangebot unterstellt worden ist. Beim Gleichgewichtszins i_0 stimmt die gewünschte Kassenhaltung des Nichtbankensektors mit dem vorhandenen realen Geldbestand M_0/P_0 überein. Der Zins sorgt dafür, dass sich die geplante Geldnachfrage der Wirtschaftssubjekte genau dem exogen vorgegebenen Geldangebot anpasst. Dies wird deutlich, wenn man eine Ausgangslage unterstellt, in der der Zins vom gleichgewichtigen Zinssatz i_0 abweicht. So herrscht beim Zinsniveau $i_1 > i_0$ ein Überschussangebot (ÜA) auf dem Geldmarkt. Die tatsächliche Kassenhaltung des Nichtbankensektors übersteigt im Fall $i = i_1$ seine gewünschte Geldhaltung, so dass eine überschüssige Kassenhaltung vorliegt. Diese wird dadurch abgebaut, dass sich die Nachfrage nach festverzinslichen Wertpapieren erhöht. Das Überschussangebot auf dem Geldmarkt korrespondiert also mit einer Überschussnachfrage auf dem Wertpapiermarkt. Aus dieser Überschussnachfrage resultiert eine Kurssteigerung, die wiederum gleichwertig zu einer Zinssenkung ist. Dadurch erhöht sich die gesamtwirtschaftliche Spekulationskassenhaltung, so dass über die Senkung von i das ursprüngliche Überschussangebot auf dem Geldmarkt abgebaut wird. Liegt dagegen der Zins zunächst unterhalb von i_0, herrscht auf dem Geldmarkt eine überschüssige Nachfrage, die mit einem überschüssigen Angebot auf dem Wertpapiermarkt einhergeht. Durch den Verkauf von Wertpapieren versuchen die Wirtschaftssubjekte, die Überschussnachfrage auf dem Geldmarkt befriedigen zu können. Die Folge ist eine Senkung des Wertpapierkurses bzw. Steigerung des Zinssatzes, welche zu einem Rückgang der gewünschten Kassenhaltung und zum Abbau der Überschussnachfrage führt. Der Zinssatz sorgt also dafür, dass sich die gewünschte Kassenhaltung stets dem vorgegebenen Geldbestand anpasst.

3.5   Auswirkungen von Parameteränderungen

Im Folgenden sollen die Wirkungen von Parameteränderungen auf den Gleichgewichtszinssatz untersucht werden. Dazu werden drei Fälle betrachtet, und zwar eine exogene Steigerung des realen Volkseinkommens, ein allgemeiner Anstieg der Zinserwartung und eine Erhöhung der nominalen Geldmenge.

Steigerung des realen Volkseinkommens

Eine exogene Erhöhung des Realeinkommens Y führt zu einer Zunahme der Nachfrage nach Geld zu Transaktionszwecken. Dadurch verlagert sich der Normalbereich der gesamtwirtschaftlichen Geldnachfragefunktion nach rechts. Bei unverändertem Geldangebot stellt sich ein neues Geldmarktgleichgewicht bei einem höheren Zinssatz ein (Punkt Q_1 in Abbildung 3.16).

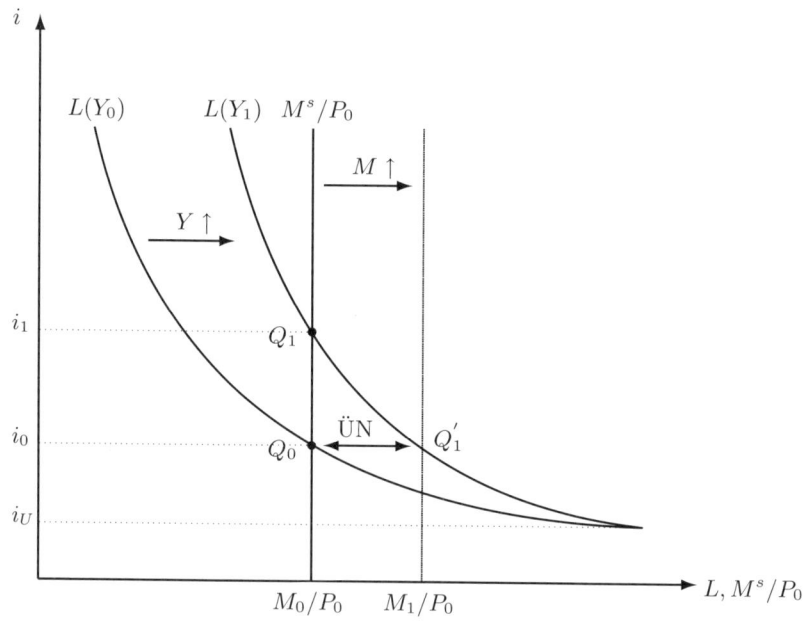

Abb. 3.16: *Erhöhung des Realeinkommens Y*

Der Anstieg des Zinssatzes von i_0 auf das höhere Niveau i_1 lässt sich folgendermaßen erklären: Bei zunächst unverändertem Gleichgewichtszins i_0 bewirkt die Zunahme der gewünschten Transaktionskassenhaltung eine Überschussnachfrage (ÜN) auf dem

Geldmarkt. Hiermit korrespondiert ein Überschussangebot auf dem Wertpapiermarkt,
da die Wirtschaftssubjekte, die verstärkt Transaktionskasse nachfragen (insbesondere Unternehmer zur Finanzierung des für eine Produktionsausweitung erforderlichen
zusätzlichen Faktoreinsatzes), einen Teil ihres Wertpapierbestandes auf dem Wertpapiermarkt anbieten werden. Hierdurch wird ein Kursrückgang ausgelöst, welcher wiederum mit einem Zinsanstieg einhergeht. Die Zinssteigerung hat zur Folge, dass die
gesamtwirtschaftliche Spekulationskassenhaltung zurückgeht und der geplante Anstieg
der Transaktionskassenhaltung realisiert werden kann. Die Zinserhöhung bewirkt also,
dass spekulative Gelder in die Transaktionskasse fließen. Im neuen Gleichgewichtspunkt
Q_1 stimmt die gewünschte Geldnachfrage wieder mit der unverändert gebliebenen realen Geldmenge M_0/P_0 überein. Wegen des Zinsanstieges hat sich dabei die Kassenhaltung aus dem Spekulationsmotiv verringert, während die Kassenhaltung aus dem
Transaktionsmotiv entsprechend angestiegen sein muss. Unterstellt man eine additive
Aufspaltung der gesamtwirtschaftlichen Kassenhaltung ($L = L_{T,V} + L_S$), so hat sich
$L_{T,V}$ genau in dem Maße erhöht, wie L_S gesunken ist ($dL_{T,V} = -dL_S > 0$). Dieses
Ergebnis gilt wegen der Konstanz des realen Geldangebots auch bei zinsabhängiger
Transaktionskassenhaltung.

Bei gegebenem Vermögensbestand sowie unveränderter realer Geldmenge bleibt auch
der reale Wertpapierbestand durch die Steigerung von Y unverändert. Letztlich ist
es nur zu einer Wertpapierumschichtung innerhalb des Nichtbankensektors gekommen.
Und zwar erwerben diejenigen Wirtschaftssubjekte Wertpapiere gegen Spekulationskasse, für die der jeweilige kritische Zins durch die Zinssteigerung überschritten wird
($i > i_j^k$). Diese Wirtschaftssubjekte rechnen dann mit einem positiven Gesamtertrag
aus der Wertpapierhaltung und kaufen Wertpapiere von den Wirtschaftssubjekten, die
eine erhöhte Nachfrage nach Transaktionskasse haben.

Anstelle privater Wirtschaftssubjekte könnte auch die Zentralbank das erhöhte
Wertpapierangebot erwerben. Dies würde jetzt allerdings zu einem Anstieg der
nominalen Geldmenge führen, wodurch die Zunahme des Zinssatzes von i_0 auf i_1
verhindert werden könnte (Punkt Q_1' in Abbildung 3.16). Graphisch verlagert sich jetzt
die Geldangebotsfunktion parallel nach rechts. Die Geldmengensteigerung entspricht
dabei genau dem Mehrbedarf an Transaktionskasse, so dass keine Zinserhöhung eintritt.

Anstieg der Zinserwartung

Eine Korrektur der Zinserwartung nach oben bewirkt eine Verschiebung der gesamtwirtschaftlichen Geldnachfragekurve nach oben, wobei sich auch die Zinsgrenzen i_U und i_O
erhöhen. Die Folge ist – ebenso wie bei einer exogenen Steigerung des Volkseinkommens
– eine Zunahme des Gleichgewichtszinssatzes (Abbildung 3.17).

Der Zinsanstieg lässt sich damit erklären, dass bei zunächst unverändertem Zinssatz i_0 aufgrund der Erhöhung der gewünschten Spekulationskassenhaltung eine
Überschussnachfrage (ÜN) am Geldmarkt entsteht. Hiermit korrespondiert ein
Überschussangebot am Wertpapiermarkt, das einen Kursrückgang und damit eine Zinssteigerung hervorruft. Das vermehrte Wertpapierangebot stammt von den
Wirtschaftssubjekten, deren kritischer Zins durch die Korrektur der Zinserwartung
nach oben über den gerade herrschenden Zinssatz i_0 hinaus angestiegen ist und die
daher ihren gesamten Wertpapierbestand auflösen wollen. Im neuen Gleichgewicht

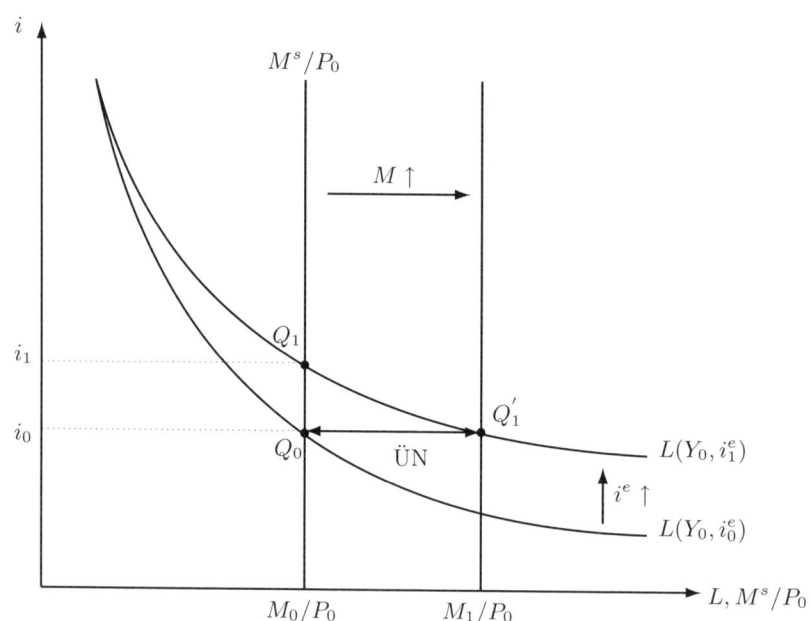

Abb. 3.17: *Anstieg der Zinserwartung*

Q_1 ist es zu keiner Änderung der gesamtwirtschaftlichen Geldnachfrage L gekommen, da die reale Geldmenge M_0/P_0 unverändert geblieben ist. Unterstellt man eine additive Zusammensetzung von L in eine Transaktions- und Spekulationskasse, so bleiben beide Kassen vom Umfang her unverändert, sofern die gesamtwirtschaftliche Transaktionskassenhaltung $L_{T,V}$ zinsunabhängig ist; andernfalls vermindert sich $L_{T,V}$ genau im Ausmaße der Steigerung von L_S. Die Zinssteigerung von i_0 auf i_1 könnte von der Zentralbank wiederum dadurch verhindert werden, dass sie das erhöhte Wertpapierangebot zum alten Kurs aus dem Markt nimmt. Die reale Geldmenge würde dann genau im Umfang der ursprünglichen Überschussnachfrage ansteigen, so dass sich in Abbildung 3.17 der Gleichgewichtspunkt Q_1' ergeben würde.

Steigerung der Geldmenge

Es sind bisher nur Geldmengenerhöhungen als Reaktion auf eine exogene Störung der Geldnachfrageseite untersucht worden. Wir betrachten jetzt auch den Fall einer isolierten Steigerung der Geldmenge. Man kann sich dazu eine expansive **Offenmarktoperation** der Zentralbank vorstellen, die diese mit dem Nichtbankensektor durchführt. Sie erwirbt festverzinsliche Wertpapiere von den privaten Wirtschaftssubjekten gegen Geld. Graphisch ergibt sich eine Rechtsverlagerung der Geldangebotsfunktion mit der Folge einer Zunahme der Geldmenge, einer Kurssteigerung am Wertpapiermarkt (aufgrund der verstärkten Nachfrage nach Bonds) und einer damit verbundenen Zinssenkung (Abbildung 3.18).

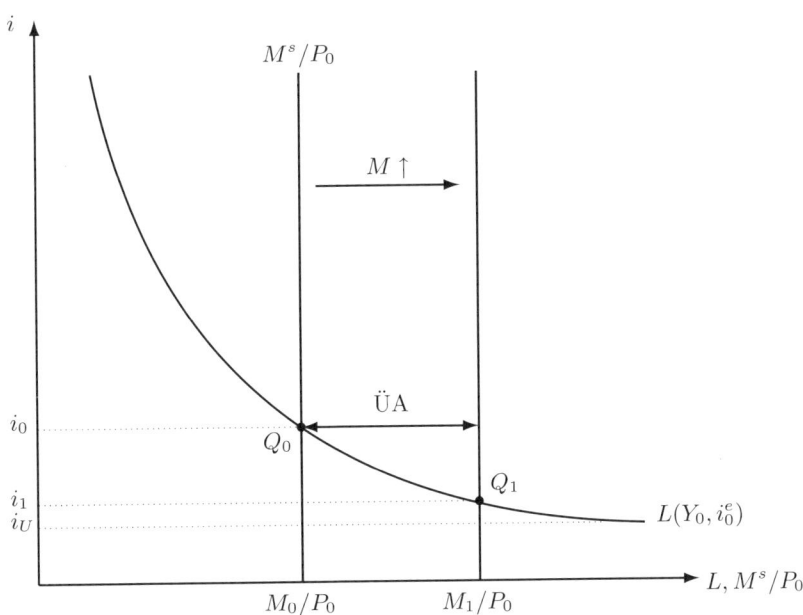

Abb. 3.18: *Steigerung der Geldmenge*

Durch den Zinsrückgang wird für die Wirtschaftssubjekte überhaupt erst ein Anreiz geschaffen, Wertpapiere gegen Geld einzutauschen und dadurch ihre gewünschte Kassenhaltung zu erhöhen. Die Zinssenkung löst dann einen **Liquiditätseffekt** aus, d.h. überschüssige Liquidität (Kassenhaltung) wird in eine gewünschte Geldhaltung umgewandelt. Die Senkung von i kommt allerdings nur dann zustande, wenn das Ausgangsgleichgewicht Q_0 außerhalb der Liquiditätsfalle liegt. In diesem Fall wird das beim herrschenden Zinsniveau i_0 vorliegende Überschussangebot (ÜA) an Geld dadurch abgebaut, dass durch die Zinssenkung die gewünschte Spekulationskassenhaltung (und eventuell auch die Transaktionskassenhaltung) ansteigt. Daneben erhöht sich auch das Wertpapierangebot, da durch den Rückgang von i die Zahl der Wirtschaftssubjekte zunimmt, deren jeweiliger kritischer Zins unterschritten worden ist und die daher lieber Geld als Wertpapiere halten wollen. Auf diese Weise wird auch die Überschussnachfrage auf dem Wertpapiermarkt abgebaut. Im neuen Gleichgewicht Q_1 stimmen auch auf dem Wertpapiermarkt Angebot und Nachfrage überein. Insgesamt hat sich die Geldmenge erhöht, während der Wertpapierbestand in Händen des Nichtbankensektors aufgrund der Offenmarktpolitik der Zentralbank zurückgegangen ist. Das Vermögen des Nichtbankensektors ($V^n = M + B^n$) hat sich dadurch nicht geändert, sondern lediglich seine Struktur.

Befindet sich das Ausgangsgleichgewicht Q_0 in der Keynesschen Liquiditätsfalle, gehen von einer Steigerung der Geldmenge keine Zinseffekte aus; das Überschussangebot am Geldmarkt wird jetzt ohne Zinssenkung nachgefragt, da im Falle $i = i_U$ mit keinen positiven Erträgen aus der Wertpapierhaltung gerechnet wird (Abbildung 3.19). Die Offenmarktoperation der Zentralbank wird in diesem Sonderfall mit Vermögensbesitzern durchgeführt, die indifferent bezüglich der Zusammensetzung ihres Vermögens sind, weil ihre kritischen Zinssätze genau mit der Zinsuntergrenze i_U übereinstimmen. Die Konstruktion der Liquiditätsfalle verlangt ja gerade, dass es sehr viele Wirtschaftssubjekte (mit kleinen Marktanteilen) gibt, für die $i_j^k = i_U$ gilt, so dass die Zentralbank auch bei diesem sehr niedrigen Zinssatz in der Lage ist, das erhöhte Geldangebot über Wertpapierkäufe am Markt unterzubringen.

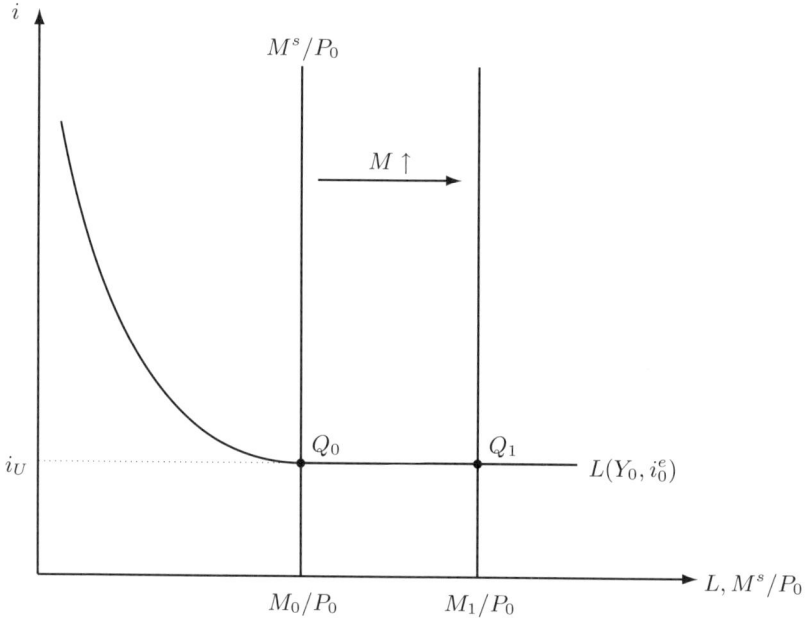

Abb. 3.19: *Geldpolitik in der Keynesschen Liquiditätsfalle*

Als expansive geldpolitische Maßnahme ist bisher nur der Fall einer Offenmarktoperation der Zentralbank betrachtet worden. Alternativ könnte auch der sogenannte **Helikopter-Fall** betrachtet werden, d.h. eine plötzliche Erhöhung der Zentralbankeinlagen des Nichtbankensektors. Die Wirtschaftssubjekte erwerben jetzt nicht Geld gegen die Hergabe von Wertpapieren, sondern erhalten zusätzliches Geld dadurch, dass die Zentralbank sozusagen „über Nacht" alle Kassenbestände um einen bestimmten Faktor erhöht.[24] Dieser plötzliche „Geldregen" hat zur Folge, dass bei den privaten Wirtschaftssubjekten eine überschüssige Kassenhaltung auftritt, weil die tatsächliche Geldhaltung größer als die geplante ausfällt. Dieses Überschussangebot wird durch eine verstärkte Wertpapiernachfrage des Nichtbankensektors abgebaut. Ebenso wie bei einer

---

[24]Eine Ausweitung der Geldmenge im Sinne des Helikopter-Falls kann durch die Ausschüttung des Zentralbankgewinns an den Staat erfolgen, sofern dieser diese Mittel für den Kauf öffentlicher Güter verausgabt.

expansiven Offenmarktoperation der Zentralbank ergibt sich wiederum eine Kurssteigerung, die mit einer Zinssenkung einhergeht (sofern wir uns außerhalb der Liquiditätsfalle
befinden). Abbildung 3.18 gilt daher auch für den Helikopter-Fall.

3.6   Die LM-Kurve

Die Gleichgewichtskurve des Geldmarktes

$$M/P_0 = L(Y, i) \tag{3.65}$$

lässt sich – wie schon die Gleichgewichtskurve des Gütermarktes (IS-Kurve) – graphisch
in einem Zinssatz/Realeinkommen-Diagramm darstellen. Sie wird als **LM-Kurve** bezeichnet und ist im i/Y-Diagramm der geometrische Ort aller Kombinationen von Realeinkommen und Zinssatz, bei denen Gleichgewicht (im Marktsinne) auf dem Geldmarkt
herrscht.

Die LM-Kurve (genauer: $L = M$-Kurve)[25] verläuft im i/Y-Diagramm mit positiver
Steigung (Abbildung 3.20).

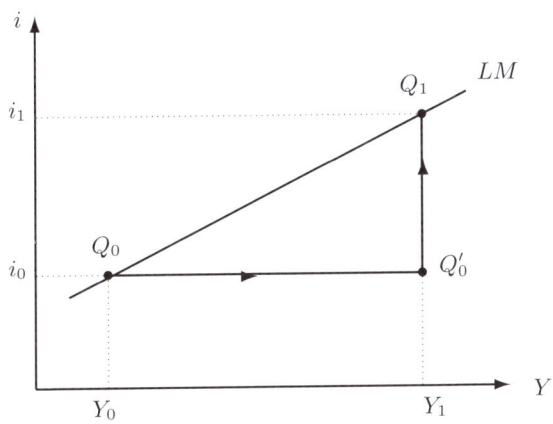

Abb. 3.20: *Die LM-Kurve*

Wenn – ausgehend vom Gleichgewichtspunkt Q_0 – das Realeinkommen von Y_0 auf
das höhere Niveau Y_1 steigt, so ist damit eine Zunahme der gewünschten Transaktionskassenhaltung verbunden. Bei unverändertem Zinssatz i_0 resultiert hieraus eine
Überschussnachfrage auf dem Geldmarkt (Punkt Q_0' in Abbildung 3.20). Wegen der
Konstanz des realen Geldangebots kann diese Überschussnachfrage nur über eine Steigerung des Zinssatzes (von i_0 auf i_1) abgebaut werden, da hiermit eine Senkung der

---

[25]Genaugenommen müsste man von der $L^n = M$-Kurve sprechen, da im Gleichgewicht auf dem
Geldmarkt $L^n = M$ gilt. Bei konstantem Güterpreisniveau mit $P = P_0 = 1$ ist jedoch L^n mit L
identisch.

gewünschten Spekulationskassenhaltung verbunden ist. Im neuen Geldmarktgleichgewicht Q_1 geht somit ein höheres Realeinkommen mit einem höheren Zinssatz einher. Die LM-Kurve verläuft daher mit positiver Steigung. Außerhalb dieser Kurve befindet sich der Geldmarkt nicht mehr im Gleichgewicht. Rechts von dieser Kurve herrscht auf dem Geldmarkt eine Überschussnachfrage, links davon ein Überschussangebot.

Wenn auf dem Geldmarkt – wie im Punkt Q_0' der Abbildung 3.20 – eine Überschussnachfrage vorliegt, so ist hiermit auf dem Wertpapiermarkt als Spiegelbild des Geldmarktes ein Überschussangebot verbunden. Dieses überschüssige Angebot kommt wegen der geplanten Produktionsausdehnung von Y_0 auf das höhere Niveau Y_1 dadurch zustande, dass die Produzenten zur Durchführung der geplanten Steigerung von Y mehr Transaktionskasse benötigen und daher vermehrt Wertpapiere aus ihrem Besitz anbieten. Hierdurch sinkt der Wertpapierkurs bzw. steigt der Marktzinssatz. Der Zinsanstieg wird solange anhalten, bis sich ein neues Gleichgewicht auf dem Geld- und Wertpapiermarkt einstellt. In Abbildung 3.20 verläuft die Zinsbewegung in Richtung der LM-Kurve, so dass durch diesen Anpassungsprozess ein neues Gleichgewicht auf dem Geldmarkt erreicht wird.

Algebraisch ergibt sich die Steigung der LM-Kurve, indem man zum totalen Differential der Gleichgewichtsbedingung $M/P_0 = L(Y, i)$ übergeht:

$$\frac{1}{P_0} dM = L_Y dY + L_i di. \tag{3.66}$$

Hieraus folgt

$$\left. \frac{di}{dY} \right|_{LM} = \frac{-L_Y}{L_i} = \begin{cases} > 0, < \infty & \text{, falls } -\infty < L_i < 0 \\ = 0 & \text{, falls } L_i \to -\infty \\ = +\infty & \text{, falls } L_i \to 0. \end{cases} \tag{3.67}$$

Im Normalbereich verläuft die LM-Kurve mit positiver endlicher Steigung. Die Liquiditätsfalle ist dann erreicht, wenn die Spekulationskassenhaltung und damit die gesamte Geldnachfrage vollkommen elastisch auf Zinsänderungen reagieren ($L_i = -\infty$). Dies ist bei der Zinsuntergrenze $i = i_U$ der Fall. Die LM-Kurve weist hier einen horizontalen Verlauf auf. Im klassischen Bereich verläuft sie dagegen vertikal, falls von der Zinsunabhängigkeit der Transaktionskassenhaltung ausgegangen wird. Der klassische Bereich beginnt ab der Obergrenze i_O für den kritischen Zinssatz i^k (Abbildung 3.21).

Eine Steigerung der nominalen Geldmenge M verlagert nur den Normalbereich und den klassischen Bereich der LM-Kurve parallel nach rechts, lässt dagegen die Lage der Liquiditätsfalle unverändert. Die Rechtsverschiebung lässt sich damit begründen, dass sich bei jedem gegebenen Zinssatz i_0 durch den Anstieg von M ein Angebotsüberschuss auf dem Geldmarkt ergibt, so dass Y und damit auch die Transaktionskassenhaltung zunehmen müssen, um wieder ein Gleichgewicht auf dem Geldmarkt herzustellen. Eine alternative Begründung für die Rechtsverschiebung der LM-Kurve ist, dass bei gegebenem Wert von Y bzw. gegebener Transaktionskassenhaltung eine Zinssenkung erforderlich ist, um das erhöhte Geldvolumen als Planbestand zu halten, also ein Geldmarktgleichgewicht wiederherzustellen.

Ein weiterer Lageparameter der LM-Kurve ist die Zinserwartung i^e. Wird diese von den Wirtschaftssubjekten nach oben korrigiert, so ist hiermit – bei gegebenem Y –

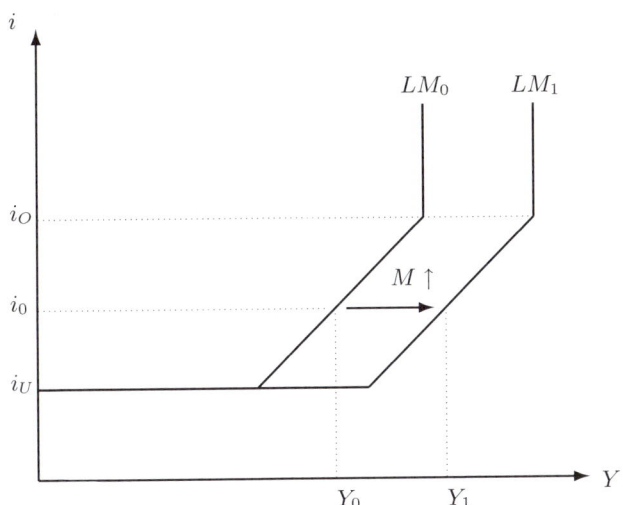

Abb. 3.21: *Die drei Bereiche der LM-Kurve*

aufgrund eines Nachfrageüberschusses auf dem Geldmarkt eine Zinssteigerung verbunden. Außerdem erhöhen sich Zinsuntergrenze i_U und Zinsobergrenze i_O. Die Folge ist eine Linksverschiebung des Normalbereichs, eine Verschiebung der Liquiditätsfalle nach oben und eine Verkürzung des klassischen Bereichs (Abbildung 3.22).

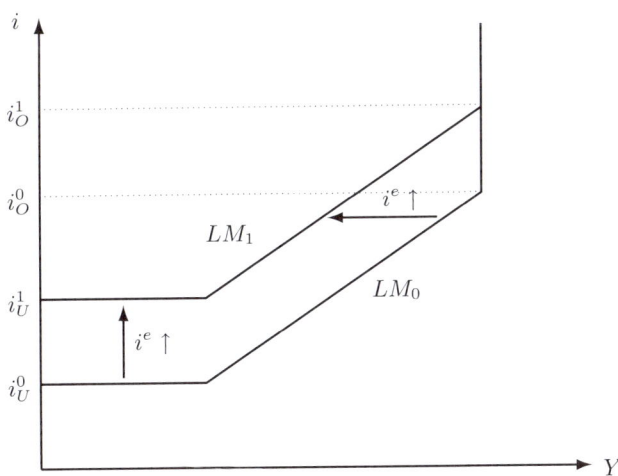

Abb. 3.22: *Anstieg der Zinserwartung*

Das Schaubild 3.20 für die LM-Kurve verdeutlicht, dass im Normalbereich zu jedem vorgegebenen Wert des Realeinkommens Y ein anderer Gleichgewichtszinssatz gehört. Ein eindeutig bestimmtes Gleichgewicht ergibt sich nur dann, wenn Geld- und Gütermarkt simultan betrachtet werden.

Literatur zu Kapitel 3

Blanchard, O. (2006), *Macroeconomics*, 4th Edition, Boston (Mass.), Kapitel 4.

Bofinger, P. (2001), *Monetary Policy: Goals, Institutions, Strategies and Instruments*, Oxford [u.a].

Dieckheuer, G. (2003), *Makroökonomik. Theorie und Politik*, 5., vollständig überarbeitete Auflage, Berlin [u.a.], Kapitel 3.3-3.6.

Dornbusch, R.; S. Fischer; R. Startz (2001), *Macroeconomics*, 8th Edition, Boston (Mass.), Kapitel 10.2 und 15-16.

Duwendag, D.; K.-H. Ketterer, W. Kösters et al. (1999), *Geldtheorie und Geldpolitik*, 5., neubearbeitete Auflage, Berlin, Kapitel 2-5.

Felderer, B.; S. Homburg (2005), *Makroökonomik und neue Makroökonomik*, 9., verbesserte Auflage, Berlin [u.a.], S. 119-128.

Heubes, J. (2001), *Makroökonomie*, 4. Auflage, München, Kapitel 3.1.1-3.1.2.

Issing, O. (2007), *Einführung in die Geldtheorie*, 14., wesentlich überarbeitete Auflage, München, Kapitel I-III.

Jarchow, H.-J. (2003), *Theorie und Politik des Geldes*, 11., neu bearbeitete und wesentlich erweiterte Auflage, Göttingen, Teil I-III.

Keynes, J.M. (1936), *The General Theory of Employment, Interest and Money*, London; deutsche Übersetzung: Keynes, J.M. (2006), *Allgemeine Theorie der Beschäftigung, des Zinses und des Geldes*, 10., verbesserte Auflage, Berlin, Kapitel 12-17.

Mankiw, N.G. (2006), *Macroeconomics*, 6th Edition, New York, Kapitel 10.2.

Spezialliteratur

Baumol, W.J. (1952), The Transactions Demand for Cash: An Inventory Theoretic Approach, in: *The Quarterly Journal of Economics* 66, S. 545-556.

Tobin, J. (1956), The Interest-Elasticity of Transactions Demand for Cash, in: *The Review of Economics and Statistics* 38, S. 241-247.

Tobin, J. (1958), Liquidity Preference as Behaviour Towards Risk, in: *The Review of Economic Studies* 25, S. 65-86.

4 Das Güter-Geldmarktmodell bei konstantem Preisniveau

4.1 Das Fixpreismodell für die geschlossene Volkswirtschaft (IS/LM-System)

Es sind bisher partialanalytisch der Güter- und der Geldmarkt untersucht worden. Bei beiden Analysen ging es um die Ermittlung des jeweiligen Gleichgewichts und um die Untersuchung der Wirkungen exogener Datenänderungen.

Das Gütermarktmodell und das Geldmarktmodell sollen jetzt zu einem einheitlichen Modell zusammengefasst werden, dem **IS/LM-System**. In diesem Güter-Geldmarktmodell wird das Preisniveau P weiterhin als exogen vorgegeben unterstellt ($P = P_0$); insofern handelt es sich hierbei um ein **Fixpreismodell**. Das Fixpreismodell geht zwar über die Partialanalyse des gesamtwirtschaftlichen Güter- und Geldmarktes hinaus, stellt jedoch noch keine Totalanalyse dar, da der Arbeitsmarkt weiterhin unberücksichtigt bleibt. Solange dieser Markt nicht mit in die Analyse einbezogen wird, ist das Güterpreisniveau P eine modellexogene Variable.

Das IS/LM-System, das im Folgenden sowohl für die geschlossene als auch für die offene Volkswirtschaft diskutiert werden soll, spielt in der makroökonomischen Theorie eine zentrale Rolle. Insbesondere lässt sich mit diesem Modell die Effizienz von wirtschaftspolitischen Maßnahmen, die auf der Nachfrageseite des Gütermarktes ansetzen (Fiskal- und Geldpolitik), theoretisch fundieren.

Für eine geschlossene Volkswirtschaft mit ökonomischer Aktivität des Staates lässt sich das Güter-Geldmarktmodell wie folgt formulieren:

$$Y^s = Y^d \tag{4.1}$$
$$Y^d = Y \tag{4.2}$$
$$Y^d = C + I + G \tag{4.3}$$
$$C = C(Y^v) \qquad 0 < C_{Y^v} < 1 \tag{4.4}$$
$$Y^v = Y - T \tag{4.5}$$
$$T = t \cdot Y \qquad 0 < t < 1 \tag{4.6}$$
$$I = I(i) \qquad I_i \leq 0 \tag{4.7}$$
$$M^s/P_0 = L \tag{4.8}$$
$$M^s = M \tag{4.9}$$
$$L = L(Y, i). \tag{4.10}$$

Die Gleichungen (4.1) bis (4.7) beschreiben den Gütermarkt, die Gleichungen (4.8) bis (4.10) den Geldmarkt. Beide Märkte sollen sich im Gleichgewicht befinden. Für die Gleichgewichtskurven (IS- bzw. LM-Kurve) ergeben sich die Gleichungen

$$Y = C((1-t)Y) + I(i) + G \qquad \text{(IS-Kurven-Gleichung)} \qquad (4.11)$$
$$M/P_0 = L(Y, i) \qquad \text{(LM-Kurven-Gleichung)}. \qquad (4.12)$$

Es handelt sich hierbei um zwei Bestimmungsgleichungen für die modellendogenen Variablen Inlandsprodukt oder Realeinkommen (Y) und Zinssatz (i). Die Gleichgewichtswerte für Y und i, die sich als Lösung des simultanen Gleichungssystems (4.11) und (4.12) ergeben, hängen von den Werten der modellexogenen Variablen t, G, M und P_0 ab.

Die Bestimmung des simultanen Gleichgewichts auf dem Güter- und Geldmarkt kann graphisch in einem i/Y-Diagramm erfolgen, indem die Kurve des Gütermarktgleichgewichts zusammen mit der Kurve des Geldmarktgleichgewichts in dieses Diagramm eingezeichnet und der Schnittpunkt dieser Kurven ermittelt wird (Abbildung 4.1). Das IS/LM-Diagramm geht auf den britischen Nationalökonomen Sir John Hicks (1937) zurück und wird auch als **Hicks-Diagramm** bezeichnet.

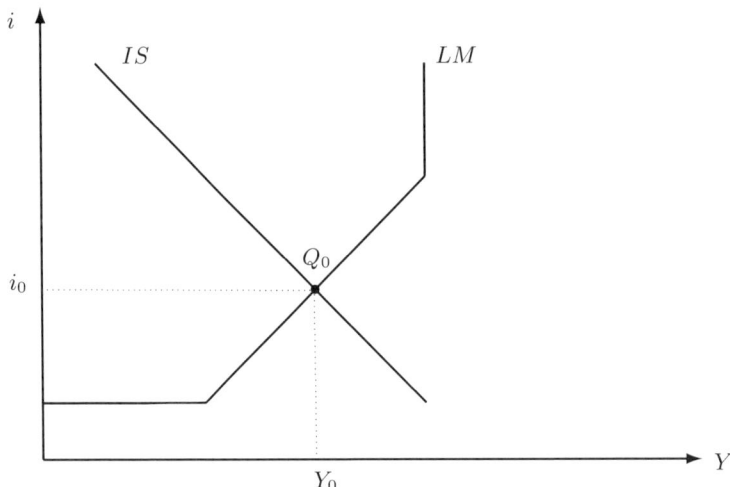

Abb. 4.1: Das IS/LM-System

In Abbildung 4.1 charakterisiert die IS-Kurve unter der Annahme eines vollkommen elastischen Güterangebotes alle i/Y-Kombinationen, für die sich ein Gleichgewicht auf dem Gütermarkt einstellt. Entsprechend enthält die LM-Kurve nur Kombinationen von i und Y, für die sich der Geldmarkt im Gleichgewicht befindet. Ein simultanes Gleichgewicht auf beiden Märkten ergibt sich nur für eine einzige Zinssatz-Einkommen-Kombination. Diese ist durch den Schnittpunkt Q_0 von IS- und LM-Kurve gegeben, da in diesem Punkt die zugehörige i_0/Y_0-Kombination sowohl auf der IS- als auch auf der LM-Kurve liegt. Gütermarkt und Geldmarkt befinden sich bei dieser i/Y-Kombination gleichzeitig im Gleichgewicht. Das bedeutet, dass bei dieser Kombination von Zins und Realeinkommen die geplante gesamtwirtschaftliche Güternachfrage genau mit dem geplanten gesamtwirtschaftlichen Güterangebot übereinstimmt und gleichzeitig der vorhandene reale Geldbestand M/P_0 der von den Privaten gewünschten gesamtwirtschaftlichen realen Kassenhaltung entspricht.

Zur Stabilität des gesamtwirtschaftlichen Gleichgewichts

Es soll zunächst die Frage der Stabilität des gesamtwirtschaftlichen Gleichgewichts Q_0 untersucht werden. Der Punkt Q_0 stellt ein stabiles Gleichgewicht dar, wenn Anpassungskräfte in Ungleichgewichtssituationen existieren, die stets zum simultanen Gleichgewicht hinführen. Das Hicks-Diagramm (Abbildung 4.2) wird durch die Gleichgewichtskurven IS und LM in vier Bereiche zerlegt, die in Tabelle 4.1 dargestellt worden sind.

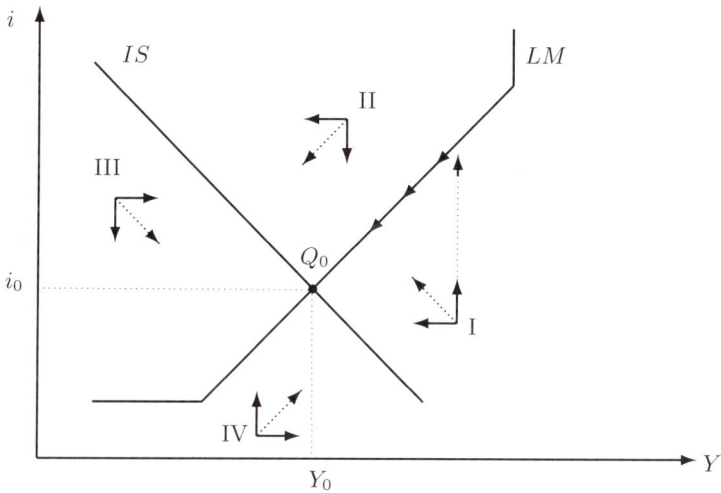

Abb. 4.2: Anpassungsprozesse in Ungleichgewichtssituationen

Auf dem Gütermarkt herrscht rechts von der Gleichgewichtskurve IS ein Überschussangebot ($Y^s > Y^d$), welches bei gegebenem Güterpreisniveau nur über eine Produktionseinschränkung abgebaut werden kann (Bereiche I und II). Links von der IS-Kurve ergibt sich auf dem Gütermarkt eine überschüssige Nachfrage, welche Steigerungen des Realeinkommens induziert (Bereiche III und IV). Die horizontalen Pfeile der Abbildung 4.2 deuten die Anpassungsrichtung von Y in den Bereichen I bis IV an.

Für den Geldmarkt gilt, dass auf diesem Markt rechts von der LM-Kurve eine Überschussnachfrage herrscht (Bereiche I und IV), links davon ein Überschussangebot (Bereiche II und III). Übersteigt die gewünschte reale Kassenhaltung das exogen vorgegebene reale Geldangebot ($L > M^s/P_0$), werden die Wirtschaftssubjekte versuchen, über den

	Gütermarkt	Geldmarkt
I	ÜA: $Y \downarrow$	ÜN: $i \uparrow$
II	ÜA: $Y \downarrow$	ÜA: $i \downarrow$
III	ÜN: $Y \uparrow$	ÜA: $i \downarrow$
IV	ÜN: $Y \uparrow$	ÜN: $i \uparrow$

Bezeichnungen: ÜA = Überschussangebot, ÜN = Überschussnachfrage

Tabelle 4.1: Ungleichgewichtskonstellationen im Hicks-Diagramm

Verkauf von Wertpapieren ihre Mehrnachfrage nach Geld zu befriedigen. Das hiermit verbundene Überschussangebot auf dem Wertpapiermarkt hat Kurssenkungen und damit Zinssteigerungen zur Folge. Umgekehrt finden Zinssenkungen statt, wenn auf dem Geldmarkt ein überschüssiges Geldangebot vorliegt. In Abbildung 4.2 werden Zinsanpassungen durch die vertikal verlaufenden Pfeile zum Ausdruck gebracht.

Die Anpassungsvorgänge, die sich in Ungleichgewichtssituationen auf dem Güter- und Geldmarkt ergeben, lassen sich graphisch durch Doppelpfeile charakterisieren, wobei die Pfeilrichtungen davon abhängig sind, welche ungleichgewichtige Situation in der Ausgangslage vorliegt. Zum Beispiel gilt für jeden Punkt des Gebietes I, dass Y wegen $Y^s > Y^d$ sinkt und i wegen $L > M^s / P_0$ ansteigt. Laufen diese beiden Anpassungsprozesse gleichzeitig ab, ergibt sich durch Bildung der Resultante ein Anpassungsprozess, der durch die gestrichelte Linie zum Ausdruck gebracht wird. Das System bewegt sich dann in Richtung auf das simultane Gleichgewicht Q_0.

Unterstellt man, was realistischer ist, dass die Anpassungsprozesse im monetären Sektor schneller ablaufen als auf dem Gütermarkt, ergibt sich zunächst nur eine Zinsreaktion (bis sich der Geldmarkt wieder im Gleichgewicht befindet) und erst im Anschluss daran eine Mengenreaktion auf dem Gütermarkt. Der Anpassungspfad für die Gesamtwirtschaft sieht dann so aus, dass zunächst ein vertikaler Sprung auf die LM-Kurve stattfindet und sich das System anschließend entlang dieser Kurve dem simultanen Gleichgewicht Q_0 nähert.

Der genaue Anpassungspfad hängt entscheidend davon ab, wie schnell die beiden Märkte auf exogene Störungen reagieren. Das System bewegt sich jedoch stets in Richtung auf das gesamtwirtschaftliche Gleichgewicht Q_0, so dass es sich hierbei um ein **stabiles Gleichgewicht** handelt.

Stromgleichgewicht und Bestandsgleichgewicht

Der Punkt Q_0 in Abbildung 4.2 charakterisiert ein simultanes Gleichgewicht auf dem Güter- und Geldmarkt. Bei dem Gütermarkt handelt es sich um einen Strömungsmarkt, auf dem Stromgrößen gehandelt werden. Der Geldmarkt ist dagegen, ebenso wie der Wertpapiermarkt, ein Bestandsmarkt, auf dem Bestandsgrößen (Geld, Wertpapiere) getauscht werden. Der Punkt Q_0 beschreibt daher gleichzeitig ein Stromgleichgewicht auf dem Gütermarkt und ein Bestandsgleichgewicht auf dem Geld- bzw. Wertpapiermarkt.

Dieses Gleichgewicht darf nicht so interpretiert werden, dass es dauerhaft bestehen bleibt, wenn keine exogenen Störungen auftreten. Tatsächlich wird es sich langfristig „aus dem System heraus", also in endogener Weise, verändern, und zwar aus dem folgenden Grund: Das dem Punkt Q_0 entsprechende Gütermarktgleichgewicht

$$Y_0 = C((1 - t_0)Y_0) + I(i_0) + G_0 \tag{4.13}$$

beinhaltet eine Ersparnis der Haushalte in Höhe von

$$S_0 = Y_0 - t_0 Y_0 - C((1 - t_0)Y_0) = S((1 - t_0)Y_0). \tag{4.14}$$

Diese ist im Normalfall positiv. Die Ersparnisbildung dient der Vermögensakkumulation, d.h. wird verwendet, um den individuellen Vermögensbestand, insbesondere den Wertpapierbestand, aufzustocken. Positive Ersparnisse der privaten Haushalte erhöhen ihren Wertpapierbestand im Zeitablauf.[1] Mit wachsendem Finanzvermögen der Haushalte tritt – längerfristig gesehen – ein Vermögenseffekt auf, der sich in einer Verschiebung der LM-Kurve ausdrückt. Der **Vermögenseffekt** besagt, dass ein Anstieg des Finanzvermögens die gesamtwirtschaftliche Geldnachfrage erhöht.[2] Bei unverändertem Geldbestand M sowie gegebenem Zins müssen dann die Transaktionskassenhaltung und das Realeinkommen Y zurückgehen, um den Geldmarkt im Gleichgewicht zu halten. Die LM-Kurve verschiebt sich in diesem Fall mit wachsendem Wertpapierbestand nach links. Ebenso kann ein Vermögenseffekt im Konsum (sog. Pigou-Effekt) eine Rechtsverschiebung der IS-Kurve bewirken.[3] Auf lange Sicht kommt es somit aufgrund von Änderungen des Wertpapierbestandes zu endogenen Verschiebungen des gesamtwirtschaftlichen Gleichgewichtspunktes Q_0.

Solche langfristigen Gleichgewichtsänderungen sollen im Folgenden unberücksichtigt bleiben. Um eine solche Vorgehensweise zu rechtfertigen, muss eine ganz bestimmte Zeitperiode zugrundegelegt werden: Sie muss erstens lang genug sein, damit sich bei

---

[1]Diese Bestandserhöhung kommt dadurch zustande, dass der geplanten Wertpapiernachfrage in Höhe von S ein Wertpapierangebot in Höhe von $I + (G - T)$ gegenübersteht. Im Gleichgewicht gilt ja $S = I + (G - T)$.

[2]Dies lässt sich portfoliotheoretisch mit risikoaversem Verhalten der Vermögensbesitzer begründen. Risikoscheue Anleger sind bestrebt, bei einem Vermögenszuwachs die einzelnen Vermögenskomponenten im Portfolio möglichst gleichmäßig zu erhöhen.

[3]Dieser Vermögenseffekt kommt durch die wachsende Verschuldung des Staates beim Publikum zustande. Die Privaten müssen dabei der Fiskalillusion unterliegen, dass die zunehmende Staatsverschuldung nicht in späteren Perioden über Steuererhöhungen finanziert wird. Sie würden sonst staatlichen Bonds keinen Vermögenscharakter zusprechen und somit auch keine Mehrnachfrage nach Konsumgütern entfalten.

exogenen Störungen die Anpassung zum simultanen Gleichgewicht auf dem Güter- und Geldmarkt vollziehen kann, und zweitens kurz genug sein, um die aus einer positiven Ersparnisbildung resultierenden Vermögenseffekte vernachlässigen zu können.[4]

Ein weiteres Problem bei der simultanen Analyse von Bestands- und Strömungsmärkten besteht darin, dass sich die Planungen der Wirtschaftssubjekte auf einem Bestandsmarkt auf einen ganz bestimmten Zeitpunkt beziehen (Bestandsgrößen sind zeitpunktbezogen), während die Planungen auf einem Strömungsmarkt auf einen ganzen Zeitraum bezogen sind. Bei der Analyse eines interdependenten Systems von Bestands- und Strömungsmärkten muss der Zeitpunkt für die Analyse von Bestandsmärkten mit der Untersuchungsperiode der Strömungsmärkte verknüpft werden. Dies kann durch die Annahme geschehen, dass auf allen Märkten die Festlegung der ökonomischen Transaktionen immer nur zu bestimmten Zeitpunkten, sog. „Markttagen", erfolgt. Die beschlossenen Transaktionen (wie Produktion und Konsum) werden dann zwischen diesen Zeitpunkten durchgeführt, wobei in diesem Zeitraum keine Planrevisionen möglich sind. An den „Markttagen" werden also alle wirtschaftlichen Transaktionen geplant und bindend festgelegt, zwischen diesen Tagen nur noch abgewickelt. Ein gesamtwirtschaftliches Gleichgewicht auf Strömungs- und Bestandsmärkten besagt dann, dass an den „Markttagen" auf allen Märkten ein simultanes Marktgleichgewicht vorliegt.[5] Bezogen auf das IS/LM-System bedeutet dies, dass im simultanen Gleichgewicht des Güter- und Geldmarktes ein „Markttag" vorliegt, an dem die Pläne der Anbieter und Nachfrager auf beiden Märkten jeweils übereinstimmen, so dass kein Anlass zu Planrevisionen besteht. Auf dem Gütermarkt legt dabei die effektive Nachfrage die geplante Produktionshöhe der Unternehmen fest, während sich auf dem Geldmarkt die gewünschte Kassenhaltung genau dem vorgegebenen Geldbestand angepasst hat.

4.2 Analyse isolierter wirtschaftspolitischer Maßnahmen

Im Rahmen des IS/LM-Systems sollen im Folgenden die Wirkungen isolierter geld- und fiskalpolitischer Maßnahmen untersucht werden, und zwar einer Geldmengenerhöhung ($dM > 0$) und einer Staatsausgabensteigerung ($dG > 0$). In diesem Zusammenhang soll auch ein Vergleich der Wirksamkeit der Geld- und Fiskalpolitik unter verschiedenen Annahmen hinsichtlich der Zinselastizität der Investitions- und Geldnachfrage vorgenommen werden. Außerdem sollen die Wirkungen einer Staatsausgabenerhöhung unter expliziter Berücksichtigung alternativer Finanzierungsformen des staatlichen Budgetdefizits analysiert werden.

---

[4]In ähnlicher Weise wird für die hier unterstellte Zeitbetrachtungsweise der Kapazitätseffekt der privaten Nettoinvestition vernachlässigt. In der **kurzfristigen Makroökonomik** bleiben die aus Stromgrößenänderungen resultierenden Änderungen von Bestandsgrößen unberücksichtigt.

[5]Dieses Konzept zur Verknüpfung von einzelnen Zeitpunkten mit einem ganzen Zeitraum ist in der Literatur unter dem Begriff der **Hicksschen Woche** bekannt.

4.2.1 Expansive Geldpolitik

Es sollen zunächst die Wirkungen einer Geldmengenerhöhung im Normalbereich von IS- und LM-Kurve untersucht werden (Abbildung 4.3). Eine Steigerung der Geldmenge M verschiebt die LM-Kurve LM_0 parallel nach rechts in die Position LM_1, wobei die Lage der Liquiditätsfalle unverändert bleibt (Zinsuntergrenze i_U und Zinsobergrenze i_O ändern sich nicht). In Abbildung 4.3 bezeichnet Q_0 das Anfangsgleichgewicht des Systems, während der Punkt Q_1 das Endgleichgewicht nach Abschluss aller Anpassungsprozesse darstellt. Im neuen Gleichgewicht ist es im Vergleich zum alten zu einer Einkommenssteigerung und einer Zinssenkung gekommen.

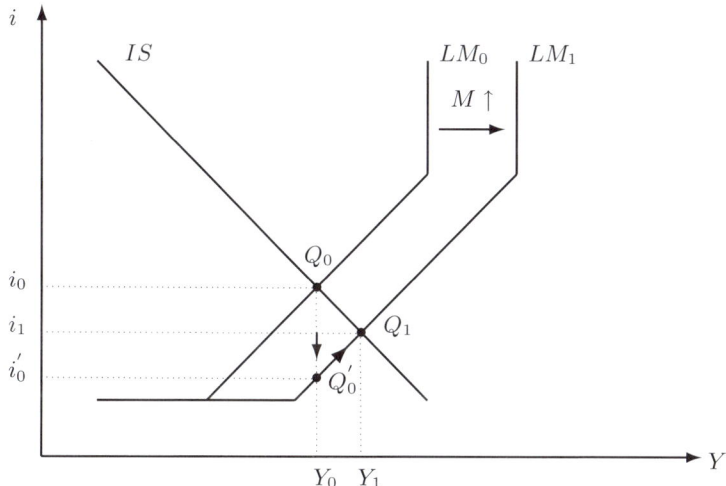

Abb. 4.3: *Expansive Geldpolitik im IS/LM-System*

Zur Erklärung des Anpassungsprozesses von Q_0 nach Q_1 wird unterstellt, dass bei einer monetären Störung zunächst nur der Geldmarkt reagiert und erst mit einer zeitlichen Verzögerung der Gütermarkt. Wenn die Zinsreaktion auf dem Geldmarkt schneller erfolgt als die Mengenanpassung auf dem Gütermarkt, ergibt sich als unmittelbare Folge des monetären Impulses, d.h. bei zunächst unverändertem Y-Wert in Höhe von Y_0, ein neuer Gleichgewichtszins auf der Geldmarktkurve LM_1 in Höhe von i_0'. In Abbildung 4.3 geht der Gleichgewichtspunkt Q_0 in den auf der Kurve LM_1 gelegenen Punkt Q_0' über. Ökonomisch ist dieser Übergang bereits im Rahmen einer Partialanalyse des Geldmarktes erklärt worden (Abschnitt 3.5). Bei gegebenem Y und damit gegebener Transaktionskassenhaltung muss eine Geldmengensteigerung vollständig von der Spekulationskasse aufgenommen werden, damit weiterhin Gleichgewicht auf dem Geldmarkt herrscht. Da der Überschuss an Geld auf dem Geldmarkt mit einer Überschussnachfrage auf dem Wertpapiermarkt einhergeht, ergibt sich eine Kurssteigerung bzw. Zinssenkung, welche wiederum zum Anstieg der gewünschten Spekulationskassenhaltung führt.

In Abbildung 4.3 stellt der Übergang von Q_0 nach Q_0' die kurzfristige oder unmittelbare

Reaktion des Gesamtsystems dar. Das erhöhte Geldangebot wird vom Geldmarkt durch eine sofortige Zinssenkung vollständig aufgenommen, wodurch das ursprünglich gestörte Gleichgewicht auf dem Geldmarkt wiederhergestellt wird. Die unmittelbare Zinsänderung (in Abbildung 4.3 von i_0 nach i_0') zur Wiederherstellung eines Geldmarktgleichgewichts wird als **Liquiditätseffekt der Geldpolitik** bezeichnet. Der Liquiditätseffekt erfasst die unmittelbare Wirkung der Geldmengenerhöhung für den monetären Sektor. Bei zinselastischer Investitionsnachfrage wird hierdurch auch der Gütermarkt tangiert. Die Zinssenkung bewirkt für den Gütermarkt einen Nachfrageüberschuss, da bei zunächst unverändertem Einkommensniveau Y_0 ein Anstieg der geplanten gesamtwirtschaftlichen Nettoinvestition stattfindet. Durch die Zinsreduktion werden auch solche Investitionsvorhaben rentabel, deren interne Verzinsung (ρ) zwischen i_0 und i_0' liegt ($i_0 > \rho > i_0'$). Aus der gewünschten Erhöhung der privaten Nettoinvestition resultiert ein Multiplikatorprozess (vgl. Abschnitt 2.1.7), der das reale Inlandsprodukt und den privaten Konsum ansteigen lässt, da sich die Produzenten annahmegemäß vollkommen elastisch Änderungen der gesamtwirtschaftlichen Güternachfrage anpassen. Monetär gesehen erfordert die Steigerung des Inlandsprodukts eine Zunahme der Transaktionskassenhaltung. Bei (im Punkte Q_0') gegebener realer Geldmenge muss hierzu ein Teil der Spekulationskasse in die Transaktionskasse transferiert werden, was über den Verkauf bzw. über ein erhöhtes Angebot von Wertpapieren und der damit verbundenen Zinssteigerung realisiert werden kann. In Abbildung 4.3 steigt der Zins aufgrund dieser Rückwirkungen aus dem realwirtschaftlichen Bereich von i_0' auf das höhere Niveau i_1. Wird ein permanentes Gleichgewicht auf dem Geldmarkt unterstellt, bewegt sich das System entlang der LM_1-Kurve zum Punkt Q_1 hin, in dem sich neben dem Geldmarkt auch der Gütermarkt im Gleichgewicht befindet. Die Einkommenssteigerung von Y_0 auf das neue Niveau Y_1 induziert eine Zunahme des Zinssatzes von i_0' auf i_1; diese Zinssteigerung wird als **Einkommenseffekt der Geldpolitik** bezeichnet. Der Einkommenseffekt verläuft in die entgegengesetzte Richtung wie der primäre Liquiditätseffekt und erfasst die Rückwirkungen, die sich für den Geldmarkt aufgrund der Einkommenserhöhung auf dem Gütermarkt ergeben. Dadurch wird die ursprüngliche Zinssenkung von i_0 auf i_0' wieder etwas zurückgenommen; insgesamt findet aber weiterhin ein Rückgang von i statt, so dass auch das Gleichgewichtseinkommen angestiegen sein muss. Expansive Geldpolitik wirkt also über den **Zinskanal** einkommenssteigernd.

Sonderfälle

Liquiditäts- und Einkommenseffekt treten bei einer Geldmengenerhöhung nur dann gemeinsam auf, wenn wir uns im Normalbereich der IS- und LM-Kurve befinden. Bei vertikal verlaufender IS-Kurve, d.h. bei zinsunabhängiger privater Nettoinvestition, ergibt sich nur der Liquiditätseffekt, während bei horizontal verlaufender LM-Kurve, d.h. bei vollkommen zinselastischer Geldnachfrage, weder ein Liquiditäts- noch ein Einkommenseffekt auftreten (Abbildungen 4.4 und 4.5).

Abbildung 4.4 verdeutlicht den Fall einer zinsunabhängigen Investitionsnachfrage (sog. **Investitionsfalle**), Abbildung 4.5 den Fall einer vollkommen zinselastischen Geldnachfrage (**Keynessche Liquiditätsfalle**). In beiden Situationen ergibt sich trotz der Geldmengensteigerung keine Änderung des Realeinkommens Y, da die Nettoinvestitionen

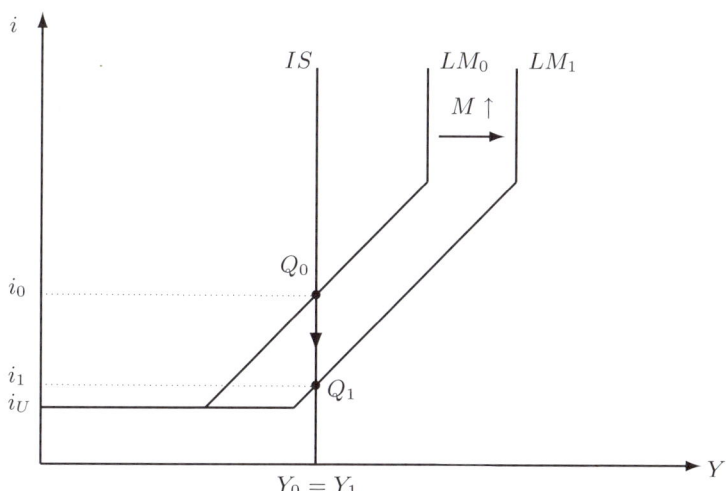

Abb. 4.4: *Geldpolitik im Fall $I_i = 0$*

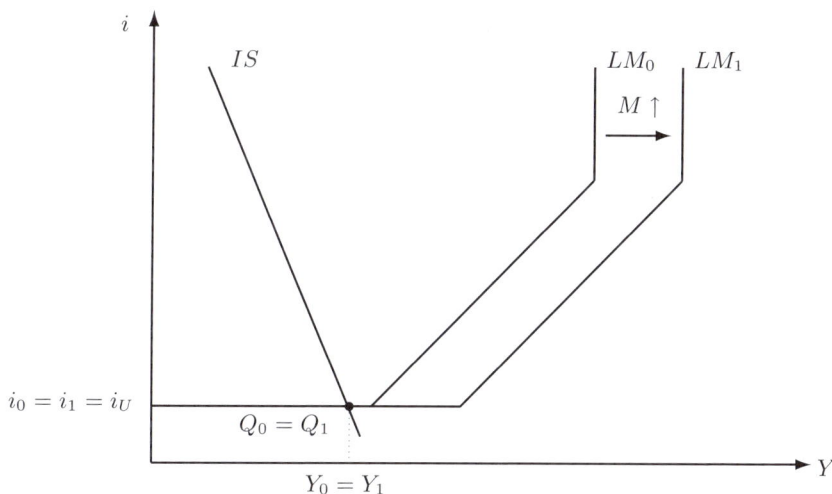

Abb. 4.5: *Geldpolitik im Fall $L_i = -\infty$*

unverändert bleiben. In beiden Fällen ist der Zinskanal unwirksam. In der Investitions- falle tritt zwar der Liquiditätseffekt der Geldpolitik auf (der Zins sinkt von i_0 auf das kleinere Niveau i_1), jedoch ist hiermit kein Anstieg der gesamtwirtschaftlichen Güter- nachfrage verbunden, da die Investitionsgüternachfrage auf die Zinssenkung aufgrund extrem pessimistischer unternehmerischer Ertragserwartungen nicht reagiert. In der Liquiditätsfalle (Abbildung 4.5) bleibt dagegen auch das Zinsniveau unverändert; eine Reduktion von i findet jetzt nicht statt. Bei Vorliegen der Zinsuntergrenze i_U in der Ausgangslage gibt es Wirtschaftssubjekte, die bereit sind, das zusätzliche Geldangebot ohne Zinssenkung in die Spekulationskasse aufzunehmen (im Falle $i = i_U$ wollen alle Vermögensbesitzer entweder nur Spekulationskasse halten oder sind zwischen der Kassen- und Wertpapierhaltung indifferent). Selbst bei zinselastischer Investitionsnachfrage kann sich dadurch keine Änderung der gesamtwirtschaftlichen Güternachfrage ergeben. In Abbildung 4.5 stimmen dann Anfangs- und Endgleichgewicht überein. Die Geldpolitik ist in der Keynesschen Liquiditätsfalle vollkommen unwirksam, da weder Einkommens- noch Zinsänderungen eingetreten sind.

Die Aussage, dass die Geldpolitik in der Liquiditätsfalle unwirksam in Bezug auf die endogenen Variablen Y und i ist, trifft für eine expansive Geldmengenpolitik generell zu. Im Falle einer **kontraktiven Geldpolitik**, d.h. bei einer Senkung der Geldmenge M, braucht diese Aussage dagegen nicht immer zu gelten. Die LM-Kurve verschiebt sich jetzt nach links, so dass der Bereich der Liquiditätsfalle verkürzt wird. Bei einer hinreichend starken Geldmengensenkung ergibt sich dann notwendigerweise insgesamt eine Zinssteigerung, die wiederum mit einer Einkommenskontraktion einhergeht (Abbildung 4.6). Liquiditätseffekt ($i_0 \rightarrow i_0'$) und Einkommenseffekt ($i_0' \rightarrow i_1$) der Geldpolitik treten jetzt nacheinander auf, obwohl das Ausgangsgleichgewicht in der Liquiditätsfalle liegt (Punkt Q_0).

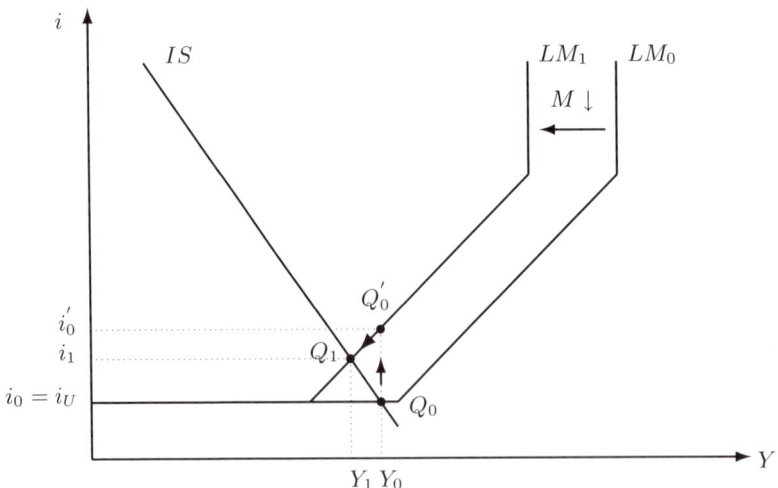

Abb. 4.6: *Kontraktive Geldpolitik in der Liquiditätsfalle*

Ein zu Abbildung 4.6 analoger Anpassungsprozess ergibt sich auch bei einer allgemeinen Korrektur der Zinserwartung nach oben ($di^e > 0$). Dabei tritt unabhängig davon, ob das Ausgangsgleichgewicht in der Liquiditätsfalle oder im Normalbereich der LM-Kurve liegt, stets eine Zinssteigerung auf, die wiederum mit einem Einkommensrückgang verbunden ist. Die Zinssteigerung resultiert aus einer Überschussnachfrage am Geldmarkt, die mit einem Überschussangebot auf dem Wertpapiermarkt einhergeht. Dieser Angebotsüberschuss wird von denjenigen Wertpapierbesitzern erzeugt, die durch die Anpassung ihrer Zinserwartung nach oben jetzt mit einem negativen Gesamtertrag aus der Wertpapierhaltung rechnen. Die Folge ist eine Kurssenkung bzw. Zinssteigerung am Wertpapiermarkt, so dass sich ebenso wie bei einer Geldmengensenkung eine Einkommenskontraktion am Gütermarkt ergibt.

Ein weiterer Sonderfall, der hier noch behandelt werden soll, ist der **klassische Bereich** der LM-Kurve. Wird von der Existenz eines solchen zinsunelastischen Bereichs der LM-Kurve ausgegangen[6] und liegt das Ausgangsgleichgewicht des IS/LM-Systems im vertikalen Bereich der LM-Kurve, treten sowohl der Liquiditäts- als auch der Einkommenseffekt der Geldpolitik auf, so dass es im Fall einer Geldmengenerhöhung zu einer Zinssenkung und einer Einkommenssteigerung kommt (Abbildung 4.7).

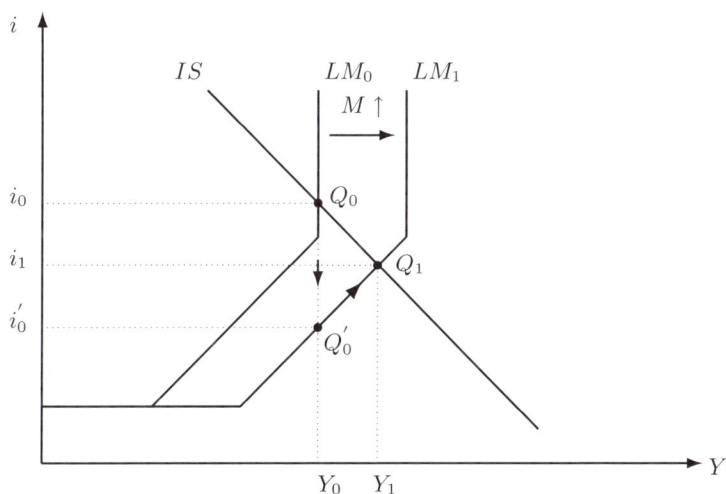

Abb. 4.7: *Geldpolitik im klassischen Bereich der LM-Kurve*

Im Ausgangspunkt Q_0 wird aufgrund des hohen Zinsniveaus keine Spekulationskasse gehalten; alle Vermögensbesitzer halten ausschließlich Wertpapiere. Die primäre Zinssenkung von i_0 auf i_0' sorgt dafür, dass die gestiegene Geldmenge vollständig durch

---

[6]Anhand zahlreicher empirischer Untersuchungen zur Geldnachfrage in Deutschland und in der Europäischen Währungsunion lässt sich weder die Existenz eines klassischen Bereichs noch die Existenz der Liquiditätsfalle stützen, da in diesen Untersuchungen die Zinselastizität der Geldnachfrage stets signifikant verschieden von null bzw. unendlich ist. Für die japanische Volkswirtschaft, die seit den 1990er Jahren durch extrem niedrige Zinssätze gekennzeichnet ist, kann dagegen von der Existenz der Liquiditätsfalle ausgegangen werden. Es handelt sich bei diesen Sonderfällen um theoretische Grenzfälle, die insbesondere geeignet sind, um unterschiedliche Vorstellungen der Keynesianer und Monetaristen über die Wirksamkeit der Geld- und Fiskalpolitik theoretisch begründen zu können.

die Spekulationskasse absorbiert wird. Der anschließende Zinsanstieg von i_0' auf i_1 aufgrund der Rückwirkungen aus dem güterwirtschaftlichen Bereich bewirkt wiederum einen Rückgang der gesamtwirtschaftlichen Spekulationskassenhaltung, während die Transaktionskassenhaltung entsprechend zunimmt. Das Endgleichgewicht Q_1 kann dabei sowohl im Normalbereich als auch im klassischen Bereich der neuen Geldmarktgleichgewichtskurve LM_1 liegen. Liegt das neue Gleichgewicht Q_1 ebenso wie das Ausgangsgleichgewicht im klassischen Bereich der LM-Kurve, nimmt die Transaktionskasse genau im Umfang der Geldmengenerhöhung zu, während weiterhin keine Spekulationskasse gehalten wird. In diesem Falle wird mit der Geldpolitik die größte Einkommenswirkung erzielt. Wie Abbildung 4.7 verdeutlicht, kann bei einer expansiven Geldpolitik der klassische Bereich der LM-Kurve verlassen werden. Das neue Endgleichgewicht Q_1 liegt dann im Normalbereich der Geldmarktkurve LM_1. Die Zinssenkung bewirkt in diesem Fall, dass die Wirtschaftssubjekte bereit sind, ihre gestiegene Kassenhaltung zum Teil in die Spekulationskasse aufzunehmen. Wird anstelle einer expansiven eine kontraktive Geldmengenpolitik durchgeführt und liegt das Ausgangsgleichgewicht im klassischen Bereich der LM-Kurve, so befindet sich der neue Gleichgewichtspunkt Q_1 wegen der damit verbundenen Zinssteigerung stets im klassischen Bereich, so dass eine maximale Einkommensreduktion eintritt.

4.2.2   Expansive Fiskalpolitik

Entsprechend einer expansiven Geldpolitik lässt sich auch die Wirkungsweise einer expansiven oder kontraktiven fiskalpolitischen Maßnahme im Hicks-Diagramm analysieren. Im Folgenden sollen die Wirkungen einer Staatsausgabensteigerung im Normalbereich von IS- und LM-Kurve sowie bei Vorliegen von Sonderfällen (Investitionsfalle, Liquiditätsfalle, klassischer Bereich) untersucht werden. Der Finanzierungsaspekt der Staatsausgabenerhöhung bleibt dabei zunächst unberücksichtigt.

Eine Steigerung der Staatsausgaben für Güter und Dienste G hat bei normal verlaufender IS- und LM-Kurve eine Zunahme des Realeinkommens sowie des Zinssatzes zur Folge (Abbildung 4.8). Durch den expansiven Nachfrageimpuls verschiebt sich die IS-Kurve parallel nach rechts, so dass sich als neues Güter-Geldmarktgleichgewicht der Punkt Q_1 auf der unverändert gebliebenen LM-Kurve ergibt. Die Einkommenssteigerung von Y_0 auf Y_1 resultiert aus dem expansiven Multiplikatorprozess, der durch den Anstieg von G und der damit verbundenen unmittelbaren Steigerung der Güternachfrage ausgelöst wird. Die Zinssteigerung von i_0 auf i_1 ist eine Folge des Mehrbedarfs an Transaktionskasse, der bei unverändertem Geldbestand nur über einen entsprechenden Abbau der Spekulationskassenhaltung und damit über eine Zinssteigerung befriedigt werden kann. Die Erhöhung von i ergibt sich dabei letztlich aus einem vermehrten Wertpapierangebot der Wirtschaftssubjekte, die im Zuge des Multiplikatorprozesses auf dem Gütermarkt verstärkt Geld zu Transaktionszwecken nachfragen. Unterstellt man wieder einen permanent geräumten Geldmarkt, also eine sofortige Zinsanpassung als Folge der gestiegenen Geldnachfrage, so verläuft der Anpassungsprozess von Q_0 nach Q_1 entlang der unverändert gebliebenen Geldmarktkurve. Jede Produktionsmengenausweitung, die sich im Verlaufe des Multiplikatorprozesses einstellt, erfordert also eine vorherige Erhöhung der Transaktionskasse, da andernfalls die Unternehmen nicht genügend Zahlungsmittel zur Verfügung hätten, um die erhöhten Produktionskosten finanzieren zu können.

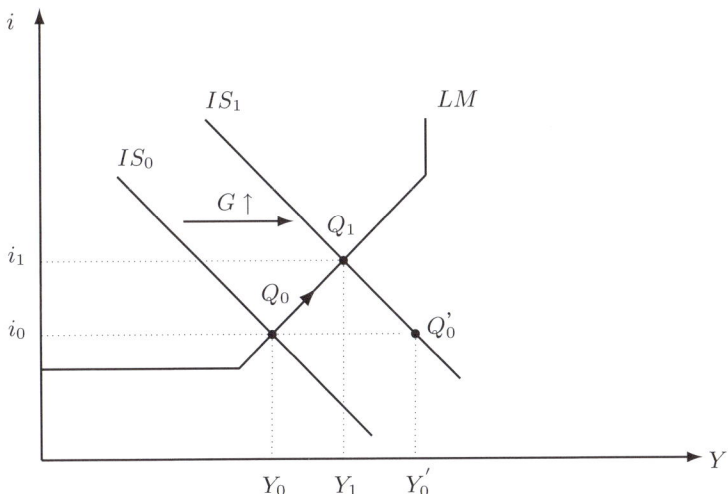

Abb. 4.8: *Expansive Fiskalpolitik im IS/LM-System*

Abbildung 4.8 enthält auch den Ungleichgewichtspunkt Q_0', zu dem das Einkommensniveau Y_0' gehört. Dieses Einkommen ergibt sich bei einer Staatsausgabensteigerung im Rahmen des reinen Gütermarktmodells, da der Zinssatz in Q_0' auf seinem Ausgangsniveau i_0 verharrt, weshalb die geplante Investitionsnachfrage gegenüber dem Anfangsgleichgewicht Q_0 unverändert bleibt. Die Strecke Q_0Q_0' muss daher genau der Multiplikatorwirkung im Rahmen des reinen Gütermarktmodells entsprechen (vgl. Abschnitt 2.2.2).

Im vorliegenden IS/LM-System stellt der Punkt Q_0' kein simultanes Güter-Geldmarktgleichgewicht dar. Aufgrund des gestiegenen Einkommens besteht in Q_0' eine Überschussnachfrage nach Geld. Die gewünschte Erhöhung der Transaktionskasse kann erst über eine Steigerung des Zinssatzes befriedigt werden. Bei zinsabhängiger Investitionsnachfrage bewirkt der Zinsanstieg bei gleichbleibender Grenzleistungsfähigkeit des Kapitals (ρ) eine Abnahme der Zahl profitabler Investitionsvorhaben und damit einen Rückgang der privaten Nettoinvestition und der gesamtwirtschaftlichen Güternachfrage. Die Steigerung des Gleichgewichtseinkommens muss daher im IS/LM-System kleiner ausfallen als die entsprechende Steigerung im reinen Gütermarktmodell. Es gilt also $Y_1 < Y_0'$. Der durch die Staatsausgabensteigerung ausgelöste Zinsanstieg verdrängt einen Teil der privaten Güternachfrage. Man spricht deshalb auch von einem **Crowding-out-Effekt** oder genauer von einem **Zins-** oder **Transaktions-Crowding-out-Effekt**, da die Zunahme des realen Inlandsprodukts und die damit verbundene Erhöhung des gesamtwirtschaftlichen Transaktionsvolumens für die Überschussnachfrage auf dem Geldmarkt und die daraus resultierende Zinssteigerung verantwortlich sind. In Abbildung 4.8 entspricht der zinsinduzierte Crowding-out-Effekt der Einkommensdifferenz $Y_0' - Y_1$.

Die geringere Multiplikatorwirkung einer Staatsausgabensteigerung bei zinsabhängiger privater Nettoinvestition lässt sich auch algebraisch nachweisen, indem die IS-Kurven-Gleichung

$$Y = C((1-t)Y) + I(i) + G \qquad (4.15)$$

und die LM-Kurven-Gleichung

$$M/P_0 = L(Y, i) \qquad (4.16)$$

total differenziert werden:

$$dY = C_{Y^v}(1-t)dY + I_i di + dG \qquad (4.17)$$

$$\frac{1}{P_0}dM = L_Y dY + L_i di \quad \text{bzw.} \quad di = \frac{1}{L_i}\left(\frac{1}{P_0}dM - L_Y dY\right). \qquad (4.18)$$

Setzt man den Ausdruck für di in (4.17) ein und löst nach dY auf, ergibt sich

$$\left(1 - C_{Y^v}(1-t) + \frac{I_i L_Y}{L_i}\right)dY = dG + \frac{I_i}{L_i}\frac{1}{P_0}dM. \qquad (4.19)$$

Bei konstantem Geldangebot resultiert hieraus der **Staatsausgabenmultiplikator**

$$\frac{dY}{dG} = \frac{1}{1 - C_{Y^v}(1-t) + I_i L_Y / L_i}. \qquad (4.20)$$

Für $I_i < 0$ sowie $-\infty < L_i < 0$, d.h. bei normal verlaufender IS- und LM-Kurve, ist der Ausdruck $I_i L_Y / L_i$ positiv und somit der Staatsausgabenmultiplikator (4.20) kleiner als der **elementare Staatsausgabenmultiplikator**

$$\left.\frac{dY}{dG}\right|_{I=\bar{I}} = \frac{1}{1 - C_{Y^v}(1-t)}. \qquad (4.21)$$

Der Term $I_i L_Y / L_i$ erfasst dabei die Rückwirkungen des Geldmarktes für den Gütermarkt, welche aufgrund der Zinssteigerung kontraktiver Natur sind.

Sonderfälle

Vergleicht man die beiden Staatsausgabenmultiplikatoren (4.20) und (4.21), so gilt, dass diese bei zinsunabhängiger Nettoinvestition ($I_i = 0$) sowie bei vollkommen zinselastischer Geldnachfrage ($L_i = -\infty$) übereinstimmen. In beiden Fällen findet keine Verdrängung privater Güternachfrage statt, da die Investitionsnachfrage jeweils unverändert bleibt. In diesen Sonderfällen ergeben sich für den Gütermarkt keine kontraktiven Rückwirkungen aus dem Geldmarkt, so dass die Fiskalpolitik bei Vorliegen der Investitionsfalle oder Liquiditätsfalle ihre größte Wirkung in Bezug auf das Realeinkommen Y erzielt.

Abbildung 4.9 zeigt die Wirkungen einer Staatsausgabensteigerung bei Vorliegen der Investitionsfalle, Abbildung 4.10 die entsprechenden Effekte bei Vorliegen der Liquiditätsfalle. Im ersten Fall ergibt sich eine Zinssteigerung, die allerdings keine Auswirkungen

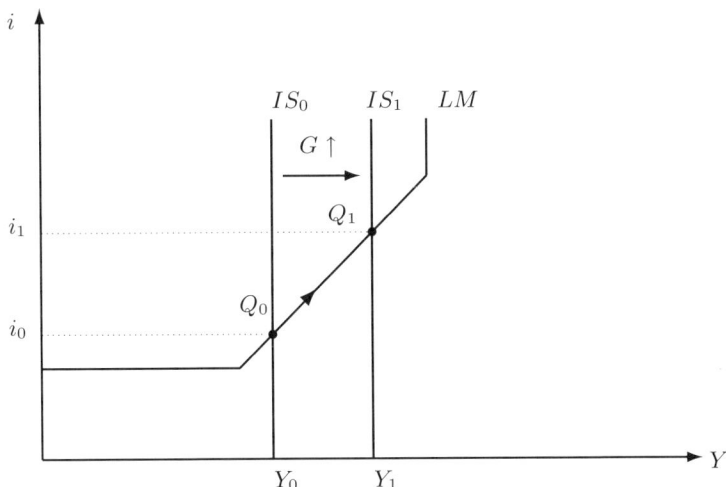

Abb. 4.9: *Fiskalpolitik im Fall $I_i = 0$*

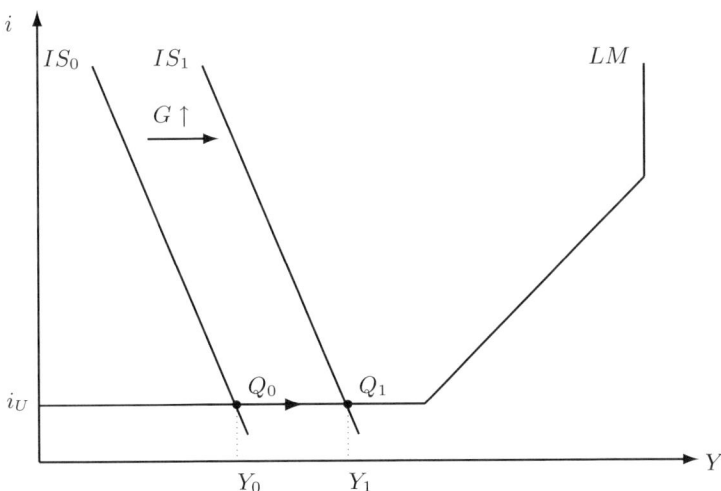

Abb. 4.10: *Fiskalpolitik im Fall $L_i = -\infty$*

auf die private Güternachfrage hat, da die Investitionsnachfrage zinsunabhängig ist, im zweiten Fall findet keine Zinsänderung statt, so dass auch I unverändert bleibt. In Abbildung 4.10 verharrt der Zins allerdings nur dann auf seinem unteren Niveau i_U, sofern durch die Staatsausgabensteigerung die Liquiditätsfalle nicht verlassen wird. Bei einer hinreichend starken Rechtsverschiebung der IS-Kurve liegt der neue Gleichgewichtspunkt im Normalbereich der LM-Kurve. In diesem Fall kommt es zu einer Zinssteigerung und zu einer partiellen Zurückdrängung privater Investitionen. Die Mehrnachfrage nach Transaktionskasse ist jetzt so groß, dass sie nur über eine Zinssteigerung vollständig aus der Spekulationskasse befriedigt werden kann.

Betrachten wir abschließend die Wirkungen einer Staatsausgabensteigerung, falls das Ausgangsgleichgewicht Q_0 im vertikalen bzw. klassischen Bereich der LM-Kurve liegt (Abbildung 4.11). In diesem Fall ergeben sich keine Effekte für das reale Inlandsprodukt

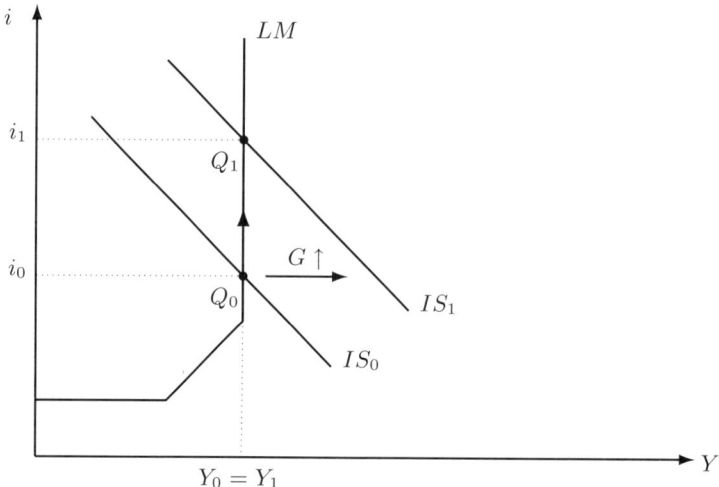

Abb. 4.11: *Fiskalpolitik im klassischen Bereich der LM-Kurve*

Y; die Zinssteigerung von i_0 auf i_1 ist so groß, dass die privaten Investitionen genau in dem Maße verdrängt werden, wie die Staatsausgaben ansteigen ($dI = -dG < 0$). Es kommt zu einem **vollständigen Crowding out** der privaten Investitionsnachfrage. Eine Zunahme der Staatsausgaben hat bei einer vollkommen zinsunelastischen Geldnachfrage nur **allokative Effekte**, jedoch keine Realeinkommenswirkungen. Es wird lediglich die Struktur, nicht jedoch das Niveau der gesamtwirtschaftlichen Güternachfrage verändert. Die Unwirksamkeit von G in Bezug auf Y ist auch anhand der Geldmarktgleichung zu erkennen, wenn die Geldnachfrage additiv in eine nur vom Einkommen abhängige Transaktionskasse $L_{T,V}$ und in eine zinsabhängige Spekulationskasse L_S zerlegt wird:

$$M/P_0 = L_{T,V}(Y) + L_S(i). \tag{4.22}$$

Im klassischen Bereich der LM-Kurve halten die Vermögensbesitzer nur Wertpapiere in ihrem Portfolio; daher gilt $L_S(i_0) = L_S(i_1) = 0$. Bei unverändertem realen Geldbestand M/P_0 kann sich dann die Transaktionskassenhaltung nicht ändern, was $Y_0 = Y_1$

voraussetzt.[7]

Abbildung 4.11 verdeutlicht, dass bei Vorhandensein eines vertikalen Bereichs der LM-Kurve dieser Bereich nicht verlassen wird, wenn eine expansive Fiskalpolitik betrieben wird. Bei einer hinreichend starken kontraktiven Fiskalpolitik liegt dagegen das neue Gleichgewicht Q_1 notwendigerweise im Normalbereich der LM-Kurve, so dass eine Einkommenssenkung verbunden mit einer Zinssenkung eintritt.

Die Abbildungen 4.8 bis 4.11 gelten entsprechend auch, wenn anstelle einer Staatsausgabensteigerung eine Senkung des Steuersatzes t betrachtet wird. Dieser wirkt über die Zunahme des verfügbaren Einkommens Y^v expansiv auf die private Konsumgüternachfrage, was mit einem expansiven Multiplikatorprozess und Zinssteigerungen (außerhalb der Liquiditätsfalle) verbunden ist. Analoge Abbildungen gelten auch dann, wenn ein expansiver Nachfrageimpuls durch eine Änderung privatwirtschaftlicher Datenvariablen hervorgerufen wird. Hierbei kann es sich z.B. um eine Verbesserung unternehmerischer Ertragserwartungen oder um eine Zunahme einer autonomen Nachfragekomponente handeln.

4.2.3 Geld- und Fiskalpolitik im Vergleich

Für einen Vergleich der Wirksamkeit der Geld- und Fiskalpolitik empfiehlt es sich, auch den **Geldmengenmultiplikator** in Bezug auf Y anzugeben. Für diesen ergibt sich aus Gleichung (4.19) der Ausdruck

$$\frac{dY}{d(M/P_0)} = \frac{1}{1 - C_{Y^v}(1-t) + I_i L_Y / L_i} \cdot \frac{I_i}{L_i} = \frac{dY}{dG} \cdot \frac{I_i}{L_i}. \tag{4.23}$$

Der geldpolitische Multiplikator ist bis auf die Sonderfälle $I_i = 0$ und $L_i = -\infty$ positiv; bei Vorliegen der Investitions- oder Liquiditätsfalle ist er dagegen gleich null. Er unterscheidet sich von dem entsprechenden fiskalpolitischen Multiplikator dY/dG (vgl. (4.20)) lediglich in der multiplikativen Konstante I_i/L_i, so dass im Sonderfall $I_i = L_i$ beide Multiplikatoren genau übereinstimmen. Der Geldmengenmultiplikator lässt sich auch in der Form

$$\frac{dY}{d(M/P_0)} = \frac{1}{\frac{1 - C_{Y^v}(1-t)}{I_i/L_i} + L_Y} \tag{4.24}$$

schreiben. Anhand dieses Ausdrucks ist zu erkennen, dass mit wachsendem Quotienten I_i/L_i der gesamte Nennerausdruck auf der rechten Seite von (4.24) immer kleiner und damit der Gesamtausdruck immer größer wird. Eine Geldmengensteigerung nimmt daher in ihrer Wirkung auf das Realeinkommen Y umso mehr zu, je größer $|I_i|$, d.h. je höher der Grad der Zinsabhängigkeit der privaten Nettoinvestition ist. Die Zinssenkung induziert dann eine zunehmende Investitionsnachfrage. Außerdem erhöht sich die Wirksamkeit der Geldpolitik, je weniger zinsreagibel die Geldnachfrage ist, d.h. je kleiner der Wert $|L_i|$ ausfällt. Der erhöhte Geldbestand wird dann in verstärktem Maße von der

---

[7]Diese Aussage gilt nur bei zinsunabhängiger Transaktionskassenhaltung. Ist diese dagegen auch vom Zinssatz i abhängig, gibt es keinen vertikalen Bereich der LM-Kurve. Die Staatsausgabensteigerung wäre dann wieder mit einer Einkommenssteigerung verbunden.

Transaktionskasse aufgenommen. In beiden Fällen verbessert sich die monetäre Transmission über den Zinskanal, so dass sich die Wirkung einer Geldmengensteigerung auf die private Investitionsnachfrage erhöht und der Geldmengenmultiplikator (4.24) immer größer wird.

Für die Fiskalpolitik gilt dagegen genau die umgekehrte Aussage. Anhand der Formel für den Staatsausgabenmultiplikator (Gleichung (4.20)) lässt sich ablesen, dass die Wirkung von G in Bezug auf Y mit wachsendem Quotienten I_i/L_i abnimmt (der Nennerausdruck von (4.20) wird dann immer größer). Mit zunehmender Zinselastizität der Investitionsnachfrage verringert sich der Staatsausgabenmultiplikator, da sich der Crowding-out-Effekt erhöht. Eine entsprechende Aussage gilt auch bei abnehmender Zinsreagibilität der Geldnachfrage. Umgekehrt gilt, dass die Wirkung von G bzgl. Y umso größer ist, je geringer das Transaktions-Crowding-out ausfällt, d.h. je zinsunelastischer die private Investitionsnachfrage oder je zinselastischer die Geldnachfrage ist. Eine Staatsausgabensteigerung erzielt demnach ihre größte Einkommenswirkung bei Vorliegen der Investitions- oder Liquiditätsfalle; der Geldmengenmultiplikator in Bezug auf Y ist dagegen in diesen Fällen gleich null. Gilt dagegen der klassische Bereich der LM-Kurve, so sind Zinsänderungen ohne Auswirkungen auf die Geldnachfrage; die Geldpolitik ist in diesem Fall am wirksamsten, während die Fiskalpolitik in dieser Situation aufgrund eines totalen Crowding-out-Effekts vollkommen unwirksam in Bezug auf Y ist.

Geld- und Fiskalpolitik im Konjunkturverlauf

Die relative Bedeutung der Geld- und Fiskalpolitik lässt sich am besten anhand des Konjunkturverlaufs demonstrieren. Unter **Konjunktur** kann man allgemein Schwankungen der ökonomischen Aktivität einer Volkswirtschaft verstehen, wobei die wirtschaftliche Aktivität durch bestimmte Indikatoren gemessen wird. Genauer versteht man unter Konjunkturschwankungen Schwankungen im Auslastungsgrad des Produktionspotentials einer Volkswirtschaft. Das gesamtwirtschaftliche Produktionspotential ist dabei das maximal mögliche Produktionsvolumen einer Volkswirtschaft, d.h. das Produktionsniveau, das sich bei voller Auslastung der vorhandenen und nutzbaren Menge an Produktionsfaktoren (insbesondere Arbeit und Sachkapital) ergibt. Weisen die Schwankungen der ökonomischen Aktivität einen wellenförmigen Verlauf auf, der sich im Zeitablauf wiederholt, spricht man von **Konjunkturzyklen**.

Das Grundmuster eines Konjunkturzyklus ist in Abbildung 4.12 dargestellt. Der tatsächliche Verlauf der gesamtwirtschaftlichen Produktion P schwankt um den langfristigen Wachstumstrend WT der Produktion. Das Grundmuster des Konjunkturverlaufs besteht aus vier Konjunkturphasen, zwei Aufschwung- und zwei Abschwungphasen: Ausgehend vom konjunkturellen Tiefpunkt TP_1 kennzeichnet Phase I den beginnenden Aufschwung, in der Beschäftigung und Produktion zunehmen. Abschnitt II ist die Hochkonjunktur- oder Boomphase. Hier wird der konjunkturelle Höhepunkt HP erreicht. Phase III leitet die Konjunkturabschwächung ein (beginnender Abschwung), während die vierte Phase, die beim konjunkturellen Tiefpunkt TP_2 endet, als Rezession bezeichnet wird. Anschließend wiederholt sich dieses Schema des Konjunkturverlaufs, wobei die einzelnen Phasenlängen und auch die Amplituden im Zeitverlauf unterschiedlich ausfallen können. Die gesamte Phasenlänge eines herkömmlichen Konjunkturzyklus

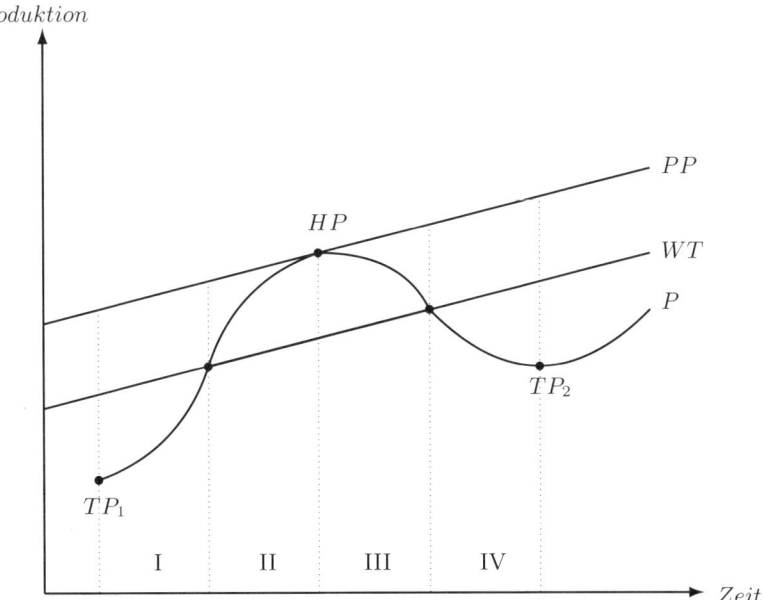

Bezeichnungen: PP = Produktionspotential, P = gesamtwirtschaftliche Produktion; WT = langfristiger Wachstumstrend (Trend der Produktion), TP = konjunktureller Tiefpunkt, HP = konjunktureller Höhepunkt.

Abb. 4.12: *Der Konjunkturzyklus*

(Juglar-Zyklus) beträgt 7 bis 11 Jahre.

In Deutschland gab es im Zeitraum von 1950 bis 1982 alle 7 bis 9 Jahre eine größere Rezession (und zwar in den Jahren 1958, 1967, 1975 und 1982). In den 1980er Jahren war ein typisches Konjunkturschema nicht mehr erkennbar, da in diesem Jahrzehnt eine dauerhafte Aufschwungphase herrschte. Diese wurde 1993 nach dem Wiedervereinigungsboom durch die tiefste Rezession seit dem Zweiten Weltkrieg infolge einer restriktiven Geldpolitik seitens der Zentralbank aufgrund erhöhter Inflationsrisiken abgelöst. Der Boom in der IT- und Kommunikationsbranche charakterisierte den Zeitraum der konjunkturellen Erholung bis 2001. Nach dem Niedergang der New Economy schloss sich eine Abschwungphase an, die bis 2005 andauerte. Seit 2006 ist wieder ein relativ starkes Wirtschaftswachstum zu erkennen, so dass man zu der Aussage gelangen kann, dass seit 1994 in Deutschland trotz des Auftretens der New Economy wieder ein typisches Konjunkturmuster erkennbar ist.

Ein Kennzeichen des Konjunkturverlaufs besteht darin, dass gewöhnlich eine hohe (geringe) Wachstumsrate des Inlandsprodukts mit einem hohen (niedrigen) Zinsniveau einhergeht. Übertragen auf das IS/LM-System, das eine nicht-wachsende Volkswirtschaft beschreibt, bedeutet dies, dass ein hohes Gleichgewichtseinkommen mit einem hohen Zinsniveau verbunden ist, während bei einem niedrigen Niveau des Inlandsprodukts auch ein geringes Zinsniveau vorherrscht. Für die LM-Kurve impliziert dies, dass wir uns in der konjunkturellen Boomphase im oberen, relativ zinsunelastischen Bereich der LM-Kurve befinden, im konjunkturellen Tiefpunkt dagegen im unteren, sehr zinselastischen Bereich. Ein weiteres Kennzeichen einer Rezession besteht darin, dass in dieser Konjunkturphase die Investitionsnachfrage eher zinsunelastisch ist, da einerseits pessimistische unternehmerische Ertragserwartungen vorherrschen und andererseits bei einem niedrigen Zinsniveau die mit einem Investitionsvorhaben verbundenen Zinskosten relativ zu den Lohnkosten gering sind. Die Effizienz der Geld- und Fiskalpolitik variiert dann aber mit dem Konjunkturverlauf: In der Rezessionsphase ist eine **antizyklische**, d.h. gegen den Konjunkturzyklus gerichtete Fiskalpolitik (Staatsausgabensteigerung oder Steuersatzsenkung) relativ wirksamer in Bezug auf das reale Inlandsprodukt als eine antizyklische Geldpolitik (Steigerung der Geldmenge). In der Hochkonjunktur ist dagegen eine antizyklisch betriebene Fiskalpolitik (Senkung von G oder Erhöhung von t) zur Abschwächung der konjunkturellen Überhitzung wegen starker Crowding-in-Effekte relativ unwirksam, während eine kontraktive Geldpolitik (Senkung von M) jetzt sehr wirksam ist (Abbildungen 4.13 und 4.14).

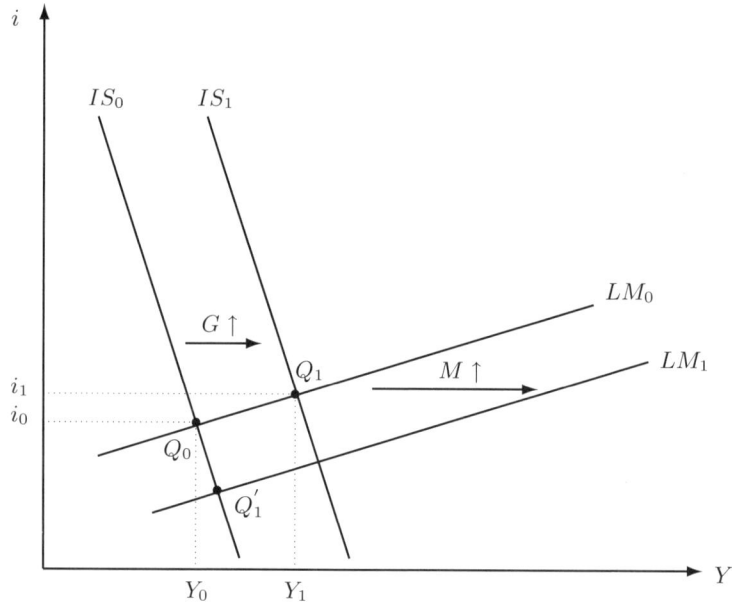

Abb. 4.13: *Geld- und Fiskalpolitik in der Rezession*

Abbildung 4.13 verdeutlicht die relative Ineffizienz der Geldpolitik in der Rezessionsphase (Punkt Q_1'), Abbildung 4.14 die relative Unwirksamkeit der Fiskalpolitik in der Hochkonjunktur. In der Rezession ist die Fiskalpolitik das wirksamere stabilisierungspolitische Instrument, in der Boomphase ist es die Geldpolitik.

Die Idee, Konjunkturschwankungen mit Hilfe antizyklischer staatlicher Maßnahmen der

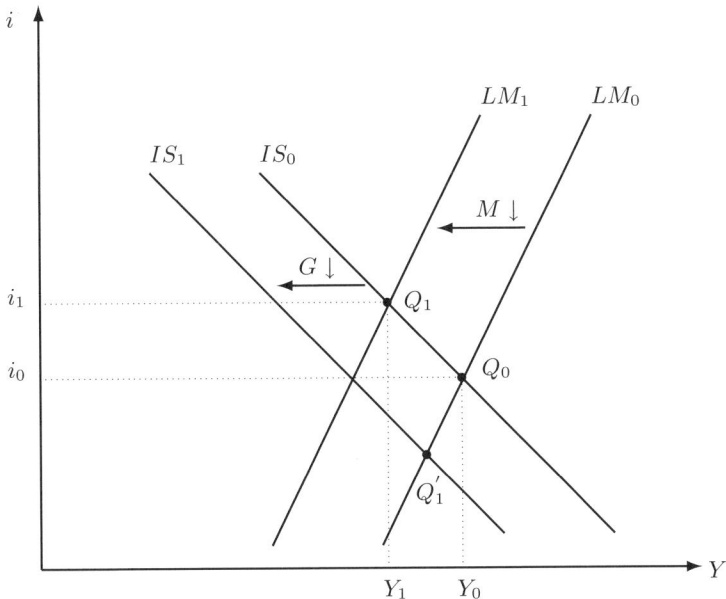

Abb. 4.14: Geld- und Fiskalpolitik in der Boomphase

Geld- und Fiskalpolitik zu glätten, ist ein Kennzeichen der **Keynesianischen Theorie**. Aus keynesianischer Sicht ist dazu die Fiskalpolitik besser geeignet als die Geldpolitik, da Keynesianer von einer relativ hohen Zinselastizität der Geldnachfrage und von einer relativ zinsunelastischen Investitionsnachfrage ausgehen und außerdem die Geldpolitik mit einer größeren Wirkungsverzögerung verbunden ist als die Fiskalpolitik. Eine Gegenposition nehmen die **Neoklassische Theorie** und der aus dieser Theorie hervorgegangene **Monetarismus** ein (vgl. Abschnitt 1.1): Aus Sicht der **Klassik-Neoklassik** wird Geld nicht zur Vermögensanlage, sondern ausschließlich zu Transaktionszwecken gehalten. Im Rahmen des Keynesianischen IS/LM-Systems würde dies bedeuten, dass nur der klassische Bereich der LM-Kurve von Relevanz ist. Demzufolge müssen Maßnahmen der Fiskalpolitik notwendigerweise mit einem totalen Crowding out der privaten Güternachfrage verbunden sein. Für die Klassik-Neoklassik gehen aber auch von geldpolitischen Maßnahmen keine Realeinkommenswirkungen aus, da die Vorstellung besteht, dass das reale Inlandsprodukt Y ausschließlich durch reale Faktoren bestimmt wird. Geldmengenänderungen sind aufgrund einer bestehenden **Dichotomie** zwischen dem monetären und realen Sektor einer Volkswirtschaft ohne realwirtschaftliche Effekte. Sie bewirken lediglich equiproportionale Preisänderungen, was sich mit Hilfe der **Quantitätsgleichung**

$$M \cdot v = P \cdot Y \tag{4.25}$$

zeigen lässt, wenn man neben einem exogenen, ausschließlich im realen Sektor bestimmten Realeinkommen Y von einer konstanten **Umlaufsgeschwindigkeit des Geldes** v ausgeht. Eine Steigerung von M führt dann gemäß Gleichung (4.25) zu einer prozentual gleich großen Preiserhöhung.[8]

Im **Monetarismus** wird im Unterschied zur Neoklassischen Theorie die Position vertreten, dass Geld eine eigenständige Wertaufbewahrungsfunktion besitzt und somit neben zinstragenden Alternativanlagen ebenfalls als Vermögensobjekt in Frage kommt. Hieraus würde eine Zinsabhängigkeit der Geldnachfrage resultieren, die jedoch als relativ schwach angesehen wird. Demzufolge nehmen auch Vertreter des Monetarismus an, dass fiskalpolitische Maßnahmen hohe Crowding-out-Effekte hervorrufen und kaum geeignet sind, die Höhe des Inlandsprodukts über einen längeren Zeitraum wirksam zu beeinflussen. Dies wird auch damit begründet, dass die mit expansiven fiskalpolitischen Maßnahmen verbundenen staatlichen Budgetdefizite früher oder später zu Steuererhöhungen führen müssen (um diese auszugleichen), woraus wiederum eine Einkommenskontraktion folgen würde. Dagegen ist nach monetaristischer Auffassung die Geldpolitik durchaus in der Lage, zumindest temporär auf das Niveau des realen Inlandsprodukts einzuwirken. Dennoch lehnen Monetaristen das Konzept einer antizyklischen, **diskretionär** betriebenen Geldpolitik zur Konjunktursteuerung ab, da sie die These vertreten, dass Schwankungen der ökonomischen Aktivität vom Staat selbst (insbesondere von diskretionären Maßnahmen der Geldpolitik) verursacht werden und nicht von Vorgängen im privaten Sektor (zum Beispiel durch einen Wechsel der unternehmerischen Ertragserwartungen), wie die Keynesianer glauben. Demzufolge vertreten Monetaristen die Position, dass die Zentralbank ihre Entscheidungen nicht von Fall zu Fall im eigenen Ermessen treffen, sondern sich stattdessen auf die Einhaltung einer **regelgebundenen** Geldpolitik verpflichten sollte. Eine solche Verstetigungsstrategie (wie z.B. die Forderung eines Geldmengenwachstums mit einer im Zeitablauf konstanten Rate) hat aus Sicht des Monetarismus den großen Vorteil, dass sie die Erwartungen der Privaten stabilisiert und damit maßgeblich zur Stabilisierung der Inflationsrate und des Outputniveaus beiträgt.

4.2.4 Alternative Finanzierungsformen einer Staatsausgabensteigerung

Bei der Analyse der Wirkungen einer Staatsausgabensteigerung wurde bisher nicht explizit berücksichtigt, in welcher Weise die Mehrausgaben des Staates finanziert werden. Eine „automatische" Finanzierungsform, die allerdings nur zu einer teilweisen Deckung staatlicher Mehrausgaben führt, sind die mit einer Erhöhung von G verbundenen zusätzlichen Steuereinnahmen des Staates. Aufgrund der Steuerfunktion $T = t_0 Y$ ergeben sich Mehreinnahmen des Staates ($dT > 0$), falls die Staatsausgabensteigerung mit einer Steigerung des gesamtwirtschaftlichen Einkommens verbunden ist. Dies ist außerhalb des klassischen Bereichs der LM-Kurve der Fall. Es ergibt sich jetzt ein staatliches Budgetdefizit $B^{St} = G - T$, das größer ist als im reinen Gütermarktmodell (Abschnitt 2.2), da aufgrund der Rückwirkungen aus dem Geldmarkt der Staatsausgabenmultiplikator

---

[8]Bei gegebenem Y und gegebenem v folgt aus Gleichung (4.25): $dM/M = dP/P$.

dY/dG kleiner ausfällt (vgl. (4.20) und (4.21)):

$$\frac{dB^{St}}{dG} = 1 - t_0 \frac{dY}{dG} > 1 - t_0 \left.\frac{dY}{dG}\right|_{I=\bar{I}} = \left.\frac{dB^{St}}{dG}\right|_{I=\bar{I}}. \qquad (4.26)$$

Das durch eine Staatsausgabenerhöhung entstehende positive staatliche Budgetdefizit kann prinzipiell über eine der folgenden drei Möglichkeiten finanziert werden:

– Erhöhung des Steuersatzes,

– Aufnahme von Zentralbankkrediten mit der Folge, dass hierdurch eine Geldschöpfung stattfindet,

– Aufnahme von Krediten bei den privaten Wirtschaftssubjekten durch Ausgabe staatlicher Wertpapiere (Bonds).

Im Folgenden sollen die Wirkungen dieser drei verschiedenen Formen der Defizitfinanzierung gegenübergestellt werden. Dies soll nur im Rahmen einer kurzfristigen Analyse geschehen, d.h. auftretende Vermögenseffekte aufgrund einer Zunahme des Wertpapier- oder Geldbestands sollen unberücksichtigt bleiben.

Vollständige Steuerfinanzierung

Wird gleichzeitig mit der Staatsausgabensteigerung der Steuersatz t so erhöht, dass die steuerlichen Mehreinnahmen genau mit den staatlichen Mehrausgaben übereinstimmen ($dG = dT$), ergibt sich die in Abbildung 4.15 dargestellte Situation. Wird zunächst die isolierte Staatsausgabenerhöhung betrachtet, kommt es zu einer Einkommenssteigerung von Y_0 auf Y_1 und zu einer Zinssteigerung von i_0 auf i_1. Ausgehend von einem ausgeglichenen Staatshaushalt im Anfangsgleichgewicht Q_0 ist das aus einem isolierten Anstieg von G resultierende Gleichgewicht Q_1 mit einem positiven Budgetdefizit verbunden. Wird dieses über eine geeignete (endogene) Erhöhung des Steuersatzes t finanziert, verlagert sich die nach rechts verschobene IS-Kurve wieder etwas zurück, wobei es sich aufgrund der endogenen Festlegung von t um eine Parallelverschiebung handeln muss. Insgesamt wird die IS_0-Kurve genau in Höhe der Staatsausgabensteigerung (dG) nach rechts verschoben,[9] so dass sich das neue Gleichgewichtseinkommen Y_2 ergibt. Trotzdem kommt es insgesamt zu einem Anstieg des Realeinkommens. Für den Fall einer exogenen Investitionsnachfrage ($I = \bar{I}$) ist dies bereits im Rahmen des reinen Gütermarktmodells gezeigt worden (Abschnitt 2.2.3). In diesem Modell ergibt sich nach dem Haavelmo-Theorem ein Budgetmultiplikator in Höhe von eins ($dY/dG = 1$). Bei exogen vorgegebener Nettoinvestition bewirkt eine vollständig durch Steuern finanzierte Erhöhung der staatlichen Nachfrage einen Anstieg des Gleichgewichtseinkommens in Höhe der zusätzlichen Staatsausgaben. Im vorliegenden Fall einer zinsabhängigen Investitionsnachfrage ist der Haavelmo-Multiplikator aufgrund der Rückwirkungen aus dem Geldmarkt kleiner als eins. Abbildung 4.15 verdeutlicht, dass sich insgesamt eine Zinssteigerung von i_0 auf i_2 ergibt und somit die private Nettoinvestition sinkt. Die gesamtwirtschaftliche

---

[9]Bei gegebenem Zinssatz hat eine vollständig durch Steuern finanzierte Staatsausgabensteigerung einen Einkommensanstieg in genau der gleichen Höhe zur Folge (Haavelmo-Theorem).

Güternachfrage steigt dann weniger stark als im Fall zinsunabhängiger Nettoinvestitionen. Da das staatliche Budgetdefizit im vorliegenden IS/LM-System bei einer isolierten Staatsausgabenerhöhung größer ausfällt als im reinen Gütermarktmodell (wo $I = \bar{I}$ gilt), muss auch die Steuersatzsteigerung zur Herstellung des Budgetausgleichs stärker ausfallen als im Fall $I = \bar{I}$; die Folge ist, dass sich das Gleichgewichtseinkommen um weniger als die Steigerung der Staatsausgaben erhöht.

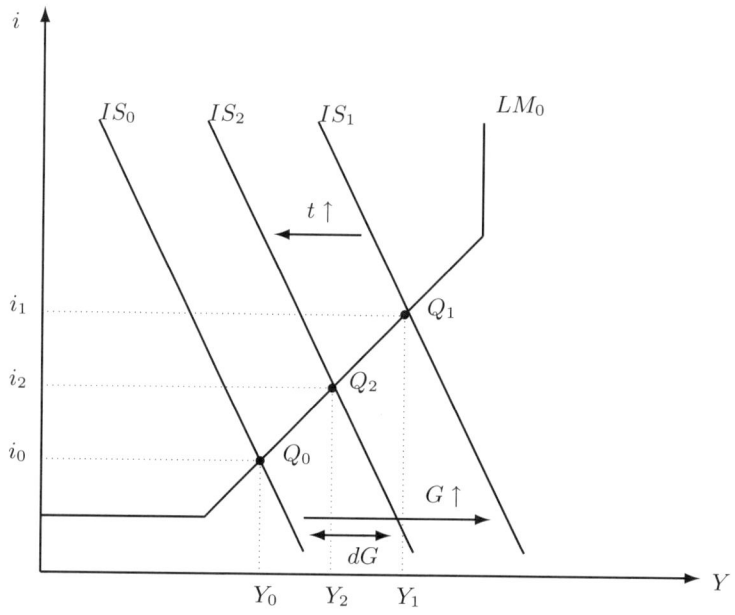

Abb. 4.15: *Staatsausgabensteigerung durch Steuerfinanzierung*

Algebraisch lässt sich diese Aussage am einfachsten zeigen, wenn unterstellt wird, dass das Steueraufkommen T eine exogen vorgegebene Größe ist, die genau mit den Staatsausgaben G übereinstimmt. In diesem Fall lautet das IS/LM-Modell, wenn dieses total differenziert wird ($Y^v = Y - T$):

$$Y = C(Y - T) + I(i) + G \quad \Rightarrow \quad dY = C_{Y^v}(dY - dT) + I_i di + dG \quad (4.27)$$

$$M/P_0 = L(Y, i) \quad \Rightarrow \quad \frac{1}{P_0}dM = L_Y dY + L_i di \quad (4.28)$$

$$B^{St} = G - T = 0 \quad \Rightarrow \quad dG - dT = 0. \quad (4.29)$$

Löst man die Geldmarktgleichung (4.28) nach di auf (vgl. (4.18)) und setzt diesen Ausdruck in Gleichung (4.27) ein, ergibt sich wegen $dT = dG$ die Gleichung

$$dY = C_{Y^v} dY + (1 - C_{Y^v})dG + \frac{I_i}{L_i}\left(\frac{1}{P_0}dM - L_Y dY\right). \quad (4.30)$$

Bei konstanter Geldmenge folgt hieraus der Staatsausgabenmultiplikator

$$\frac{dY}{dG} = \frac{1 - C_{Y^v}}{1 - C_{Y^v} + I_i L_Y / L_i} \leq 1. \tag{4.31}$$

Dieser Multiplikator ist im Falle $L_i < 0$, d.h. außerhalb des klassischen Bereichs der LM-Kurve, positiv.[10] Außerdem ist er kleiner eins, falls wir uns nicht in der Investitions- oder Liquiditätsfalle befinden ($I_i < 0$, $L_i > -\infty$). Eine Staatsausgabensteigerung lässt dann das verfügbare Einkommen der Haushalte nicht mehr konstant (wie im reinen Gütermarktmodell), sondern führt zu einer Reduktion von Y^v und damit auch des privaten Konsums C:

$$\frac{d(Y - T)}{dG} = \underbrace{\frac{dY}{dG}}_{<1} - \underbrace{\frac{dT}{dG}}_{=1} = \frac{-I_i L_Y / L_i}{1 - C_{Y^v} + I_i L_Y / L_i} < 0. \tag{4.32}$$

Neben einer Senkung der privaten Investitionsnachfrage ergibt sich also auch eine Zurückdrängung privater Konsumnachfrage.

Kreditaufnahme bei der Zentralbank

Finanziert der Staat das im Zuge einer Staatsausgabenerhöhung entstehende Budgetdefizit durch die Aufnahme von Zentralbankkrediten, erhöhen sich dadurch die monetäre Basis und die Geldmenge einer Volkswirtschaft (durch die Finanzierung der staatlichen Mehrnachfrage fließt das erhaltene Zentralbankgeld in den privaten Nichtbankenbereich). Diese Form der Defizitfinanzierung ist heute in Deutschland gesetzlich untersagt und in der Vergangenheit (d.h. bis zum Übergang zur zweiten Stufe der Europäischen Wirtschafts- und Währungsunion am 01.01.1994) immer nur in sehr beschränktem Umfange möglich gewesen. Die Bundesbank hat dem Bund lediglich zur Deckung eines kurzfristigen Finanzierungsbedarfs sog. Kassenkredite gewährt. Der Kreditrahmen war dabei eng begrenzt, um eine übermäßige Ausdehnung der Geldmenge und daraus resultierende Inflationsgefahren zu vermeiden.[11] Nicht zu vernachlässigende Geldmengeneffekte haben sich dagegen in der jüngeren Vergangenheit durch die Abschöpfung des Bundesbankgewinns durch den Staat ergeben; dieser lag in den 1990er Jahren regelmäßig in der Größenordnung von über 5 Millarden Euro und wurde stets zur Finanzierung des staatlichen Budgetdefizits verwendet.

Durch die staatliche Kreditaufnahme bei der Zentralbank nimmt die Geldmenge zu, weil der Staat das erhaltene Zentralbankgeld in Staatsausgaben umsetzt, also in Umlauf bringt. Damit erhöht sich aber auch das private Gesamtvermögen. Für das Nominalvermögen V^n der privaten Wirtschaftssubjekte gilt bei Vernachlässigung des Sachvermögens die Formel

$$V^n = M + B^n. \tag{4.33}$$

---

[10]Im Falle $L_i = 0$ wäre er gleich null.

[11]Seit Inkrafttreten der zweiten Stufe der Europäischen Wirtschafts- und Währungsunion zum 1. Januar 1994 ist jede Notenbankfinanzierung öffentlicher Defizite in den Ländern der Europäischen Wirtschafts- und Währungsunion untersagt. Für die Deutsche Bundesbank entfällt damit grundsätzlich die Möglichkeit der Kassenkreditgewährung an den Bund. Dieser einzige Zugang des Staates zum Bundesbankkredit war ohnehin nie zur Finanzierung staatlicher Ausgaben gedacht. Siehe auch Abschnitt 3.2.

Hierbei ist B^n der nominale Wertpapierbestand in Händen der privaten Wirtschaftssubjekte. Gleichung (4.33) impliziert, dass ein Anstieg der Geldmenge M in Höhe der
Zunahme des staatlichen Budgetdefizits zu einer gleich großen Steigerung des Nominalvermögens V^n führt. Im Gegensatz dazu hat eine expansive Offenmarktoperation der
Zentralbank keine Erhöhung von V^n zur Folge, da bei dieser geldpolitischen Maßnahme
die Zentralbank Wertpapiere gegen Geld ankauft. Dadurch ändert sich nur die Zusammensetzung des Vermögens (Anstieg von M, Senkung von B^n), ohne dass V^n zunimmt.

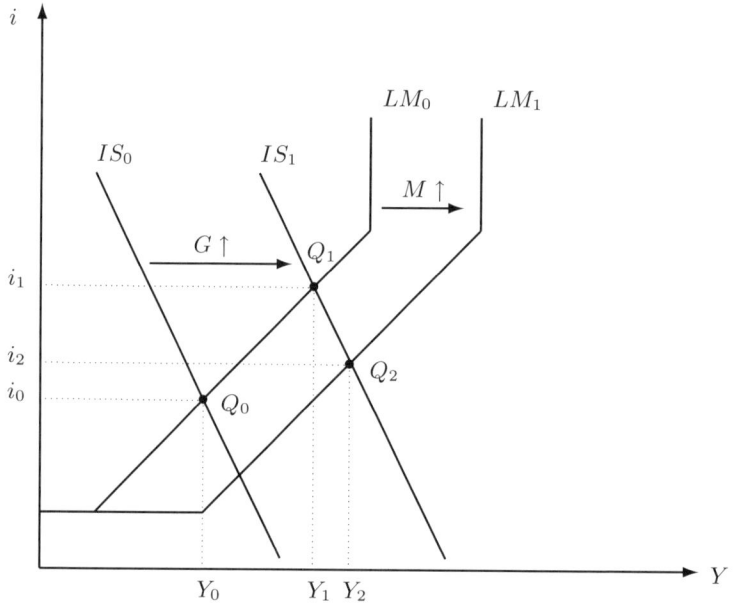

Abb. 4.16: *Geldmengenfinanzierte Staatsausgabensteigerung*

Im vorliegenden Fall einer durch Geldschöpfung finanzierten Staatsausgabensteigerung
kommt es im Hicks-Diagramm neben einer Rechtsverschiebung der IS-Kurve auch zu
einer Rechtsverlagerung der LM-Kurve (Abbildung 4.16). Durch die Kreditaufnahme
des Staates bei der Zentralbank entsteht über die damit verbundene Geldmengenausweitung ein zusätzlicher expansiver Effekt. Das Endgleichgewicht Q_2 ist durch ein
Gleichgewichtseinkommen Y_2 gekennzeichnet, das über dem Einkommensniveau liegt,
welches sich bei isolierter Staatsausgabensteigerung ergibt ($Y_2 > Y_1$). Die Zinsänderung
ist jetzt von der Richtung her nicht mehr eindeutig bestimmt, da der Zinssatz durch die
Erhöhung von G steigt, während er durch die Steigerung von M sinkt. Die unbestimmte
Zinsreaktion ist auch anhand der Geldmarktgleichung in der Formulierung

$$M/P_0 = L_{T,V}(Y) + L_S(i) \tag{4.34}$$

erkennbar. Die geldmengenfinanzierte Staatsausgabensteigerung erhöht neben der
Transaktionskassenhaltung auch die reale Geldmenge, so dass die Mehrnachfrage

nach Transaktionskasse nicht mehr notwendigerweise einen Abbau der Spekulationskassenhaltung und damit eine Zinssteigerung erfordert. Findet eine Steigerung des
Zinssatzes statt, so ist diese geringer als im Fall der isolierten Staatsausgabenerhöhung
(Punkt Q_1), da mit der zusätzlichen Ausweitung der Geldmenge für sich betrachtet
ein Rückgang des Zinsniveaus verbunden ist. Es gilt also $i_2 < i_1$. Damit fallen aber bei
einer Staatsausgabensteigerung, die durch Aufnahme von Notenbankkrediten finanziert
wird, die monetären Rückwirkungen geringer aus als bei konstanter Geldmenge, so
dass auch der Crowding-out-Effekt der privaten Güternachfrage kleiner ist als bei einer
isolierten Staatsausgabenerhöhung.[12] Im Falle $i_2 < i_0$ würde es sogar zu einem Anstieg
der privaten Investitionsnachfrage kommen.

Kreditaufnahme bei den privaten Wirtschaftssubjekten

Erfolgt die Finanzierung des staatlichen Budgetdefizits über die Aufnahme von Krediten
bei den privaten Wirtschaftssubjekten, nimmt ihr Bestand an staatlichen Wertpapieren
zu ($dB^n > 0$). Dagegen bleibt der Geldbestand M unverändert, da der Staat die Einnahmen aus dem Wertpapierverkauf annahmegemäß für zusätzliche Güterkäufe verausgabt. Gemäß der Vermögensdefinition (4.33) erhöht sich dann das gesamtwirtschaftliche
Nominalvermögen V^n.

Um die kurzfristigen Wirkungen, die von einer Verschuldung des Staates beim Publikum
ausgehen, graphisch darstellen zu können, wird unterstellt, dass die geplante Erhöhung
der Staatsausgaben vorfinanziert wird. Wenn sich der Staat zunächst bei den Privaten
verschuldet und erst verzögert seine gestiegenen Staatsausgaben tätigt, verringert sich
durch den Wertpapierverkauf kurzfristig die Geldmenge.[13] Hierdurch verschiebt sich im
IS/LM-System die Geldmarkt-Gleichgewichtskurve nach links (Abbildung 4.17).

Wird dann die staatliche Nachfrage erhöht, erhalten die Privaten das vom Staat „ab-
geschöpfte" Geld zurück, so dass sich die LM-Kurve wieder in die Ausgangsposition
zurückverlagert. Gleichzeitig kommt es durch den Anstieg der staatlichen Güternachfrage zu einer Rechtsverschiebung der IS-Kurve. Das erhöhte Wertpapierangebot durch
den Staat führt im Rahmen des IS/LM-Modells nicht zu einem Zins-Crowding-out,
da sich die LM-Kurve wieder in die Ausgangslage zurückverschiebt. Ein zinsbedingter
Crowding-out-Effekt entsteht nur durch die reine Staatsausgabensteigerung und den
daraus resultierenden Mehrbedarf an Transaktionskasse. Insofern verlagert sich das Ausgangsgleichgewicht Q_0 nicht in die Position Q_0' oder Q_1 auf der LM_1-Kurve, sondern in
den Punkt Q_2 auf der LM-Kurve der Ausgangslage. Bei einer Staatsausgabensteigerung,
die über die Ausgabe von Staatsschuldtiteln finanziert wird, braucht daher lediglich die
Wirkung, die von der Erhöhung von G ausgeht, betrachtet zu werden; der Finanzierungsaspekt tangiert kurzfristig die Lage der IS- und LM-Kurve nicht.[14] Eine durch
Ausgabe von Bonds finanzierte expansive Fiskalpolitik hat dann im Hicks-Diagramm

---

[12] Diese Aussage braucht nicht mehr zu gelten, wenn es im Zuge einer übermäßigen Geldmengensteigerung zu einer Erhöhung des gesamtwirtschaftlichen Preisniveaus P kommt. Isoliert gesehen findet
hierdurch eine Rückverlagerung der LM-Kurve statt, weil mit jeder Preissteigerung ein Rückgang der
realen Geldmenge verbunden ist.

[13] Die Einlagen des Bundes bei der Zentralbank und den Geschäftsbanken werden nicht zur Geldmenge gerechnet.

[14] Sollen die (längerfristig auftretenden) Wirkungen von Änderungen des Wertpapierbestandes im
Hicks-Diagramm erfasst werden, müssen Vermögenseffekte in der Konsum- und Geldnachfragefunktion

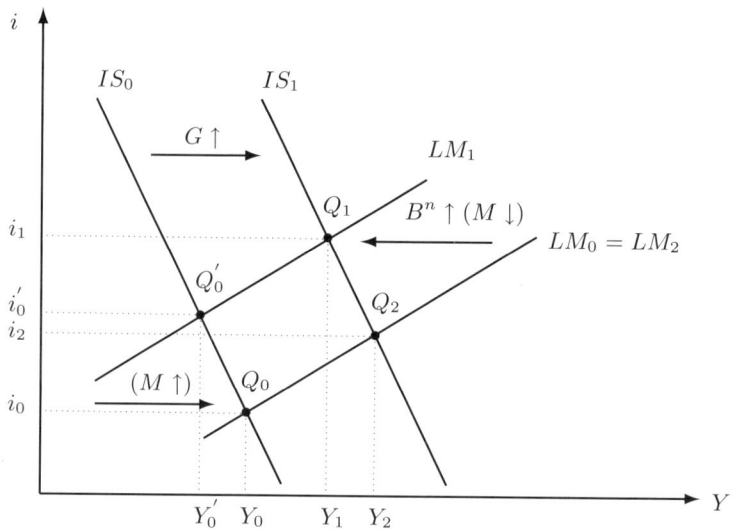

Abb. 4.17: *Staatsschuldtitelfinanzierte Staatsausgabensteigerung*

die bereits bekannte Wirkung, dass es infolge der Verschiebung der IS-Kurve nach rechts zu einem Anstieg des Gleichgewichtseinkommens und des Zinssatzes kommt.

Vergleicht man die kurzfristigen Einkommenswirkungen der Fiskalpolitik unter den verschiedenen Finanzierungsformen, so hat eine geldmengenfinanzierte Staatsausgabensteigerung einen höheren Wirkungsgrad in Bezug auf Y als eine Fiskalpolitik, die über Bonds finanziert wird.[15] Die geringsten Einkommenseffekte werden dagegen bei vollständiger Steuerfinanzierung erzielt.[16]

---

berücksichtigt werden: $C = C(Y - T, V)$ $(C_V > 0)$, $L = L(Y, i, V)$ $(L_V > 0)$. Ein Anstieg des nominalen bzw. realen Wertpapierbestandes erhöht dann das Realvermögen V und führt zu einer Rechtsverschiebung der IS-Kurve und einer Linksverlagerung der LM-Kurve, so dass der Gesamteffekt auf Y von der Richtung nicht eindeutig ist. Im Falle $dY/dV < 0$, d.h. bei einer im Vergleich zur IS-Kurve stärkeren vermögensinduzierten Verschiebung der LM-Kurve, würde sich ein **Vermögens-Crowding-out-Effekt** ergeben. Ein langfristiges Systemgleichgewicht wäre erst dann erreicht, wenn keine durch die Erhöhung des staatlichen Wertpapierbestandes induzierten Vermögenseffekte mehr auftreten, d.h. wenn das staatliche Budgetdefizit auf den Wert null abgesunken ist. Eine notwendige Bedingung für die Konvergenz des IS/LM-Systems gegen ein derartiges langfristiges Gleichgewicht ist ein insgesamt expansiver Vermögenseffekt. Es würde dann kein Vermögens-Crowding-out auftreten.

[15]Diese Aussage braucht nicht mehr zu gelten, wenn es im Zuge der Geldmengenausweitung mittelfristig zu Preis- und Lohnanpassungen kommt. Bei völliger Preis- und Lohnflexibilität besteht zwischen dem realen und monetären Sektor eine **Dichotomie**, so dass von Geldmengenänderungen keine Realeinkommenswirkungen ausgehen. Dies gilt sowohl für die geschlossene als auch für die offene Volkswirtschaft (vgl. Kapitel 6, Abschnitte 6.4 und 6.5). Eine geldmengenfinanzierte Staatsausgabensteigerung hat dann den gleichen Wirkungsgrad in Bezug auf Y wie eine bondsfinanzierte Erhöhung von G.

[16]Auch diese Aussage ist zu modifizieren, wenn die Privaten antizipieren, dass eine Staatsausgabensteigerung, die durch Emission von Staatsschuldverschreibungen, also durch Verschuldung des Staates beim Publikum, finanziert wird, längerfristig gesehen zu Steuererhöhungen führen wird, um das Budgetdefizit vollständig zu schließen. Bei einer bondsfinanzierten Steigerung der Staatsausgaben be-

Im Folgenden soll stets unterstellt werden, dass ein staatliches Budgetdefizit, verursacht etwa durch eine Steigerung von G oder Senkung von M, nur über die Ausgabe staatlicher Wertpapiere finanziert wird. Diese Form der Finanzierung schlägt sich dann lediglich auf dem hier nicht explizit betrachteten Wertpapiermarkt nieder und hat kurzfristig keine Auswirkungen im IS/LM-System. Stillschweigend ist bisher immer von dieser Annahme ausgegangen worden.

4.3   Das Fixpreismodell für die kleine offene Volkswirtschaft

In diesem Abschnitt soll das Güter-Geldmarktmodell für die geschlossene Volkswirtschaft aus Abschnitt 4.1 durch Berücksichtigung außenwirtschaftlicher Beziehungen zu einem Makromodell für offene Volkswirtschaften erweitert werden. Dazu müssen die für eine geschlossene Volkswirtschaft entwickelten Verhaltenshypothesen bzgl. der Güter- und Geldnachfrage auf eine offene Volkswirtschaft übertragen werden. Außerdem muss jetzt als weiterer makroökonomischer Markt der Devisenmarkt berücksichtigt werden, da dieser Markt eine wichtige Rolle für die Bestimmung des Wechselkurses spielt und außerdem Geldmarkt und Devisenmarkt in einem System fester Wechselkurse eng miteinander verknüpft sind.

Im Folgenden soll nur von einer **kleinen offenen Volkswirtschaft** ausgegangen werden. Das bedeutet, dass die hier behandelte offene Volkswirtschaft zwar von der internationalen Wirtschaftsentwicklung beeinflusst wird, umgekehrt aber nicht in der Lage ist, einen spürbaren Einfluss auf die ausländische Wirtschaftsentwicklung auszuüben. Bei inländischen wirtschaftspolitischen Maßnahmen oder exogenen nationalen „Störungen" können dann **keine internationalen Rückwirkungen** auftreten.

Weiter soll für die hier betrachtete Volkswirtschaft unterstellt werden, dass diese nur ein Gut (bzw. ein homogenes Güterbündel) produziert, das sowohl im Inland als auch im Ausland verkauft wird. Dieses international handelbare Gut steht in Konkurrenzbeziehung zu einem weiteren Gut bzw. Güterbündel, das im Ausland hergestellt wird und nicht nur dort, sondern auch im Inland für Konsum- und Investitionszwecke nachgefragt wird. Die im In- und Ausland produzierten Güter sollen dabei aus der Sicht der Nachfrager unvollkommene Substitute darstellen. Bei vollkommener Substituierbarkeit könnten der in- und ausländische Gütermarkt zu einem homogenen bzw. vollkommenen internationalen Gütermarkt aggregiert werden, auf dem das „Gesetz des einheitlichen Preises", d.h. die Übereinstimmung von in- und ausländischem Güterpreisniveau, gelten würde. Bei unvollkommener Substituierbarkeit kann dagegen das inländische Preisniveau vom Weltmarktpreisniveau abweichen. Das hier behandelte Fixpreismodell für die

---

steht das gesamte Budgetdefizit nicht nur aus dem primären Defizit $G - T$, sondern zusätzlich auch aus Zinszahlungen des Staates an die Privaten, die auf die ausstehende Staatsschuld zu leisten sind. Wenn die Privaten auf eine zukünftige Steuererhöhung mit einer Einschränkung ihrer kurzfristigen Konsumausgaben und einer entsprechenden Erhöhung ihrer Ersparnisbildung reagieren, kommt es zu einem **Erwartungs-Crowding-out**. Im Extremfall kann dieser Crowding-out-Effekt bewirken, dass eine schuldenfinanzierte Fiskalpolitik in ihrer Wirkung äquivalent zu einer steuerfinanzierten Fiskalpolitik ist (**Ricardianisches Äquivalenztheorem**). Ein expansiver Multiplikatorprozess auf dem Gütermarkt würde dann unterbleiben.

kleine offene Volkswirtschaft stellt somit ein Zwei-Güter-Modell dar.[17] Die Erweiterung des Keynesianischen Fixpreismodells zu einem Modell für die offene Volkswirtschaft geht auf Arbeiten von Mundell und Fleming aus den 1960er Jahren zurück und wird daher auch als **Mundell/Fleming-Modell** bezeichnet.

Das Mundell/Fleming-Modell enthält als gesamtwirtschaftliche Märkte explizit den nationalen Gütermarkt, den nationalen Geldmarkt und außerdem den Devisenmarkt. Die Gleichgewichtsbedingungen dieser drei Märkte lassen sich – analog zur Vorgehensweise für die geschlossene Volkswirtschaft – durch drei Gleichgewichtskurven im Hicksschen i/Y-Diagramm zum Ausdruck bringen.

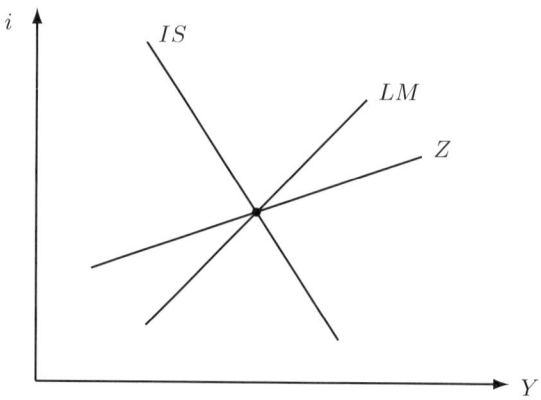

Abb. 4.18: *Hicks-Diagramm für die offene Volkswirtschaft*

Es handelt sich hierbei um die **IS-Kurve** als Gleichgewichtskurve des Gütermarktes einer jetzt allerdings offenen Volkswirtschaft, um die **LM-Kurve** als Gleichgewichtskurve des Geldmarktes und um die neu hinzukommende und noch zu entwickelnde **Z-Kurve** als Gleichgewichtskurve des Devisenmarktes. Der Buchstabe Z steht dabei für den Saldo der Zahlungsbilanz, der hier immer als Devisenbilanzsaldo zu verstehen ist, welcher wiederum identisch mit dem Überschussangebot auf dem Devisenmarkt ist.[18] Gleichgewicht auf dem Devisenmarkt bedeutet einen Devisenbilanzsaldo in Höhe von null (Z = 0), so dass man genauer von der „Z = 0"-Kurve als Gleichgewichtskurve des Devisenmarktes sprechen sollte. Abbildung 4.18 enthält die Gleichgewichtskurven des Güter-, Geld- und Devisenmarktes. Im Hicks-Diagramm verläuft die Z-Kurve, ebenso wie die LM-Kurve, mit positiver Steigung. Im Folgenden sollen diese Kurven, ebenso wie die Gleichgewichtskurve des Gütermarktes, näher analysiert werden.

---

[17]Zu einem Drei-Güter-Modell würde man gelangen, wenn neben dem international handelbaren in- und ausländischen Endprodukt noch ein weiteres nichthandelbares Gut berücksichtigt werden würde.

[18]Die Zahlungsbilanz eines Landes, in der alle wirtschaftlichen Transaktionen zwischen Inländern und Ausländern für einen bestimmten Zeitraum systematisch erfasst werden, ist immer ausgeglichen, weshalb ihr Saldo immer null sein muss.

4.3.1   IS- und LM-Kurve

Es soll zunächst partialanalytisch der gesamtwirtschaftliche Gütermarkt im Rahmen einer offenen Volkswirtschaft untersucht werden. Die Gleichgewichtsbedingung des Gütermarktes lässt sich wiederum in der Form

$$Y^s = Y^d = Y \qquad (4.35)$$

darstellen, wobei sich jetzt allerdings die geplante gesamtwirtschaftliche Güternachfrage aus den folgenden Komponenten zusammensetzt:

$$Y^d = C + I + G + A. \qquad (4.36)$$

C ist hierbei die geplante (reale) Konsumgüternachfrage der privaten Haushalte, I die geplante Investitionsnachfrage der privaten Unternehmen, G die Staatsausgaben für Güter und Dienste und A der **reale Außenbeitrag** zum Bruttoinlandsprodukt, d.h. die Differenz zwischen dem realen Güter- und Dienstleistungsexport (X) und dem realen Güter- und Dienstleistungsimport (Im):

$$A = X - Im. \qquad (4.37)$$

Bei der Definitionsgleichung für die gesamtwirtschaftliche Güternachfrage Y^d ist zu beachten, dass in einer offenen Volkswirtschaft jede der Nachfragegrößen C, I und G aus einer inländischen und einer ausländischen Komponente besteht:

$$C = C_i + C_a, \qquad I = I_i + I_a, \qquad G = G_i + G_a. \qquad (4.38)$$

In einer offenen Volkswirtschaft umfasst die Güternachfrage der Inländer neben inländischen Konsum- und Investitionsgütern (C_i, I_i, G_i) auch ausländische Konsum- und Investitionsgüter (C_a, I_a, G_a). Die gesamtwirtschaftliche Nachfrage des Inlands nach diesen Auslandsgütern ist dabei mit seinem gesamtwirtschaftlichen Güter- und Dienstleistungsimport identisch:

$$C_a + I_a + G_a = Im. \qquad (4.39)$$

Um die gesamtwirtschaftliche inländische Nachfrage nach Inlandsgütern zu erhalten, muss daher der Güterimport von der Summe aus Konsum (C), Investition (I) und Staatsausgaben (G) abgezogen werden. Die gesamte Güternachfrage nach dem Inlandsgut ergibt sich dann, indem neben der inländischen Nachfrage nach Inlandsgütern auch die Nachfrage des Auslands nach dem Inlandsgut, d.h. der Güterexport (X), berücksichtigt wird.

Im Folgenden sollen Verhaltenshypothesen bzgl. der einzelnen Komponenten der gesamtwirtschaftlichen Güternachfrage aufgestellt werden. Hierzu wird wiederum von der Gleichgewichtsbedingung des Gütermarktes ausgegangen, wobei diese zunächst in Form von Nominalgrößen ausgedrückt werden soll. Das geschieht deshalb, weil aufgrund der unterstellten unvollständigen Substituierbarkeit des In- und Auslandsgutes physische Mengeneinheiten des in- und ausländischen Gutes nicht äquivalent sind, sondern ineinander umgerechnet werden müssen, was anschließend erfolgt. Die Gleichgewichtsbedingung des Gütermarktes lautet jetzt[19]

$$Y^n = C^n + I^n + G^n + A^n = C_i^n + C_a^n + I_i^n + I_a^n + G_i^n + G_a^n + A^n. \quad (4.40)$$

Y^n ist hierbei das nominale Nettoinlandsprodukt, C^n der nominale private Konsum, I^n die nominale private Nettoinvestition, G^n die nominalen Staatsausgaben für Güter und Dienste und A^n der nominale Außenbeitrag zum Inlandsprodukt.

In der Makroökonomik wird üblicherweise Realplanung bzw. Freiheit von Geldillusion bei den Wirtschaftssubjekten unterstellt; die in der Gütermarkt-Gleichgewichtsbedingung (4.40) enthaltenen, in Inlandswährung ausgedrückten Nominalgrößen sind daher in Realgrößen überzuführen. Dies geschieht durch Deflationierung mit dem heimischen Güterpreisniveau P. Dazu werden zunächst alle Nominalgrößen jeweils in eine Mengen- und in eine Preiskomponente zerlegt:

$$PY' = PC_i' + P_a e C_a' + P I_i' + P_a e I_a' + P G_i' + P_a e G_a' + P X' - P_a e Im'. \quad (4.41)$$

Die mit einem hochgestellten „′" versehenen Variablen stellen physische Mengengrößen dar, wobei Y', C_i', I_i', G_i' und X' physische Mengen vom Inlandsgut und C_a', I_a', G_a' und Im' physische Mengen vom Auslandsgut bezeichnen. X' ist der (physische) Exportgüterstrom, Im' der mengenmäßige Import. P ist das inländische, P_a das ausländische Güterpreisniveau. Die Variable e steht für das englische Wort „exchange rate" und bezeichnet den **Wechselkurs** (in Preisnotierung). Dieser gibt das Austauschverhältnis zwischen in- und ausländischer Währung an, d.h. jenen Betrag (x) inländischer Zahlungsmittel (EUR), den man für eine ausländische Währungseinheit (beispielsweise US-\$) erhält bzw. bezahlen muss:

$$e = \frac{x\, \text{EUR}}{1\, \text{Einheit Auslandswährung}}. \quad (4.42)$$

Der Wechselkurs ist somit der Preis einer ausländischen Währungseinheit ausgedrückt in inländischer Währung, also beispielsweise 0,75 €/US-\$. Bei einer Erhöhung von e (zum Beispiel von 0,75 €/US-\$ auf 0,90 €/US-\$) liegt eine **Abwertung**, bei einer Senkung von e eine **Aufwertung** der Inlandswährung vor. Mit Hilfe des Wechselkurses lässt sich das ausländische Preisniveau P_a in Einheiten der Inlandswährung ausdrücken; das Produkt $P_a \cdot e$ ist das in Inlandswährung ausgedrückte ausländische Preisniveau. Dieser Wechselkurs ist von dem Wechselkurs in Mengennotierung zu unterscheiden. Im letzteren Fall handelt es sich um den Kehrwert von e, d.h. um den Preis der inländischen Währung ausgedrückt in ausländischer Währung. Der Wert des Euro wird in der Wirtschaftspraxis üblicherweise in einer Mengennotierung angegeben, also zum Beispiel 1 € = 1,32 US-\$. In der ökonomischen Fachliteratur dominiert dagegen die Preisnotierung. Für die Gleichgewichtsbedingung des Gütermarktes, ausgedrückt in Realgrößen,

---

[19]Diese Gleichung lässt sich auch als Ex-post-Identitätsgleichung auffassen, die sich gemäß der Volkswirtschaftlichen Gesamtrechnung aus dem gesamtwirtschaftlichen Produktionskonto einer offenen Volkswirtschaft ableiten lässt.

gilt jetzt

$$\underbrace{Y^{'} = C_i^{'}}_{Y = \underbrace{C_i}} + \underbrace{\frac{P_a \cdot e}{P}C_a^{'}}_{C_a} + \underbrace{I_i^{'}}_{I_i} + \underbrace{\frac{P_a \cdot e}{P}I_a^{'}}_{I_a} + \underbrace{G_i^{'}}_{G_i} + \underbrace{\frac{P_a \cdot e}{P}G_a^{'}}_{G_a} + \underbrace{X^{'}}_{X} - \underbrace{\frac{P_a \cdot e}{P}Im^{'}}_{Im}$$

$$= \underbrace{C}_{} + \underbrace{I}_{} + \underbrace{G}_{} + \underbrace{A}_{}. \qquad (4.43)$$

Im Fall von Inlandsgütern sind (physische) Mengengrößen und Realgrößen identisch ($Y^{'} = Y$, $C_i^{'} = C$, $I_i^{'} = I_i$, $G_i^{'} = G_i$, $X^{'} = X$). Bei Auslandsgütern gilt diese Identität dagegen nicht mehr, da Realgrößen in Mengeneinheiten des Inlandsgutes ausgedrückt werden, während der mengenmäßige Import $Im^{'}$ in Gütereinheiten des Auslandsgutes definiert ist. Beim Auslandsgut werden physische Mengen erst durch Multiplikation mit dem Relativpreis

$$Q = \frac{P_a \cdot e}{P} \qquad (4.44)$$

in Realgrößen, d.h. in Mengen, gemessen in Einheiten des Inlandsgutes, umgewandelt. Diese Umwandlung ist notwendig, um die dimensionsmäßige Homogenität aller Nachfragekomponenten zu erreichen. Wird zum Beispiel das Importgut in Litern, das Inlandsgut dagegen in Kilogramm (kg) gemessen, so sind beide Güter dimensionsmäßig nicht homogen. Das Importgut wird daher durch Multiplikation mit $P_a \cdot e$ in eine Nominalgröße in inländischen Währungseinheiten übergeführt und anschließend diese Nominalgröße durch das Preisniveau des Inlands dividiert; man erhält dann eine Realgröße, die in Einheiten des Inlandsgutes (kg) gemessen wird. Der relative Preis Q wird als **realer Wechselkurs**, das umgekehrte Preisverhältnis

$$\tau = Q^{-1} = \frac{P}{P_a \cdot e} \qquad (4.45)$$

als **Terms of Trade** bezeichnet.[20] Genauer handelt es sich bei den Terms of Trade um das Verhältnis zwischen dem Exportgüterpreis und dem Importgüterpreis, wobei letzterer in Inlandswährung ausgedrückt wird. Da im In- und Ausland annahmegemäß jeweils nur ein Gut produziert wird, stimmt der Inlandspreis P mit dem Exportgüterpreis und der Auslandspreis $P_a \cdot e$ mit dem Importgüterpreis überein. Die Terms of Trade stellen dann auch ein reales Austauschverhältnis zwischen Import- und Exportgütern dar, welches die Anzahl der Mengeneinheiten des Importgutes angibt, die man für eine Mengeneinheit des Exportgutes erhält.

Wenn Mengen des Auslandsgutes erst durch Multiplikation mit dem relativen Preis Q in Mengeneinheiten des Inlandsgutes ausgedrückt werden können, hängt die reale private inländische **Absorption**, d.h. die reale Gesamtnachfrage des inländischen privaten Sektors nach Konsum- und Investitionsgütern ($C + I$), definitionsgemäß von den Terms of Trade τ ab:

$$C + I = C_i + \frac{1}{\tau}C_a^{'} + I_i + \frac{1}{\tau}I_a^{'}. \qquad (4.46)$$

---

[20]Aufgrund der unvollkommenen Substituierbarkeit des in- und ausländischen Endproduktes gilt für die Terms of Trade: $\tau \neq 1$.

Daneben lässt sich die Terms-of-Trade-Abhängigkeit der privaten inländischen Absorption aber auch verhaltenstheoretisch begründen, da mit wachsendem τ das Auslandsgut relativ zum Inlandsgut billiger wird, was einen Substitutionseffekt zugunsten des Auslandsgutes zur Folge hat. Dadurch kommt es zu einem Anstieg der mengenmäßigen Importgüternachfrage, d.h. zu einer Erhöhung von C'_a und I'_a. Dagegen braucht die entsprechende reale Nachfrage $C_a = \frac{1}{\tau}C'_a$ bzw. $I_a = \frac{1}{\tau}I'_a$ nicht anzusteigen, da mit wachsendem τ der reale Wechselkurs $Q = 1/\tau$ zurückgeht.

Im Folgenden soll von einer möglichen (in der Regel negativen) Terms-of-Trade-Abhängigkeit der privaten Absorption abgesehen werden, weil eine solche Abhängigkeit aus empirischer Sicht ohne große Bedeutung ist. Auf einer theoretischen Ebene bedeutet die Vernachlässigung einer möglichen Terms-of-Trade-Abhängigkeit von C und I, dass durch eine Steigerung von τ die reale Nachfrage nach dem Auslandsgut für Konsum- und Investitionszwecke zunimmt ($dC_a/d\tau > 0$, $dI_a/d\tau > 0$) und real gesehen das Inlandsgut in genau gleichem Maße durch das Auslandsgut ersetzt wird ($dC_i = -dC_a$, $dI_i = -dI_a$). Dadurch ändert sich zwar die Struktur, nicht jedoch das Niveau der Aggregatgrößen C und I. Aufgrund der unterstellten Unabhängigkeit der realen privaten Absorption von τ kann man dann analog zum Fixpreismodell für die geschlossene Volkswirtschaft unterstellen, dass der reale private Konsum nur vom Realeinkommen Y (genauer: vom verfügbaren Einkommen $((1-t)\,Y)$) und die reale private Nettoinvestition nur vom Nominalzinssatz i abhängig ist:

$$C = C(Y) \qquad (0 < C_Y < 1), \qquad I = I(i) \qquad (I_i \leq 0). \qquad (4.47)$$

Hinsichtlich der realen Staatsausgaben für Güter und Dienste (G) soll im Folgenden weiterhin unterstellt werden, dass es sich hierbei um eine exogene Größe handelt, die als fiskalpolitische Instrumentvariable aufgefasst werden kann.[21]

Die Aufstellung der IS-Gleichung für die offene Volkswirtschaft erfordert noch die Angabe von Verhaltensgleichungen für die in Gütereinheiten gemessene Export- und Importgüternachfrage. Im Gegensatz zur realen privaten Absorption spielen hier die Terms of Trade τ eine wichtige Rolle. Wenn das Preisverhältnis $\tau = P/(P_a \cdot e)$ ansteigt, d.h. eine **reale Aufwertung** der Inlandswährung stattfindet, so bedeutet dies, dass das Inlandsgut im Vergleich zum Auslandsgut teurer geworden ist. Inländer werden dann verstärkt das Auslandsgut (welches annahmegemäß in Substitutionsbeziehung zum Inlandsgut steht) nachfragen, so dass die mengenmäßige Importgüternachfrage zunimmt. Dagegen wird der mengenmäßige Güterexport sinken, da Ausländer jetzt eine Mehrnachfrage nach dem im Ausland erstellten, relativ billiger gewordenen Gut entfalten werden. Die mengenmäßige Nachfrage nach Importgütern (Im') hängt somit in positiver Weise von den Terms of Trade τ ab, während die mengenmäßige bzw. reale Exportnachfrage (X' bzw. X) in negativer Weise von τ abhängig ist. Wenn man außerdem noch unterstellt, dass die Importgüternachfrage mit wachsendem Inlandseinkommen zunimmt[22] und entsprechend die Exportgüternachfrage mit wachsendem Auslandseinkommen ansteigt, er-

---

[21] Man kann zum Beispiel $G_a = 0$ setzen; der Staat fragt dann nur das Inlandsgut für öffentliche Verwendungen nach ($G = G_i$).

[22] Steigt das Inlandseinkommen, so entfalten die inländischen privaten Haushalte eine Mehrnachfrage nach dem Inlands- und Auslandsgut für Konsumzwecke.

geben sich die Verhaltensgleichungen

$$Im' = Im'(\tau, Y) \quad \text{mit} \quad \frac{\partial Im'}{\partial \tau} > 0, \quad \frac{\partial Im'}{\partial Y} > 0, \tag{4.48}$$

$$X' = X = X(\tau, Y_a) \quad \text{mit} \quad \frac{\partial X}{\partial \tau} < 0, \quad \frac{\partial X'}{\partial Y_a} > 0. \tag{4.49}$$

Die Gleichgewichtsbedingung des Gütermarktes – dargestellt in Realgrößen – lässt sich jetzt in der folgenden zusammengefassten Form angeben:[23]

$$Y = C\left((1-t)Y\right) + I(i) + G + X(\tau, Y_a) - \frac{1}{\tau}Im'(\tau, Y). \tag{4.50}$$

Der **reale Außenbeitrag** $A = X - \frac{1}{\tau}Im'$ ist dabei eine Funktion von Y, Y_a und τ:

$$A = A(Y, Y_a, \tau). \tag{4.51}$$

Das Mundell/Fleming-Modell geht als Fixpreismodell für die offene Volkswirtschaft von einem konstanten Güterpreisniveau im In- und Ausland aus: $P = \overline{P}, P_a = \overline{P}_a$. Eine **reale Aufwertung**, d.h. eine Steigerung der Terms of Trade τ, ist dann gleichbedeutend mit einer **nominalen Aufwertung**, d.h. einer Senkung des nominalen Wechselkurses e. Der reale Außenbeitrag A hängt in diesem Fall neben dem in- und ausländischen Realeinkommen nur noch vom nominalen Wechselkurs e ab:

$$A = A(Y, Y_a, e). \tag{4.52}$$

Hierbei gilt $\partial A/\partial Y < 0$ (mit wachsendem Y nehmen die Importe zu) und $\partial A/\partial Y_a > 0$ (mit wachsendem Y_a steigen die Exporte an). Dagegen ist die Reaktion des realen Außenbeitrages auf eine Wechselkurssteigerung bzw. Abwertung der Inlandswährung nicht eindeutig, da die partielle Ableitung von A nach den Terms of Trade τ kein eindeutiges Vorzeichen besitzt:

$$\frac{\partial A}{\partial \tau} = \underbrace{\overset{(-)}{\frac{\partial X}{\partial \tau}} - \frac{1}{\tau}\overset{(+)}{\frac{\partial Im'}{\partial \tau}}}_{<0} + \underbrace{\frac{Im'}{\tau^2}}_{>0} \lessgtr 0. \tag{4.53}$$

Die ersten beiden Summanden geben die Mengenreaktion der in- und ausländischen Nachfrager auf eine Terms-of-Trade-Steigerung (reale Aufwertung der Inlandswährung) an. Der Ausdruck

$$\frac{\partial X}{\partial \tau} - \frac{1}{\tau} \cdot \frac{\partial Im'}{\partial \tau} \quad (< 0) \tag{4.54}$$

---

[23]Genaugenommen gilt $Im' = Im'(\tau, (1-t)Y)$, d.h. die Abhängigkeit des mengenmäßigen Imports vom verfügbaren inländischen Einkommen. Da Im' neben dem Import von Konsumgütern auch den Import von Investitionsgütern beinhaltet, ließe sich auch eine (negative) Zinsabhängigkeit der inländischen Importgüternachfrage rechtfertigen.

ist eindeutig negativ, da durch eine reale Aufwertung der Inlandswährung inländische Güter im Vergleich zu ausländischen teurer werden und daher die mengenmäßigen Exporte (X) abnehmen und die mengenmäßigen Importe (Im') zunehmen. Der dritte Summand

$$\frac{Im'}{\tau^2} = \left(\frac{P_a \cdot e}{P}\right)^2 \cdot Im' \quad (> 0) \tag{4.55}$$

ist dagegen positiv. Wenn τ ansteigt – was im Fixpreismodell gleichbedeutend mit einer Senkung von e ist – wird der Quotient Im'/τ bei gegebenem mengenmäßigen Import Im' kleiner, so dass der Realwert einer Mengeneinheit des Importgutes sinkt. Real gesehen kommt es also zu einer Preissenkung des Importgutes. Wegen

$$A = X - \frac{1}{\tau} Im' \tag{4.56}$$

ist hiermit isoliert gesehen eine Steigerung des realen Außenbeitrages verbunden. Dieser Preiseffekt wirkt der Mengenreaktion genau entgegen, so dass die Auswirkungen einer Steigerung von τ auf den realen Außenbeitrag nicht eindeutig bestimmt sind. Damit ist aber auch die Reaktion des realen Außenbeitrages auf eine Wechselkurssteigerung nicht eindeutig:

$$\frac{\partial A}{\partial e} = \frac{\partial A}{\partial \tau} \cdot \frac{\partial \tau}{\partial e} = \underbrace{\frac{\partial A}{\partial \tau}}_{\lesseqgtr 0} \cdot \underbrace{\left(\frac{-\overline{P}}{\overline{P_a} \cdot e^2}\right)}_{<0} \gtreqless 0. \tag{4.57}$$

Einerseits kommt es bei einer Abwertung der Inlandswährung zu einer mengenmäßigen Zunahme der Güterexporte und zu einer mengenmäßigen Abnahme der Güterimporte, andererseits wird jede Mengeneinheit des Importgutes real gesehen teurer.

Für das Folgende soll unterstellt werden, dass der reale Außenbeitrag **normal** auf eine Erhöhung der Terms of Trade τ reagiert, d.h. dass die Mengenanpassung der Export- und Importgüternachfrager insgesamt so stark ausfällt, dass A mit wachsendem τ zurückgeht:

$$\frac{\partial A}{\partial \tau} < 0. \tag{4.58}$$

Im Fixpreismodell hat dann eine Wechselkurssteigerung (Abwertung der Inlandswährung) eine Verbesserung des realen Außenbeitrages zur Folge:

$$\frac{\partial A}{\partial e} > 0. \tag{4.59}$$

Die Annahme einer **Normalreaktion** des Außenbeitrages auf Wechselkursänderungen ist nur für Zeiträume gerechtfertigt, die über die ganz kurze Frist, in der lediglich bestehende internationale Lieferverträge abgewickelt werden, hinausgehen. In der ganz kurzen Frist hat eine Steigerung von e aufgrund bestehender Kontrakte keine Mengenreaktion, sondern nur eine Preisreaktion (im Sinne einer Verteuerung des Importgüterpreisniveaus) zur Folge, so dass in diesem Fall der Außenbeitrag sinkt. Diese

anomale Reaktion von A wird als **Spazierstock-** oder **J-Kurven-Effekt** bezeichnet. Er kann nur dann eintreten, wenn die mengenmäßige Import- und Exportgüterreaktion auf Wechselkursänderungen verzögert eintritt.[24]

Im Rahmen des hier behandelten Fixpreismodells braucht zwischen dem nominalen und realen Außenbeitrag nicht unterschieden zu werden.[25] Für den **nominalen Außenbeitrag** (A^n) gilt definitionsgemäß

$$A^n = \overline{P} \cdot A = \overline{P} \cdot X - \overline{P}_a \cdot e \cdot Im' = \text{Exportwert - Importwert.} \quad (4.60)$$

Aus dieser definitorischen Beziehung ergibt sich als **hinreichende** Bedingung für eine normale Reaktion des realen Außenbeitrages auf eine Abwertung der Inlandswährung ($\partial A / \partial e > 0$), dass der Importwert sinkt, d.h. dass der Rückgang der Importgütermenge Im' stärker ausfällt als die Steigerung des Importgüterpreises $\overline{P}_a \cdot e$.[26]

Unter der Annahme einer Normalreaktion des realen Außenbeitrages auf Wechselkursänderungen können wir im Folgenden von der Verhaltensgleichung

$$A = A(Y, Y_a, e) \quad \text{mit} \quad A_Y < 0, \ A_{Y_a} > 0, \ A_e > 0 \quad (4.61)$$

ausgehen. Insgesamt lautet dann die Gleichung für die Gütermarkt-Gleichgewichtskurve **(IS-Kurve)** einer **offenen** Volkswirtschaft:

$$Y = C\,(\overset{(+)}{(1-t)Y}) + I(\overset{(-)}{i}) + G + A(\overset{(-)}{Y}, \overset{(+)}{Y_a}, \overset{(+)}{e}). \quad (4.62)$$

Im Hicks-Diagramm verläuft diese Kurve wiederum mit negativer Steigung, da eine Steigerung des Realeinkommens Y wegen $dC/dY^v < 1$ und $A_Y < 0$ ceteris paribus einen Angebotsüberschuss auf dem Gütermarkt zur Folge hat, der nur durch eine Zinssenkung und damit verbundenem Investitionsanstieg ausgeglichen werden kann. Wird unterstellt, dass die marginale Konsumquote durch den Übergang von einer geschlossenen zu einer offenen Volkswirtschaft unverändert bleibt, ergibt sich im Vergleich zur geschlossenen Volkswirtschaft ein größerer Angebotsüberschuss, da Teile der Einkommenssteigerung für den Kauf von Importgütern verwendet werden (C_a'); die erforderliche Zinssenkung zur Wiederherstellung eines Gleichgewichts auf dem Gütermarkt muss dann im Vergleich zur geschlossenen Volkswirtschaft stärker ausfallen, so dass jetzt die IS-Kurve relativ steil verläuft (Abbildung 4.19).

Für die Steigung der IS-Kurve ergibt sich aus dem totalen Differential

$$dY = C_{Y^v}(1-t)dY + I_i di + dG + A_Y dY + A_{Y_a} dY_a + A_e de \quad (4.63)$$

---

[24]Im Zeitverlauf gesehen würde der Außenbeitrag bei einer Steigerung von e also zunächst fallen (anomale Reaktion) und erst von einem bestimmten Zeitpunkt an zunehmen (normale Reaktion). Der Verlauf von A entlang einer Zeitachse weist dann die Form eines Spazierstocks oder des Großbuchstabens „J" auf.

[25]Genaugenommen gilt dies nur dann, wenn das exogen vorgegebene Preisniveau auf den Wert eins normiert wird ($\overline{P} = 1$).

[26]Technisch gesprochen muss die Preiselastizität der Importgüternachfrage betragsmäßig größer eins sein.

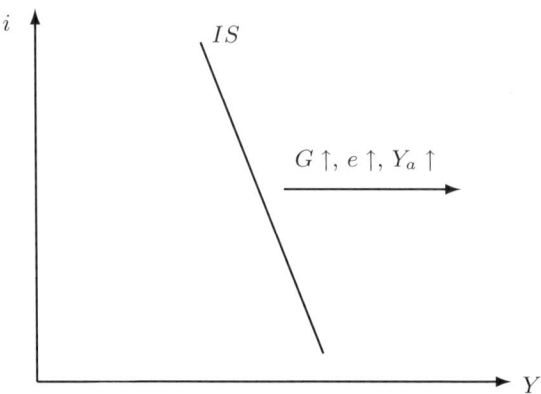

Abb. 4.19: *IS-Kurve in der offenen Volkswirtschaft*

der Ausdruck

$$\left.\frac{di}{dY}\right|_{IS} = \frac{1 - C_{Y^v}(1-t) - A_Y}{I_i} < 0. \tag{4.64}$$

Betragsmäßig ist dieser Ausdruck größer als der entsprechende Ausdruck bei Vorliegen einer geschlossenen Volkswirtschaft, da dort die **marginale Importquote** $-A_Y = Im'_Y$ gleich null ist. Die IS-Kurve verläuft daher steiler als im Fall der geschlossenen Volkswirtschaft. Sie wird bei einer Steigerung der Staatsausgaben, des Wechselkurses oder des ausländischen Realeinkommens nach rechts verschoben, da sich jeweils die inländische Güternachfrage erhöht. Eine Rechtsverlagerung tritt in diesen Fällen auch dann ein, wenn die private Nettoinvestition zinsunabhängig ist, die IS-Kurve also vertikal verläuft.

Für den **Staatsausgabenmultiplikator** ergibt sich im Rahmen des **reinen Gütermarktmodells**, d.h. bei autonomer bzw. zinsunabhängiger Nettoinvestition, der Ausdruck[27]

$$\left.\frac{dY}{dG}\right|_{I_i=0} = \frac{1}{1 - C_{Y^v}(1-t) + Im'_Y}. \tag{4.65}$$

Die Multiplikatorwirkung einer exogenen Staatsausgabensteigerung fällt jetzt geringer aus als im Fall der geschlossenen Volkswirtschaft, da im Zuge des Multiplikatorprozesses neben der Ersparnisbildung und den Steuerzahlungen an den Staat zusätzliche Sickerverluste in Form einer gestiegenen Importgüternachfrage auftreten. Jede Einkommenssteigerung, die sich im Verlaufe eines expansiven Multiplikatorprozesses ergibt,

---

[27]Der Wechselkurs soll hierbei fest vorgegeben sein und wird ebenso wie $\overline{P}$ und $\overline{P}_a$ auf eins normiert, so dass keine endogene Wechselkursreaktion möglich ist. In Kurzform lässt sich der Multiplikator in (4.65) auch in der Form $1/(s+m)$ angeben; hierbei ist $s = 1 - C_{Y^v}(1-t)$ die marginale Sparquote und $m = -A_Y = Im'_Y$ die marginale Importquote.

wird im Fall einer offenen Volkswirtschaft zum Teil auch für den Kauf des Auslandsgutes verwendet. Dieser Teil des Einkommens steht dann nicht mehr für den inländischen Wirtschaftskreislauf zur Verfügung. In (4.65) ist dadurch der Nennerausdruck größer als in einer geschlossenen Volkswirtschaft, so dass der Multiplikator kleiner wird.

Eine weitere Modifikation gegenüber dem Fall einer geschlossenen Volkswirtschaft ist die $S = I$-Bedingung bei Berücksichtigung internationaler Güterströme. Die Gleichgewichtsbedingung des Gütermarktes einer offenen Volkswirtschaft

$$Y = C + I + G + A \quad (A = X - Im) \tag{4.66}$$

lässt sich durch Subtraktion des Steueraufkommens T in die **modifizierte $S=I$-Bedingung**

$$S = I + (G - T) + (X - Im) \tag{4.67}$$

überführen.[28] Diese Gleichung besagt, dass bei einem positiven staatlichen Budgetdefizit ($B^{St} = G - T > 0$) sowie einem Exportüberschuss des Inlands ($A = X - Im > 0$) die geplante private Ersparnis größer ausfällt als die geplante private Nettoinvestition ($S > I$). Für die Finanzierung des geplanten Investitionsvolumens und des staatlichen Budgetdefizits stehen dann im Inland genügend heimische Finanzmittel (S) zur Verfügung, so dass Teile davon ins Ausland abfließen können. Anhand der zu (4.67) gleichwertigen Bedingung

$$(Im - X) = (G - T) + (I - S) \tag{4.68}$$

ist weiter zu ersehen, dass eine über die private inländische Ersparnis hinausgehende geplante Investitionsnachfrage ($I > S$) im Falle eines positiven staatlichen Budgetdefizits ($B^{St} > 0$) gleichbedeutend mit einem Importüberschuss ($Im > X$) ist. Für die Finanzierung von I und B^{St} reicht in diesem Fall die heimische Ersparnis nicht aus; vielmehr sind dazu Kapitalzuflüsse aus dem Ausland erforderlich. Auf diesen Aspekt werden wir im Zusammenhang mit der Diskussion um die Z-Kurve (Abschnitt 4.3.2) noch zu sprechen kommen.

LM-Kurve

Der zweite Bestandteil des Mundell/Fleming-Modells ist die Geldmarkt-Gleichgewichtskurve (LM-Kurve). Diese ergibt sich aus der Geldmarkt-Gleichgewichtsbedingung

$$\frac{M^s}{\overline{P}} = L \tag{4.69}$$

(d.h. der Übereinstimmung des realen geplanten Güterangebots mit der realen geplanten Geldnachfrage), wobei bzgl. der realen Geldnachfrage L vereinfachend unterstellt

---

[28]Eine zu (4.67) äquivalente Darstellung ist $S + T + Im = I + G + X$. Auf der linken Seite dieser Gleichung stehen die Sickerverluste eines Multiplikatorprozesses in einer offenen Volkswirtschaft, während rechts mögliche Anstöße eines solchen Prozesses stehen.

wird, dass die heimische Währung nur von Inländern zu Transaktions- und Spekulationszwecken nachgefragt wird:[29]

$$L = L(Y, i) \quad (L_Y > 0, \; L_i < 0). \tag{4.70}$$

Aufgrund der Annahme, dass inländisches Geld ausschließlich von Inländern nachgefragt wird, hängt die Kassenhaltung nur von Inlandsvariablen ab, so dass weiterhin die Keynessche Liquiditätspräferenztheorie zugrundegelegt werden kann. Die Gleichgewichtskurve des Geldmarktes (**LM-Kurve**) lautet dann – ebenso wie in einer geschlossenen Volkswirtschaft –

$$\frac{M}{\overline{P}} = L(Y, i). \tag{4.71}$$

Dabei wird angenommen, dass das geplante nominale Geldangebot M^s auch realisiert wird ($M^s = M$) und das Güterpreisniveau exogen fixiert ist ($P = \overline{P}$).

Im Gegensatz zur geschlossenen Volkswirtschaft muss jetzt allerdings die Geldangebotsseite explizit berücksichtigt werden. Wir gehen dazu von einer einfachen Geldangebotsfunktion der Form

$$M = \mu \cdot B^m \tag{4.72}$$

aus. Hierbei ist μ der **Geldangebotsmultiplikator**, der als zinsunabhängig angesehen werden soll[30] und B^m die **monetäre Basis**, d.h. der Zentralbankgeldbestand in Händen der Geschäftsbanken und der privaten Nichtbanken. Für das Folgende soll vereinfachend unterstellt werden, dass der Geldangebotsmultiplikator den Wert eins annimmt ($\mu = 1$); zwischen Geldmenge und monetärer Basis braucht dann nicht mehr differenziert zu werden ($M = B^m$).

Betrachtet man die monetäre Basis von der Entstehungsseite im Rahmen der Zentralbankbilanz,[31] so setzt sich diese aus zwei Komponenten zusammen, einer inländischen (H) und einer ausländischen (R):

$$B^m = H + R. \tag{4.73}$$

Die heimische Komponente H der monetären Basis besteht im Wesentlichen aus Zentralbankkrediten an die Geschäftsbanken und an die öffentlichen Haushalte, während die ausländische Komponente die Nettoauslandsforderungen (Währungsreserven) der Zentralbank beinhaltet. Dies folgt aus der vereinfachten Zentralbankbilanz.

---

[29]Wenn Ausländer auf dem Devisenmarkt inländische Währung nachfragen, so geschieht dies, um damit unmittelbar inländische Vermögenswerte (Wertpapiere) zu kaufen oder importierte, in Inlandswährung fakturierte Güter bezahlen zu können; es findet dann allenfalls eine temporäre Haltung von inländischem Geld statt.

[30]Legt man das Geldangebotsmodell aus Abschnitt 3.2 zugrunde, so gilt

$$M = \underbrace{\frac{1+q}{q+r}}_{\mu} B^m \; (q = \text{Bargeldquote}, \; r = \text{Mindestreservesatz}).$$

Hierbei ist $\mu = (1 + q)/(q + r) \geq 1$ und im Extremfall, dass $r = 1$ ist, gleich 1.

[31]Vgl. Abschnitt 3.2, insbesondere Gleichung (3.15).

Aktiva	Zentralbankbilanz (vereinfacht)		Passiva
Währungsreserven	R	Banknotenumlauf	C
Nettoverschuldung des		Einlagen der Geschäftsbanken	
öffentlichen Sektors	$Ö$	Mindestreserven	MR
		Überschussreserven	$Ü$
Kredite an Geschäftsbanken	F	Reinvermögen	V_R

Nach der vereinfachten Bilanz[32] gilt

$$
\begin{aligned}
B^m &= C + MR + Ü && \text{(Verwendungsseite)} && (4.74)\\
&= R + \underbrace{Ö + F - V_R} && \text{(Entstehungsseite)}\\
&= R \quad + \quad H.
\end{aligned}
$$

Die Zentralbank kann mit Hilfe ihres Instrumentariums die heimische Komponente von B^m beeinflussen, so dass die Größe H als geldpolitische Instrumentvariable aufgefasst werden kann. Dies gilt dagegen nicht für die Währungsreserven R der Zentralbank.

Eine Veränderung der Währungsreserven findet immer dann statt, wenn die Zentralbank an den internationalen Devisenmärkten interveniert, um den Außenwert der heimischen Währung gegenüber den wichtigsten Handelspartnern stabil zu halten. In einem **System fester Wechselkurse** ist sie hierzu grundsätzlich verpflichtet. In einem solchen Wechselkurssystem muss sie jede (positive oder negative) Überschussnachfrage auf dem Devisenmarkt durch ein entsprechendes Devisenangebot ausgleichen, wodurch sich ihre Währungsreserven verändern.

Um dies zu verdeutlichen, unterstellen wir für den **Devisenmarkt**, d.h. für den Markt, auf dem Devisenangebot und Devisennachfrage aufeinandertreffen,[33] eine normal verlaufende Nachfrage- und Angebotskurve (Abbildung 4.20). Betrachtet man nur die internationalen Handelsströme, so entsteht in Höhe des in Dollar ausgedrückten Importwertes eine Devisennachfrage (D^N), in Höhe des Exportwertes dagegen ein Devisenangebot (D^A).[34]

---

[32]Die Vereinfachung besteht u.a. darin, dass auf der Aktivseite das Realvermögen, auf der Passivseite die Verbindlichkeiten aus abgegebenen Geldmarktpapieren unberücksichtigt geblieben sind. Ein zinsunabhängiger Geldangebotsmultiplikator impliziert die weitere Vereinfachung $F = 0$.

[33]Devisen lassen sich allgemein als Kreditbeziehungen, die Geld oder nahezu Geld darstellen, auffassen, wobei Gläubiger und Schuldner Volkswirtschaften mit unterschiedlicher Währung angehören müssen. Devisen sind zum großen Teil Sichtguthaben von Banken eines Landes bei Banken eines anderen Landes. Üblicherweise lauten sie auf ausländische Währung (Dollar-Sichtguthaben deutscher Geschäftsbanken bei US-Geschäftsbanken).

[34]Dies gilt unabhängig von der Art der Fakturierung der Import- und Exportkontrakte. Werden alle Kontrakte des internationalen Güteraustausches auf Dollar-Basis abgeschlossen (fakturiert), bieten inländische Exporteure auf dem Devisenmarkt (d.h. bei den Geschäftsbanken) Dollar gegen heimische Währung an und fragen inländische Importeure auf diesem Markt Dollar gegen die heimische Währung nach. Werden dagegen die Importe des Inlands nicht in Dollar, sondern in heimischer Währung fakturiert, so fragen anstelle der inländischen Importeure die ausländischen Anbieter (Produzenten) von Importgütern die Dollar-Währung nach, in die sie die erworbene Währung des Partnerlandes umtau-

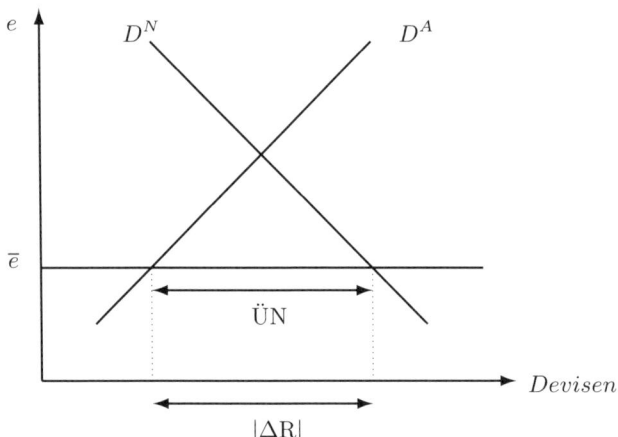

Abb. 4.20: *Ungleichgewicht auf dem Devisenmarkt*

Wenn die Devisennachfrage das Devisenangebot beim bestehenden, stabil zu haltenden Wechselkurs $\bar{e}$ übersteigt, muss die Zentralbank diese Mehrnachfrage aus ihrem eigenen Reservebestand befriedigen, also Währungsreserven gegen heimische Währung abgeben. Im Umfang der Verminderung der Währungsreserven ($\Delta R < 0$) verringert sich dann die Geldbasis, woraus wiederum gemäß Gleichung (4.72) ein Rückgang der Geldmenge M resultiert.

Umgekehrt erhöht sich die monetäre Basis, wenn beim herrschenden Wechselkurs das Devisenangebot die Devisennachfrage übersteigt und die Zentralbank zur Stabilisierung des offiziellen Wechselkurses das Überschussangebot gegen heimische Währung aufkauft. Um den Wechselkurs stabil zu halten, muss die Zentralbank bereit sein, alle ihr angebotenen Devisen zum offiziell festgelegten Kurs gegen heimische Währung aufzukaufen. Aus der Verpflichtung der Zentralbank, im System fester Wechselkurse die offiziell festgelegte Parität zu verteidigen, gefährdet sie die Kontrolle über die monetäre Basis und damit auch über das Geldangebot. In einem Regime fester Wechselkurse werden geldpolitische Aktionen vom Devisenmarkt bestimmt; die Zentralbank verliert dadurch ihre wirtschaftspolitische Autonomie zur Erreichung binnenwirtschaftlicher Ziele (wie Preisniveaustabilität).

Die Zentralbank kann natürlich versuchen, das durch den Ankauf von Devisen geschaffene Geld wieder abzuschöpfen, indem sie mit Hilfe ihres Instrumentariums die heimische Komponente der monetären Basis entsprechend senkt.[35] Man spricht von einer **erfolgreiche Neutralisierungs- oder Sterilisierungspolitik** seitens der Zentralbank, wenn es ihr gelingt, die Geldmengeneffekte von Devisenmarktinterventionen durch ge-

---

schen. Werden inländische Exporte in Inlandswährung (statt in US-$) fakturiert, bieten anstelle der heimischen Exporteure die ausländischen Abnehmer auf dem Devisenmarkt Dollar an, um sich so die benötigte Währung des Handelspartners zu beschaffen.

[35] Konkret kann dies über eine Steigerung der Zinssätze bei der Kreditvergabe an die Geschäftsbanken geschehen oder über eine kontraktive Offenmarktoperation, d.h. über den Verkauf festverzinslicher Wertpapiere auf dem „offenen Markt" (Wertpapiermarkt).

genläufige Änderungen der heimischen Komponente H zu neutralisieren.[36] Bei massiven Devisenmarktinterventionen wird die Sterilisierungspolitik misslingen oder erst gar nicht durchgeführt. Dies gilt insbesondere für längerfristige Zeiträume. Bei **erfolgreicher Neutralisierungspolitik der Zentralbank** gilt

$$\Delta R = -\Delta H \qquad \text{und damit} \qquad \Delta B^m = 0 = \Delta M. \tag{4.75}$$

Die Geldmenge M bleibt also konstant, wenn die gegenläufigen Änderungen der außen- und binnenwirtschaftlichen Komponente der Geldbasis vom Ausmaße her gleich groß ausfallen. Im Hicks-Diagramm kommt es dann trotz der Änderung der Währungsreserven zu keiner Lageverschiebung der Geldmarkt-Gleichgewichtskurve. Im System **fester Wechselkurse mit erfolgreicher Neutralisierungspolitik** kann daher die Geldmenge M – ebenso wie im Fall der geschlossenen Volkswirtschaft – als geldpolitische Instrumentvariable aufgefasst werden. Modelltheoretisch stellt M dann eine exogene Variable dar.

Dagegen ist M eine modellendogene Variable, wenn die Zentralbank bei Vorliegen eines Regimes fester Wechselkurse auf kompensatorische Maßnahmen verzichtet. In einem solchen **System fester Wechselkurse ohne Neutralisierungspolitik** bewirken Änderungen der Währungsreserven Verschiebungen der LM-Kurve (Abbildung 4.21).

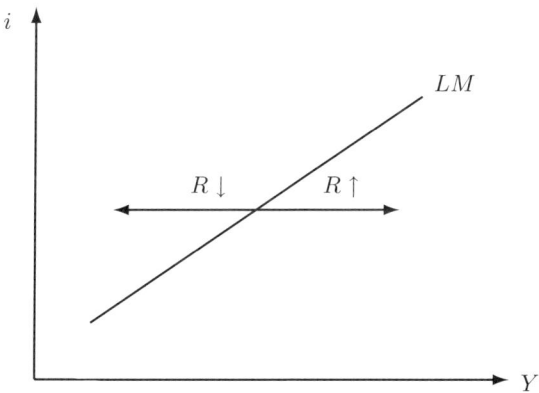

Abb. 4.21: *Die LM-Kurve in der offenen Volkswirtschft*

Eine Zunahme der Währungsreserven, hervorgerufen durch einen Angebotsüberschuss auf dem Devisenmarkt und daraus resultierende Devisenkäufe durch die Zentralbank, bewirkt über die Steigerung der Geldmenge eine Rechtsverschiebung der LM-Kurve. Dagegen verlagert sie sich nach links, wenn die Währungsreserven der Zentralbank infolge eines Nachfrageüberschusses auf dem Devisenmarkt zurückgehen.

---

[36]Neutralisierungspolitische Maßnahmen können nur dann erfolgreich sein, wenn die Zentralbank lediglich in geringem Umfang Devisen an- oder verkauft (und dann auch nur in geringem Ausmaße gegenläufige Transaktionen am inländischen Wertpapiermarkt durchführen muss).

Im System fester Wechselkurse ohne Neutralisierungspolitik seitens der Zentralbank kommt es solange zu endogenen Verschiebungen der LM-Kurve, solange auf dem Devisenmarkt eine positive oder negative Überschussnachfrage vorliegt. In einem solchen Wechselkursregime ist auf dem Geldmarkt ein **dauerhafter** Gleichgewichtszustand erst dann erreicht, wenn Devisenangebot und -nachfrage genau übereinstimmen. Erst bei Vorliegen eines Devisenmarktgleichgewichts besteht für die Zentralbank keine Interventionsverpflichtung mehr auf dem Devisenmarkt, so dass ihre Währungsreserven konstant bleiben.

Es wurde bisher von einem **System vollkommen fester Wechselkurse** ausgegangen. Eine grundlegende Alternative stellt der andere Extremfall, d.h. der Übergang zu einem Regime **vollkommen flexibler Wechselkurse**, dar, in dem jegliche Interventionsverpflichtung der Zentralbank zur Wechselkursstabilisierung entfällt. In der Realität finden wir zwar diese beiden Wechselkurssysteme nie in der „reinen" Form vor, sie sollen jedoch im Folgenden aus Vereinfachungsgründen stets unterstellt werden. Häufig finden auch bei flexiblen Wechselkursen Devisenmarktinterventionen statt, insbesondere bei starken Wechselkursschwankungen, um den Außenwert einer Währung zu stabilisieren.[37] Ohne Intervention durch die Zentralbank findet eine Abwertung (Aufwertung) der heimischen Währung statt, wenn auf dem Devisenmarkt eine Überschussnachfrage (ein Überschussangebot) vorliegt. Der Wechselkurs in Preisnotierung ist der **Preis für Devisen**; daher steigt (sinkt) er bei einem Nachfrageüberschuss (Angebotsüberschuss) auf dem Devisenmarkt. Die Zentralbank kann in dieser Situation versuchen, weitere Abwertungen (Aufwertungen) der heimischen Währung zu verhindern, indem sie die Überschussnachfrage (das Überschussangebot) ausgleicht, d.h. verstärkt Devisen bzw. Währungsreserven aus ihrem eigenen Bestand anbietet (nachfragt). Solche Devisenmarktinterventionen gegen den Markttrend können allerdings immer nur kurzfristig erfolgreich sein.

Geht man von einem System frei flexibler Wechselkurse aus, so ist die Zentralbank nicht länger zu Devisenmarktinterventionen gezwungen, so dass sie uneingeschränkt ihre binnenwirtschaftlichen Ziele verfolgen kann. Angebots- oder Nachfrageüberschüsse auf dem Devisenmarkt bewirken jetzt Wechselkursänderungen. Der Wechselkurs sorgt dabei für den Ausgleich von Devisenangebot und -nachfrage. Dies ist analog zu sehen zur Wirksamkeit des Preismechanismus auf einem vollkommenen Gütermarkt.

Da bei frei flexiblen Wechselkursen für die Zentralbank die Interventionspflicht am Devisenmarkt entfällt, kann es in einem solchen Wechselkursregime nicht zu außenwirtschaftlich bedingten Einflüssen auf die monetäre Basis kommen. Der Bestand an Währungsreserven ist jetzt konstant ($\Delta R = 0$), so dass das Geldangebot – ebenso wie im System fester Wechselkurse mit Neutralisierungspolitik – wie eine exogene Variable aufgefasst werden kann. Bei flexiblen Wechselkursen kann es daher auch nicht zu endogenen Verschiebungen der LM-Kurve kommen, die aus Ungleichgewichten auf dem Devisenmarkt resultieren. Die Geldmenge ist in diesem Wechselkurssystem durch die Politik der Zentralbank weitgehend kontrollierbar.

Im Gegensatz zur Geldmenge wird der Wechselkurs im System frei flexibler Wechselkurse zu einer modellendogenen Variablen. Im Unterschied zu einem Festkurssystem wird er jetzt nicht mehr auf einem bestimmten Niveau festgehalten, sondern reagiert

---

[37]So hat beispielsweise die Europäische Zentralbank in der Vergangenheit schon mehrfach am Devisenmarkt für US-Dollar interveniert, um den Kurs des Euro zu stützen.

variabel auf Ungleichgewichte auf dem Devisenmarkt. Damit stellt sich die Frage nach den Bestimmungsfaktoren der Devisennachfrage und des Devisenangebots.

4.3.2 Die Z-Kurve

In makroökonomischen Modellen für die offene Volkswirtschaft muss unabhängig vom zugrundegelegten Wechselkurssystem auch der Devisenmarkt mit in die Analyse einbezogen werden. Modelltheoretisch betrachtet ist im System fester Wechselkurse ohne Neutralisierungspolitik die Geldmenge, im System flexibler Wechselkurse dagegen der Wechselkurs eine modellendogene Variable, so dass neben dem gesamtwirtschaftlichen Güter- und Geldmarkt noch ein weiterer Markt benötigt wird, um die Gleichgewichtswerte der drei modellendogenen Variablen Y, i und M bzw. Y, i und e bestimmen zu können. Dies ist der **Devisenmarkt**.

In der Realität gibt es eine Vielzahl von Devisenmärkten, da internationale Güter- und Kapitaltransaktionen mit Hilfe einer Vielzahl von Währungen durchgeführt werden. Außerdem unterscheidet man zwischen dem Kassamarkt und Terminmärkten. Auf dem Kassamarkt müssen Transaktionen innerhalb von zwei Geschäftstagen abgewickelt werden. Auf den Terminmärkten werden dagegen Kontrakte abgeschlossen, die erst zu einem späteren Zeitpunkt erfüllt werden müssen. Auf dem Devisenterminmarkt werden also heute Verpflichtungen (Rechte) eingegangen (erworben), deren Einlösung erst in der Zukunft erfolgt. Im Rahmen der hier vorgenommenen makroökonomischen Modellanalyse wird unterstellt, dass lediglich eine ausländische Währung gehandelt wird, und zwar auf dem Devisenkassamarkt.

Da annahmegemäß nur ein Devisenmarkt existiert, werden alle Devisengeschäfte, die aus dem internationalen Güter- und Kapitalverkehr resultieren, auf diesem Markt abgewickelt. Die beiden wichtigsten Quellen von Devisenangebot und -nachfrage sind dabei der internationale Handel von Gütern und Dienstleistungen sowie internationale Kapitalbewegungen.[38] Demzufolge treten Exporteure, Importeure und Kapitalanleger als Teilnehmer auf dem Devisenmarkt auf. Ein weiterer Teilnehmer ist die Zentralbank, sofern sie am Devisenmarkt interveniert. Sieht man zunächst von Transaktionen der Zentralbank ab, so setzt sich das **Devisenangebot** D^A aus dem wertmäßigen Güterexport ($P \cdot X$) und den **Kapitalimporten** (K^m) zusammen:

$$D^A = P \cdot X + K^m. \tag{4.76}$$

Ein Devisenangebot bedeutet für das Inland einen Zustrom von ausländischer Währung, der aus dem Verkauf von inländischen Gütern und Vermögenswerten an das Ausland resultiert. Dieses Angebot wird auf dem Devisenmarkt in Inlandswährung gewechselt, um die Ansprüche der inländischen Verkäufer zu erfüllen. Ein Devisenangebot kann aber auch dadurch entstehen, dass sich das Ausland gegenüber dem Inland verschuldet. Diese Situation liegt zum Beispiel bei sog. Handelskrediten vor, d.h. wenn Güterexporte des Inlands mit einem Kredit an das Ausland verbunden sind. Werden die Forderungen der inländischen Gläubiger erfüllt (d.h. der Kredit zurückgezahlt), findet ein Kapitalimport, d.h. ein Zustrom von Inlandswährung, statt. Darüber hinaus können interna-

---

[38]Eine weitere Quelle sind unentgeltliche Übertragungen, die im Folgenden unberücksichtigt bleiben.

tionale Finanztransaktionen auch im Rahmen von Direktinvestitionen, d.h. durch die internationale Beteiligung an Unternehmungen, entstehen.

Die **Devisennachfrage** besteht entsprechend aus dem Wert der inländischen Güterimporte $P_a e Im'$ und den **Kapitalexporten** (K^x):

$$D^N = P_a e Im' + K^x. \tag{4.77}$$

Wenn inländische Importeure und Kapitalanleger ausländische Güter und Vermögensobjekte erwerben wollen, so erfordert dies eine Nachfrage nach Devisen. Eine Devisennachfrage ergibt sich aber auch, wenn sich das Inland gegenüber dem Ausland verschuldet. Die Bedienung des Kredits bewirkt dann eine Devisennachfrage der inländischen Schuldner.

Bildet man die Differenz zwischen Devisenangebot und -nachfrage, ergibt sich für den Devisenmarkt das Überschussangebot für den Fall, dass die Zentralbank dort nicht als Marktteilnehmer auftritt:

$$
\begin{aligned}
Z = D^A - D^N &= (P \cdot X + K^m) - (P_a e Im' + K^x) \\
&= \underbrace{(P \cdot X - P_a e Im')}_{A^n} + \underbrace{(K^m - K^x)}_{K} \\
&= \qquad\quad A^n \qquad + \qquad K.
\end{aligned}
\tag{4.78}
$$

Z bezeichnet hierbei den **Saldo aus Devisenangebot und -nachfrage**, A^n den **nominalen Außenbeitrag**, d.h. die Differenz zwischen dem Export- und Importwert, und K den **Nettokapitalimport**, d.h. den Saldo aus Kapitalimport und -export. Alle Größen werden in heimischer Währung ausgedrückt, sind also Nominalgrößen. Statistisch gesehen werden die drei Salden Z, A^n und K in der **Zahlungsbilanz** erfasst. In der Zahlungsbilanz eines Landes werden alle ökonomischen Transaktionen, die zwischen In- und Ausländern innerhalb einer bestimmten Periode stattgefunden haben, aufgezeichnet. Neben güterwirtschaftlichen Transaktionen (auch Leistungstransaktionen genannt) in Form von Gütern, Dienstleistungen und Produktionsfaktoren umfasst sie finanzwirtschaftliche Transaktionen (Finanztransaktionen) in Form von Portfolio- und Direktinvestitionen sowie Krediten, wobei die Finanztransaktionen der Zentralbank gesondert ausgewiesen werden. Die Zahlungsbilanz eines Landes enthält Stromgrößen und Bestandsveränderungen, während üblicherweise eine Bilanz als Bestandsrechnung nur zeitpunktbezogene Bestandsgrößen erfasst. In vereinfachter Darstellung lässt sich die Zahlungsbilanz eines Landes wie folgt charakterisieren:

Die Zahlungsbilanz enthält nur Nominalgrößen in Inlandswährung. Auf der Aktivseite werden alle ökonomischen Transaktionen zwischen Inländern[39] und Ausländern verbucht, die zu Zahlungseingängen führen können. Neben dem Export von Gütern, Diensten und Faktoren, unentgeltlichen Leistungen aus dem Ausland und Kapitalimporten zählen hierzu auch Devisenverkäufe durch die Zentralbank, da hierdurch Zahlungseingänge in inländischer Währung erfolgen. Die Passivseite beinhaltet alle Vorgänge, die Zahlungsausgänge hervorrufen.

---

[39]Inländer sind Wirtschaftssubjekte mit ständigem Wohnsitz in dem betrachteten Land, also auch ausländische Unternehmen und Arbeitnehmer ausländischer Nationalität, die in dem betreffenden Land ansässig und dort ökonomisch aktiv sind.

Zahlungsbilanz in vereinfachter Darstellung

Aktiva		Zahlungsbilanz	Passiva	
Exporte von Gütern und Dienstleistungen	X^n	Importe von Gütern und Dienstleistungen		Im^n
Faktorexport	F^x	Faktorimport		F^m
Übertragungen aus dem Ausland	$\ddot{U}^m$	Übertragungen in das Ausland		$\ddot{U}^x$
Kapitalimport	K^m	Kapitalexport		K^x
Verringerung des Devisenbestandes bei der Zentralbank	$-\Delta R$	Erhöhung des Devisenbestandes bei der Zentralbank		$+\Delta R$
Summe		Summe		

Die drei wichtigsten Teilbilanzen der Zahlungsbilanz sind

- die **Leistungsbilanz**, in der Handels- und Dienstleistungstransaktionen, Faktoreinkommen[40] sowie laufende Übertragungen (unentgeltliche Leistungen) zwischen dem In- und Ausland erfasst werden,

- die **Kapitalbilanz**, in der Veränderungen der inländischen Nettokapitalanlagen im Ausland (insbesondere Direktinvestitionen, Wertpapieranlagen und Kredite) mit Ausnahme der Änderung der Nettoauslandsaktiva der Zentralbank erfasst werden und

- die **Devisenbilanz**, in der die mengen- und wertmäßige Veränderung des Bestands an Auslandsaktiva (Währungsreserven) der Zentralbank erfasst wird.

Die Zahlungsbilanz besteht also im Wesentlichen aus der Leistungsbilanz, in der alle Leistungstransaktionen zwischen Inländern und Ausländern erfasst werden, und aus den beiden finanzwirtschaftlichen Bilanzen Kapitalbilanz (auch Kapitalverkehrsbilanz oder Kapitalbilanz im engeren Sinne genannt) und Devisenbilanz. Da in dieser Bilanz die Verbuchung der ökonomischen Transaktionen nach dem Prinzip der doppelten Buchführung erfolgt, ist die Summe der Aktiva mit der Summe der Passiva identisch.[41] Demzufolge stimmt der Saldo der Devisenbilanz[42] betragsmäßig mit der Summe aus dem Leistungs-

---

[40]Der Saldo zwischen Faktorexport und Faktorimport wird auch als Saldo der Erwerbs- und Vermögenseinkommen bezeichnet. Er entspricht genau der Differenz zwischen dem **Bruttonationaleinkommen** (BNE) und dem **Bruttoinlandsprodukt** (BIP): $F^x - F^m = BNE - BIP$ (vgl. Abschnitt 1.1). F^x (bzw. F^m) beinhaltet alle Erwerbs- und Vermögenseinkommen, die Inländern aus dem Ausland (Ausländern aus dem Inland) zufließen, also Faktoreinkommen, die Inländer (Ausländer) im Ausland (Inland) erzielen. Hierzu zählen Einkommen aus unselbständiger Arbeit und Kapitalerträge in Form von Zinsen, Dividenden oder sonstigen Erträgen.

[41]Aufgrund statistischer Ermittlungsfehler bzw. nicht periodengerecht erfasster Positionen ergeben sich Restposten, die von der Deutschen Bundesbank als „Saldo der statistisch nicht aufgliederbaren Transaktionen" ausgewiesen werden.

[42]Der Saldo der Devisenbilanz ist der in inländischer Währung ausgedrückte nominale Überschuss dieser Bilanz.

und Kapitalbilanzsaldo überein:

$$\Delta R = \underbrace{(X^n - Im^n)}_{A^n} + \underbrace{(F^x - F^m)}_{F} + \underbrace{(\ddot{U}^m - \ddot{U}^x)}_{\ddot{U}} + \underbrace{(K^m - K^x)}_{K} \qquad (4.79)$$

Die Größe K steht dabei für den Kapitalbilanzsaldo. Ist diese Nettogröße positiv ($K^m > K^x$), liegt ein **Nettokapitalimport** vor; im Falle $K < 0$ tritt dagegen ein **Nettokapitalexport** auf. Werden der Saldo aus Faktorexport und Faktorimport F und der Übertragungsbilanzsaldo $\ddot{U}$ vereinfachend gleich null gesetzt, wird deutlich, dass das Überschussangebot auf dem Devisenmarkt (Z) mit dem nominalen Überschuss der Devisenbilanz, d.h. dem **Devisenbilanzsaldo** (ΔR), übereinstimmt:

$$Z = \Delta R. \qquad (4.80)$$

Der Devisenbilanzsaldo wird häufig auch als **Zahlungsbilanzsaldo** bezeichnet, obwohl die Zahlungsbilanz sowohl in der Darstellung der Deutschen Bundesbank als auch in der Darstellung des Statistischen Bundesamtes immer ausgeglichen ist. Das Symbol Z steht für den Zahlungsbilanzsaldo im Sinne des Devisenbilanzsaldos. Ist $Z = 0$, so gilt einerseits gemäß (4.78) $D^A - D^N = 0$ und andererseits $\Delta R = 0$, d.h. Devisenangebot und Devisennachfrage stimmen ohne Devisenmarktintervention der Zentralbank genau überein. Eine Situation $\Delta R = 0$ ist also gleichbedeutend mit einem Gleichgewicht auf dem Devisenmarkt. Es wird auch als **außenwirtschaftliches Gleichgewicht** bezeichnet. Ein nicht ausgeglichener Devisenbilanzsaldo ($\Delta R \neq 0$) zeigt dagegen ein Ungleichgewicht auf dem Devisenmarkt an.

Ein positiver oder negativer Devisenbilanzsaldo kann nur im System fester Wechselkurse auftreten. Im System vollkommen flexibler Wechselkurse sorgt der Wechselkursmechanismus dafür, dass stets $Z = 0$ gilt (d.h. stets Gleichgewicht auf dem Devisenmarkt herrscht) und somit der Leistungs- und Kapitalbilanzsaldo betragsmäßig genau übereinstimmen ($A^n = -K$). Die Gleichung

$$A^n + K = 0, \qquad (4.81)$$

die sich aus (4.79) bei ausgeglichener Devisenbilanz (sowie $F = \ddot{U} = 0$) ergibt, besagt, dass ein **Leistungsbilanzüberschuss** ($A^n > 0$) bei konstantem Devisenbestand der Zentralbank ($\Delta R = 0$) mit einem **Nettokapitalexport**, d.h. einem Defizit in der Kapitalbilanz ($K < 0$), verbunden ist. Aus der $S = I$-Bedingung für die offene Volkswirtschaft (vgl. (4.67))

$$S = I + B^{St} + A \qquad (4.82)$$

folgt, dass dieser Kapitalabfluss bei Vorliegen eines positiven staatlichen Budgetdefizits ($B^{St} > 0$) aus einer im Vergleich zur privaten Investitionsnachfrage überschüssigen Ersparnisbildung der inländischen privaten Haushalte resultiert ($S > I$). Ein positiver (realer oder nominaler) Außenbeitrag bedeutet, dass in der heimischen Volkswirtschaft mehr produziert als nachgefragt wird; der Exportüberschuss im güterwirtschaftlichen Bereich ist dann mit einem Ersparnisüberschuss und einem Nettokapitalexport im vermögenswirtschaftlichen Bereich verbunden. Für das Inland bedeutet dieser Kapitalabfluss, dass sich seine Forderungsposition gegenüber dem Ausland verbessert. Umgekehrt würde sich bei einem Leistungsbilanzdefizit ($A^n < 0$) seine Auslandsverschuldung erhöhen, d.h. seine Gläubiger-Schuldner-Position gegenüber dem Ausland verschlechtern.

Die Z-Kurve im Hicks-Diagramm

Die Gleichgewichtsbedingung des Devisenmarktes $Z = 0$ lässt sich als Gleichgewichtskurve im Hicks-Diagramm darstellen. Dazu muss noch eine Hypothese bzgl. der Nettokapitalimporte K aufgestellt werden. Bei den Nettokapitalimporten handelt es sich um eine Strömungsgröße, da sich die in der Zahlungsbilanz aufgezeichneten Transaktionen auf einen ganzen Zeitraum beziehen. Hierbei handelt es sich vor allem um Kredit- und Wertpapiertransaktionen, die wiederum maßgeblich vom in- und ausländischen Zinsniveau i bzw. i_a sowie von der erwarteten Wechselkursänderungsrate $x = (e^{erw.} - e)/e$ abhängig sind.

Im Folgenden soll daher die **Kapitalstromfunktion**

$$K = K(i, i_a, x) \qquad \text{mit} \quad K_i > 0, \quad K_{i_a} < 0 \quad \text{und} \quad K_x < 0 \tag{4.83}$$

zugrundegelegt werden. Gemäß dieser Funktion findet eine Zunahme der Nettokapitalimporte statt, wenn der Inlandszins relativ zum Auslandszins ansteigt. Wenn die Zinsdifferenz $i - i_a$ zunimmt, wird es für Inländer attraktiver, Kredite im Ausland aufzunehmen, und für Ausländer vorteilhafter, inländische Wertpapiere zu erwerben. Es findet dann eine Zunahme der Nettokapitalimporte statt, die noch dadurch verstärkt wird, wenn eine Aufwertung der inländischen Währung (d.h. $x < 0$ bzw. $e^{erw.} < e$) erwartet wird. Dabei ist $e^{erw.}$ der für das Ende des Anlagezeitraums erwartete Wechselkurs. Bei korrekter Aufwertungserwartung können mit Krediten in ausländischer Währung und mit Wertpapieranlagen in inländischer Währung Währungsgewinne erzielt werden. Für Portfolioinvestitionen in ausländische Wertpapiere ist also die relevante Renditegröße $i_a + x$, welche der Inlandsrendite i gegenübergestellt wird. Wird aus Vereinfachungsgründen von statischen Wechselkurserwartungen, d.h. einer Fixierung des erwarteten am aktuellen Wechselkurs ($e^{erw.} = e$), ausgegangen, ist die Änderungserwartung x gleich null. Die internationalen Kapitalströme, die aus dem Kauf und Verkauf von international gehandelten Vermögenstiteln resultieren, hängen dann nur von den Zinsniveaus im In- und Ausland ab. Je größer die Inlandsrendite im Vergleich zur Auslandsrendite ist, desto weniger sind in- und ausländische Anleger bereit, Kapital im Ausland anzulegen, und desto stärker wird der Kapitalstrom aus dem Ausland ausfallen.

Wenn wir von der Zinsabhängigkeit der internationalen Kapitalbewegungen ausgehen, ergibt sich für die Gleichgewichtskurve des Devisenmarktes (**Z-Kurve**) die Beziehung

$$Z = A^n(\overset{(-)}{Y}, \overset{(+)}{Y_a}, \overset{(+)}{e}) + K(\overset{(+)}{i}, \overset{(-)}{i_a}) = 0 \, . \tag{4.84}$$

Hierbei ist $A^n = \overline{P} \cdot A$ der nominale Außenbeitrag. Die Z-Kurve wird auch **Kurve des außenwirtschaftlichen Gleichgewichts** genannt. Sie beinhaltet alle Kombinationen von Inlandszins i und Realeinkommen Y, bei denen auf dem Devisenmarkt ohne Intervention der Zentralbank ein Gleichgewicht im theoretischen Sinne herrscht. Entlang der Z-Kurve ist die Devisenbilanz immer ausgeglichen ($\Delta R = 0$). Im Hicks-Diagramm verläuft diese Gleichgewichtskurve mit positiver Steigung. Aus dem totalen Differential von (4.84) folgt, wenn dieses gleich null gesetzt wird:

$$dZ = A_Y^n dY + A_{Y_a}^n dY_a + A_e^n de + K_i di + K_{i_a} di_a = 0 \qquad (4.85)$$

und somit

$$\left. \frac{di}{dY} \right|_Z = -\frac{A_Y^n}{K_i} > 0. \qquad (4.86)$$

Ökonomisch ergibt sich der entlang der Z-Kurve positive Zusammenhang zwischen Inlandsprodukt und Zinssatz dadurch, dass eine Zunahme von Y den nominalen Außenbeitrag verschlechtert; der hieraus resultierende negative Devisenbilanzsaldo erfordert dann einen inländischen Zinsanstieg, um über verstärkte Nettokapitalimporte die Überschussnachfrage auf dem Devisenmarkt wieder auszugleichen und gleichzeitig eine ausgeglichene Devisenbilanz wiederherzustellen (Abbildung 4.22).

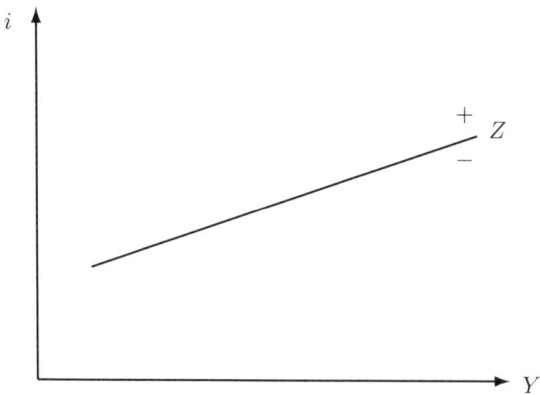

Abb. 4.22: *Die Z-Kurve*

Oberhalb der Z-Kurve ist der Devisenbilanzsaldo positiv[43] ($Z > 0$), da – ausgehend von einem Gleichgewichtspunkt auf dieser Kurve – eine Steigerung des inländischen Zinssatzes i ceteris paribus über verstärkte Nettokapitalimporte ein größeres Devisenangebot zur Folge hat. Entsprechend herrscht unterhalb der Z-Kurve ein Devisenbilanzdefizit ($Z < 0$), d.h. eine Überschussnachfrage nach Devisen. Die Devisenmarkt-Gleichgewichtskurve verläuft umso flacher, je stärker die Nettokapitalimporte auf Änderungen des inländischen Zinssatzes reagieren, d.h. je größer die partielle Ableitung $\partial K / \partial i$ ist (vgl. (4.86)). Mit wachsender Zinselastizität der Nettokapitalimporte erfordert eine Zunahme des Einkommens bzw. Verschlechterung des Außenbeitrages eine immer geringere inländische Zinssteigerung, um das Defizit in der Devisenbilanz auszugleichen. Im Extremfall **vollkommen zinselastischer Nettokapitalimporte** ($K_i \rightarrow \infty$)

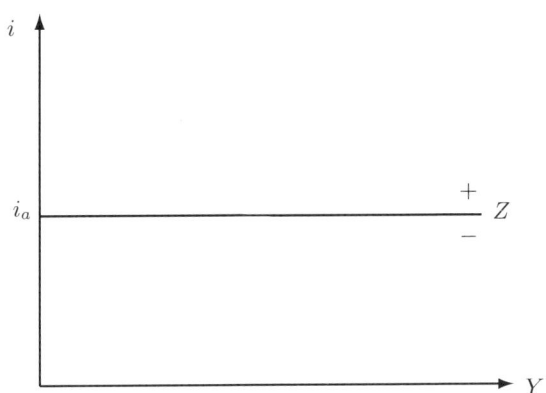

Abb. 4.23: *Die Z-Kurve bei vollkommener Kapitalmobilität*

verläuft die Z-Kurve **horizontal** (Abbildung 4.23).

Eine horizontal verlaufende Z-Kurve ergibt sich, wenn in- und ausländische zinstragende Vermögenstitel (beispielsweise staatliche Wertpapiere) aus Sicht der Anleger perfekte Substitute sind. Es gibt dann nur einen einzigen Markt für solche Vermögensobjekte, d.h. in- und ausländischer Finanzmarkt bilden aus Sicht der internationalen Anleger einen einheitlichen Markt. Bei einem vollkommenen internationalen Kapitalmarkt sind die Ertragsraten für in- und ausländische Wertpapiere identisch. Wird von uneingeschränkter Kapitalmobilität auf dem internationalen Kapitalmarkt ausgegangen, d.h. von einer hohen Anpassungsgeschwindigkeit auf diesem Markt (Abwesenheit von Kapitalverkehrskontrollen und Transaktionskosten bei der Portfolioumstrukturierung), so können die Wirtschaftssubjekte ihre gewünschte Portfoliozusammensetzung jederzeit realisieren. Zwischen in- und ausländischen Vermögenstiteln kann es dann keine Ertragsratendifferenzen geben, weil sofort massive Umschichtungen zugunsten der Titel mit der höheren Verzinsung stattfinden würden. Sieht man von Wechselkursänderungserwartungen als weitere Renditekomponente für ausländische Bonds ab, können keine Zinsdifferenzen zwischen dem In- und Ausland auftreten, so dass die **Bedingung für die Zinsparität**

$$i = i_a \tag{4.87}$$

gilt.[44] Perfekte Substituierbarkeit in- und ausländischer Vermögenstitel in Kombination mit uneingeschränkter Kapitalmobilität wird als **vollkommene Kapitalmobilität** bezeichnet. Die internationalen Kapitalströme sind dann unendlich zinselastisch ($K_i \to \infty$) und weisen eine extrem hohe Mobilität auf; außerdem liegt im Fall des

---

[43]In Abbildung 4.22 wird ein positiver Devisenbilanzsaldo durch das „+"-Zeichen kenntlich gemacht. Entsprechend charakterisiert das „-"-Zeichen einen negativen Devisenbilanzsaldo.

[44]Diese lautet allgemein $i = i_a + x$, wobei x die erwartete Wechselkursänderungsrate ist. Diese stellt neben i_a eine weitere Renditekomponente für ausländische Wertpapiere dar. Der Einfachheit halber wird im Folgenden $x = 0$ unterstellt.

kleinen Landes der Inlandszins i auf dem exogen vorgegebenen Niveau des Auslandszinssatzes fest. Die Gleichgewichtskurve des Devisenmarktes geht in diesem Sonderfall
in die Bedingung für die Zinsparität (4.87) über.

Bei **unvollkommener Kapitalmobilität** werden in- und ausländische Wertpapiere
als unvollkommene Substitute angesehen, weil sie sich beispielsweise aus Sicht der internationalen Anleger in ihren Risiken unterscheiden. Auch bei hoher Anpassungsgeschwindigkeit (uneingeschränkter Kapitalmobilität) auf den Kapitalmärkten sind jetzt
dauerhafte Abweichungen des inländischen vom ausländischen Zinssatz möglich. Außerdem ist in diesem Fall die Zinsreagibilität der internationalen Kapitalströme endlich:
$0 < K_i < \infty$.

Im Hicks-Diagramm hängt die Lage der Z-Kurve im Fall $K_i < \infty$ vom Wechselkurs e,
vom Auslandseinkommen Y_a und vom ausländischen Zinssatz i_a ab. Wenn der Wechselkurs steigt, verbessert sich bei gegebenem Wert des inländischen Einkommens Y der nominale Außenbeitrag des Inlands. Dabei wird eine Normalreaktion des Außenbeitrages
unterstellt. Das hieraus resultierende Überschussangebot auf dem Devisenmarkt kann
nur über eine Senkung der Nettokapitalimporte, d.h. über einen Rückgang des inländischen Zinssatzes, beseitigt werden. Die Z-Kurve verschiebt sich dann nach rechts, so
dass der Überschussbereich der Devisenbilanz größer wird (Abbildung 4.24).

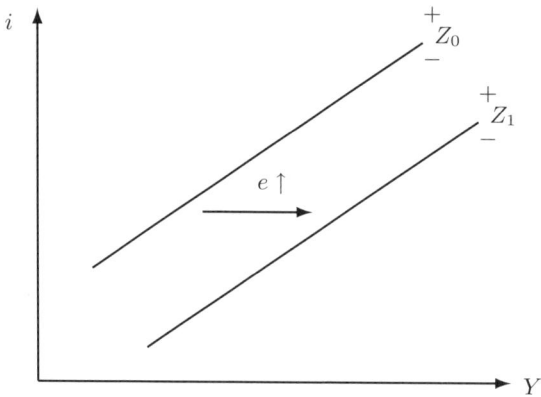

Abb. 4.24: *Der Wechselkurs als Lageparameter der Z-Kurve*

Entsprechend lässt sich zeigen, dass eine Steigerung des ausländischen Einkommens
Y_a ebenfalls mit einer Rechtsverschiebung der Z-Kurve verbunden ist (der inländische
Außenbeitrag nimmt auch in diesem Fall zu), während eine Erhöhung des ausländischen Zinssatzes i_a wegen der damit verbundenen verstärkten Nettokapitalexporte die
Z-Kurve nach oben verlagert. Diese Lageverschiebungen gelten nur bei unvollkommener
Kapitalmobilität. Bei horizontal verlaufender Z-Kurve, d.h. vollkommener Kapitalmobilität, tangieren Wechselkursänderungen oder Änderungen des ausländischen Realeinkommens die Lage der Z-Kurve nicht. Eine Verschiebung würde sich jetzt nur bei einer

Erhöhung oder Senkung des ausländischen Zinssatzes ergeben.[45]

4.3.3 Das IS/LM/Z-System

Wir können jetzt das vollständige **Mundell/Fleming-Modell** für alternative Wechselkurssysteme formulieren. Im **System fester Wechselkurse mit (erfolgreicher) Neutralisierungspolitik** seitens der Zentralbank gelten die Modellgleichungen

$$Y = C(\overset{(+)}{(1-t)\,Y}) + I\,(\overset{(-)}{i}) + G + A(\overset{(-)}{Y}, \overset{(+)}{Y_a}, \overset{(+)}{e}) \qquad (4.88)$$

$$M/P = L(\overset{(+)}{Y}, \overset{(-)}{i}) \qquad (4.89)$$

$$Z = A^n(\overset{(-)}{Y}, \overset{(+)}{Y_a}, \overset{(+)}{e}) + K(\overset{(+)}{i}, \overset{(-)}{i_a}). \qquad (4.90)$$

In dieser Modellvariante befinden sich der Güter- und Geldmarkt im Gleichgewicht, während auf dem Devisenmarkt kein Marktgleichgewicht vorliegen muss. Devisenbilanzungleichgewichte führen in diesem Wechselkurssystem zu keinen endogenen Veränderungen der Geldmenge, da die monetäre Basis durch gegenläufige Veränderungen der heimischen Komponente konstant bleibt. Insofern kann die Geldmenge M als exogene Variable aufgefasst werden. Endogene Variablen des obigen Gleichungssystems sind das Inlandsprodukt Y, der Zinssatz i und der Devisenbilanzsaldo Z. Im System fester Wechselkurse **ohne** Neutralisierungspolitik wird das Geldangebot M zu einer modellendogenen Variablen, da Änderungen der Währungsreserven bei der Zentralbank, die aus Devisenmarktinterventionen resultieren, zu gleichgerichteten Änderungen der monetären Basis und der Geldmenge führen. In diesem Wechselkurssystem ist als zusätzliche Gleichung des monetären Sektors die Geldangebotsgleichung

$$M = \mu \cdot B^m = \mu(H + R) \qquad (4.91)$$

zu berücksichtigen, wobei aus Vereinfachungsgründen für den Geldangebotsmultiplikator μ der Wert eins unterstellt werden soll. Wegen $\Delta R = Z$ ist ein **dauerhaftes Gleichgewicht** auf dem Geldmarkt erst dann erreicht, wenn $Z = 0$ gilt, d.h. wenn das Geldmarktgleichgewicht gleichzeitig mit einem Gleichgewicht auf dem Devisenmarkt verbunden ist. Der Ausgleich von Devisenangebot und -nachfrage muss dabei ohne Interventionen der Zentralbank am Devisenmarkt erfolgen. Dieser Sachverhalt wird anhand von Abbildung 4.25 verdeutlicht.

Wenn die Ausgangslage des IS/LM/Z-Systems durch den Punkt Q_0 charakterisiert ist, ist der Devisenbilanzsaldo Z positiv. Verzichtet die Zentralbank auf neutralisierungspolitische Maßnahmen (weil diese ohnehin nur temporär erfolgreich sein können), bewirkt die Zunahme der Währungsreserven einen Anstieg der Geldmenge, woraus wiederum

---

[45]Bei Berücksichtigung von Wechselkursänderungserwartungen (x) in der Bedingung für die Zinsparität (4.87) ist der Wechselkurs e auch bei vollkommener Kapitalmobilität Lageparameter der Z-Kurve. Wegen $\partial x/\partial e < 0$ würde sich im Falle einer Wechselkurssteigerung eine Verlagerung der horizontal verlaufenden Z-Kurve nach unten ergeben.

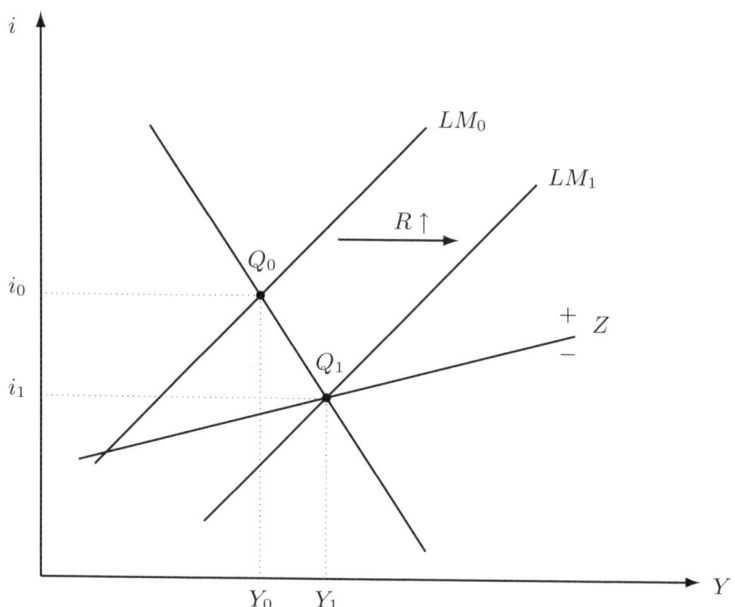

Abb. 4.25: *Die Auswirkungen von Änderungen des Reservebestandes*

eine Rechtsverlagerung der LM-Kurve resultiert.[46] Wegen $\Delta R = Z$ ist ein **dauerhaftes Gleichgewicht** auf dem Geldmarkt erst dann erreicht, wenn $Z = 0$ gilt, d.h. wenn ohne Devisenmarktinterventionen durch die Zentralbank ein Gleichgewicht auf dem Devisenmarkt zustandekommt. In Abbildung 4.25 ist diese Situation im Punkt Q_1 auf der Z-Kurve gegeben. In diesem Punkt befinden sich gleichzeitig der Güter-, Geld- und Devisenmarkt im Gleichgewicht. Wird nur auf solche längerfristigen Gleichgewichtssituationen abgestellt, sind die Gleichungen (4.89) und (4.90) durch das Gleichungssystem

$$H + R = \overline{P} \cdot L(Y, i) \tag{4.92}$$

$$0 = A^n(Y, Y_a, e) + K(i, i_a) \tag{4.93}$$

zu ersetzen. Die Gleichungen (4.88), (4.92) und (4.93) bilden dann das vollständige Gleichungssystem des Mundell/Fleming-Modells im System fester Wechselkurse ohne Neutralisierungspolitik.

Unterstellen wir anstelle eines Systems fester ein **System flexibler Wechselkurse**, ist **außenwirtschaftliches Gleichgewicht**, d.h. Gleichgewicht auf dem Devisenmarkt (Z

---

[46]Eine Linksverlagerung der LM-Kurve ergibt sich, falls Q_0 im Defizitbereich der Devisenbilanz, also unterhalb der Z-Kurve, liegt. Bei hoher Kapitalmobilität (flach verlaufender Z-Kurve) kommt es in diesem Fall zu einer starken Abnahme des Bestands an Währungsreserven bei der Zentralbank. Um einen totalen Verlust des Devisenbestandes zu vermeiden, sind in dieser Situation zwei wirtschaftspolitische Maßnahmen denkbar: eine Zinssatzsteigerung im Inland (um Kapitalzuflüsse zu erzeugen) oder Aufgabe des Regimes fester Wechselkurse, d.h. Übergang zu einem Flexkurssystem.

$= 0$), auch kurzfristig gegeben. Der Wechselkurs e wird in diesem Wechselkursregime zu einer modellendogenen Variablen, während die Geldmenge M wegen der Konstanz der Währungsreserven als exogene Größe aufgefasst werden kann. Das Fixpreismodell für die kleine offene Volkswirtschaft besteht im System flexibler Wechselkurse aus den Gleichungen für die IS-, LM- und Z-Kurve, d.h. aus den Gleichungen (4.88), (4.89) und (4.93). In diesem Wechselkurssystem ist ein simultanes Gleichgewicht auf Güter-, Geld- und Devisenmarkt bereits kurzfristig gegeben. Graphisch kommt diese Situation durch einen gemeinsamen Schnittpunkt der zugehörigen Gleichgewichtskurven zum Ausdruck (wie der Punkt Q_1 in Abbildung 4.25).

4.3.4   Geld- und Fiskalpolitik im System fester Wechselkurse

Im Rahmen des IS/LM/Z-Modells können entsprechend der Vorgehensweise im IS/LM-Modell für die geschlossene Volkswirtschaft die Wirkungen isolierter Maßnahmen der Geld- und Fiskalpolitik analysiert werden. Wir gehen dazu zunächst von einem System fester Wechselkurse mit und ohne Neutralisierungspolitik aus. Anschließend werden die Wirkungen isolierter stabilisierungspolitischer Maßnahmen im System flexibler Wechselkurse untersucht.

Staatsausgabensteigerung im System fester Wechselkurse

Die Auswirkungen einer (durch Verschuldung beim Publikum finanzierten) Staatsausgabensteigerung auf das reale Inlandsprodukt Y und den Zinssatz i können graphisch im Rahmen eines Hicks-Diagramms für die offene Volkswirtschaft ermittelt werden. Dabei ist zu beachten, dass die Z-Kurve sowohl steiler als auch flacher als die LM-Kurve verlaufen kann. Dies hängt vom Grad der Zinsabhängigkeit der internationalen Kapitalbewegungen ab. Bei hinreichend großer Zinsabhängigkeit der Nettokapitalimporte ist die Steigung der Z-Kurve kleiner als die der LM-Kurve.[47] Internationales Kapital ist dann relativ mobil. Dieser Fall ist für hochindustrialisierte Volkswirtschaften relevanter als der Fall relativer Kapitalimmobilität, in dem die Z-Kurve steil verläuft und eine größere Steigung aufweist als die LM-Kurve.

Im Folgenden sollen die Wirkungen einer Staatsausgabensteigerung für alternative Grade der internationalen Kapitalmobilität untersucht werden. Für die Ausgangssituation wird jeweils ein **gesamtwirtschaftliches Gleichgewicht** unterstellt (Punkt Q_0 in Abbildung 4.26). Dieses ist durch eine i/Y-Kombination gekennzeichnet, bei der sich simultan der Güter-, Geld- und Devisenmarkt im Gleichgewicht befinden.

---

[47]Aus $Z = A^n(Y, Y_a, e) + K(i, i_a) = 0$ folgt für gegebene Werte von Y_a, e und i_a:

$A_Y^n dY + K_i di = 0$ bzw. $\left. \dfrac{di}{dY} \right|_Z = -\dfrac{A_Y^n}{K_i}$ (vgl. (4.86)).

Aus $M/\overline{P} = L(Y, i)$ folgt für gegebenen Wert von M:

$0 = L_Y dY + L_i di$ bzw. $\left. \dfrac{di}{dY} \right|_{LM} = -\dfrac{L_Y}{L_i}$.

Also gilt $\left. \dfrac{di}{dY} \right|_Z < \left. \dfrac{di}{dY} \right|_{LM}$, falls $-\dfrac{A_Y^n}{K_i} < -\dfrac{L_Y}{L_i}$ $\Leftrightarrow$ $K_i > \dfrac{L_i A_Y^n}{L_Y}$ $\left(A_Y^n = \overline{P} \cdot A_Y \right)$.

Fällt also K_i größer als $L_i A_Y^n / L_Y$ aus, verläuft die Z-Kurve flacher als die LM-Kurve.

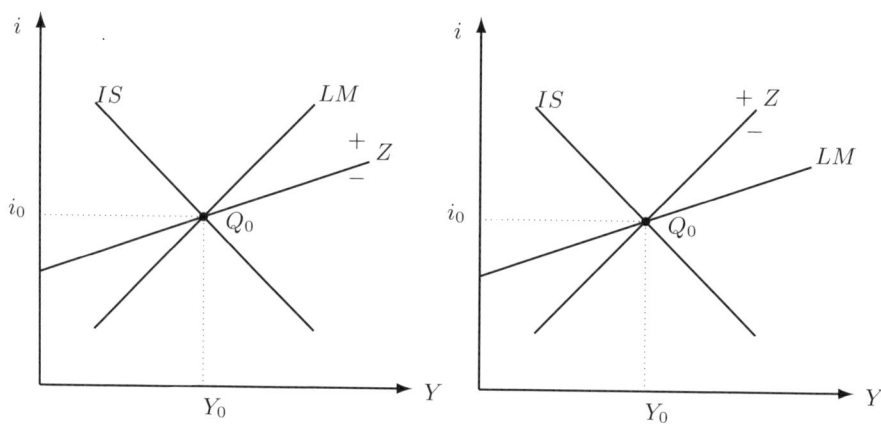

Abb. 4.26: *Das IS/LM/Z-System bei hohem (linkes Schaubild) und bei niedrigem (rechtes Schaubild) Grad der internationalen Kapitalmobilität*

Wird zunächst ein **hoher Grad der internationalen Kapitalmobilität** (hohe Zinsabhängigkeit der Nettokapitalimporte) unterstellt, ergibt sich die in Abbildung 4.27 dargestellte Situation. Eine Staatsausgabenerhöhung wirkt sich im System fester Wechselkurse mit erfolgreich betriebener Neutralisierungspolitik seitens der Zentralbank lediglich auf die Lage der IS-Kurve aus. Da ein Anstieg von G eine Steigerung der gesamtwirtschaftlichen Güternachfrage bewirkt, ergibt sich eine Rechtsverschiebung der IS-Kurve und damit ein neues **binnenwirtschaftliches Gleichgewicht** (simultanes Gleichgewicht auf dem Güter- und Geldmarkt) im Punkte Q_1. Der Übergang von Q_0 nach Q_1 verläuft analog zum Fall der geschlossenen Volkswirtschaft. Durch den Multiplikatorprozess kommt es zu einem Einkommensanstieg im Inland, der durch den Zinsanstieg und der daraus resultierenden Senkung der privaten Nettoinvestition schwächer ausfällt als im reinen Gütermarktmodell. Im Unterschied zur geschlossenen Volkswirtschaft ergeben sich jetzt im Zuge des Multiplikatorprozesses zusätzliche Sickerverluste in Form einer verstärkten Importgüternachfrage. Auf dem Geldmarkt erhöht sich die Transaktionskassenhaltung im Ausmaß der Senkung der Spekulationskasse; die gesamtwirtschaftliche Geldnachfrage hat sich im Vergleich zur Ausgangssituation nicht geändert.

Im Punkte Q_1 herrscht kein außenwirtschaftliches Gleichgewicht, da hier der Devisenbilanzsaldo von null verschieden ist. Im vorliegenden Fall relativ zinsabhängiger Nettokapitalimporte ergibt sich ohne Devisenmarktintervention der Zentralbank ein Angebotsüberschuss auf dem Devisenmarkt ($A^n + K > 0$), d.h. ein positiver Devisenbilanzsaldo ($\Delta R > 0$). Durch die Steigerung des inländischen Realeinkommens Y kommt es zwar über verstärkte Importe des Inlands zu einer Verschlechterung des (nominalen) Außenbeitrages und damit zu einer erhöhten Nachfrage nach Devisen; dem steht aber ein verstärktes Devisenangebot durch die aus der inländischen Zinssteigerung resultierenden Zunahme der Nettokapitalimporte gegenüber. Bei sehr zinselastischen Nettokapitalimporten, die hier unterstellt worden sind, dominiert der Zinseffekt auf K den Einkom-

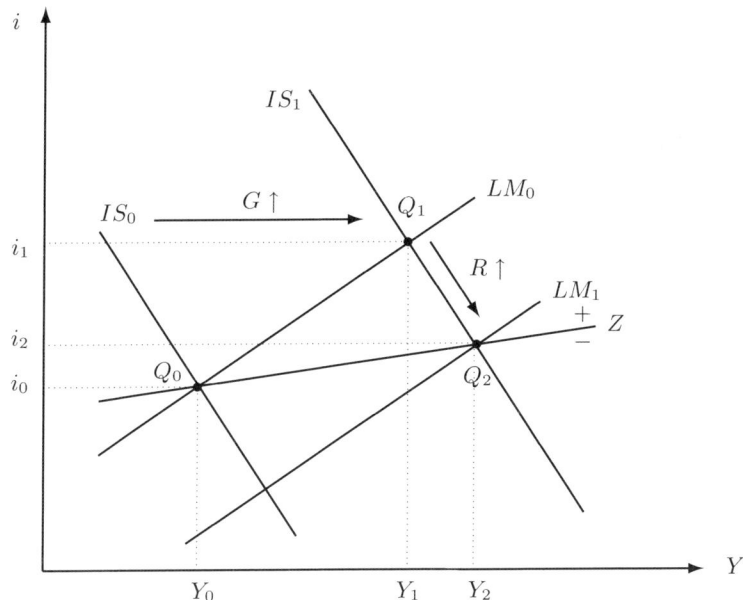

Abb. 4.27: *Die Auswirkungen einer Steigerung von G bei flach verlaufender Z-Kurve*

menseffekt auf A^n, so dass per Saldo ein Angebotsüberschuss auf dem Devisenmarkt entsteht. Im System fester Wechselkurse muss die Zentralbank dieses überschüssige Devisenangebot gegen heimische Währung aufkaufen, wodurch ihre Währungsreserven ansteigen. Bei erfolgreicher Neutralisierungspolitik verhindert sie den aus der Zunahme von R entstehenden Geldmengeneffekt durch eine entsprechende Absenkung der heimischen Komponente der monetären Basis, indem sie inländische Wertpapiere an den privaten Sektor verkauft. In diesem Wechselkurssystem beschreibt der Punkt Q_1 das Endgleichgewicht des Systems nach der fiskalpolitischen Maßnahme.

Verzichtet die Zentralbank dagegen auf kompensatorische Maßnahmen,[48] ergibt sich neben dem eben beschriebenen **Primäreffekt** einer Staatsausgabensteigerung ein **Sekundäreffekt**, der aus der Zunahme der Währungsreserven der Zentralbank resultiert: Durch den Anstieg der Währungsreserven erhöht sich – bei Verzicht auf Neutralisierungspolitik – die monetäre Basis, weshalb auch das Geldangebot zunimmt. Hieraus resultiert eine Rechtsverlagerung der LM-Kurve, die erst dann zum Abschluss kommt, wenn das Überschussangebot auf dem Devisenmarkt (im Sinne von $A^n + K > 0$) vollständig abgebaut ist. Dies ist im Punkt Q_2 auf der während des gesamten Anpassungsprozesses unverändert gebliebenen Z-Kurve der Fall. In Q_2 herrscht wiederum ein gesamtwirtschaftliches Gleichgewicht, das ohne weitere exogene Störungen dauerhafter

---

[48]Diese können ohnehin nur temporär erfolgreich sein. Im vorliegenden Fall ist zum Beispiel nicht damit zu rechnen, dass das Publikum ohne zusätzliche Zinssteigerungen bereit ist, auf das Offenmarktgeschäft mit der Zentralbank einzugehen.

Natur ist.

Abbildung 4.27 verdeutlicht, dass durch den Anstieg der Währungsreserven der Zentralbank ein expansiver Sekundäreffekt im Sinne einer weiteren Einkommenssteigerung hervorgerufen wird, der im System fester Wechselkurse nur dann auftritt, wenn von der Zentralbank keine Neutralisierungspolitik betrieben wird. Allerdings ist diese Sekundärwirkung einer Staatsausgabensteigerung nur dann expansiv, falls sich auf dem Devisenmarkt ein Angebotsüberschuss ergibt. Dies ist wiederum nur bei hinreichend zinselastischen Nettokapitalimporten der Fall.

Der Sekundäreffekt einer expansiven Fiskalpolitik ist dagegen kontraktiv, wenn die Nettokapitalimporte relativ zinsunelastisch sind. Die Z-Kurve verläuft in diesem Fall steiler als die LM-Kurve, so dass sich aufgrund der aus dem Rückgang der Währungsreserven resultierenden Geldmengensenkung insgesamt nur eine schwache (bei völliger Kapitalimmobilität überhaupt keine) Einkommenssteigerung ergibt (Abbildung 4.28).

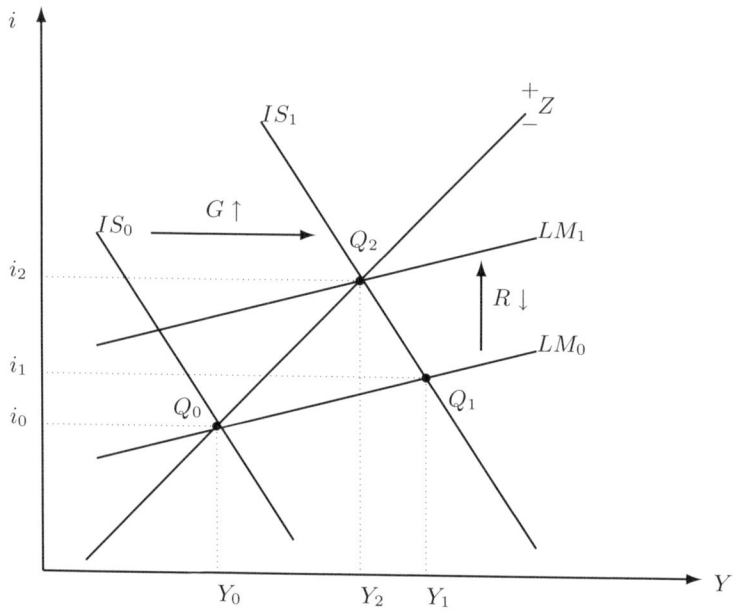

Abb. 4.28: *Die Auswirkungen einer Steigerung von G bei steil verlaufender Z-Kurve*

Wir können **festhalten**, dass der Staatsausgabenmultiplikator dY/dG im System fester Wechselkurse ohne Neutralisierungspolitik größer ausfällt als im System fester Wechselkurse mit Neutralisierungspolitik, sofern die Z-Kurve flacher als die LM-Kurve verläuft, die internationalen Kapitalbewegungen also hinreichend zinselastisch sind:

$$\left.\frac{dY}{dG}\right|_o > \left.\frac{dY}{dG}\right|_m > 0, \quad \text{falls} \quad \left.\frac{di}{dY}\right|_Z < \left.\frac{di}{dY}\right|_{LM}. \tag{4.94}$$

Der tiefgestellte Index „o" steht dabei für ein Fixkurssystem *ohne* Neutralisierungspolitik, der Index „m" für ein Fixkurssystem *mit* Neutralisierungspolitik.

Die Abbildungen 4.27 und 4.28 verdeutlichen außerdem, dass sich unabhängig vom Grad der internationalen Kapitalmobilität stets eine Zinssteigerung ergibt (abgesehen vom Spezialfall perfekter Kapitalmobilität, in dem der Inlandszins durch den exogen vorgegebenen Auslandszins determiniert wird). Bei **vollkommener Kapitalmobilität** (horizontal verlaufender Z-Kurve) ist der Staatsausgabenmultiplikator $dY/dG|_o$ am größten, da wegen $i = i_a$ keine Rückwirkungen vom Geldmarkt auftreten können. In diesem Sonderfall ergibt sich der gleiche Multiplikator für G wie im reinem Gütermarktmodell für die kleine offene Volkswirtschaft (vgl. (4.65)).

Expansive Geldpolitik im System fester Wechselkurse

Eine Zunahme der Geldmenge – hervorgerufen durch eine Steigerung der heimischen Komponente der monetären Basis – hat im Hicks-Diagramm eine Rechtsverschiebung der Geldmarkt-Gleichgewichtskurve zur Folge. Bei normal verlaufender LM- und IS-Kurve ist hiermit – analog zum Fall der geschlossenen Volkswirtschaft – eine Einkommenssteigerung bei gleichzeitiger Zinssatzsenkung verbunden (Abbildung 4.29).

Fall 1: flache Z-Kurve   Fall 2: steil verlaufende Z-Kurve

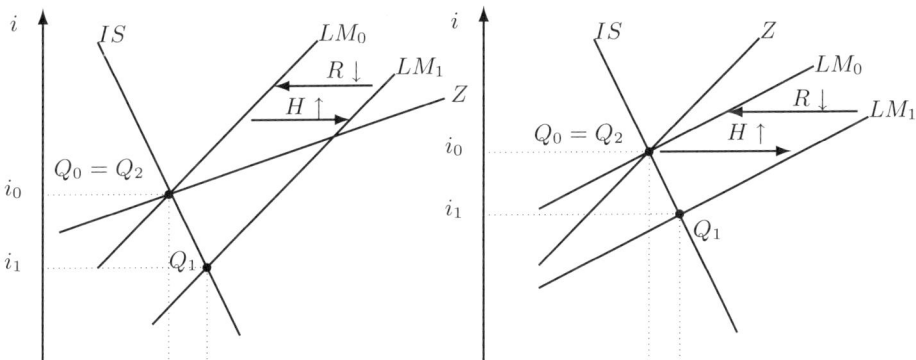

Abb. 4.29: *Auswirkungen einer Steigerung der heimischen Komponente der monetären Basis*

In Abbildung 4.29 ergibt sich, ausgehend vom gesamtwirtschaftlichen Gleichgewichtspunkt Q_0, ein neues binnenwirtschaftliches Gleichgewicht im Punkt Q_1. Dieser Punkt stellt das Endgleichgewicht im System fester Wechselkurse mit Neutralisierungspolitik dar. Durch die Steigerung von H erhält man unabhängig vom Grad der internationalen Kapitalmobilität, d.h. in den Fällen 1 und 2, stets ein Devisenbilanzdefizit ($Z < 0$). Einerseits verschlechtert sich der Außenbeitrag aufgrund der inländischen Einkommenssteigerung, andererseits gehen die Nettokapitalimporte zurück, da der inländische Zinssatz relativ zum ausländischen gesunken ist. Die Zentralbank ist daher gezwungen, die

Überschussnachfrage nach Devisen durch Abgabe von Währungsreserven gegen heimische Währung zu befriedigen. Betreibt sie gleichzeitig eine Neutralisierungspolitik, muss sie im Ausmaße der Senkung von R die heimische Komponente H (ein weiteres Mal) erhöhen (etwa über eine expansive Offenmarktoperation). Die Neutralisierung wird dabei umso schwieriger sein, je höher die Zinselastizität der Nettokapitalimporte ausfällt, d.h. je flacher die Z-Kurve verläuft.[49]

Verzichtet die Zentralbank auf kompensatorische Maßnahmen, ergibt sich neben dem eben beschriebenen **expansiven Primäreffekt** einer Geldmengensteigerung ein **kontraktiver Sekundäreffekt**, der aus der Abnahme der Währungsreserven resultiert. Da hiermit ein Rückgang der monetären Basis und der Geldmenge verbunden ist, verlagert sich die LM-Kurve wieder zurück. Die inländische Zinssteigerung, die hieraus resultiert, führt zu einer Verringerung des ursprünglichen Devisenbilanzdefizits. Die Linksverschiebung der LM-Kurve hält solange an, wie der Devisenbilanzsaldo noch unausgeglichen ist. Die Geldmarkt-Gleichgewichtskurve kehrt schließlich wieder in ihre Ausgangsposition LM_0 zurück,[50] so dass das gesamtwirtschaftliche Endgleichgewicht Q_2 mit dem Anfangsgleichgewicht Q_0 übereinstimmt. Expansiver Primäreffekt und kontraktiver Sekundäreffekt einer Geldmengensteigerung sind somit dem Betrage nach gleich groß, so dass die Geldpolitik im System fester Wechselkurse ohne Neutralisierungspolitik vollkommen wirkungslos in Bezug auf Y und i ist. Es findet lediglich eine Umschichtung innerhalb der monetären Basis statt, da die Währungsreserven im Ausmaße der Steigerung von H zurückgehen.

Vergleicht man die Einkommenswirkungen einer expansiven Geldpolitik im System fester Wechselkurse mit und ohne Neutralisierungspolitik, gilt für jeden Grad der internationalen Kapitalmobilität

$$0 = \left.\frac{dY}{dH}\right|_o < \left.\frac{dY}{dH}\right|_m . \tag{4.95}$$

Von der Geldpolitik können im System fester Wechselkurse nur dann Einkommenswirkungen ausgehen, wenn die Zentralbank eine erfolgreiche Neutralisierungspolitik betreibt.

4.3.5 Geld- und Fiskalpolitik im System flexibler Wechselkurse

Im Folgenden soll untersucht werden, wie sich die Wirkungsweise der Geld- und Fiskalpolitik ändert, wenn anstelle eines Systems fester Wechselkurse (mit und ohne Neutralisierungspolitik) von einem System flexibler Wechselkurse ausgegangen wird. Auch

---

[49]Außerdem werden Devisenmarktinterventionen mit wachsendem Grad der internationalen Kapitalmobilität zunehmend problematischer, da die Devisenbestände der Zentralbank begrenzt sind und der Verlust an Währungsreserven mit steigender Kapitalmobilität immer größer wird.

[50]Voraussetzung für die Konvergenz der LM-Kurve in ihre Ausgangsposition zurück ist ein genügend großer Bestand an Währungsreserven bei der Zentralbank. Reicht dieser Bestand nicht aus, wäre eine Alternative die Aufgabe der festen Bindung der heimischen Währung an die ausländische, d.h. die Freigabe des Wechselkurses. Zur Vermeidung eines totalen Verlustes an Währungsreserven könnte die Zentralbank aber auch Leitzinssteigerungen vornehmen, um Kapitalzuflüsse und damit ein verstärktes Devisenangebot zu erzeugen.

in diesem Wechselkursregime können wir den sich ergebenden Gesamteffekt in eine **Primärwirkung** und in eine **Sekundärwirkung** zerlegen. Der Primäreffekt einer expansiven Geld- oder Fiskalpolitik ist dabei mit der Primärwirkung im System fester Wechselkurse mit Neutralisierungspolitik identisch. Der Sekundäreffekt ergibt sich jetzt allerdings nicht mehr aufgrund von Änderungen der Währungsreserven der Zentralbank (diese sind im System vollkommen flexibler Wechselkurse konstant), sondern durch die (gedankliche) Freigabe des Wechselkurses. Hierdurch kommt es anstelle einer Verschiebung der Geldmarkt-Gleichgewichtskurve zu Verschiebungen der IS- und Z-Kurve.

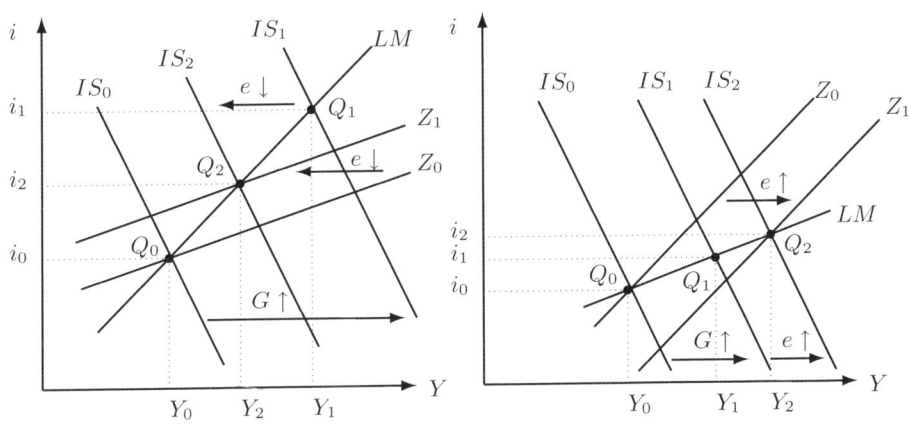

Fall 1: flache Z-Kurve   **Fall 2**: steil verlaufende Z-Kurve

Abb. 4.30: Fiskalpolitik im System flexibler Wechselkurse

Der Fall einer expansiven Fiskalpolitik ist in Abbildung 4.30 dargestellt. Dabei kommt die Primärwirkung einer Staatsausgabensteigerung durch die Rechtsverschiebung der IS-Kurve in die Position IS_1 zum Ausdruck. Bei zunächst noch konstant gehaltenem Wechselkurs ergibt sich das binnenwirtschaftliche Gleichgewicht Q_1, das bei relativ zinselastischen Nettokapitalimporten mit einem Angebotsüberschuss auf dem Devisenmarkt verbunden ist (Fall 1), während sich bei geringer Zinsabhängigkeit von K ein Nachfrageüberschuss auf dem Devisenmarkt einstellt (Fall 2). Im Fall 1 (flach verlaufende Z-Kurve) liegt das binnenwirtschaftliche Gleichgewicht Q_1 oberhalb, im Fall 2 (steil verlaufende Z-Kurve) unterhalb der Gleichgewichtskurve Z_0. Im Fall 1 erfordert der Angebotsüberschuss auf dem Devisenmarkt im System flexibler Wechselkurse eine Wechselkurssenkung bzw. Aufwertung der heimischen Währung, um das Devisenmarktgleichgewicht wiederherzustellen. Die Folge ist ein kontraktiver Sekundäreffekt, der in einer Linksverschiebung der IS-Kurve zum Ausdruck kommt (bei Normalreaktion verschlechtert sich der inländische Außenbeitrag). Gleichzeitig verschiebt sich die Z-Kurve infolge der Aufwertung der Inlandswährung etwas nach oben. Hierbei muss vorausgesetzt werden, dass die Nettokapitalimporte nicht vollkommen zinselastisch reagieren, da sich sonst keine Verlagerung der Z-Kurve ergeben würde. Wird $K_i < \infty$ unterstellt, liegt das Endgleichgewicht Q_2 oberhalb von Q_0 auf der in der Lage unveränderten LM-Kurve.

Im simultanen Gleichgewicht Q_2 ist es zu einer schwachen Einkommenssteigerung sowie einer kleinen Zinssteigerung gekommen. Die geringe Einkommenswirkung resultiert aus zwei kontraktiven Effekten, die die expansive Multiplikatorwirkung einer Staatsausgabensteigerung abschwächen, einem zinsinduzierten und einem aufwertungsbedingten Crowding out der privaten Güternachfrage.

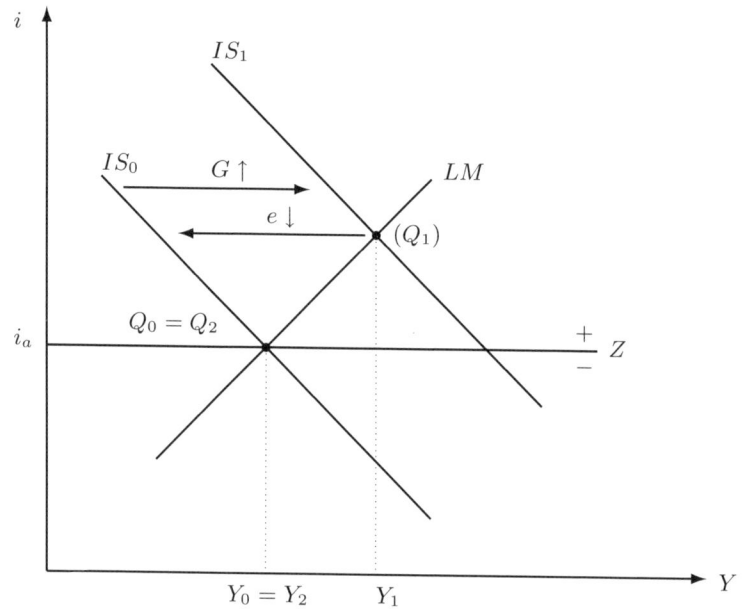

Abb. 4.31: *Vollkommene Kapitalmobilität*

Im Extremfall der **vollkommenen Kapitalmobilität**, in dem der Inlandszins auf dem Niveau des Auslandszinssatzes festliegt, findet keine Verschiebung der Z-Kurve statt; das Endgleichgewicht stimmt dann mit dem Anfangsgleichgewicht Q_0 überein (Abbildung 4.31). In diesem Sonderfall ergibt sich in der Primärphase der Anpassung lediglich eine **Zinssteigerungstendenz**,[51] die aber so große Nettokapitalimporte hervorruft, dass der Inlandszins durch die massive Nachfrage nach inländischen Wertpapieren sofort wieder auf sein Ausgangsniveau i_a zurückgeführt wird und die Aufwertung der Inlandswährung größer ist als im Fall unvollkommener Kapitalmobilität. Die Fiskalpolitik hat bei vollkommener internationaler Kapitalmobilität ($i = i_a$) keine Einkommenseffekte, sondern nur **allokative** Wirkungen. Der reale Außenbeitrag wird genau im Ausmaße der Staatsausgabensteigerung „zurückgedrängt" ($dG = |dA|$), so dass sich ein **totales aufwertungsbedingtes Crowding out** ergibt.

Im Grenzfall der vollkommenen Kapitalmobilität ist neben einer schuldenfinanzierten

---

[51] Der (eingeklammerte) Punkt Q_1 ist in diesem Fall nur ein fiktiver Gleichgewichtspunkt, der aufgrund der Konstanz des Inlandszinssatzes nicht erreicht werden kann.

Staatsausgabenerhöhung auch eine steuerfinanzierte Erhöhung von G ohne Realeinkommenswirkungen. Eine **Steuersatzsteigerung** $(dt > 0)$ bewirkt isoliert gesehen ein
totales abwertungsbedingtes Crowding in $(dC = -dA < 0)$, eine Zunahme der
Staatsausgaben ein totales aufwertungsbedingtes Crowding out; der simultane Anstieg
von G und t ist dann ebenfalls mit keiner Änderung des realen Inlandsprodukts verbunden. Im System flexibler Wechselkurse sowie vollkommener Kapitalmobilität nimmt
der **Haavelmo-Multiplikator** $dY/dG|_{dB^{st}=0}$ also den Wert null an.[52]

Wird im Fall einer schuldenfinanzierten Staatsausgabenerhöhung von relativ zinsunelastischen Nettokapitalimporten ausgegangen (Fall 2 in Abbildung 4.30), ist der Sekundäreffekt einer Zunahme von G infolge der sich jetzt ergebenden Abwertung der
Inlandswährung expansiv; IS- und Z-Kurve verschieben sich in diesem Fall nach rechts.
Dies gilt auch im Extremfall einer vertikal verlaufenden Z-Kurve, d.h. bei völliger Kapitalimmobilität. Im Regime flexibler Wechselkurse ist die Fiskalpolitik somit nur bei
relativ immobilem Kapital ein wirkungsvolles Instrument zur Einkommenssteigerung;
bei hoher Kapitalmobilität ist ihre Wirksamkeit in Bezug auf Y dagegen schwach, im
Grenzfall der vollkommenen Kapitalmobilität sogar gleich null.[53]

Vergleicht man die Einkommenseffekte einer Staatsausgabensteigerung in den verschiedenen Wechselkurssystemen, ergeben sich die folgenden Beziehungen:

$$\left.\frac{dY}{dG}\right|_x \lesseqgtr \left.\frac{dY}{dG}\right|_m \lesseqgtr \left.\frac{dY}{dG}\right|_o \quad \text{falls} \quad \left.\frac{di}{dY}\right|_Z \lesseqgtr \left.\frac{di}{dY}\right|_{LM}. \tag{4.96}$$

Dabei steht der tiefgestellte Index „x" für ein System flexibler Wechselkurse. (4.96)
besagt, dass für den Fall sehr zinselastischer Nettokapitalimporte die Fiskalpolitik im
System fester Wechselkurse effizienter ist als im System flexibler Wechselkurse. Die
umgekehrte Aussage gilt dagegen bei geringer Zinsabhängigkeit der Nettokapitalimporte.

Geldpolitik bei Wechselkursflexibilität

Werden die Wirkungen einer expansiven Geldpolitik im System flexibler Wechselkurse
betrachtet, ist der Sekundäreffekt einer Geldmengensteigerung – unabhängig vom Grad
der internationalen Kapitalmobilität – stets expansiv, da sich die inländische Währung
eindeutig abwertet (Abbildung 4.32).[54]

---

[52]Wird die LM-Gleichung mit der Bedingung für die Zinsparität $(i = i_a)$ kombiniert, ergibt sich
die Gleichung $M/\overline{P} = L(Y, i_a)$. Da die Geldmenge M im System flexibler Wechselkurse eine exogene
Variable darstellt, muss unabhängig von der Art der Finanzierung des staatlichen Budgetdefizits stets
$dY/dG = 0$ gelten.

[53]Die Aussage, dass eine Staatsausgabensteigerung im System flexibler Wechselkurse bei Vorliegen
von vollkommener Kapitalmobilität ohne Realeinkommenswirkungen ist, ist in einem Mundell/Fleming-
Modellrahmen zu modifizieren, wenn internationale Rückwirkungen zugelassen werden, d.h. zu einer
großen offenen Volkswirtschaft übergegangen wird (siehe dazu Abschnitt 7.1).

[54]Analoge Wirkungen ergeben sich bei einer allgemeinen Korrektur der Zinserwartung nach unten
$(di^e < 0)$. Der Primäreffekt ist wiederum eine Rechtsverschiebung der LM-Kurve, also eine Zinssenkung
und Einkommenssteigerung, während im Sekundäreffekt über die Abwertung der Inlandswährung ebenfalls eine Rechtsverschiebung von IS_0 und Z_0 stattfindet. Im Endergebnis ergeben sich also qualitativ
die gleichen Einkommens- und Zinseffekte wie bei einer Steigerung der Geldmenge.

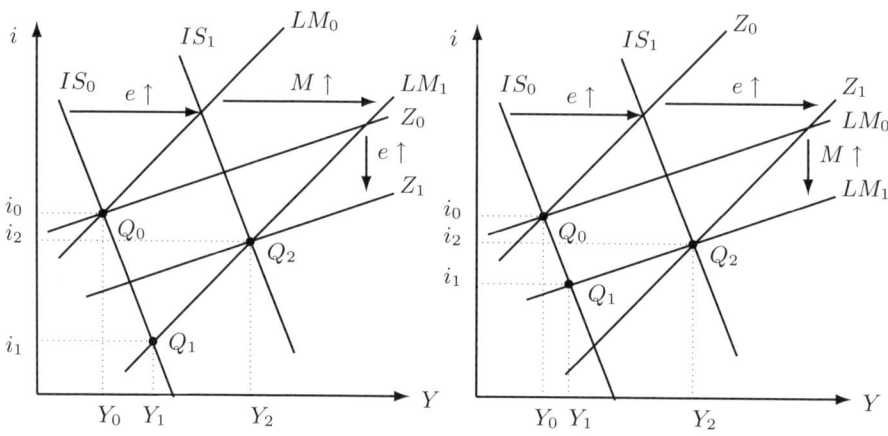

Fall 1: flache Z-Kurve   **Fall 2**: steil verlaufende Z-Kurve

Abb. 4.32: Geldpolitik im System flexibler Wechselkurse

Abbildung 4.32 verdeutlicht, dass die Geldpolitik im System flexibler Wechselkurse sehr wirkungsvoll ist, da neben dem Primäreffekt auch der Sekundäreffekt expansiv ist. Durch die Abwertung der heimischen Währung verschiebt sich die IS-Kurve aufgrund der Verbesserung des Außenbeitrages nach rechts, so dass sich ein zusätzlicher expansiver Einkommenseffekt ergibt. Der expansive Sekundäreffekt fällt dabei umso stärker aus, je größer das Ausmaß der Abwertung der Inlandswährung ist, d.h. je flacher die Z-Kurve verläuft. Bei vollkommener Kapitalmobilität $(i = i_a)$ ist die Geldpolitik am wirkungsvollsten. Obwohl der Inlandszins in diesem Sonderfall auf dem vorgegebenen Niveau des Auslandszinssatzes festliegt, findet dennoch eine Übertragung eines monetären Impulses in den güterwirtschaftlichen Bereich statt, da der Wechselkurs auf die monetäre Störung reagiert und eine Änderung des Außenbeitrages bewirkt. [55]

Abgesehen vom Grenzfall vollkommener Kapitalmobilität führt eine Geldmengensteigerung stets zu einer Zinssenkung. Zwar ergibt sich aus dem Sekundäreffekt über die Wechselkurssteigerung ein Zinsanstieg $(i_2 > i_1)$, dennoch muss insgesamt der Zinssatz gefallen sein $(i_2 < i_0)$. Wäre dies nämlich nicht der Fall $(i_2 > i_0)$, ergäbe sich eine Steigerung der Nettokapitalimporte und wegen $A^n = -K$ eine Abnahme des nominalen und realen Außenbeitrages. Da außerdem dann die privaten Nettoinvestitionen zurückgehen würden, ergäbe sich insgesamt eine Einkommenskontraktion, was aber gemäß Abbildung 4.32 nicht sein kann.

Vergleicht man die Effizienz der Geldpolitik in Bezug auf Y im System fester und

---

[55]In einer **geschlossenen** Volkswirtschaft würde dagegen bei festliegendem Inlandszins, d.h. in der Situation der Keynesschen Liquiditätsfalle $(i = i_U)$, keine Transmission monetärer Impulse in den realwirtschaftlichen Bereich stattfinden. Für die kleine **offene** Volkswirtschaft ist zumindest bei Vorliegen hoher internationaler Kapitalmobilität die Keynessche Liquiditätsfalle ohne Relevanz, da der Inlandszins weitgehend an den exogen vorgegebenen Auslandszinssatz gekoppelt ist.

flexibler Wechselkurse, so gilt im Rahmen des Mundell/Fleming-Modells:

$$\left.\frac{dY}{dH}\right|_o = 0 < \left.\frac{dY}{dH}\right|_m < \left.\frac{dY}{dH}\right|_x. \tag{4.97}$$

Aus diesen Ungleichungen folgt, dass eine expansive Geldmengenpolitik im System flexibler Wechselkurse wirksamer ist als im System fester Wechselkurse.[56] Diese Aussage gilt unabhängig vom Grad der internationalen Kapitalmobilität.

Festzuhalten bleibt folgendes: Wird im Fixpreismodell für die kleine offene Volkswirtschaft (Mundell/Fleming-Modell) von sehr zinselastischen Nettokapitalimporten ausgegangen, so ist die Geldpolitik im System flexibler Wechselkurse wirksamer als die Fiskalpolitik, während die Fiskalpolitik im System fester Wechselkurse einen höheren Wirkungsgrad erzielt als die Geldpolitik. Bei vollkommener Kapitalmobilität ist die Fiskalpolitik im System flexibler Wechselkurse ohne Einkommens- und Zinseffekte, während die Geldpolitik für jeden Grad der internationalen Kapitalmobilität im System fester Wechselkurse ohne Neutralisierungspolitik weder Einkommens- noch Zinseffekte erzielt.

Multiplikatoren der Fiskal- und Geldpolitik im System fester und flexibler Wechselkurse

Es sollen abschließend die Einkommenseffekte der Fiskal- und Geldpolitik algebraisch bestimmt werden. Im System fester Wechselkurse mit erfolgreicher Neutralisierungspolitik seitens der Zentralbank können die Einkommenswirkungen analog zum Fall der geschlossenen Volkswirtschaft ermittelt werden, d.h. durch totale Differentiation der IS- und LM-Gleichung. Für gegebene Werte von t, Y_a, e sowie $P = \overline{P} = 1$ folgt aus (4.88) und (4.89):

$$dY = C_{Y^v}(1-t)dY + I_i di + dG + A_Y dY \tag{4.98}$$

$$dM = L_Y dY + L_i di \quad \Rightarrow \quad di = \frac{-1}{L_i}(L_Y dY - dM). \tag{4.99}$$

Wird der Ausdruck für di in Gleichung (4.98) eingesetzt, ergibt sich

$$\left(1 - C_{Y^v}(1-t) - A_Y + \frac{I_i}{L_i}L_Y\right)dY = dG + \frac{I_i}{L_i}dM. \tag{4.100}$$

Hieraus resultieren die folgenden **Multiplikatoren** im **System fester Wechselkurse mit Neutralisierungspolitik**:

$$\left.\frac{dY}{dG}\right|_m = \frac{1}{1 - C_{Y^v}(1-t) - A_Y + I_i L_Y / L_i} \tag{4.101}$$

$$\left.\frac{dY}{dM}\right|_m = \frac{I_i / L_i}{1 - C_{Y^v}(1-t) - A_Y + I_i L_Y / L_i}. \tag{4.102}$$

---

[56]Die Aussage, dass Geldpolitik im System flexibler Wechselkurse wirksamer ist als im System fester Wechselkurse, ist zu modifizieren, wenn zu vollkommener Preis- und Lohnflexibilität übergegangen wird (Abschnitt 6.5).

Diese Multiplikatoren sind wegen der positiven marginalen Importquote $(-A_Y > 0)$ kleiner als die entsprechenden Multiplikatoren im Fall der geschlossenen Volkswirtschaft (vgl. Abschnitt 4.2).

Im **System fester Wechselkurse ohne Neutralisierungspolitik** gelten die Modellgleichungen (4.88), (4.92) und (4.93); durch totale Differentiation folgt hieraus für gegebene Werte von t, Y_a, i_a, e und P:

$$dY = C_{Y^v}(1-t)dY + I_i di + dG + A_Y dY \tag{4.103}$$

$$dH + dR = L_Y dY + L_i di \qquad (\overline{P} = 1) \tag{4.104}$$

$$0 = A_Y^n dY + K_i di \quad \Rightarrow \quad di = -\frac{A_Y^n}{K_i} dY. \tag{4.105}$$

In diesem Gleichungssystem sind dY, dR und di endogene Variablen, während dG und dH exogen sind. Die Lösungsform für dY lässt sich aus den Gleichungen (4.103) und (4.105), d.h. unabhängig von der Geldmarktgleichung (4.104), ermitteln. Löst man die Devisenmarkt-Gleichgewichtsbedingung (4.105) nach di auf und setzt diesen Ausdruck in die Gütermarkt-Gleichgewichtsbedingung (4.103) ein, gilt wegen $A_Y^n = \overline{P} \cdot A_Y = A_Y$:

$$\left(1 - C_{Y^v}(1-t) + \frac{I_i}{K_i} A_Y - A_Y \right) dY = dG. \tag{4.106}$$

Hieraus ergeben sich die **Multiplikatoren**

$$\left. \frac{dY}{dG} \right|_o = \frac{1}{1 - C_{Y^v}(1-t) - A_Y + I_i A_Y / K_i} \tag{4.107}$$

und

$$\left. \frac{dY}{dH} \right|_o = 0. \tag{4.108}$$

Werden die fiskalpolitischen Multiplikatoren (4.101) und (4.107) miteinander verglichen, gilt

$$
\left. \frac{dY}{dG} \right|_m < \left. \frac{dY}{dG} \right|_o \quad \Leftrightarrow \quad \frac{I_i A_Y}{K_i} < \frac{I_i L_Y}{L_i}
$$

$$
\Leftrightarrow \quad \frac{-A_Y^n}{K_i} < \frac{-L_Y}{L_i} \quad \Leftrightarrow \quad \left. \frac{di}{dY} \right|_Z < \left. \frac{di}{dY} \right|_{LM} . \tag{4.109}
$$

Eine Staatsausgabensteigerung erzielt somit im System fester Wechselkurse bei Verzicht auf kompensatorische Maßnahmen der Zentralbank größere Einkommenseffekte als im Kompensationsfall, sofern die Z-Kurve im Hicks-Diagramm flacher als die LM-Kurve verläuft.

Im **System flexibler Wechselkurse** gelten die Modellgleichungen (4.88), (4.89) und (4.93). Für gegebene Werte von t, Y_a, i_a sowie $P = \overline{P} = 1$ folgt hieraus durch totale Differentiation

$$dY = C_{Y^v}(1-t)dY + I_i di + dG + A_Y dY + A_e de \tag{4.110}$$

$$dM = L_Y dY + L_i di \qquad (4.111)$$

$$0 = dA^n + dK. \qquad (4.112)$$

Im System flexibler Wechselkurse gilt

$$dA^n = -dK \qquad \text{bzw.} \qquad \overline{P} \cdot dA = -K_i \cdot di. \qquad (4.113)$$

Setzen wir (4.113) in die differenzierte IS-Gleichung (4.110) ein und substituieren di mit Hilfe der LM-Gleichung (4.111), ergibt sich für dY die Gleichung

$$\left(1 - C_{Y^v}(1-t) + \frac{I_i - K_i}{L_i} L_Y \right) dY = dG + \frac{I_i - K_i}{L_i} dM. \qquad (4.114)$$

Hieraus folgen die Multiplikatoren

$$\left. \frac{dY}{dG} \right|_x = \frac{1}{1 - C_{Y^v}(1-t) + (I_i - K_i)L_Y/L_i} \qquad (4.115)$$

und

$$\left. \frac{dY}{dM} \right|_x = \frac{(I_i - K_i)/L_i}{1 - C_{Y^v}(1-t) + (I_i - K_i)L_Y/L_i}. \qquad (4.116)$$

Im Spezialfall der vollkommenen Kapitalmobilität ($K_i \to \infty$) ist der Staatsausgabenmultiplikator gleich null (der Nennerausdruck auf der rechten Seite von (4.115) strebt dann gegen unendlich), während der geldpolitische Multiplikator gegen den maximalen Wert $1/L_Y$ strebt. Diese Resultate folgen auch unmittelbar aus der differenzierten LM-Gleichung (4.111), da der Inlandszins bei vollkommener Kapitalmobilität mit dem exogen vorgegebenen Auslandszins übereinstimmt ($i = i_a$) und daher $di = 0$ gilt.

Vergleicht man die Staatsausgabenmultiplikatoren im System fester und flexibler Wechselkurse, folgt aus (4.101) und (4.115)

$$\left. \frac{dY}{dG} \right|_x < \left. \frac{dY}{dG} \right|_m \qquad (4.117)$$

$$\Leftrightarrow 1 - C_{Y^v}(1-t) - A_Y + I_i L_Y/L_i < 1 - C_{Y^v}(1-t) + (I_i - K_i)L_Y/L_i$$
$$\Leftrightarrow -A_Y < -K_i L_Y/L_i \Leftrightarrow -A_Y < -K_i L_Y/L_i$$
$$\Leftrightarrow -\frac{A_Y^n}{K_i} < -\frac{L_Y}{L_i} \Leftrightarrow \left. \frac{di}{dY} \right|_Z < \left. \frac{di}{dY} \right|_{LM}.$$

Zusammen mit (4.109) gilt dann

$$\left. \frac{dY}{dG} \right|_x < \left. \frac{dY}{dG} \right|_m < \left. \frac{dY}{dG} \right|_o \qquad \Leftrightarrow \qquad \left. \frac{di}{dY} \right|_Z < \left. \frac{di}{dY} \right|_{LM}. \qquad (4.118)$$

Verläuft die Z-Kurve im i/Y-Diagramm flacher als die LM-Kurve, d.h. sind die Nettokapitalimporte hinreichend zinselastisch ($K_i > A_Y^n L_i/L_Y$), ist die Fiskalpolitik im

System fester Wechselkurse wirksamer als im System flexibler Wechselkurse. Für die Geldpolitik gilt dagegen generell, d.h. für jeden Grad der Zinsabhängigkeit der Netto-kapitalimporte, dass sie im System flexibler Wechselkurse wirksamer ist als im System fester Wechselkurse:

$$\left. \frac{dY}{dM} \right|_x > \left. \frac{dY}{dM} \right|_m > \left. \frac{dY}{dH} \right|_o = 0. \tag{4.119}$$

Die erste Ungleichung folgt aus dem Vergleich der geldpolitischen Multiplikatoren (4.102) und (4.116) und gilt unabhängig von der Größe von K_i.

4.3.6   Analyse von Auslandsstörungen

In diesem Abschnitt sollen im Rahmen des IS/LM/Z-Systems die Wirkungen untersucht werden, die von exogenen ausländischen Schocks auf die heimische Volkswirtschaft ausgehen können. Wir betrachten zunächst eine isolierte Erhöhung des ausländischen Zinssatzes i_a, anschließend eine isolierte Steigerung des ausländischen Einkommens Y_a. Dabei soll sowohl ein System flexibler als auch ein System fester Wechselkurse zugrundegelegt werden.

Steigerung des Auslandszinssatzes i_a

Wir gehen zunächst von einem **System flexibler Wechselkurse** aus; außerdem wird eine hohe Kapitalmobilität unterstellt. Durch die isolierte Steigerung des ausländischen Zinssatzes ergeben sich verstärkte Kapitalabflüsse ins Ausland, weshalb auf dem De-visenmarkt ein Nachfrageüberschuss entsteht, der wiederum eine Abwertung der In-landswährung zur Folge hat. Daraus resultiert (bei Normalreaktion des Außenbeitra-ges) ein expansiver Effekt auf dem inländischen Gütermarkt, so dass dort das Einkom-men steigt. Durch die Zunahme der Transaktionskasse findet auch im Inland eine Zins-steigerung statt, die im Sonderfall der vollkommenen Kapitalmobilität genau mit der Erhöhung des ausländischen Zinssatzes übereinstimmt. Trotz des damit verbundenen Rückgangs der privaten Investitionsnachfrage ergibt sich dennoch stets eine Einkom-mensexpansion im Inland, was anhand der LM-Gleichung

$$\frac{M}{P} = L(Y, i) \tag{4.120}$$

erkennbar ist: Da bei gegebenem Güterpreisniveau das reale Geldangebot im System flexibler Wechselkurse konstant ist, müssen die durch die Zinssteigerung freigesetzten spekulativen Gelder in die Transaktionskasse fließen, damit sich wieder ein Geldmarkt-gleichgewicht einstellt. Dies erfordert aber eine Zunahme des Transaktionsvolumens, d.h. des realen Inlandsprodukts Y.

Graphisch ergibt sich durch die Zinssteigerung im Ausland eine Verschiebung der Z-Kurve nach oben, die anschließend durch die Abwertung der Inlandswährung teilweise wieder rückgängig gemacht wird.[57] Außerdem kommt es durch die Wechselkurssteige-

---

[57]Verläuft die Z-Kurve steiler als die LM-Kurve (niedriger Grad der internationalen Kapitalmo-bilität), wird sie insgesamt sogar nach rechts verschoben. Trotzdem ergibt sich auch in diesem Fall – abgesehen vom Spezialfall einer vertikalen Z-Kurve (vollkommene Kapitalimmobilität) – eine Erhöhung von Y.

rung zu einer Rechtsverschiebung der IS-Kurve, während die LM-Kurve in der Lage unverändert bleibt (Abbildung 4.33).

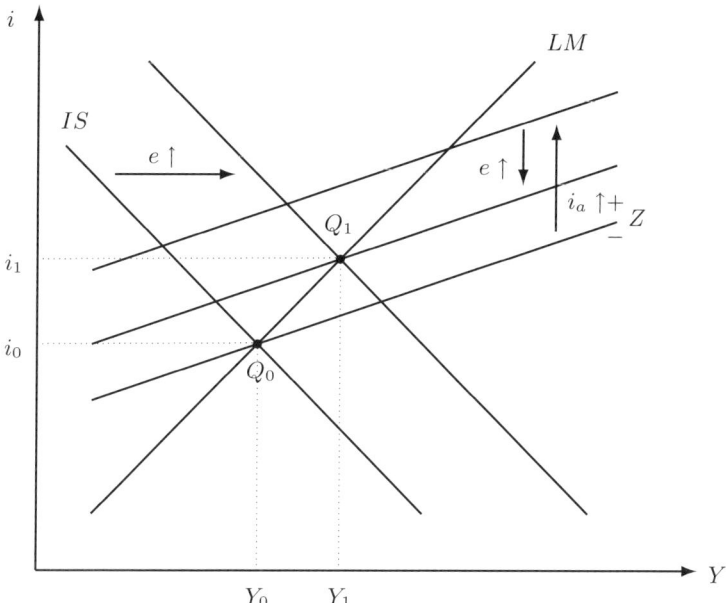

Abb. 4.33: *Steigerung des Auslandszinssatzes im System flexibler Wechselkurse*

Wird ein **System fester Wechselkurse** (ohne Neutralisierungspolitik) zugrundegelegt, führt der Nachfrageüberschuss am Devisenmarkt zu Reserveabflüssen ins Ausland, wodurch die inländische Geldmenge (bei Verzicht auf kompensatorische Maßnahmen) sinkt. Die Folge ist eine Zinssteigerung im Inland, die wiederum einen Rückgang des inländischen Einkommens bewirkt. Graphisch werden jetzt die Z-Kurve und die LM-Kurve nach oben verlagert, während die IS-Kurve liegen bleibt (Abbildung 4.34).[58]

Steigerung des ausländischen Einkommens Y_a

Eine isolierte Einkommensexpansion im Ausland bewirkt eine Zunahme der inländischen Güterexporte. Dadurch verbessert sich der Außenbeitrag des Inlandes. Der hieraus resultierende Multiplikatorprozess erhöht das Inlandseinkommen, wodurch auch die inländischen Güterimporte zunehmen. Die ursprüngliche Steigerung des inländischen Außenbeitrages wird dadurch abgeschwächt, dennoch ergibt sich – solange der Wechselkurs nicht reagiert – insgesamt eine positive Wirkung auf den Handelsbilanzsaldo.[59] Die

---

[58]Dieses Ergebnis gilt auch bei steil verlaufender Z-Kurve.

[59]Im Wesentlichen folgt dies daraus, dass die marginale Importquote ($-A_Y$) kleiner als eins ist. Ebenso wie eine Staatsausgabensteigerung im System fester Wechselkurse mit Neutralisierungspolitik (oder in der geschlossenen Volkswirtschaft) das staatliche Budgetdefizit $B^{St} = G - T$ erhöht (da der marginale Steuersatz $t < 1$ ist), verbessert eine Zunahme der autonomen Güterexporte den Außenbeitrag $A = X - Im$.

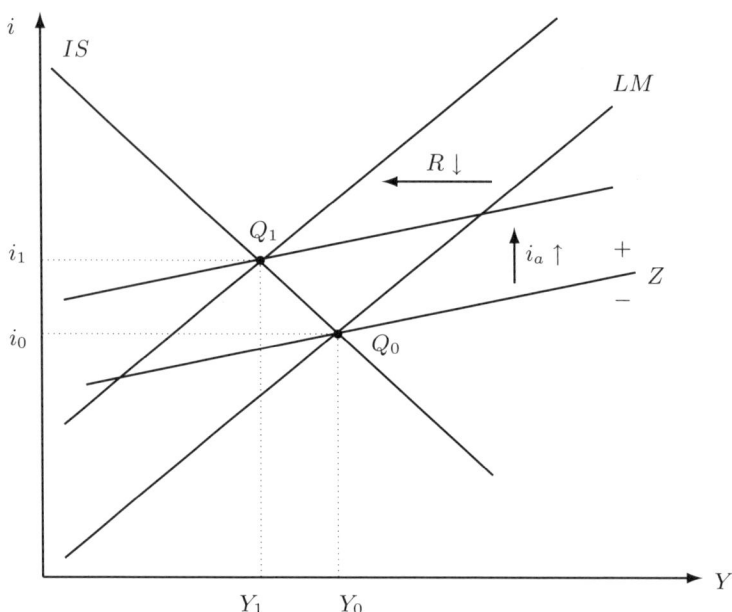

Abb. 4.34: *Steigerung des Auslandszinssatzes im System fester Wechselkurse*

Einkommensexpansion im Inland führt außerdem zu einem Anstieg des inländischen Zinssatzes, da sich der Transaktionskassenbedarf erhöht hat. Dies bewirkt wiederum eine Zunahme der Nettokapitalimporte, so dass sich zusammen mit der Verbesserung des Außenbeitrages insgesamt ein Angebotsüberschuss auf dem Devisenmarkt einstellt. Ein solcher Angebotsüberschuss tritt unabhängig vom Grad der Kapitalmobilität auf. Im Unterschied zu einer Staatsausgabensteigerung oder Erhöhung der autonomen Nettoinvestition ergibt er sich auch dann, wenn die internationalen Kapitalbewegungen relativ zinsunelastisch sind.

Der Angebotsüberschuss auf dem Devisenmarkt hat im **System flexibler Wechselkurse** eine Aufwertung der heimischen Währung zur Folge, wodurch sich der inländische Außenbeitrag ein weiteres Mal verschlechtert. Die Frage, ob der ursprüngliche, aus der ausländischen Einkommenserhöhung resultierende Exportüberschuss durch die Wechselkurssenkung vollständig oder nur partiell wieder abgebaut wird, lässt sich graphisch nur im Fall der vollkommenen Kapitalmobilität eindeutig beantworten (Abbildung 4.35). Die Steigerung des Auslandseinkommens hat in diesem Sonderfall, ebenso wie die Senkung von e, keine Auswirkungen auf die Lage der Z-Kurve. Dadurch kommt es nur zu Verschiebungen der IS-Kurve, und zwar durch die Erhöhung von Y_a nach rechts und durch die Aufwertung der Inlandswährung nach links. Da auch die LM-Kurve in der Lage unverändert bleibt, muss die IS-Kurve durch die Wechselkurssenkung wieder in ihre Ausgangsposition zurückkehren, da sich sonst kein gesamtwirtschaftliches Gleichgewicht ergeben würde. Bei vollkommener Kapitalmobilität hat somit eine Erhöhung des

Auslandseinkommens (oder der autonomen Güterexporte des Inlands) im System flexibler Wechselkurse keine Einkommenseffekte im Inland. Im Hicks-Diagramm stimmen dann Anfangs- und Endgleichgewicht überein: $Q_0 = Q_1$. Dieses Ergebnis ist kompatibel mit den Wirkungen einer Staatsausgabensteigerung im gleichen Wechselkursregime.

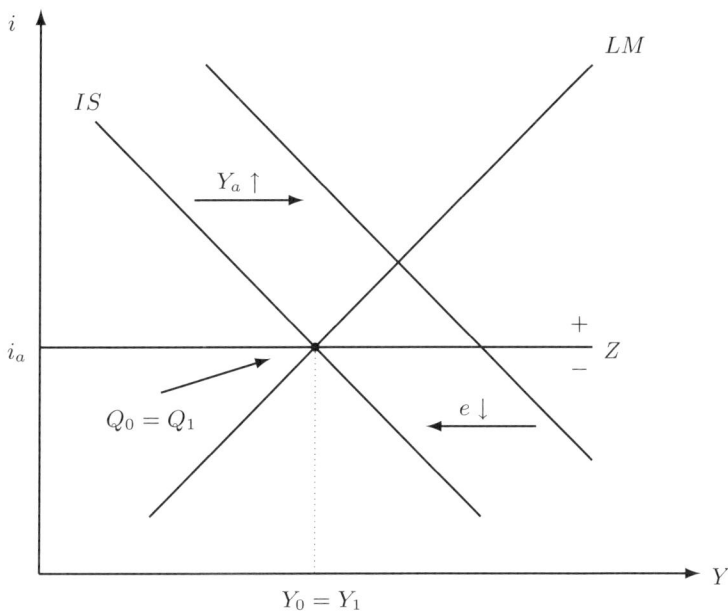

Abb. 4.35: *Steigerung des Auslandseinkommens bei vollkommener Kapitalmobilität und flexiblem Wechselkurs*

Die Vermutung ist naheliegend, dass sich – ebenso wie bei einer Staatsausgabenerhöhung – ein positiver Einkommenseffekt ergibt, wenn von unvollkommener Kapitalmobilität ausgegangen wird (da sich dann der Angebotsüberschuss auf dem Devisenmarkt verringert und damit auch der aufwertungsbedingte Crowding-out-Effekt). Diese Vermutung ist jedoch falsch. Ohne Rückgriff auf die Modellzusammenhänge lässt sich dies graphisch nicht in eindeutiger Weise zeigen, da jetzt auch die Z-Kurve verlagert wird, und zwar durch die Steigerung von Y_a nach rechts und durch die Senkung von e nach links. Graphisch gesehen ist dann unklar, ob das Endgleichgewicht Q_1 weiterhin mit dem Anfangsgleichgewicht Q_0 zusammenfällt oder oberhalb von Q_0 auf der in der Lage unveränderten LM-Kurve liegt.

Um zu einer Lösung des Problems zu gelangen, wie sich das inländische Einkommen bei unvollkommener Kapitalmobilität im Fall einer isolierten Steigerung des Auslandseinkommens verändert, betrachten wir die Gleichgewichtsbedingung des Devisenmarktes:

$$Z = A^n + K \stackrel{!}{=} 0 \quad \text{bzw.} \quad \overline{P} \cdot A = -K \quad (A^n = \overline{P} \cdot A). \tag{4.121}$$

Wenn wir zunächst den Grenzfall der **vollkommenen Kapitalimmobilität** unterstellen, so ist $K = 0$, und die Gleichgewichtsbedingung des Devisenmarktes vereinfacht sich zu der Bedingung $A^n = 0$. Wenn überhaupt keine internationalen Kapitalbewegungen auftreten, ist der (reale und nominale) Außenbeitrag im System flexibler Wechselkurse stets ausgeglichen. Der Wechselkursmechanismus sorgt dafür, dass eine Änderung des Auslandseinkommens letztlich ohne Auswirkungen auf den inländischen Außenbeitrag ist. Die inländische Einkommensbestimmung erfolgt dann wie im Fall der geschlossenen Volkswirtschaft. Bei vollkommener Kapitalimmobilität gilt demnach

$$\frac{dY}{dY_a} = \frac{dA}{dY_a} = 0. \tag{4.122}$$

Graphisch kehrt die (jetzt vertikal verlaufende) Z-Kurve, ebenso wie die IS-Kurve, durch die Aufwertung der Inlandswährung in ihre Ausgangslage zurück (Abbildung 4.36).

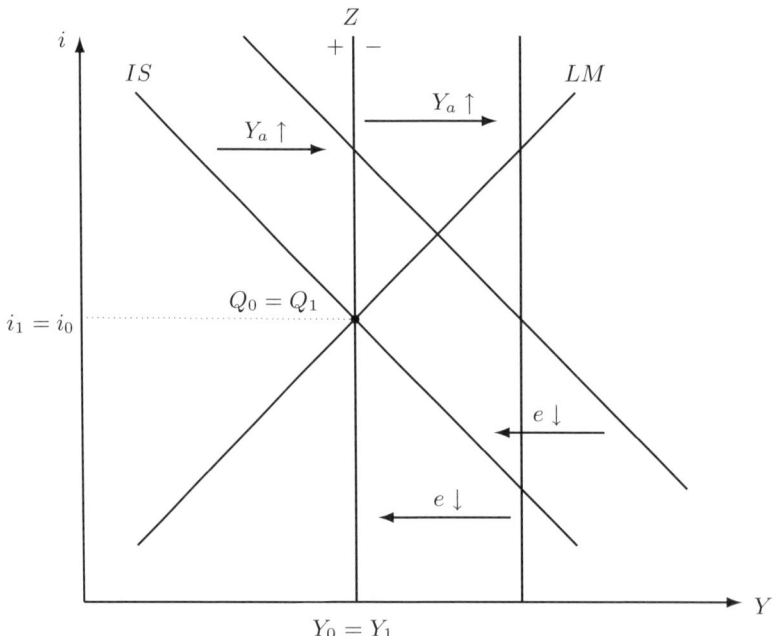

Abb. 4.36: *Steigerung des Auslandseinkommens bei vollkommener Kapitalimmobilität*

Wenn in den Grenzfällen der vollkommenen Kapitalimmobilität und der vollkommenen Kapitalmobilität durch eine Erhöhung des Auslandseinkommens kein Einkommenseffekt im Inland erzielt wird, ist die Vermutung naheliegend, dass dieses Ergebnis auch bei positiver, aber endlicher Zinsabhängigkeit der Nettokapitalimporte ($0 < K_i < \infty$) gilt. Algebraisch lässt sich diese Vermutung nachweisen, indem die Gleichgewichtsbedingung des Devisenmarktes $\overline{P} \cdot A = -K$ in die IS-Gleichung einsetzt wird; zusammen mit der LM-Gleichung ergibt sich dann ein zweidimensionales Gleichungssystem für Y und i, das vom Auslandseinkommen Y_a unabhängig ist:

$$Y = C((1-t)Y) + I(i) + G - \frac{1}{P} \cdot K(i, i_a) \left.\begin{array}{c} \\ \\ \end{array}\right\} \rightarrow Y_0, i_0.$$

$$\frac{M}{P} = L(Y, i)$$

(4.123)

Eine Änderung des Auslandseinkommens lässt dann das binnenwirtschaftliche Gleichgewicht der Ausgangslage, d.h. den Vektor (Y_0, i_0), unverändert. Also gilt auch im Fall $0 < K_i < \infty$: $dY/dY_a = di/dY_a = 0$. Graphisch kehren daher auch bei unvollkommener Kapitalmobilität die IS- und Z-Kurve in ihre jeweilige Ausgangsposition zurück (Abbildung 4.37).

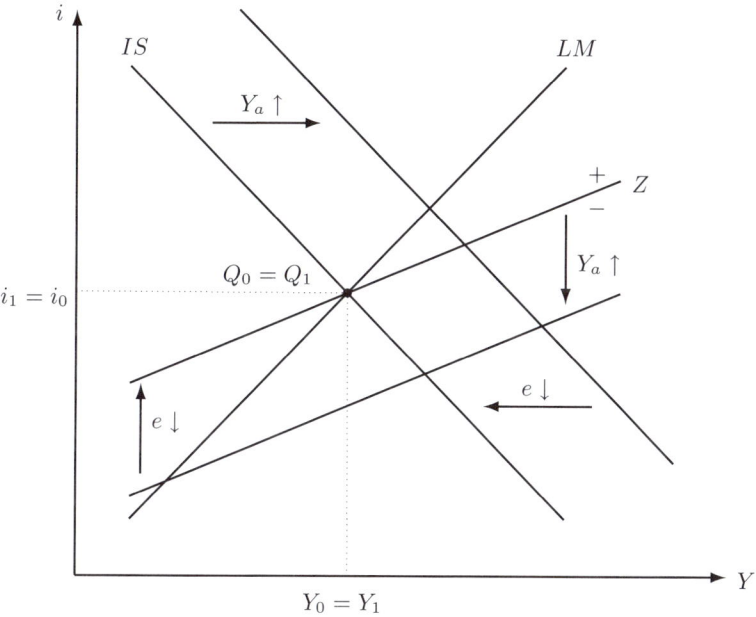

Abb. 4.37: *Steigerung des Auslandseinkommens bei unvollkommener Kapitalmobilität*

Wir können **festhalten**, dass im System flexibler Wechselkurse eine isolierte Steigerung (oder Senkung) des Auslandseinkommens unabhängig vom Grad der internationalen Kapitalmobilität ohne Einkommens- und Zinswirkungen im Inland ist.[60] Im Rahmen des IS/LM/Z-Systems kann das Inland durch eine flexible Anpassung des Wechselkurses vollständig von realen Nachfragestörungen des Auslands abgeschirmt werden.

---

[60]Eine **simultane** Steigerung der Auslandsvariablen Y_a und i_a – hervorgerufen etwa durch eine expansive ausländische Fiskalpolitik – würde dagegen das Einkommen im Inland erhöhen, da es durch die ausländische Zinssteigerung isoliert gesehen ansteigt, während es durch die Zunahme von Y_a unverändert bleibt.

Betrachten wir abschließend noch den Fall eines **Systems fester Wechselkurse** (ohne Neutralisierungspolitik). Der Angebotsüberschuss auf dem Devisenmarkt, der aus der Zunahme des Auslandseinkommens resultiert, führt zu einer Erhöhung der Währungsreserven bei der heimischen Zentralbank, weshalb die inländische Geldmenge steigt. Neben einer expansiven Primärwirkung, die sich graphisch in einer Rechtsverschiebung der IS-Kurve niederschlägt (Punkt Q_0'), tritt – im Unterschied zum Fall flexibler Wechselkurse – auch eine expansive Sekundärwirkung auf, die in einer Rechtsverlagerung der LM-Kurve zum Ausdruck kommt (Abbildung 4.38). Unabhängig vom Grad der internationalen Kapitalmobilität ergibt sich jetzt eine Einkommenssteigerung im Inland.

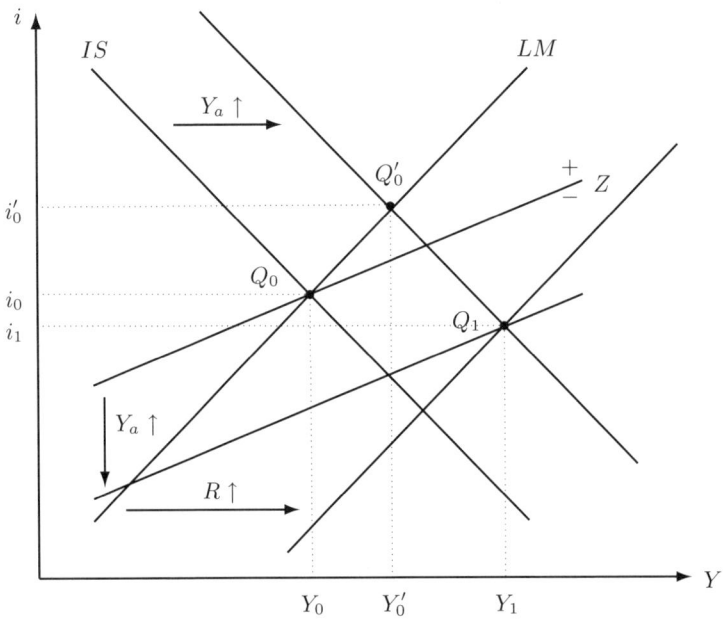

Abb. 4.38: *Steigerung des Auslandseinkommens im System fester Wechselkurse*

Obwohl der Zinssatz in der Primärwirkung steigt ($i_0' > i_0$), ergibt sich insgesamt eine Zinssenkung im Inland ($i_1 < i_0$). Eine Zinssteigerung ($i_1 > i_0$) würde nämlich eine Zunahme der Nettokapitalimporte und gemäß der Gleichgewichtsbedingung des Devisenmarktes (4.121)[61] eine Verschlechterung des heimischen Außenbeitrages bedeuten. Zusammen mit dem zinsinduzierten Rückgang der privaten Nettoinvestition (im Falle $i_1 > i_0$) würde dann die inländische Güternachfrage sinken und damit auch das Inlandseinkommen. Da dies aber gemäß Abbildung 4.38 ausgeschlossen ist, bewirkt eine isolierte Einkommenssteigerung im Ausland bei Vorliegen eines Systems fester Wechselkurse ohne Neutralisierungspolitik neben einer Erhöhung des Inlandseinkommens eine Senkung des inländischen Zinssatzes (abgesehen vom Sonderfall der vollkommenen Kapitalmobilität, in dem der Inlandszins auf dem Niveau des ausländischen Zinssatzes festliegt).

---

[61] Diese gilt ja auch im System fester Wechselkurse ohne Neutralisierungspolitik.

4.3.7 Stabilisierungspolitik in einem Mischwechselkurssystem

Ein gemischtes Wechselkurssystem ist durch das gleichzeitige Auftreten eines festen und flexiblen Wechselkurses gekennzeichnet. Ein solches kombiniertes Wechselkursregime tritt im Rahmen einer **Wechselkursunion** auf. Eine Wechselkursunion lässt sich dadurch charakterisieren, dass die beteiligten Länder unter Beibehaltung ihrer nationalen geldpolitischen Souveränität einen festen Wechselkurs zwischen ihren Währungen vereinbaren. Gegenüber dem Rest der Welt liegt dagegen ein flexibles Wechselkurssystem vor. Modelltheoretisch ist eine Wechselkursunion im einfachsten Fall durch ein Drei-Länder-Modell, das aus zwei Unionsländern U_1 und U_2 und einem Drittland, welches das Ausland oder den Rest der Welt repräsentiert, darstellbar.

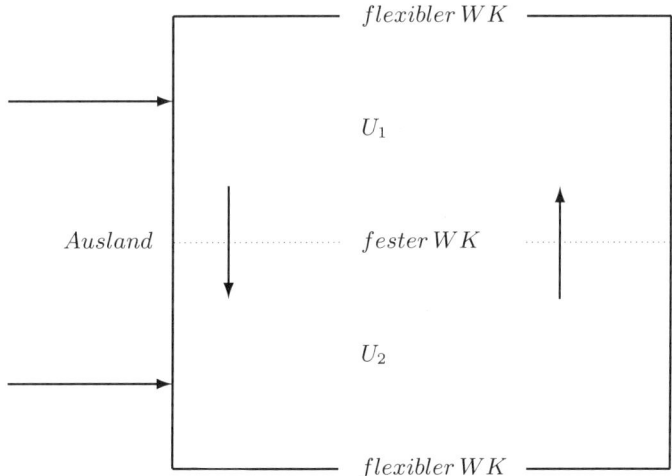

Abb. 4.39: *Interdependenzschema einer kleinen Wechselkursunion*

Während innerhalb der Union ein festes Wechselkurssystem auftritt, herrschen gegenüber dem Ausland flexible Wechselkurse. Eine weitere Vereinfachung besteht darin, den innergemeinschaftlichen festen Wechselkurs auf den Wert eins zu normieren. Beide Unionsländer weisen dann gegenüber dem Ausland einen **gemeinsamen flexiblen Wechselkurs** auf. Eine Wechselkursunion ist dann durch ein Mischwechselkurssystem gekennzeichnet, einen festen Wechselkurs innerhalb der Union sowie einen einheitlichen flexiblen Wechselkurs nach außen.

Im Folgenden wird davon ausgegangen, dass die beiden Unionsländer gemeinsam klein sind, d.h. dass Störungen oder wirtschaftspolitische Maßnahmen, die in diesen Ländern auftreten bzw. durchgeführt werden, vernachlässigbare Auswirkungen auf den Rest der Welt haben und nur innerhalb der Union wirken. Umgekehrt übt dagegen das

Ausland einen signifikanten Einfluss auf die ökonomischen Größen der Unionsländer aus (Abbildung 4.39).[62] Im Rahmen einer solchen kleinen Wechselkursunion soll im Folgenden die Frage untersucht werden, welche Wirkungen von einseitig durchgeführten geld- und fiskalpolitischen Maßnahmen auf das aktive und passive Unionsland ausgehen und wie sich Auslandsstörungen auf die beiden Mitgliedsländer der Union auswirken. Die beiden Unionsländer werden dazu durch ein IS/LM-System dargestellt; außerdem wird der Einfachheit halber von vollkommener Kapitalmobilität ausgegangen.

Das Modell der Wechselkursunion

In den nachfolgenden Modellgleichungen beziehen sich die Variablen mit dem tiefgestellten Index „1" auf das (aktive) Unionsland U_1, während Variablen mit dem Index „2" das (passive) Unionsland U_2 kennzeichnen. Davon zu unterscheiden sind das ausländische Einkommen Y_a und der Auslandszinssatz i_a, bei denen es sich um exogene Größen handelt.

$$Y_1 = C_1 \overset{(+)}{(Y_1)} + I_1 \overset{(-)}{(i_1)} + G_1 + \underbrace{T \overset{(-)}{(Y_1,} \overset{(+)}{Y_2)} + HB_1 \overset{(-)}{(Y_1,} \overset{(+)}{Y_a,} \overset{(+)}{e)}}_{A_1(Y_1,Y_2,Y_a,e)} \tag{4.124}$$

$$Y_2 = C_2 \overset{(+)}{(Y_2)} + I_2 \overset{(-)}{(i_2)} + G_2 - \underbrace{T(Y_1,Y_2) + HB_2 \overset{(-)}{(Y_2,} \overset{(+)}{Y_a,} \overset{(+)}{e)}}_{A_2(Y_2,Y_1,Y_a,e)} \tag{4.125}$$

$$M = M_1 + M_2 = \overline{P}_1 \cdot L_1 \overset{(+)}{(Y_1,} \overset{(-)}{i_1)} + \overline{P}_2 \cdot L_2 \overset{(+)}{(Y_2,} \overset{(-)}{i_2)} \tag{4.126}$$

$$i_1 = i_2 = i_a. \tag{4.127}$$

Die Gleichungen (4.124) und (4.125) sind IS-Gleichungen für das Land U_1 bzw. U_2. Neben der einkommensabhängigen Konsumgüternachfrage, der zinsabhängigen Investitionsnachfrage und den exogenen Staatsausgaben treten jetzt jeweils zwei bilaterale Handelsbilanzsalden auf der Güternachfrageseite auf. Es wird dazu unterstellt, dass das im Unionsland U_1 hergestellte Endprodukt international handelbar ist und in Konkurrenzbeziehung zu zwei weiteren Endprodukten steht, die im Partnerland U_2 bzw. im großen Ausland hergestellt werden. Die Größe T steht für den bilateralen Handelsbilanzsaldo zwischen den beiden Unionsländern, während HB_j den Handelsbilanzsaldo von U_j gegenüber dem Rest der Welt kennzeichnet. Die Summe der beiden Handelsbilanzsalden stimmt dann mit dem gesamten Außenbeitrag von U_1 bzw. U_2 überein. Der bilaterale Handelsbilanzsaldo T zwischen den beiden Partnerländern U_1 und U_2 hängt aufgrund des festen, auf den Wert eins normierten innergemeinschaftlichen Wechselkurses nur von den Einkommensvariablen Y_1 und Y_2 ab.[63] Die Handelsbilanzsalden gegenüber dem großen Ausland, HB_1 und HB_2, sind demgegenüber auch wechselkursabhängig, da der gemeinsame Wechselkurs gegenüber dem Ausland e annahmegemäß flexibel ist.

---

[62]In Abbildung 4.39 steht „WK" abkürzend für „Wechselkurs".

[63]Genaugenommen ist das innergemeinschaftliche Preisverhältnis P_1/P_2 ein weiterer Einflussfaktor von T; wegen $P_1 = \overline{P_1}$ und $P_2 = \overline{P_2}$ kann dieser aber im Folgenden vernachlässigt werden. Wird das Preisverhältnis $\overline{P_1}/\overline{P_2}$ gleich eins gesetzt, stimmt der innergemeinschaftliche Handelsbilanzsaldo des Landes U_2 bis auf das Vorzeichen mit dem bilateralen Handelsbilanzsaldo T des Partnerlandes U_1 überein.

Gleichung (4.126) ist die Gleichgewichtskurve des gemeinsamen Geldmarktes der Wechselkursunion (LM-Gleichung). Wegen des nach außen flexiblen Wechselkurses ist die Gesamtgeldmenge M der Wechselkursunion eine exogene Variable, die durch die Politik der Zentralbanken der Länder U_1 und U_2 determiniert wird. Dagegen ist die Verteilung von M auf die beiden Unionsländer endogen, da zwischen den Unionsländern U_1 und U_2 ein fester Wechselkurs besteht. Aus diesem Grund sind auch die nationalen Geldmengen M_1 und M_2 durch die jeweilige Zentralbank nicht kontrollierbar, d.h. endogene Variablen. Im Unterschied zu einer Wechselkursunion gibt es in einer **Währungsunion** keine autonomen Zentralbanken mehr, sondern nur noch eine gemeinsame Zentralbank und eine Einheitswährung für die gesamte Union. In einer Wechselkursunion werden dagegen die nationalen Währungen noch beibehalten, wobei das jeweilige Austauschverhältnis (der Wechselkurs) zwar fixiert, aber fallweise durchaus veränderbar ist. Es wird nur aus Vereinfachungsgründen von einem vollkommen festen, auf den Wert eins normierten Wechselkurs ausgegangen. Aufgrund dieser Annahme erhält man aus den Modellgleichungen (4.124) bis (4.127) ein **Modell für eine Währungsunion**, indem man die Geldmarktgleichung (4.126) zur Gleichung

$$M = \overline{P}_1 \cdot L_1(Y_1,\ i_1) + \overline{P}_2 \cdot L_2(Y_2, i_2) \tag{4.128}$$

vereinfacht und M als Instrumentvariable der Zentralbank der Währungsunion auffasst. Die hier abgeleiteten Ergebnisse gelten dann auch für eine Währungsunion (wie zum Beispiel die Europäische Wirtschafts- und Währungsunion).

Gleichung (4.127) ist die Bedingung für die ungedeckte Zinsparität. Wertpapiere aus beiden Unionsländern werden von den Anlegern als vollkommene Substitute angesehen, die wiederum in perfekter Weise gegen ausländische Bonds austauschbar sind. Existieren keine Beschränkungen des internationalen Kapitalverkehrs, liegt ein vollkommener Kapitalmarkt zwischen Union und dem Ausland vor, so dass die Bedingung für die Zinsparität gilt. Wird von Wechselkursänderungserwartungen abgesehen, unterscheiden sich die beiden identischen Zinssätze in der Union nicht vom exogen vorgegebenen Auslandszinssatz i_a.

Graphisch lässt sich das Modell für die kleine Wechselkurs- bzw. Währungsunion in einem Y_1/Y_2-Diagramm darstellen (Abbildung 4.40). Die Gleichgewichtskurve des gemeinsamen Geldmarktes, die LM-Kurve, verläuft in diesem Diagramm mit negativer Steigung, da eine Steigerung der Einkommensvariablen Y_2 die Geldnachfrage L_2 des Landes U_2 erhöht; ein Gleichgewicht auf dem gemeinsamen Geldmarkt der Union ist dann nur über eine Senkung der Geldnachfrage L_1 erreichbar, was bei gegebenem Zinssatz eine Einkommenskontraktion in U_1, d.h. einen Rückgang von Y_1, erfordert.[64]

Die Gütermarkt-Gleichgewichtskurven weisen jeweils eine positive Steigung auf, da eine Zunahme von Y_2 einen Angebotsüberschuss in U_2 und wegen der Verbesserung des bilateralen Handelsbilanzsaldos T einen Nachfrageüberschuss in U_1 bewirkt; das Einkommen im Partnerland U_1 muss dann zunehmen, um den jeweiligen Überschuss zu

---

[64]Aus dem totalen Differential der Geldmarktgleichung (4.126) folgt für die Steigung der LM-Kurve im Y_1/Y_2-Diagramm:

$$\left.\frac{dY_1}{dY_2}\right|_{LM} = -\frac{L_{2Y_2}}{L_{1Y_1}} < 0 \qquad (\overline{P}_2/\overline{P}_1 = 1).$$

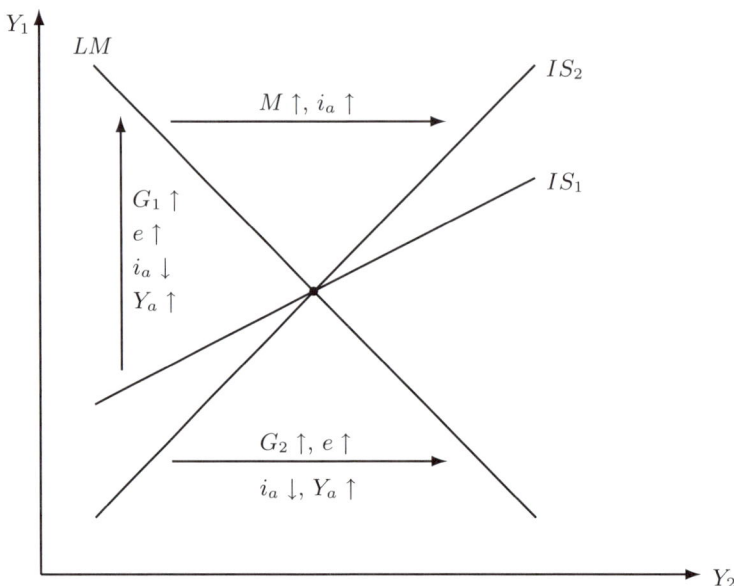

Abb. 4.40: *Graphische Darstellung des Modells für die kleine Wechselkursunion*

beseitigen. Denn durch die Erhöhung von Y_1 steigen die Güterexporte von U_2 nach U_1 und damit auch die gesamte Güternachfrage des Landes U_2, wodurch sich der Angebotsüberschuss in U_2 ausgleichen lässt. Andererseits erhöht sich durch die Zunahme von Y_1 das Güterangebot des Landes U_1. Da die Angebotssteigerung stärker ausfällt als die Erhöhung der Konsumgüternachfrage, wird der ursprüngliche Nachfrageüberschuss in U_1 abgebaut.

Im Y_1/Y_2-Diagramm (mit der Y_1-Achse als Ordinate) verläuft die IS_1-Kurve flacher als die IS_2-Kurve, da der durch die Steigerung von Y_2 hervorgerufene Nachfrageüberschuss in U_1, der aus der Zunahme der Güterexporte von U_1 nach U_2 resultiert, kleiner ausfällt als der Angebotsüberschuss in U_2.[65] Für U_1 ist daher im Vergleich zu U_2 eine geringere Steigerung von Y_1 erforderlich, um das Ungleichgewicht auf dem Gütermarkt zu beseitigen.

Abbildung 4.40 enthält auch die Lageparameter der drei Gleichgewichtskurven. Eine Steigerung der Geldmenge bewirkt ebenso wie eine Erhöhung des ausländischen Zinssatzes eine Rechtsverschiebung der LM-Kurve. In beiden Fällen ergibt sich ein Angebotsüberschuss auf dem gemeinsamen Geldmarkt. Bei gegebenem Wert der Einkommensvariablen Y_1 ist dann eine Zunahme von Y_2 erforderlich, um über die damit verbundene Steigerung der Geldnachfrage L_2 wieder ein Gleichgewicht auf dem Geldmarkt herzustellen. Dies bedeutet aber eine Rechtsverlagerung der LM-Kurve.

---

[65] Die marginale Exportquote T_{Y_2} des Landes U_1, welche gleichbedeutend mit der marginalen Importquote des Landes U_2 ist, ist ja kleiner als eins.

Findet auf einem der beiden Gütermärkten eine expansive Güternachfragestörung statt (d.h. eine Steigerung der Staatsausgaben, des Wechselkurses oder des Auslandseinkommens oder eine Senkung des ausländischen Zinssatzes i_a), lässt sich über eine Zunahme des jeweiligen Realeinkommens wieder ein Gütermarktgleichgewicht herstellen. Die IS_1-Kurve muss sich daher bei einer exogenen Nachfragesteigerung in U_1 nach oben verlagern, d.h. in die gleiche Richtung bewegen wie die Pfeilrichtung der Y_1-Achse. Entsprechend zeigt die Y_2-Achse die Richtung an, in die die IS_2-Kurve verschoben wird, wenn auf dem Gütermarkt des Landes U_2 eine expansive Nachfragestörung (im Sinne einer Steigerung von G_2, e oder Y_a oder einer Senkung von i_a) auftritt.

Politikmaßnahmen

1. Expansive Geldpolitik ($dM > 0$)

Wird die Erhöhung der Gesamtgeldmenge M durch das Land U_1 verursacht, indem dort die heimische Komponente der monetären Basis angehoben wird, so findet in U_1 eine tendenzielle Zinssenkung statt, die aufgrund der Annahme der vollkommenen Kapitalmobilität mit massiven Kapitalabflüssen verbunden ist. Da zwischen den beiden Unionsländern ein fester Wechselkurs existiert, kommt es zu Devisenmarktinterventionen der Zentralbanken der Länder U_1 und U_2. Aus der verstärkten Nachfrage nach der Währung des Partnerlandes U_2 resultieren Reserveabflüsse von U_1 nach U_2, so dass auch im passiven Unionsland die Geldmenge steigt und der Zinssatz dort tendenziell sinkt. Die Folge ist eine Abwertung der gemeinsamen Außenwährung der Union. In beiden Unionsländern nimmt dann über diesen Wechselkurseffekt das Einkommen zu.

In Abbildung 4.41 verlagert sich die durch das Ausgangsgleichgewicht Q_0 verlaufende LM-Kurve nach rechts, während durch die Wechselkurssteigerung die IS_1-Kurve nach oben und die IS_2-Kurve nach rechts verschoben wird. Da das Endgleichgewicht Q_1 zwischen den beiden Hilfspunkten A und B auf der neuen LM-Kurve liegt, ist es in beiden Ländern der Wechselkursunion eindeutig zu einer Einkommensexpansion gekommen. Die Einkommenssteigerung im passiven Mitgliedsland U_2 ist dabei Folge eines insgesamt verbesserten Außenbeitrages A_2 sowie einer auch in diesem Land gestiegenen Geldmenge M_2 aufgrund der Devisenbewegungen von U_1 nach U_2. Da sich das Gesamteinkommen in der Union, d.h. die Aggregatvariable $Y_1 + Y_2$, erhöht hat, bestätigt sich für die Union als Ganzes das Mundell/Fleming-Resultat hinsichtlich der Wirksamkeit der Geldpolitik im System flexibler Wechselkurse. Die Zunahme des Gesamteinkommens $Y_1 + Y_2$ teilt sich dabei auf beide Länder auf, da auch im passiven Land die Geldmenge gestiegen ist.

Durch Reserveabflüsse vom aktiven zum passiven Land wird in U_1 die ursprüngliche Erhöhung des Geldangebots abgedämpft, jedoch nicht vollständig neutralisiert.[66] Dadurch schwächt sich auch die Einkommenserhöhung in U_1 zugunsten des passiven Landes ab, sie bleibt jedoch wegen des expansiven Wechselkurseffektes insgesamt positiv.[67]

---

[66]Bei einem Geldangebotsmultiplikator in Höhe von eins muss daher für das aktive Land $0 < dM_1 < dH_1$ gelten. Dabei ist H_1 die heimische Komponente der monetären Basis von U_1.

[67]Für beide Länder der Union ergibt sich eine gleich große Einkommenssteigerung ($dY_1 = dY_2 > 0$), falls die Wechselkursunion in ihrer Struktur vollkommen symmetrisch ist, d.h. die einander entspre-

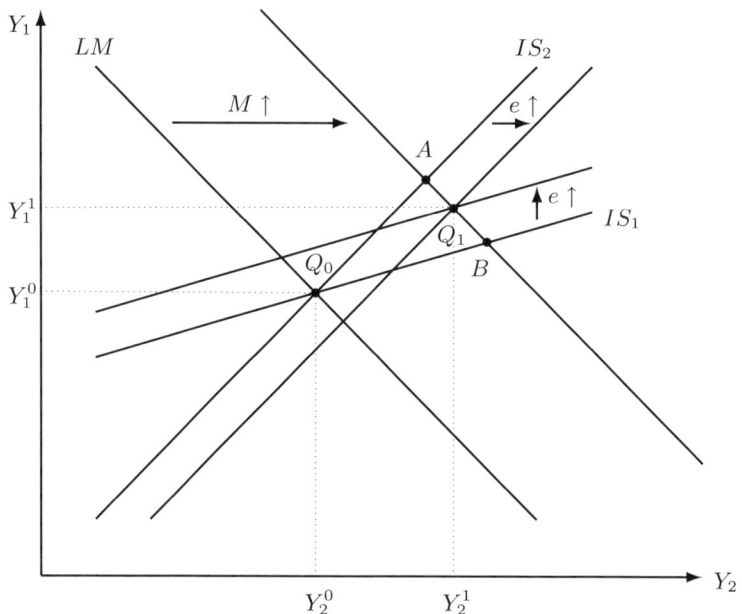

Abb. 4.41: *Steigerung der Geldmenge in der Wechselkursunion*

2. Expansive Fiskalpolitik ($dG_1 > 0$)

Findet im Land U_1 eine Staatsausgabensteigerung statt, ist dies gleichbedeutend mit einer Zunahme der Güternachfrage in U_1, weshalb sich im Y_1/Y_2-Diagramm die IS_1-Kurve nach oben verlagert (Abbildung 4.42). Die Zinssteigerungstendenz, die in diesem Land auftritt, bewirkt eine Aufwertung der gemeinsamen Außenwährung, d.h. eine Wechselkurssenkung. Die damit verbundene Verschlechterung des Außenbeitrages gegenüber dem Drittland verlagert die IS_1-Kurve wieder etwas zurück, während die IS_2-Kurve entsprechend nach oben verschoben wird. Da die LM-Kurve in der Lage unverändert geblieben ist, liegt das Endgleichgewicht Q_1 nordwestlich des Ausgangspunktes Q_0 auf dieser Kurve. Die Staatsausgabensteigerung ist also mit einer Einkommensexpansion im aktiven und einer Einkommenskontraktion im passiven Land verbunden.

Die **negative Konjunkturübertragung** für das Partnerland U_2 resultiert aus zwei kontraktiven Effekten, der Aufwertung der gemeinsamen Außenwährung, wodurch sich der bilaterale Außenbeitrag HB_2 gegenüber dem Ausland verschlechtert, und den Reserveabflüssen ins aktive Unionsland U_1, die in U_2 einen kontraktiven Geldmengeneffekt hervorrufen. Zwar verbessert sich der bilaterale Handelsbilanzsaldo T zwischen den beiden Unionsländern zugunsten von U_2, dennoch sinkt in U_2 das Einkommen, was anhand der LM-Gleichung (4.126) erkennbar ist. Da die Geldnachfrage L_1 des Lan-

---

chenden marginalen Konsum- und Importquoten jeweils übereinstimmen und außerdem die Einkommensabhängigkeit der Geldnachfrage gleich groß ist.

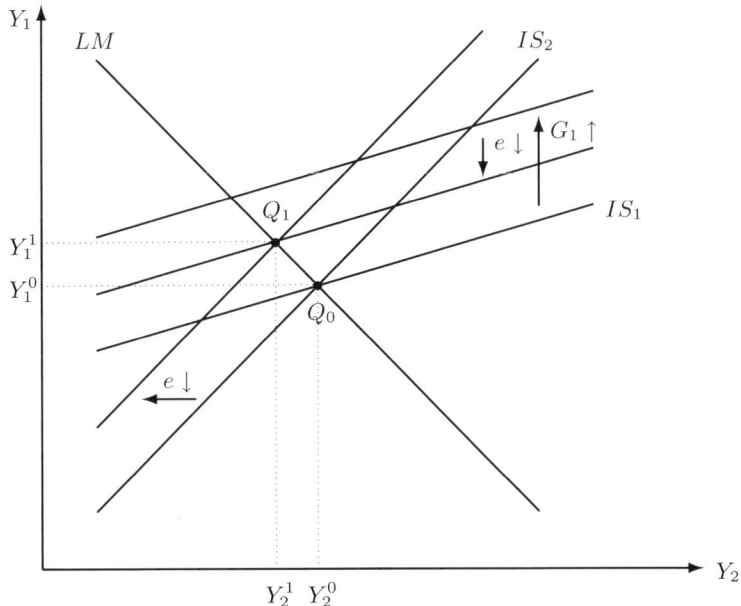

Abb. 4.42: *Steigerung der Staatsausgaben in U_1*

des U_1 aufgrund der Zunahme der Transaktionskassenhaltung angestiegen ist und keine Änderung der Gesamtgeldmenge M stattgefunden hat, muss die Geldnachfrage in U_2 gesunken sein, um das Geldmarktgleichgewicht wiederherzustellen. Dies erfordert aber eine Senkung von Y_2, da der Zinssatz i_2 auf dem Niveau des Auslandszinssatzes festliegt. Nachfrageseitig fällt dann für U_2 die Verschlechterung des Außenbeitrages gegenüber dem großen Ausland stärker aus als die Verbesserung des innergemeinschaftlichen Handelsbilanzsaldos, so dass der gesamte Außenbeitrag von U_2 zurückgeht ($dA_2 < 0$). Durch den Rückgang des Einkommens in U_2 ist denkbar, dass das Gesamteinkommen in der Union, d.h. $Y_1 + Y_2$, konstant bleibt oder sogar sinkt. Bei übereinstimmender Einkommensabhängigkeit der Geldnachfrage in beiden Ländern (d.h. $L_{1\,Y_1} = L_{2\,Y_2}$) ändert sich das Gesamteinkommen nicht; ist diese im passiven Land größer als im aktiven ($L_{2\,Y_2} > L_{1\,Y_1}$), nimmt die Aggregatvariable $Y_1 + Y_2$ zu, da dann die vorhandene Geldmenge ausreicht, um ein insgesamt gestiegenes Transaktionsvolumen zu finanzieren. Im Falle $L_{1\,Y_1} > L_{2\,Y_2}$ findet dagegen eine Senkung des Gesamteinkommens $Y_1 + Y_2$ statt.

Algebraisch lässt sich diese Aussage mit Hilfe der LM-Gleichung (4.126) zeigen, wenn diese total differenziert und gleich null gesetzt wird und außerdem die Preisniveaus auf den Wert eins normiert werden:

$$dM = L_{1\,Y_1} dY_1 + L_{2\,Y_2} dY_2 \overset{!}{=} 0. \qquad (4.129)$$

Wird auf beiden Seiten der Term $L_{1\,Y_1}dY_2$ hinzugefügt, ergibt sich die Gleichung

$$\underbrace{L_{1\,Y_1}}_{>0}(dY_1 + dY_2) = \underbrace{(L_{1\,Y_1} - L_{2\,Y_2})}\,dY_2\,. \qquad (4.130)$$
$$\phantom{L_{1\,Y_1}(dY_1 + dY_2) = (L_{1\,Y_1} - L_{2\,Y_2})}\underbrace{}_{<0}$$

Im Fall $L_{1\,Y_1} > L_{2\,Y_2}$ ist die rechte Seite von (4.130) negativ (da $dY_2 < 0$ gilt); daher muss auch die linke Seite negativ sein, was wegen $L_{1\,Y_1} > 0$ eine Senkung des Gesamteinkommens impliziert ($d(Y_1 + Y_2) = dY_1 + dY_2 < 0$). Entsprechend gilt $d(Y_1 + Y_2) = dY_1 + dY_2 > 0$ im Falle $L_{2\,Y_2} > L_{1\,Y_1}$.

Eine einseitig durchgeführte Staatsausgabensteigerung bewirkt also eine Einkommens-expansion im aktiven Land zu Lasten einer Einkommenskontraktion im Partnerland; außerdem ergibt sich eine von der Richtung her unbestimmte Änderung des Gesamtein-kommens. Die negative Konjunkturübertragung für das passive Unionsland resultiert aus der nur in einem Land durchgeführten Staatsausgabenerhöhung, die für das pas-sive Land mit einer Aufwertung seiner Währung gegenüber dem Drittland und mit einem negativen Geldmengeneffekt verbunden ist.[68] Bei einer expansiven Geldpolitik erhöht sich dagegen in beiden Unionsländern die Geldmenge; außerdem wertet sich die gemeinsame Außenwährung gegenüber der Währung des Drittlandes ab.

Für das stabilisierungspolitisch aktive Land wird die Fiskalpolitik durch den Eintritt in eine Wechselkursunion effizient. Während eine Staatsausgabensteigerung – ebenso wie eine Steuersatzsenkung – im Fall der kleinen offenen Volkswirtschaft im System flexibler Wechselkurse bei vollkommener Kapitalmobilität ohne Einkommenswirkungen ist, ergibt sich für das aktive Land durch den Zusammenschluss zu einer Wechselkurs-union eine Einkommenssteigerung, die allerdings zu Lasten des Partnerlandes geht.[69] Sie stellt dann eine **Beggar my Neighbour Policy** dar, weil die Einkommensexpansion im aktiven Land mit einer Einkommenskontraktion im passiven Land erkauft wird. Die Erhöhung von Y_1 kommt trotz der Verschlechterung der bilateralen Handelsbilanzsalden T und HB_1 zustande, da im Unterschied zum Fall des kleinen Landes die Geldmenge in U_1 zunimmt, woraus ein expansiver **Realkasseneffekt** resultiert.[70]

Wenn in einer Wechselkursunion eine einseitig durchgeführte expansive Fiskalpolitik mit einer negativen Konjunkturübertragung verbunden ist, so gefährdet sie dadurch den Bestand der Union. Der Schluss ist naheliegend, dass zur Vermeidung negativer Über-

---

[68]Zu beachten ist, dass die negative Konjunkturübertragung auch in einer Währungsunion gilt. An-hand der gemeinsamen Geldmarktgleichung (4.128) ist erkennbar, dass aufgrund der Konstanz der Ge-samtgeldmenge und der Zunahme der Geldnachfrage des aktiven Landes die Geldnachfrage im passiven Land gesunken sein muss, was wiederum nur dann der Fall ist, wenn dort das Einkommen zurückgeht.

[69]Diese Aussage gilt unter der Voraussetzung, dass in Abbildung 4.42 das Endgleichgewicht Q_1 oberhalb von Q_0 auf der unverändert gebliebenen LM-Kurve liegt, d.h. dass der Außenbeitrag A_2 des passiven Landes normal auf Wechselkursänderungen reagiert.

[70]Isoliert gesehen besteht dieser darin, dass durch die Erhöhung von M_1 der Zinssatz i_1 tendenzi-ell sinkt und damit der Wechselkurs e ceteris paribus ansteigt; dadurch fällt der aus der Steigerung von G_1 resultierende aufwertungsbedingte Crowding-out-Effekt insgesamt schwächer aus. Im Fall einer Währungsunion tritt dieser expansive reale Geldmengeneffekt nicht auf. Trotzdem erhöht sich in U_1 das Einkommen, was sich monetär damit begründen lässt, dass durch den Rückgang der Transaktionskas-senhaltung im passiven Land Mittel freigesetzt werden, die für die Aufstockung der Transaktionskassen-haltung des aktiven Landes verwendet werden können. Dadurch kann ein höheres Transaktionsvolumen in U_1 finanziert werden.

tragungseffekte fiskalpolitische Maßnahmen nicht einseitig, sondern in aufeinander abgestimmter Weise erfolgen sollten. Allerdings lässt sich in einer kleinen Wechselkursunion auch durch eine gemeinsam durchgeführte expansive Fiskalpolitik ($dG_1 > 0,\ dG_2 > 0$) **nicht** erreichen, dass in beiden Unionsländern das Einkommen gleichzeitig steigt. Solange eine simultane Staatsausgabensteigerung nicht mit einer Geldmengenexpansion einhergeht, kommt es zu gegenläufigen Änderungen der Einkommensvariablen Y_1 und Y_2. Dies ist anhand der differenzierten LM-Gleichung (4.129) erkennbar, wenn man diese nach dY_1 auflöst:

$$dY_1 = -\frac{L_{2\,Y_2}}{L_{1\,Y_1}} dY_2. \qquad (4.131)$$

Gemäß dieser Gleichung besteht im Fixpreismodell für die kleine, aus zwei Ländern bestehende Wechselkursunion ein **negativer Trade-off** zwischen den Einkommensvariablen Y_1 und Y_2. Stabilisierungspolitische Maßnahmen, die in einem oder simultan in beiden Unionsländern durchgeführt werden und die Gesamtgeldmenge M sowie die Zinssätze unverändert lassen, sind nicht in der Lage, gleichzeitig in beiden Ländern eine Einkommensexpansion zu erzielen. Erhöht sich das Einkommen in einem Land, geht es notwendigerweise im Partnerland zurück. Aus diesem Grunde sind antizyklische fiskalpolitische Maßnahmen in einer Wechselkursunion auch dann nicht zu empfehlen, wenn sie zwischen den Partnerländern koordiniert werden.[71]

Analyse von Auslandsstörungen

Wir betrachten im Folgenden eine isolierte Steigerung des ausländischen Zinssatzes i_a sowie eine isolierte Erhöhung des ausländischen Einkommens Y_a und fragen nach den Wirkungen, die sich daraus für die beiden Länder der Wechselkursunion ergeben.

1. Steigerung des Auslandszinssatzes i_a

Wir legen wieder die Modellgleichungen (4.124) bis (4.127) zugrunde, gehen insbesondere also von vollkommener Kapitalmobilität aus. Die Erhöhung des ausländischen Zinssatzes bewirkt gemäß der Bedingung für die ungedeckte Zinsparität eine gleich große Steigerung der Zinssätze in der Union, so dass die Investitionsnachfrage in beiden Ländern zurückgeht. Die aus der ausländischen Zinssteigerung resultierenden Kapitalabflüsse aus der Union bewirken eine Abwertung der gemeinsamen Außenwährung der Länder U_1 und U_2, was wiederum eine Verbesserung des jeweiligen bilateralen Handelsbilanzsaldos gegenüber dem großen Drittland zur Folge hat. Dadurch erhöht sich die Güternachfrage in beiden Ländern, während sie durch die Zinssteigerung gesunken ist. Anhand der gemeinsamen LM-Gleichung (4.126) ist erkennbar, dass es in mindestens einem Unionsland zu einer Einkommensexpansion kommen muss, da zinsbedingt die Geldnachfragen L_1 und L_2 zurückgegangen sind, während das gesamte Geldangebot unverändert geblieben ist. Ein Gleichgewicht auf dem gemeinsamen Geldmarkt der Union erfordert dann eine Zunahme der Transaktionskassenhaltung und damit des

---

[71]Ein analoges Ergebnis gilt auch in einer Währungsunion. Für geldpolitische Maßnahmen ist dagegen zu beachten, dass in einer Währungsunion – im Unterschied zu einer Wechselkursunion – eine eigenständige nationale Geldpolitik nicht mehr durchführbar ist.

Einkommens in mindestens einem Mitgliedsland. Es braucht jedoch nicht notwendigerweise das Einkommen in beiden Ländern zu steigen.[72] Graphisch verschiebt sich die LM-Kurve durch die Steigerung des Auslandszinssatzes nach rechts, während die IS_1-Kurve hierdurch nach unten und die IS_2-Kurve nach links verlagert wird (Abbildung 4.43).

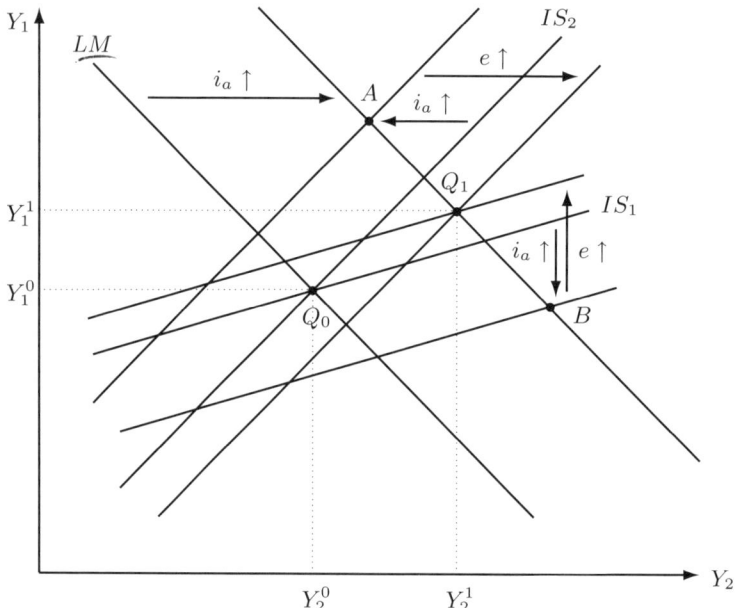

Abb. 4.43: *Steigerung des Auslandszinssatzes* i_a

Durch die Wechselkurssteigerung findet eine Rückverlagerung der Gütermarkt-Gleichgewichtskurven statt; der Gesamteffekt auf die Lage der jeweiligen IS-Kurve ist dabei von der Richtung her nicht eindeutig. In Abbildung 4.43 ist unterstellt worden, dass auf beiden Gütermärkten der expansive Wechselkurseffekt über den kontraktiven Zinseffekt dominiert; die IS_1-Kurve verschiebt sich dann insgesamt nach oben und die IS_2-Kurve insgesamt nach rechts. In diesem Fall ergibt sich für beide Länder der Union eine Einkommenssteigerung. Allgemein liegt das Endgleichgewicht Q_1 zwischen den Punkten A und B auf der nach rechts verschobenen LM-Kurve. In mindestens einem der beiden Länder steigt dann das Einkommen, aber nicht zwingend in beiden. Wenn zum Beispiel der bilaterale Handelsbilanzsaldo HB_1 des Landes U_1 nur schwach auf Wechselkursänderungen reagiert, liegt das Endgleichgewicht in der Nähe des Punktes B. Befindet sich dieser Punkt südöstlich vom Ausgangsgleichgewicht Q_0, sinkt in U_1 das Einkommen. In diesem Fall würde der Rückgang der privaten Investitionsnachfrage stärker ausfallen als die Verbesserung des bilateralen Handelsbilanzsaldos T.

---

[72]Im Fall des kleinen Landes kommt es dagegen stets zu einer Einkommenssteigerung (vgl. Abschnitt 4.3.6).

2. Steigerung des ausländischen Einkommens Y_a

Abbildung 4.44 zeigt die Wirkungen, die sich für eine kleine Wechselkursunion im Fall einer isolierten Erhöhung des Auslandseinkommens Y_a ergeben. Im Unter-

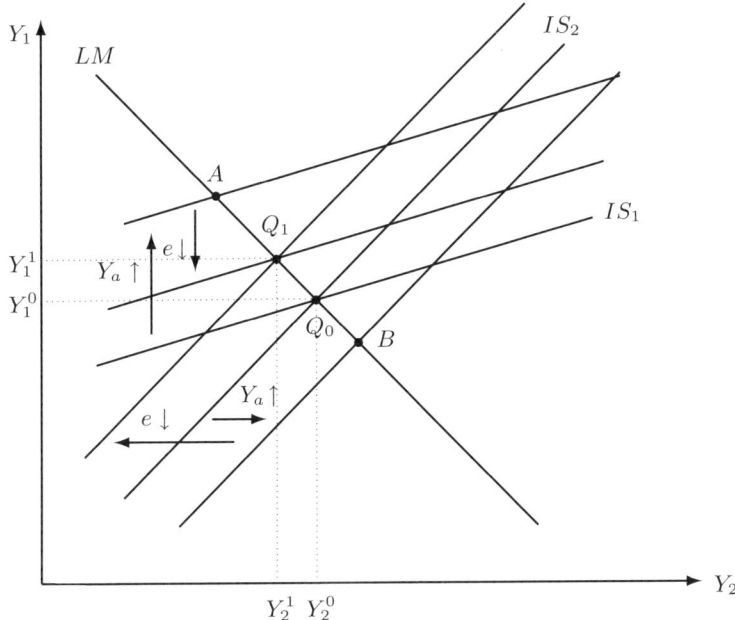

Abb. 4.44: *Steigerung des Auslandseinkommens Y_a*

schied zu einer Änderung des ausländischen Zinssatzes i_a bleibt jetzt die LM-Kurve in der Lage unverändert. Dagegen kommt es zu Verschiebungen der Gütermarkt-Gleichgewichtskurven. Die ausländische Einkommensexpansion verbessert in jedem Unionsland über den Anstieg der Güterexporte den Außenbeitrag, weshalb sich die IS_1-Kurve nach oben verlagert und die IS_2-Kurve nach rechts. Durch die Zinssteigerungstendenz in beiden Unionsländern ergibt sich eine Aufwertung der gemeinsamen Außenwährung, wodurch die Handelsbilanzsalden HB_1 und HB_2 wieder zurückgehen. Graphisch bedeutet dies eine Rückverlagerung der Gütermarkt-Gleichgewichtskurven. Das Endgleichgewicht Q_1 liegt zwischen den Punkten A und B auf der in der Lage unveränderten LM-Kurve. Außer im Sonderfall $Q_1 = Q_0$, der nur bei zwei in ihrer ökonomischen Struktur vollkommen symmetrischen Unionsländern auftritt, kommt es in genau einem Land zu einer Einkommenserhöhung, während das Einkommen im Partnerland zurückgeht.[73] Ebenso wie bei einer expansiven Fiskalpolitik findet auch bei einer Steigerung des Auslandseinkommens eine entgegengerichtete Änderung der Ein-

---

[73]Im Sonderfall $Q_1 = Q_0$, d.h. bei Vorliegen einer vollkommen symmetrischen Union, bleibt das Einkommen in beiden Mitgliedsländern unverändert. Dieses Ergebnis entspricht dem Fall eines kleinen Landes.

kommensvariablen Y_1 und Y_2 statt.[74] Die beiden Unionsländer reagieren demnach hinsichtlich der Einkommenswirkung im Normalfall **asymmetrisch** auf die Erhöhung des ausländischen Einkommens.

In Abbildung 4.44 sind eine Einkommenssteigerung in U_1 und eine Einkommenssenkung in U_2 unterstellt worden. Der Rückgang von Y_2 ergibt sich trotz der Verbesserung des bilateralen Handelsbilanzsaldos gegenüber U_1 und der einkommensinduzierten Zunahme der Exporte ins Ausland allein aus der aufwertungsbedingten Verschlechterung des Handelsbilanzsaldos gegenüber dem großen Ausland. Durch die Wechselkurssenkung geht insgesamt der Handelsbilanzsaldo gegenüber dem großen Ausland zurück ($dHB_2 < 0$), wobei diese Verschlechterung stärker ausfällt als die Verbesserung des innergemeinschaftlichen Handelsbilanzsaldos ($|dHB_2| > |dT|$), so dass der gesamte Außenbeitrag des Landes U_2 sinkt ($dA_2 < 0$). Der in Abbildung 4.44 unterstellte Fall einer Einkommenssenkung in U_2 bei gleichzeitiger Einkommenssteigerung in U_1 bedeutet monetär gesehen, dass innerhalb der Wechselkursunion Währungsreserven von U_2 nach U_1 geflossen sind, da die Erhöhung von Y_1 eine Zinssteigerungstendenz in U_1 bewirkt, während in U_2 durch den Rückgang von Y_2 eine tendenzielle Zinssenkung stattfindet.

Literatur zu Kapitel 4

Geschlossene Volkswirtschaft

Blanchard, O. (2006), *Macroeconomics*, 4th Edition, Boston (Mass.), Kapitel 5.

Dieckheuer, G. (2003), *Makroökonomik. Theorie und Politik*, 5., vollständig überarbeitete Auflage, Berlin [u.a.], Kapitel 3.7.

Dornbusch, R.; S. Fischer; R. Startz (2004), *Macroeconomics*, 9th Edition, Boston (Mass.), Kapitel 11.

Gärtner, M. (2006), *Macroeconomics*, 2nd Edition, London, Kapitel 3.

Gordon, R.J. (2006), *Macroeconomics*, 10th Edition, Boston (Mass.), Kapitel 4-5.

Mankiw, N.G. (2006), *Macroeconomics*, 6th Edition, New York, Kapitel 11.1.

Siebke, J.; H.J. Thieme (2003), Einkommen, Beschäftigung, Preisniveau, in: *Vahlens Kompendium der Wirtschaftstheorie und Wirtschaftspolitik*, Band 1, 8., überarbeitete Auflage, München, S. 128-148.

Woll, A. (2007), *Volkswirtschaftslehre*, 15., vollständig überarbeitete Auflage, München, Kapitel 15.

---

[74]Dies folgt wiederum aus der Geldmarktgleichung (4.126), da das Gesamtgeldangebot konstant ist und annahmegemäß keine Zinsänderungen stattfinden. Zwischen den Einkommensänderungen innerhalb der Union gilt dann wieder der Trade-off (4.131). Da sich Y_1 und Y_2 gegenläufig verändern, ist auch die Richtungsänderung des Gesamteinkommens $Y_1 + Y_2$ unbestimmt.

Offene Volkswirtschaft

Blanchard, O. (2006), *Macroeconomics*, 4th Edition, Boston (Mass.), Kapitel 20.

Dieckheuer, G. (2003), *Makroökonomik. Theorie und Politik*, 5., vollständig überarbeitete Auflage, Berlin [u.a.], Kapitel 6.1-6.2 und 6.4-6.7.

Dornbusch, R.; S. Fischer; R. Startz (2004), *Macroeconomics*, 9th Edition, Boston (Mass.), Kapitel 12.

Gärtner, M. (2004), *Makroökonomik flexibler und fester Wechselkurse*, 3., vollständig überarbeitete und erweiterte Auflage, Berlin [u.a.], Kapitel 2.

Gärtner, M. (2006), *Macroeconomics*, 2nd Edition, London, Kapitel 4.

Gordon, R.J. (2006), *Macroeconomics*, 10th Edition, Boston (Mass.), Kapitel 6.

Heubes, J. (2001), *Makroökonomie*, 4. Auflage, München, Kapitel 4 (S. 173-190).

Jarchow, H.-J.; P. Rühmann (2000), *Monetäre Außenwirtschaft I. Monetäre Außenwirtschaftstheorie*, 5., neubearbeitete und wesentlich erweiterte Auflage, Göttingen, Teil 1 und Teil 3.

Mankiw, N.G. (2006), *Macroeconomics*, 6th Edition, New York, Kapitel 12.

Rose, K.; K. Sauernheimer (2006), *Theorie der Außenwirtschaft*, 14., überarbeitete Auflage, München, Teil I und Teil II, Kapitel 1 und 2.

Siebert, H.; O. Lorz (2006), *Außenwirtschaft*, 8., vollständig überarbeitete Auflage, Stuttgart, Jena, Kapitel 10, 12, 15 und 16.

Siebke, J.; H.J. Thieme (2003), Einkommen, Beschäftigung, Preisniveau, in: *Vahlens Kompendium der Wirtschaftstheorie und Wirtschaftspolitik*, Band 1, 8., überarbeitete Auflage, München, S. 166-182.

Spahn, H.-P. (1999), *Makroökonomie, Theoretische Grundlagen und stabilitätspolitische Strategien*, 2., überarbeitete und erweiterte Auflage, Berlin [u.a.], Kapitel 4.

Willms, M. (2007), *Internationale Währungspolitik*, 3. Auflage, München, Kapitel 1, 2 und 5.

Wohltmann, H.-W.; A. Jöhnk (1998), Stabilisierungspolitik in einer Währungsunion, in: *Das Wirtschaftsstudium (WISU)* 6, S. 704-713.

Spezialliteratur

Fleming, J.M. (1962); Domestic Financial Policies under Fixed and under Floating Exchange Rates, in: *IMF Staff Papers* 9, S. 369-379.

Hicks, J.R. (1937), Mr. Keynes and the „Classics": A Suggested Interpretation, in: *Econometrica* 5, S. 147-159. Wiederabgedruckt in: Hicks, J.R. (1967), Critical Essays in Monetary Theory, Oxford.

Mundell, R.A. (1962), The Appropriate Use of Monetary and Fiscal Policy for Internal and External Stability, in: *IMF Staff Papers* 9, S. 70-79.

Mundell, R.A. (1963), Capital Mobility and Stabilization Policies under Fixed and Flexible Exchange Rates, in: *Canadian Journal of Economics and Political Science* 29, S. 475- 485.

Mundell, R.A. (1968), *International Economics*, New York, London, Kapitel 15 und 18.

5   Der Arbeitsmarkt

Bisher wurden im Rahmen des IS/LM-Modells für die geschlossene und kleine offene Volkswirtschaft das reale Inlandsprodukt und der Zinssatz simultan auf dem Güter- und Geldmarkt bestimmt. Außerdem wurde eine komparativ-statische Analyse der Wirkungen isolierter geld- und fiskalpolitischer Maßnahmen durchgeführt. Dabei wurde stets von einem exogen vorgegebenen Preisniveau ($P = P_0$) sowie von einem vollkommen elastischen Güterangebot in Bezug auf die gesamtwirtschaftliche Güternachfrage ausgegangen: Änderungen der Güternachfrage waren in diesem Modellrahmen stets mit einer vollständigen Anpassung des Güterangebots verbunden, ohne dass sich dadurch eine Preisniveauänderung ergab. Die Annahme der vollständigen Produktionsanpassung an die Güternachfrage bei Konstanz des Preisniveaus ist in einer Geldwirtschaft mit knappen Ressourcen nicht sehr realistisch. Zwar reagieren die Preise auf den einzelwirtschaftlichen Gütermärkten in der Regel verzögert auf Nachfrageänderungen, so dass in der kurzen Frist nur eine Mengenanpassung der Produzenten stattfindet; bei dauerhaften Änderungen der Güternachfrage finden jedoch mittel- bis längerfristig gesehen auch Preisanpassungen statt.

Ein weiterer Aspekt ist, dass vollständige Produktionsanpassungen häufig aus rein technischen Gründen gar nicht möglich sind, weil zum Beispiel nicht genügend Produktionsfaktoren vorhanden sind. Wir müssen daher das Güterpreisniveau ebenso erklären wie die beschäftigte Menge an Produktionsfaktoren. Aus makroökonomischer Sicht wird hierzu zunächst der gesamtwirtschaftliche Arbeitsmarkt einer Partialanalyse unterzogen. Auf diesem Markt treffen Arbeitsangebot und Arbeitsnachfrage zusammen, wobei vereinfachend von der Homogenität des Faktors Arbeit ausgegangen wird. Das bedeutet, dass von einer – in der Realität gegebenen – unterschiedlichen Qualifikation der Arbeitskräfte sowie einer unterschiedlichen Qualität der Arbeitsplätze abgesehen wird. Auf dem gesamtwirtschaftlichen Arbeitsmarkt werden die effektive Beschäftigungsmenge N des Produktionsfaktors Arbeit sowie der Reallohnsatz W/P bestimmt. Im Rahmen einer Partialanalyse des Arbeitsmarktes ist dabei das Güterpreisniveau P weiterhin eine exogen vorgegebene Variable. Erst durch die Einbettung des Arbeitsmarktes in ein makroökonomisches Gesamtmodell kann auch das Preisniveau P in endogener Weise erklärt werden. Ein solches Totalmodell erlaubt es, das reale Inlandsprodukt und das Güterpreisniveau simultan für unterschiedliche Beschäftigungslagen zu ermitteln.

Im Folgenden sollen Bestimmungsfaktoren für das gesamtwirtschaftliche Arbeitsangebot N^s und die gesamtwirtschaftliche Arbeitsnachfrage N^d auf der Grundlage eines neoklassischen Entscheidungskalküls abgeleitet werden. Dazu werden mikroökonomische Erklärungsansätze zugrundegelegt, die einen nutzenmaximierenden repräsentativen Haushalt bzw. eine gewinnmaximierende repräsentative Unternehmung unterstellen. Aus diesen Optimierungsansätzen resultieren eine einzelwirtschaftliche Arbeitsangebots- und eine einzelwirtschaftliche Arbeitsnachfragefunktion. Diese Funktionen werden dann auch für die gesamtwirtschaftliche Analyse zugrundegelegt, so dass von einer Analogie zwischen einzelwirtschaftlichem und gesamtwirtschaftlichem Verhalten auf dem Arbeitsmarkt ausgegangen wird.

5.1   Das Arbeitsangebot

Das Arbeitsangebot eines repräsentativen Haushalts resultiert aus der Maximierung seiner Nutzenfunktion U unter Beachtung von Nebenbedingungen (neoklassischer Erklärungsansatz). Es wird unterstellt, dass Faktor- und Gütermärkte vollständige Konkurrenzmärkte sind. Für den repräsentativen Haushalt sind dann das Güterpreisniveau P und der Nominal- oder Geldlohnsatz W vorgegebene Daten. Der Haushalt verhält sich außerdem als Mengenanpasser und passt sich auf dem Arbeitsmarkt dem vorgegebenen Geldlohnsatz durch Variation seines Arbeitsangebots an. Das Arbeitsangebot stellt für den Haushalt eine Entscheidungsvariable dar, die er frei wählen kann. Mit dem Arbeitsangebot entscheidet er gleichzeitig über sein Realeinkommen, da Arbeitsangebot N^s und Realeinkommen Y über die Gleichung

$$W \cdot N^s = P \cdot Y \tag{5.1}$$

bzw.

$$Y = \frac{W}{P} \cdot N^s \tag{5.2}$$

miteinander verknüpft sind. Gleichung (5.1) besagt, dass das gesamte Nominaleinkommen des Haushalts ($P \cdot Y$) nur aus Lohneinkommen ($W \cdot N^s$) besteht. Es wird also vereinfachend davon ausgegangen, dass der Haushalt neben Lohneinkommen keine weiteren Einkommen (wie Zinseinkommen, Gewinneinkommen oder Transferzahlungen vom Staat) erzielt. Gleichung (5.2) impliziert, dass das Realeinkommen Y für den repräsentativen Haushalt keine fest vorgegebene Größe ist, sondern ebenfalls eine Entscheidungsvariable darstellt, die gleichgerichtet mit dem Arbeitsangebot variiert. Mit der Festlegung des Arbeitsangebots entscheidet er gleichzeitig über die Höhe seines Realeinkommens.

Der Haushalt hat als weitere Nebenbedingung eine Zeitrestriktion zu beachten, welche besagt, dass ihm nur eine bestimmte Gesamtzeit Z (beispielsweise 16 Stunden pro Tag) zur Verfügung steht. Diese Gesamtzeit kann in Arbeitszeit N^s und Freizeit F aufgeteilt werden:

$$Z = N^s + F. \tag{5.3}$$

Da zwischen Arbeits- und Freizeit eine feste Beziehung besteht (Gleichung (5.3)), liegt die optimale Arbeitsmenge genau dann fest, wenn der Haushalt eine optimale Festlegung seiner Freizeit vorgenommen hat. Als Determinante der Nutzenfunktion U kann daher die Freizeit F auftreten. Wird weiter unterstellt, dass der repräsentative Haushalt sein gesamtes Einkommen für Konsumzwecke ausgibt (d.h. keine Ersparnisse bildet), tritt das Realeinkommen Y anstelle der Konsumgüternachfrage C als weitere Determinante der Nutzenfunktion auf:[1]

$$U = U(\overset{(+)}{F}, \overset{(+)}{Y}). \tag{5.4}$$

Der Nutzen hängt dabei jeweils in positiver Weise von F und Y ab. Das optimale (nutzenmaximierende) Arbeitsangebot resultiert aus dem Optimierungsansatz

$$U = U(F, Y) \quad \to \quad \max. \tag{5.5}$$

unter den Nebenbedingungen

$$W \cdot N^s = P \cdot Y, \quad N^s + F = Z. \tag{5.6}$$

Die beiden Nebenbedingungen können wegen $N^s = Z - F$ zu der Gleichung

$$W(Z - F) = P \cdot Y \qquad \text{bzw.} \qquad Y = \frac{W}{P}(Z - F) \tag{5.7}$$

zusammengefasst werden; die optimale Arbeitszeit kann dann mit Hilfe der Lagrange-Funktion

$$L = U(F, Y) + \lambda \left\{ Y - \frac{W}{P}(Z - F) \right\} \tag{5.8}$$

ermittelt werden. Hierbei ist λ der Lagrange-Multiplikator zur Nebenbedingung (5.7). Die notwendige Bedingung für ein Nutzenmaximum ergibt sich, indem jeweils die erste partielle Ableitung von L nach den Entscheidungsvariablen F und Y gebildet wird und diese Ableitungen gleich null gesetzt werden:

$$\frac{\partial L}{\partial F} = \frac{\partial U}{\partial F} + \lambda \cdot \frac{W}{P} = 0 \tag{5.9}$$

$$\frac{\partial L}{\partial Y} = \frac{\partial U}{\partial Y} + \lambda = 0. \tag{5.10}$$

Wird Gleichung (5.10) durch Auflösen nach dem Multiplikator λ in Gleichung (5.9) eingesetzt, erhält man die Optimalitätsbedingung

$$\frac{\partial U}{\partial F} - \frac{\partial U}{\partial Y} \cdot \frac{W}{P} = 0 \tag{5.11}$$

bzw.

$$\frac{\partial U / \partial F}{\partial U / \partial Y} = \frac{W}{P}. \tag{5.12}$$

Diese Optimalitätsbedingung entspricht dem 2. Gossenschen Gesetz in der mikroökonomischen Theorie des Haushalts und besagt hier, dass die Aufteilung der Gesamtzeit Z

---

[1]Genaugenommen ist in der Nutzenfunktion (5.4) das Bruttoeinkommen Y durch das verfügbare Einkommen $Y^v = Y - T = (1 - t)Y$ zu ersetzen, da nur in dieser Höhe Mittel für Konsumzwecke zur Verfügung stehen. Das Arbeitsangebot hängt dann in negativer Weise vom Steuersatz t ab. Eine mögliche Steuersatzabhängigkeit von N^s wird im Folgenden nicht weiter berücksichtigt.

auf Arbeitszeit und Freizeit dann optimal ist, wenn das Verhältnis aus dem Grenznutzen der Freizeit und dem Grenznutzen des Einkommens gleich dem Reallohnsatz W/P ist. Der Reallohnsatz W/P misst dabei die Kaufkraft des Nominallohnsatzes W, d.h. gibt an, welche Gütermenge beim herrschenden Preisniveau P mit dem Lohn für eine Stunde Arbeit erworben werden kann.

Die Optimalitätsbedingung (5.11) kann am besten interpretiert werden, wenn man zum totalen Differential der Nutzenfunktion U übergeht und die Nebenbedingung (5.7) beachtet:

$$dU = \frac{\partial U}{\partial F}dF + \frac{\partial U}{\partial Y}dY = \frac{\partial U}{\partial F}dF + \frac{\partial U}{\partial Y} \cdot \frac{W}{P}(-dF). \tag{5.13}$$

Steigt jetzt die Freizeit um eine Zeiteinheit an ($dF = 1$), so erhöht sich der Nutzen des repräsentativen Haushalts um den Grenznutzen der Freizeit ($dU = \partial U/\partial F$). Aus der Nebenbedingung (5.7) folgt, dass mit der Zunahme von F gleichzeitig ein Rückgang des Realeinkommens in Höhe des Reallohnsatzes verbunden ist ($|dY| = W/P$), woraus wiederum ein Nutzenverlust in Höhe des Grenznutzens des Einkommens multipliziert mit der Änderung von Y, d.h. ein Nutzenentgang in Höhe von $(\partial U/\partial Y) \cdot W/P$, resultiert. Das Nutzenmaximum ist dann erreicht, wenn die Nutzensteigerung aus dem Anstieg von F dem Nutzenverlust aus dem Rückgang von Y entspricht.

Das Nutzenmaximum wird graphisch durch Abbildung 5.1 dargestellt. Es ist in dem Punkt erreicht, in dem die Budgetgerade $Y = (Z - F) \cdot W/P$ die am höchsten gelegene Nutzenindifferenzkurve gerade noch berührt (Punkt Q_0).

In Abbildung 5.1 sind konvex zum Ursprung verlaufende Indifferenzkurven unterstellt worden, so dass ein Nutzenmaximum existiert. Der Tangentialpunkt Q_0 zwischen Budgetgerade und Indifferenzkurve liegt beim vorgegebenen Reallohnsatz $(W/P)_0$ an der Stelle $F = F_0$. In Q_0 ist die Optimalitätsbedingung (5.12) erfüllt, da hier die Steigung der Budgetgeraden (d.h. $-(W/P)_0$) mit der Steigung der Indifferenzkurve U_0 übereinstimmt, welche wiederum gleich dem umgekehrten Verhältnis der Grenznutzen ist.

Längs einer Indifferenzkurve ist der Nutzen konstant, so dass für ihre Steigung aus dem totalen Differential von U (Gleichung (5.13)) durch Nullsetzen folgt

$$\left.\frac{dY}{dF}\right|_U = -\frac{\partial U/\partial F}{\partial U/\partial Y}. \tag{5.14}$$

In Q_0 muss daher der Reallohnsatz mit dem Grenznutzenverhältnis übereinstimmen. Der zugehörige Abszissenwert liefert dann die nutzenmaximierende Freizeit F_0. Gleichzeitig ist dann auch die optimale Arbeitszeit $N_0^s = Z - F_0$ festgelegt. Da die Budgetgerade

$$Y = \frac{W}{P}(Z - F) \tag{5.15}$$

die F-Achse an der Stelle $F = Z$ schneidet (dort ist $Y = 0$), lässt sich das gewünschte Arbeitsangebot ebenfalls an der Abszisse ablesen. Das hiermit erzielbare reale Arbeitseinkommen ist dann durch $(W/P)_0 \cdot N_0^s$ auf der Ordinate gegeben.

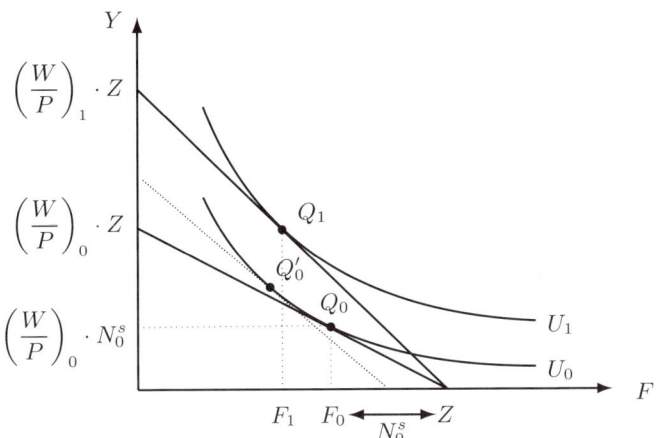

Abb. 5.1: *Bestimmung des optimalen Arbeitsangebots*

Abbildung 5.1 beschreibt auch die Wirkungen eines höheren Reallohnsatzes auf das nutzenmaximierende Arbeitsangebot. Eine Steigerung von W/P tritt ein, falls der Geldlohnsatz W bei gegebenem Preisniveau P zunimmt oder das Preisniveau P bei gegebenem Nominallohnsatz W sinkt. In beiden Fällen dreht sich die Bilanzgerade nach oben, wobei der Achsenabschnitt auf der Abszisse (Z) unverändert bleibt. Eine Erhöhung von W/P bedeutet, dass die Budgetgerade im Vergleich zur Ausgangslage steiler verläuft. Der neue Tangential- bzw. Optimalpunkt Q_1 befindet sich dann auf einer höher gelegenen Indifferenzkurve, so dass ein höheres Nutzenniveau (U_1) erreicht wird.

In Abbildung 5.1 liegt der neue Optimalpunkt nordwestlich des alten. Das bedeutet, dass als Folge der Reallohnerhöhung die gewünschte Freizeit sinkt und das Arbeitsangebot steigt. Dieses Ergebnis ist jedoch nicht allgemeingültig. Die Gesamtwirkung einer Reallohnänderung auf das Arbeitsangebot lässt sich in einen **Substitutions-** und **Einkommenseffekt** zerlegen. Der Substitutionseffekt besagt, dass bei steigendem Reallohn in zunehmendem Maße Freizeit durch Arbeitszeit substituiert wird, weil mit wachsendem W/P die Opportunitätskosten der Freizeit (im Sinne entgangener Lohneinkommen) zunehmen. Der Einkommenseffekt besagt dagegen, dass die Nachfrage nach Freizeit mit wachsendem Reallohnsatz steigt, weil das gleiche Realeinkommen mit weniger Arbeitszeit erzielt werden kann. Durch die verbesserten Einkommensverhältnisse gewinnt die Freizeit zunehmend an Bedeutung. In Abbildung 5.1 kommt der Substitutionseffekt durch den Übergang von Q_0 zum Hilfspunkt Q_0' auf der zunächst unveränderten Indifferenzkurve U_0 zum Ausdruck. Der Anstieg von W/P geht hier mit einer Einschränkung der Zeitrestriktion Z einher. Dadurch wird die neue, durch Q_1 verlaufende Budgetgerade parallel nach unten verschoben; der Tangentialpunkt mit U_0 ist dann der Punkt Q_0'. Beim Einkommenseffekt wird die gedankliche Reduktion der Zeitbeschränkung Z wieder rückgängig gemacht, so dass sich eine Bewegung von Q_0' nach Q_1 ergibt. Der Substitutionseffekt führt zu einer Zunahme des Arbeitsangebots, der Einkommenseffekt zu einer Abnahme der gewünschten Arbeitszeit. Der Nettoeffekt ist daher von der Richtung nicht eindeutig bestimmt. Eine Erhöhung des Reallohnsatzes braucht somit nicht notwendigerweise mit einer Ausdehnung des Arbeitsangebots verbunden zu sein. So kann bei hohem Reallohnsatz und geringem Umfang an Freizeit leicht der Fall eintreten, dass der Einkommenseffekt den Substitutionseffekt dominiert und daher eine Reallohnsteigerung das Arbeitsangebot senkt. Ein analoger Fall wäre ein sehr niedriges Reallohnniveau: Eine Senkung von W/P wird auch hier dazu führen, dass der Einkommenseffekt den Substitutionseffekt dominiert und somit insgesamt das Arbeitsangebot ansteigt. Diese Verhaltensweise ist zur Sicherung des Existenzminimums plausibel. Die einzelwirtschaftliche Arbeitsangebotsfunktion weist daher einen zickzackförmigen Verlauf auf (Abbildung 5.2).

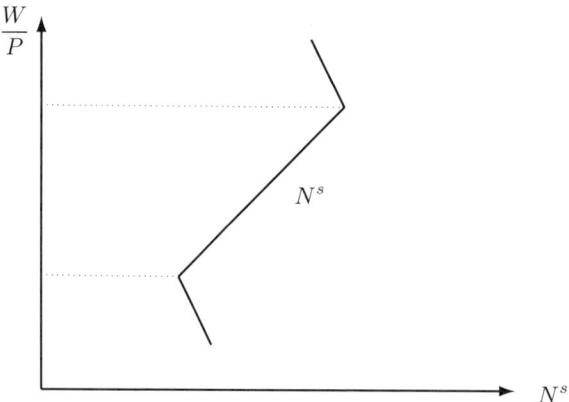

Abb. 5.2: *Einzelwirtschaftliche Arbeitsangebotsfunktion*

Abbildung 5.2 verdeutlicht, dass der Einkommenseffekt im oberen und unteren Bereich der Arbeitsangebotsfunktion stärker als der Substitutionseffekt ausfällt, während im mittleren Bereich der Substitutionseffekt den Einkommenseffekt dominiert. In diesem Bereich ist eine Erhöhung von W/P mit einer Steigerung des Arbeitsangebots verbunden, so dass hier Einkommen und Freizeit wie substitutive Güter aufgefasst werden können.[2]

Aus gesamtwirtschaftlicher Sicht wird im Folgenden stets von einer Arbeitsangebotsfunktion ausgegangen, die nur in positiver Weise vom Reallohnsatz W/P abhängt:

$$N^s = N^s(W/P) \quad \text{mit} \quad dN^s/d(W/P) > 0. \tag{5.16}$$

Gesamtwirtschaftlich wird also der einzelwirtschaftlich durchaus denkbare Fall ausgeschlossen, dass bei einer Änderung des Reallohnsatzes der Einkommenseffekt stärker als der Substitutionseffekt ausfällt. Abbildung 5.3 zeigt die gesamtwirtschaftliche Arbeitsangebotsfunktion. Die aggregierte Arbeitsangebotskurve verläuft flacher als die einzelwirtschaftliche. Mit steigendem Reallohnsatz nimmt für potentielle Arbeitsanbieter der Anreiz zu, auf dem Arbeitsmarkt Arbeitsstunden anzubieten. Daher werden mit

---

[2]Im Spezialfall, dass sich der Substitutions- und Einkommenseffekt genau ausgleichen, würde die N^s-Funktion vertikal (preisunelastisch) verlaufen.

wachsendem W/P neue Arbeitskräfte auf diesem Markt in Erscheinung treten, so dass sich das aggregierte Arbeitsangebot erhöht.[3] Das gesamtwirtschaftliche Arbeitsangebot wird als steigende Funktion des durch das Preisniveau P dividierten Geldlohnsatzes W aufgefasst. Die Korrektur von W durch das Güterpreisniveau P bringt zum Ausdruck, dass die Arbeitsanbieter frei von Geldillusion handeln. Ihr Verhalten wird nicht durch die absolute Höhe des Nominallohns determiniert, sondern durch die Relation zwischen W und P. Das gesamtwirtschaftliche Arbeitsangebot bleibt daher unverändert, wenn sich der Geldlohnsatz W und das Güterpreisniveau P in gleichem Ausmaße verändern.

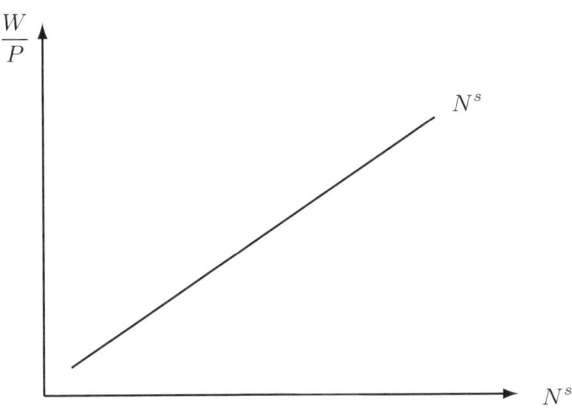

Abb. 5.3: *Gesamtwirtschaftliche Arbeitsangebotsfunktion*

5.2 Die Arbeitsnachfrage

Ebenso wie das Arbeitsangebot wird auch die gesamtwirtschaftliche Arbeitsnachfrage aus einem einzelwirtschaftlichen Optimierungsansatz abgeleitet. Da der Faktor Arbeit vom Unternehmenssektor nachgefragt wird, handelt es sich hierbei um einen unternehmerischen Gewinnmaximierungsansatz. Es wird wiederum unterstellt, dass Güter- und Faktormärkte vollständige Konkurrenzmärkte sind, auf denen sich die Unternehmen als Mengenanpasser verhalten. Weiter wird – ebenso wie bei der Ableitung der neoklassischen Investitionsfunktion (Abschnitt 2.3.1) – eine gesamtwirtschaftliche Produktionsfunktion neoklassischen Typs unterstellt. In der kurzfristigen makroökonomischen Analyse wird von einem gegebenen Kapitalstock ($K = \overline{K}$) sowie von einer gegebenen Produktionstechnologie ausgegangen. Der einzige variable Produktionsfaktor ist die Arbeitsmenge N, die wiederum das gesamtwirtschaftliche Produktionsniveau (Inlandsprodukt) bestimmt:

$$Y = Y(N, \overline{K}) \quad \text{mit} \quad Y_N > 0 \quad \text{und} \quad Y_{NN} < 0. \tag{5.17}$$

---

[3]Genaugenommen bricht der positive Zusammenhang zwischen W/P und N^s mit Erreichen des Erwerbspersonenpotentials einer Volkswirtschaft ab.

Die Produktionsfunktion weist gemäß (5.17) eine positive Grenzproduktivität des Faktors Arbeit auf, die mit wachsendem Faktoreinsatz zurückgeht (Abbildung 5.4).

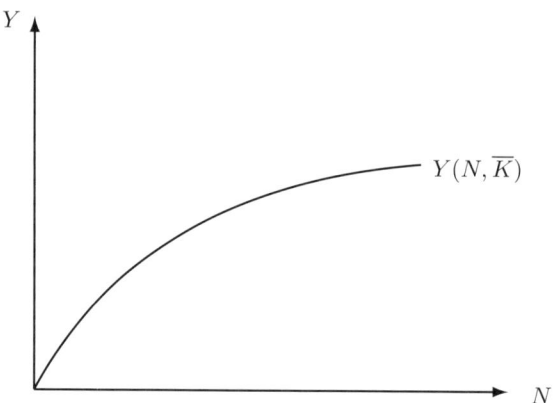

Abb. 5.4: *Neoklassische Produktionsfunktion*

Die gewünschte Arbeitsnachfrage einer repräsentativen Unternehmung ergibt sich aus dem folgenden Gewinnmaximierungsansatz (vgl. Abschnitt 2.3.1):

$$\pi = P \cdot Y - W \cdot N - K_f \quad \rightarrow \quad \max. \tag{5.18}$$

unter der Nebenbedingung (5.17), d.h.

$$Y = Y(N, \overline{K}).$$

In (5.18) bezeichnet K_f die kurzfristig als fix anzusehenden Kapitalkosten. Wegen $K_f = i \cdot P^K \cdot K$ bedeutet diese Annahme, dass der Sachkapitalbestand kurzfristig konstant ist und der Kapitalgüterpreis $P^K (= P)$ sowie der Zinssatz i für die repräsentative Unternehmung exogen vorgegebene Größen sind. Das unternehmerische Mengenanpasserverhalten drückt sich darin aus, dass die Preise auf dem Absatz- und Beschaffungsmarkt, d.h. das Güterpreisniveau P und der Geldlohnsatz W, für die repräsentative Unternehmung Datenvariablen darstellen. Gleichzeitig impliziert die Annahme vollständiger Konkurrenzmärkte, dass die Unternehmen ihre geplante Produktionsmenge auch absetzen können. Die Maximierung der durch (5.18) gegebenen Gewinnfunktion liefert unter Beachtung der Produktionsfunktion (5.17) die Optimalitätsbedingung (Bedingung erster Ordnung)

$$\frac{d\pi}{dN} = P \cdot \frac{dY}{dN} - W = 0 \tag{5.19}$$

bzw.

$$P \cdot \frac{dY}{dN} = W. \tag{5.20}$$

Die optimale Arbeitsnachfrage ist dann erreicht, wenn der Wert der Grenzproduktivität der Arbeit gleich dem Geldlohnsatz W ist. Gleichung (5.20) ist eine „Grenzerlös =

Grenzkosten"-Regel, da die linke Seite den Grenzerlös des Faktors Arbeit angibt, die rechte Seite dagegen die Grenzkosten der Arbeit, welche hier exogen vorgegeben sind. Gleichwertig zu (5.20) ist die Bedingung, dass im unternehmerischen Gewinnmaximum die Grenzproduktivität der Arbeit mit dem Reallohnsatz übereinstimmt:

$$\frac{dY}{dN} = \frac{W}{P}. \tag{5.21}$$

Aus Gleichung (5.21) lässt sich jetzt unter Verwendung der Eigenschaften einer neoklassischen Produktionsfunktion (Gleichung (5.17)) eine einzelwirtschaftliche Arbeitsnachfragefunktion ableiten: Kommt es zu einem exogenen Anstieg des Reallohnsatzes W/P, so erfordert die Gewinnmaximierungsbedingung (5.21) eine entsprechende Zunahme der Grenzproduktivität dY/dN. Aufgrund der Annahme eines überall abnehmenden Grenzertrags ergibt sich eine Steigerung von dY/dN nur über eine Senkung der im Produktionsprozess eingesetzen Arbeitsmenge. Eine Erhöhung des Reallohnsatzes impliziert somit eine gesunkene Arbeitsnachfrage. Für die Arbeitsnachfragefunktion gilt daher

$$N^d = N^d(W/P) \quad \text{mit} \quad dN^d/d(W/P) < 0. \tag{5.22}$$

Abbildung 5.5 zeigt den Verlauf der Arbeitsnachfragefunktion. Im W/P-N-Diagramm ist die Arbeitsnachfragekurve mit der Grenzproduktivitätskurve $Y_N(N)$ identisch. Dies folgt aus der Optimalitätsbedingung (5.21). Entlang der Arbeitsnachfragekurve besteht zwischen Reallohnsatz und gewünschter Beschäftigung eine negative Beziehung.

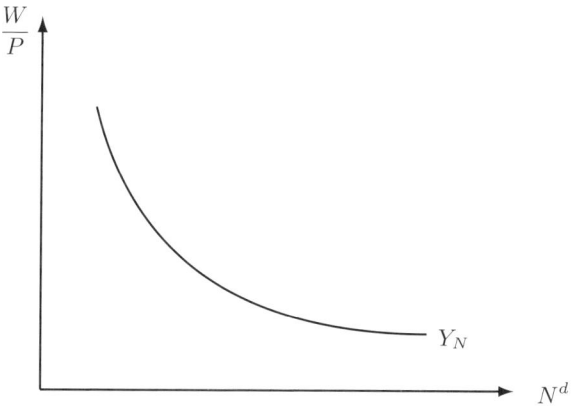

Abb. 5.5: *Arbeitsnachfrage*

Hierzu das folgende **Beispiel**: Wird als neoklassische Produktionsfunktion die Cobb-Douglas-Funktion

$$Y = A \cdot N^\alpha \cdot \overline{K}^{1-\alpha} \quad (0 < \alpha < 1, \ A > 0) \tag{5.23}$$

zugrundegelegt, so gilt für die Grenzproduktivität des Faktors Arbeit

$$\frac{dY}{dN} = Y_N = \alpha \cdot A \cdot N^{\alpha-1} \cdot \overline{K}^{1-\alpha} = \alpha \cdot Y/N > 0 \tag{5.24}$$

$$\frac{d^2Y}{dN^2} = \alpha(\alpha-1) \cdot A \cdot N^{\alpha-2} \cdot \overline{K}^{1-\alpha} = \alpha(\alpha-1) \cdot Y/N^2 < 0. \tag{5.25}$$

Die positive Grenzproduktivität der Arbeit nimmt also mit wachsender Beschäftigungsmenge ab. Für die Arbeitsnachfragefunktion gilt dann die Gleichung

$$W/P = Y_N(N) = \alpha \cdot A \cdot N^{\alpha-1} \cdot \overline{K}^{1-\alpha} = (\alpha \cdot A \cdot \overline{K}^{1-\alpha})\frac{1}{N^{1-\alpha}}. \tag{5.26}$$

Im W/P-N-Diagramm verläuft diese Funktion hyperbelförmig (vgl. Abbildung 5.5). Die Arbeitsnachfragekurve kann nur durch langfristig wirkende Faktoren nach rechts verschoben werden. Kurzfristig ist ihre Lage stabil. Eine langfristige Verschiebung ergibt sich durch den technischen Fortschritt (d.h. im Beispiel über eine Steigerung des Effizienzparameters A, der die Grenzproduktivität $Y_N(N)$ erhöht) oder durch eine Zunahme des Kapitalbestands K.

Die Arbeitsnachfragefunktion ist unter der Voraussetzung abgeleitet worden, dass das aus der gewünschten Arbeitseinsatzmenge resultierende Produktionsvolumen vollständig absetzbar ist. Die Unternehmen werden zum vorgegebenen Reallohn nur dann diejenige Arbeitsmenge nachfragen, welche der Optimalitätsbedingung (5.21) genügt, wenn sie erwarten, die zugehörige Produktionsmenge auch absetzen zu können. Entwickeln sich die unternehmerischen Absatzerwartungen im Vergleich hierzu pessimistisch, werden die Unternehmen eine Verringerung des Einsatzes an Produktionsfaktoren anstreben. Für den Kapitalstock ist eine Anpassung an ein verringertes Absatzvolumen in der Regel nur langfristig möglich. Trotz der kurzfristigen Konstanz von K kann jedoch davon ausgegangen werden, dass eine Verschlechterung der Absatzerwartungen dazu führt, dass die Unternehmen die Nachfrage nach dem variablen Faktor (Arbeit) einschränken werden, um dadurch ihre Kostensituation zu verbessern. Dies wird besonders deutlich, wenn die Unternehmen auf dem Gütermarkt einer **Absatzbeschränkung** unterliegen, d.h. wenn die effektive Güternachfrage in Höhe von $Y^d = Y_0$ kleiner als die zum vorgegebenen Reallohn $W/P = (W/P)^*$ gehörige gewinnmaximale Produktionsmenge $Y^* = Y\left(N^d((W/P)^*), \overline{K}\right)$ ausfällt. Nehmen die Unternehmen diese Absatzschranke wahr, werden sie sich – wenn sie nicht auf Lager produzieren wollen – dieser Mengenschranke mit ihrem Güterangebot anpassen. Diese Abweichung vom eigentlich geplanten (gewinnmaximierenden) Güterangebot impliziert für den Arbeitsmarkt, dass die Unternehmen bei der Bestimmung der gewünschten Beschäftigungsmenge von der Grenzproduktivitätsregel $W/P = Y_N$ abweichen und nur noch so viele Arbeitsstunden nachfragen, wie zur Befriedigung der Güternachfrage in Höhe von $Y^d = Y_0$ erforderlich sind. Die effektive (tatsächliche) Arbeitsnachfrage (N_0) wird dann nicht mehr vom Niveau des Reallohnsatzes determiniert, sondern von der Absatzbeschränkung der Unternehmen auf dem Gütermarkt, an die sie sich mit ihrer Güterproduktion vollständig anpassen ($Y = Y_0$), sowie der zugrundegelegten neoklassischen Produktionstechnologie (5.17). Es gilt also zwischen Y_0 und N_0 die Beziehung

$$Y_0 = Y(N_0, \overline{K}). \tag{5.27}$$

Im Arbeitsmarktdiagramm entspricht Gleichung (5.27) einer vertikal über N_0 verlaufenden, reallohnunabhängigen Arbeitsnachfrage (Abbildung 5.6). Änderungen des vorgegebenen Reallohnsatzes $(W/P)^*$ ändern zwar die gewinnmaximale Arbeitsnachfrage N^*, nicht jedoch die effektive N_0. Die gewinnmaximierende, aus der Grenzproduktivitätsregel (5.21) resultierende Arbeitsnachfrage N^* weicht von der tatsächlichen Arbeitsnachfrage N_0 ab, wenn die Produzenten auf dem Gütermarkt einer Absatzbeschränkung unterliegen und sie sich mit ihrer Güterproduktion dieser Beschränkung anpassen.

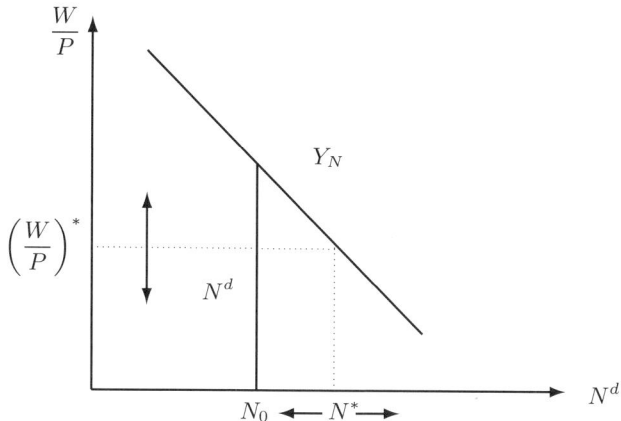

Abb. 5.6: *Effektive Arbeitsnachfrage bei einer Absatzbeschränkung der Produzenten*

Wird mit N^* die aus der Optimalitätsbedingung $W/P = Y_N$ resultierende gewinnmaximale Beschäftigungsmenge bezeichnet und mit $Y^* = Y(N^*, \overline{K})$ das zugehörige Produktionsniveau, so ergibt sich bei Berücksichtigung möglicher Absatzbeschränkungen der Unternehmen auf dem Gütermarkt die folgende **gesamtwirtschaftliche Arbeitsnachfragefunktion**:

$$N^d = \begin{cases} N^d \, \overset{(-)}{(W/P)} & \text{, falls} \quad Y^d = Y^* = Y(N^*, \overline{K}) \\[2ex] N_0 & \text{, falls} \quad Y^d = Y_0 < Y^*. \end{cases} \qquad (5.28)$$

Die unbeschränkte Arbeitsnachfragefunktion (5.22) gilt also nur dann, wenn die Unternehmen auf dem Gütermarkt keiner Mengenbeschränkung unterliegen. In (5.28) ist der Reallohn strikt genommen eine Erwartungsgröße, da sich das Preisniveau – bei unterstelltem Preisnehmerverhalten der Produzenten – zeitlich nach dem Produktionsprozess auf den Absatzmärkten bildet und insofern in einer Ex-ante-Betrachtungsweise eine Erwartungsgröße darstellt. Dagegen wird der Nominallohn in Tariflohnverhandlungen für eine bestimmte Dauer ausgehandelt, so dass er für Unternehmer und Arbeitnehmer als bekannte Größe aufgefasst werden kann.

Entsprechendes gilt auch für die Arbeitsangebotsfunktion. Genaugenommen hängt das Arbeitsangebot vom erwarteten Reallohn $(W/P)^{erw.}$ ab. Für den Arbeitsanbieter ist dabei P ein Preisindex, da er die Kaufkraft seines Nominallohns daran misst, wie groß das Güterbündel ist, das er mit dem erhaltenen Nominallohn erwerben kann. Er muss daher über eine Vielzahl von Einzelpreisen Erwartungen bilden. Für den einzelnen Unternehmer ist dagegen nur der Absatzpreis des von ihm produzierten Gutes von Relevanz. Die repräsentative Unternehmung wird daher eher korrekte Preis- und damit Reallohnerwartungen bilden als der repräsentative Haushalt.

Im Folgenden soll stets von korrekten Preis- bzw. Reallohnerwartungen auf der Arbeitsangebots- und -nachfrageseite ausgegangen werden. Die Arbeitsangebotsfunktion impliziert dann ebenso wie die (unbeschränkte) Arbeitsnachfragefunktion Freiheit von Geldillusion, da der Nominallohn bei allen Entscheidungen der Haushalte und Unternehmen um die (korrekt erwartete) Preisniveauentwicklung korrigiert wird.

5.3 Gleichgewicht und Vollbeschäftigung

Auf dem gesamtwirtschaftlichen Arbeitsmarkt liegt ein Marktgleichgewicht vor, wenn das aggregierte geplante Arbeitsangebot und die aggregierte geplante Arbeitsnachfrage übereinstimmen. Die gleichgewichtige Beschäftigungsmenge wird auch als **Vollbeschäftigung** bezeichnet. Abbildung 5.7 charakterisiert das Gleichgewicht auf dem Arbeitsmarkt. Dabei wird die unbeschränkte Arbeitsnachfragefunktion (5.22) zugrundegelegt.

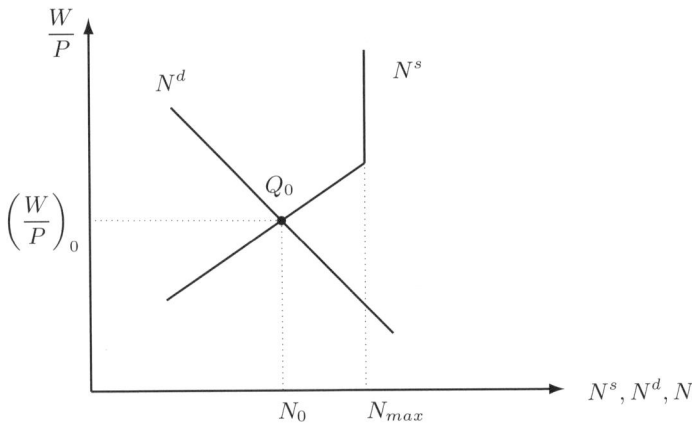

Abb. 5.7: *Arbeitsmarktgleichgewicht*

Im Schnittpunkt Q_0 von Arbeitsnachfrage- und Arbeitsangebotskurve liegen der gleichgewichtige Reallohnsatz $(W/P)_0$ und die gleichgewichtige Beschäftigungsmenge N_0. Die Gleichgewichtsbedingung des Arbeitsmarktes

$$N^s(W/P) = N^d(W/P) \tag{5.29}$$

ist an dieser Stelle erfüllt. Beim Reallohn $(W/P)_0$ liegt auf dem Arbeitsmarkt eine Situation vor, in der jeder Haushalt, der zum herrschenden Reallohn Arbeitsstunden anbietet,

auch beschäftigt wird, und in der gleichzeitig jedes Unternehmen das Beschäftigungsvolumen realisieren kann, das es beim geltenden Reallohn nachfragt. Da die gesamte,
beim herrschenden Reallohn angebotene Arbeitsmenge auch nachgefragt und damit
beschäftigt wird, befindet sich der Arbeitsmarkt in einem Zustand der Vollbeschäftigung.

Der Terminus „Vollbeschäftigung" ist ein rein definitorischer Begriff. Er darf nicht so
verstanden werden, dass im Vollbeschäftigungszustand keinerlei einsatzfähiges Arbeitskräftepotential mehr existiert. Vielmehr gibt es auch bei Vollbeschäftigung eine gewisse
Arbeitslosigkeit. In Abbildung 5.7 bezeichnet N_{max} die gesamte aktive Bevölkerung
(die Zahl der Erwerbspersonen), die im Arbeitsprozess eingesetzt werden kann.[4] Beim
gleichgewichtigen Reallohn $(W/P)_0$ fällt die Gesamtzahl der Erwerbspersonen größer
aus als die Zahl der Beschäftigten im Arbeitsmarktgleichgewicht ($N_{max} > N_0$); demzufolge herrscht bei diesem Reallohn Arbeitslosigkeit in Höhe von $N_{max} - N_0$.[5] Diese Arbeitslosigkeit ist freiwilliger Natur. **Freiwillige Arbeitslosigkeit** tritt auf, weil es Arbeitskräfte gibt, die den Vollbeschäftigungsreallohn als zu niedrig empfinden und daher
nicht bereit sind, bei diesem Reallohn (wohl aber bei einem höheren) Arbeit anzubieten.
Ein weiterer Grund für das Auftreten von freiwilliger Arbeitslosigkeit sind die Lohnersatzleistungen des Staates. Wird mit ALU die staatliche Arbeitslosenunterstützung
bezeichnet, so fällt diese Transferzahlung des Staates zwar kleiner aus als das mit Arbeit
erzielbare Einkommen ($ALU < (W/P)_0 \cdot N_0$); trotzdem ist einzelwirtschaftlich der Fall
denkbar, dass sich eine Nutzensteigerung durch Eintritt in die Arbeitslosigkeit ergibt.
Es gilt dann

$$U(Z, ALU) > U\big(F_0, (W/P)_0 \cdot N_0\big). \tag{5.30}$$

Obwohl die Lohnersatzleistung des Staates geringer ist als das erzielbare Realeinkommen, kann sich für das einzelne Wirtschaftssubjekt ein höherer Gesamtnutzen
ergeben, wenn es vollständig auf Arbeit verzichtet ($N^s = 0$ bzw. $F = Z$).[6] Insofern
tritt freiwillige Arbeitslosigkeit auf, wenn der Abstand zwischen dem erzielbaren
Einkommen und der Arbeitslosenunterstützung des Staates zu gering ist. Diese Art
der Arbeitslosigkeit wird häufig auch als **Niedriglohn-Arbeitslosigkeit** bezeichnet.
Die freiwillige Arbeitslosigkeit in Höhe von $N_{max} - N_0$ kann nur über eine Steigerung
des Reallohns oder eine Absenkung der Lohnersatzleistungen des Staates verringert
werden. Ein vollständiges Verschwinden dieser Form von Arbeitslosigkeit erfordert
eine sehr große, kaum realisierbare Diskrepanz zwischen erzielbarem Einkommen und
staatlicher Unterstützungszahlung. Es erscheint daher wenig sinnvoll, den Begriff der
Vollbeschäftigung mit dem maximal möglichen Arbeitsangebot in Höhe von N_{max}, also
mit einer Arbeitslosigkeit in Höhe von null, zu identifizieren.

---

[4]Erwerbspersonen sind entweder beschäftigt oder arbeitslos. Im Fall der Arbeitslosigkeit zählen sie
nur dann zu den Erwerbspersonen, wenn sie sich aktiv um einen Arbeitsplatz bemühen. Rentner, in der
Ausbildung befindliche Personen sowie Personen, die nicht an Erwerbsarbeit interessiert sind, werden
nicht zur aktiven Bevölkerung gerechnet.

[5]Diese Form der Arbeitslosigkeit kann in Form von Arbeitsstunden oder durch die Zahl der arbeitslosen Erwerbspersonen gemessen werden.

[6]Anschaulich gesprochen würde – bezogen auf Abbildung 5.1 – der Punkt (Z, ALU) auf einer höher
gelegenen Indifferenzkurve liegen als der Punkt $Q_0 = (F_0, (W/P)_0 \cdot N_0)$.

Strukturelle und friktionelle Arbeitslosigkeit

Im Zustand der Vollbeschäftigung, definiert als Gleichheit von N^d und N^s, können neben der Niedriglohn-Arbeitslosigkeit zwei weitere Formen von Arbeitslosigkeit auftreten, die vor allem in nicht-stationären (dynamischen) Volkswirtschaften existieren: **strukturelle** und **friktionelle Arbeitslosigkeit**. Strukturelle Arbeitslosigkeit resultiert aus der Heterogenität des Faktors Arbeit, während friktionelle Arbeitslosigkeit eine Folge der unvollständigen Markttransparenz von Arbeitsanbietern und -nachfragern ist.

In der vorangegangenen Analyse wurde der Arbeitsmarkt immer als vollständiger Konkurrenzmarkt aufgefasst. Ein solcher Markt ist insbesondere durch die Homogenität des Arbeitskräftepotentials und durch vollständige Transparenz gekennzeichnet. Homogenität des Faktors Arbeit bedeutet, dass die Arbeitsqualität und die Arbeitsplätze jeweils in allen Produktionssektoren als völlig gleichartig angesehen werden, so dass bei einer Änderung der Produktionsstruktur jederzeit ein Wechsel ohne vorherige Umschulungsmaßnahmen von einem Sektor in einen anderen möglich ist. Bei vollständiger Markttransparenz haben alle Arbeitsanbieter eine vollständige Übersicht über die offenen Stellen am Arbeitsmarkt, während die Arbeitsnachfrager vollständig über das herrschende Arbeitsangebot informiert sind. Solche Vollkommenheitsannahmen treffen für den real existierenden Arbeitsmarkt nicht zu, so dass die strukturelle und friktionelle Arbeitslosigkeit zu berücksichtigen sind.

Strukturelle Arbeitslosigkeit tritt vor allem in einer wachsenden Volkswirtschaft auf, die durch sektoralen Wandel, d.h. durch Änderungen in der Produktionsstruktur und durch Änderungen der individuellen Präferenzen, gekennzeichnet ist. Solche Änderungen haben zur Folge, dass sich die Sektoren einer Volkswirtschaft nicht gleichmäßig entwickeln, sondern dass es gleichzeitig expandierende und schrumpfende Wirtschaftszweige gibt. In den wachsenden Sektoren entsteht ein Nachfrageüberschuss an Arbeit ($N\ddot{U}_s$), während in den schrumpfenden Sektoren Arbeitskräfte freigesetzt werden, woraus ein Angebotsüberschuss an Arbeit ($A\ddot{U}_s$) resultiert. Strukturelle Arbeitslosigkeit ergibt sich dann daraus, dass die in den schrumpfenden Branchen tätigen Arbeitskräfte wegen unterschiedlicher Arbeitsqualifikationen in beiden Sektoren nicht ohne weiteres in die expandierenden Branchen überwechseln können.[7] Der strukturellen Unterbeschäftigung in Höhe von $A\ddot{U}_s$ in den schrumpfenden Sektoren steht dann ein Arbeitsnachfrageüberschuss in Höhe von $N\ddot{U}_s$ in den wachsenden Sektoren gegenüber, ohne dass dieser kurzfristig durch $A\ddot{U}_s$ ausgeglichen werden kann. Angenommen, es gilt gerade $N\ddot{U}_s = A\ddot{U}_s$. Für den Arbeitsmarkt als Ganzes besteht dann zwar ein makroökonomisches Gleichgewicht, sektoral bzw. strukturell gesehen liegt jedoch ein Ungleichgewicht vor. Für den gesamten Arbeitsmarkt besagt die Bedingung $N\ddot{U}_s = A\ddot{U}_s$, dass der gesamtwirtschaftliche Nachfrageüberschuss an Arbeit mit dem Angebotsüberschuss an Arbeit übereinstimmt oder – im Sinne der Arbeitslosenstatistik – dass die Zahl der arbeitslos gemeldeten Erwerbspersonen $A\ddot{U}_s$ gleich der Zahl der offenen Stellen $N\ddot{U}_s$ ist. Gesamtwirtschaftlich ist dies eine Gleichgewichtsbedingung; trotzdem existiert Arbeits-

---

[7]Besonders deutlich wird dies durch den Wandel einer Volkswirtschaft von einer (schrumpfenden) Industrie- zu einer (wachsenden) Dienstleistungsgesellschaft. Verliert ein Industriearbeiter seinen Arbeitsplatz, so erfordern neu angebotene Stellen im Dienstleistungsbereich häufig Qualifikationsmerkmale, über die der Arbeitnehmer aufgrund seiner industriespezifischen Kenntnisse nicht verfügt. Ohne Umschulungsmaßnahmen stehen ihm im Dienstleistungssektor häufig nur solche Arbeitsplätze offen, die nur mit geringen Qualifikationsanforderungen und einer geringen Entlohnung verbunden sind.

losigkeit aus sektoralen und merkmalbezogenen Disparitäten zwischen Arbeitsnachfrage und Arbeitsangebot. Man spricht daher auch von **Mismatch-Arbeitslosigkeit**.

In ähnlicher Weise lässt sich **friktionelle** Arbeitslosigkeit erklären. Arbeitsanbieter und -nachfrager besitzen in der Regel keine vollständige Information über die Arbeitsmarktlage. Offene Stellen werden deswegen nicht besetzt, weil potentiellen Arbeitnehmern diese Stellen nicht bekannt sind. Bei unvollständiger Marktübersicht wird ein Beschäftigungsloser nicht sofort jede ihm angebotene Stelle annehmen, sondern sich zunächst Informationen über die Situation am Arbeitsmarkt beschaffen. Es entsteht dann **Sucharbeitslosigkeit** oder friktionelle Arbeitslosigkeit aufgrund dieser Informationsmängel. Für die Unternehmen gilt entsprechend, dass diese ebenfalls zunächst geeignete Arbeitskräfte suchen werden, bevor sie Neueinstellungen vornehmen. Auch bei Vorliegen von friktioneller Arbeitslosigkeit, die vor allem in Ländern mit hoher Faktormobilität von Bedeutung ist, kann wiederum gesamtwirtschaftlich gesehen ein Gleichgewicht am Arbeitsmarkt vorliegen. Dies ist der Fall, wenn der aus der friktionellen Arbeitslosigkeit resultierende Angebotsüberschuss an Arbeit ($A\ddot{U}_f$) mit dem Nachfrageüberschuss an Arbeit ($N\ddot{U}_f$) aufgrund unvollständiger Marktübersicht übereinstimmt: $A\ddot{U}_f = N\ddot{U}_f$.

Fasst man die beiden Gleichgewichtsbedingungen bei Vorliegen von struktureller und friktioneller Arbeitslosigkeit zu der Bedingung

$$\underbrace{A\ddot{U}_s + A\ddot{U}_f}_{A\ddot{U}} = \underbrace{N\ddot{U}_s + N\ddot{U}_f}_{N\ddot{U}} \tag{5.31}$$

zusammen, so charakterisiert die linke Seite von (5.31) den gesamten Angebotsüberschuss an Arbeit aus strukturellen und friktionellen Gründen ($A\ddot{U}$), die rechte Seite den entsprechenden Nachfrageüberschuss ($N\ddot{U}$). Das Arbeitsmarktdiagramm in Abbildung 5.7 ist dann wie in Abbildung 5.8 zu modifizieren.

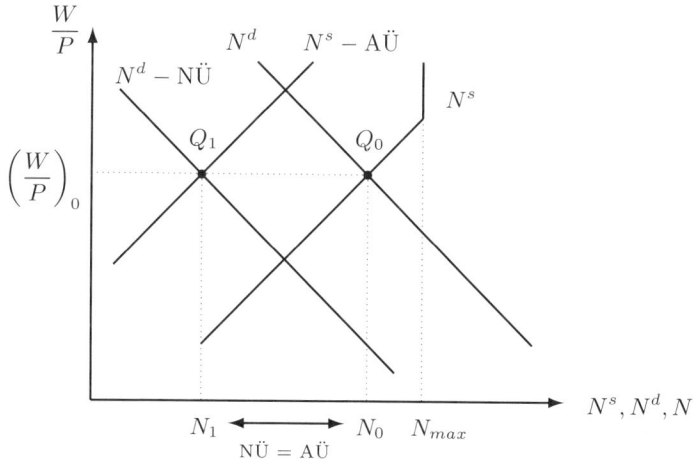

Abb. 5.8: *Arbeitsmarktgleichgewicht bei struktureller und friktioneller Arbeitslosigkeit*

Unter Vollbeschäftigung wurde bisher diejenige Beschäftigungsmenge verstanden, wel-

che sich in einem neoklassischen (mikroökonomischen) Arbeitsmarktmodell ohne Marktunvollkommenheiten im Schnittpunkt von Arbeitsangebots- und -nachfragefunktion ergibt (Punkt Q_0 in Abbildung 5.8). Berücksichtigt man die faktisch gegebene Heterogenität der Arbeit sowie die unvollständige Markttransparenz, so verschiebt sich die für
einen vollkommenen Markt aufgestellte Arbeitsangebotsfunktion N^s unter Beibehaltung von N_{max} nach links. Entsprechend verlagert sich die neoklassische Arbeitsnachfragekurve N^d nach links, wenn der Nachfrageüberschuss aufgrund der bestehenden
Marktunvollkommenheiten berücksichtigt wird. Bei Gültigkeit von Bedingung (5.31)
werden die Kurven N^d und N^s in gleichem Ausmaß nach links verschoben, so dass sich
ein neues Arbeitsmarktgleichgewicht (Q_1) beim gleichen Reallohnsatz $(\frac{W}{P})_0$ ergibt. Die
gleichgewichtige Beschäftigung ist jetzt von N_0 auf N_1 gesunken, da der gesamtwirtschaftliche Nachfrageüberschuss in Höhe von NÜ trotz Vorliegen eines gleich großen Angebotsüberschusses AÜ nicht befriedigt werden kann. In Abbildung 5.8 charakterisiert
die Differenz $N_0 - N_1$ das Ausmaß an friktioneller und struktureller Arbeitslosigkeit.
Neben der freiwilligen Arbeitslosigkeit treten diese beiden Formen von Arbeitslosigkeit
trotz Vorliegen eines Arbeitsmarktgleichgewichts auf.

Bei der strukturellen und friktionellen Arbeitslosigkeit handelt es sich um „unvermeid-
bare" Arbeitslosigkeit, die eine Begleiterscheinung dynamischer Volkswirtschaften ist,
welche durch einen ständigen Strukturwandel sowie eine hohe Fluktuation der Arbeitskräfte gekennzeichnet sind. Man spricht daher auch von **natürlicher** oder **normaler
Arbeitslosigkeit** (M. Friedman, 1968). Die natürliche Arbeitslosigkeit ist die auch bei
Vollbeschäftigung existierende Arbeitslosigkeit. Sie setzt sich aus der freiwilligen Arbeitslosigkeit, der strukturellen und der friktionellen Arbeitslosigkeit zusammen. Die
natürliche Arbeitslosigkeit hat als **Vollbeschäftigungs-Arbeitslosigkeit** nichts mit
einem „falschen" (nicht-markträumenden) Reallohn ($W/P \neq (W/P)_0$) oder einer Nachfragelücke am Gütermarkt ($Y^d < Y^s = Y(N_1, \overline{K})$) zu tun, sondern resultiert allein aus
den Unvollkommenheiten des Arbeitsmarktes. Sie ist im Wesentlichen durch strukturelle
oder friktionelle Faktoren bedingt und nicht durch konjunkturelle Faktoren (Nachfrage-
mangel) oder Preisrigiditäten am Güter- und Arbeitsmarkt, die zu Abweichungen vom
gleichgewichtigen Reallohn führen.[8] Erfahrungsgemäß ist die gleichgewichtige Arbeitslosenquote im internationalen Vergleich unterschiedlich groß und auch im Zeitablauf
nicht konstant. Nach Schätzungen der OECD war die natürliche Arbeitslosenquote in
Europa in den 1960er Jahren allgemein sehr niedrig und hat seitdem erheblich in meh-
reren Sprüngen zugenommen, während sie in den USA und Kanada weitgehend stabil
geblieben ist (5 bis 6%). In Deutschland ist sie von ca. 1% in den 1960er Jahren auf rund
3% in den 1970er Jahren angestiegen, wofür vor allem die Ölpreisschocks verantwortlich gemacht werden. In den 1980er Jahren hat sich die gleichgewichtige Arbeitslosenquote trotz des Rückgangs der Rohölpreise und des lang anhaltenden wirtschaftlichen
Aufschwungs weiter erhöht, und zwar auf ca. 6%. Auch in den 1990er Jahren ist die
natürliche Arbeitslosenquote nicht stabil geblieben, sondern hat sich weiter erhöht. Sie
liegt heute bei rund 8 bis 9%.[9] Unter Berücksichtigung einer Arbeitslosenquote in Höhe
von 10% wird hierbei deutlich, dass die Arbeitslosigkeit in Deutschland hauptsächlich

---

[8]Die hieraus resultierende Arbeitslosigkeit würde man als **konjunkturelle** bzw. **reallohnindu-
zierte Arbeitslosigkeit** bezeichnen.

[9]Man spricht in diesem Zusammenhang auch von einem **Hysteresiseffekt**, weil vermutet wird, dass
von vergangenen Rezessionen eine dauerhafte Änderung der strukturellen Arbeitsmarktbedingungen
hervorgerufen wird, so dass auch nach dem Fortfall dieser Schocks ein lang andauernder Einfluss auf die

auf strukturellen und friktionellen Ursachen beruht.[10]

Für die Zunahme der natürlichen Arbeitslosenrate kann eine Reihe von Gründen angeführt werden. So wird den Gewerkschaften ein Insider-Outsider-Verhalten unterstellt, demzufolge sie in Tarifverhandlungen eher an höheren Löhnen für ihre beschäftigten Mitglieder (Insider) als an einer Wiedereinstellung der Arbeitslosen (Outsider) interessiert sind und deshalb in den Lohnverhandlungen nicht die Interessen der Arbeitslosen verfolgen, d.h. keine Politik der Lohnzurückhaltung betreiben. Weiter wird vermutet, dass Arbeitslose relativ schnell ihr Humankapital, d.h. ihre berufsspezifischen Qualifikationen, verlieren und daher nur schwer wiedervermittelbar sind. Außerdem sind die Betroffenen zur Übernahme einer schlechter bezahlten Tätigkeit oft nicht bereit, weil beispielsweise die Bezahlung nur geringfügig höher ausfällt als die Lohnersatzleistungen des Staates (Arbeitslosengeld). Der fortdauernde Anstieg der gleichgewichtigen Arbeitslosenquote wird aber auch mit Behinderungen der Marktkräfte auf dem Arbeitsmarkt begründet. Hierzu zählen neben monopolistischen Strukturen (starker Einfluss der Gewerkschaften, relativ hoher Zentralisierungsgrad der Tarifverhandlungen) vor allem staatliche Regulierungen (Mindestlöhne, Allgemeinverbindlichkeitserklärung von Tarifverträgen, Sozialpläne bei Entlassungen) und das System der sozialen Sicherung (Arbeitslosenunterstützung).

Generell kann gesagt werden, dass grundlegende Änderungen in der ökonomischen, demographischen und sozialpolitischen Struktur einer Volkswirtschaft (wie Energieverteuerung, zunehmende Mikroelektronik und Informationsverarbeitung, Entwicklung neuartiger Technologien, Globalisierung der Märkte, Änderung der Bevölkerungsstruktur sowie fehlende Anreize zur Aufnahme von Arbeit aufgrund gestiegener staatlicher Transferleistungen) zu einem Anstieg der natürlichen Arbeitslosenquote führen. Eine Reduktion dieser Größe ist nicht mit den traditionellen Instrumenten der Geld- und Fiskalpolitik möglich, da diese an den Niveaugrößen der gesamtwirtschaftlichen Güternachfrage ansetzen; vielmehr sind hierzu geeignete Maßnahmen der Angebotssteuerung, die zu einer Verbesserung der Angebotsbedingungen einer Volkswirtschaft führen, erforderlich.

Auswirkungen von Preisänderungen bei flexiblem Lohnsatz

Im Rahmen einer Partialanalyse des gesamtwirtschaftlichen Arbeitsmarktes ist das Güterpreisniveau P eine exogen vorgegebene Größe: $P = P_0$. Der gleichgewichtige Nominallohnsatz W_0 berechnet sich dann nach der Formel

$$W_0 = (W/P)_0 \cdot P_0. \tag{5.32}$$

In dieser Gleichung ist $(W/P)_0$ der Gleichgewichtsreallohn, welcher geplantes Arbeitsangebot und geplante Arbeitsnachfrage genau zum Ausgleich bringt. Kommt es jetzt zu exogenen Änderungen des Güterpreisniveaus, so hat dies bei zunächst unverändertem Nominallohn Auswirkungen auf den Reallohn, so dass sich ein Ungleichgewicht auf

---

natürliche Arbeitslosenquote ausgeht. Allgemein bedeutet Hysteresis das Fortbestehen eines Zustandes, auch wenn die Ursache dafür nicht mehr existent ist.

[10]Es werden zur Messung des Niveaus der natürlichen Arbeitslosenquote eine Reihe komplexer ökonometrischer Verfahren durchgeführt, wobei sich eine eindeutige Bestimmung als schwierig erweist. Hierzu sei auf die Arbeit von Franz (2003) verwiesen.

dem Arbeitsmarkt ergibt. Abbildung 5.9 zeigt die Wirkungen einer Steigerung von P. Solange der Nominallohn nicht reagiert, ergibt sich eine Senkung des Reallohnsatzes, die wiederum mit einer Zunahme der Arbeitsnachfrage und einer Verminderung des Arbeitsangebots verbunden ist.[11] Beim gesunkenen Reallohn W_0/P_1 weist der Arbeitsmarkt eine Überschussnachfrage (ÜN) auf: $N_1^d > N_1^s$.

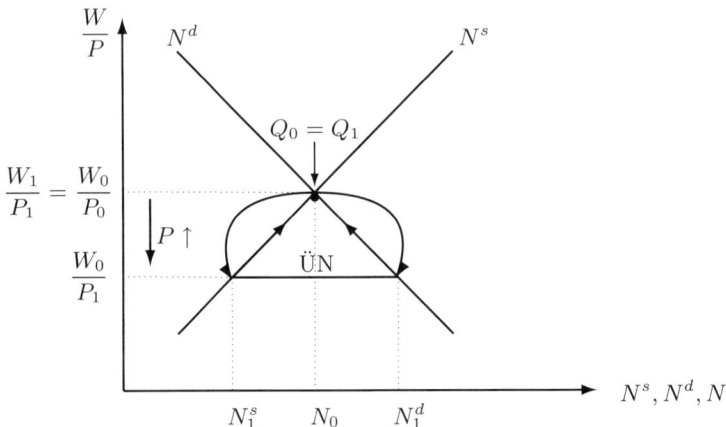

Abb. 5.9: *Preissteigerung bei Lohnsatzflexibilität*

Wird ein flexibler Geldlohnsatz unterstellt, bleibt das Ungleichgewicht auf dem Arbeitsmarkt nicht bestehen. Infolge der Überschussnachfrage nach Arbeit steigt der Nominallohn W an, so dass sich bei jetzt unverändertem Preisniveau $P = P_1$ auch der Reallohn erhöht; die Folge ist, dass das Arbeitsangebot wieder zunimmt, während gleichzeitig die Arbeitsnachfrage sinkt. Der Geldlohnsatz wird solange ansteigen, bis auf dem Arbeitsmarkt wieder ein Gleichgewicht herrscht (Punkt Q_1 in Abbildung 5.9). Da der Reallohn wieder auf sein Ausgangsniveau zurückkehrt ($W_1/P_1 = W_0/P_0$), stimmen altes und neues Gleichgewicht überein ($Q_0 = Q_1$).

Eine analoge Situation liegt vor, wenn eine exogene Senkung des Güterpreisniveaus P eintritt (zum Beispiel aufgrund eines Überschussangebots auf dem Gütermarkt). Vorübergehend tritt dann wegen der Steigerung des Reallohns ein Überschussangebot an Arbeit (ÜA) auf (Abbildung 5.10). Beim höheren, nicht-marträumenden Reallohnsatz W_0/P_1 gibt es Arbeitskräfte, die Arbeit anbieten, aber keine Beschäftigung finden, weil die Arbeitsnachfrage zu gering ist; daher tritt **unfreiwillige Arbeitslosigkeit** auf. Diese Form der Arbeitslosigkeit bleibt nicht bestehen, wenn der Arbeitsmarkt wie ein Konkurrenzmarkt funktioniert, d.h. der Nominallohn W vollkommen flexibel auf das Ungleichgewicht am Arbeitsmarkt reagiert. Nach dieser neoklassischen Sichtweise sind die Nominallöhne – wenn auch mit einer gewissen zeitlichen Verzögerung –

---

[11]Das Arbeitsangebot N^s wird allerdings nur bei einer Dominanz des Substitutionseffekts über den Einkommenseffekt zurückgehen; andernfalls würde durch die Senkung von W/P keine – gemessen am Vollbeschäftigungszustand N_0 – Überschussnachfrage am Arbeitsmarkt eintreten. Auf der anderen Seite wird die Zunahme der Arbeitsnachfrage N^d nur dann zustandekommen, wenn die Unternehmen erwarten, ein erhöhtes Güterangebot auch absetzen zu können.

auch nach unten voll flexibel, so dass sie sich gleichgerichtet mit den Güterpreisen entwickeln. Das Überschussangebot an Arbeit verursacht dann einen Rückgang von W, was gleichbedeutend mit einer Senkung des Reallohnsatzes W/P ist. Das Arbeitsangebot nimmt dadurch ab, während sich die Arbeitsnachfrage erhöht. Vermindert sich der Geldlohnsatz im Ausmaß der Preisniveausenkung, kehrt der Reallohn in sein ursprüngliches Niveau zurück, so dass Arbeitsangebot und -nachfrage wieder übereinstimmen.

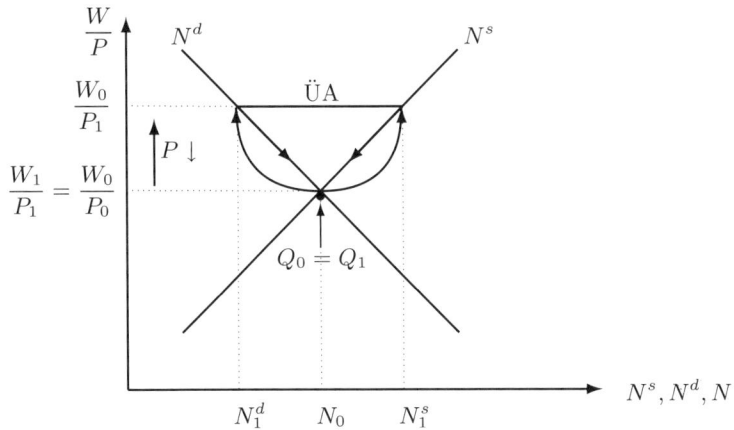

Abb. 5.10: *Preissenkung bei Lohnsatzflexibilität*

Auswirkungen von Preisänderungen bei starrem Lohnsatz

Exogene Preisänderungen lassen das Arbeitsmarktgleichgewicht nur dann unverändert, wenn damit proportionale gleichgerichtete Änderungen des Nominallohnsatzes einhergehen. Damit stellt sich die Frage nach den Wirkungen exogener Güterpreisänderungen bei starrem Geldlohnsatz. In der Realität treten Lohnstarrheiten aufgrund gesetzlicher Regelungen (Mindestlöhne oder Lohnersatzleistungen als Untergrenze für Tariflöhne) oder tariflicher Vereinbarungen zwischen Arbeitgebern und Gewerkschaften auf. In der Regel werden Tarifverträge mit einer bestimmten Laufzeit abgeschlossen, innerhalb der der Geldlohnsatz auf einem bestimmten Niveau fixiert ist. Kommt es dann aufgrund einer Überschussnachfrage am Gütermarkt zu Preissteigerungen, bleibt der Nominallohn auf seinem tariflich vereinbarten Niveau, so dass sich am Arbeitsmarkt wegen der Senkung des Reallohns eine Überschussnachfrage ergibt, die zumindest kurzfristig (d.h. während der Laufzeit der Tarifverträge) bestehen bleibt (vgl. Abbildung 5.9). Entsprechend erhält man ein Überschussangebot am Arbeitsmarkt bei einer Senkung des Güterpreisniveaus (vgl. Abbildung 5.10). Die Folge ist das Auftreten von unfreiwilliger Arbeitslosigkeit, die längerfristig bestehen bleiben kann, weil die Geldlöhne in der Realität nach unten weitgehend starr sind.[12] Diese über die natürliche Arbeitslosigkeit hinaus-

---

[12]Die Starrheit der Nominallöhne nach unten lässt sich nicht nur mit dem Insider-Outsider-Verhalten der Gewerkschaften begründen, die sich Lohnsenkungen in der Regel widersetzen, sondern auch mit dem Verhalten der Unternehmen, die häufig bereit sind, **Effizienzlöhne** zu zahlen, die über dem

gehende Arbeitslosigkeit ergibt sich als Folge eines „falschen" (nicht-markträumenden) Reallohnsatzes. Die aus Lohnstarrheiten resultierende Arbeitslosigkeit wird auch als **Wartearbeitslosigkeit** oder **klassische Arbeitslosigkeit** bezeichnet. Die Arbeitnehmer sind nicht deswegen ohne Beschäftigung, weil sie sich aktiv um einen Arbeitsplatz bemühen (Sucharbeitslosigkeit), sondern weil beim herrschenden Reallohn die Nachfrage nach Arbeit geringer ausfällt als das Arbeitsangebot. Die betroffenen Arbeitskräfte warten sozusagen darauf, dass Arbeitsplätze frei bzw. geschaffen werden. Von klassischer Arbeitslosigkeit wird gesprochen, weil der Reallohn aus klassisch-neoklassischer Sicht maßgeblich für das Entstehen von Arbeitslosigkeit verantwortlich ist.

Wenn auf dem Arbeitsmarkt aufgrund von Lohnstarrheiten geplantes Arbeitsangebot und geplante Arbeitsnachfrage voneinander abweichen, kann sich als realisierte (produktionswirksame) Beschäftigungsmenge nicht mehr der Vollbeschäftigungszustand N_0 einstellen; vielmehr ergibt sich unabhängig davon, ob der Reallohnsatz oberhalb oder unterhalb seines Gleichgewichtswertes liegt, stets ein Beschäftigungsniveau, das **kleiner** ausfällt als die gleichgewichtige Beschäftigungsmenge. Dies resultiert daraus, dass die realisierte oder effektive Beschäftigung, die in den Produktionsprozess eingesetzt wird, bei Vorliegen eines Arbeitsmarktungleichgewichts durch die **kurze Marktseite** determiniert wird, welche stets unterhalb des Vollbeschäftigungsniveaus N_0 liegt:

$$N = \begin{cases} N^s, & \text{falls} & N^s < N^d, & \text{d.h.} & (W/P) < (W/P)_0 \\ N^d, & \text{falls} & N^d < N^s, & \text{d.h.} & (W/P) > (W/P)_0 \end{cases}$$

(5.33)

$$= \min(N^s, N^d) < N_0.$$

In (5.33) ist $(W/P)_0$ der gleichgewichtige (markträumende) Reallohn. W/P bezeichnet dagegen den herrschenden Reallohn, wobei W auf dem Ausgangsniveau W_0 fixiert ist: $W = W_0$. Die „kurze" Marktseite, d.h. die jeweils kleinere der beiden Größen N^s und N^d (das Minimum von N^s und N^d), bestimmt das tatsächliche Niveau der Beschäftigung, während die „lange" Marktseite **rationiert** wird. Weicht der herrschende Reallohn vom gleichgewichtigen ab, fallen Arbeitsangebot und Arbeitsnachfrage auseinander, so dass N notwendigerweise kleiner ist als der Vollbeschäftigungszustand N_0. Da die produktionswirksame Beschäftigungsmenge über die gesamtwirtschaftliche Produktionsfunktion

$$Y^s = Y(N, \overline{K}) \qquad (Y_N > 0, \ Y_{NN} < 0)$$

(5.34)

das gesamtwirtschaftliche Güterangebot und wegen $Y = Y^s$ gleichzeitig auch das realisierte Inlandsprodukt Y festlegt, ergibt sich im Falle $N < N_0$ ein Niveau des Inlandsprodukts, das kleiner ausfällt als das Vollbeschäftigungseinkommen $Y_0 = Y(N_0, \overline{K})$. Abbildung 5.11 verdeutlicht diesen Sachverhalt.

Liegt der herrschende Reallohnsatz aufgrund eines exogenen Anstiegs des Preisniveaus P unterhalb des gleichgewichtigen (Fall a)), determiniert das Arbeitsangebot die produktionswirksame Beschäftigung ($N_1 = N_1^s$). Im Fall b) der Abbildung 5.11 tritt dagegen eine Situation der Arbeitsplatzrationierung auf. Der herrschende Reallohn $(W/P)_1$

Wertgrenzprodukt liegen. Dadurch sollen Fluktuationen und Ineffizienzen des Arbeitseinsatzes (wie zum Beispiel Fehlzeiten), die für Unternehmen mit hohen Kosten verbunden sind, möglichst vermieden werden.

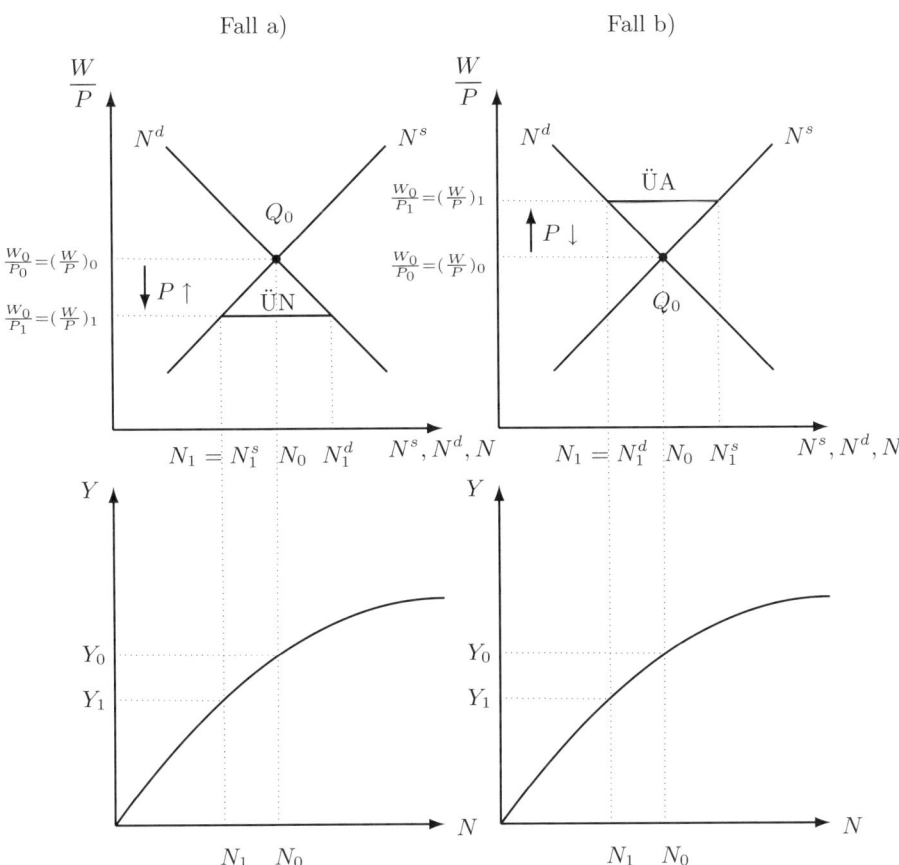

Abb. 5.11: *Preisänderungen bei starrem Geldlohnsatz*

befindet sich jetzt aufgrund einer Preissenkung oberhalb von $(W/P)_0$, so dass die Arbeitsnachfrage die kurze Marktseite ist, welche gleichzeitig das tatsächliche Beschäftigungsniveau bestimmt $(N_1 = N_1^d)$. Im Fall b) tritt unfreiwillige Arbeitslosigkeit auf, im Fall a) formal gesehen nicht, da in dieser Situation alle Arbeitnehmer, die beim niedrigen Reallohnsatz W_0/P_1 bereit sind zu arbeiten, voll zum Zuge kommen. In beiden Fällen ergibt sich auf dem Arbeitsmarkt kein Zustand der Vollbeschäftigung; vielmehr tritt, gemessen am Vollbeschäftigungsniveau N_0, Unterbeschäftigung in Höhe von $N_0 - N_1$ auf. Im Fall a) herrscht zwar nur freiwillige Arbeitslosigkeit; trotzdem liegt auch in dieser Situation kein ökonomisch effizienter Zustand vor, da sich die realisierte Beschäftigungsmenge bei einer Steigerung von W erhöhen würde.

Abbildung 5.11 verdeutlicht außerdem, dass das realisierte Inlandsprodukt in beiden Fällen unterhalb des Vollbeschäftigungseinkommens Y_0 liegt. Die damit einhergehende

Unterbeschäftigung in Höhe von $N_0 - N_1$ wird häufig auch als **konjunkturelle Arbeitslosigkeit** bezeichnet. Konjunkturelle Arbeitslosigkeit ist die über die natürliche Arbeitslosigkeit hinausgehende Arbeitslosigkeit. Sie resultiert nicht allein aus Lohnstarrheiten und damit verbundenen nicht-markträumenden Reallöhnen, sondern kann auch Folge falscher Preiserwartungen der Marktteilnehmer oder Folge einer Absatzbeschränkung der Unternehmen auf dem Gütermarkt sein (vgl. Abbildung 5.6).

Literatur zu Kapitel 5

Barro, R.J. (1997), *Macroeconomics*, 5th Edition, Cambridge (Mass.), Kapitel 2 und 6.

Burda, M.C.; C. Wyplosz (2005), *Macroeconomics: A European Text*, 4th Edition, Oxford [u.a.], Kapitel 6.

Dieckheuer, G. (2003), *Makroökonomik. Theorie und Politik*, 5., vollständig überarbeitete Auflage, Berlin [u.a.], Kapitel 5.

Heubes, J. (2001), *Makroökonomie*, 4. Auflage, München, Kapitel 1 (S. 65-72) und 2.

Mankiw, N.G. (2006), *Macroeconomics*, 6th Edition, New York, Kapitel 6.

Spezialliteratur

Franz, W. (2005), Will the (German) NAIRU Please Stand up?, in: *German Economic Review* 6, S. 131-153.

Friedman, M. (1968), The Role of Monetary Policy, in: *American Economic Review* 58, S. 1-17.

Lindbeck, A., D.J. Snower (1999), Insiders versus Outsiders, in: *Journal of Economic Perspectives* 15 (1), S. 165-188.

6   Totalanalyse geschlossener und kleiner offener Volkswirtschaften

In diesem Kapitel werden die Partialmodelle des Güter-, Geld- und Arbeitsmarktes (sowie des Devisenmarktes im Fall der offenen Volkswirtschaft) zu einem makroökonomischen Totalmodell zusammengefügt. Der Wertpapiermarkt wird dabei – wie schon bei der Analyse des Geldmarktes und des IS/LM-Systems – nicht explizit dargestellt, ist aber implizit in dem Gesamtsystem enthalten. Das bisher exogen angenommene gesamtwirtschaftliche Preisniveau P wird jetzt zu einer modellendogenen Variablen, die simultan mit dem realen Inlandsprodukt Y auf dem gesamtwirtschaftlichen Gütermarkt bestimmt wird. Die Ermittlung der Gleichgewichtswerte von P und Y erfolgt dabei mit Hilfe der **gesamtwirtschaftlichen Güternachfragefunktion** und der **gesamtwirtschaftlichen Güterangebotsfunktion**. Die gesamtwirtschaftliche Güternachfragefunktion ist von der allgemeinen Form

$$Y^d = Y^d(P) \tag{6.1}$$

und beschreibt eine Kausalbeziehung zwischen dem Güterpreisniveau P und der gesamtwirtschaftlichen Güternachfrage Y^d. Die Funktion resultiert aus dem nachfrageorientierten IS/LM-System, indem dort zu einem variablen Preisniveau P übergegangen wird. Da es sich bei dem IS/LM-Modell um ein Gleichgewichtsmodell handelt, ist die gesamtwirtschaftliche Güternachfragekurve eine Gleichgewichtskurve. Sie darf nicht mit einer mikroökonomischen Nachfragefunktion verwechselt werden, bei der es sich um eine reine, aus einem einzelwirtschaftlichen Optimierungsansatz resultierende Verhaltensfunktion (und nicht um eine Gleichgewichtsbeziehung) handelt.

Die gesamtwirtschaftliche Güterangebotsfunktion beschreibt die Entstehung des gesamtwirtschaftlichen Güterangebots Y^s. Sie ergibt sich aus der neoklassischen Produktionsfunktion

$$Y^s = Y(N, \overline{K}) \qquad (Y_N > 0, \quad Y_{NN} < 0), \tag{6.2}$$

indem man die auf dem Arbeitsmarkt bestimmte produktionswirksame Beschäftigungsmenge für alternative Werte des Güterpreisniveaus P ermittelt. Hierbei ist zwischen dem neoklassischen Fall eines vollkommen flexiblen Geldlohnsatzes und dem Keynesschen Fall eines nach unten starren Geldlohnsatzes zu unterscheiden. Im ersten Fall (Lohnsatzflexibilität) liegt der makroökonomischen Güterangebotsfunktion ein stets preisgeräumter gesamtwirtschaftlicher Arbeitsmarkt, d.h. ein Zustand der Vollbeschäftigung, zugrunde, im zweiten Fall (Lohnsatzrigidität) eine Abweichung vom Vollbeschäftigungsgleichgewicht.

Aus den verschiedenen Ausprägungen der gesamtwirtschaftlichen Güterangebotsfunktion sowie unterschiedlichen Verläufen der gesamtwirtschaftlichen Güternachfragefunktion resultieren verschiedene Versionen des makroökonomischen Totalmodells. Diese sollen sowohl für die geschlossene als auch für die offene Volkswirtschaft diskutiert werden. Dabei kann zwischen einer neoklassischen Gleichgewichtsanalyse, bei der auf allen Märkten ein Zustand des Marktausgleichs herrscht, und einer keynesianischen Gleichgewichtsanalyse, bei der sich der Arbeitsmarkt nicht im Zustand der Vollbeschäftigung befindet, unterschieden werden. Neben der Bestimmung des gesamtwirtschaftlichen Gleichgewichts im neoklassischen und keynesianischen Fall sollen außerdem die Wirkungen isolierter Maßnahmen der Geld- und Fiskalpolitik untersucht werden.

6.1   Das gesamtwirtschaftliche Güterangebot

In diesem Abschnitt soll nur die gesamtwirtschaftliche Güterangebotsfunktion für die geschlossene Volkswirtschaft bestimmt werden; die Herleitung der entsprechenden makroökonomischen Angebotsfunktion für den Fall offener Volkswirtschaften erfolgt erst im Abschnitt 6.5.

Zur Ermittlung der makroökonomischen Güterangebotsfunktion werden die Gleichungen des Arbeitsmarktes sowie die Gleichung für die gesamtwirtschaftliche Produktionsfunktion zu einer einzigen Gleichung zusammengefasst. Genauer ergibt sie sich, indem zu einem beliebig vorgegebenen Wert des Güterpreisniveaus P die zugehörige Beschäftigungsmenge N aus den Arbeitsmarktgleichungen ermittelt wird und anschließend über die Produktionsfunktion (6.2) das gesamtwirtschaftliche Güterangebot Y^s bestimmt wird. Bei der Herleitung der Angebotsfunktion aus diesem Angebotsteilmodell müssen wir – entsprechend der Partialanalyse des gesamtwirtschaftlichen Arbeitsmarktes – zwischen verschiedenen Flexibilitätsgraden des Geldlohnsatzes W unterscheiden. Einerseits kann W gemäß dem neoklassischen Paradigma vollkommen flexibel sein, andererseits kann W nach keynesianischer Vorstellung eine gewisse Rigidität aufweisen. Dies führt auf unterschiedliche Verläufe der makroökonomischen Güterangebotsfunktion, die im Folgenden diskutiert werden sollen.

6.1.1   Angebotsfunktion bei flexiblem Geldlohnsatz

Bei völliger Flexibilität des Nominallohnsatzes W befindet sich der Arbeitsmarkt stets im Zustand der Vollbeschäftigung. Aus den Gleichungen des Arbeitsmarktes

$$N^s = N^s \overset{(+)}{(W/P)} \qquad\qquad\qquad (6.3)$$

$$N^d = N^d \overset{(-)}{(W/P)} \qquad\qquad\qquad (6.4)$$

$$N^s = N^d = N \qquad\qquad\qquad (6.5)$$

werden in eindeutiger Weise der gleichgewichtige Reallohn $(W/P)_0$ und die gleichgewichtige Beschäftigungsmenge N_0 bestimmt. Formal folgt dies daraus, dass sich das Partialmodell des Arbeitsmarktes (Gleichungen (6.3) bis (6.5)) auf zwei Gleichungen reduzieren lässt, aus denen die Gleichgewichtswerte von W/P und N resultieren:

$$N = N^s(W/P) = N^d(W/P) \quad \rightarrow \quad (W/P)_0, \; N_0. \qquad\qquad (6.6)$$

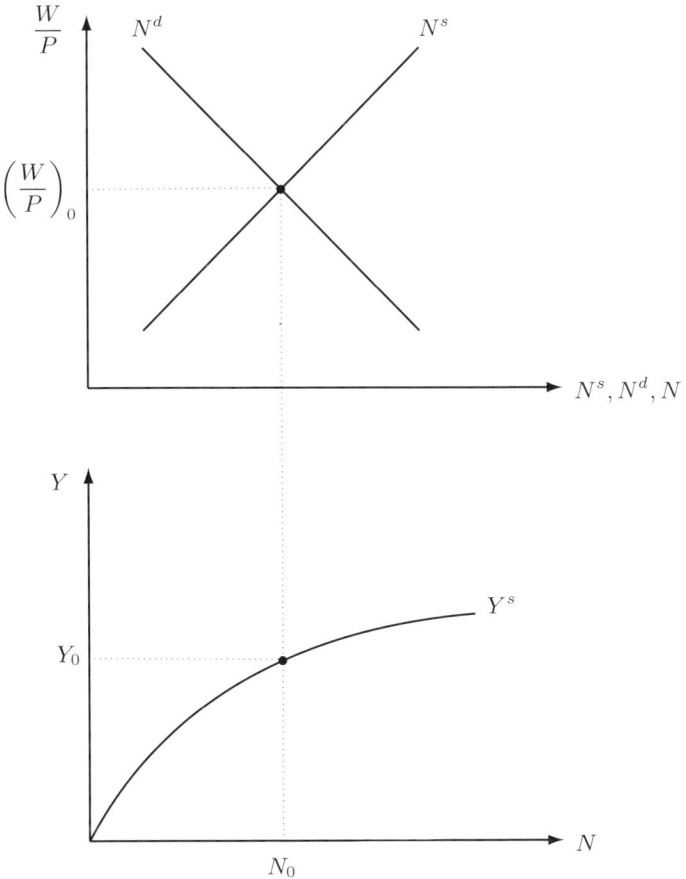

Abb. 6.1: *Einkommensbestimmung bei flexiblem Geldlohnsatz*

Gemäß der makroökonomischen Produktionsfunktion $Y^s = Y\left(N, \overline{K}\right)$ ist dann aber auch die Höhe des realen Inlandsprodukts Y festgelegt:

$$Y^s = Y(N, \overline{K}) \qquad \rightarrow \quad Y_0. \tag{6.7}$$

Bei vollkommener Lohnsatzflexibilität erfolgt die gesamtwirtschaftliche Einkommensbestimmung nur auf der Angebotsseite der Volkswirtschaft. Die Nachfrageseite, die durch das IS/LM-System verkörpert wird, spielt dabei keine Rolle. Wie anhand von Abbildung 6.1 zu erkennen ist, bestimmt das Angebotsmodell (6.6), (6.7) in eindeutiger Weise die Gleichgewichtswerte des Reallohnsatzes, der Beschäftigung und des realen Inlandsprodukts. Die Gleichgewichtswerte dieser Realgrößen hängen nicht vom Wert des Güterpreisniveaus P ab. Das gesamtwirtschaftliche Preisniveau legt lediglich die Höhe des Geldlohnsatzes W fest:

$$W = \left(\frac{W}{P}\right) \cdot P \quad \rightarrow \quad W_0. \tag{6.8}$$

Bei vorgegebenem Reallohn $(W/P)_0$ bestimmt das Preisniveau P gemäß der definitorischen Beziehung (6.8) die Höhe des Nominallohns W. Das Gleichungssystem (6.6), (6.7) wird dagegen nicht von Preisniveauvariationen tangiert. Wenn aber das angebotene und gleichzeitig realisierte Inlandsprodukt $Y^s = Y$ nicht vom gesamtwirtschaftlichen Preisniveau P abhängt, ergibt sich eine makroökonomische Güterangebotsfunktion, die vollkommen preisunelastisch ist (Abbildung 6.2).

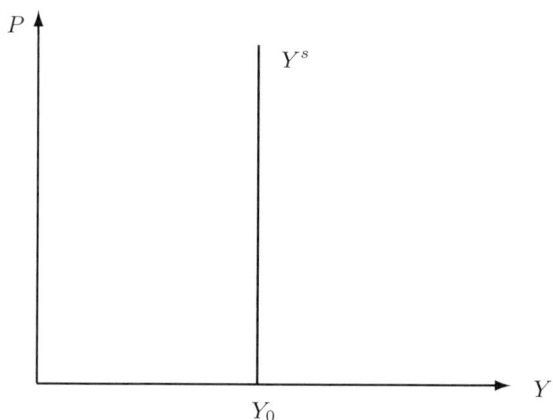

Abb. 6.2: Makroökonomische Güterangebotsfunktion bei Lohnsatzflexibilität

Abbildung 6.2 verdeutlicht, dass die Angebotsfunktion im P/Y-Diagramm vertikal verläuft, wenn von vollkommener Lohnsatzflexibilität ausgegangen wird. Zu jedem Wert des Güterpreisniveaus P gehört das gleiche Niveau des realen Inlandsprodukts Y, und zwar das **Vollbeschäftigungseinkommen** Y_0. Die Güterangebotsfunktion bei völlig flexiblen Preisen und Löhnen lautet somit

$$Y^s = Y_0. \qquad (6.9)$$

Sie lässt sich graphisch mit Hilfe eines 4-Quadranten-Schemas ermitteln, indem die Gleichungen des Angebotsmodells (6.3), (6.4), (6.5), (6.7) und (6.8) graphisch dargestellt werden (Abbildung 6.3). Die Gleichungen des Arbeitsmarktes werden dabei im dritten Quadranten abgebildet, die gesamtwirtschaftliche Produktionsfunktion (6.7) im vierten Quadranten und die Definitionsgleichung für den Geldlohnsatz W (Gleichung (6.8)) im zweiten Quadranten dieses Schemas.

In dem Angebotsmodell (6.3), (6.4), (6.5), (6.7) und (6.8) ist das Güterpreisniveau P eine modellexogene Variable, die erst durch die Erweiterung des Modells um das nachfrageorientierte IS/LM-System in endogener Weise bestimmt wird. Dagegen determiniert das Angebotsteilmodell für gegebenen Wert von P das Arbeitsangebot, die Arbeitsnachfrage, die realisierte Beschäftigungsmenge, den Reallohn, das reale Inlandsprodukt und den Geldlohnsatz. Das Preisniveau P bestimmt dabei lediglich das Niveau des Geldlohnsatzes W; die Festlegung der Realgrößen N^s, N^d, N, W/P und Y erfolgt unabhängig von P.

Abbildung 6.3 verdeutlicht, dass das Vollbeschäftigungseinkommen $Y = Y_0$ zustandekommt, wenn am Arbeitsmarkt die gleichgewichtige Beschäftigungsmenge N_0 realisiert wird. Hierzu muss wiederum am Arbeitsmarkt der gleichgewichtige Reallohnsatz
$(W/P)_0$ herrschen. Solange das Güterpreisniveau P nicht festliegt, gibt es beliebig viele

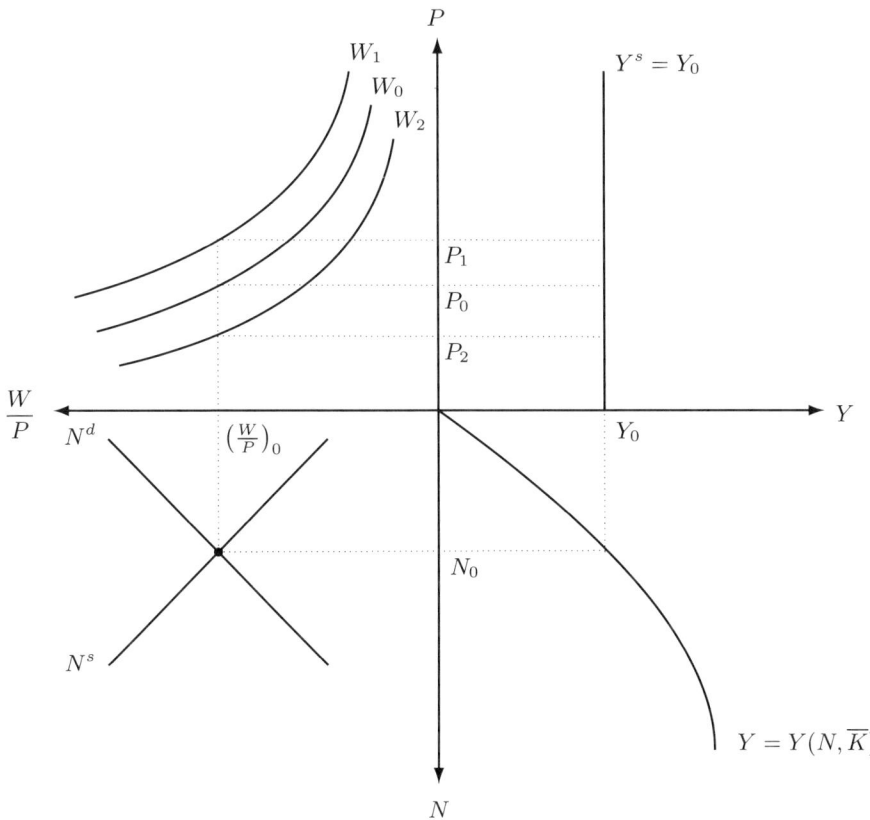

Abb. 6.3: *Bestimmung der gesamtwirtschaftlichen Güterangebotsfunktion bei Lohnsatzflexibi-*
lität

Kombinationen von W und P, für die der Quotient W/P mit dem Gleichgewichtsreallohn $(W/P)_0$ übereinstimmt. In Abbildung 6.3 wird dieser Sachverhalt durch die
Hyperbelschar im zweiten Quadranten dargestellt, wobei zu jeder Hyperbel wegen

$$P = W \cdot \frac{1}{W/P} \tag{6.10}$$

ein ganz bestimmter Nominallohn $W = W_i$ gehört.[1] Beim Preisniveau $P = P_0$ ergibt

---

[1]Dieser lässt sich ermitteln, indem man speziell für den Reallohn $W/P = 1$ setzt und im zweiten

sich aufgrund des festliegenden Reallohnsatzes $(W/P)_0$ ein gleichgewichtiger Nominallohn in Höhe von $W = W_0$. Steigt das Preisniveau von P_0 auf P_1 an, so ist hiermit – solange W nicht reagiert – ein Nachfrageüberschuss auf dem Arbeitsmarkt verbunden $(N^d > N^s)$, da der Reallohn sinkt; aufgrund der unterstellten vollkommenen Lohnsatzflexibilität kommt es jedoch zu einem proportionalen Anstieg des Geldlohnsatzes von W_0 auf W_1, so dass der Reallohn wieder in sein gleichgewichtiges Niveau $(W/P)_0$ zurückkehrt. Die Nominallohnsteigerung hat zur Folge, dass im zweiten Quadranten von Abbildung 6.3 die durch Gleichung (6.10) definierte Preis-Reallohnkurve nach oben verlagert wird. Entsprechend ergibt sich eine prozentual gleich große Senkung von W, falls P von P_0 auf P_2 sinkt. Bei völliger Flexibilität von W bewirken Änderungen des Güterpreisniveaus P sehr schnelle gleichgerichtete Anpassungen des Nominallohns W, so dass sich stets der Reallohn einstellt, der mit Vollbeschäftigung vereinbar ist. Die vollständige Flexibilität von Löhnen und Preisen stellt sicher, dass der Reallohn sehr schnell sein Gleichgewichtsniveau einnimmt, welches die Erreichung von Vollbeschäftigung bewirkt. Das gesamtwirtschaftliche Güterangebot ist unter diesen Bedingungen von der Höhe des Preisniveaus unabhängig, so dass die gesamtwirtschaftliche Güterangebotskurve im P/Y-Diagramm vertikal verläuft.

6.1.2   Angebotsfunktion bei nach unten starrem Geldlohnsatz

Neben der eben abgeleiteten neoklassischen Güterangebotsfunktion, die auf der vollkommenen Flexibilität von Preisen und Löhnen basiert, lässt sich eine weitere gesamtwirtschaftliche Angebotsfunktion entwickeln, die von der Starrheit der Geldlöhne ausgeht. Dabei kann zwischen vollkommener Lohnsatzrigidität und einem lediglich nach unten starren Geldlohnsatz unterschieden werden. Im Folgenden soll zunächst eine Güterangebotsfunktion unter der Annahme eines vollkommen starren Nominallohns entwickelt werden. Es handelt sich hierbei um das genaue Gegenstück zu einer neoklassischen Angebotsfunktion. Eine gesamtwirtschaftliche Angebotsfunktion bei völliger Lohnsatzrigidität entspricht nicht genau der Keynesschen Theorie. Ein fest vorgegebener Nominallohn, der auf Änderungen der Verhältnisse am Arbeits- und Gütermarkt nicht reagiert, ist eine extreme Form von Lohnstarrheit, da selbst bei einer Überschussnachfrage nach Arbeit zumindest kurzfristig keine Erhöhung des Nominallohns eintritt. Den theoretischen Vorstellungen von J.M. Keynes (1936, S. 8 ff.) entspricht dagegen ein lediglich nach unten starrer Geldlohnsatz, der jedoch nach oben vollkommen flexibel ist. Dies lässt sich damit begründen, dass sich die Arbeitsanbieter oder deren Interessenvertreter, die Gewerkschaften, gewöhnlich einer Senkung des Geldlohnsatzes widersetzen, nicht jedoch einer Steigerung des Lohnsatzes. Außerdem sind die Nominallöhne aufgrund institutioneller Gegebenheiten wie gesetzlicher Mindestlöhne oder Lohnersatzleistungen in ihrer Flexibilität nach unten begrenzt. Eine makroökonomische Güterangebotsfunktion, die in Einklang mit der Keynesschen Theorie steht, ist dadurch gekennzeichnet, dass der Nominallohn bei einem Überschussangebot an Arbeit, d.h. bei unfreiwilliger Arbeitslosigkeit, konstant bleibt, jedoch bei einer Überschussnachfrage nach Arbeit ansteigt.

Quadranten von Abbildung 6.3 das Lot durch diesen Punkt auf die W/P-Achse fällt; im Schnittpunkt mit der entsprechenden W_i-Hyperbel gilt dann $W_i = P_i$.

Vollkommene Lohnsatzrigidität

Es soll zunächst eine makroökonomische Güterangebotsfunktion bei vollständiger Starrheit des Geldlohnsatzes W hergeleitet werden. Ausgehend von einer Vollbeschäftigungssituation am Arbeitsmarkt ergibt sich die Angebotsfunktion aus der neoklassischen Produktionsfunktion, indem man zu alternativen Werten des Preisniveaus und gegebenem
Wert von W die jeweils zugehörige produktionswirksame (effektive) Beschäftigung ermittelt. Diese wird durch die kurze Marktseite bestimmt:

$$N = \min\{N^d(\overline{W}/P),\ N^s(\overline{W}/P)\} = \begin{cases} N^d, \text{ falls } N^d < N^s\ (P < P_0) \\[2mm] N^s, \text{ falls } N^d > N^s\ (P > P_0). \end{cases}$$

(6.11)

Hierbei ist P_0 dasjenige Preisniveau, welches bei gegebenem Geldlohnsatz $W = \overline{W}$ den
gleichgewichtigen Reallohn $(W/P)_0$ determiniert:

$$\left(\frac{W}{P}\right)_0 = \overline{W} \cdot \frac{1}{P_0} \quad \text{bzw.} \quad P_0 = \frac{\overline{W}}{(W/P)_0}.$$

(6.12)

Befindet sich der Arbeitsmarkt zunächst im Gleichgewicht und sinkt das Preisniveau

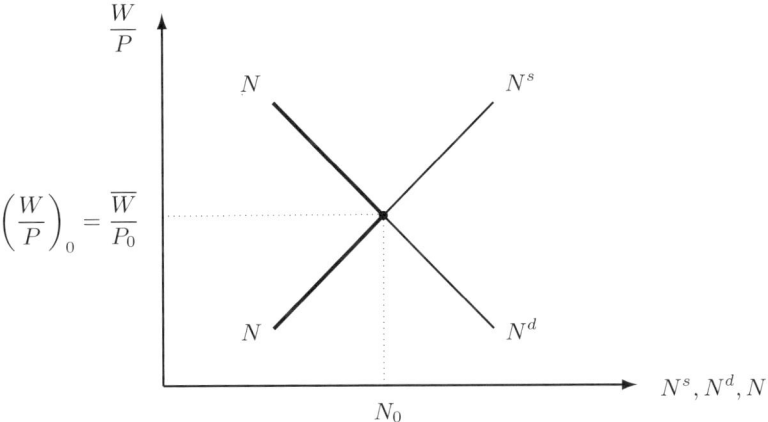

Abb. 6.4: *Produktionswirksame Beschäftigung bei konstantem Geldlohnsatz*

unter den Wert P_0, so entsteht aufgrund des damit verbundenen Anstiegs des Reallohns ein Überschussangebot am Arbeitsmarkt (N^d sinkt, N^s steigt); die effektive
Beschäftigungsmenge ist dann die Arbeitsnachfrage ($N = N^d$). Dagegen ist die Höhe
der Beschäftigung durch das Arbeitsangebot N^s gegeben, falls das Güterpreisniveau P
über P_0 hinaus ansteigt und somit der Reallohnsatz W/P sinkt; in diesem Fall ergibt sich
am Arbeitsmarkt eine Überschussnachfrage ($N^d > N^s$).[2] Die durch Gleichung (6.11)

---

[2]Voraussetzung für das Entstehen einer Überschussnachfrage ist, dass die Senkung von W/P zu

gegebene Beschäftigungsfunktion weist dann einen keilförmigen Verlauf auf (Abbildung 6.4). Oberhalb des gleichgewichtigen Reallohns $(W/P)_0$, d.h. im Falle $\overline{W}/P > \overline{W}/P_0$ bzw. $P < P_0$, ist die kurze Marktseite die Arbeitsnachfrage, so dass in diesem Bereich $N = N^d$ gilt. Unterhalb von $(W/P)_0$, d.h. im Falle $\overline{W}/P < \overline{W}/P_0$ bzw. $P > P_0$, gilt dagegen $N = N^s$, da hier das Arbeitsangebot kleiner als die Arbeitsnachfrage ausfällt.

Die makroökonomische Güterangebotsfunktion ergibt sich jetzt aus der neoklassischen Produktionsfunktion

$$Y^s = Y(N, \overline{K}) \quad (Y_N > 0, \ Y_{NN} < 0), \tag{6.13}$$

indem man in diese die Beschäftigungsfunktion (6.11) einsetzt; die erhaltene Funktion ist dann explizit vom Güterpreisniveau P abhängig. Da die Beschäftigungsfunktion einen geknickten Verlauf aufweist, gilt dies auch für die Güterangebotsfunktion bei Lohnsatzrigidität:

$$Y^s = \begin{cases} Y(N^d(\overline{W}/P), \overline{K}), & \text{falls} \quad N = N^d, \quad \text{d.h.} \quad P < P_0 \\ \\ Y(N^s(\overline{W}/P), \overline{K}), & \text{falls} \quad N = N^s, \quad \text{d.h.} \quad P > P_0. \end{cases} \tag{6.14}$$

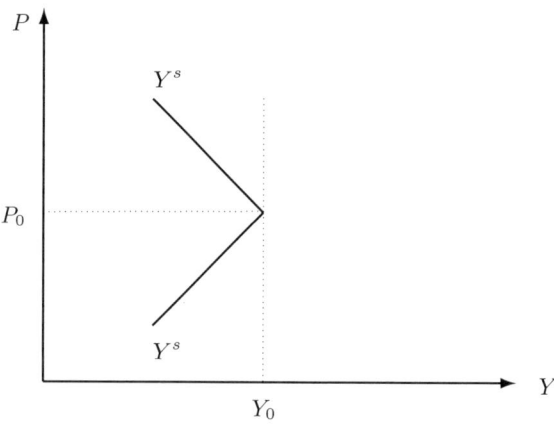

Abb. 6.5: *Güterangebotsfunktion bei konstantem Geldlohnsatz*

Abbildung 6.5 zeigt das Bild der Angebotsfunktion (6.14). Solange $P < P_0$ ist, ist die Arbeitsnachfrage die kurze Marktseite, welche die effektive Beschäftigung festlegt. In diesem Bereich besteht zwischen dem Preisniveau P und dem Güterangebot Y^s eine positive Beziehung, da mit wachsendem P der Reallohn W/P bei gegebenem W sinkt und somit die Arbeitsnachfrage N^d zunimmt; das gesamtwirtschaftliche Güterangebot Y^s erhöht sich dann auch. Gleichzeitig geht dadurch der Angebotsüberschuss

---

einem Rückgang des Arbeitsangebotes führt; bei niedrigen Reallöhnen ist auch eine Steigerung von N^s vorstellbar (Dominanz des Einkommens- über den Substitutionseffekt). Die kurze Marktseite braucht dann nicht mehr mit dem Arbeitsangebot übereinzustimmen.

auf dem Arbeitsmarkt zurück. Umgekehrt verhält es sich, wenn das Preisniveau P im Bereich oberhalb von P_0 ansteigt. Da hier das Arbeitsangebot die tatsächliche Beschäftigungshöhe festlegt und dieses bei einem Preisanstieg sinkt, geht auch das Güterangebot mit wachsendem P zurück, während gleichzeitig der Nachfrageüberschuss auf dem Arbeitsmarkt zunimmt. Insgesamt ergibt sich das in Abbildung 6.5 dargestellte keilförmige Gebilde. Der obere und untere Arm der Angebotsfunktion treffen sich beim Preisniveau P_0, da hier Arbeitsangebot und Arbeitsnachfrage zusammenfallen und somit das Vollbeschäftigungseinkommen Y_0 realisiert wird. Weicht dagegen P von P_0 ab, liegt die effektive Beschäftigung stets unterhalb des Vollbeschäftigungsniveaus, so dass auch das gesamtwirtschaftliche Güterangebot kleiner als das Vollbeschäftigungseinkommen Y_0 ausfällt.

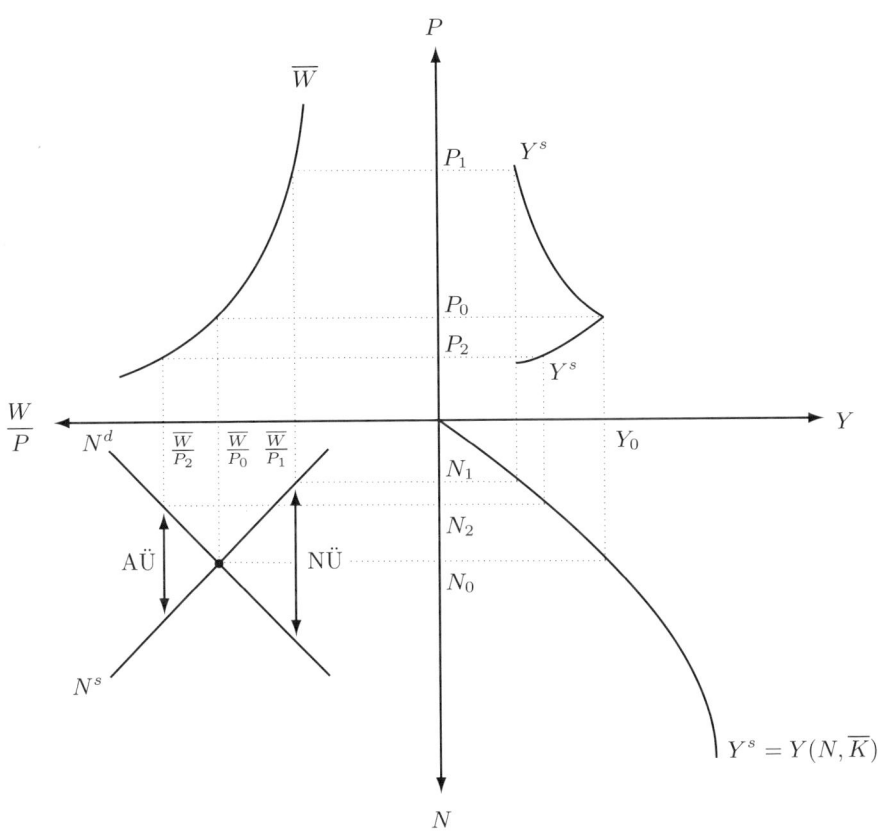

Abb. 6.6: *Makroökonomische Güterangebotsfunktion bei Lohnsatzrigidität*

Der genaue Verlauf der makroökonomischen Güterangebotsfunktion im P/Y-Diagramm lässt sich mit Hilfe eines zu Abbildung 6.3 analogen 4-Quadranten-Schemas ermitteln.

Im Unterschied zum dort dargestellten Fall der Angebotsfunktion bei vollkommener Lohnsatzflexibilität liegt jetzt – bei fest vorgegebenem Wert des Nominallohns – die Lage der von W abhängigen Preis-Reallohnkurve im zweiten Quadranten fest (Abbildung 6.6).

Abbildung 6.6 verdeutlicht, dass sich beim Gleichgewichtsreallohn $\overline{W}/P_0$ ein maximales Inlandsprodukt, und zwar das Vollbeschäftigungseinkommen Y_0, ergibt. Weicht das Preisniveau bei gegebenem Geldlohnsatz $W = \overline{W}$ vom Gleichgewichtsniveau P_0 ab, ist die realisierte Beschäftigung kleiner als das Vollbeschäftigungsniveau, so dass auch das makroökonomische Güterangebot unterhalb von Y_0 liegt. Im Falle $P = P_1 > P_0$ befindet sich der Reallohn auf dem niedrigen Niveau $\overline{W}/P_1$, so dass $N = N^s < N^d$ gilt, d.h. offene Stellen in Höhe des Nachfrageüberschusses NÜ auftreten. Ist dagegen $P = P_2 < P_0$, herrscht das hohe Reallohnniveau $\overline{W}/P_2$, und es ergibt sich unfreiwillige Arbeitslosigkeit in Höhe des Angebotsüberschusses AÜ. Zu beachten ist, dass im Falle $P = P_1$, d.h. bei dem niedrigen Reallohn $\overline{W}/P_1$, alle Arbeitsanbieter, die bei diesem Niveau von W/P arbeiten möchten, auch Arbeit finden; insofern tritt in dieser Situation nur freiwillige Arbeitslosigkeit auf. Die realisierte Beschäftigung in Höhe von N_1 sollte man aber nicht als Zustand der Vollbeschäftigung interpretieren, da bei geringem Reallohnsatz die freiwillige Arbeitslosigkeit groß ist und die gewünschte Arbeitsnachfrage größer als das gewünschte Arbeitsangebot ausfällt, so dass sich bei dem niedrigen Reallohn $\overline{W}/P_1$ ein ökonomisch nicht effizienter Zustand ergibt. Eine Preissenkung von P_1 auf P_0 würde gleichzeitig die Situation der Arbeitsanbieter und der Unternehmen verbessern, d.h. zu einem Anstieg der Beschäftigung und des Güterangebots führen. Insofern liegt die gesellschaftlich optimale Beschäftigungsmenge beim Gleichgewichtszustand $N = N_0$.

Keynessche Variante

Die Keynessche Variante der makroökonomischen Güterangebotsfunktion ist durch einen nach unten starren, nach oben jedoch flexiblen Geldlohnsatz gekennzeichnet. Die Rigidität des Nominallohns nach unten lässt sich mit der existierenden Mindestlohngesetzgebung und dem Verhalten der Gewerkschaften, die sich in der Regel aufgrund ihrer Verhandlungsmacht einer Senkung des Geldlohnsatzes widersetzen, begründen. Keynes (1936, S. 8 ff.) selbst verweist in seiner General Theory auf eine unterschiedliche Reaktionsweise der Arbeitnehmer auf eine Reallohnsenkung, je nachdem, ob diese durch eine Senkung des Nominallohns oder durch eine Steigerung des Güterpreisniveaus hervorgerufen wird. Erfolgt die Reallohnsenkung aufgrund einer allgemeinen Preissteigerung (Steigerung des Preisniveaus P), so ist der Widerstand der Arbeitnehmer gering, da hiervon alle Arbeiter gleichmäßig betroffen werden. Wird dagegen die Reallohnsenkung durch Kürzungen des Geldlohnsatzes verursacht, so wissen die Arbeitsanbieter nicht, ob hiervon alle Arbeiter in gleichem Maße tangiert werden. Sie widersetzen sich dann einer Senkung von W, so dass der Geldlohnsatz nach unten weitgehend starr ist. Dagegen ist der Reallohnsatz auch nach unten flexibel, sofern Senkungen von W/P durch Preissteigerungen hervorgerufen werden.

In der Realität wird der Geldlohnsatz in der Regel nicht unter ein einmal erreichtes Niveau absinken, da Lohnsenkungen aufgrund der Gewerkschaftsmacht nur schwer durchsetzbar sind. Die Interessen der Arbeitslosen, die oft zu Lohnzugeständnissen bereit sind, spielen in der Lohnpolitik der Gewerkschaften nur eine untergeordnete Rolle; vorrangig vertreten sie in den Lohnverhandlungen die Interessen ihrer beschäftigten Mitglieder, die nicht bereit sind, Lohnsenkungen hinzunehmen. Der Nominallohn ist dagegen nach oben durchaus veränderbar, insbesondere dann, wenn in einer Situation der Vollbeschäftigung eine Überschussnachfrage auf dem Arbeitsmarkt auftritt. Die Arbeitsanbieter werden sich einer Erhöhung des Geldlohnsatzes nicht widersetzen, so dass W flexibel auf die Überschussnachfrage reagieren kann. Wir erhalten damit einen dritten Fall der Nominallohnbildung, d.h. einen nach unten starren, aber nach oben flexiblen Geldlohnsatz. Dieser Fall ist eine Kombination der beiden bisher behandelten Fälle eines vollkommen flexiblen und eines vollkommen starren Geldlohnsatzes und führt auf eine Güterangebotsfunktion, die als **Keynessche Variante** der makroökonomischen Angebotsfunktion bezeichnet wird. Die Keynessche Variante ist dadurch gekennzeichnet, dass bei einem Überschussangebot an Arbeit ($N^s > N^d$), d.h. bei Vorliegen von Unterbeschäftigung, keine Senkung des Geldlohnsatzes eintritt, weil sich die Arbeiter einer solchen Senkung erfolgreich widersetzen. Im gesamten Unterbeschäftigungsbereich ist W dann nach unten starr ($W \geq \overline{W}$) – und zur Vereinfachung soll angenommen werden, dass er in diesem Bereich auch nach oben starr ist ($W \leq \overline{W}$). Der Geldlohnsatz soll auch dann nicht zunehmen, wenn die Arbeitsnachfrage bei fortbestehender Unterbeschäftigung ansteigt. W soll also im gesamten Unterbeschäftigungsbereich konstant bleiben:[3]

$$W = \overline{W}, \quad \text{falls} \quad N = N^d < N^s. \tag{6.15}$$

Liegt dagegen in der Ausgangssituation Vollbeschäftigung (im Sinne von $N^s = N^d$) vor und kommt es jetzt zu einer Überschussnachfrage nach Arbeit, so soll sich der Geldlohnsatz vollkommen flexibel nach oben anpassen. Im Zustand der Vollbeschäftigung sollen also die Zusammenhänge des neoklassischen Arbeitsmarktes gelten. Genauer soll im Zustand der Vollbeschäftigung folgendes gelten: Wenn sich das Preisniveau erhöht, ergibt sich wegen der Senkung des Reallohnsatzes eine Überschussnachfrage auf dem Arbeitsmarkt, welche wiederum eine proportionale gleichgerichtete Veränderung des Geldlohnsatzes zur Folge hat. Eine Beschäftigungssteigerung findet dann nicht statt. Kommt es dagegen im Zustand der Vollbeschäftigung zu einer Senkung des Preisniveaus, so entsteht auf dem Arbeitsmarkt ein Überschussangebot. Hiermit ist keine Anpassung des Geldlohnsatzes nach unten verbunden, da sich die Arbeiter einer Senkung von W widersetzen. Die Folge ist das Auftreten unfreiwilliger Arbeitslosigkeit. Der Geldlohnsatz W ist somit auch bei Vorliegen von Vollbeschäftigung nach unten starr, so dass ein einmal erreichtes Lohnniveau unabhängig von der Beschäftigungslage nach unten nicht wieder verlassen wird.

Die Keynessche Variante ist dadurch gekennzeichnet, dass die Arbeitsanbieter im Zustand der Vollbeschäftigung asymmetrisch, im Zustand der Unterbeschäftigung dagegen überhaupt nicht auf Änderungen des Preisniveaus P reagieren. Der Geldlohnsatz ist bis zur Vollbeschäftigungsgrenze vollkommen starr und im Zustand der Vollbeschäftigung nach oben (nicht jedoch nach unten) flexibel.[4] Man erhält dann eine makroökonomische

---

[3]Gegenüber der General Theory ist dies eine Vereinfachung, da Keynes (1936) unterstellt, dass der Geldlohnsatz auch im Unterbeschäftigungsfall bei steigendem N eine gewisse Steigerungstendenz aufweist. Dieser Fall wird am Ende von Abschnitt 6.4.2 behandelt.

[4]Alternativ könnte man auch den Fall betrachten, dass der Geldlohnsatz im Zustand der Voll-

Güterangebotsfunktion, die bis zur Vollbeschäftigungsgrenze preiselastisch verläuft und mit Erreichen des Vollbeschäftigungseinkommens vollkommen preisunelastisch wird. Die Lage des preiselastischen Bereichs der Angebotsfunktion wird dabei durch das herrschende Niveau des Geldlohnsatzes bestimmt (Abbildung 6.7).

Die Keynessche Variante ist eine Kombination der Angebotsfunktionen bei vollkommen flexiblem und vollkommen starrem Geldlohnsatz. Sie besteht aus einem Unterbeschäftigungsbereich und einem Vollbeschäftigungsbereich. Bei nach unten starrem und nach oben flexiblem Geldlohnsatz sind von den W-Hyperbeln im zweiten Quadranten immer nur die Bereiche links vom gleichgewichtigen Reallohnsatz $(W/P)_0$ von Relevanz. Der Punkt Q_0 (bzw. Q_1), welcher den Übergang vom Unterbeschäftigungs- zum Vollbeschäftigungsbereich markiert, hängt vom herrschenden Niveau des Geldlohnsatzes und damit von der Lage der W-Hyperbel ab. In der Ausgangssituation soll $W = W_0$ gelten. Sinkt in dieser Situation das Preisniveau von P_0 auf das kleinere Niveau P_2, so steigt der Reallohn von $(W/P)_0 = W_0/P_0$ auf das höhere Niveau $(W/P)_2 = W_0/P_2$; die Folge ist ein Angebotsüberschuss (AÜ) auf dem Arbeitsmarkt. Da sich die Arbeitsanbieter einer Senkung von W widersetzen, entsteht in Höhe von AÜ unfreiwillige Arbeitslosigkeit. Die realisierte Beschäftigung beträgt jetzt $N_2 < N_0$, womit wiederum der Punkt Q_2 im preiselastischen Bereich der makroökonomischen Güterangebotsfunktion korrespondiert.

Die Keynessche Variante der gesamtwirtschaftlichen Angebotsfunktion weist die besondere Eigenschaft auf, dass mit wachsendem Preisniveau nicht automatisch auch der Geldlohnsatz W ansteigt. Dieser erhöht sich mit wachsendem Preisniveau erst dann, wenn das Vollbeschäftigungseinkommen Y_0 erreicht ist. Im gesamten Unterbeschäftigungsbereich ist W konstant, so dass eine Rückkehr des Preisniveaus P von P_2 in seine Ausgangslage P_0 ohne Auswirkungen auf W ist.[5] Durch den Übergang von P_2 nach P_0 nimmt das gesamtwirtschaftliche Güterangebot wieder sein Vollbeschäftigungsniveau Y_0 an, da die realisierte Beschäftigung aufgrund der Senkung des Reallohns in den Vollbeschäftigungszustand N_0 zurückkehrt. Die Steigerung der Beschäftigung ist nur deshalb möglich, weil sich die Arbeitsanbieter annahmegemäß einer durch Preissteigerungen verursachten Senkung des Reallohns nicht widersetzen.

Befindet sich die Volkswirtschaft wieder im Zustand der Vollbeschäftigung (Punkt Q_0 in Abbildung 6.7) und findet jetzt eine Zunahme des gesamtwirtschaftlichen Preisniveaus P statt, erhöht sich auch der Nominallohnsatz W, und zwar in proportionaler Weise, so dass keine Änderung des Reallohns eintritt. Steigt beispielsweise das Preisniveau von P_0 auf P_1, so ergibt sich eine Lohnsatzsteigerung von W_0 auf W_1, wobei für W_1 wegen des konstant gebliebenen Reallohns gilt:

$$W_1 = (W/P)_0 \cdot P_1. \qquad (6.16)$$

W_1 ist jetzt die neue Untergrenze des Geldlohnsatzes W ($W \geq W_1$), so dass anstelle

---

beschäftigung eine gewisse Flexibilität nach unten aufweist, jedoch ein bestimmtes Mindestlohnniveau nicht unterschreitet. Preissteigerungen hätten dann keine Auswirkungen auf die Lage des preiselastischen Bereichs der Güterangebotsfunktion. Dieser Fall soll hier nicht analysiert werden.

[5]Unterstellt man, dass W auch im Unterbeschäftigungsbereich mit wachsendem P ansteigt, jedoch unterproportional zu P, so ergibt sich ein steiler verlaufender preiselastischer Bereich der Angebotsfunktion, da mit jedem Lohnanstieg eine höher gelegene als die W_0-Hyperbel von Relevanz ist. Siehe dazu Abschnitt 6.4.2.

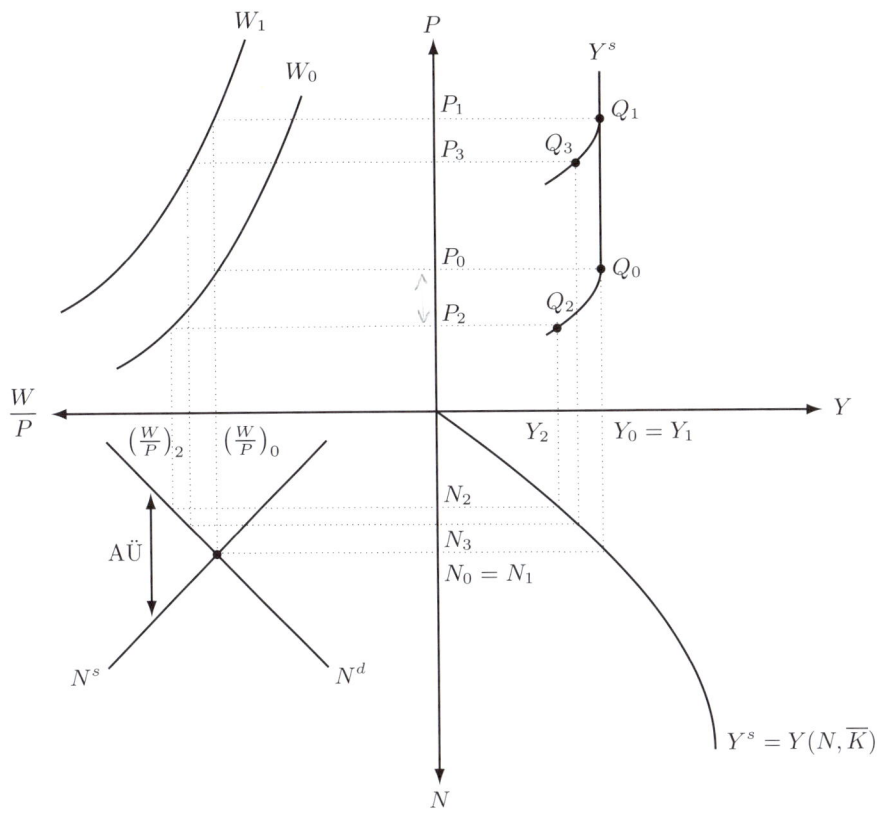

Abb. 6.7: *Keynessche Variante der makroökonomischen Güterangebotsfunktion*

der W_0-Hyperbel die oberhalb davon liegende W_1-Hyperbel gilt. Die Folge hiervon ist, dass eine infolge einer kontraktiven Nachfragestörung auftretende erneute Preissenkung von P_1 auf P_3 keine Auswirkungen auf den Nominallohn hat; dieser bleibt auf dem neuen Niveau W_1 liegen. Damit verschiebt sich aber der preiselastische Bereich der makroökonomischen Güterangebotsfunktion nach oben, wobei dieser beim gesamtwirtschaftlichen Preisniveau P_1 beginnt. Da ein einmal erreichtes Niveau des Geldlohnsatzes nach unten nicht wieder verlassen wird, wirkt der preiselastische Bereich der Angebotsfunktion wie eine Sperrklinke (**Ratchet-Effekt**). Eine Senkung des Preisniveaus im Zustand der Vollbeschäftigung hat im Fall der Keynesschen Variante stets unfreiwillige Arbeitslosigkeit zur Folge, da der Reallohn wegen der Konstanz von W ansteigt. In der neoklassischen Version der makroökonomischen Angebotsfunktion kann dieser Fall dagegen nicht eintreten, da dort W annahmegemäß auch nach unten flexibel ist.

Lageparameter der Güterangebotsfunktion

Der preiselastische Bereich der Keynesschen Angebotsfunktion ist durch die Gleichung

$$Y^s = Y(N^d(\overline{W}/P), \overline{K}) \tag{6.17}$$

gegeben und hängt parametrisch von dem exogen gegebenen Geldlohnsatz $W = \overline{W}$ ab. Abbildung 6.7 verdeutlicht, dass eine Steigerung von W bewirkt, dass sich der preiselastische Bereich der makroökonomischen Angebotsfunktion nach oben verlagert. Entsprechend würde ein Rückgang von W eine Verschiebung des preiselastischen Bereichs nach unten zur Folge haben, da hiermit – bei gegebenem P – eine Senkung von W/P verbunden ist, welche wiederum eine Steigerung von N^d und Y^s impliziert. Eine durch staatliche Maßnahmen induzierte Senkung von W setzt eine erfolgreiche Einkommenspolitik des Staates voraus (zum Beispiel ordnungspolitische Maßnahmen, die zu einer Verschärfung des Wettbewerbs am Arbeitsmarkt führen), jedoch ist dieser Fall wenig realistisch, da in der Bundesrepublik wegen der bestehenden Tarifautonomie nur eine Einkommenspolitik „der leichten Hand" (K. Schiller) betrieben werden kann.[6]

Für den preisunelastischen Bereich der makroökonomischen Güterangebotsfunktion gilt, dass sich seine Lage nur durch langfristig wirkende Faktoren verändert. Hierzu zählen der technische Fortschritt (Zunahme des technischen Wissens) sowie ein Anstieg der Erwerbsbevölkerung. So bewirkt **arbeitsplatzsparender technischer Fortschritt**, dass die gleiche Produktionsmenge mit geringerem Arbeitseinsatz hergestellt werden kann. Die Produktionsfunktion dreht sich dann nach oben, d.h. verläuft steiler, so dass sich bei jedem Niveau der Beschäftigung die Grenzproduktivität der Arbeit (d.h. die Steigung der Produktionsfunktion) erhöht (Abbildung 6.8).

Damit verschiebt sich aber auch die Arbeitsnachfragekurve N^d vom Ursprung weg, da diese im W/P-N-Diagramm mit der Kurve der Grenzproduktivität der Arbeit übereinstimmt. Wegen des Anstiegs der Grenzproduktivität dY/dN nimmt für jedes Niveau des Reallohnsatzes W/P die optimale (gewinnmaximale) Arbeitsnachfrage zu. Auf dem Arbeitsmarkt stellt sich dann aufgrund der Rechtsverschiebung der N^d-Kurve ein neues Gleichgewicht (Punkt Q_1) mit einer höheren Beschäftigungsmenge und einem gestiegenen Reallohn ein (Abbildung 6.8). Wenn sich aber die gleichgewichtige Beschäftigung erhöht, nimmt gemäß der neoklassischen Produktionsfunktion $Y^s = Y(N, \overline{K})$ auch der Vollbeschäftigungsoutput zu, so dass sich der preisunelastische und (wegen der Zunahme der Arbeitsnachfrage bei Vorliegen von Unterbeschäftigung) auch der preiselastische Bereich der makroökonomischen Güterangebotsfunktion nach rechts verlagern.

Kommt es zu einem **Anstieg der Erwerbsbevölkerung**, so schlägt sich dies im Arbeitsmarktdiagramm in einer Rechtsverschiebung der Arbeitsangebotsfunktion nieder. Bei jedem Niveau des Reallohnsatzes W/P nimmt jetzt das gesamtwirtschaftliche Arbeitsangebot zu, so dass das neue Arbeitsmarktgleichgewicht Q_1 im Vergleich zum Ausgangsgleichgewicht Q_0 durch eine höhere Beschäftigungsmenge und einen niedrigeren Reallohn gekennzeichnet ist (Abbildung 6.9).

---

[6]Denkbar sind dagegen – gerade in jüngerer Zeit – Lohnzugeständnisse durch die Gewerkschaften oder durch betriebliche Vereinbarungen, die aus einem verschärften internationalen Standortwettbewerb als Folge der zunehmenden Globalisierung resultieren.

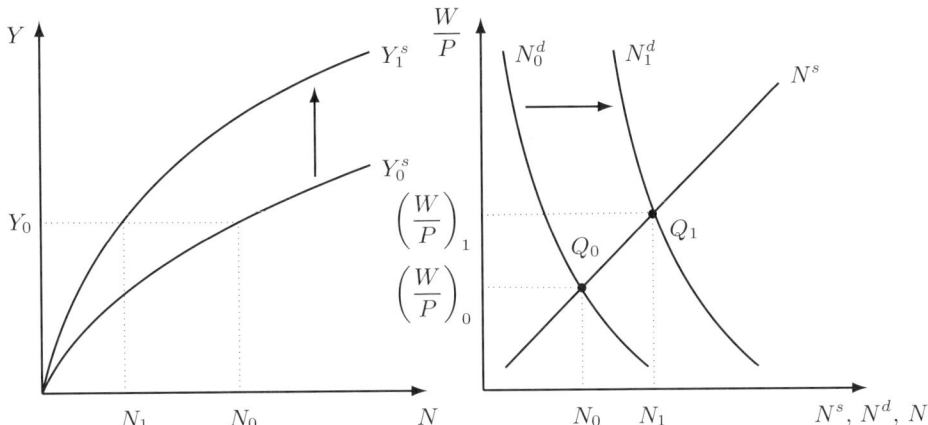

Abb. 6.8: *Die Wirkung des technischen Fortschritts*

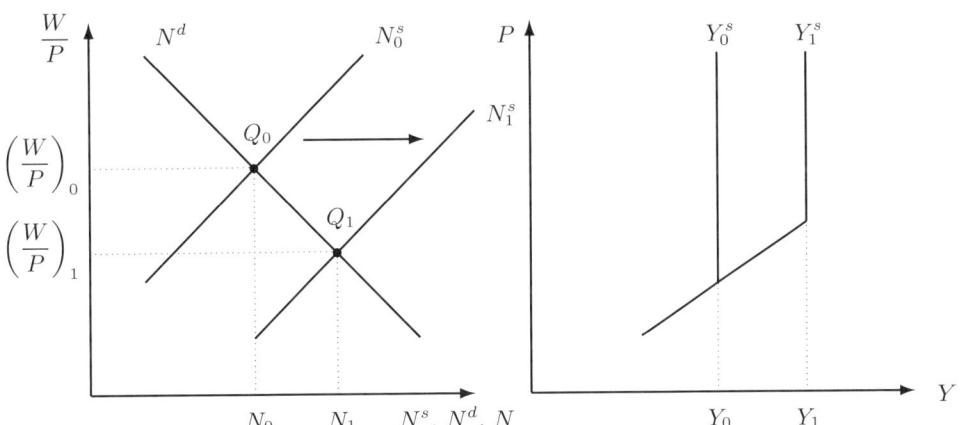

Abb. 6.9: *Anstieg der Erwerbsbevölkerung*

Hiermit korrespondiert ein höheres Gleichgewichtseinkommen, so dass sich auch in diesem Fall eine Rechtsverschiebung des vertikalen Bereichs der makroökonomischen Angebotsfunktion ergibt (Abbildung 6.9). Im Fall der Keynesschen Variante hat der Anstieg der Erwerbsbevölkerung keine Verlagerung des preiselastischen Bereichs der Güterangebotsfunktion zur Folge, da die Arbeitsnachfragekurve in der Lage unverändert bleibt.

Eine Zunahme des technischen Wissens oder der Erwerbsbevölkerung sind langfristig wirkende Faktoren, die die Angebotsseite der Volkswirtschaft beeinflussen und als „klassische" Ursachen für das Wirtschaftswachstum angesehen werden.[7] Kurzfristig gesehen handelt es sich hierbei um konstante Faktoren, so dass sie im Folgenden nicht weiter berücksichtigt werden.

6.2 Die gesamtwirtschaftliche Güternachfrage

Die gesamtwirtschaftliche Güternachfragekurve erfasst die Nachfrageseite der Volkswirtschaft und beinhaltet die Gleichgewichtswerte der Güternachfrage, die bei alternativen Werten des exogenen Preisniveaus P aus dem Güter-Geldmarkt-Gleichgewichtsmodell (IS/LM-System) resultieren. Sie ist allgemein von der Form

$$Y^d = Y(P) \quad \text{mit} \quad dY/dP < 0 \tag{6.18}$$

und enthält alle Kombinationen von gesamtwirtschaftlichem Preisniveau P und nachfrageseitig bestimmtem Realeinkommen Y, bei denen gleichzeitig Gleichgewicht auf dem Güter- und Geldmarkt herrscht. Dabei wird von einem vollkommen elastischen Güterangebot der Unternehmen ausgegangen. Zwischen gesamtwirtschaftlichem Preisniveau P und gesamtwirtschaftlicher Güternachfrage Y^d besteht ein negativer Zusammenhang, der sich wie folgt begründen lässt: Ein Anstieg von P hat keine unmittelbaren Auswirkungen auf die gesamtwirtschaftliche Güternachfrage, da bei unterstellter Freiheit von Geldillusion Komsumgüternachfrage, Investitionsnachfrage und staatliche Nachfrage unverändert bleiben. Damit kommt es aber auch zu keiner Lageveränderung der IS-Kurve

$$Y = C((1 - t)Y) + I(i) + G. \tag{6.19}$$

Das Preisniveau P ist kein eigenständiger Bestandteil dieser Gleichgewichtskurve. Eine Zunahme von P hat dagegen Auswirkungen auf die Lage der LM-Kurve

$$\frac{M}{P} = L(Y, i), \tag{6.20}$$

da das reale Geldangebot sinkt. Die hieraus resultierende Überschussnachfrage auf dem Geldmarkt kann bei gegebenem Wert des Realeinkommens Y nur über eine Steigerung des Zinssatzes abgebaut werden, da hierdurch die Spekulationskassenhaltung sinkt. Die Folge ist eine Linksverschiebung der LM-Kurve im Hicks-Diagramm, so dass sich ein neues **Güternachfragegleichgewicht** mit einem gesunkenen Wert des gesamtwirtschaftlichen Einkommens einstellt (Punkt Q_1 in Abbildung 6.10).

Der Rückgang des allein von der Nachfrageseite her determinierten Gleichgewichtseinkommens lässt sich damit erklären, dass die Zinssteigerung, die aus dem verstärkten Wertpapierangebot auf dem Wertpapiermarkt resultiert, eine Senkung der Investitionsnachfrage induziert, woraus sich wiederum ein Rückgang der gesamtwirtschaftlichen Güternachfrage ergibt. Zwischen Preisniveau P und Güternachfrage Y^d besteht somit ein negativer Zusammenhang (Abbildung 6.11).

---

[7]In der Realität treten zunehmend alternde Gesellschaften mit einer langfristig schrumpfenden Bevölkerung auf, die auch durch Zuwanderung nicht geschlossen werden kann. Der hiermit verbundene allmähliche Rückgang der Erwerbsbevölkerung wirkt dann dem technischen Fortschritt genau entgegen.

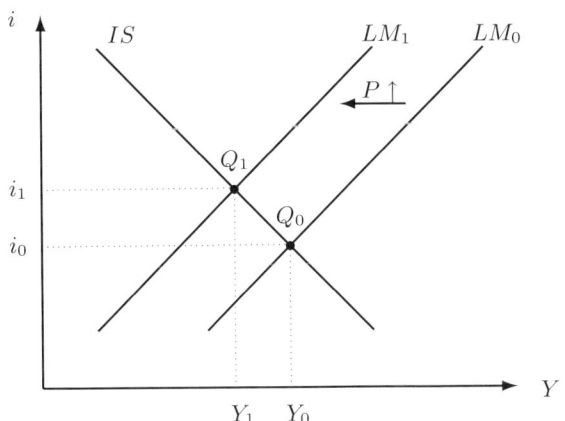

Abb. 6.10: *Steigerung des Preisniveaus im IS/LM -Modell*

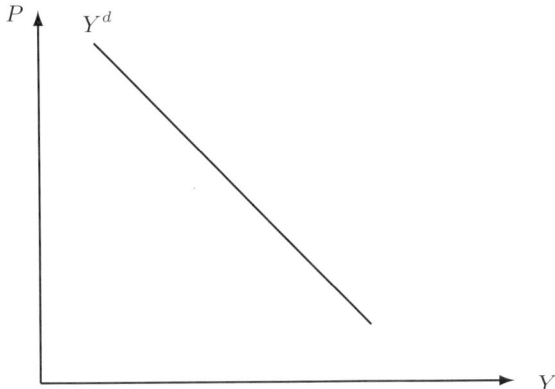

Abb. 6.11: *Gesamtwirtschaftliche Güternachfragekurve*

Anschaulich ergibt sich die in Abbildung 6.11 dargestellte Güternachfragekurve (Kurve des Güternachfragegleichgewichts) dadurch, dass man die LM-Kurve durch Variation des Güterpreisniveaus P entlang der IS-Kurve verschiebt und die jeweiligen P/Y-Kombinationen in ein gesondertes Diagramm einträgt. Daraus resultiert eine im Normalfall preiselastisch verlaufende Y^d-Kurve, wobei der negative Zusammenhang zwischen Preisniveau und gesamtwirtschaftlicher Güternachfrage letztlich eine Folge des **Keynes-Effektes** ist.[8] Dieser Effekt beschreibt die Wirkungen, die von Änderungen der realen Geldmenge M/P auf die Güternachfrage Y^d ausgehen. Diese Wirkungen sind nicht direkter Natur, da die reale Geldmenge gemäß der IS-Kurven-Gleichung (6.19)

---

[8]Siehe hierzu auch Keynes (1936), S. 247 ff.

kein Argument der Konsum- bzw. Investitionsfunktion ist. Vielmehr handelt es sich beim Keynes-Effekt um einen indirekt wirkenden **Realkasseneffekt**, da Änderungen der realen Geldmenge zunächst nur den Gleichgewichtskurs und den Gleichgewichtszins auf dem Wertpapiermarkt tangieren und anschließend erst über Änderungen der Investitionsnachfrage die gesamtwirtschaftliche Güternachfrage beeinflussen.

Genauer lässt sich der Keynes-Effekt wie folgt charakterisieren: Wenn das gesamtwirtschaftliche Preisniveau P sinkt, erhöht sich die reale Geldmenge M/P, was bei unveränderter realer Geldnachfrage $L = L(Y, i)$ einen Angebotsüberschuss auf dem Geldmarkt impliziert. Hiermit korrespondiert ein Nachfrageüberschuss auf dem Wertpapiermarkt, der wiederum eine Kurssteigerung bzw. Zinssenkung induziert. Die verstärkte Wertpapiernachfrage lässt sich dabei folgendermaßen begründen: Wird die Gleichgewichtsbedingung des Geldmarktes in der zu Gleichung (6.20) äquivalenten Form

$$M = P \cdot L(Y, i) \tag{6.21}$$

(d.h. nominales Geldangebot gleich nominale geplante Geldnachfrage) geschrieben, so wird deutlich, dass im Fall einer exogenen Senkung von P die geplante nominale Kassenhaltung sinkt und damit kleiner ausfällt als die tatsächliche Kassenhaltung der Wirtschaftssubjekte (diese entspricht genau dem Geldvolumen M). Für die Wirtschaftssubjekte entsteht dann eine überschüssige Kassenhaltung, die sie dadurch abzubauen versuchen, indem sie verstärkt Wertpapiere nachfragen. Gesamtwirtschaftlich ändert sich hierdurch der Bestand an Wertpapieren nicht, jedoch ergibt sich eine Zinssenkung, die wiederum die geplante Investitionsnachfrage und damit auch die geplante gesamtwirtschaftliche Güternachfrage ansteigen lässt.

Die Wirksamkeit des Keynes-Effektes hängt entscheidend von der Flexibilität des Zinssatzes nach unten und der Zinsreagibilität der privaten Investitionsnachfrage ab. Eine Erhöhung der realen Geldmenge ist ohne Auswirkungen auf die Güternachfrage Y^d, wenn der Zins nach unten rigide ist, d.h. wenn die durch die Keynessche Liquiditätsfalle gegebene Zinsuntergrenze[9]

$$i_U = \min\{i_j^k, j = 1, ..., m\} \tag{6.22}$$

erreicht ist oder wenn die private Investitionsnachfrage aufgrund sehr pessimistischer unternehmerischer Ertragserwartungen nicht auf Zinsänderungen reagiert. Da in beiden Fällen eine Senkung des gesamtwirtschaftlichen Preisniveaus die gesamtwirtschaftliche Güternachfrage unverändert lässt, ergibt sich jeweils ein vertikaler (preisunelastischer) Verlauf der makroökonomischen Güternachfragefunktion (Abbildung 6.12). Das linke Schaubild charakterisiert dabei den Verlauf der Y^d-Kurve bei zinsunabhängiger Nettoinvestition, das rechte den entsprechenden Verlauf bei Existenz der Liquiditätsfalle.

Im Fall b) weist die gesamtwirtschaftliche Nachfragefunktion einen geknickten Verlauf auf. Sie besteht in diesem Fall aus zwei Bereichen, einem oberen preiselastischen und einem unteren preisunelastischen Bereich, in dem der Zinsmechanismus versagt. Verläuft die Y^d-Kurve vertikal, so sind die Nettoinvestitionen konstant und aus der Gleichung

---

[9] $i_j^k = i_j^e/(1 + i_j^e)$ ist der kritische Zins des j-ten Vermögensbesitzers, i_j^e seine Zinserwartung (vgl. Abschnitt 3.3.3).

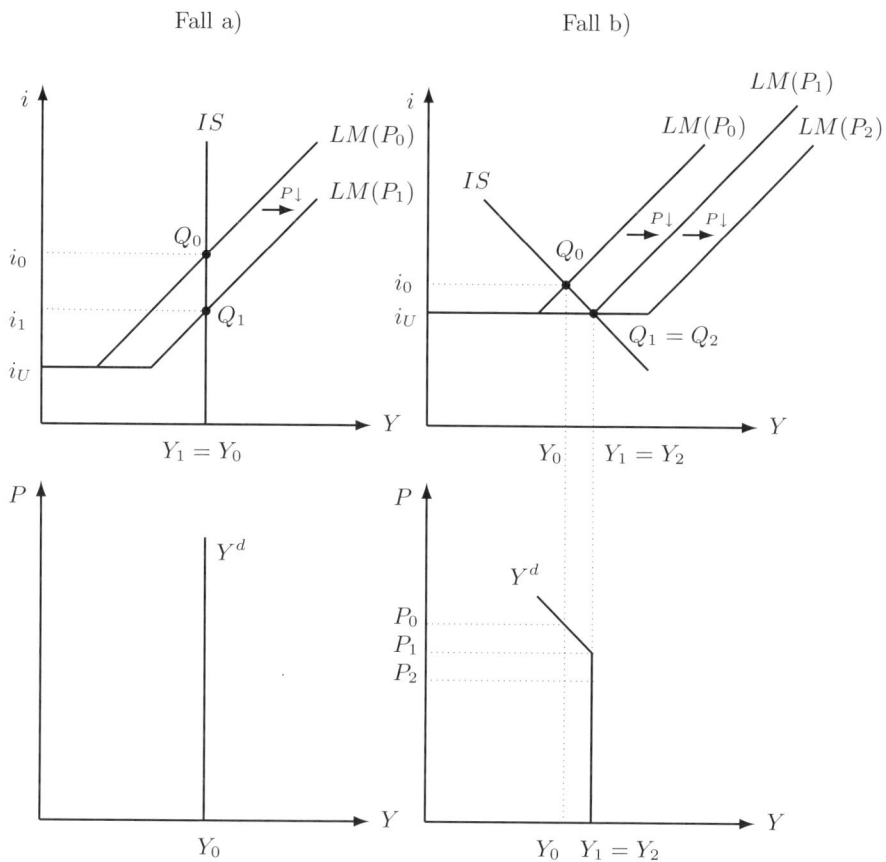

Abb. 6.12: *Güternachfragekurve bei zinsunabhängiger Nettoinvestition (Fall a)) und bei Existenz der Liquiditätsfalle (Fall b))*

für die IS-Kurve

$$Y = C((1-t)Y) + I + G \qquad (6.23)$$

ergibt sich für vorgegebene Werte von t, I und G ein eindeutig bestimmter Wert des realen Inlandsprodukts Y. Dieser Y-Wert (Y_0 im Fall a), Y_1 im Fall b)) ist ein rein nachfrageseitig determiniertes Gleichgewichtseinkommen, d.h. ist unabhängig von den Angebotsbedingungen der Volkswirtschaft.

Lageparameter der Güternachfragefunktion

Die gesamtwirtschaftliche Nachfragefunktion hat im Gegensatz zur makroökonomischen Angebotsfunktion die geld- und fiskalpolitischen Instrumentvariablen M, G und t als Lageparameter. Wird eine preiselastisch verlaufende Nachfragekurve unterstellt, bewirkt eine Steigerung der nominalen Geldmenge über die damit verbundene Zinssenkung und der daraus resultierenden Zunahme der privaten Investitionsnachfrage eine Rechtsverlagerung der Y^d-Kurve.[10] Verläuft die Y^d-Kurve dagegen überall vertikal (preisunelastisch), so hat der Anstieg von M keine Kurvenverschiebung zur Folge, da der Keynes-Effekt aufgrund der jetzt zinsunabhängigen Nettoinvestition unwirksam ist. Entsprechendes gilt, falls die Y^d-Kurve lediglich im unteren Bereich aufgrund der Existenz der Keynesschen Liquiditätsfalle vertikal verläuft. Auch dieser preisunelastische Teilbereich bleibt bei einer Geldmengenerhöhung liegen, da der Zins in diesem Bereich konstant ist ($i = i_U$) und somit keine Änderung der privaten Investitionsnachfrage eintritt (Abbildung 6.13). Durch die Geldmengensteigerung beginnt für die nach rechts verlagerte Y^d-Kurve der preisunelastische Bereich bei einem höheren Preisniveau (d.h. beim Preisniveau $P = P_1$), da mit der Zinsuntergrenze i_U und dem dazugehörigen Niveau der gesamtwirtschaftlichen Güternachfrage (Y^d_{max}) ein eindeutig bestimmter Wert der realen Geldmenge korrespondiert:

$$M/P = L(Y^d_{max}, i_U) \quad \rightarrow \quad (M/P)_0. \tag{6.24}$$

Steigt dann M von M_0 auf M_1, so muss sich gemäß der LM-Gleichung (6.24) auch das Preisniveau in proportionaler Weise von P_0 auf P_1 erhöhen, was im P/Y-Diagramm eine Verlängerung des preisunelastischen Bereichs der Y^d-Kurve impliziert. Der Knickpunkt der Y^d_1-Kurve liegt dann oberhalb des alten beim höheren Preisniveau $P = P_1$. Die Verlängerung des preisunelastischen Bereichs der Y^d-Kurve lässt sich auch mit Hilfe des i/Y-Diagramms (rechtes Schaubild von Abbildung 6.13) verdeutlichen.

Der Punkt Q_0 des linken Schaubildes korrespondiert mit einem entsprechenden Punkt im Hicks-Diagramm, der außerhalb der Liquiditätsfalle liegt. Zu Q_0 im linken Schaubild von Abbildung 6.13 gehört das im Vergleich zu P_0 höhere Preisniveau P_1, jedoch das ursprüngliche Geldmengenniveau M_0; das Einkommen Y_1 korrespondiert dann gemäß der LM-Gleichung mit einem Zinsniveau i_0, das größer als die Zinsuntergrenze i_U ausfällt. Daher liegt der Punkt Q_0 im i/Y-Diagramm nicht in der Liquiditätsfalle und gleichzeitig im P/Y-Diagramm im preiselastischen Bereich der ursprünglichen Güternachfragekurve Y^d_0. Dagegen befindet sich der Punkt Q_1 mit dem gleichen Preisniveau P_1 und dem höheren Geldmengenniveau M_1 in der Liquiditätsfalle und damit auch im Knickpunkt der neuen Nachfragekurve Y^d_1.

Betrachtet man anstelle einer Geldmengenexpansion eine Steigerung der Staatsausgaben G, so erhöht sich die gesamtwirtschaftliche Güternachfrage bei gegebenem Preisniveau P auch dann, wenn von einer zinsunabhängigen Nettoinvestition oder einer vollkommen zinselastischen Geldnachfrage ausgegangen wird; neben dem preiselastischen Bereich wird daher auch der preisunelastische Bereich der Y^d-Kurve nach rechts verschoben (linkes Schaubild von Abbildung 6.14). Im Vergleich zu einer Geldmengenerhöhung wird jetzt aber der preisunelastische Bereich der Y^d-Kurve verkürzt. Dies ist anhand der graphischen Darstellung einer Staatsausgabensteigerung im Hicks-Diagramm erkennbar (rechtes Schaubild von Abbildung 6.14).

---

[10]Genauer hat eine Geldmengenerhöhung eine Rechtsdrehung des preiselastischen Bereichs der Y^d-Kurve zur Folge, da die positive Wirkung einer Steigerung von M auf die Güternachfrage Y^d vom Wert des Güterpreisniveaus P abhängig ist. Mit wachsendem P nimmt dabei der Multiplikator dY/dM immer mehr ab.

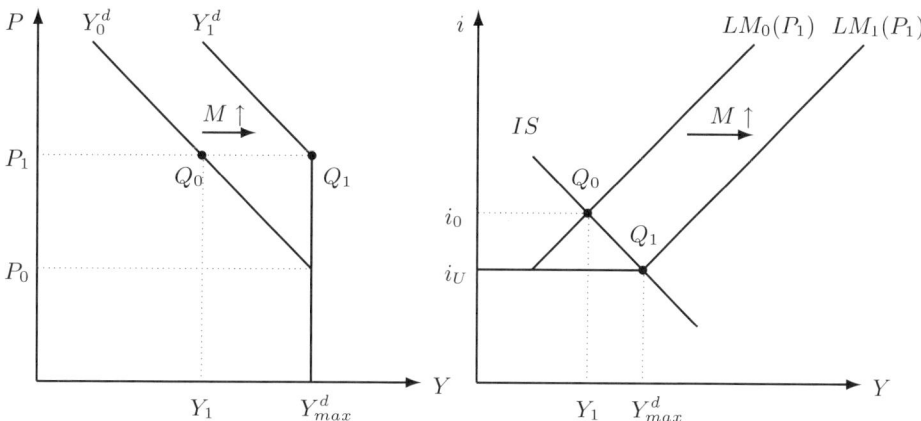

Abb. 6.13: *Auswirkung einer Geldmengensteigerung auf die gesamtwirtschaftliche Güternachfrage*

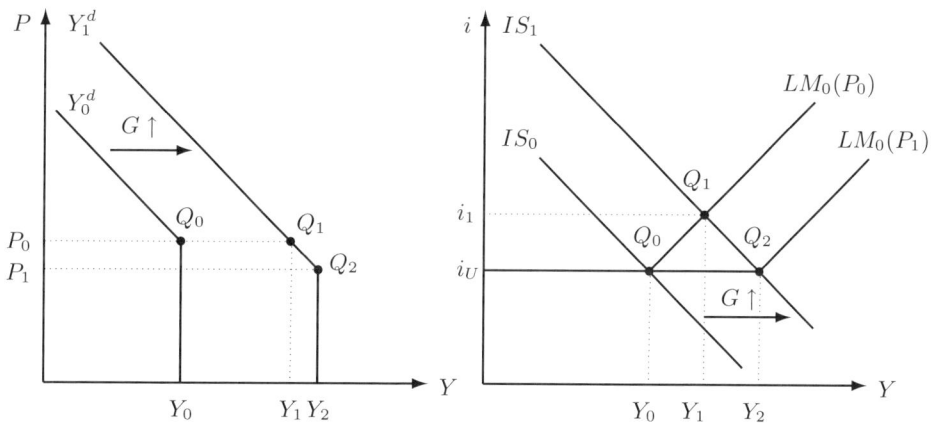

Abb. 6.14: *Auswirkung einer Staatsausgabensteigerung auf die Güternachfrage*

Liegt die Ausgangslage Q_0 genau im Knickpunkt der LM-Kurve (also am Ende der Liquiditätsfalle), so bewirkt eine Zunahme von G eine Zinssteigerung (Punkt Q_1), so dass bei unverändertem Preisniveau P_0 die Liquiditätsfalle und der preisunelastische Bereich der Y^d-Kurve verlassen werden. Im P/Y-Diagramm liegt dann der entsprechende Punkt Q_1 im preiselastischen Bereich der nach rechts verlagerten Güternachfragekurve Y_1^d. Der preisunelastische Bereich beginnt im Fall der Nachfragekurve Y_1^d erst ab dem kleineren Preisniveau P_1, da hierdurch ein Anstieg der realen Geldmenge (von M_0/P_0 auf M_0/P_1)

verbunden ist, welcher den gestiegenen Zinssatz i_1 wieder auf die Zinsuntergrenze i_U zurückführt (Punkt Q_2).

Anhand von Abbildung 6.14 ist außerdem erkennbar, dass eine Steigerung von G den preisunelastischen Bereich der gesamtwirtschaftlichen Nachfragekurve in stärkerem Maße verschiebt als den preiselastischen Bereich dieser Kurve. Dies ist damit erklärbar, dass die privaten Nettoinvestitionen im preisunelastischen Bereich der Y^d-Kurve konstant sind und somit infolge einer Staatsausgabenerhöhung keine Verdrängung privater Investitionen eintreten kann. Die Wirkung einer Steigerung von G auf die gesamtwirtschaftliche Güternachfrage ist im preisunelastischen Bereich maximal. Im preiselastischen Bereich der Y^d-Kurve kommt es dagegen zu partiellen Crowding-out-Effekten, da hier eine Erhöhung von G mit einer Zinssteigerung verbunden ist. Die Folge ist eine geringere Zunahme von Y^d als im Fall einer konstanten Investitionsnachfrage.

Eine entsprechende Aussage gilt auch bei einer Senkung des Steuersatzes t. Auch bei dieser expansiven fiskalpolitischen Maßnahme findet eine Rechtsverlagerung der gesamten Y^d–Kurve statt, wobei der untere (preisunelastische) Bereich stärker verschoben wird als der preiselastische Bereich. Da die Steigerung von Y^d jetzt umso stärker ausfällt, je höher das Ausgangsniveau von Y ist, kommt es genaugenommen zu einer Rechtsdrehung des preiselastischen Bereichs, während der preisunelastische Bereich weiterhin eine Parallelverschiebung erfährt (Abbildung 6.15).

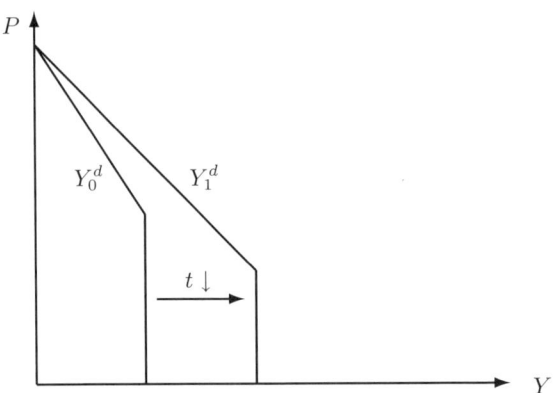

Abb. 6.15: *Auswirkung einer Steuersatzsenkung auf die Güternachfragefunktion*

Ein weiterer Lageparameter der gesamtwirtschaftlichen Güternachfragefunktion sind die unternehmerischen Ertragserwartungen, die neben dem Zinssatz i Bestimmungsfaktor der privaten Nettoinvestitionen sind. Eine Verbesserung der Ertragserwartung E führt über die damit verbundene Steigerung des internen Zinsfußes (der Grenzleistungsfähigkeit des Kapitals) eines geplanten Investitionsvorhabens zu einer Erhöhung des gewünschten Kapitalstocks und damit zu einer Steigerung der gesamtwirtschaftlichen Investitionsnachfrage; die Folge ist eine Rechtsverlagerung der Y^d-Kurve. Abbildung 6.14 gilt dann entsprechend auch für eine Steigerung von E.

Eine Lageverschiebung der gesamtwirtschaftlichen Güternachfragekurve ergibt sich auch bei einer Änderung der Zinserwartung i^e der Vermögensbesitzer. Wenn die Zinserwartungen allgemein nach oben korrigiert werden, erhöhen sich die individuellen kritischen Zinssätze einschließlich der Zinsuntergrenze i_U, so dass bei gegebenem Zinsniveau i die gewünschte Spekulationskassenhaltung zunimmt. Der entstehende Nachfrageüberschuss auf dem Geldmarkt führt dann über das verstärkte Angebot an Wertpapieren zu einem tatsächlichen Zinsanstieg. Bei zinselastischer Investitionsnachfrage ist hiermit ein Rückgang der gesamtwirtschaftlichen Investitionsnachfrage verbunden, so dass sich die Y^d-Kurve nach links verlagert. Dies gilt auch für den preisunelastischen (unteren) Bereich der Y^d-Kurve, da der Anstieg der Zinserwartung ebenfalls eine Zunahme der Zinsuntergrenze i_U bewirkt.

Das totale Differential der Y^d-Kurve

Die Gleichung für die Y^d-Kurve lässt sich in differenzierter Form angeben, indem man zum totalen Differential der IS- und LM-Gleichung übergeht:

$$Y = C((1-t_0)Y) + I(i) + G \quad \Rightarrow \quad dY = C_{Y^v}(1-t_0)dY + I_i di + dG \quad (6.25)$$

$$M/P = L(Y,i) \quad \Rightarrow \quad \frac{1}{P_0}dM - \frac{M_0}{P_0^2}dP = L_Y dY + L_i di \quad \Rightarrow \quad (6.26)$$

$$di = \frac{1}{L_i}\left(\frac{1}{P_0}dM - \frac{M_0}{P_0^2}dP - L_Y dY\right). \quad (6.27)$$

Durch Einsetzen von (6.27) in die differenzierte IS-Gleichung (6.25) ergibt sich

$$dY = C_{Y^v}(1-t_0)dY + \frac{I_i}{L_i}\left(\frac{1}{P_0}dM - \frac{M_0}{P_0^2}dP - L_Y dY\right) + dG. \quad (6.28)$$

Hieraus folgt das totale Differential der Y^d-Kurve:

$$\left(1 - C_{Y^v}(1-t_0) + \frac{I_i L_Y}{L_i}\right)dY = -\frac{I_i}{L_i}\frac{M_0}{P_0^2}dP + \frac{I_i}{L_i}\frac{1}{P_0}dM + dG. \quad (6.29)$$

Gleichung (6.29) verdeutlicht, dass $dY/dP < 0$ ist, falls gleichzeitig $I_i < 0$ und $L_i > -\infty$ gelten. Im Spezialfall $I_i = 0$ (zinsunelastische Nettoinvestition) oder $L_i = -\infty$ (vollkommen zinselastische Geldnachfrage) gilt $dY/dP = 0$, d.h. in diesen Fällen ändert sich die gesamtwirtschaftliche Güternachfrage nicht bei einer Preissteigerung. Die Y^d-Kurve verläuft dann preisunelastisch. Eine Geldmengenerhöhung ist in diesen beiden Sonderfällen ohne Wirkung auf die Güternachfrage. Dagegen bewirkt eine Steigerung der Staatsausgaben G stets eine Rechtsverlagerung der Y^d-Kurve.

6.3   Bestimmung des gesamtwirtschaftlichen Gleichgewichts

Im Rahmen eines makroökonomischen keynesianischen Totalmodells versteht man unter einem **gesamtwirtschaftlichen Gleichgewicht** eine ökonomische Situation, in der sich gleichzeitig alle gesamtwirtschaftlichen Märkte in einem Zustand des Gleichgewichts befinden. Der Begriff des Gleichgewichts ist dabei nicht ausschließlich im theoretischen Sinne zu verstehen; bezogen auf den Arbeitsmarkt kann er auch einen zeitlichen Ruhezustand (im Sinne eines dauerhaften Unterbeschäftigungszustandes) charakterisieren. Um die Frage der Existenz eines gesamtwirtschaftlichen Gleichgewichts beantworten zu können, werden die gesamtwirtschaftliche Güterangebots- und -nachfragekurve in ein gemeinsames P/Y-Diagramm eingetragen. Gibt es einen Schnittpunkt dieser beiden Kurven, existiert eine (P,Y)-Kombination, bei der das geplante gesamtwirtschaftliche Güterangebot und die geplante gesamtwirtschaftliche Güternachfrage übereinstimmen. An dieser Stelle liegt dann das gesamtwirtschaftliche Gleichgewicht. Da die Güterangebotsfunktion sowohl für den Fall vollkommen flexibler Geldlohnsätze (neoklassischer Fall) als auch für den Fall nach unten starrer Geldlöhne (Keynessche Variante) entwickelt wurde, ist zwischen einem gesamtwirtschaftlichen Gleichgewicht bei Lohnsatzflexibilität und einem Gleichgewicht bei nach unten rigidem Geldlohnsatz zu unterscheiden. In beiden Fällen können dabei sowohl gesamtwirtschaftliche Gleichgewichtszustände bei Vollbeschäftigung als auch bei Unterbeschäftigung auftreten.

6.3.1   Gleichgewicht bei flexiblem Geldlohnsatz

Bei völlig flexiblem Nominallohn verläuft die makroökonomische Güterangebotsfunktion vertikal (preisunelastisch). Geht man auf der Nachfrageseite von einer normal verlaufenden, d.h. preiselastischen Nachfragekurve Y^d aus, existiert ein gemeinsamer Schnittpunkt dieser beiden Kurven.[11] In Abbildung 6.16 wird dieser Schnittpunkt mit Q^* bezeichnet. Dieser Punkt charakterisiert das gesamtwirtschaftliche Gleichgewicht des Systems. Es handelt sich hierbei um ein **gesamtwirtschaftliches Gleichgewicht bei Vollbeschäftigung**, da alle Märkte preisgeräumt sind und insbesondere auf dem Arbeitsmarkt ein Zustand der Vollbeschäftigung herrscht.

Das Vollbeschäftigungseinkommen Y^* wird unabhängig von der Nachfrageseite nur auf der Angebotsseite der Volkswirtschaft bestimmt. Im vorliegenden Fall der vollkommenen Lohnsatzflexibilität wird die produktionswirksame Beschäftigungsmenge allein auf dem Arbeitsmarkt determiniert. Der Schnittpunkt von N^d- und N^s-Kurve legt den gleichgewichtigen Reallohnsatz und die gleichgewichtige Beschäftigungsmenge N^* fest. Wird diese Vollbeschäftigungsmenge in die gesamtwirtschaftliche Produktionsfunktion $Y = Y(N, \overline{K})$ eingesetzt, ergibt sich das Vollbeschäftigungseinkommen Y^*. Dieses hängt nicht vom Niveau der gesamtwirtschaftlichen Güternachfrage ab, d.h. es wird allein über den Arbeitsmarkt und die neoklassische Produktionsfunktion determiniert. Die

---

[11]Graphisch besteht die Möglichkeit, dass der gemeinsame Schnittpunkt von Y^d- und Y^s-Kurve nicht im positiven Quadranten des P/Y-Diagramms liegt, d.h. mit einem negativen Wert des gleichgewichtigen Preisniveaus P^* verbunden ist. Aus der rekursiven Lösbarkeit des Gesamtmodells (6.30) bis (6.34) folgt jedoch, dass P^* stets positiv sein muss, da sich sonst zu dem gegebenen Geldbestand kein Geldmarktgleichgewicht einstellen würde.

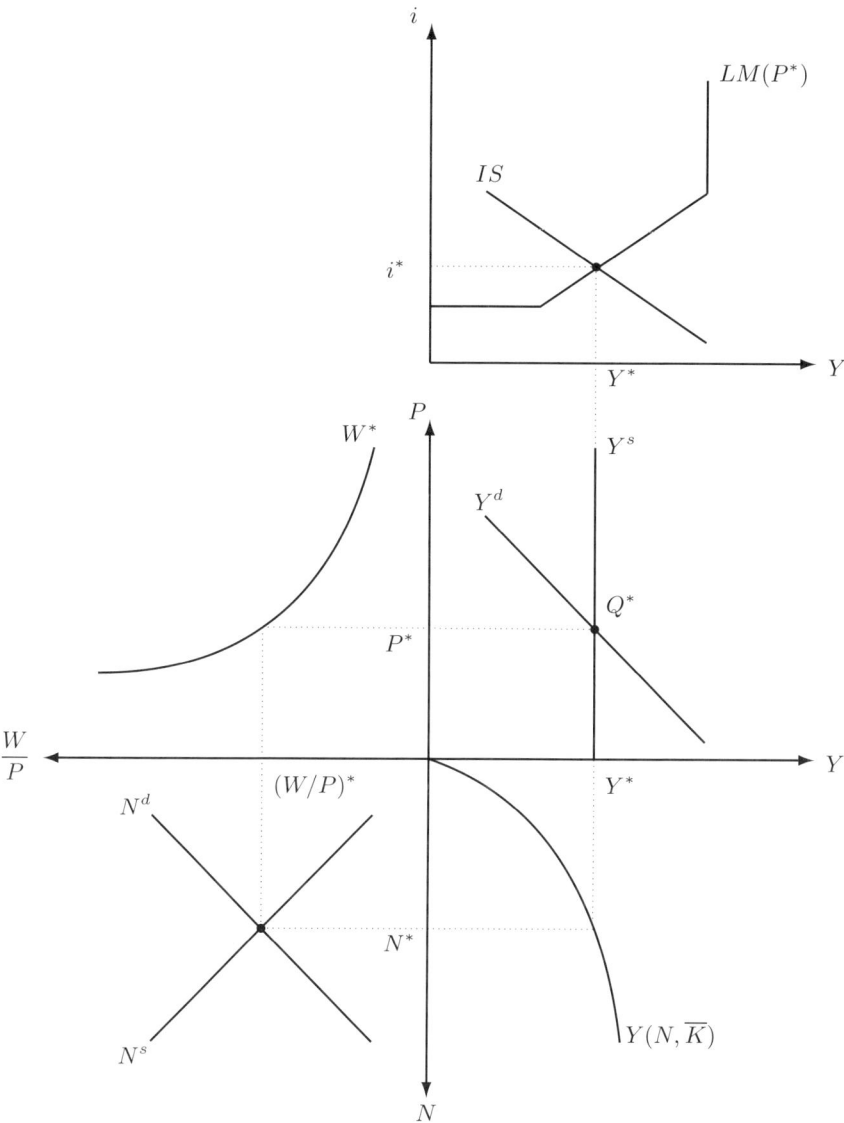

Abb. 6.16: *Gesamtwirtschaftliches Gleichgewicht bei Vollbeschäftigung*

Unabhängigkeit des Gleichgewichtseinkommens Y^* von der Güternachfrageseite kommt in Abbildung 6.16 darin zum Ausdruck, dass Verschiebungen der gesamtwirtschaftlichen Güternachfragekurve ohne Auswirkungen auf das Einkommensniveau Y^* sind. Es ergibt sich lediglich eine Veränderung des gleichgewichtigen Güterpreisniveaus P^*. Im Gegensatz zum Vollbeschäftigungseinkommen Y^* hängt das Vollbeschäftigungspreisniveau P^* von der Lage der Y^d-Kurve ab. In diesem eher neoklassischen Modellrahmen existiert außerdem nur ein einziges Preisniveau, bei dem simultan auf dem Güter- und Geldmarkt ein Gleichgewicht bei Vollbeschäftigung herrscht. Der Preismechanismus sorgt dafür, dass sich die Güternachfrage über den Keynes-Effekt stets dem Güterangebot anpasst. Bei einem Angebotsüberschuss auf dem Gütermarkt (d.h. in einer Ausgangssituation oberhalb des Gleichgewichtspunktes Q^*) würde über eine Preissenkung und damit verbundener Zunahme des realen Geldangebots die Güternachfrage steigen und sich allmählich dem von P unabhängigen Niveau des Vollbeschäftigungseinkommens anpassen. Entsprechend würde es bei einem Nachfrageüberschuss zu Preissteigerungen und einem Rückgang von Y^d kommen. Durch Preisvariationen passt sich also die gesamtwirtschaftliche Güternachfrage genau dem Gleichgewichtseinkommen Y^* an. Es gibt dann genau ein gleichgewichtiges Preisniveau P^*, bei dem die gesamtwirtschaftliche Güternachfrage $Y^d = Y^d(P^*)$ mit dem Vollbeschäftigungseinkommen Y^* übereinstimmt.

Die Eindeutigkeit des Vollbeschäftigungspreisniveaus P^* ist auch daran erkennbar, dass die Gleichung für die IS-Kurve bei gegebenem (angebotsseitig determiniertem) Vollbeschäftigungseinkommen Y^* zu einer Bestimmungsgleichung für den Gleichgewichtszins i^* wird. Bei gegebenen Gleichgewichtswerten von Y und i legt dann aber die Gleichgewichtskurve des Geldmarktes in eindeutiger Weise das Gleichgewichtspreisniveau P^* fest. In Abbildung 6.16 ist dies daran erkennbar, dass die Gleichgewichtskurve des Geldmarktes ($LM(P^*)$) die IS-Kurve im Punkte (i^*, Y^*) schneiden muss, was bei gegebener realer Geldnachfrage $L(Y^*, i^*)$ einen ganz bestimmten Wert der realen Geldmenge M/P und bei vorgegebenem Geldmengenniveau M ein ganz bestimmtes Güterpreisniveau P^* erfordert. Damit liegt aber auch in eindeutiger Weise die Lage der W-Hyperbel im zweiten Quadranten des 4-Quadranten-Schemas fest, so dass sich für den gleichgewichtigen Nominallohn W^* ebenfalls ein eindeutig bestimmter Wert ergibt.

Aus der graphischen Analyse folgt, dass das makroökonomische Totalmodell bei Lohnsatzflexibilität sowie preiselastisch verlaufender Güternachfragefunktion in eindeutiger Weise die Gleichgewichtswerte der endogenen Variablen N, (W/P), Y, i, P und W bestimmt. Dabei handelt es sich um ein gesamtwirtschaftliches Gleichgewicht bei Vollbeschäftigung. Das Modell selbst besteht aus den Gleichungen für die IS- und LM-Kurve, der Gleichgewichtsbedingung des gesamtwirtschaftlichen Arbeitsmarktes, der gesamtwirtschaftlichen Produktionsfunktion sowie der Definitionsgleichung für den Geldlohnsatz W. Wird das Totalmodell in der folgenden Form angeschrieben:

$$N^d(W/P) = N^s(W/P) = N \qquad \rightarrow N^*, (W/P)^* \tag{6.30}$$

$$Y = Y(N, \overline{K}) \qquad \rightarrow Y^* \tag{6.31}$$

$$Y = C((1-t)Y) + I(i) + G \qquad \rightarrow i^* \tag{6.32}$$

$$M/P = L(Y, i) \qquad \rightarrow P^* \tag{6.33}$$

$$W = (W/P) \cdot P \qquad \rightarrow W^*, \tag{6.34}$$

wird deutlich, dass die Gleichungen des Arbeitsmarktes (6.30) in eindeutiger Weise die gleichgewichtige Beschäftigungsmenge und den gleichgewichtigen Reallohnsatz bestimmen; die Produktionsfunktion (6.31) legt dann in eindeutiger Weise die Höhe des Vollbeschäftigungseinkommens fest, da für N der Vollbeschäftigungszustand N^* gilt. Wenn aber Y auf dem Niveau Y^* festliegt, ist die IS-Gleichung (6.32) eine Bestimmungsgleichung für den Zinssatz i.[12] Bei gegebenem Realeinkommen $Y = Y^*$ sowie gegebenem Zins $i = i^*$ lässt sich dann aus der LM-Gleichung (6.33) in eindeutiger Weise der Gleichgewichtswert für das gesamtwirtschaftliche Preisniveau P ermitteln.[13] Bei gegebener realer Geldnachfrage L und exogen vorgegebener nominaler Geldmenge M gibt es nur ein Preisniveau $P = P^*$, welches das reale Geldangebot mit der realen Geldnachfrage zum Ausgleich bringt. Wenn das Preisniveau festliegt, ist auch der gleichgewichtige Geldlohnsatz determiniert, da für diesen die Definitionsgleichung (6.34) gilt. Insgesamt folgt aus dem Gleichungssystem (6.30) bis (6.34), dass das makroökonomische Totalmodell bei Lohnsatzflexibilität sukzessive lösbar ist. Die endogenen Realgrößen des Modells, zu denen neben der Beschäftigungsmenge N und dem realen Inlandsprodukt Y auch der Reallohnsatz W/P sowie der Zinssatz i zählen[14], werden unabhängig von den Nominalgrößen P und W allein im realen Sektor der Volkswirtschaft bestimmt, welcher durch die Gleichungen des Arbeitsmarktes (6.30), die Produktionstechnologie (6.31) sowie die IS-Kurve (6.32) beschrieben wird. Für die Festlegung der Nominalgrößen P und W ist dagegen die Geldmarktgleichung (6.33) erforderlich. Inbesondere bestimmt dann die Geldmenge M die Höhe des gesamtwirtschaftlichen Preisniveaus P und gemäß Gleichung (6.34) auch die Höhe des Nominallohns W. Dagegen ist das Niveau der realen Gleichgewichtswerte N^*, Y^*, $(W/P)^*$ und i^* nicht davon abhängig, welcher Wert für die Geldmenge M vorgegeben wird. Vorgänge im monetären Sektor (wie Geldmengenänderungen oder Änderungen in der Kurs- bzw. Zinserwartung) sind ohne Auswirkungen auf die Gleichgewichtswerte des realen Sektors und führen nur zu Veränderungen des gesamtwirtschaftlichen Preisniveaus und des Geldlohnsatzes. Insofern besteht zwischen dem realen und monetären Sektor eine **Dichotomie**. Diese Zweiteilung des Gesamtsystems bewirkt, dass die Gleichgewichtswerte der Realgrößen unabhängig von dem Niveau der monetären Größen sind. Störungen im monetären Sektor der Volkswirtschaft können daher nur zu Änderungen der Nominalgrößen des Systems führen.

Festzuhalten bleibt, dass bei völlig flexiblen Löhnen und Preisen sowie einer preiselastisch verlaufenden Güternachfragefunktion ein gesamtwirtschaftliches Gleichgewicht bei Vollbeschäftigung existiert. Das Vollbeschäftigungseinkommen wird dabei allein angebotsseitig, d.h. unabhängig von der Lage der Y^d-Kurve, determiniert. Dagegen hängt der Gleichgewichtswert des gesamtwirtschaftlichen Preisniveaus auch von der

---

[12]In einer **dynamischen** Betrachtungsweise sorgt der Zins für den Ausgleich von Geldangebot und Geldnachfrage, da sich beispielsweise bei einem Angebotsüberschuss auf dem Geldmarkt über eine Zinssenkung eine Anpassung der Geldnachfrage an das Geldangebot ergibt. Im vorliegenden statischen Totalmodell wird der Gleichgewichtswert von i nicht mit Hilfe der LM-Gleichung, sondern mit Hilfe der IS-Gleichung bestimmt. In **neoklassischer** Sichtweise kann die IS-Gleichung auch als **Gleichgewichtsbedingung** des **Kreditmarktes** (Kapitalmarktes) interpretiert werden, da sich in der $S = I$-Bedingung $S = I + G - T$ die geplante Ersparnis als Kreditangebot und die Summe aus privater Investitionsnachfrage und staatlichem Budgetdefizit als gesamtwirtschaftliche Kreditnachfrage auffassen lässt. Bei gegebenem Einkommen Y^* sorgt dann der Zinsmechanismus dafür, dass sich Kreditnachfrage und Kreditangebot genau ausgleichen. i^* wäre bei dieser Betrachtungsweise der Gleichgewichtszins des Kreditmarktes, wobei dieser Markt aus neoklassischer Sicht als Spiegelbild des Gütermarktes aufzufassen ist, also einen Stromgrößenmarkt darstellt.

[13]Auch für das Preisniveau gilt, dass dieses dynamisch betrachtet Güterangebot und Güternachfrage zum Ausgleich bringt, die Bestimmung des Gleichgewichtswertes von P aber über die LM-Gleichung erfolgt.

[14]Der Nominalzinssatz i kann gleichzeitig als Realzinssatz aufgefasst werden, da das makroökonomische Totalmodell eine Volkswirtschaft ohne Inflation beschreibt.

Güternachfrage ab. Aufgrund der Dichotomie des Systems erfolgt die Festlegung der Gleichgewichtswerte der Realgrößen Y, N, W/P und i unabhängig von den Werten der Nominalgrößen P und W. Diese sind wiederum maßgeblich von der Höhe der Geldmenge M abhängig.

Gleichgewicht bei preisunelastisch verlaufender Güternachfragekurve

Die Existenz eines gesamtwirtschaftlichen Gleichgewichts bei Vollbeschäftigung ist nicht mehr gegeben, wenn entweder die Investitionsnachfrage aufgrund sehr pessimistischer unternehmerischer Ertragserwartungen zinsunabhängig ist oder die Situation der Keynesschen Liquiditätsfalle, d.h. eine vollkommen zinselastisch verlaufende Geldnachfragefunktion, vorliegt. In beiden Fällen verläuft die gesamtwirtschaftliche Güternachfragekurve im relevanten Bereich vertikal (preisunelastisch), so dass in der Regel kein gemeinsamer Schnittpunkt mit der ebenfalls preisunelastisch verlaufenden makroökonomischen Güterangebotsfunktion existiert (Abbildung 6.17).

In Abbildung 6.17 ist der Fall einer **Nachfragelücke** auf dem gesamtwirtschaftlichen Gütermarkt angenommen worden; die Y^d-Kurve verläuft dann links von der Y^s-Kurve. Die bestehende positive Differenz zwischen eigentlich geplantem Güterangebot Y^s und geplanter Güternachfrage Y^d kann nicht durch einen deflatorischen Prozess beseitigt werden, da der Keynes-Effekt nicht greift. Durch eine Preissenkung kommt es zwar zu einem Anstieg der realen Geldmenge, aber die private Investitionsnachfrage reagiert darauf nicht, da sie entweder zinsunabhängig ist (sehr pessimistische Ertragserwartungen) oder keine Änderung des Zinssatzes stattfindet (Keynessche Liquiditätsfalle). Eine Reduktion des Preisniveaus führt daher zu keiner Erhöhung der gesamtwirtschaftlichen Güternachfrage.

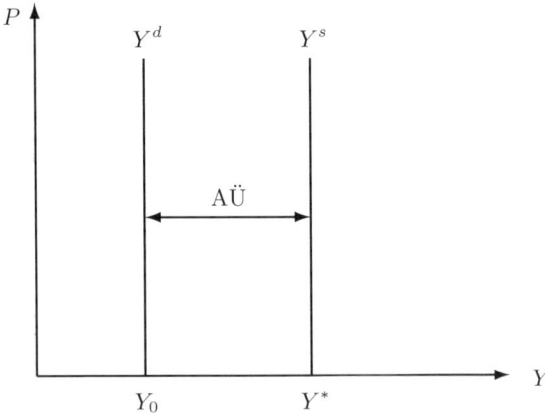

Abb. 6.17: *Preisunelastische Güternachfragekurve*

Da über den Preismechanismus keine Anpassung der Güternachfrage an das Güterangebot stattfindet, sehen sich die Unternehmen einer dauerhaften Nachfrageschranke gegenüber. Auf dem Gütermarkt herrscht – wie Abbildung 6.17 verdeutlicht – bei jedem

Preisniveau P ein Angebotsüberschuss (AÜ) in Höhe von $Y^* - Y_0$. Hierbei ist Y_0 der eindeutig bestimmte Wert des nachfrageseitig determinierten Inlandsprodukts, d.h. die Lösung der IS-Gleichung

$$Y = C((1 - t_0)Y) + I_0 + G_0 \quad \rightarrow \quad Y_0.^{15} \tag{6.35}$$

Y^* ist dagegen das angebotsseitig determinierte Inlandsprodukt, d.h. der Wert des Realeinkommens, welcher mit einer Vollbeschäftigungssituation auf dem Arbeitsmarkt korrespondiert. Die Realisation des Vollbeschäftigungseinkommens Y^* ist zwar für die Unternehmen mit dem Gewinnmaximierungsprinzip vereinbar, hätte aber eine Lageraufstockung in Höhe von $Y^* - Y_0$ zur Folge, da die Produktionsmenge $Y^* - Y_0$ nicht absetzbar ist. Werden Lageraufstockungen nicht gewünscht, kann ein Gleichgewicht auf dem Gütermarkt nur dadurch erreicht werden, dass sich die Unternehmen der Absatzbeschränkung anpassen, indem sie ihr eigentlich geplantes Güterangebot Y^* aufgeben und das kleinere Inlandsprodukt Y_0 realisieren. Eine solche Produktionseinschränkung bedeutet für den Arbeitsmarkt, dass sich dort ein **dauerhafter Zustand der Unterbeschäftigung** in Höhe von $N^* - N_0$ einstellt (Abbildung 6.18).

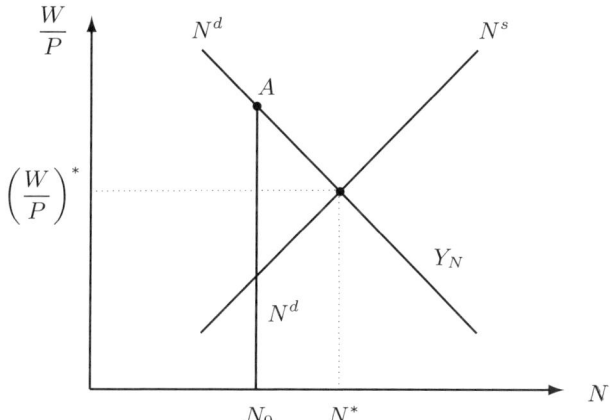

Abb. 6.18: *Auswirkungen einer Absatzbeschränkung für den Arbeitsmarkt*

Reagieren die Unternehmen auf die Absatzbeschränkung am Gütermarkt mit einer entsprechenden Produktionssenkung, ergibt sich das von ihnen nachgefragte Beschäftigungsvolumen nicht mehr gemäß der Grenzproduktivitätsregel

$$W/P = Y_N ; \tag{6.36}$$

vielmehr wird dieses allein durch die Beschränkung der Unternehmen am Gütermarkt bestimmt. Die Arbeitsnachfragekurve N^d weist jetzt eine geknickte Form auf, wobei

---

[15]Für die Einkommenserwartung der Haushalte wird hierbei das nachfrageseitig bestimmte Realeinkommen Y_0 und nicht das angebotene Inlandsprodukt Y^* zugrundegelegt ($C_H^{erw.} = Y_0 < Y^*$). Gleichung (6.35) ist dann eine Gleichgewichtskurve, die im P/Y-Diagramm mit einer vertikal verlaufenden Y^d-Kurve übereinstimmt.

sie ab dem Punkt A vertikal verläuft. Die realisierte Beschäftigungsmenge N_0 resultiert dabei aus der Produktionsfunktion zusammen mit der vorgegebenen, nachfrageseitig determinierten Produktionsmenge Y_0:

$$Y = Y(N, \overline{K}), \ Y = Y_0 \quad \rightarrow N_0. \tag{6.37}$$

Im Gegensatz zum makroökonomischen Totalmodell ohne Nachfragedefekte ($I_i < 0$, $L_i > -\infty$) legt jetzt das realisierte Inlandsprodukt (Y_0) das tatsächliche Beschäftigungsvolumen (N_0) fest und nicht mehr – wie bisher – die Beschäftigung die Höhe des Inlandsprodukts. Die realisierte Beschäftigung N_0 hängt außerdem nicht von der Höhe des Reallohnsatzes W/P ab. Selbst beim „richtigen" (markträumenden) Reallohn $(W/P)^*$ ergibt sich gemessen am Vollbeschäftigungsniveau N^* Unterbeschäftigung in Höhe von $N^* - N_0$. Dieser Unterbeschäftigungszustand ist trotz der unterstellten Preis- und Lohnflexibilität **dauerhafter** Natur, da der Preismechanismus versagt. Er resultiert allein aus der Nachfragelücke am Gütermarkt und hat nichts mit einem „falschen" (nicht-markträumenden) Reallohn zu tun. Das Auftreten eines Nachfragedefektes führt also auf ein **dauerhaftes gesamtwirtschaftliches Gleichgewicht bei Unterbeschäftigung.** Dieses kann nur dadurch in ein gesamtwirtschaftliches Gleichgewicht bei Vollbeschäftigung übergeführt werden, indem die zu geringe Güternachfrage mittels geeigneter wirtschaftspolitischer Maßnahmen auf das Vollbeschäftigungseinkommen Y^* angehoben wird. Wegen der Unwirksamkeit des Keynes-Effektes ist hierzu die Geldpolitik nicht in der Lage, so dass Vollbeschäftigung nur durch expansive Maßnahmen der Fiskalpolitik erreicht werden kann (siehe dazu Abschnitt 6.4.1).

Wir können **festhalten**, dass sich bei flexiblen Löhnen und Preisen ein gesamtwirtschaftliches Gleichgewicht bei Unterbeschäftigung einstellt, falls die Investitionsnachfrage zinsunabhängig ist oder die Geldnachfrage vollkommen zinselastisch reagiert und außerdem auf dem gesamtwirtschaftlichen Gütermarkt eine Nachfragelücke herrscht. Der Zustand der Unterbeschäftigung kann nicht durch sinkende Preise und Löhne aufgehoben werden, so dass ohne geeignete wirtschaftspolitische Maßnahmen des Staates ein dauerhafter Zustand der Unterbeschäftigung vorliegt. Bei flexiblen Löhnen und Preisen kann daher sowohl ein dauerhaftes gesamtwirtschaftliches Gleichgewicht bei Vollbeschäftigung als auch ein dauerhaftes gesamtwirtschaftliches Gleichgewicht bei Unterbeschäftigung existieren.

6.3.2   Gleichgewicht bei nach unten starrem Geldlohnsatz

Ebenso wie im Fall einer preisunelastisch verlaufenden Güterangebotsfunktion können auch bei Zugrundelegung der Keynesschen Variante der makroökonomischen Angebotsfunktion unterschiedliche gesamtwirtschaftliche Gleichgewichtskonstellationen auftreten. Da der Schnittpunkt der Güternachfragekurve Y^d mit der Angebotskurve Y^s sowohl im preiselastischen als auch im preisunelastischen Bereich der Y^s-Kurve liegen kann, ergibt sich entweder ein gesamtwirtschaftliches Gleichgewicht bei Unterbeschäftigung oder ein gesamtwirtschaftliches Gleichgewicht bei Vollbeschäftigung (Abbildung 6.19).

In der linken Graphik von Abbildung 6.19 ist das Gleichgewichtseinkommen Y_0 kleiner als das Vollbeschäftigungseinkommen Y^*, in der rechten Graphik ist es mit Y^* identisch.

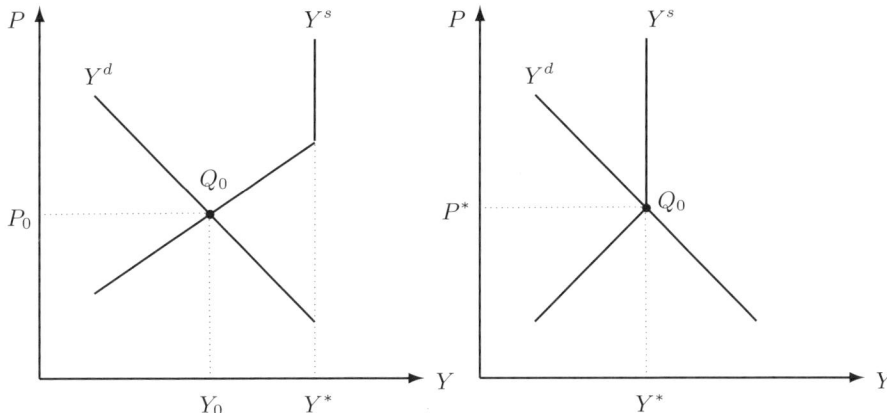

Abb. 6.19: *Gesamtwirtschaftliche Gleichgewichtssituationen bei nach unten starrem Geldlohnsatz*

Für das rechte Schaubild gilt, dass gemäß der Keynesschen Variante der makroökonomischen Angebotsfunktion der Schnittpunkt Q_0 von Y^d- und Y^s-Kurve bei Vorliegen eines Vollbeschäftigungsgleichgewichts nur im Knick der Y^s-Kurve liegen kann, da das zum Preisniveau P^* und zum Vollbeschäftigungsreallohn $(W/P)^*$ gehörige Nominallohnniveau W^* nach unten nicht wieder verlassen wird (Sperrklinkeneffekt). Eine Verlagerung der Y^d-Kurve nach oben (zum Beispiel aufgrund einer exogenen Steigerung der gesamtwirtschaftlichen Güternachfrage) würde daher eine entsprechende Verlagerung des preiselastischen Bereichs der Y^s-Kurve bewirken, so dass das neue Gleichgewicht wiederum an der Übergangsstelle des elastischen zum unelastischen Abschnitt der Y^s-Kurve liegen muss (Abbildung 6.20).

Bei Vorliegen von Vollbeschäftigung in der Ausgangslage (Punkt Q_0 in Abbildung 6.20) hat eine exogene Erhöhung der Güternachfrage keine Auswirkungen auf das Gleichgewichtseinkommen. Es kommt lediglich zu Preis- und Lohnsteigerungen, die den Reallohn unverändert lassen. Da annahmegemäß das höhere Niveau des Geldlohnsatzes nach unten nicht wieder verlassen wird, verlagert sich mit der Y^d-Kurve auch der preiselastische Bereich der Y^s-Kurve nach oben.[16]

Betrachten wir jetzt die Auswirkungen einer **kontraktiven** Nachfragestörung bei Vorliegen von Vollbeschäftigung in der Ausgangslage. In diesem Fall bleibt der preiselastische Bereich der Angebotskurve unverändert; außerdem lässt sich jetzt das Vollbeschäftigungseinkommen Y^* nicht mehr aufrechterhalten (Abbildung 6.21).

Die Folge der exogenen Senkung der Güternachfrage ist ein **gesamtwirtschaftliches**

---

[16]Wird alternativ unterstellt, dass die Geldlöhne bei Vorliegen von Vollbeschäftigung auch nach unten bis zu einer bestimmten Untergrenze (Mindestlohnniveau) flexibel sind, würde es durch die Verlagerung der Y^d-Kurve nach oben zu keiner entsprechenden Verschiebung des preiselastischen Bereichs der Y^s-Kurve kommen. In Abbildung 6.20 würde dann weiterhin die Y_0^s-Kurve gelten.

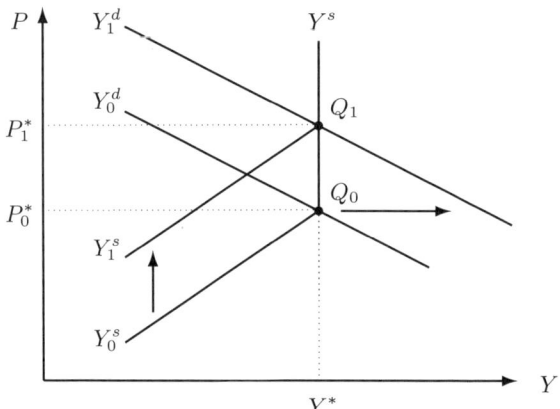

Abb. 6.20: *Auswirkungen einer exogenen Steigerung der Güternachfrage im Vollbeschäftigungsfall*

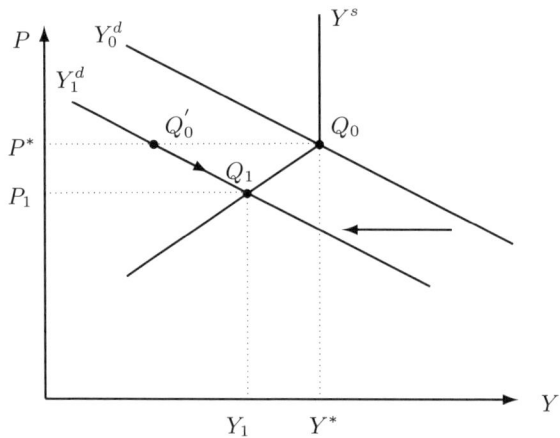

Abb. 6.21: *Auswirkungen einer exogenen Senkung der Güternachfrage*

Gleichgewicht bei Unterbeschäftigung (Punkt Q_1). Die Arbeitslosigkeit resultiert daraus, dass der Rückgang der gesamtwirtschaftlichen Güternachfrage zwar eine Preissenkung hervorruft, der Nominallohn jedoch auf seinem Ausgangsniveau W^* verharrt und keine entsprechende Anpassung von W nach unten stattfindet.[17] Hieraus ergibt

---

[17]Wird unterstellt, dass der Nominallohn bei Vorliegen von Vollbeschäftigung in der Ausgangslage eine gewisse Flexibilität nach unten aufweist, ist eine kontraktive Nachfragestörung auf dem Gütermarkt nicht mehr zwangsläufig mit einem gesamtwirtschaftlichen Gleichgewicht bei Unterbeschäftigung verbunden. Diese Aussage lässt sich anhand von Abbildung 6.20 veranschaulichen, wenn in der Ausgangssituation der Gleichgewichtspunkt Q_1 mit der Nachfragekurve Y_1^d und der Angebotskurve Y_1^s gilt und Y_1^d durch einen kontraktiven Schock nach links in die Position Y_0^d verlagert wird. Das neue

sich eine Zunahme des Reallohnsatzes, die zu einem Angebotsüberschuss auf dem Arbeitsmarkt führt (Rückgang von N^d, Anstieg von N^s). Dies wird auch anhand von Abbildung 6.22 deutlich. In Abbildung 6.22 korrespondiert das Beschäftigungsniveau N_1 mit dem Gleichgewichtseinkommen Y_1. Die realisierte Beschäftigung N_1 ist kleiner als der Vollbeschäftigungszustand N^*, da der Angebotsüberschuss auf dem Arbeitsmarkt (AÜ) nicht über eine Lohnsenkung abgebaut wird. Der Geldlohnsatz W bleibt trotz der Preisanpassung nach unten auf seinem Ausgangsniveau W^* liegen, weil annahmegemäß gemäß der Konstruktion der Keynesschen Variante ein einmal erreichtes Lohnniveau nach unten nicht wieder verlassen wird.

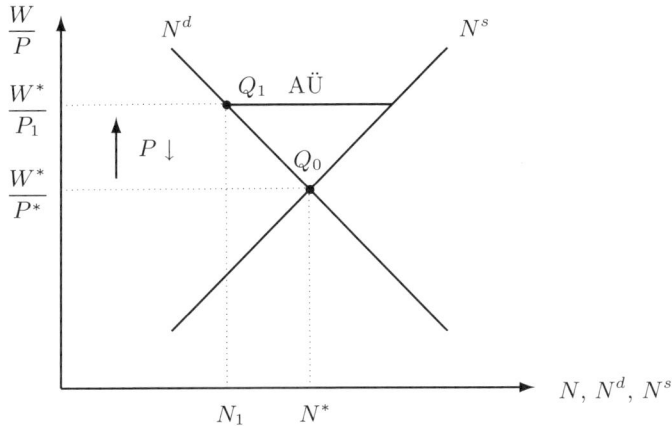

Abb. 6.22: *Arbeitslosigkeit aufgrund von Lohnsatzrigidität*

Im vorliegenden Fall einer preiselastisch verlaufenden Güterangebotskurve sorgt der Preismechanismus stets für den Ausgleich von Güternachfrage und Güterangebot.[18] Kommt es – wie in Abbildung 6.21 unterstellt – zu einer kontraktiven Nachfragestörung (beispielsweise einer Verschlechterung der unternehmerischen Ertragserwartungen), so resultiert aus dem Rückgang von Y^d ein deflatorischer Prozess (Preissenkungsprozess), der über den Keynes-Effekt zur Übereinstimmung von Güterangebot und Güternachfrage führt. Das neue Gleichgewichtseinkommen Y_1 ist dabei kleiner als das in der Ausgangssituation herrschende Vollbeschäftigungseinkommen Y^*. Die Senkung von P bewirkt auf der Güterangebotsseite eine Reduktion von Y^s, da der Reallohn W/P bei unverändertem Nominallohn $W = W^*$ ansteigt. Auf der Güternachfrageseite nimmt dagegen die ursprünglich gesunkene Nachfrage wieder etwas zu, sofern die Erhöhung der

---

Gleichgewicht Q_0 wäre dann weiterhin ein Vollbeschäftigungsgleichgewicht. Eine über die Position Y_0^d hinausgehende Verschiebung der Nachfragekurve nach links würde dagegen wiederum in ein Unterbeschäftigungsgleichgewicht führen.

[18]Dagegen versagt der Preismechanismus im Falle $Y^d < Y^s$, falls Güternachfrage- und Güterangebotskurve vollkommen preisunelastisch (vertikal) verlaufen. Ein Gleichgewicht am Gütermarkt kann in dieser Situation nur dadurch erzielt werden, dass die Unternehmen ihr eigentlich geplantes Güterangebot Y^* aufgeben und sich der Absatzbeschränkung durch entsprechende Produktionseinschränkungen anpassen (vgl. Abschnitt 6.3.1).

realen Geldmenge M/P zu einer Steigerung der privaten Investitionsnachfrage führt. In Abbildung 6.21 ist der Wiederanstieg von Y^d durch den Übergang des Punktes Q_0' auf der nach links verschobenen Nachfragekurve Y_1^d in das neue gesamtwirtschaftliche Gleichgewicht Q_1 erkennbar.

Der Gleichgewichtspunkt Q_1 in Abbildung 6.21 repräsentiert ein **dauerhaftes Unter-beschäftigungsgleichgewicht**, da es keinen endogenen Mechanismus gibt, der das Gleichgewichtseinkommen Y_1 in das Vollbeschäftigungseinkommen Y^* zurückführt. In Q_1 findet keine weitere Preisanpassung mehr statt, da an dieser Stelle geplantes Güter-angebot und geplante Güternachfrage genau übereinstimmen. Auf dem Arbeitsmarkt ergibt sich trotz des Vorliegens eines Überschussangebots und damit unfreiwilliger Ar-beitslosigkeit keine Lohnanpassung nach unten, da dies von den Gewerkschaften bzw. Arbeitsanbietern verhindert wird. Ohne weitere exogene Störungen charakterisiert dann das Unterbeschäftigungsgleichgewicht Q_1 einen Ruhezustand des Systems.

Abbildung 6.21 verdeutlicht weiter, dass das mit unfreiwilliger Arbeitslosigkeit verbun-dene Gleichgewichtseinkommen Y_1 nicht allein auf der Angebotsseite der Volkswirt-schaft bestimmt wird, sondern maßgeblich auch von der Güternachfrageseite abhängig ist. Bei preiselastisch verlaufender Güterangebotskurve verändert sich die Lage des Un-terbeschäftigungsgleichgewichts Q_1, falls sich die Y^d-Kurve aufgrund einer exogenen Nachfragestörung verschiebt. Die Folge wäre eine Änderung des gleichgewichtigen Real-einkommens Y_1. Dagegen würde sich bei vollkommener Lohnsatzflexibilität (d.h. einer überall vertikal verlaufenden Y^s-Kurve) sowie preiselastischer Y^d-Kurve keine Ände-rung des Gleichgewichtseinkommens Y^* ergeben, wenn sich die Y^d-Kurve in ihrer Lage verändert.

Algebraisch betrachtet gilt bei Vorliegen der Keynesschen Variante der makroökonomi-schen Angebotsfunktion, dass im Unterbeschäftigungsfall die Gleichungen des Arbeits-marktes zusammen mit der Gleichung für die makroökonomische Produktionsfunktion keinen eindeutigen Wert für das Inlandsprodukt festlegen:

$$N = N^d(W^*/P) < N^s(W^*/P) \tag{6.38}$$

$$Y^s = Y(N, \overline{K}). \tag{6.39}$$

Durch Einsetzen der Arbeitsnachfragefunktion N^d in die Produktionsfunktion ergibt sich ein kausaler (positiver) Zusammenhang zwischen dem gesamtwirtschaftlichen Preis-niveau P und dem Güterangebot $Y^s = Y$. Hierbei handelt es sich um den preiselasti-schen Bereich der gesamtwirtschaftlichen Güterangebotsfunktion, d.h. um die Funkti-onsgleichung

$$Y^s = Y(N^d(W^*/P), \overline{K}). \tag{6.40}$$

Diese Gleichung enthält die beiden endogenen Variablen P und Y $(= Y^s)$. Ein ein-deutiger Wert für Y ergibt sich erst dann, wenn eine weitere Gleichung, und zwar die Gleichung für die gesamtwirtschaftliche Güternachfragekurve Y^d, herangezogen wird. Diese resultiert aus der Kombination der IS- und LM-Gleichung (durch Elimination des

Zinssatzes i) und ist allgemein von der Form[19]

$$Y^d = Y\left(\overset{(+)}{\frac{M}{P}}, \overset{(+)}{G}, \overset{(-)}{t}, \overset{(+)}{E}, \overset{(-)}{i^e}\right). \tag{6.41}$$

Die Gleichungen (6.40) und (6.41) beschreiben ein interdependentes System, das in der Regel nur noch simultan lösbar ist. Der Gleichgewichtswert für Y lässt sich daher nur unter Zuhilfenahme der Güternachfrageseite bestimmen. Im Spezialfall einer preisunelastisch verlaufenden Güternachfragekurve, d.h. bei Vorliegen eines Nachfragedefektes ($I_i = 0$ oder $L_i = -\infty$), ist die Y^d-Kurve mit der IS-Kurve identisch (wobei I konstant ist), welche für gegebene Werte von I, G und t einen eindeutig bestimmten Wert für Y liefert:

$$Y = C((1 - t_0)Y) + I_0 + G_0 \quad \rightarrow \quad Y_0. \tag{6.42}$$

Der Gleichgewichtswert für Y hängt dann nicht von der Lage des preiselastischen Bereichs der Angebotskurve Y^s ab; vielmehr bestimmt diese jetzt nur den Gleichgewichtswert P_0 des Güterpreisniveaus (vgl. Abbildung 6.23).

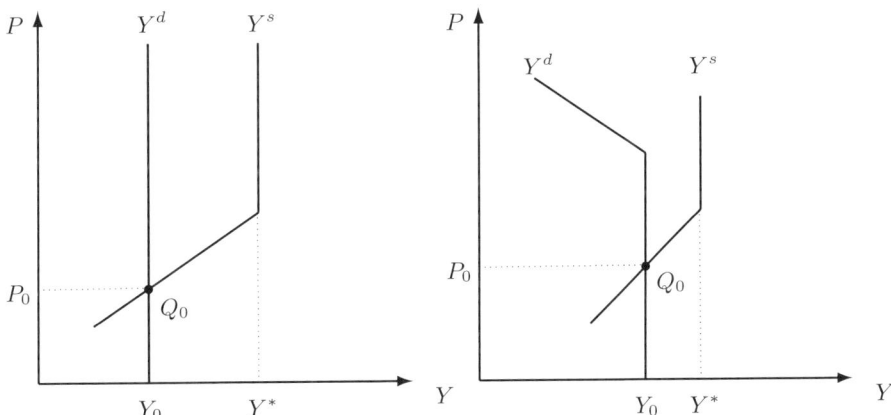

Abb. 6.23: *Unterbeschäftigungsgleichgewichte bei Vorliegen von Nachfragedefekten*

Wir können **festhalten**, dass **dauerhafte Unterbeschäftigungsgleichgewichte** sowohl bei nach unten starrem Geldlohnsatz als auch bei flexiblem Geldlohnsatz existieren können. Bei nach unten starrem Geldlohnsatz muss dazu der Schnittpunkt der (preiselastisch oder preisunelastisch verlaufenden) Y^d-Kurve mit der Y^s-Kurve im preiselastischen Bereich der makroökonomischen Angebotsfunktion liegen. Im Fall der Lohnsatzflexibilität (d.h. bei preisunelastischer Y^s-Kurve) ergibt sich ein dauerhaftes Gleichgewicht bei Unterbeschäftigung, falls auch die Y^d-Kurve preisunelastisch verläuft und sich die Unternehmen einer bestehenden Nachfragelücke am Gütermarkt mit ihrem mengenmäßigen Güterangebot anpassen.

---

[19]Dabei ist t der Steuersatz, E die unternehmerische Ertragserwartung und i^e die Zinserwartung.

6.4   Analyse isolierter wirtschaftspolitischer Maßnahmen

In diesem Abschnitt sollen die Wirkungen geld- und fiskalpolitischer Maßnahmen im Rahmen des makroökonomischen Totalmodells für die geschlossene Volkswirtschaft untersucht werden. Es handelt sich hierbei um Maßnahmen der Wirtschaftspolitik, die auf der Nachfrageseite des Gesamtsystems ansetzen und ohne direkte Auswirkungen auf die Angebotsbedingungen (d.h. auf die Lage der makroökonomischen Angebotsfunktion im P/Y-Diagramm) sind.[20] Man spricht in diesem Zusammenhang auch von **Maßnahmen der Globalsteuerung**, weil durch Änderungen der Geldmenge oder der Staatsausgaben Einfluss auf die Globalgrößen (Komponenten) der gesamtwirtschaftlichen Güternachfrage genommen werden kann.

In Kapitel 4 sind bereits die Wirkungen expansiver geld- und fiskalpolitischer Maßnahmen im Rahmen eines makroökonomischen Fixpreismodells für die geschlossene und kleine offene Volkswirtschaft untersucht worden. Für das Fixpreismodell für die geschlossene Volkswirtschaft wurde gezeigt, dass eine Steigerung der Geldmenge oder der Staatsausgaben im Normalfall eine Einkommenserhöhung bewirkt. In diesem Modellrahmen können Ineffizienzen für die Geldpolitik nur im Bereich der Liquiditätsfalle oder bei zinsunabhängiger Nettoinvestition auftreten, während die Fiskalpolitik nur dann unwirksam in Bezug auf Y ist, wenn von einer Zinsabhängigkeit der Geldnachfrage abgesehen wird. Beide Maßnahmen sind im Fixpreismodell definitionsgemäß ohne Wirkungen auf das Preis- und Lohnniveau, so dass auch keine Rückwirkungen für den Gütermarkt aufgrund von Preis- und Lohnanpassungen entstehen können. Es stellt sich daher die Frage, inwieweit die Resultate des Fixpreismodells für die geschlossene Volkswirtschaft zu modifizieren sind, wenn entweder von vollkommener Flexibilität von Preisen und Löhnen ausgegangen wird (**Neoklassische Variante des makroökonomischen Totalmodells**) oder unterstellt wird, dass lediglich die Preise vollkommen flexibel reagieren, die Nominallöhne dagegen nach unten starr sind (**Keynessche Variante des makroökonomischen Totalmodells**).

6.4.1   Geld- und Fiskalpolitik bei Lohnsatzflexibilität

Bei völlig flexiblen Löhnen und Preisen verläuft die gesamtwirtschaftliche Güterangebotsfunktion im P/Y-Diagramm preisunelastisch (vertikal). Das realisierte Inlandsprodukt wird unter der Annahme einer normal verlaufenden Güternachfragekurve allein auf der Angebotsseite bestimmt und beschreibt ein Vollbeschäftigungseinkommen, da es mit einem Gleichgewicht (im theoretischen Sinne) auf dem Arbeitsmarkt einhergeht. Der Arbeitsmarkt ist bei Lohnsatzflexibilität stets preisgeräumt; das Vollbeschäftigungseinkommen Y^* resultiert dann aus der Gleichgewichtsbedingung des Arbeitsmarktes, indem das gleichgewichtige Beschäftigungsvolumen in die gesamtwirtschaftliche Pro-

---

[20]Eine Ausnahme sind Änderungen direkter und indirekter Steuersätze, die über Änderungen des Arbeitsangebots bzw. der Arbeitsnachfrage auf die Lage der Y^s-Kurve einwirken.

duktionsfunktion eingesetzt wird:

$$N^d(W/P) = N^s(W/P) = N \qquad \rightarrow \qquad N^*, (W/P)^* \qquad (6.43)$$

$$Y = Y(N, \overline{K}) \qquad \rightarrow \qquad Y^* = Y(N^*, \overline{K}). \qquad (6.44)$$

Das Gleichgewichtseinkommen Y^* hängt nicht von der Güternachfrageseite ab; vielmehr passt sich die gesamtwirtschaftliche Güternachfrage über den Preismechanismus dem Vollbeschäftigungseinkommen Y^* an. Da die hier untersuchten Maßnahmen der Geld- und Fiskalpolitik auf der Nachfrageseite des Gesamtsystems ansetzen, können sie das rein angebotsseitig determinierte reale Inlandsprodukt nicht verändern. Im P/Y-Diagramm bedeutet dies, dass eine Steigerung der Geldmenge oder der Staatsausgaben lediglich eine Erhöhung des gesamtwirtschaftlichen Preisniveaus bewirkt (Abbildung 6.24).

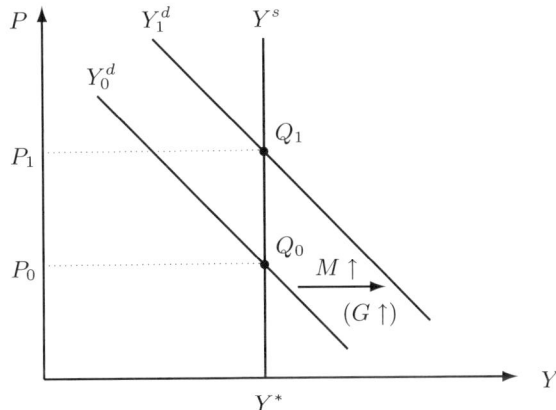

Abb. 6.24: *Expansive Geld- bzw. Fiskalpolitik bei Lohnsatzflexibilität*

Abbildung 6.24 verdeutlicht, dass eine Steigerung der Geldmenge M – ebenso wie eine Steigerung der Staatsausgaben G – zu einer Rechtsverlagerung der Güternachfragekurve Y^d führt und die Lage der Angebotskurve Y^s unverändert lässt. Die Folge ist ein Anstieg des Güterpreisniveaus P bei unverändertem Niveau des realen Inlandsprodukts Y. Aus der Arbeitsmarktgleichung (6.43) folgt, dass der gleichgewichtige Reallohnsatz allein, d.h. rein partialanalytisch, auf dem Arbeitsmarkt determiniert wird; Maßnahmen der Geld- und Fiskalpolitik sind dann ohne Wirkungen auf diesen relativen Preis. Die Zunahme des Preisniveaus P muss daher mit einer gleich großen Erhöhung des Geldlohnsatzes W verbunden sein.

Wenn das Gleichgewichtseinkommen auf dem Niveau des Vollbeschäftigungseinkommens Y^* festliegt, folgt aus den Nachfragegleichungen des Gesamtmodells, d.h. der IS-Gleichung

$$Y = C((1-t)Y) + I(i) + G \qquad \rightarrow \qquad i^* \qquad (6.45)$$

und der LM-Gleichung

$$M/P = L(Y, i) \qquad \rightarrow \qquad P^*, \qquad (6.46)$$

dass sich der Gleichgewichtszins i^* mit Hilfe der IS-Gleichung und das gleichgewichtige Preisniveau P^* mit Hilfe der LM-Gleichung bestimmen lässt. Im Rahmen einer komparativ-statischen Gleichgewichtsanalyse ist dann eine **Geldmengenerhöhung** ohne Wirkungen auf den Zinssatz und die Komponenten der gesamtwirtschaftlichen Güternachfrage (C, I, G). Eine Geldmengenexpansion hat aufgrund der bestehenden Modelldichotomie lediglich eine prozentual gleich große Steigerung des gesamtwirtschaftlichen Preisniveaus P und des Geldlohnsatzes W zur Folge, so dass sich insgesamt klassische Resultate ergeben:

$$\frac{dM}{M} = \frac{dP}{P} = \frac{dW}{W} \tag{6.47}$$

$$\frac{dY}{dM} = \frac{dC}{dM} = \frac{dI}{dM} = \frac{di}{dM} = \frac{dN}{dM} = \frac{d(W/P)}{dM} = \frac{dL}{dM} = 0. \tag{6.48}$$

Da eine Erhöhung der nominalen Geldmenge wegen der damit verbundenen Preissteigerung die reale Geldmenge unverändert lässt, ergibt sich weder ein Zinseffekt noch eine Änderung in der Zusammensetzung der gesamtwirtschaftlichen Güternachfrage. Bei völliger Preis- und Lohnflexibilität ist **Geldpolitik neutral** bzw. ineffizient in Bezug auf die Realgrößen des Systems.

Eine **Staatsausgabensteigerung** hat demgegenüber **allokative Wirkungen**: Eine Erhöhung von G ist mit einer Zinssteigerung verbunden und bewirkt aufgrund der Konstanz von Y und C gemäß Gleichung (6.45) ein **totales Crowding out** der privaten Nettoinvestition:

$$\frac{dI}{dG} = -1, \qquad \frac{di}{dG} = -\frac{1}{I_i} > 0. \tag{6.49}$$

Das Ausmaß der Zinssteigerung resultiert aus der IS-Gleichung (6.45) und der Konstanz von Y und C. Eine Zunahme des Zinssatzes ist gemäß der LM-Gleichung (6.46) bei gegebenem Y nur mit einer Senkung der realen Geldmenge M/P vereinbar. Eine Staatsausgabensteigerung muss daher – ebenso wie eine Geldmengenexpansion – eine Erhöhung des Güterpreisniveaus P und wegen der Konstanz von W/P auch eine Nominallohnsteigerung zur Folge haben. Die Preissteigerung braucht dabei prozentual gesehen nicht mit der Zunahme der Staatsausgaben übereinzustimmen; vielmehr hängt sie von der Zinsreagibilität der privaten Investitions- und der Geldnachfrage ab: Aus dem totalen Differential der LM-Gleichung (6.46), d.h.

$$\frac{1}{P_0}dM - \frac{M_0}{P_0^2}dP = L_Y dY + L_i di, \tag{6.50}$$

ergibt sich mit (6.49) sowie $dY = dM = 0$ die Gleichung

$$-\frac{M_0}{P_0^2} \cdot \frac{dP}{dG} = -\frac{L_i}{I_i} \quad \Rightarrow \quad \frac{dP}{dG} = \frac{P_0^2}{M_0} \cdot \frac{L_i}{I_i} > 0. \tag{6.51}$$

Der aus einer Staatsausgabenerhöhung resultierende Anstieg des Güterpreisniveaus fällt umso größer aus, je zinselastischer die Geldnachfrage ist. Der zinsinduzierte Rückgang der realen Geldnachfrage erfordert mit wachsender Zinsabhängigkeit von L eine immer stärkere Zunahme von P, um einen gleich großen Rückgang des realen Geldangebots zu erzeugen. Außerdem nimmt das Ausmaß der Preissteigerung mit fallender Zinsreagibilität der privaten Nettoinvestition zu, da mit sinkendem I_i wegen $dI = I_i di = -dG$ die Zinssteigerung und der damit verbundene Rückgang der Spekulationskassenhaltung immer größer ausfallen. Die Staatsausgabensteigerung bewirkt also auch eine Senkung der realen Geldnachfrage, die sich auf die Steigerung des Zinssatzes zurückführen lässt.

Im Vergleich zum Fixpreismodell (IS/LM-Modell) ergibt sich im vorliegenden Flexpreismodell ein stärkerer Zinsanstieg bei einer Staatsausgabenerhöhung. Dieser resultiert aus der Preissteigerung und der damit verbundenen Senkung der realen Geldmenge. Daher muss auch der zinsinduzierte Crowding-out-Effekt stärker ausfallen als bei konstantem Preisniveau.

Insgesamt folgt, dass die Preisanpassung und der damit verbundene Effekt auf die private Güternachfrage dafür sorgen, dass die Geld- und Fiskalpolitik im Unterschied zum Fixpreismodell ohne Realeinkommenswirkungen sind. Angebotsseitig kommt es außerdem zu Anpassungen des Geldlohnsatzes, die proportional zur Preisanpassung sind, so dass sich keine Änderung des Reallohnsatzes und der Beschäftigungsmenge ergibt.

Der Anpassungsprozess

Wir wollen den Anpassungsprozess, der sich aufgrund einer Nachfragestörung ergibt, näher untersuchen. Es soll zunächst eine **kontraktive** wirtschaftspolitische Maßnahme, und zwar der **Fall einer Staatsausgabensenkung**, diskutiert werden. Um die Anpassungsvorgänge im Zeitablauf beschreiben zu können, wird hinsichtlich der Preis- und Mengenanpassung auf dem Güter- und Arbeitsmarkt unterstellt, dass die Preis- und Lohnanpassung **verzögert** erfolgt, d.h. kurzfristig starr ist. Dagegen sollen auf diesen Märkten die Mengen schneller als die Preise reagieren und sich das mengenmäßige Güter- und Arbeitsangebot unmittelbar an Nachfrageänderungen anpassen, d.h. vollkommen elastisch auf Änderungen der Güter- und Arbeitsnachfrage reagieren. Die Annahme der vollkommen elastischen Anpassung des Güterangebots an Änderungen der effektiven Güternachfrage impliziert, dass für die Produzenten kurzfristig nicht mehr die Verhaltenshypothese der Gewinnmaximierung gilt, da jetzt bei Nachfragestörungen Abweichungen vom optimalen (gewinnmaximalen) Güterangebot Y^* auftreten. Weiter folgt aus der Annahme der kurzfristigen Mengenanpassung der Unternehmen an Nachfrageänderungen, dass die Güternachfrage über die Produktionsfunktion die gewünschte Arbeitsnachfrage festlegt. Die Unternehmen weichen dann bei der Bestimmung von N^d vorübergehend von der (gewinnmaximalen) Grenzproduktivitätsregel $W/P = Y_N$ ab. Die weitergehende Annahme, dass sich neben dem Güterangebot auch das Arbeitsangebot vollkommen elastisch Nachfrageänderungen anpasst, ist vor allem bei expansiven Nachfragestörungen von Relevanz, da andernfalls keine temporäre Ausweitung des Güterangebots über das Vollbeschäftigungseinkommen Y^* hinaus möglich wäre. Bei kontraktiven Störungen, die zu einem Rückgang von $Y^s = Y$ und $N^d = N$ führen, ist dagegen die Annahme der elastischen Anpassung des Arbeitsangebots nicht mehr erforderlich; ohne Anpassung des Arbeitsangebots tritt dann vorübergehend unfreiwillige Arbeitslosigkeit in Höhe von $N^s((W/P)^*) - N^d$ auf. Für den monetären Bereich wird – wie schon im Fixpreismodell – unterstellt, dass die Kurs- und Zinsanpassung unverzögert erfolgt und sich der Geld- und Wertpapiermarkt stets im Gleichgewicht befinden. Der Anpassungsprozess aufgrund einer kontraktiven Nachfragestörung auf dem Gütermarkt lässt sich dann durch Abbildung 6.25 verdeutlichen.

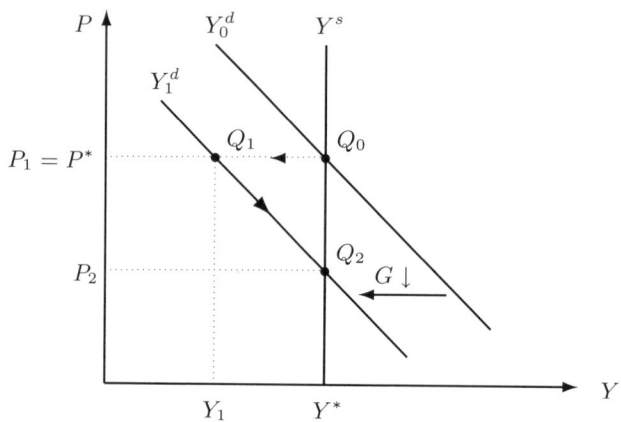

Abb. 6.25: *Der Anpassungsprozess bei einer Staatsausgabensenkung*

In Abbildung 6.25 verläuft der Anpassungsprozess zunächst von Q_0 nach Q_1 und daran anschließend entlang der nach links verschobenen Y^d-Kurve von Q_1 nach Q_2. Der Übergang von Q_0 nach Q_1, bei dem das Preisniveau P noch nicht reagiert, lässt sich aufgrund der getroffenen Annahmen mit Hilfe des IS/LM-Modells erklären: Eine Senkung der Staatsausgaben G bewirkt zunächst auf dem Gütermarkt einen Angebotsüberschuss in gleicher Höhe. Dieser Angebotsüberschuss wird dadurch abgebaut, dass sich die Produzenten annahmegemäß vollkommen elastisch dem Nachfragerückgang anpassen, d.h. ihre Produktion entsprechend drosseln. Die Folge ist ein Rückgang des realen Inlandsprodukts und des Beschäftigungsniveaus.

Hierdurch wird auf dem Gütermarkt ein kontraktiver Multiplikatorprozess ausgelöst, da mit der Senkung von Y auch die private Konsumgüternachfrage zurückgeht, welche wiederum eine weitere Senkung von Y induziert und so fort. Der kontraktive Prozess erfährt eine gewisse Abschwächung durch die Rückwirkungen des Geldmarktes. Diese resultieren daraus, dass die gewünschte Transaktionskassenhaltung im Zuge des Multiplikatorprozesses zurückgeht und über eine verstärkte Wertpapiernachfrage am Wertpapiermarkt eine Kurssteigerung bzw. Zinssenkung hervorruft, welche wiederum zu einem Anstieg der privaten Investitionsnachfrage führt. Solange das Preisniveau nicht reagiert und außerdem eine vollständige Produktionsanpassung der Unternehmen an die kontraktive Nachfragestörung stattfindet, sinkt das Realeinkommen vorübergehend auf das kleinere Niveau Y_1.

Diese kurzfristige Einkommenskontraktion lässt sich auch mit Hilfe des Hicksschen IS/LM-Systems graphisch veranschaulichen (Abbildung 6.26). Der Anpassungsprozess verläuft bei gegebenem Preisniveau $P = P^*$ entlang der LM-Kurve $LM(P^*)$; der Geldmarkt ist dabei annahmegemäß stets in einem Zustand des Gleichgewichts ($M/P^* = L$).

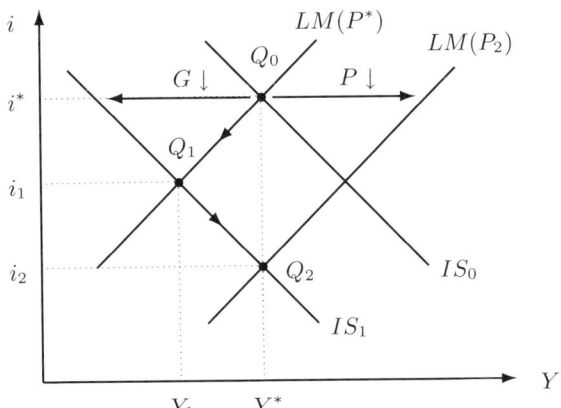

Abb. 6.26: *Kontraktive Nachfragestörung im Hicks-Diagramm*

Jedes Überschussangebot an Geld, das aus dem Rückgang der gewünschten Transaktionskassenhaltung resultiert, wird durch einen entsprechenden Anstieg der gewünschten Spekulationskassenhaltung sofort wieder beseitigt. Die Zunahme der Spekulationskassenhaltung ergibt sich aus der unmittelbaren Zinsanpassung nach unten. Wir unterstellen dabei, dass der Zins nach unten hinreichend flexibel ist, d.h. dass die Zinsuntergrenze i_U nicht im Zuge des Anpassungsprozesses erreicht wird.

Auf dem Arbeitsmarkt bewirkt die temporäre Senkung des Güterangebots einen Rückgang der realisierten Beschäftigung von N^* auf das kleinere Niveau N_1 (Abbildung 6.27). Die Absatzbeschränkung der Produzenten auf dem Gütermarkt hat zur Folge,

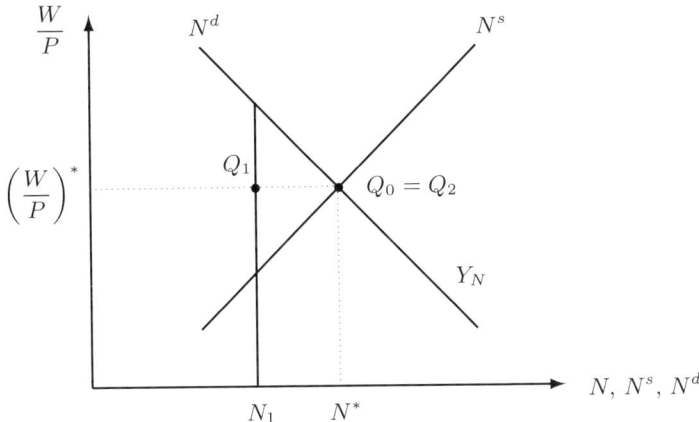

Abb. 6.27: *Auswirkungen einer Staatsausgabensenkung für den Arbeitsmarkt*

dass diese ihre eigentlich geplante (nur vom Reallohn abhängige) Arbeitsnachfrage in Höhe von $N^* = N^d((W/P)^*)$ nicht realisieren, sondern das kleinere Niveau N_1, welches dem gesunkenen Inlandsprodukt in Höhe von Y_1 entspricht (d.h. $Y_1 = Y(N_1, \overline{K})$).[21] Ohne entsprechende Anpassung des Arbeitsangebots entsteht dadurch auf dem Arbeitsmarkt ein Angebotsüberschuss in Höhe von $N^* - N_1$.[22]

Im Punkte Q_1 der Abbildungen 6.25, 6.26 und 6.27 ist die kurzfristige Anpassung des Systems aufgrund der Staatsausgabensenkung abgeschlossen. Eine Reaktion des Preisniveaus P und des Lohnsatzes W hat annahmegemäß noch nicht stattgefunden. In der mittleren Frist der Anpassung kommt es zu Preis- und Lohnanpassungen. Die Senkung der Güternachfrage bewirkt einen Druck auf das Güterpreisniveau P, da sich – gemessen am eigentlich geplanten Güterangebot in Höhe des Vollbeschäftigungseinkommens – ein Angebotsüberschuss in Höhe von $Y^* - Y_1$ ergibt. Ebenso kommt es aufgrund des Rückgangs der Arbeitsnachfrage und der realisierten Beschäftigung zu einem Druck auf den Geldlohnsatz W. Durch den Rückgang von N^d stellt sich auf dem Arbeitsmarkt ebenfalls ein Angebotsüberschuss gemessen am gewünschten Arbeitsangebot $N^s((W/P)^*)$ in Höhe von $N^* - N_1$ ein. Bei unterstellter Preis- und Lohnflexibilität ergibt sich dann ein Preis- und Lohnsenkungsprozess. Die Preissenkung führt dabei über den damit verbundenen Anstieg der realen Geldmenge zu einer Steigerung der gesamtwirtschaftlichen Güternachfrage. Dies setzt allerdings die Wirksamkeit des Keynes-Effektes voraus. Eine Senkung von P hat nur dann eine Erhöhung der Güternachfrage zur Folge, wenn hiermit eine Zinssenkung einhergeht (die Zinsuntergrenze also noch nicht erreicht ist) und außerdem die private Nettoinvestition auch bei relativ niedrigen Zinssätzen elastisch auf Zinssenkungen reagiert. Wird dieses vorausgesetzt, bewirkt der deflatorische Prozess eine kontinuierliche Erhöhung der gesamtwirtschaftlichen Güternachfrage[23] und – wegen des vollkommen elastischen Angebotsverhaltens der Unternehmen – auch eine kontinuierliche Steigerung des realen Inlandsprodukts. Der Preissenkungsprozess kommt erst dann zum Abschluss, wenn der Nachfragerückgang in Höhe von $Y^* - Y_1$ vollständig beseitigt ist, d.h. die Güternachfrage auf das Niveau des Vollbeschäftigungseinkommens Y^* zurückgekehrt ist. In Abbildung 6.25 ist dies im Punkte Q_2 der Fall. Der

---

[21] Diese Verhaltensweise der Produzenten entspricht im Kern der auf R. Clower (1965) zurückgehenden **dualen Entscheidungshypothese** der **Neuen Keynesianischen Makroökonomik (Neokeynesianischen Theorie)**. Grob vereinfacht besagt diese Hypothese – angewendet auf das Verhalten der Unternehmen – dass eine Mengenbeschränkung auf dem Gütermarkt bewirkt, dass die restringierten Marktteilnehmer (die Produzenten) eine Planrevision auf **anderen Märkten** (hier: auf dem Arbeitsmarkt) vornehmen: Anstelle der ursprünglichen, aus einem unbeschränkten einzelwirtschaftlichen Optimierungskalkül resultierenden Pläne kommen die sog. **effektiven** Nachfragefunktionen zum Zuge, die die Mengenbeschränkung des jeweils anderen Marktes mitberücksichtigen. Im vorliegenden Fall wird also die eigentlich geplante Arbeitsnachfrage $N^d (W/P)$ durch die effektive Nachfrage N_1 ersetzt, was graphisch einer vertikal über N_1 verlaufenden effektiven Arbeitsnachfragefunktion entspricht.

[22] Dies setzt allerdings voraus, dass die Haushalte an ihrem eigentlich geplanten Arbeitsangebot $N^s ((W/P)^*) = N^*$ festhalten. Alternativ wäre auch vorstellbar, dass sie sich mit ihrem mengenmäßigen Angebot der Rationierungsschranke N_1 anpassen, d.h. lediglich ein effektives Arbeitsangebot in Höhe von $N^s = N_1$ entfalten. Diese Verhaltensweise ist denkbar, wenn die Haushalte nicht mit einer Lockerung der Rationierungsschranke auf dem Arbeitsmarkt rechnen.

[23] Stillschweigend wird hierbei angenommen, dass der deflatorische Prozess zu keiner Verschlechterung der unternehmerischen Ertragserwartungen führt, da andernfalls die Güternachfrage nicht mehr anzusteigen braucht. Eine Rückkehr zum Vollbeschäftigungseinkommen wäre dann nicht mehr gegeben. Außerdem kann ein starker Preissenkungsprozess wie ein ruinöser Preiswettbewerb wirken, d.h. über eine deutliche Zunahme von Konkursen die Rückkehr zum Vollbeschäftigungsgleichgewicht verhindern.

Anpassungsprozess aufgrund der Preissenkung verläuft im P/Y-Diagramm entlang der Nachfragekurve Y_1^d von Q_1 nach Q_2. Auf dem Arbeitsmarkt ergibt sich nach Abschluss des deflatorischen Prozesses wieder der ursprüngliche Zustand der Vollbeschäftigung (Punkt Q_2 in Abbildung 6.27). Dies setzt allerdings voraus, dass mit der Senkung von P eine prozentual gleich große Senkung des Lohnsatzes W einhergeht, der Reallohnsatz also unverändert bleibt. Eine Steigerung des Reallohns W/P aufgrund des Preissenkungsprozesses würde zu einem dauerhaften Nachfragerückgang am Arbeitsmarkt führen und die Rückkehr zum Vollbeschäftigungsgleichgewicht verhindern; außerdem könnte dann das Vollbeschäftigungseinkommen Y^* nicht mehr realisiert werden, da das Beschäftigungsniveau kleiner als N^* ausfallen würde.

Im Hicks-Diagramm (Abbildung 6.26) lassen sich die Wirkungen des deflatorischen Prozesses durch die Rechtsverlagerung der LM-Kurve verdeutlichen. Die Rechtsverschiebung ergibt sich daraus, dass mit fallendem P die reale Geldmenge steigt, so dass auch eine Erhöhung der realen Geldnachfrage – etwa über einen Anstieg von Y oder über eine Senkung des Zinssatzes i – erforderlich ist, um wieder ein Gleichgewicht auf dem Geldmarkt herzustellen. Abbildung 6.26 verdeutlicht, dass der Preissenkungsprozess eine weitere Zinssenkung von i_1 auf das kleinere Niveau i_2 hervorruft. Die Senkung von i lässt sich damit begründen, dass mit sinkendem P die gewünschte nominale Kassenhaltung $P \cdot L = L^n$ immer mehr zurückgeht, so dass bei den Wirtschaftssubjekten aufgrund des gegebenen Geldbestandes M eine überschüssige Kassenhaltung entsteht. Diese wird durch eine verstärkte Wertpapiernachfrage abzubauen versucht, wodurch es über Kurssteigerungen zu Zinssenkungen kommt. Die daraus resultierende Steigerung der Investitionsnachfrage ermöglicht dann eine Rückkehr zum Vollbeschäftigungseinkommen Y^* (bei einem im Vergleich zur Ausgangslage geringeren Wert des Güterpreisniveaus P).

Eine wesentliche Voraussetzung für die Wiederherstellung von Vollbeschäftigung im Falle einer kontraktiven Nachfragestörung[24] ist neben der Flexibilität von Preisen und Löhnen nach unten auch eine genügend starke Flexibilität des Zinssatzes nach unten.[25] Wird im Zuge des deflatorischen Prozesses die Zinsuntergrenze i_U (definiert als der kleinste individuelle kritische Zinssatz) erreicht, treten keine weiteren Zinssenkungen mehr auf, so dass ab einem bestimmten Preisniveau P_U keine weiteren Einkommenssteigerungen mehr möglich sind (der Keynes-Effekt wäre dann unwirksam). Dies wird durch Abbildung 6.28 verdeutlicht. Das linke Schaubild zeigt, wie mit Erreichen der Zinsuntergrenze (Punkt Q_2) jede weitere Preissenkung ohne Wirkungen auf das Realeinkommen Y ist. Dies ist auch anhand des rechten Schaubildes erkennbar. Ab dem Preisniveau P_U verläuft die nach links verlagerte Güternachfragekurve Y_1^d vertikal (preisunelastisch), so dass sich auf dem Gütermarkt nur eine maximale Güternachfrage in Höhe von Y_2, welche kleiner als Y^* ausfällt, ergibt. Passen sich die Produzenten dieser Nachfrageschranke vollkommen elastisch mit ihrem mengenmäßigen Güterangebot an, ist die Folge ein dauerhafter Zustand der Unterbeschäftigung auf dem Arbeitsmarkt. Bei kontraktiven Nachfragestörungen auf dem Gütermarkt kann durch einen daraus resultierenden defla-

---

[24]Hierbei braucht es sich nicht notwendigerweise um eine Staatsausgabensenkung zu handeln. Eine Verschlechterung der unternehmerischen Ertragserwartungen würde zu einem analogen Anpassungsprozess führen.

[25]Außerdem darf es im Verlaufe des deflatorischen Prozesses nicht zu einer starken Verschlechterung der unternehmerischen Ertragserwartungen kommen.

torischen Prozess die Rückkehr zum Vollbeschäftigungsgleichgewicht verhindert werden, falls der Zinsmechanismus versagt.

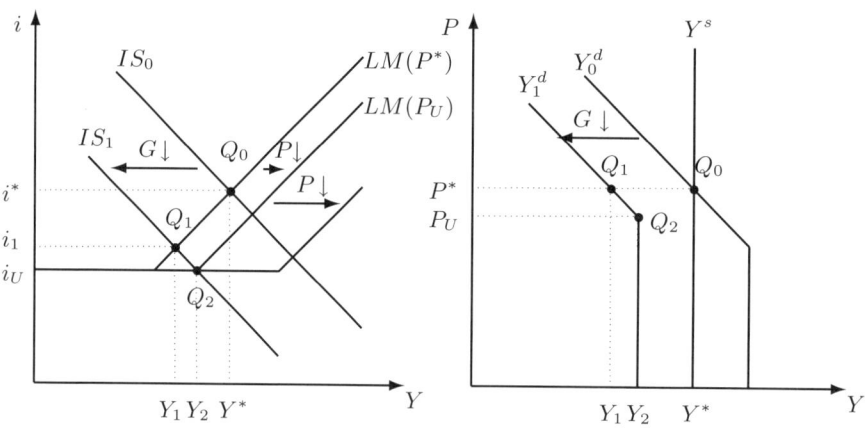

Abb. 6.28: *Der Anpassungsprozess bei unvollkommener Zinsflexibilität*

Anpassungsprozesse bei expansiver Fiskalpolitik

Bisher ist nur der Anpassungsprozess bei Vorliegen einer kontraktiven Nachfragestörung untersucht worden. Im Folgenden geht es um die Analyse der aus einer **expansiven Nachfragestörung** resultierenden Anpassungsvorgänge im Zeitablauf. Beispielhaft soll der Fall einer **Steigerung der Staatsausgaben** für Güter und Dienste betrachtet werden. Im Unterschied zum bisher behandelten Fall einer Staatsausgabensenkung sind jetzt **zwei Anpassungsprozesse** im P/Y-Diagramm denkbar. Dies hängt von der kurzfristigen Reaktionsweise der Arbeitsanbieter auf die erhöhte Güternachfrage ab. Wird weiterhin für die kurze Frist, in der die Preise und Löhne noch nicht reagieren, ein vollkommen elastisches Güterangebot unterstellt, so kann die staatliche Mehrnachfrage nur dann befriedigt werden, wenn die gesamtwirtschaftliche Produktion durch temporäre Überbeschäftigung des Produktionsfaktors Arbeit über das Vollbeschäftigungseinkommen Y^* hinaus ausgedehnt wird.[26] Dies setzt – neben einer erhöhten Mehrnachfrage nach Arbeit und einer genügend großen Unterauslastung der vorhandenen Sachkapazitäten – ein entsprechend erhöhtes Arbeitsangebot über die Vollbeschäftigungsgrenze N^* hinaus voraus. Wird dieses unterstellt, ergibt sich ein zu Abbildung 6.25 analoger Anpassungsprozess, der in Abbildung 6.29 dargestellt ist. Kurzfristig findet infolge des

---

[26]Die Unternehmen verhalten sich in diesem Fall nicht mehr gewinnmaximal, da durch die kurzfristige Steigerung der Arbeitsnachfrage von N^* auf N_1 die Grenzkosten der Arbeit (W^*) über dem Grenzerlös ($P^* \cdot Y_N(N_1)$) liegen. Die Zielsetzung der Unternehmen besteht in diesem Fall nicht mehr in der Gewinn-, sondern in der Umsatzmaximierung. Zusätzliche Absatzchancen, die über dem gewinnmaximalen Outputniveau liegen, werden dann wahrgenommen. Außerdem kommen alle Nachfrager voll zum Zuge. Die vollkommen elastische Mengenanpassung über das Vollbeschäftigungseinkommen hinaus lässt sich auch damit begründen, dass eine höhere Auslastung der Produktionskapazität angestrebt wird.

expansiven Multiplikatorprozesses eine Bewegung des Systems von Q_0 nach Q_1 statt, d.h. eine Realeinkommenserhöhung von Y^* auf Y_1 bei unverändertem Güterpreisniveau P^*. Mittelfristig bewirkt die erhöhte Nachfrage nach Gütern und Arbeit einen inflatorischen Prozess (Preis- und Lohnsteigerungen), der über den Rückgang der realen Geldmenge und der damit verbundenen Zinssteigerung zu einer allmählichen Senkung der gesamtwirtschaftlichen Güternachfrage führt und entlang der nach rechts verschobenen Güternachfragekurve Y_1^d verläuft. Langfristig stellt sich wieder das ursprüngliche Vollbeschäftigungseinkommen Y^* bei einem insgesamt gestiegenen Preis- und Lohnniveau (jedoch unverändertem Reallohnsatz $(W/P)^*$) ein. Da sich das Realeinkommen nach Abschluss aller Anpassungsprozesse nicht erhöht hat, bewirkt die Zinssteigerung ein totales Crowding out der privaten Investitionsnachfrage. Die verschiedenen Phasen der Einkommensanpassung ließen sich aufgrund der getroffenen Annahme analog zu Abbildung 6.26 auch mit Hilfe des IS/LM-Diagramms verdeutlichen, worauf hier aber verzichtet werden soll.

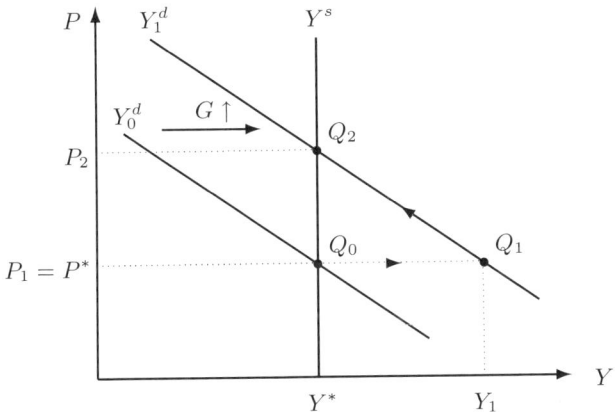

Abb. 6.29: *Der Anpassungsprozess bei einer Staatsausgabensteigerung*

Ein **alternativer Anpassungsprozess** ergibt sich, wenn die Arbeitsanbieter aufgrund des sowohl kurz- als auch langfristig unveränderten Reallohnsatzes ihr ursprüngliches Arbeitsangebot in Höhe von $N^s((W/P)^*)$ beibehalten. In diesem Fall kann die Mehrnachfrage nach Arbeit, die zur Befriedigung der erhöhten Güternachfrage erforderlich ist, nicht realisiert werden. Auf dem Arbeitsmarkt stellt dann vorübergehend das Arbeitsangebot die kurze Marktseite dar, so dass wegen $N = N^s = N^*$ weiterhin nur das Vollbeschäftigungseinkommen Y^* produziert werden kann. Als Konsequenz ergibt sich auf dem Gütermarkt ein Nachfrageüberschuss in Höhe der gestiegenen staatlichen Nachfrage. Rechnen die privaten Haushalte trotz der erhöhten staatlichen Nachfrage unverändert mit dem Vollbeschäftigungseinkommen der Ausgangslage (Y^*), findet keine Steigerung der privaten Güternachfrage statt, so dass sich kurzfristig insgesamt eine Überschussnachfrage (ÜN) in Höhe der staatlichen Mehrnachfrage (dG) ergibt: $\text{ÜN} = dG = Y_1^{d'} - Y^*$.[27] In Abbildung 6.30 entspricht dieser Überschussnachfrage der

---

[27]Das gleiche Ergebnis erhält man, wenn die Produzenten vollkommen unelastisch auf die Nachfrage-

Streckenabschnitt $Q_0 Q_1'$, während sich im Fall des vollkommen elastischen Angebots-verhaltens der privaten Haushalte (und der Produzenten) kurzfristig eine Güternach-fragesteigerung in Höhe von $Q_0 Q_1$ einstellen würde.

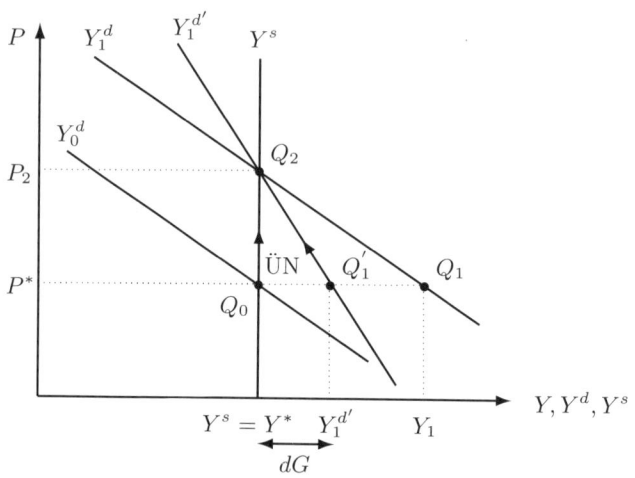

Abb. 6.30: *Der Anpassungsprozess bei unelastischem Angebotsverhalten*

In der mittleren Frist der Anpassung finden Preis- und Lohnsteigerungen statt, die über damit verbundene Zinssteigerungen (aufgrund der Senkung der realen Geldmenge) eine allmähliche Zurückdrängung der privaten Investitionsnachfrage bewirken. Die Überschussnachfrage auf dem Gütermarkt wird dadurch abgebaut. Während des gesamten Anpassungsprozesses kommt es zu keiner Änderung des realen Inlands-produkts ($Y = Y^*$), der privaten Konsumgüternachfrage ($C = C(1-t)Y^*$) und der realisierten Beschäftigung ($N = N^*$). In Abbildung 6.30 verläuft die Entwicklung der gesamtwirtschaftlichen Güternachfrage infolge des Preissteigerungsprozesses entlang der nach rechts gedrehten „Güternachfragekurve" $Y_1^{d'}$ von Q_1' zum Endgleichgewicht Q_2.[28] Simultan dazu verläuft die Anpassung des Güterangebots entlang der vertikalen Y^s-Kurve von Q_0 nach Q_2. Im Endgleichgewicht Q_2 stimmen Güterangebot und Güternachfrage wieder überein, und die Steigerung der Staatsausgaben hat neben Preiseffekten nur allokative Wirkungen erzielt.

---

steigerung reagieren, d.h. an ihrem eigentlich geplanten Vollbeschäftigungseinkommen $Y^* = Y\left(N^*, \overline{K}\right)$ festhalten. In diesem Fall entspricht ihr Nachfrageverhalten auf dem Arbeitsmarkt weiterhin der ge-winnmaximierenden Grenzproduktivitätsregel $W/P = Y_N$.

[28]Aufgrund der Konstanz der privaten Konsumgüternachfrage ($dC = 0$) und der Transaktionskas-senhaltung ($L_Y \, dY = 0$) folgt aus den Gleichungen des IS/LM-Systems, dass zwischen Y und P entlang der gedrehten „Güternachfragekurve" der Zusammenhang

$$dY = -\frac{I_i}{L_i}\frac{M}{P^2}dP + dG \qquad (dM = 0)$$

besteht. Im Unterschied zur Y_1^d-Kurve repräsentiert $Y_1^{d'}$ kein Güternachfragegleichgewicht mehr, da beispielsweise die zu P^* gehörige gleichgewichtige Güternachfrage im Punkte Q_1 (und nicht in Q_1') liegt.

Fiskalpolitik bei Vorliegen der Liquiditäts- oder Investitionsfalle

Bei vollkommen flexiblen Löhnen und Preisen lässt sich ein stabilisierungspolitischer Handlungsbedarf nur rechtfertigen, wenn der sich aus einer Nachfragestörung ergebende Preis- und Lohnanpassungsprozess nicht zum Vollbeschäftigungsgleichgewicht zurückführt. Dies ist bei einer preisunelastisch verlaufenden Güternachfragekurve der Fall, d.h. bei zinsunabhängiger privater Nettoinvestition oder vollkommen zinselastischer Geldnachfrage. Verläuft die Y^d-Kurve im P/Y-Diagramm aufgrund eines kontraktiven Nachfrageschocks links von der (ebenfalls vertikalen) Güterangebotskurve, ergibt sich ein dauerhafter Zustand der Unterbeschäftigung, sofern sich die Produzenten der Nachfragelücke mit ihrem mengenmäßigen Güterangebot anpassen. Sie schränken dann ihre Produktion und Beschäftigung entsprechend ihrer Absatzbeschränkung ein. Die Folge ist das Auftreten konjunktureller Arbeitslosigkeit. Der Unterbeschäftigungszustand lässt sich aufgrund der Wirkungslosigkeit des Keynes-Effektes nicht über einen Preis- und Lohnsenkungsprozess beseitigen. In dieser Situation kann der Staat über eine aktive Konjunkturpolitik, d.h. durch geeignete Maßnahmen der Globalsteuerung, versuchen, eine Beschäftigungssteigerung zu erzielen. Hierzu ist bei zinsunabhängiger Nettoinvestition oder vollkommen zinselastischer Geldnachfrage nur die Fiskalpolitik in der Lage, da Änderungen der Geldmenge ohne Auswirkungen auf die gesamtwirtschaftliche Güternachfrage sind.

Prinzipiell kann die aus einem kontraktiven Nachfrageschock resultierende Nachfragelücke am Gütermarkt durch eine hinreichend starke Staatsausgabensteigerung beseitigt werden. Abbildung 6.31 verdeutlicht diesen Zusammenhang.

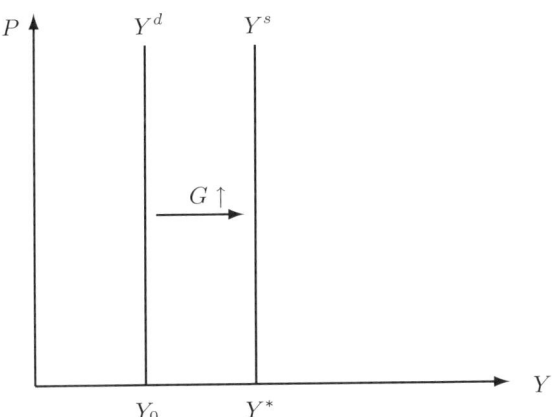

Abb. 6.31: Beseitigung einer Nachfragelücke am Gütermarkt

Bei vertikal verlaufender Y^d-Kurve kann die private Nettoinvestition als exogene Größe aufgefasst werden ($I = I_0$), so dass das Unterbeschäftigungseinkommen Y_0 eindeutig aus der Güternachfragegleichung

$$Y = C((1-t)Y) + I_0 + G \qquad (6.52)$$

bestimmt werden kann. Die Fiskalpolitik erzielt in dieser Situation ihre größte Wirkung in Bezug auf Y, da keine Rückwirkungen vom Geldmarkt auftreten können. Bei preisunelastisch verlaufender Y^d-Kurve haben Zins- und Preisänderungen keine Auswirkungen auf das Güternachfragegleichgewicht; der Staatsausgabenmultiplikator ist daher mit dem elementaren Multiplikator identisch:

$$\frac{dY}{dG} = \frac{1}{1 - C_{Y^v}(1 - t)} > 1. \tag{6.53}$$

Das Ausmaß der Staatsausgabensteigerung zur Beseitigung der Nachfragelücke in Höhe von $Y^* - Y_0 = \Delta Y$ beträgt dann

$$\Delta G = (1 - C_{Y^v}(1 - t)) \cdot \Delta Y < \Delta Y. \tag{6.54}$$

Da der elementare Multiplikator größer als eins ist, müssen die Staatsausgaben nur um einen Bruchteil der Einkommenssenkung erhöht werden, um wieder das Vollbeschäftigungseinkommen Y^* zu realisieren.

Festzuhalten bleibt, dass die Fiskalpolitik bei vollkommener Preis- und Lohnsatzflexibilität nur dann ein wirksames Instrument zur Steigerung des Inlandsprodukts und der Beschäftigung ist, wenn hiermit keine Crowding-out-Effekte verbunden sind, d.h. wenn die Investitionsnachfrage vollkommen zinsunelastisch oder die Geldnachfrage vollkommen zinselastisch ist. Liegen solche Nachfragedefekte nicht vor, d.h. verläuft die Güternachfragekurve überall elastisch, stellt sich über einen funktionierenden Preismechanismus stets ein gesamtwirtschaftliches Gleichgewicht bei Vollbeschäftigung ein, so dass auch kein stabilisierungspolitischer Handlungsbedarf besteht (alle Märkte sind preisgeräumt). Die Fiskalpolitik hat in dieser Situation nur allokative Wirkungen, so dass ein Rückgang der Staatsausgaben zu einem Anstieg privater Güternachfrage in gleichem Ausmaß führen würde. Die Geldpolitik ist dagegen bei Lohn- und Preisflexibilität aufgrund der bestehenden Modelldichotomie, die auch in der Investitions- und Liquiditätsfalle gilt, völlig wirkungslos in Bezug auf Y und die Komponenten der gesamtwirtschaftlichen Güternachfrage.

6.4.2　Geld- und Fiskalpolitik in der Keynesschen Variante

Im Folgenden soll die Wirkungsweise der Geld- und Fiskalpolitik im Fall der Keynesschen Variante des makroökonomischen Totalmodells untersucht werden. Im Gegensatz zur bisher diskutierten Neoklassischen Variante des makroökonomischen Totalmodells werden jetzt nach unten starre Geldlohnsätze unterstellt. Die makroökonomische Güterangebotsfunktion verläuft dann im Unterbeschäftigungsbereich preiselastisch und mit Erreichen des Vollbeschäftigungseinkommens Y^* vollkommen preisunelastisch.

Wird – ausgehend vom Zustand der Vollbeschäftigung – ein kontraktiver Nachfrageschock unterstellt, ergibt sich ein dauerhaftes Unterbeschäftigungsgleichgewicht, das durch den Schnittpunkt von Y^d- und Y^s-Kurve im preiselastischen Bereich der makroökonomischen Angebotsfunktion charakterisiert ist (Abbildung 6.32).

In Abbildung 6.32 ist beispielhaft eine Verschlechterung der unternehmerischen Ertragserwartungen E unterstellt worden. Diese führt über einen Rückgang der geplanten Investitionsnachfrage zu einer Linksverschiebung der makroökonomischen Güternachfragekurve und über den daraus resultierenden deflatorischen Prozess zum stabilen

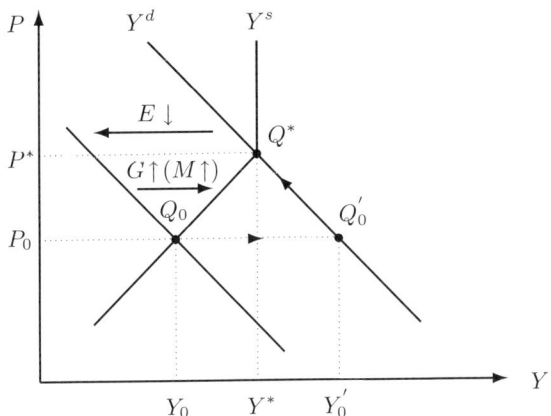

Abb. 6.32: *Expansive Geld- bzw. Fiskalpolitik bei nach unten starrem Geldlohnsatz*

Unterbeschäftigungsgleichgewicht Q_0. Der Preissenkungsprozess, der beim Preisniveau P_0 endet, lässt sich mit dem Rückgang der gesamtwirtschaftlichen Güternachfrage begründen, die – gemessen am Vollbeschäftigungsniveau Y^* – einen Angebotsüberschuss am Gütermarkt erzeugt.

Gibt man die Vollkommenheitsannahme für den gesamtwirtschaftlichen Gütermarkt auf (**Preisnehmerverhalten** der Produzenten) und geht stattdessen zu preissetzendem Verhalten über, lässt sich die Preissenkung von P^* auf P_0 mit der **Mark-up-Hypothese** begründen, wonach das Preisniveau durch die Unternehmen mittels eines Aufschlags r auf die durchschnittlichen Lohnstückkosten $W \cdot N/Y$ bestimmt wird:

$$P = (1 + r)\frac{W \cdot N}{Y} = (1 + r)\frac{W}{a} \qquad (a = \frac{Y}{N} > 0, \; r \geq 0). \tag{6.55}$$

Der Gewinnaufschlag r sichert dabei einen bestimmten Stückgewinn. Mit a wird in dieser Gleichung die **durchschnittliche Arbeitsproduktivität** bezeichnet, welche – ebenso wie die Grenzproduktivität Y_N – bei Zugrundelegung einer neoklassischen Produktionsfunktion zunimmt, wenn mit dem Outputniveau auch die Beschäftigung N sinkt.[29] Durch die mengenmäßige Anpassung der Unternehmen an die gesunkene Güternachfrage findet dann bei unverändertem Lohnsatz $W = W^*$ gemäß der Zuschlagshypothese ein Preissenkungsprozess statt.

Im Vergleich zur Neoklassischen Variante (d.h. zum Totalmodell mit vollkommener Lohnsatzflexibilität) fällt in der Keynesschen Variante der Preisrückgang geringer aus; daher ist auch der Anstieg der realen Geldmenge nicht ausreichend, um das ursprüngliche Vollbeschäftigungseinkommen Y^* wiederherzustellen. Da im Punkte Q_0 der Abbildung 6.32 die gesamtwirtschaftliche Güternachfrage in Höhe von Y_0 genau mit dem

---

[29]Zum Beispiel gilt für die Cobb-Douglas-Produktionsfunktion $Y = AN^\alpha \overline{K}^{1-\alpha}$ $(0 < \alpha < 1)$:

$a = Y/N = AN^{\alpha-1}\overline{K}^{1-\alpha}, \; \frac{da}{dN} = A(\alpha - 1)N^{\alpha-2}\overline{K}^{1-\alpha} < 0 \quad (\text{da } \alpha < 1).$

Mit sinkenden N erhöht sich dann a.

(gegenüber der Ausgangslage gesunkenen) gesamtwirtschaftlichen Güterangebot übereinstimmt, kommt es zu keinen weiteren Preisanpassungen, so dass die Wiederherstellung von Vollbeschäftigung nur über expansive beschäftigungspolitische Maßnahmen
des Staates erreicht werden kann. Neben der Fiskalpolitik ist jetzt auch die Geldpolitik
wirksam in Bezug auf Y; daher kommen beide Instrumente prinzipiell für die Realisie-
rung des Vollbeschäftigungseinkommens in Frage.

Der Anpassungsprozess, der sich aufgrund einer Steigerung von G oder M in der Keynesschen Variante des makroökonomischen Totalmodells ergibt, lässt sich – ebenso wie im
neoklassischen Fall der vollkommenen Lohnsatzflexibilität – in zwei getrennte Phasen
zerlegen, wenn wieder unterstellt wird, dass auf dem Güter- und Arbeitsmarkt kurzfristig keine Preisreaktion, sondern nur eine Mengenreaktion in dem Sinne stattfindet,
dass sich die Unternehmen und gegebenenfalls auch die Haushalte vollkommen elastisch
mit ihrem Güter- und Arbeitsangebot Änderungen der Güter- bzw. Arbeitsnachfrage
anpassen. Die Wirkungsweise der Fiskal- und Geldpolitik lässt sich dann jeweils in einen
Primär- und Sekundäreffekt zerlegen, wobei die Primärwirkung mit den Auswirkungen
einer Steigerung von G bzw. M im Rahmen des Fixpreismodells identisch ist und die
Sekundärwirkung die Auswirkungen aufgrund der Preisanpassung erfasst.

In Abbildung 6.32 verläuft der Anpassungsprozess aufgrund der getroffenen Annahmen zunächst von Q_0 nach Q_0' (Primäreffekt) und anschließend entlang der durch
den Punkt Q_0' verlaufenden Güternachfragekurve zum neuen Endgleichgewicht Q^* (Sekundäreffekt). Der Punkt Q_0' stellt dabei ein **temporäres Gleichgewicht** mit einem
Realeinkommen Y_0' dar, welches über dem Vollbeschäftigungseinkommen Y^* liegt. Das
Gleichgewicht Q_0' kommt nur dann zustande, wenn sich die Produzenten jeder Nachfrageerhöhung mit ihrem mengenmäßigen Güterangebot anpassen, so dass ein Multiplikatorprozess ablaufen kann, und außerdem die erhöhte Nachfrage nach Arbeit von
den Haushalten voll befriedigt wird. Die Unternehmen produzieren jetzt jenseits ihrer
eigentlich geplanten, nur vom Reallohnsatz W/P abhängigen Arbeitsnachfragekurve
$N^d(W/P)$, da sich ihre Absatzerwartungen verbessert haben.[30] In Abbildung 6.33 wird
dies durch den Punkt Q_0' verdeutlicht, welcher dem temporären Gleichgewichtspunkt Q_0'
in Abbildung 6.32 entspricht. Hierbei ist unterstellt worden, dass das in der Ausgangssituation herrschende Reallohnniveau W^*/P_0 so groß ist, dass das zugehörige Arbeitsangebot größer als die dem Punkte Q_0' entsprechende Arbeitsnachfrage in Höhe von N_0'
ausfällt.[31] Demzufolge kann auch im Fall eines Produktionsniveaus, das über dem Vollbeschäftigungseinkommen Y^* liegt, unfreiwillige Arbeitslosigkeit auftreten! Dieser Angebotsüberschuss (AÜ) auf dem Arbeitsmarkt wird durch den mittelfristig einsetzenden

---

[30]Allgemein hängt die Arbeitsnachfrage nicht nur vom Reallohn W/P ab, sondern auch von den
unternehmerischen Absatzerwartungen ($Y^{d,erw.}$). Wenn sich diese gegenüber der Ausgangssituation
verbessern, besteht ein Anreiz, die Arbeitsnachfrage über die gewinnmaximale hinaus auszudehnen
(vgl. Abschnitt 5.2). Bei preissetzendem Verhalten werden kurzfristige Preissteigerungen nicht vorgenommen, um die Verbesserung der Absatzlage nicht zu gefährden. Außerdem ist bei einer kurzfristig
häufig vorliegenden konstanten durchschnittlichen Arbeitsproduktivität (also einer limitationalen Produktionstechnologie) gemäß der Mark-up-Hypothese (6.55) auch das Preisniveau konstant.

[31]Würde Q_0' rechts von der N^s-Kurve liegen, könnte die Güternachfrage in Höhe von Y_0' nur dann
realisiert werden, wenn die Haushalte bereit wären, ihr Arbeitsangebot über ihr eigentlich geplantes in
Höhe von $N^s(W^*/P_0)$ hinaus auszudehnen.

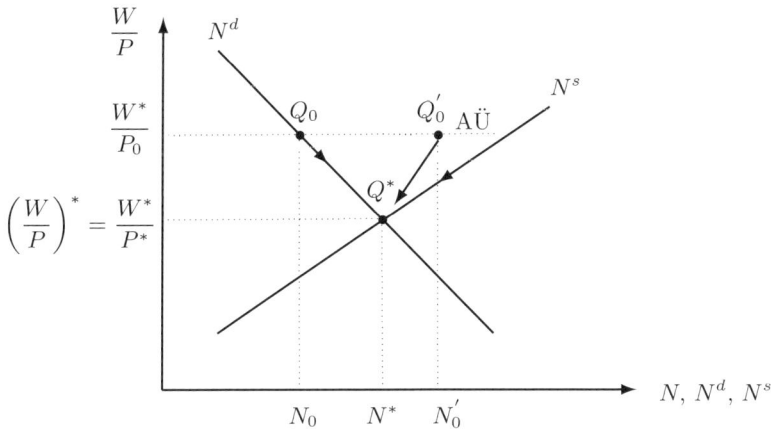

Abb. 6.33: *Der Anpassungsprozess auf dem Arbeitsmarkt bei Vorliegen von Unterbeschäftigung*

Preissteigerungsprozess auf dem Gütermarkt[32] (bei weiterhin konstantem Nominallohn $W = W^*$) dadurch beseitigt, dass der Reallohn sinkt und in sein Gleichgewichtsniveau $(W/P)^* = W^*/P^*$ zurückkehrt. Außerdem wird durch die Preisanpassung die in der Primärphase bestehende Differenz zwischen der effektiven (tatsächlichen) Arbeitsnachfrage N_0' und der eigentlich geplanten $N_0 = N^d(W^*/P_0)$ sukzessive abgebaut.

Der Anpassungsprozess, der sich im Rahmen der Keynesschen Variante des makroökonomischen Totalmodells aufgrund einer expansiven Nachfragestörung ergibt, lässt sich auch im Hicks-Diagramm veranschaulichen (Abbildung 6.34). Das linke Schaubild zeigt den Anpassungsprozess bei einer Staatsausgabensteigerung, das rechte den entsprechenden Anpassungsprozess bei einer Geldmengenerhöhung. In der Ausgangssituation gelte das Unterbeschäftigungsgleichgewicht Q_0 mit einem Realeinkommen Y_0, das kleiner als das Vollbeschäftigungseinkommen ist. Die beiden Schaubilder verdeutlichen, dass der aus einer expansiven fiskal- oder geldpolitischen Maßnahme resultierende Preissteigerungsprozess über die damit verbundene Senkung der realen Geldmenge nicht wieder zum Ausgangswert des Realeinkommens (Y_0) zurückführt. In beiden Fällen ist also die expansive Primärwirkung $(Y_0' - Y_0)$ betragsmäßig größer als der kontraktive Sekundäreffekt $(Y_1 - Y_0')$, so dass sich in der Gesamtwirkung ein Anstieg des Inlandsprodukts ergibt $(Y_1 > Y_0)$. Die Einkommenssteigerung, die geringer ausfällt als im Fixpreismodell, lässt sich von der Angebotsseite damit begründen, dass die Preissteigerung aufgrund der bestehenden Unterbeschäftigung in der Ausgangslage keinen Lohnsteigerungsprozess nach sich zieht; demzufolge sinkt der Reallohnsatz, so dass die Beschäftigung und das Güterangebot dauerhaft zunehmen. Von der Güternachfrageseite lässt sich die Steigerung von Y damit erklären, dass sich im Falle einer Erhöhung der Staatsausgaben trotz der

---

[32]Bei preissetzendem Verhalten lässt sich dieser wieder mittels der Mark-up-Hypothese begründen, da die kurzfristige Ausweitung der Beschäftigung bei neoklassischer Produktionstechnologie die durchschnittliche Arbeitsproduktivität senkt, was bei unverändertem Nominallohn $W = W^*$ gleichbedeutend mit einer Zunahme der Lohnstückkosten ist.

primären und sekundären Zinssteigerung kein totales Crowding out der privaten Nettoinvestition ergibt. Im Falle einer Geldmengensteigerung resultiert die Erhöhung der Güternachfrage daraus, dass die primäre Zinssenkung von i_0 auf i_0' stärker ausfällt als die anschließende (aus der Preissteigerung resultierende) Zinserhöhung von i_0' auf i_1. Da insgesamt der Zinssatz sinkt, muss der Anstieg der nominalen Geldmenge vom Ausmaß her größer sein als die Zunahme des Güterpreisniveaus P, so dass neben der nominalen auch die reale Geldmenge ansteigt. Die Steigerung der Güternachfrage ergibt sich dann über die Erhöhung der privaten Investitionsnachfrage.

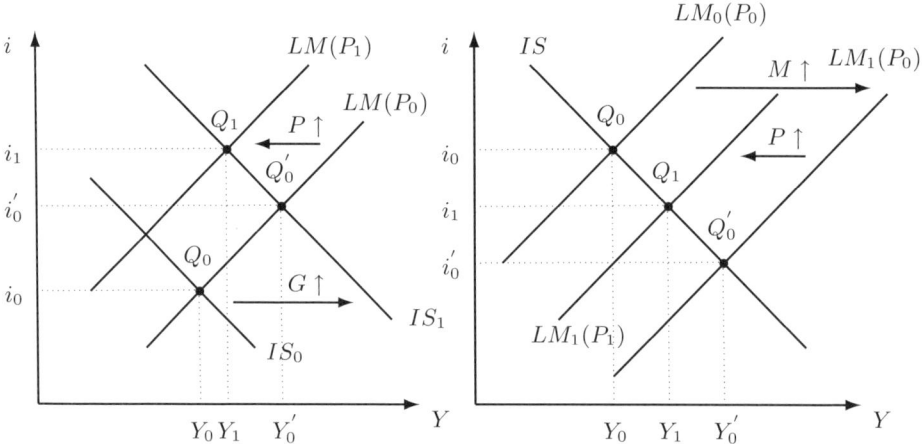

Abb. 6.34: *Der Anpassungsprozess im Hicks-Diagramm bei nach unten starrem Geldlohnsatz*

Ein alternativer Anpassungsprozess

Ein alternativer Anpassungsprozess (der nicht mehr im Hicks-Diagramm darstellbar ist) ergibt sich, wenn die Produzenten nicht von ihrer eigentlich geplanten (gewinnmaximalen) Arbeitsnachfragekurve $N^d = N^d(W/P)$ abweichen und demzufolge kurzfristig (d.h. bei konstantem Güterpreisniveau $P = P_0$) keine elastische Produktionsmengenanpassung vornehmen. Sie verhalten sich dann entsprechend ihrer Angebotsfunktion $Y^s = Y\left(N^d(W^*/P), \overline{K}\right)$, so dass es auf dem gesamtwirtschaftlichen Gütermarkt infolge einer Geldmengen- oder Staatsausgabensteigerung zu keinem Multiplikatorprozess kommt. Die Folge ist das Auftreten einer Überschussnachfrage (ÜN), die im Fall einer expansiven Geldpolitik ($dM > 0$) der zinsinduzierten Erhöhung der Investitionsnachfrage entspricht (ÜN $= dI = I_i \, di = (I_i/L_i) \, d(M/P_0)$) und im Fall einer expansiven Fiskalpolitik ($dG > 0$) mit der Staatsausgabensteigerung übereinstimmt (ÜN $= dG$). Der Abbau der Überschussnachfrage erfolgt in beiden Fällen über eine Zunahme des Güterpreisniveaus, woraus über die damit verbundene Senkung der realen Geldmenge ein Rückgang der zinsabhängigen Investitionsnachfrage resultiert. Auf der anderen Seite kommt es aber auch zu einem Anstieg der einkommensabhängigen privaten Konsumgüternachfrage, da sich das Güterangebot $Y^s = Y\left(N^d(W^*/P), \overline{K}\right)$ infolge des Preissteigerungsprozesses und der damit verbundenen Reallohnsenkung erhöht. Selbst wenn der Nettoeffekt aus diesen beiden gegenläufigen Effekten auf der Güternachfra-

geseite positiv ist und somit die Preissteigerung eine weitere Zunahme der gesamtwirtschaftlichen Güternachfrage bewirkt, ergibt sich dennoch ein allmählicher Abbau der
ursprünglichen Überschussnachfrage, da sich im Zuge der Preisanpassung die Differenz
zwischen Güterangebot und Konsumgüternachfrage $(Y^s - C)$ wegen $dC/dY < 1$ erhöht,
während die Investitionsnachfrage zurückgeht. Das Güterangebot steigt dann durch den
inflatorischen Prozess stärker an als die gesamtwirtschaftliche Güternachfrage.

Abbildung 6.35 zeigt die Anpassungsprozesse bei kurzfristig unelastischem Angebotsverhalten der Produzenten. In beiden Schaubildern entwickelt sich die Güternachfrage

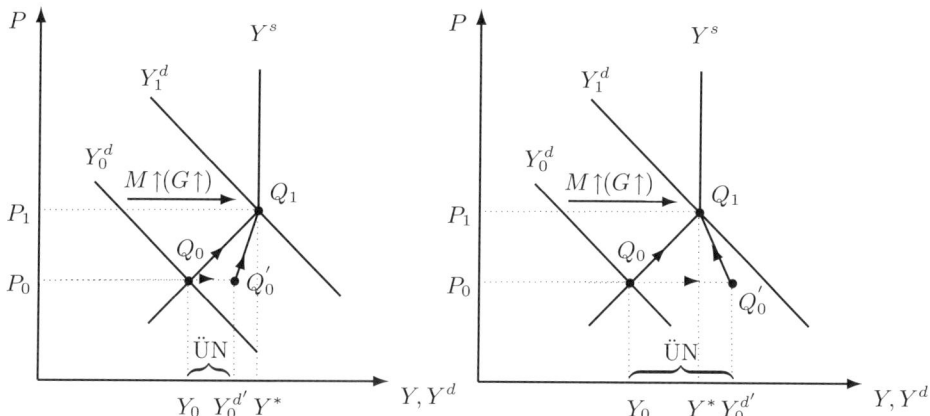

Abb. 6.35: *Anpassungsprozesse bei unelastischem Angebotsverhalten der Unternehmen*

von Q_0 nach Q_0' und daran anschließend von Q_0' nach Q_1. Im linken Schaubild steigt sie
dabei im Zuge der Preisanpassung weiter an, während sie im rechten Schaubild etwas
zurückgeht. Ein Rückgang von Y^d in der Sekundärphase des Anpassungsprozesses ist
nur dann möglich, wenn die Güternachfrage in Q_0' über dem Niveau des angestrebten
Vollbeschäftigungseinkommens Y^* liegt, d.h. wenn die Multiplikatorwirkung einer
Geldmengen- bzw. Staatsausgabenerhöhung im Rahmen des Fixpreismodells klein
ist.[33] In diesem Fall ist eine starke Erhöhung von M bzw. G erforderlich, um die
gesamtwirtschaftliche Güternachfragekurve Y_0^d in die gewünschte Position Y_1^d zu
verschieben, so dass sich auch eine große Überschussnachfrage (ÜN) ergibt. Das
Güterangebot bleibt annahmegemäß im Primäreffekt konstant und erhöht sich erst
mit einsetzender Preissteigerung.[34] Die Anpassung von Y^s erfolgt dann entlang der

---

[33] Im IS/LM-System fällt der fiskalpolitische Multiplikator dY/dG umso kleiner aus, je größer der
Quotient I_i/L_i ist, d.h. je flacher die Y^d-Kurve im P/Y-Diagramm verläuft. Für die Geldpolitik gilt
dagegen, dass der Multiplikator dY/dM mit fallendem I_i/L_i immer geringer wird, was mit einem
zunehmend steileren Verlauf der Y^d-Kurve einhergeht.

[34] Alternativ zu den beiden bisher diskutierten Anpassungsprozessen könnte man auch unterstellen,
dass die Produzenten kurzfristig bereit sind, ihr Güterangebot bis zum Vollbeschäftigungseinkommen Y^* auszudehnen. Das Güterangebot bliebe dann in der Sekundärphase der Anpassung konstant,
während die Güternachfrage im Zuge der Preisanpassung auf das Niveau des Vollbeschäftigungseinkommens absinken würde.

preiselastisch verlaufenden Güterangebotskurve $Y^s = Y\left(N^d(W^*/P), \overline{K}\right)$. In beiden Fällen wird die in der Primärphase der Anpassung entstehende Überschussnachfrage am Gütermarkt durch die Preissteigerung und die daraus resultierende stärkere Zunahme des Güterangebots (im Vergleich zur Güternachfrage) allmählich wieder abgebaut.

Nachteile der Geldpolitik

Im Gegensatz zur Fiskalpolitik ist die Geldpolitik unter Umständen kein geeignetes Mittel, um einen bestehenden Unterbeschäftigungszustand vollständig zu beseitigen. Die hierzu erforderliche Zinssenkung ist möglicherweise am Markt nicht durchsetzbar. Dies ist der Fall, wenn der vollbeschäftigungskonforme Zinssatz i^* unterhalb der Zinsuntergrenze i_U liegt (Abbildung 6.36). Im Falle $i_U > i^*$ verläuft der preisunelastische

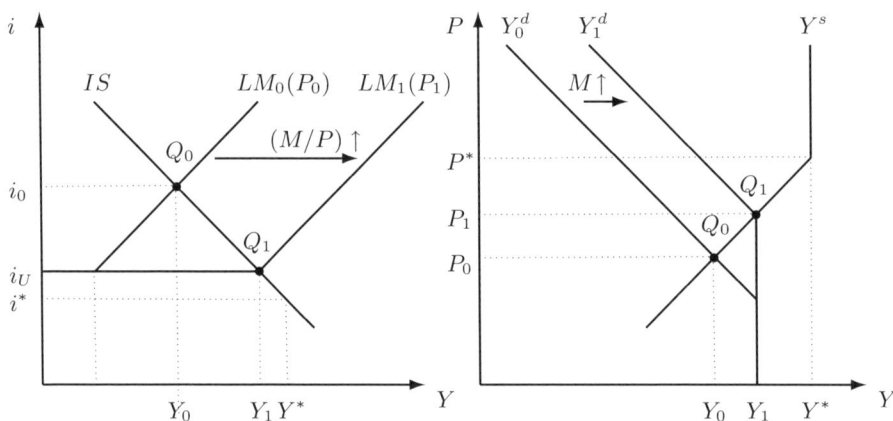

Abb. 6.36: *Expansive Geldpolitik und Zinsuntergrenze*

Bereich der Güternachfragekurve stets links vom vertikalen Ast der makroökonomischen Güterangebotskurve, so dass das Vollbeschäftigungseinkommen Y^* nicht mit Hilfe der Geldpolitik realisiert werden kann. Eine Geldmengensteigerung erhöht das reale Inlandsprodukt höchstens auf das unterhalb von Y^* liegende Niveau Y_1.

Zusammenfassend kann gesagt werden, dass die Geldpolitik bei Vorliegen von Unterbeschäftigung sowie nach unten starren Geldlohnsätzen nur dann ein wirksames Mittel zur Steigerung der Beschäftigung und des Inlandsprodukts ist, wenn der Zinsmechanismus nicht versagt. Dagegen ist die Fiskalpolitik auch bei Vorliegen der Investitions- oder Liquiditätsfalle ein wirkungsvolles Instrument zur Erhöhung des realen Inlandsprodukts.

Ein wirtschaftspolitischer Zielkonflikt

Die Wirksamkeit der Geld- und Fiskalpolitik bei nach unten starren Geldlohnsätzen basiert maßgeblich darauf, dass mit steigender Geldmenge bzw. steigenden Staatsausgaben eine Preisniveauerhöhung einhergeht, die über sinkende Reallöhne für einen Anstieg der Beschäftigung und des Inlandsprodukts sorgt. Eine Einkommens- und Beschäftigungssteigerung mittels expansiver Maßnahmen der Nachfragesteuerung wird somit „erkauft" mit einem Anstieg des gesamtwirtschaftlichen Güterpreisniveaus. Eine expansiv betriebene Geld- oder Fiskalpolitik wirkt zwar in Richtung auf das wirtschaftspolitische Ziel der Vollbeschäftigung, gefährdet dagegen das Ziel der Preisstabilität. Eine Einkommens- und Beschäftigungserhöhung bei gleichzeitiger Konstanz des Preisniveaus ist mit den traditionellen Instrumenten der Globalsteuerung nicht realisierbar. Dieser wirtschaftspolitische Zielkonflikt (**Trade-off**) wird durch Abbildung 6.37 verdeutlicht.

Abbildung 6.37 zeigt, dass mit geld- und fiskalpolitischen Maßnahmen nur die Lage der gesamtwirtschaftlichen Güternachfragekurve verändert werden kann. Da hierdurch die Lage der Angebotskurve Y^s nicht tangiert wird, sind nur solche P/Y-Kombinationen realisierbar, die auf der Y^s-Kurve liegen. Ausgehend vom Unterbeschäftigungsgleichgewicht Q_0 ist somit der Punkt Q_2, d.h. die Realisation von Vollbeschäftigung bei unverändertem Preisniveau, nicht erreichbar.

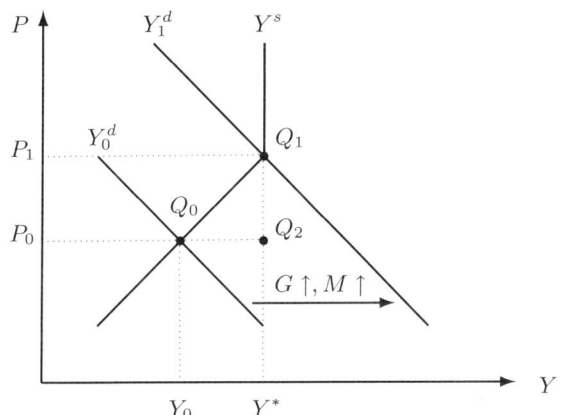

Abb. 6.37: *Der Zielkonflikt zwischen Vollbeschäftigung und Preisstabilität*

Bei Vorliegen von Unterbeschäftigung in der Ausgangslage lässt sich das wirtschaftspolitische Ziel „Vollbeschäftigung bei Preisstabilität" nur dadurch realisieren, dass neben der gesamtwirtschaftlichen Güternachfragekurve auch der preiselastische Bereich der Güterangebotskurve nach rechts verschoben wird (Abbildung 6.38).

Abbildung 6.38 verdeutlicht, dass durch eine Senkung des Nominallohns W der preiselastische Bereich der makroökonomischen Güterangebotsfunktion nach rechts verlagert wird. Gelingt es der **Einkommenspolitik**, eine ausreichende Flexibilität der Nominallöhne nach unten herzustellen, so lässt sich, ausgehend vom Unterbeschäftigungsgleichgewicht Q_0, der Punkt Q_2, d.h. Vollbeschäftigung bei Preisstabilität, realisieren, indem zunächst über eine expansive Geld- oder Fiskalpolitik das Unterbeschäftigungsgleichgewicht Q_1 realisiert wird und anschließend durch einkommenspolitische Maß-

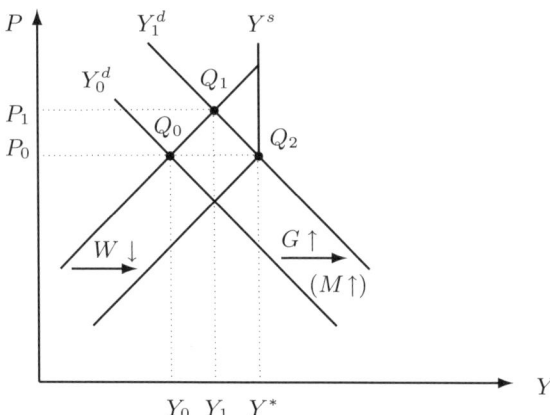

Abb. 6.38: *Realisation von Vollbeschäftigung bei Preisstabilität*

nahmen das angestrebte Vollbeschäftigungsgleichgewicht Q_2. In Deutschland hat die staatliche Einkommenspolitik aufgrund der bestehenden Tarifautonomie allerdings nur geringe Einflussmöglichkeiten auf den Lohnbildungsprozess. Der Geldlohnsatz W ist im Gegensatz zu den Staatsausgaben oder der Geldmenge[35] keine Variable, die unter weitgehender Kontrolle des Staates steht.[36] Maßhalteappelle oder vom Staat empfohlene Lohnabschlüsse sind ungeeignete Mittel, um eine genügende Lohnflexibilität herzustellen. Die staatliche Einkommenspolitik ist daher nicht in der Lage, zusammen mit Maßnahmen der Nachfragesteuerung Vollbeschäftigung bei gleichzeitiger Preisstabilität zu erreichen.[37]

Der wirtschaftspolitische Zielkonflikt, der zwischen den Variablen Y (bzw. N) und P besteht und graphisch durch den preiselastischen Bereich der makroökonomischen Güterangebotsfunktion beschrieben wird, ist kurzfristig nicht auflösbar. Er kann nur langfristig aufgehoben werden, da langfristig wirkende Faktoren wie der technische Fortschritt, das Wachstum der Erwerbsbevölkerung sowie das Wachstum des Kapitalstocks zu einer allmählichen Rechtsverlagerung der Y^s-Kurve führen. Diese Faktoren begünstigen das Wirtschaftswachstum einer Volkswirtschaft und führen bei einer Zunahme der durchschnittlichen Arbeitsproduktivität $a = Y/N$ zu einem Druck auf die Preissteigerungsrate dP/P. Solange die Lohnsteigerungsrate dW/W genau der Zuwachsrate der durchschnittlichen Arbeitsproduktivität da/a entspricht, ergibt sich

---

[35]Zu beachten ist, dass in der Europäischen Wirtschafts- und Währungsunion keine nationale Geldpolitik mehr möglich ist, so dass auch das Instrumentarium der nationalen Nachfragesteuerung stark eingeschränkt ist.

[36]Üblicherweise setzen sich die unternehmerischen Arbeitskosten aus zwei Komponenten zusammen, dem Bruttolohn und den Lohnnebenkosten, zu denen insbesondere die Pflichtbeitragssätze zur Sozialversicherung zählen. Eine vom Staat hervorgerufene Senkung der Lohnnebenkosten würde eine Rechtsverlagerung des preisunelastischen und preiselastischen Bereichs der Y^s-Kurve bewirken.

[37]Eine erfolgreiche Einkommenspolitik kann nicht vom Staat, sondern nur von den Tarifvertragsparteien selbst betrieben werden.

insgesamt ein reales Wirtschaftswachstum, das mit Preisstabilität einhergeht.[38]

Multiplikatoren der Geld- und Fiskalpolitik

Es sollen abschließend die Multiplikatoren der Geld- und Fiskalpolitik in Bezug auf Y im Rahmen der Keynesschen Variante des makroökonomischen Totalmodells berechnet werden. Hierzu wird das totale Differential der zugehörigen Modellgleichungen gebildet:[39]

$$Y = C((1-t)Y) + I(i) + G \quad \Rightarrow \quad dY = C_{Y^v}(1-t)dY + I_i di + dG \quad (6.56)$$

$$\frac{M}{P} = L(Y, i) \quad \Rightarrow \quad \frac{1}{P_0}dM - \frac{M_0}{P_0^2}dP = L_Y dY + L_i di \quad (6.57)$$

$$N = N^d(\overline{W}/P) \quad \Rightarrow \quad dN = -N^d_{\overline{W}/P} \cdot \frac{\overline{W}}{P_0^2}dP \quad (6.58)$$

$$Y = Y(N, \overline{K}) \quad \Rightarrow \quad dY = Y_N dN. \quad (6.59)$$

Aus dem totalen Differential der LM-Gleichung (6.57) folgt

$$di = \frac{1}{L_i}\left\{ \frac{1}{P_0}dM - \frac{M_0}{P_0^2}dP - L_Y dY \right\}, \quad (6.60)$$

während die Zusammenfassung von Arbeitsnachfrage- und gesamtwirtschaftlicher Produktionsfunktion die makroökonomische Güterangebotsfunktion in differenzierter Form ergibt:

$$dY = -Y_N N^d_{\overline{W}/P} \cdot \frac{\overline{W}}{P_0^2}dP \quad \Rightarrow \quad dP = \frac{-1}{Y_N N^d_{\overline{W}/P}(\overline{W}/P_0^2)}dY. \quad (6.61)$$

Wird Gleichung (6.61) zwecks Elimination von P in (6.60) eingesetzt und anschließend (6.60) in die differenzierte Form der IS-Gleichung (6.56), ergibt sich durch Auflösen nach dY die Lösungsform

$$\underbrace{\left\{ 1 - C_{Y^v}(1-t) + \frac{I_i L_Y}{L_i} - \frac{I_i}{L_i}\frac{M_0}{P_0^2} \cdot \frac{1}{Y_N N^d_{\overline{W}/P}(\overline{W}/P_0^2)} \right\}}_{\Delta\,(>0)}dY = \quad (6.62)$$

$$dG + \frac{I_i}{L_i P_0}dM.$$

Hieraus ergeben sich die Multiplikatoren

$$\frac{dY}{dG} = \frac{1}{\Delta}, \qquad \frac{dY}{dM} = \frac{1}{\Delta} \cdot \frac{I_i}{L_i P_0}. \quad (6.63)$$

---

[38]Gemäß der Mark-up-Preissetzungshypothese (6.55) folgt in diesem Fall $\frac{dP}{P} = \frac{dW}{W} - \frac{da}{a} = 0$.

[39]In den folgenden Gleichungen sind M_0 und P_0 die Anfangswerte von M und P.

Die entsprechenden Multiplikatoren des Fixpreismodells sind hierin als Spezialfall enthalten. Im Fixpreismodell gilt anstelle von (6.61) die Gleichung $dP = 0$, so dass man aus (6.62) und (6.63) die folgenden Multiplikatoren erhält:[40]

$$\frac{dY}{dG}\bigg|_{P=P_0} = \frac{1}{1 - C_{Y^v}(1-t) + \frac{I_i L_Y}{L_i}} \tag{6.64}$$

$$\frac{dY}{dM}\bigg|_{P=P_0} = \frac{1}{1 - C_{Y^v}(1-t) + \frac{I_i L_Y}{L_i}} \cdot \frac{I_i}{L_i P_0}. \tag{6.65}$$

Die Multiplikatoren (6.64) und (6.65) sind größer als die entsprechenden, in (6.63) angegebenen Multiplikatoren des Flexpreismodells, da durch die aus einer Steigerung von G oder M hervorgerufene Preissteigerung ein kontraktiver Realkasseneffekt erzeugt wird.

Lohnanpassung im Unterbeschäftigungsfall

Es soll abschließend die zentrale Annahme der Keynesschen Variante modifiziert werden, dass der Geldlohnsatz W im gesamten Unterbeschäftigungsbereich vollkommen starr ist. Wie ändert sich die Effizienz expansiver Geld- und Fiskalpolitik im Rahmen der Keynesschen Variante des makroökonomischen Totalmodells, wenn mit steigender Beschäftigung neben einer Preisanpassung auch eine Lohnanpassung nach oben erfolgt? Dabei wird als Ausgangslage ein dauerhaftes Gleichgewicht bei Unterbeschäftigung zugrundegelegt. Wir unterstellen jetzt einen unvollkommenen Güter- und Arbeitsmarkt, d.h. preis- und lohnsetzendes Verhalten auf diesen Märkten. Für den Gütermarkt wird dazu von der bereits diskutierten Mark-up-Hypothese (Preissetzungsregel)

$$P = (1+r)\frac{W \cdot N}{Y} = (1+r)\frac{W}{a} \tag{6.66}$$

ausgegangen, in der r (≥ 0) den konstanten Gewinnaufschlag bezeichnet und $a = Y/N$ die durchschnittliche Arbeitsproduktivität, welche bei Zugrundelegung einer neoklassischen Produktionsfunktion der allgemeinen Bauart

$$Y = Y(N, \overline{K}) \qquad (Y_N > 0, \ Y_{NN} < 0) \tag{6.67}$$

mit wachsendem Arbeitseinsatz zurückgeht ($da/dN < 0$). Die Produktionsfunktion (6.67) impliziert die inverse Beziehung

$$N = N(Y) \qquad \text{mit} \qquad N_Y > 0, \ N_{YY} > 0, \tag{6.68}$$

so dass mit zunehmendem Realeinkommen Y ebenfalls ein Rückgang der durchschnittlichen Arbeitsproduktivität verbunden ist ($da/dY < 0$). Bei gegebenem Geldlohnsatz $W = \overline{W}$ erhöhen sich dann die Lohnstückkosten und damit auch das Güterpreisniveau P. Bei Zugrundelegung einer neoklassischen Produktionsfunktion impliziert also die Preisgleichung (6.66) eine positive Beziehung zwischen dem Preisniveau P und dem

---

[40]Der letzte Term des geschweiften Klammerausdrucks in (6.62) entfällt jetzt.

Inlandsprodukt Y, was der Keynesschen Variante der Güterangebotsfunktion im Unterbeschäftigungsfall entspricht. Die Preisgleichung (6.66) ist daher auch als Güterangebotsfunktion interpretierbar, die umso steiler verläuft, je stärker sich der Geldlohnsatz W mit wachsendem Y anpasst:

$$\left.\frac{dP}{dY}\right|_{(6.66)} = -\frac{(1+r)W \cdot a_Y}{a^2} > 0 \qquad (\text{da } a_Y < 0). \qquad (6.69)$$

Gleichung (6.69) besagt, dass die positive Steigung der Angebotsfunktion (6.66) im P/Y-Diagramm zunimmt, wenn W steigt.[41] Ausgehend von Unterbeschäftigung soll eine Lohngleichung vom Cobb-Douglas-Typ zugrundegelegt werden, in der das (von den Gewerkschaften perfekt antizipierte) Preisniveau P relativ zum bestehenden Preisniveau P_0 und die (erwartete) Beschäftigung N relativ zum aktuellen Beschäftigungsvolumen N_0 berücksichtigt werden:

$$W = W_0 \left(\frac{P}{P_0}\right)^\varepsilon \left(\frac{N}{N_0}\right)^\delta \qquad (0 \leq \varepsilon \leq 1, \ \delta \geq 0). \qquad (6.70)$$

Im Sonderfall $P = P_0$ sowie $N = N_0$ stimmt der Geldlohnsatz mit dem herrschenden Lohnniveau W_0 überein; außerdem gilt Lohnsatzrigidität, d.h. $W = W_0$, im Falle $\varepsilon = \delta = 0$. Ist dagegen $\varepsilon > 0$, nimmt der Lohnsatz mit wachsendem Preisniveau P ($\geq P_0$) zu; daneben erhöht sich W im Falle $\delta > 0$ mit steigender Beschäftigung N ($\geq N_0$). Im Falle $\varepsilon > 0$ (bzw. $\delta > 0$) gilt also $W > W_0$, falls $P > P_0$ (bzw. $N > N_0$). Der Parameter ε misst in (6.70) den **Grad der Lohnindexierung**, d.h. den Grad der Überwälzbarkeit erwarteter Preissteigerungen auf den ausgehandelten Tariflohn. Darin kommt zum Ausdruck, dass die Arbeitnehmer an der Erhaltung der Kaufkraft ihrer Löhne interessiert sind und das Preisniveau der Planperiode in den Lohnforderungen berücksichtigen. Ferner enthält die Lohngleichung (6.70) eine Beschäftigungs- bzw. Outputkomponente, wonach eine Zunahme der Beschäftigung über das Ausgangsniveau hinaus (bzw. ein Rückgang der Unterbeschäftigungsrate im Vergleich zur Ausgangslage[42]) ebenfalls mit einer Lohnsteigerung verbunden ist.

Setzt man die Lohngleichung (6.70) in die Preisgleichung (6.66) ein, so ergibt sich die **Preis-Lohngleichung**

$$P^{1-\varepsilon} = (1+r)\frac{W_0}{P_0^\varepsilon}\frac{(N/N_0)^\delta}{a(N)}. \qquad (6.71)$$

Solange der Grad der Lohnindexierung ε unvollständig ist ($\varepsilon < 1$), besteht zwischen der Beschäftigung N und dem Preisniveau P und wegen $N_Y > 0$ und $a_Y < 0$ auch zwischen Y und P eine positive Beziehung; dabei nimmt die mit einer Outputsteigerung verbundene Preisniveauerhöhung mit wachsendem ε zu, da hiermit eine zunehmende

---

[41] Im Grenzfall $a_Y = 0$, d.h. bei konstanter durchschnittlicher Arbeitsproduktivität, verläuft die Angebotsfunktion vollkommen preiselastisch, d.h. horizontal.

[42] Es gilt der folgende Zusammenhang zwischen Unterbeschäftigungsrate U und Beschäftigung N:
$U = \dfrac{N_{max} - N}{N_{max}}$ ($N_{max} =$ Arbeitskräftepotential). Für konstanten Wert von N_{max} gilt dann $N > N_0 \Leftrightarrow U < U_0$.

Lohnanpassung nach oben verbunden ist. Grundsätzlich bleibt aber – solange $\varepsilon < 1$ ist – die positive Beziehung zwischen P und Y weiterhin bestehen, so dass Gleichung (6.71) einer keynesianischen Angebotsfunktion im Unterbeschäftigungsfall entspricht. Das bedeutet aber, dass expansive Geld- bzw. Fiskalpolitik auch bei Vorliegen von (unvollständiger) Lohnindexierung effizient ist; allerdings nimmt ihre Wirksamkeit in Bezug auf Y mit wachsendem ε kontinuierlich ab, da mit zunehmender Lohnanpassung die preisinduzierte Senkung des Reallohnsatzes W/P immer geringer ausfällt.

Im Grenzfall der **vollständigen Lohnindexierung** ($\varepsilon = 1$) ist die Preis-Lohngleichung (6.71) unabhängig vom Preisniveau P. In diesem Grenzfall sind die Mark-up-Hypothese (6.66) und die Lohngleichung (6.70) nur bei einem einzigen Beschäftigungsniveau, dem Ausgangswert $N = N_0$, miteinander vereinbar.[43] Das bedeutet aber, dass bei Vorliegen von vollständiger Lohnindexierung die Preis-Lohngleichung (6.71) – aufgefasst als makroökonomische Güterangebotsfunktion – preisunelastisch (vertikal) über dem Outputniveau der Ausgangslage $Y_0 = Y(N_0, \overline{K})$ verläuft. Preissteigerungen, die aus einer Erhöhung der Güternachfrage resultieren, sind im Fall $\varepsilon = 1$ ohne Wirkungen auf die Beschäftigung und das Güterangebot (diese verharren auf dem jeweiligen Anfangsniveau N_0 bzw. Y_0). Im Grenzfall der vollständigen Lohnindexierung ergibt sich also eine Güterangebotsfunktion, die ebenso wie eine neoklassische Güterangebotsfunktion vertikal im P/Y-Diagramm verläuft (vgl. Abschnitt 6.1.1). Im Unterschied zur neoklassischen Angebotsfunktion ist die Angebotsfunktion bei vollständiger Lohnindexierung auch mit Unterbeschäftigung auf dem Arbeitsmarkt vereinbar. Im Fall $\varepsilon = 1$ gilt außerdem wegen $N = N_0$ gemäß der Lohngleichung (6.70), dass der Reallohnsatz auf dem Niveau der Ausgangslage festliegt:

$$\frac{W}{P} = \frac{W_0}{P_0} \qquad \text{falls} \qquad \varepsilon = 1. \tag{6.72}$$

Preissteigerungen führen im Fall $\varepsilon = 1$ zu vollständigen Anpassungen des Geldlohnsatzes, so dass der Reallohnsatz unverändert bleibt. Der Fall der vollständigen Lohnindexierung ($\varepsilon = 1$) ist also gleichwertig mit **Reallohnrigidität** auf dem Arbeitsmarkt und einer **preisunelastisch** verlaufenden Güterangebotsfunktion.

6.5   Das Totalmodell für die kleine offene Volkswirtschaft

Das Totalmodell für die geschlossene Volkswirtschaft lässt sich zu einem makroökonomischen Totalmodell für die kleine offene Volkswirtschaft erweitern. Dies soll im Folgenden geschehen. Hierbei kann wieder zwischen dem neoklassischen Fall vollkommen flexibler Löhne und Preise und dem Fall nach unten starrer Geldlohnsätze (Keynessche Variante) unterschieden werden. Ebenso wie im Fall der geschlossenen Volkswirtschaft lässt sich das Totalmodell für die offene Volkswirtschaft auf eine makroökonomische

---

[43]In einem W/P-N-Diagramm verläuft die aus (6.66) resultierende Funktion $W/P = a(N)/(1 + r)$ fallend, während die aus (6.70) abgeleitete Funktion $W/P = (W_0/P_0) \cdot (N/N_0)^{\delta}$ monoton steigend verläuft. Der einzige gemeinsame Punkt ist der für beide Funktionen gleiche Anfangswert $((W/P)_0, N_0)$ mit $(W/P)_0 = W_0/P_0$.

Güterangebots- und -nachfragefunktion reduzieren. Die Auswirkungen exogener Störungen lassen sich dann graphisch mit Hilfe dieser Funktionen darstellen, wobei außerdem das IS/LM/Z-System herangezogen werden kann.

6.5.1 Güterangebots- und Güternachfragefunktion

Es soll zunächst der neoklassische Fall der vollkommenen Lohn- und Preisflexibilität zugrundegelegt werden. Für die Herleitung der makroökonomischen Güterangebotsfunktion benötigen wir die Gleichungen des gesamtwirtschaftlichen Arbeitsmarktes. In der Neoklassischen Variante des makroökonomischen Totalmodells herrscht auf diesem Markt stets ein Zustand der Vollbeschäftigung. In einer offenen Volkswirtschaft lauten die Modellgleichungen für den Arbeitsmarkt:

$$N = N^d = N^s \tag{6.73}$$

$$N^d = N^d \, \overset{(-)}{(W/P)} \tag{6.74}$$

$$N^s = N^s \, \overset{(+)}{(W/P_I)} \tag{6.75}$$

$$P_I = \gamma \cdot P + (1 - \gamma)(P_a \cdot e) \qquad (0 < \gamma < 1). \tag{6.76}$$

Im Unterschied zum Fall der geschlossenen Volkswirtschaft treten in einer offenen Volkswirtschaft auf dem Arbeitsmarkt **zwei unterschiedliche Reallöhne** auf: der **Produzentenreallohnsatz** W/P und der **Konsumentenreallohnsatz** W/P_I. Der Deflator P_I des Konsumentenreallohnsatzes ist ein Preisindex, d.h. eine Kombination aus dem inländischen Preisniveau (P) und dem ausländischen, wobei das ausländische Preisniveau P_a durch Multiplikation mit dem Wechselkurs e in Inlandswährung ausgedrückt wird.

In einer offenen Volkswirtschaft messen die Arbeitsanbieter die Kaufkraft ihrer Löhne daran, wie viele in- und ausländische Güterbündel sie mit dem herrschenden Geldlohnsatz W für Konsumzwecke erwerben können; daher erfolgt die Deflationierung des Nominallohns W mit dem durch Gleichung (6.76) definierten Kaufkraftindex P_I. Die Größe γ ist dabei ein Maß für die „Geschlossenheit" der hier betrachteten kleinen offenen Volkswirtschaft. Sie misst den Anteil der Ausgaben für inländische Konsumgüter an den Gesamtausgaben der inländischen Haushalte für in- und ausländische Konsumgüter und wird als konstanter Gewichtungsfaktor aufgefasst. Gleichzeitig lässt sich γ als Präferenzmaß für das inländische Endprodukt auffassen. Entsprechend ist die Größe $1 - \gamma$ ein Maß für die „Offenheit" der Volkswirtschaft, da sie den Anteil importierter Konsumgüter an den gesamten Konsumausgaben misst.

Im Unterschied zur Arbeitsangebotsgleichung (6.75) wird in der Arbeitsnachfragegleichung (6.74) der Geldlohnsatz W weiterhin mit dem Preisniveau P für Inlandsgüter deflationiert. Die Arbeitsnachfrager (Unternehmer) kalkulieren ihren Umsatz auch in einer offenen Volkswirtschaft in der Regel nur mit ihrem eigenen Absatzpreis, welcher makroökonomisch dem Inlandspreis P entspricht; daher ergibt sich die gleiche Arbeitsnachfragekurve wie in einer geschlossenen Volkswirtschaft.

Die Asymmetrie, die zwischen dem Produzenten- und Konsumentenreallohnsatz in einer offenen Volkswirtschaft besteht, lässt sich auch anhand der folgenden Umformung des

Konsumentenreallohns erkennen:

$$
\begin{aligned}
\frac{W}{P_I} &= \frac{W}{P} \cdot \frac{P}{P_I} = \frac{W}{P} \cdot \frac{P}{\gamma \cdot P + (1-\gamma)(P_a \cdot e)} \\
&= \frac{W}{P} \cdot \frac{1}{\gamma + \dfrac{(1-\gamma)(P_a \cdot e)}{P}} = \frac{W}{P} \cdot \frac{1}{\gamma + \dfrac{1-\gamma}{\tau}} \\
&= \frac{W}{P} \frac{\tau}{\gamma \cdot \tau + (1-\gamma)} \quad \left(\tau = \frac{P}{P_a \cdot e} \right).
\end{aligned}
\tag{6.77}
$$

Gleichung (6.77) verdeutlicht, dass sich der für die Arbeitsanbieter relevante Reallohn W/P_I als Produkt aus dem Produzentenreallohn W/P und einem von den Terms of Trade τ abhängigen Term darstellen lässt. Dabei gilt, dass W/P_I sowohl mit wachsendem W/P als auch mit wachsendem τ zunimmt. Die Erhöhung von W/P_I bei einer realen Aufwertung der Inlandswährung fällt dabei umso stärker aus, je größer das Niveau des Produzentenreallohns W/P ist. Demzufolge erhöht sich das Arbeitsangebot sowohl bei einer Steigerung von W/P als auch bei einer Zunahme von τ. Eine reale Aufwertung der Inlandswährung findet zum Beispiel statt, wenn für gegebene Werte des in- und ausländischen Preisniveaus der nominale Wechselkurs e sinkt. Dadurch werden Importgüter billiger, was eine Senkung des Konsumentenpreisindex P_I zur Folge hat. Bei gegebenem Geldlohnsatz W verbessert sich dann die Kaufkraft der Löhne, so dass das Arbeitsangebot steigt. Für die Arbeitsangebotsfunktion (6.75) gilt daher insgesamt:

$$
N^s = N^s \left(\overset{(+)}{\frac{W}{P}}, \overset{(+)}{\tau} \right).
\tag{6.78}
$$

Die Steigerung von N^s bei einer Erhöhung von τ fällt dabei umso stärker aus, je größer das vorgegebene Niveau von W/P ist.

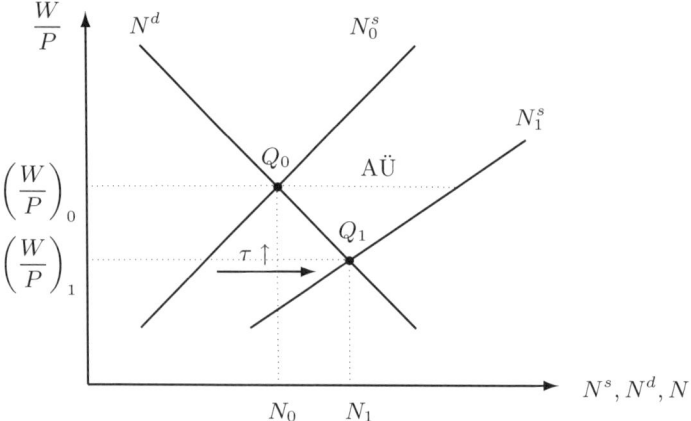

Abb. 6.39: *Steigerung der Terms of Trade und Arbeitsmarktdiagramm*

Im Arbeitsmarktdiagramm mit W/P auf der Ordinate und N auf der Abszisse führt eine Terms-of-Trade-Steigerung zu einer Rechtsdrehung der Arbeitsangebotsfunktion, so dass sich ein neues Gleichgewicht mit einer höheren Beschäftigung und einem geringeren Produzentenreallohn ergibt (Abbildung 6.39).

Ein Anstieg der gleichgewichtigen Beschäftigungsmenge erfordert neben einer Zunahme des für die Arbeitsanbieter relevanten Konsumentenreallohns eine Senkung des für die Arbeitsnachfrager maßgeblichen Produzentenreallohns. Der Rückgang von W/P lässt sich partialanalytisch damit erklären, dass eine exogene Erhöhung von τ beim herrschenden Reallohnsatz $(W/P)_0$ einen Angebotsüberschuss (AÜ) am Arbeitsmarkt erzeugt. Hierdurch wird eine Senkung des Reallohnsatzes W/P hervorgerufen, die die Arbeitsnachfrage ansteigen und das Arbeitsangebot wieder etwas sinken lässt. Die Folge ist, dass durch die Senkung von W/P Arbeitsangebot und -nachfrage wieder zum Ausgleich gebracht werden, wobei allerdings im Vergleich zur Ausgangslage eine Erhöhung der gleichgewichtigen Beschäftigungsmenge eingetreten ist.

Die makroökonomische Güterangebotsfunktion

Aus dem Arbeitsmarktdiagramm (Abbildung 6.39) folgt, dass die gleichgewichtige Beschäftigungsmenge in positiver Weise von den Terms of Trade τ abhängig ist:

$$N = N(\overset{(+)}{\tau}) \qquad (N = N^s = N^d). \tag{6.79}$$

Gemäß der neoklassischen Produktionsfunktion

$$Y^s = Y(N, \overline{K}) \tag{6.80}$$

ist dann auch das gesamtwirtschaftliche Güterangebot in positiver Weise von τ abhängig:

$$Y^s = Y\left(N(\tau), \overline{K}\right) = Y(\overset{(+)}{\tau}) = Y\left(P/(P_a \cdot e)\right). \tag{6.81}$$

Im Unterschied zur geschlossenen Volkswirtschaft ergibt sich für die offene Volkswirtschaft im Fall der Lohnsatzflexibilität eine **makroökonomische Güterangebotsfunktion**, die nicht mehr preisunelastisch verläuft, sondern positiv von einem relativen Preis, den Terms of Trade τ, abhängig ist. Abbildung 6.40 verdeutlicht diesen Zusammenhang.

Die makroökonomische Güterangebotsfunktion für die offene Volkswirtschaft lässt sich entweder in einem τ/Y-Diagramm (linkes Schaubild von Abbildung 6.40) oder in einem P/Y-Diagramm (rechtes Schaubild) darstellen. In beiden Fällen verläuft sie mit positiver Steigung. Bei der Darstellung im P/Y-Diagramm sind der nominale Wechselkurs e und das ausländische Preisniveau P_a Lageparameter der Y^s-Kurve. Durch einen Anstieg von e oder P_a kommt es in beiden Fällen zu einer Linksverlagerung dieser Kurve, da bei gegebenem Inlandspreisniveau P die Terms of Trade τ sinken und somit auch die gleichgewichtige Beschäftigungsmenge und das angebotene Inlandsprodukt zurückgehen. Dies wird durch Abbildung 6.41 verdeutlicht. Die obere Graphik enthält dabei das Arbeitsmarktdiagramm für die offene Volkswirtschaft,

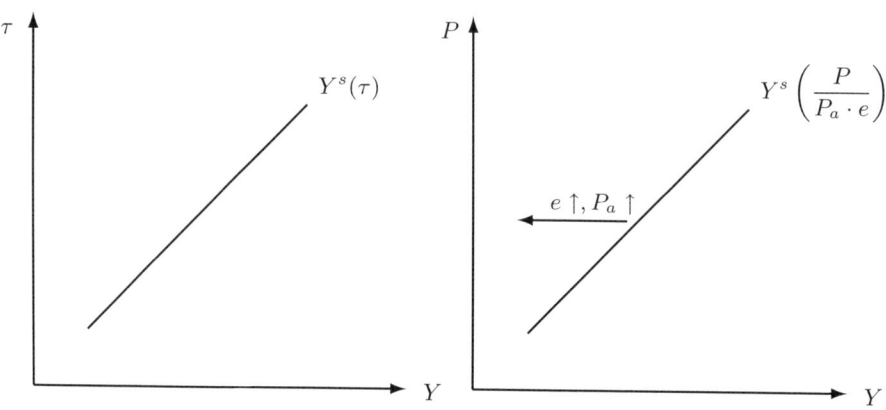

Abb. 6.40: *Makroökonomische Güterangebotsfunktion bei Lohnsatzflexibilität*

während das untere Schaubild die neoklassische Produktionsfunktion repräsentiert. Erhöht sich der Inlandspreis für das Importgut (Steigerung von e oder P_a), steigt der Preisindex P_I und sinkt die Kaufkraft der Geldlöhne. Die Arbeitsangebotskurve N^s dreht sich dadurch nach links, so dass die gleichgewichtige Beschäftigung und das Güterangebot zurückgehen.

Keynessche Variante der Güterangebotsfunktion

In der Keynesschen Variante der makroökonomischen Güterangebotsfunktion ist der Geldlohnsatz W nach unten starr; ein einmal erreichtes Lohnniveau kann nur noch nach oben (nicht jedoch nach unten) verlassen werden. Für den Arbeitsmarkt bedeutet dies, dass – ausgehend von Vollbeschäftigung ($N^d = N^s$) mit einem gleichgewichtigen Geldlohnsatz in Höhe von $W = \overline{W}$ – eine Senkung des Inlandspreisniveaus P bei gegebenem Wechselkurs e und ausländischem Preisniveau P_a eine Steigerung der Reallöhne W/P und W/P_I und damit einen Angebotsüberschuss auf dem Arbeitsmarkt zur Folge hat, so dass sich unfreiwillige Arbeitslosigkeit ergibt (Abbildung 6.42). Der Angebotsüberschuss (AÜ) fällt geringer aus als im Fall der geschlossenen Volkswirtschaft, da eine Senkung von P nur zu einem unterproportionalen Rückgang des Preisindex P_I führt und somit der Konsumentenreallohn W/P_I weniger stark zunimmt als der Produzentenreallohnsatz W/P. Im Arbeitsmarktdiagramm ist der geringere Angebotsüberschuss im Vergleich zur geschlossenen Volkswirtschaft daran erkennbar, dass sich die Arbeitsangebotsfunktion durch die inländische Preissenkung und die damit einhergehende Senkung von τ etwas nach links verlagert; bei einer Zunahme des Reallohnsatzes von $\overline{W}/P_0$ auf $\overline{W}/P_1$ fällt dann insgesamt die Steigerung des Arbeitsangebots geringer aus als im Fall der geschlossenen Volkswirtschaft (Abbildung 6.42). Abbildung 6.42 verdeutlicht außerdem, dass durch die Preisniveausenkung von P_0 auf P_1 ein Rückgang der gleichgewichtigen Beschäftigungsmenge eintritt (Punkt Q_0'). Die Unterbeschäftigung, gemessen an diesem neuen Vollbeschäftigungszustand, beträgt daher $N_0' - N_1$ und nicht $N_0 - N_1$. Für die Keynessche Variante der makroökonomischen Güterangebotsfunktion ergibt sich

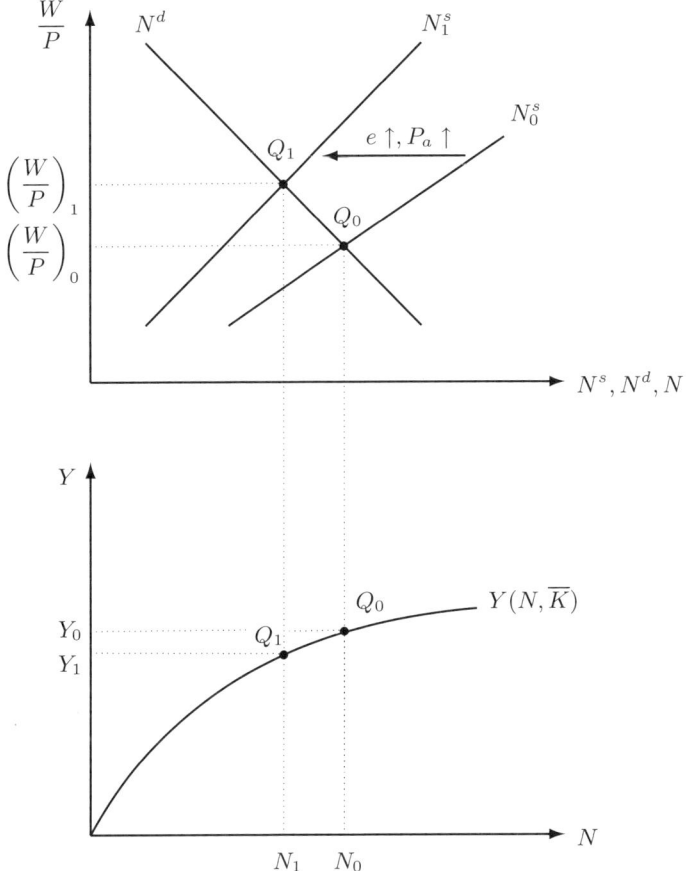

Abb. 6.41: *Parameteränderungen und Güterangebot*

jetzt der in Abbildung 6.43 dargestellte Verlauf. Die Angebotsfunktion verläuft sowohl im Unterbeschäftigungsbereich ($Y < Y_0$) als auch bei Vorliegen von Vollbeschäftigung ($Y \geq Y_0$) preiselastisch, wobei sie im Unterbeschäftigungsbereich eine geringere Steigung aufweist als im Vollbeschäftigungszustand. Im Unterbeschäftigungsbereich ist sie durch die Gleichung

$$Y^s = Y\left(N^d(\overline{W}/P), \overline{K}\right) \tag{6.82}$$

gegeben. In diesem Bereich ist sie mit der entsprechenden Gleichung im Fall der geschlossenen Volkswirtschaft identisch. Im Vollbeschäftigungsfall wird sie durch Gleichung (6.81) definiert. Einerseits besteht also eine positive Beziehung zwischen inländischem Preisniveau P und Güterangebot Y^s (Unterbeschäftigungsfall), andererseits eine positive Relation zwischen dem Preisverhältnis $P/(P_a \cdot e)$ und Y^s (Vollbeschäftigungsfall). Im Unterbeschäftigungsbereich ist die Güterangebotsfunktion wechselkursunabhängig,

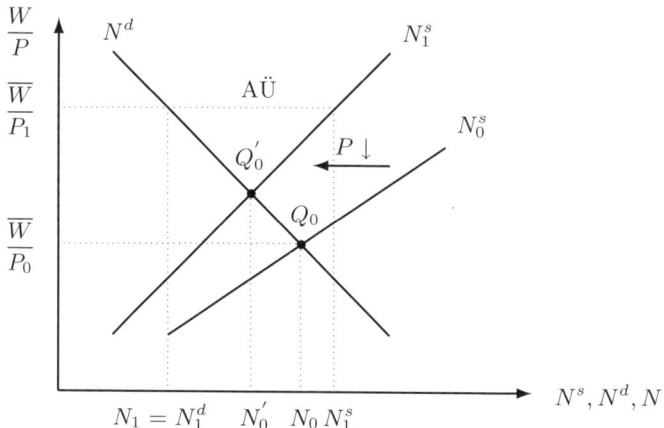

Abb. 6.42: *Preissenkung bei Lohnsatzrigidität*

bei Vorliegen von Vollbeschäftigung ist der Wechselkurs e Lageparameter der Y^s-Kurve im P/Y-Diagramm (Abbildung 6.43).

Eine Steigerung des Wechselkurses (oder des ausländischen Preisniveaus) verlagert den Vollbeschäftigungsbereich der Güterangebotsfunktion nach links und lässt die Lage des Unterbeschäftigungsbereichs unverändert. Die Folge ist, dass der Übergang vom Unterbeschäftigungs- zum Vollbeschäftigungsbereich bereits bei einem im Vergleich zur Ausgangslage kleineren Einkommen (Y_1) beginnt. Dies lässt sich damit begründen, dass eine Abwertung der Inlandswährung zu einem Rückgang der gleichgewichtigen Beschäftigungsmenge führt, weshalb auch das zugehörige Güterangebot sinkt (vgl. Abbildung 6.41). Wenn wir unterstellen, dass der Unterbeschäftigungsbereich bei Vorliegen in- oder ausländischer Störungen nicht verlassen wird, können wir uns bei der graphischen Analyse auf diesen Bereich der makroökonomischen Angebotsfunktion (d.h. auf die Funktionsgleichung (6.82)) beschränken und eine Verlagerung des Vollbeschäftigungsbereichs außer Acht lassen.

Die Güternachfragefunktion

Die Nachfrageseite des gesamtwirtschaftlichen Totalmodells lässt sich durch die IS-, LM- und Z-Gleichung beschreiben:

$$Y = C(\overset{(+)}{(1-t)Y}) + I(\overset{(-)}{i}) + G + A(\overset{(-)}{Y}, \overset{(+)}{Y_a}, \overset{(-)}{\tau}) \quad \left(\tau = \frac{P}{P_a \cdot e}\right) \tag{6.83}$$

$$\frac{M}{P} = L(\overset{(+)}{Y}, \overset{(-)}{i}) \tag{6.84}$$

$$Z = A^n(\overset{(-)}{Y}, \overset{(+)}{Y_a}, \overset{(-)}{\tau}) + K(\overset{(+)}{i}, \overset{(-)}{i_a}) = 0. \tag{6.85}$$

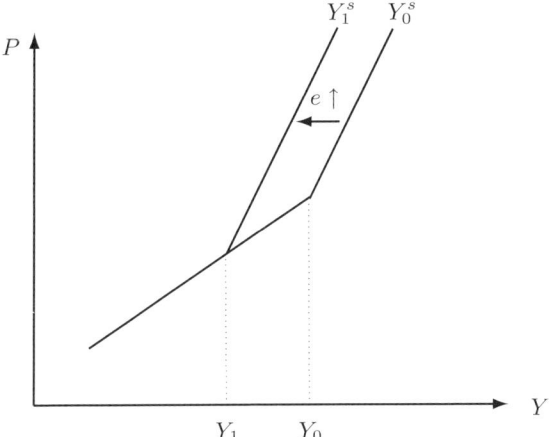

Abb. 6.43: *Keynessche Variante der Güterangebotsfunktion*

Hierbei wird alternativ ein System flexibler Wechselkurse oder ein System fester Wechselkurse ohne Neutralisierungspolitik unterstellt; in beiden Fällen ist dann der Devisenbilanzsaldo Z (zumindest längerfristig gesehen) gleich null. Im ersten Fall stellt die Geldmenge M eine modellexogene Variable dar, während sie im zweiten Fall endogen ist. Im System fester Wechselkurse ist die Zentralbank zur Sicherung der offiziell festgelegten Parität zu Devisenmarktinterventionen verpflichtet, so dass Änderungen der Währungsreserven bei Verzicht auf sterilisierende Maßnahmen zu gleichgerichteten Änderungen des Geldvolumens führen.

Im Folgenden soll nur der Fall der vollkommenen Kapitalmobilität betrachtet werden. Das bedeutet, dass ein vollkommener internationaler Kapitalmarkt unterstellt wird, auf dem In- und Auslandsanlagen perfekte Substitute darstellen und Anpassungsprozesse aufgrund unbeschränkter Kapitalmobilität unendlich schnell verlaufen. Die Gleichgewichtsbedingung (6.85) kann dann durch die Bedingung für die Zinsparität ersetzt werden:

$$i = i_a. \tag{6.86}$$

In- und Auslandszinstitel erbringen im Falle eines vollkommenen internationalen Kapitalmarktes die gleiche Rendite. Wird von Wechselkursänderungserwartungen als weitere Renditekomponente für ausländische Wertpapiere abgesehen, stimmt der Inlandszins mit dem Auslandszins überein und wird zu einer exogenen Variablen, da im Fall des kleinen Landes i_a eine exogene Größe darstellt.

Wird die Bedingung für die Zinsparität (6.86) in die IS-Gleichung (6.83) eingesetzt, ergibt sich die **gesamtwirtschaftliche Güternachfragekurve**:

$$Y = C((1-t)Y) + I(i_a) + G + A(Y, Y_a, \tau). \tag{6.87}$$

Die Güternachfragekurve ist eine Kombination aus der IS-Gleichung (6.83) und der Bedingung für die Zinsparität (6.86). In der Güternachfragegleichung (6.87) stellen die

Nettoinvestitionen eine exogene Größe dar, da der Inlandszins auf dem Niveau des Auslandszinssatzes festliegt, so dass auch die private Investitionsnachfrage fest vorgegeben ist.

Ebenso wie die Güterangebotsfunktion lässt sich die durch Gleichung (6.87) definierte Güternachfragekurve sowohl in einem τ/Y- als auch in einem P/Y-Diagramm darstellen (Abbildung 6.44). Die Y^d-Kurve verläuft in beiden Diagrammen mit negativer Steigung, da eine Steigerung von P bzw. τ den heimischen Außenbeitrag verschlechtert und damit zu einer Senkung der gesamtwirtschaftlichen Güternachfrage führt. Im P/Y-Diagramm wird der Wechselkurs e – ebenso wie das Auslandspreisniveau P_a – zu einem Lageparameter der Y^d-Kurve. Eine Erhöhung von e oder P_a verschiebt die Y^d-Kurve nach rechts, da sich der Außenbeitrag der kleinen offenen Volkswirtschaft bei unterstellter Normalreaktion verbessert. In beiden Schaubildern treten als weitere Lageparameter die Staatsausgaben G, der ausländische Zinssatz i_a und das Auslandseinkommen Y_a auf.

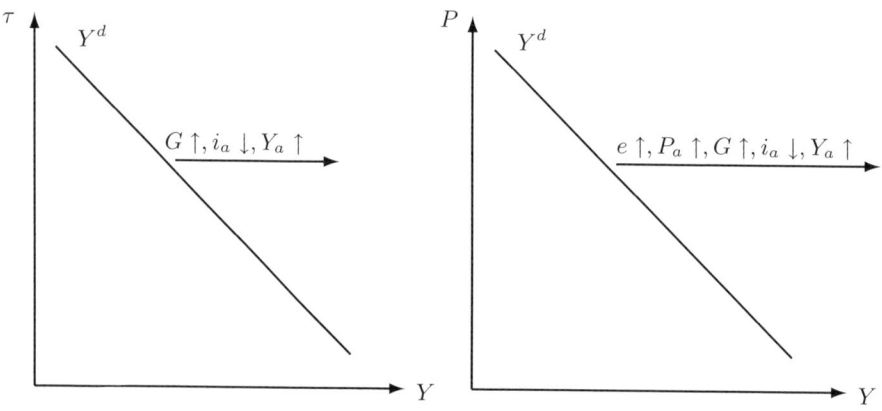

Abb. 6.44: *Gesamtwirtschaftliche Güternachfragekurve*

6.5.2   Bestimmung des gesamtwirtschaftlichen Gleichgewichts

Das gesamtwirtschaftliche Gleichgewicht liegt im Schnittpunkt von makroökonomischer Güterangebots- und -nachfragefunktion. Analog zur geschlossenen Volkswirtschaft kann zwischen dem neoklassischen Fall vollkommener Lohn- und Preisflexibilität und dem Fall nach unten starrer Geldlöhne (Keynessche Variante) unterschieden werden. Wird zunächst der Fall vollkommen flexibler Löhne und Preise unterstellt, ergibt sich ein gesamtwirtschaftliches Gleichgewicht bei Vollbeschäftigung, das in einem τ/Y-Diagramm darstellbar ist (Abbildung 6.45).

Abbildung 6.45 verdeutlicht, dass der Gleichgewichtswert der Terms of Trade (τ_0) und das hiermit kompatible Vollbeschäftigungseinkommen (Y_0) durch den Schnittpunkt von Y^d- und Y^s-Kurve bestimmt werden. Mit Hilfe der unteren Graphik, die die Geldmarkt-Gleichgewichtskurve repräsentiert, lässt sich der Gleichgewichtswert des inländischen

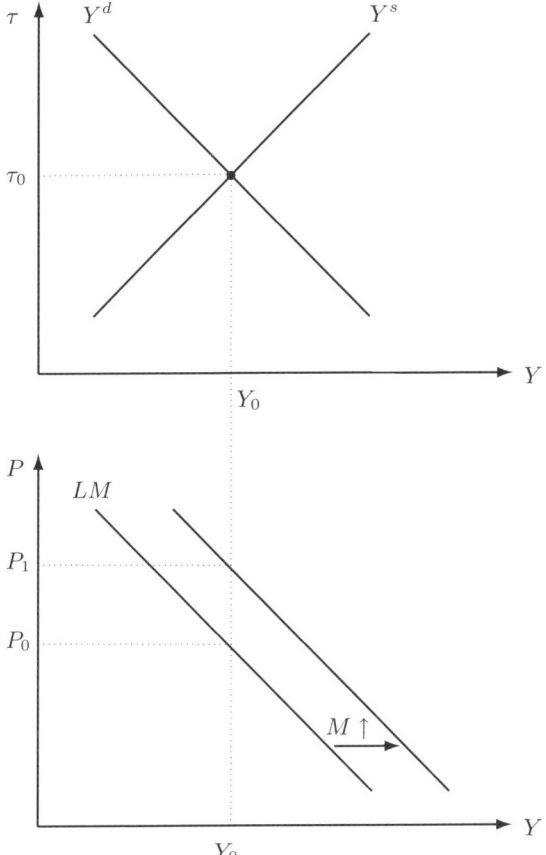

Abb. 6.45: *Gesamtwirtschaftliches Gleichgewicht bei Lohnsatzflexibilität*

Preisniveaus (P_0) ermitteln. Die LM-Kurve verläuft im P/Y-Diagramm mit negativer Steigung, da eine Steigerung von Y bei gegebenem Zins $i = i_a$ die reale Geldnachfrage erhöht, weshalb das Preisniveau P sinken muss, um eine entsprechende Steigerung des realen Geldangebots zu erzeugen.

Die Gleichgewichtswerte der Realgrößen τ und Y hängen nicht vom Niveau der monetären Variablen P, W und M ab. Algebraisch ist dies daran erkennbar, dass die monetären Größen Preisniveau, Nominallohnsatz und Geldmenge nicht als Argumente in den Gleichungen für die Y^d- und Y^s-Kurve auftreten:

$$\left. \begin{aligned} Y &= C((1 - t_0)Y) + I(i_a) + G_0 + A(Y, Y_a, \tau) \\ Y &= Y(\tau) \end{aligned} \right\} \rightarrow Y_0, \ \tau_0. \qquad (6.88)$$

Mit der Festlegung der Terms of Trade liegen auf dem Arbeitsmarkt der gleichgewichtige

(Produzenten-)Reallohnsatz und das Beschäftigungsvolumen fest. Für diese Gleichgewichtswerte gilt dann ebenfalls die Unabhängigkeit von den monetären Größen:

$$N = N^s\left(\frac{W}{P}, \tau\right) = N^d\left(\frac{W}{P}\right) \to \left(\frac{W}{P}\right)_0, \ N_0. \tag{6.89}$$

Der Konsumentenreallohnsatz W/P_I lässt sich mit Hilfe der Definitionsgleichung (vgl. (6.77))

$$\frac{W}{P_I} = \frac{W}{P} \cdot \frac{1}{\gamma + \dfrac{1-\gamma}{\tau}} = \frac{W}{P} \cdot \frac{\tau}{\gamma \cdot \tau + (1-\gamma)} \tag{6.90}$$

ermitteln. Die rechte Seite dieser Umformung verdeutlicht, dass auch W/P_I nicht vom Niveau der monetären Größen P, W und M abhängt. Zwischen dem monetären und dem realen Sektor besteht somit – ebenso wie im Fall der geschlossenen Volkswirtschaft – bei flexiblen Löhnen und Preisen eine **Dichotomie**: Die Festlegung der Gleichgewichtswerte für alle Realgrößen und relativen Preise ist unabhängig von der Höhe der monetären Größen P, W und M. Insbesondere gilt dann die **Neutralität des Geldes** in Bezug auf die Realgrößen des Systems. Im System **flexibler** Wechselkurse führen Änderungen der Geldmenge lediglich zu proportionalen Änderungen des Preisniveaus P, des Wechselkurses e, des Preisindex P_I und des Geldlohnsatzes W und lassen die Gleichgewichtswerte aller Realgrößen unverändert. Dies ist auch anhand von Abbildung 6.45 erkennbar, in der aufgrund einer Geldmengensteigerung lediglich eine Verschiebung der LM-Kurve stattfindet.

Die Ineffizienz der Geldpolitik in Bezug auf die Realgrößen des Totalmodells gilt sowohl im System flexibler als auch im System fester Wechselkurse, da die Modelldichotomie vom zugrundegelegten Wechselkurssystem unabhängig ist. Legt man ein System **fester** Wechselkurse (ohne Neutralisierungspolitik) zugrunde, so hat eine Steigerung der heimischen Komponente H der monetären Basis B^m aufgrund des Rückgangs der Währungsreserven R der Zentralbank letztlich keine Änderung der Geldmenge zur Folge ($dM = dB^m = dH + dR = 0$); demzufolge kommt es in diesem Wechselkurssystem bei einer Erhöhung von H weder zu Preis- noch Lohnänderungen ($dP = dP_I = dW = 0$). Die LM-Kurve in Abbildung 6.45 würde im System fester Wechselkurse wieder in ihre Ausgangslage zurückkehren.

Gesamtwirtschaftliches Gleichgewicht bei Unterbeschäftigung

Wird die Keynessche Variante der makroökonomischen Güterangebotsfunktion zugrundegelegt, so existiert – ebenso wie im Fall der geschlossenen Volkswirtschaft – ein gesamtwirtschaftliches Gleichgewicht bei Unterbeschäftigung (Abbildung 6.46).

Voraussetzung für die Existenz eines Unterbeschäftigungsgleichgewichts ist ein nach unten starrer Nominallohnsatz. Verläuft dann die gesamtwirtschaftliche Güternachfragekurve Y^d durch den Unterbeschäftigungsbereich der makroökonomischen Angebotsfunktion Y^s, ergibt sich im Schnittpunkt Q_0 beider Kurven ein Gleichgewichtseinkommen Y_0, das geringer ausfällt als das Vollbeschäftigungseinkommen Y_1. Auf dem Arbeitsmarkt herrscht in diesem Fall ein Überschussangebot an Arbeit. Das gesamtwirtschaftliche Gleichgewicht bei Unterbeschäftigung kann sowohl im System fester als auch

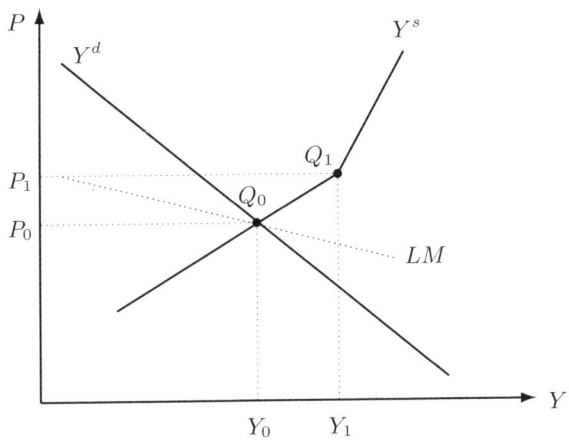

Abb. 6.46: *Gesamtwirtschaftliches Gleichgewicht bei Unterbeschäftigung*

im System flexibler Wechselkurse auftreten. Die Existenz eines gesamtwirtschaftlichen Gleichgewichts erfordert, dass auch die LM-Kurve durch den Punkt Q_0 verläuft. In Abbildung 6.46 ist die Geldmarkt-Gleichgewichtskurve gestrichelt eingezeichnet worden. Sie kann sowohl flacher als auch steiler als die Y^d-Kurve verlaufen. Im Gegensatz zum neoklassischen Fall der vollkommenen Lohnsatzflexibilität wird jetzt die Neutralität des Geldes in Bezug auf die Realgrößen des Systems bei Vorliegen flexibler Wechselkurse aufgehoben. Die Y^d-Kurve wird in diesem Wechselkurssystem durch geldmengeninduzierte Wechselkursänderungen verschoben, während der Unterbeschäftigungsbereich der Y^s-Kurve in der Lage unverändert bleibt.[44] Dagegen gilt die Ineffizienz der Geldpolitik weiterhin im System fester Wechselkurse ohne Neutralisierungspolitik, da in diesem Fall auch die Lage der Y^d-Kurve keine Änderung erfährt.

6.5.3 Geld- und Fiskalpolitik im System fester und flexibler Wechselkurse

Es wurde bereits gezeigt, dass Maßnahmen der **Geldpolitik** im Fall der **Neoklassischen Variante** des makroökonomischen Totalmodells ohne Auswirkungen auf die Realgrößen des Systems sind. Im Regime **flexibler Wechselkurse** hat eine Steigerung der Geldmenge lediglich eine prozentual gleich große Erhöhung des Preisniveaus, des Geldlohnsatzes, des Wechselkurses und des Preisindex zur Folge:

$$\frac{dM}{M} = \frac{dP}{P} = \frac{dW}{W} = \frac{de}{e} = \frac{dP_I}{P_I}. \tag{6.91}$$

---

[44]Dagegen wird der Vollbeschäftigungsbereich der Y^s-Kurve durch Wechselkursanpassungen verschoben. Im Falle $dM > 0$ erfolgt eine Linksverschiebung, so dass sich der Knickpunkt Q_1 der Y^s-Kurve verändert.

Die Wechselkurssteigerung (Abwertung der Inlandswährung) lässt sich damit begründen, dass aufgrund der Zinssenkungstendenz im Inland die Nettokapitalimporte
abnehmen, was eine verstärkte Nachfrage nach Devisen impliziert. Die Preissteigerung
resultiert daraus, dass sich bei zunächst unverändertem Güterpreisniveau P infolge der
Geldmengenerhöhung und der damit einhergehenden Wechselkurssteigerung ein Nachfrageüberschuss auf dem gesamtwirtschaftlichen Gütermarkt ergibt.

Abbildung 6.47 verdeutlicht diesen Sachverhalt. Aufgrund der Abwertung der Inlandswährung erhöht sich die gesamtwirtschaftliche Güternachfrage, weshalb sich die
Y^d-Kurve nach rechts verlagert. Das gesamtwirtschaftliche Güterangebot geht dagegen
infolge der Wechselkurssteigerung und der damit verbundenen Senkung des Arbeitsangebots zurück, was wiederum eine Verschiebung der Y^s-Kurve nach links bewirkt. Auf
dem gesamtwirtschaftlichen Gütermarkt muss sich dann zum gegebenen Preisniveau
$P = P_0$ ein Nachfrageüberschuss einstellen.[45]

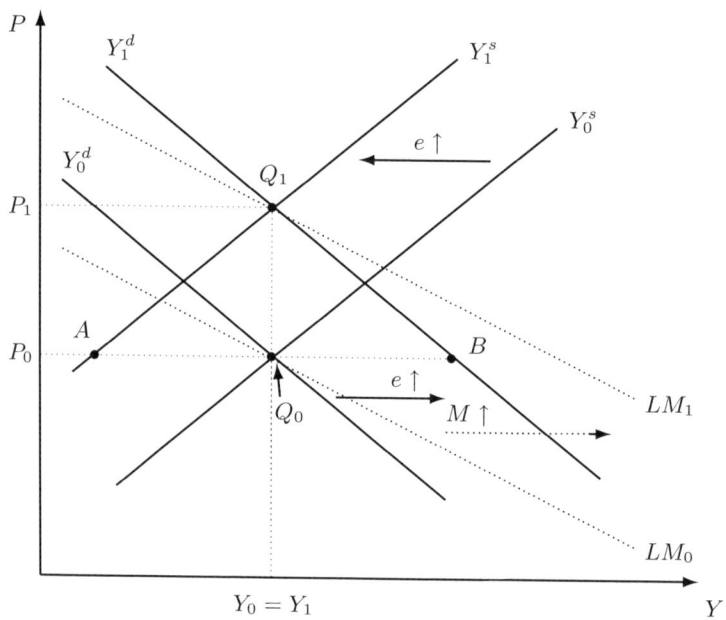

Abb. 6.47: *Steigerung der Geldmenge im System flexibler Wechselkurse bei Lohnsatzflexibilität*

Abbildung 6.47 legt die Vermutung nahe, dass sich insgesamt ein Nachfrageüberschuss in
Höhe der Strecke AB ergibt, wobei die Güternachfrage um den Streckenabschnitt Q_0B
zunimmt und das Güterangebot um Q_0A zurückgeht. Eine Erhöhung der Güternachfrage im Ausmaß der Rechtsverlagerung der Y_1^d-Kurve (d.h. im Umfang von Q_0B) lässt

---

[45]Abbildung 6.47 enthält auch die LM-Kurve, die hier gestrichelt eingezeichnet worden ist. Sie
verläuft im P/Y-Diagramm mit negativer Steigung und wird durch die Geldmengenexpansion nach
rechts verlagert. Da der Punkt B der Y_1^d-Kurve gewöhnlich nicht auf der neuen Geldmarktkurve LM_1
liegt, handelt es sich hierbei um kein simultanes Nachfragegleichgewicht auf dem Güter- und Geldmarkt.

sich mit Hilfe des Fixpreismodells für die offene Volkswirtschaft (IS/LM/Z-Systems) erklären; dies setzt allerdings voraus, dass neben der wechselkursabhängigen Importgüternachfrage des Auslands auch die einkommensabhängige Konsumgüternachfrage des Inlands ansteigt. Die privaten Haushalte werden allerdings nur dann ihre Nachfrage nach
Konsumgütern erhöhen, wenn sie mit einer Einkommenssteigerung rechnen, d.h. wenn
sie einen Multiplikatorprozess erwarten. Sie werden dann ihrer Konsumplanung ein Einkommen zugrundelegen, welches dem Punkt B auf der nach rechts verlagerten Y^d-Kurve
entspricht. Ein Multiplikatorprozess erfordert wiederum, dass sich die Unternehmen und
privaten Haushalte mit ihrem mengenmäßigen Güter- bzw. Arbeitsangebot vollkommen
elastisch jeder Nachfragesteigerung auf dem Güter- und Arbeitsmarkt anpassen. Ein
kurzfristig vollkommen elastisches Angebotsverhalten ist im vorliegenden Fall eher un-
realistisch, da die Wechselkurssteigerung zu einem Rückgang des eigentlich geplanten
(nutzenmaximierenden) Arbeitsangebots $N^s = N^s(W/P_I)$ führt, was wiederum gemäß
dem Angebots-Partialmodell (6.73) bis (6.76) mit einer Senkung des geplanten Güterangebots $Y^s = Y^s(\tau)$ verbunden ist (vgl. auch Abbildung 6.41). Weichen die Unternehmen
und Arbeitsanbieter bei ihrem Angebotsverhalten nicht von ihren ursprünglichen Plänen
ab, werden die Haushalte ihre Einkommenserwartungen nicht nach oben, sondern eventuell sogar nach unten korrigieren, so dass durch die Abwertung der Inlandswährung
höchstens eine Nachfragesteigerung in Höhe des Anstiegs der Nettoexporte eintreten
kann.

Dieser Nachfrageerhöhung steht ein Rückgang des terms-of-trade-abhängigen Güterangebots gegenüber. Eine Senkung des geplanten Güterangebots $Y^s = Y^s(\tau)$ im Ausmaße der Linksverschiebung der Y^s-Kurve, d.h. in Höhe von $Q_0 A$ (vgl. Abbildung 6.47),
erfordert einen auch kurzfristig flexiblen Geldlohnsatz W. Im Arbeitsmarktdiagramm
würde nämlich dem Punkt A aus Abbildung 6.47 ein Gleichgewichtspunkt entsprechen,
der gegenüber der Ausgangslage mit einer Senkung der gleichgewichtigen Beschäftigungsmenge und einer Steigerung des Produzentenreallohnsatzes W/P verbunden wäre.
Dies wurde bereits anhand von Abbildung 6.41 demonstriert. Bei kurzfristig gegebenem
Güterpreisniveau $P = P_0$ kann eine Erhöhung des Reallohnsatzes W/P nur durch eine entsprechende Steigerung des Nominallohns W zustandekommen. Hierdurch wird
der abwertungsbedingte Rückgang des Arbeitsangebots teilweise wieder kompensiert,
während die Senkung der geplanten Arbeitsnachfrage $N^d = N^d(W/P)$ erst durch einen
Anstieg von W ausgelöst wird.

Lässt man die Annahme der kurzfristigen Flexibilität des Nominallohns fallen, d.h.
unterstellt neben einem kurzfristig rigiden Güterpreisniveau P auch einen kurzfristig
starren Lohnsatz W, tritt auf dem Arbeitsmarkt abwertungsbedingt nur ein Rückgang
des geplanten Angebots $N^s = N^s(W/P_I)$ ein; die eigentlich geplante Arbeitsnachfrage
$N^d = N^d(W/P)$ bliebe dagegen unverändert.[46] Die Folge wäre ein temporärer Nachfrageüberschuss auf diesem Markt. Die kurze Marktseite, die die produktionswirksame
Beschäftigungsmenge bestimmt, wäre in diesem Fall das Arbeitsangebot N^s; demzufolge könnte auch nur ein Güterangebot in Höhe von $Y^s(N^s, \overline{K})$, welches kleiner als das
dem Punkte A entsprechende Güterangebot ist, realisiert werden. Bei kurzfristig gegebenem Geldlohnsatz W ist der Rückgang des realisierbaren Güterangebots also größer

---

[46]Das eigentlich geplante (gewinnmaximale) Güterangebot $Y^s = Y^s(N^d(W/P), \overline{K})$ würde dann
ebenfalls keine Änderung erfahren.

als der Streckenabschnitt Q_0A in Abbildung 6.47. Dagegen ist die kurzfristige Steigerung der geplanten Güternachfrage kleiner als die Strecke Q_0B, da die Haushalte durch die abwertungsbedingte Senkung des realisierbaren Güterangebots ihre Einkommenserwartungen und ihre Konsumgüternachfrage nicht erhöhen werden, so dass lediglich eine Verbesserung des Außenbeitrages eintritt.

Der Nachfrageüberschuss am Gütermarkt bewirkt mittelfristig einen Preissteigerungsprozess, der über den damit verbundenen Rückgang der realen Geldmenge und die Terms-of-Trade-Steigerung die Güternachfrage allmählich wieder absinken lässt. Auf der anderen Seite kommt es zu einem kontinuierlichen Anstieg des vollbeschäftigungskonformen Güterangebots, da durch die Erhöhung von τ die gleichgewichtige Beschäftigungsmenge N zunimmt.[47] Der Prozess der Preissteigerung endet im neuen Gleichgewichtspunkt Q_1. Gegenüber der Ausgangslage Q_0 hat sich keine Änderung des realen Inlandsprodukts ergeben. Aufgrund der Geldmengenerhöhung ist es lediglich zu einer prozentual gleich großen Steigerung der monetären Größen gekommen.

Wird anstelle eines Systems flexibler Wechselkurse ein System **fester Wechselkurse** ohne Neutralisierungspolitik unterstellt, ergibt sich infolge einer expansiven Geldpolitik (Anstieg der heimischen Komponente der monetären Basis) kein Nachfrageüberschuss am gesamtwirtschaftlichen Gütermarkt. Einerseits bleibt die Güternachfrage unverändert, wie im Rahmen des Fixpreismodells für die kleine offene Volkswirtschaft gezeigt wurde, andererseits tritt bei gegebenem Inlandspreisniveau P keine Änderung des Güterangebots ein, da jetzt der Wechselkurs fixiert ist. Demzufolge findet auch keine Preis- und Lohnanpassung statt, so dass in einer zu Abbildung 6.47 analogen Abbildung Anfangs- und Endgleichgewicht übereinstimmen würden. Die Geldpolitik hat im System fester Wechselkurse ohne Neutralisierungspolitik weder Realwirkungen noch Preis- und Lohneffekte. Es kommt lediglich zu einer Umschichtung innerhalb der monetären Basis (Anstieg der heimischen Komponente, Rückgang der Währungsreserven).

Expansive Fiskalpolitik

Eine Steigerung der Staatsausgaben hat im System **flexibler Wechselkurse** eine Erhöhung der Terms of Trade und des realen Inlandsprodukts zu Folge; außerdem ergibt sich eine Senkung des inländischen Preisniveaus P (Abbildung 6.48). Im τ/Y-Diagramm kommt es zu einer Verschiebung der gesamtwirtschaftlichen Güternachfragekurve Y^d nach rechts, während die Angebotskurve in der Lage unverändert bleibt. Die Erhöhung der Terms of Trade resultiert aus der Aufwertung der Inlandswährung, die sich wiederum aufgrund der unterstellten vollkommenen Kapitalmobilität aus der inländischen Zinssteigerungstendenz ergibt. Im Unterschied zum Fixpreismodell fällt jetzt die Verschlechterung des Außenbeitrages geringer aus als die Staatsausgabenerhöhung, so dass kein totales wechselkursbedingtes Crowding out eintritt. Dies lässt sich damit erklären, dass die Terms of Trade im vorliegenden Flexpreismodell weniger stark ansteigen als im Fixpreismodell. Die geringere Terms-of-Trade-Erhöhung ist wiederum eine Folge der inländischen Preisniveausenkung. Der Rückgang von P ist anhand der unteren Graphik von Abbildung 6.48 erkennbar, welche die LM-Kurve enthält. Bei gegebenem Inlandszins $i = i_a$ bewirkt die Zunahme des realen Inlandsprodukts Y eine Steigerung der

---

[47]Im Arbeitsmarktdiagramm würde die durch die primäre Abwertung nach links verschobene Arbeitsangebotskurve wieder in ihre Ausgangsposition zurückkehren.

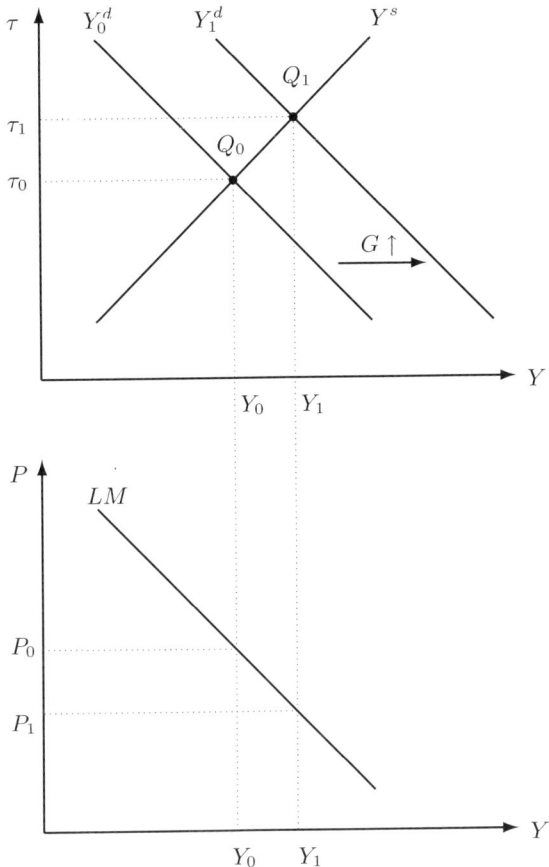

Abb. 6.48: *Steigerung der Staatsausgaben im System flexibler Wechselkurse bei Lohnsatzflexibilität*

realen Geldnachfrage; daher muss auch das reale Geldangebot entsprechend steigen, um das Geldmarktgleichgewicht aufrechtzuerhalten. Bei gegebener Geldmenge (im System flexibler Wechselkurse) ist hierzu aber eine Preissenkung erforderlich.

Der Rückgang des Preisniveaus P lässt sich ökonomisch damit begründen, dass bei gegebenem $P = P_0$ infolge der Aufwertung der Inlandswährung eine Steigerung des gesamtwirtschaftlichen Güterangebots stattfindet, während die Güternachfrage hierdurch zurückgeht; die Folge ist ein Angebotsüberschuss auf dem gesamtwirtschaftlichen Gütermarkt (Abbildung 6.49).

In Abbildung 6.49 wird die Güternachfragekurve Y^d durch die Staatsausgabensteigerung nach rechts (in die Position $Y_0^{d'}$) und durch die Aufwertung der Inlandswährung nach links (in die Position Y_1^d) verlagert. Verläuft die Y^d-Kurve steiler als die LM-

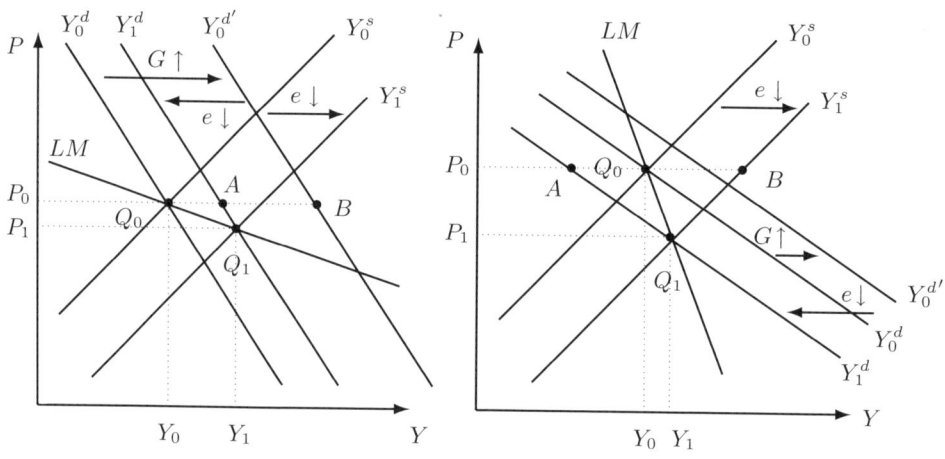

Abb. 6.49: *Staatsausgabensteigerung bei steil und flach verlaufender Nachfragekurve im P/Y - Diagramm*

Kurve (linkes Schaubild), fällt die aufwertungsbedingte Rückverlagerung der Y^d-Kurve schwächer aus als die durch die Erhöhung von G induzierte Rechtsverschiebung dieser Kurve; die Y_1^d-Kurve liegt dann oberhalb der Y_0^d-Kurve. Im umgekehrten Fall einer Nachfragekurve, die flacher verläuft als die LM-Kurve (rechtes Schaubild), liegt Y_1^d unterhalb von Y_0^d. Demzufolge ergibt sich bei gegebenem Preisniveau $P = P_0$ entweder eine Nachfragesteigerung im Umfang des Streckenabschnitts $Q_0 A$ (linkes Schaubild) oder eine Nachfragesenkung in Höhe von $Q_0 A$ (rechtes Schaubild). Angebotsseitig kommt es dagegen stets zu einer Erhöhung des Güterangebots im Ausmaße der Strecke $Q_0 B$, da sich die Güterangebotskurve durch die Aufwertung der Inlandswährung nach rechts verlagert. Insgesamt ergibt sich dann bei gegebenem Preisniveau $P = P_0$ ein Angebotsüberschuss in Höhe von AB.

Auf dem Gütermarkt kommt eine Zunahme des geplanten Güterangebots in Höhe des Streckenabschnitts $Q_0 B$ nur dann zustande, falls der Geldlohnsatz W bereits kurzfristig nach unten flexibel ist. Im Arbeitsmarktdiagramm würde in diesem Fall dem Punkt B aus Abbildung 6.49 ein neues Gleichgewicht mit einem gegenüber der Ausgangslage gestiegenen Beschäftigungsniveau sowie einem gesunkenen Produzentenreallohnsatz entsprechen. Bei gegebenem Güterpreisniveau $P = P_0$ erhöht sich die geplante Arbeitsnachfrage $N^d = N^d(W/P)$ nur dann, wenn der Lohnsatz W sinkt. Wird neben der kurzfristigen Konstanz von P auch von einer kurzfristigen Rigidität von W ausgegangen, bleibt die geplante (gewinnmaximale) Arbeitsnachfrage zunächst unverändert; die Aufwertung der Inlandswährung würde dann lediglich das geplante Arbeitsangebot erhöhen und auf dem Arbeitsmarkt kurzfristig einen Angebotsüberschuss erzeugen. Das geplante Güterangebot würde in diesem Fall erst dann zunehmen, wenn es zu einem Preis-Lohnsenkungsprozess kommt, der zu einer Senkung von W/P und einer Steigerung von N^d führt. Bei gegebenem Preis- und Lohnniveau sowie kurzfristig unverändertem geplanten Güterangebot in Höhe von Y_0 ergibt sich gemäß Abbildung 6.49 nur dann ein

Angebotsüberschuss auf dem gesamtwirtschaftlichen Gütermarkt, wenn die Haushalte kurzfristig keine Korrektur ihrer Nachfrageerwartungen nach oben vornehmen. Die Staatsausgabensteigerung induziert dann keine Erhöhung der Konsumgüternachfrage, so dass der aufwertungsbedingte Rückgang der gesamtwirtschaftlichen Güternachfrage[48] stärker ausfällt als die Staatsausgabensteigerung.

Durch den Angebotsüberschuss auf dem gesamtwirtschaftlichen Gütermarkt ergibt sich eine Senkung des inländischen Preisniveaus. Hieraus resultiert eine Erhöhung der gesamtwirtschaftlichen Güternachfrage, da einerseits die reale Geldmenge ansteigt und andererseits durch die Verbesserung der Wettbewerbsfähigkeit die inländischen Nettoexporte zunehmen. Da außerdem das vollbeschäftigungskonforme Güterangebot entlang der nach rechts verschobenen Angebotskurve zurückgeht, erhält man insgesamt ein neues gesamtwirtschaftliches Gleichgewicht Q_1, das durch ein im Vergleich zur Ausgangslage gestiegenes Inlandsprodukt und ein geringeres Preisniveau gekennzeichnet ist. Neben der Senkung des inländischen Preisniveaus ergibt sich außerdem eine Senkung des Preisindex P_I und des Geldlohnsatzes W. Der Rückgang des Kaufkraftindex resultiert aus der Senkung von P und e, während die Reduktion des Geldlohnsatzes W anhand der Definitionsgleichung

$$W = \left(\frac{W}{P}\right) \cdot P \qquad (6.92)$$

ersichtlich wird. Der Produzentenreallohnsatz W/P sinkt, da es zu einer Steigerung der gesamtwirtschaftlichen Arbeitsnachfrage N^d gekommen ist. Da außerdem das Güterpreisniveau P zurückgegangen ist, folgt aus Gleichung (6.92), dass auch der Lohnsatz W fallen muss. Ökonomisch lässt sich die Lohnsenkung mit dem Angebotsüberschuss auf dem Arbeitsmarkt begründen, der sich bei kurzfristig gegebenem W und P aus der Aufwertung der Inlandswährung ergibt.

Wird anstelle eines Systems flexibler ein System **fester Wechselkurse** zugrundegelegt, resultiert aus einer Staatsausgabensteigerung notwendigerweise eine Erhöhung des inländischen Preisniveaus P, da auch in diesem Wechselkurssystem die Terms of Trade zunehmen (Abbildung 6.50). Bei festem Wechselkurs und gegebenem ausländischen Preisniveau P_a ist eine Verbesserung der Terms of Trade τ $(= P/(P_a \cdot e))$ gleichbedeutend mit einem Anstieg des inländischen Güterpreisniveaus. Eine Steigerung der Staatsausgaben G bewirkt im τ/Y-Diagramm bei Vorliegen fester Wechselkurse eine ebenso große Rechtsverschiebung der Y^d-Kurve wie im System flexibler Wechselkurse. Bei gegebenem $\tau = \tau_0$ und festem Inlandszins $i = i_a$ folgt aus der IS-Gleichung

$$Y = C((1-t)Y) + I(i_a) + G + A(Y, Y_a, \tau), \qquad (6.93)$$

dass eine Staatsausgabenerhöhung zu einer Steigerung der gesamtwirtschaftlichen Güternachfrage im Ausmaße von

$$dY^d = \frac{1}{1 - C_{Y^v}(1-t) - A_Y} dG \qquad (6.94)$$

---

[48]Graphisch entspricht dieser Rückgang dem Abstand der beiden Kurven $Y_0^{d'}$ und Y_1^d. Punkte auf der Kurve $Y_0^{d'}$ werden nur dann erreicht, wenn die privaten Haushalte ihre Einkommenserwartungen nach oben anpassen und demzufolge ihre geplante Konsumgüternachfrage erhöhen.

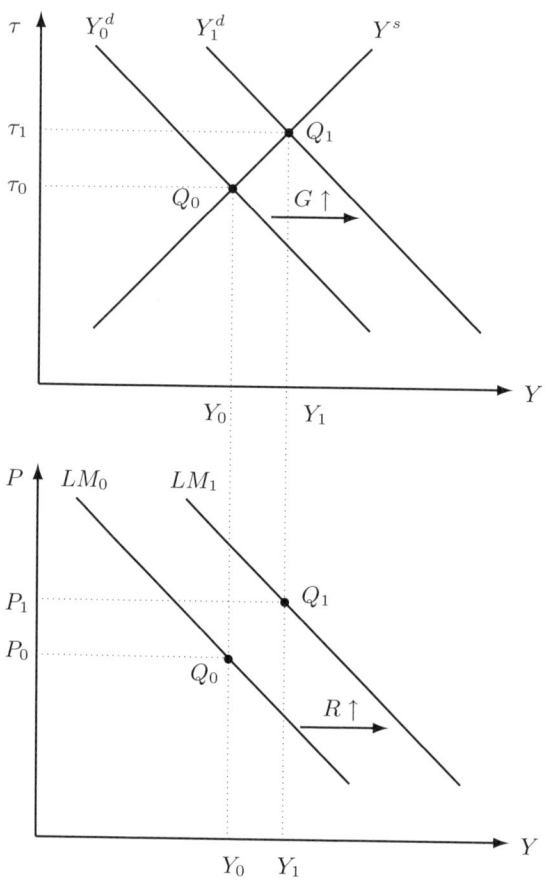

Abb. 6.50: *Staatsausgabensteigerung im System fester Wechselkurse bei Lohnsatzflexibilität*

führt; der Staatsausgabenmultiplikator in Bezug auf Y^d ist dabei mit dem reinen Güter-marktmultiplikator einer kleinen offenen Volkswirtschaft identisch. Da die Zunahme von Y^d in beiden Wechselkurssystemen gleich groß ist, muss die Erhöhung der Gleichge-wichtswerte von τ und Y im System fester Wechselkurse (ohne Neutralisierungspolitik) mit der entsprechenden Steigerung dieser beiden Variablen im System flexibler Wech-selkurse übereinstimmen:

$$\left.\frac{d\tau}{dG}\right|_{e\,fest} = \left.\frac{d\tau}{dG}\right|_{e\,flexibel} > 0, \tag{6.95}$$

$$\left.\frac{dY}{dG}\right|_{e\,fest} = \left.\frac{dY}{dG}\right|_{e\,flexibel} > 0. \tag{6.96}$$

Dagegen fällt die Preisniveauentwicklung in beiden Wechselkurssystemen unterschiedlich aus: Während das Preisniveau P im System flexibler Wechselkurse zurückgeht, erhöht sich P im System fester Wechselkurse, da in diesem Wechselkursregime der Anstieg der Terms of Trade τ nur über eine Steigerung des inländischen Preisniveaus zu erklären ist. Im unteren Schaubild von Abbildung 6.50 muss sich daher auch die LM-Kurve nach rechts verlagern (anderenfalls würde sich dort keine Erhöhung von P ergeben). Die Rechtsverschiebung der LM-Kurve resultiert aus der Zunahme der Währungsreserven der Zentralbank und dem sich daraus ergebenden expansiven Geldmengeneffekt.

Neben dem Preisniveau P erhöht sich jetzt auch der Kaufkraftindex P_I (und zwar wegen $\gamma < 1$ unterproportional zu P); außerdem kommt es zu einem Anstieg des Nominallohns $W = (W/P_I) \cdot P_I$, da aufgrund der Beschäftigungsexpansion der Konsumentenreallohnsatz W/P_I angestiegen ist. Die Erhöhung von W ist dabei größer als die Zunahme von P_I, jedoch kleiner als die Steigerung des Inlandspreisniveaus P, da der Produzentenreallohnsatz W/P insgesamt sinkt (N^d würde sonst nicht zunehmen).

Wir können **festhalten**, dass die Fiskalpolitik bei vollkommener Preis- und Lohnsatzflexibilität sowie perfekter Kapitalmobilität sowohl im System fester als auch im System flexibler Wechselkurse effizient in Bezug auf das Realeinkommen und die Beschäftigung ist. Im entsprechen Fixpreismodell (IS/LM/Z-System) wäre sie dagegen im System flexibler Wechselkurse ohne Realeinkommenswirkungen, da in diesem Modellrahmen bei Vorliegen von vollkommener Kapitalmobilität ein totales aufwertungsbedingtes Crowding out auftritt. Im neoklassischen Fall flexibler Preise und Löhne fällt dieser Crowding-out-Effekt dagegen schwächer aus, da das inländische Preisniveau sinkt, was isoliert gesehen mit einem Rückgang der Terms of Trade und einer Verbesserung des inländischen Außenbeitrags verbunden ist. Die Geldpolitik ist im Totalmodell mit Lohnsatzflexibilität in beiden Wechselkurssystemen ineffizient in Bezug auf Y und N, während sie im Fixpreismodell lediglich im System fester Wechselkurse ohne Neutralisierungspolitik unwirksam, im System flexibler Wechselkurse dagegen effizient ist.

Geld- und Fiskalpolitik im Unterbeschäftigungsfall

Neben dem Vollbeschäftigungsfall sollen auch die Wirkungen geld- und fiskalpolitischer Maßnahmen im Unterbeschäftigungsfall, d.h. bei nach unten starrem Geldlohnsatz, untersucht werden. Das Gesamtmodell besteht, wenn weiterhin von vollkommener Kapitalmobilität ausgegangen wird, aus den folgenden Gleichungen:

$$Y = C((1-t)Y) + I(i) + G + A(Y, Y_a, \tau) \tag{6.97}$$
$$\tau = P/(P_a \cdot e) \tag{6.98}$$
$$M/P = L(Y, i) \tag{6.99}$$
$$i = i_a \tag{6.100}$$
$$N = N^d(\overline{W}/P) < N^s(\overline{W}/P_I) \tag{6.101}$$
$$Y = Y(N, \overline{K}). \tag{6.102}$$

Fasst man die Gleichungen (6.101) und (6.102), die die Angebotsseite der kleinen offenen Volkswirtschaft beschreiben, zu einer Gleichung zusammen, so folgt, dass das

gesamtwirtschaftliche Güterangebot im Unterbeschäftigungsfall nicht mehr eine Funktion der Terms of Trade τ, sondern des Inlandspreisniveaus P ist:

$$Y = Y(N^d(\overline{W}/P), \overline{K}) = Y \overset{(+)}{(P)} \quad \text{bzw.} \quad P = P \overset{(+)}{(Y)}. \tag{6.103}$$

Diese Funktion stimmt mit der entsprechenden Güterangebotsfunktion im Fall einer geschlossenen Volkswirtschaft überein. Wechselkursänderungen führen jetzt zu keiner Verschiebung der Angebotsfunktion $Y = Y(P)$ im P/Y-Diagramm. Die Güterangebotsfunktion lässt sich auch in der inversen Form $P = P(Y)$ schreiben und stellt dann eine **keynesianische Preisniveaufunktion** dar. Hierdurch wird zum Ausdruck gebracht, dass im Unterbeschäftigungsfall eine Steigerung des realen Inlandsprodukts stets mit einer Zunahme des Güterpreisniveaus verbunden ist.

Die **gesamtwirtschaftliche Güternachfragekurve** ist bei vollkommener Kapitalmobilität ($i = i_a$) durch die IS-Gleichung

$$Y = C((1 - t)Y) + I(i_a) + G + A\left(Y, Y_a, \frac{P}{P_a \cdot e}\right) \tag{6.104}$$

gegeben und hängt parametrisch von G und dem Wechselkurs e ab. Aufgrund der Bedingung für die Zinsparität (Gleichung (6.100)) liegt der Inlandszins auf dem Niveau des exogen vorgegebenen Auslandszinssatzes fest; die private Nettoinvestition I ist dann ebenfalls fest vorgegeben.

Die Güternachfragekurve (6.104) kann ebenso wie die Güterangebotsfunktion (6.103) graphisch in einem P/Y-Diagramm dargestellt werden (Abbildung 6.51). Als dritte

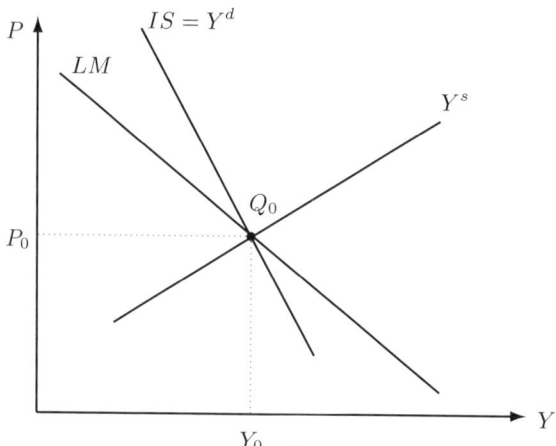

Abb. 6.51: *Gesamtwirtschaftliches Gleichgewicht im Unterbeschäftigungsfall*

Kurve ist in diesem Diagramm die LM-Kurve (6.99) (mit $i = i_a$) zu berücksichtigen. Im P/Y-Diagramm verläuft sie – ebenso wie die Y^d-Kurve – mit negativer Steigung.

Im Schnittpunkt der drei Kurven liegt das gesamtwirtschaftliche Gleichgewicht bei Unterbeschäftigung. In Abbildung 6.51 kann die LM-Kurve auch steiler als die IS-Kurve verlaufen. Da die Wirkungsweise geld- und fiskalpolitischer Maßnahmen nicht davon abhängt, welche dieser beiden Kurven einen steileren Verlauf aufweist, soll die in Abbildung 6.51 dargestellte Situation zugrundegelegt werden.

Expansive Geldpolitik

Wird zunächst ein System **flexibler Wechselkurse** unterstellt, so ist die Geldmenge exogen, und die LM-Kurve wird durch eine Steigerung von M nach rechts verschoben. Der Schnittpunkt Q_1 mit der unverändert gebliebenen Y^s-Kurve markiert dann das neue Endgleichgewicht des Systems (Abbildung 6.52). Die Geldmengenerhöhung bewirkt aufgrund des Rückgangs der Nettokapitalimporte eine Abwertung der Inlandswährung. Die Wechselkurssteigerung hat zur Folge, dass sich der Außenbeitrag bei unterstellter Normalreaktion verbessert und somit die gesamtwirtschaftliche Güternachfragekurve ebenfalls nach rechts verschoben wird (und zwar in die Position Y_1^d). Abbildung 6.52 verdeutlicht, dass es insgesamt zu einer Steigerung des realen Inlandsprodukts und des gesamtwirtschaftlichen Preisniveaus P gekommen ist. Der Preisniveauanstieg lässt sich mit der Erhöhung der gesamtwirtschaftlichen Güternachfrage erklären. Eine Zunahme von P ist auch erforderlich, um über eine Senkung des Produzentenreallohnsatzes das Güterangebot zu erhöhen. Die Steigerung von P fällt insgesamt geringer aus als die Geldmengenexpansion, da sich die reale Geldmenge wegen des Anstiegs der realen Geldnachfrage ebenfalls erhöhen muss.

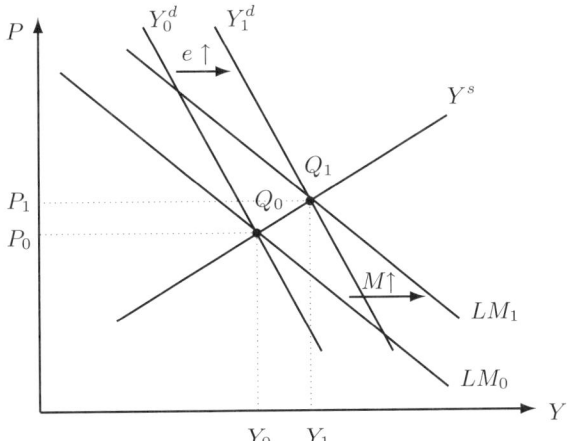

Abb. 6.52: *Expansive Geldpolitik bei Wechselkursflexibilität im Unterbeschäftigungsfall*

Im Unterschied zum Vollbeschäftigungsfall ist die Geldpolitik im Unterbeschäftigungsfall bei Vorliegen flexibler Wechselkurse effizient in Bezug auf Y; allerdings ist ihre Wirksamkeit aufgrund des Preisanstiegs und der daraus resultierenden Senkung der realen Geldmenge und der Steigerung der Terms of Trade geringer als im

Fixpreismodell. Dies lässt sich anhand des Hicks-Diagramms für die kleine offene Volkswirtschaft zeigen (Abbildung 6.53). Im Fixpreismodell liegt das Endgleichgewicht im Punkte Q_0' auf der horizontal verlaufenden Z-Kurve, während sich im vorliegenden Fall der Preisflexibilität bei Unterbeschäftigung das Endgleichgewicht Q_1 ergibt. Die Preissteigerung hat zur Folge, dass sich die LM-Kurve aufgrund der Senkung der realen Geldmenge wieder etwas zurückverschiebt (von LM_0' nach LM_1). Ebenso gibt es infolge des Preisanstiegs und der damit verbundenen Verschlechterung des heimischen Außenbeitrages eine Linksverschiebung der IS-Kurve von IS_0' nach IS_1. Das Gleichgewichtseinkommen Y_1 fällt dann geringer aus als im Fixpreismodell ($Y_1 < Y_0'$).

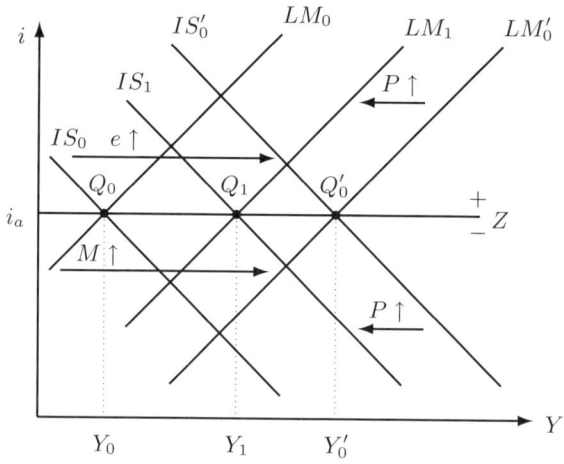

Abb. 6.53: *Geldpolitik im System flexibler Wechselkurse im Unterbeschäftigungsfall*

Geht man von einem System **fester Wechselkurse** ohne Neutralisierungspolitik seitens der Zentralbank aus, ist die Geldpolitik, ebenso wie im Fixpreismodell und im Totalmodell mit Lohnsatzflexibilität, ineffizient in Bezug auf Y. Im P/Y-Diagramm verschieben sich die Y^d- und Y^s-Kurve nicht, so dass Anfangs- und Endgleichgewicht übereinstimmen. Demzufolge findet auch keine Preissteigerung statt. Es kommt lediglich zu einer Umschichtung innerhalb der Entstehungsseite der monetären Basis: Aufgrund der aus einer Erhöhung der heimischen Komponente H der Geldbasis resultierenden Überschussnachfrage am Devisenmarkt gehen die Währungsreserven der Zentralbank genau im Ausmaße der Steigerung von H zurück, so dass keine Änderung der Geldmenge eintritt. Die LM-Kurve wird somit sowohl im P/Y-Diagramm als auch im i/Y-Diagramm in ihre Ausgangsposition zurückverschoben, während die übrigen Kurven in ihrer Lage unverändert bleiben. Auf eine nähere graphische Analyse kann daher verzichtet werden.

Expansive Fiskalpolitik

Wird zunächst von einem System **flexibler Wechselkurse** ausgegangen, so ist eine

Steigerung der Staatsausgaben im hier unterstellten Fall der Unterbeschäftigung und vollkommenen Kapitalmobilität ohne Auswirkungen auf Preisniveau und Inlandsprodukt. Im P/Y-Diagramm ist dies daran erkennbar, dass die LM- und Y^s-Kurve in der Lage unverändert bleiben; Anfangs- und Endgleichgewicht müssen dann übereinstimmen (Abbildung 6.54). Aufgrund der Staatsausgabenerhöhung kommt es lediglich zu einer Rechtsverschiebung der Y^d- bzw. IS-Kurve, die anschließend infolge der Aufwertung der heimischen Währung wieder rückgängig gemacht wird.

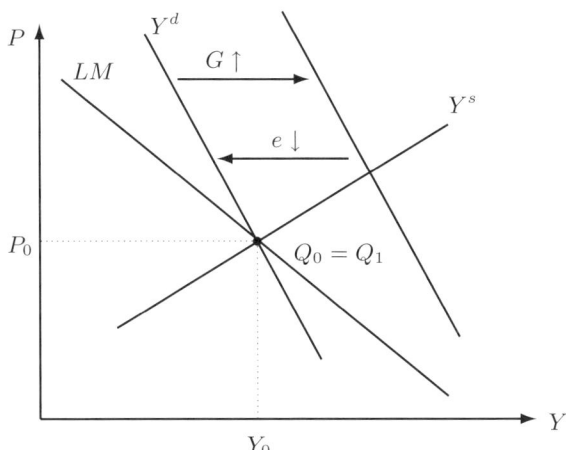

Abb. 6.54: *Staatsausgabensteigerung im System flexibler Wechselkurse bei Unterbeschäftigung*

Die Fiskalpolitik hat – ebenso wie im Fixpreismodell – lediglich allokative Effekte: Es ergibt sich ein totales wechselkursbedingtes Crowding out; der Außenbeitrag sinkt im Ausmaße der Staatsausgabenerhöhung. Die Nettoinvestitionen bleiben dagegen konstant, da der Inlandszins aufgrund der unterstellten perfekten Kapitalmobilität auf dem Niveau des exogen vorgegebenen Auslandszinssatzes festliegt. Im neoklassischen Vollbeschäftigungsmodell tritt dagegen nur ein partielles Crowding out auf; die Terms of Trade steigen in diesem Modellrahmen infolge der Preisniveausenkung weniger stark an als im Unterbeschäftigungsfall.

Im vorliegenden Unterbeschäftigungsansatz gehen von der Fiskalpolitik nur dann Wirkungen auf das reale Inlandsprodukt aus, wenn ein System **fester Wechselkurse** unterstellt wird. Die LM-Kurve wird in diesem Fall aufgrund der Zunahme der Währungsreserven und der damit verbundenen Steigerung der monetären Basis nach rechts verschoben, so dass das Endgleichgewicht Q_1 im Vergleich zur Ausgangslage Q_0 durch ein höheres Einkommens- und Preisniveau gekennzeichnet ist (Abbildung 6.55). Die Staatsausgabensteigerung führt zwar weiterhin zu einer Verschlechterung des heimischen Außenbeitrages (da Y und τ zunehmen), jedoch findet im Regime fester Wechselkurse insgesamt eine Erhöhung der gesamtwirtschaftlichen Güternachfrage statt. Die Zunahme von Y^d ist geringer als im Fixpreismodell, da sich durch den Preisniveauanstieg – neben einer Senkung der realen Geldmenge – eine Steigerung der Terms of Trade τ ergibt, die im Fixpreismodell im System fester Wechselkurse nicht auftritt.

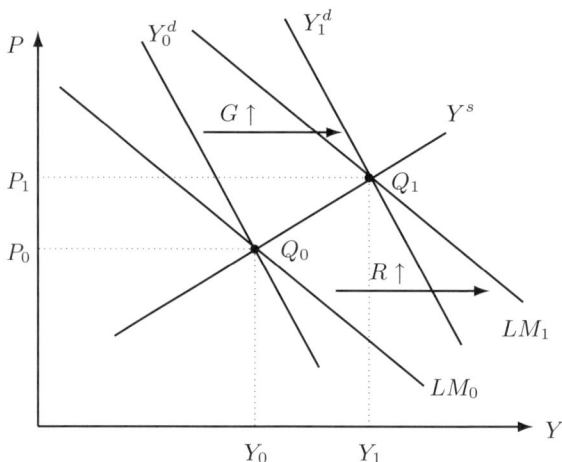

Abb. 6.55: *Staatsausgabensteigerung im System fester Wechselkurse bei Unterbeschäftigung*

Im Hicks-Diagramm werden durch die Erhöhung des Güterpreisniveaus P die IS- und LM-Kurve insgesamt weniger stark nach rechts verlagert als bei einem konstanten Inlandspreisniveau (Abbildung 6.56). Anhand von Abbildung 6.56 ist erkennbar, dass sich im Mundell/Fleming-Fixpreismodell als Endgleichgewicht der Punkt Q'_0 auf der horizontal verlaufenden Z-Kurve ergibt, während sich im vorliegenden Fall der Preisflexibilität bei Unterbeschäftigung ein Endgleichgewicht Q_1 einstellt, welches im Vergleich zu Q'_0 durch ein geringeres Einkommensniveau gekennzeichnet ist.

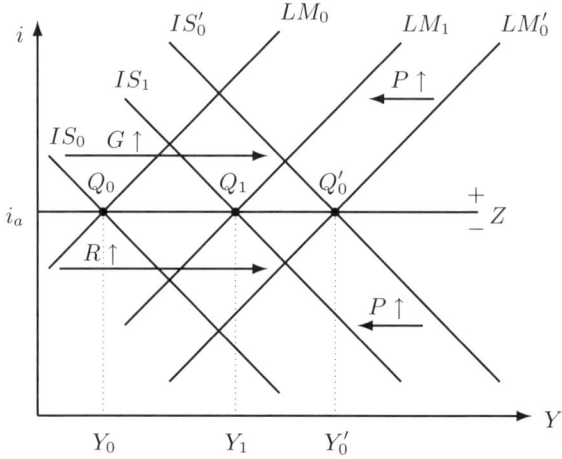

Abb. 6.56: *Staatsausgabensteigerung im IS/LM/Z-System*

Wir können **festhalten**, dass im keynesianischen Unterbeschäftigungsfall die Ergebnisse des Fixpreismodells hinsichtlich der Wirksamkeit stabilisierungspolitischer Maßnahmen bestätigt werden: Bei perfekter Kapitalmobilität gehen von der Fiskalpolitik nur im System fester Wechselkurse Realeinkommenswirkungen aus, im System flexibler Wechselkurse ist sie ineffizient. Dagegen ist die Geldpolitik im System fester Wechselkurse unwirksam in Bezug auf Y, während sie im System flexibler Wechselkurse effizient ist.

Es ist zu beachten, dass diese Ergebnisse nur im Unterbeschäftigungsfall, d.h. bei konstantem Geldlohnsatz, gelten. Im Vollbeschäftigungsfall, d.h. bei Lohnsatzflexibilität, ist die Geldpolitik aufgrund der bestehenden Modelldichotomie auch im System flexibler Wechselkurse ineffizient, während von der Fiskalpolitik sowohl im System fester als auch im System flexibler Wechselkurse (identische) Realeinkommenswirkungen ausgehen.

Übersicht über die erhaltenen Resultate

Tabelle 6.1 stellt die unterschiedlichen Wirkungen der Geld- und Fiskalpolitik im System fester und flexibler Wechselkurse sowohl für die Neoklassische als auch für die Keynessche Variante des makroökonomischen Totalmodells für die kleine offene Volkswirtschaft vergleichend gegenüber. Dabei wird von vollkommener Kapitalmobilität sowie einer Normalreaktion des Außenbeitrages auf Änderungen der Terms of Trade ausgegangen.

	$dG > 0$		$dH > 0$ $(dM > 0)$	
	Neoklassicher Fall $(N^d = N^s)$: W flexibel P flexibel	Keynessche Variante $(N^d < N^s)$: W fest $P = P(Y)$	Neoklassicher Fall $(N^d = N^s)$: W flexibel P flexibel	Keynessche Variante $(N^d < N^s)$: W fest $P = P(Y)$
Offene Volkswirtschaft				
e flexibel	$dY > 0,$ $dP < 0$	$dY = 0,$ $dP = 0$	$dY = 0,$ $dP > 0$	$dY > 0,$ $dP > 0$
e fest	$dY > 0,$ $dP > 0$	$dY > 0,$ $dP > 0$	$dY = 0,$ $dP = 0$	$dY = 0,$ $dP = 0$
geschlossene Volkswirtschaft	$dY = 0,$ $dP > 0$	$dY > 0,$ $dP > 0$	$dY = 0,$ $dP > 0$	$dY > 0,$ $dP > 0$

Tabelle 6.1: *Geld- und Fiskalpolitik im Überblick*

Der Tabelle ist zu entnehmen, dass bei Zugrundelegung eines Systems **fester Wechsel-**

kurse der Übergang vom Vollbeschäftigungs- zum Unterbeschäftigungsfall keine quali-
tativen Änderungen in der Wirkungsweise der Geld- und Fiskalpolitik ergibt. Expansive
Geldpolitik (im Sinne einer Steigerung der heimischen Komponente der monetären Basis) ist bei konstantem Wechselkurs sowohl bei festem als auch flexiblem Geldlohnsatz
ohne Wirkungen auf die realen und monetären Größen des Systems, weil die nominale Geldmenge letztlich unverändert bleibt. Es kommt lediglich zu einer Änderung in
der Zusammensetzung der monetären Basis. Dagegen erzielt die Fiskalpolitik (d.h. eine
Staatsausgabensteigerung) im System fester Wechselkurse unabhängig vom Grad der
Lohnsatzflexibilität positive Realeinkommens- und Beschäftigungseffekte, die außerdem
aufgrund der Zunahme der Währungsreserven mit einem Anstieg der Geldmenge und
des Güterpreisniveaus verbunden sind. Die Preisniveauerhöhung ist im System fester
Wechselkurse gleichbedeutend mit einer Verbesserung der Terms of Trade; eine Staatsausgabensteigerung hat daher eine Verschlechterung des Außenbeitrages zur Folge.

Im System **flexibler Wechselkurse** kommt es durch den Übergang vom Voll-
beschäftigungs- zum Unterbeschäftigungsfall zu grundlegenden Änderungen in der Wirkungsweise der Geld- bzw. Fiskalpolitik. Die Geldpolitik ist in der Neoklassischen Variante des makroökonomischen Totalmodells aufgrund der jetzt bestehenden Modelldichotomie ohne Wirkungen auf die Realgrößen des Systems. Eine Geldmengenerhöhung
hat lediglich eine prozentual gleich große Steigerung des Güterpreisniveaus, des Nominallohnsatzes und des Wechselkurses zur Folge. In der Keynesschen Variante, d.h. im
Unterbeschäftigungsfall, erzielt die Geldpolitik dagegen positive Realeinkommenseffekte, die aus der realen Abwertung der Inlandswährung (d.h. der Senkung der Terms of
Trade τ) resultieren. Für die Fiskalpolitik gilt dagegen genau die umgekehrte Aussage:
Im Unterbeschäftigungsfall ergibt sich ein totales aufwertungsbedingtes Crowding out;
der Außenbeitrag sinkt genau im Ausmaße der Staatsausgabenerhöhung. In der Neoklassischen Variante ist der Crowding-out-Effekt dagegen nur partiell, da die Terms of
Trade aufgrund des Rückgangs des inländischen Preisniveaus weniger stark ansteigen
als in der Keynesschen Variante. Die Fiskalpolitik ist daher im Vollbeschäftigungsfall
sowohl im System fester als auch im System flexibler Wechselkurse effizient in Bezug
auf Y.

Im Vergleich dazu ist die Fiskalpolitik im Rahmen des makroökonomischen Totalmodells für die **geschlossene Volkswirtschaft** in der Vollbeschäftigungsvariante
ohne Realeinkommenswirkungen, da die Güterangebotsfunktion wegen der Übereinstimmung von Produzenten- und Konsumentenreallohnsatz jetzt preisunelastisch
verläuft. Eine Steigerung der Staatsausgaben bewirkt in diesem Fall – ebenso wie
eine Geldmengenerhöhung – lediglich Preis- und Lohnsteigerungen und lässt das
rein angebotsseitig determinierte reale Inlandsprodukt unverändert. Von der Fiskal-
und Geldpolitik können im Rahmen einer geschlossenen Volkswirtschaft nur dann
Realeinkommenseffekte ausgehen, wenn ein Zustand der Unterbeschäftigung vorliegt.
Für die Geldpolitik setzt dies einen nach unten rigiden Geldlohnsatz, d.h. eine im
Unterbeschäftigungsbereich preiselastisch verlaufende Güterangebotsfunktion, voraus.
Die Fiskalpolitik kann dagegen auch bei Lohnsatzflexibilität effizient sein, sofern ein
Nachfragedefekt (Investitions- oder Liquiditätsfalle) vorliegt und sich die Produzenten
einer Absatzbeschränkung am Gütermarkt vollständig mit ihrem mengenmäßigen
Angebot anpassen. Das realisierte Inlandsprodukt wird dann durch die preisunelastisch
verlaufende Güternachfragefunktion determiniert und kann mittels expansiver fiskal-

politischer Maßnahmen erhöht werden.

Multiplikatoren der Fiskal- und Geldpolitik

Für die Neoklassische und Keynessche Variante des makroökonomischen Totalmodells lassen sich die geld- und fiskalpolitischen Multiplikatoren wie folgt berechnen: Für das Totalmodell bei Lohnsatzflexibilität

$$Y = C(\overset{(+)}{(1-t)\,Y}) + I(\overset{(-)}{i}) + G + A(\overset{(-)}{Y}, \overset{(+)}{Y_a}, \overset{(-)}{\tau}) \quad (\tau = P/(P_a \cdot e)) \quad (6.105)$$

$$M/P = L(\overset{(+)}{Y}, \overset{(-)}{i}) \tag{6.106}$$

$$i = i_a \tag{6.107}$$

$$Y = Y(\overset{(+)}{\tau}) \tag{6.108}$$

kann die Modelldichotomie, d.h. die Unabhängigkeit des realen Sektors (Gleichungen (6.105) und (6.108)) von der Geldmarktgleichung (6.106), ausgenutzt werden. Durch Bildung des totalen Differentials der IS-Gleichung (6.105) und der Angebotsgleichung (6.108) erhält man

$$dY = C_{Y^v}(1-t)dY + I_i di + dG + A_Y dY + A_{Y_a} dY_a + A_\tau d\tau \tag{6.109}$$

$$dY = Y_\tau d\tau. \tag{6.110}$$

Für die kleine offene Volkswirtschaft sind die Auslandsvariablen exogen; daher gilt $di = di_a = 0$ und $dY_a = 0$ und damit

$$\left[1 - C_{Y^v}(1-t) - A_Y - \frac{A_\tau}{Y_\tau}\right] dY = dG. \tag{6.111}$$

Hieraus ergeben sich die fiskalpolitischen Multiplikatoren

$$\frac{dY}{dG} = \frac{1}{1 - C_{Y^v}(1-t) - A_Y - A_\tau/Y_\tau} > 0, \tag{6.112}$$

$$\frac{d\tau}{dG} = \frac{1}{Y_\tau} \cdot \frac{dY}{dG} = \frac{1}{[1 - C_{Y^v}(1-t) - A_Y]Y_\tau - A_\tau} > 0. \tag{6.113}$$

Die Multiplikatoren gelten sowohl im System flexibler als auch im System fester Wechselkurse. Aufgrund der bestehenden Modelldichotomie sind die entsprechenden Multiplikatoren der Geldpolitik gleich null.

Die Preiseffekte können mit Hilfe der LM-Gleichung (6.106) berechnet werden:

$$\frac{1}{P_0}dM - \frac{M_0}{P_0^2}dP = L_Y dY + L_i di. \tag{6.114}$$

Für die Fiskalpolitik gilt im System **flexibler Wechselkurse** $dM = 0$ und außerdem $di = 0$ aufgrund der Bedingung für die ungedeckte Zinsparität. Mit (6.112) folgt dann

$$\frac{dP}{dG} = -\frac{P_0^2}{M_0} L_Y \frac{dY}{dG} = -\frac{P_0^2}{M_0} \frac{L_Y}{1 - C_{Y^v}(1 - t) - A_Y - A_\tau / Y_\tau} < 0. \qquad (6.115)$$

Für die Geldpolitik gilt entsprechend

$$\frac{dP}{dM} = \frac{P_0}{M_0} \quad \text{bzw.} \quad \frac{dP}{P_0} = \frac{dM}{M_0}. \qquad (6.116)$$

Im System **fester Wechselkurse** ohne Neutralisierungspolitik seitens der Zentralbank gilt aufgrund der Terms-of-Trade-Definition sowie $e = \bar{e}$

$$d\tau = \frac{1}{P_a \cdot \bar{e}} dP. \qquad (6.117)$$

Hieraus folgt zusammen mit (6.113)

$$\frac{dP}{dG} = (P_a \cdot \bar{e}) \frac{d\tau}{dG} = (P_a \cdot \bar{e}) \frac{1}{[1 - C_{Y^v}(1 - t) - A_Y] Y_\tau - A_\tau} > 0. \qquad (6.118)$$

Im **Unterbeschäftigungsfall** (fester Geldlohnsatz) ist die terms-of-trade-abhängige Angebotsfunktion (6.108) durch die Angebotsgleichung

$$Y = Y(N^d(\overline{W}/P), \overline{K}) \qquad (6.119)$$

zu ersetzen; hieraus folgt durch totale Differentiation

$$dY = Y_N \cdot N_{W/P}^d \cdot \left(-\frac{\overline{W}}{P_0^2} \right) dP \quad \text{bzw.} \quad dP = \frac{-1}{Y_N \cdot N_{W/P}^d \cdot \overline{W}/P_0^2} dY. \qquad (6.120)$$

Die Modelldichotomie wird jetzt im System **flexibler** Wechselkurse aufgehoben. Aus (6.120) und der differenzierten Geldmarktgleichung (6.114) können die Multiplikatoren dY/dG und dY/dM berechnet werden. Aus der IS-Gleichung (6.109) ergibt sich dann das Ausmaß der Terms-of-Trade-Änderung bei einer Steigerung von G bzw. M.

Setzt man die Preisgleichung (6.120) in (6.114) ein[49] und berücksichtigt $i = i_a$, ergibt sich der Ausdruck

$$\frac{1}{P_0} dM + \left(\frac{M_0}{P_0^2} \frac{1}{Y_N N_{\overline{W}/P}^d \cdot \overline{W}/P_0^2} - L_Y \right) dY = 0. \qquad (6.121)$$

Hieraus resultieren die Multiplikatoren

$$\frac{dY}{dM} = \frac{1}{P_0} \frac{1}{L_Y - M_0 / \left(Y_N N_{\overline{W}/P}^d \cdot \overline{W} \right)} > 0, \quad \frac{dY}{dG} = 0. \qquad (6.122)$$

---

[49]Bezogen auf Abbildung 6.51 betrachtet man den Schnittpunkt von LM- und Y^s-Kurve.

Setzt man diese Werte in die differenzierte IS-Gleichung

$$(1 - C_{Y^v}(1 - t) - A_Y)dY = A_\tau d\tau + dG \qquad (6.123)$$

ein, erhält man die Terms-of-Trade-Effekte:

$$\frac{d\tau}{dM} = \frac{1 - C_{Y^v}(1 - t) - A_Y}{A_\tau} \frac{dY}{dM} < 0, \quad \frac{d\tau}{dG} = -\frac{1}{A_\tau} > 0. \qquad (6.124)$$

Im System fester Wechselkurse ohne Neutralisierungspolitik folgt aus den Gleichungen (6.117), (6.120) und (6.123)

$$(1 - C_{Y^v}(1 - t) - A_Y)dY = A_\tau \cdot \frac{1}{P_a \cdot \overline{e}} \cdot \frac{-1}{Y_N N^d_{\overline{W}/P} \cdot \overline{W}/P_0^2}dY + dG. \qquad (6.125)$$

Hieraus folgt

$$\left(1 - C_{Y^v}(1 - t) - A_Y + \frac{A_\tau P_0 \tau_0}{Y_N N^d_{\overline{W}/P} \cdot \overline{W}}\right)dY = dG \qquad (6.126)$$

und damit

$$\frac{dY}{dG} = \frac{1}{\left(1 - C_{Y^v}(1 - t) - A_Y + \frac{A_\tau P_0 \tau_0}{Y_N N^d_{\overline{W}/P} \cdot \overline{W}}\right)} > 0; \qquad (6.127)$$

außerdem impliziert (6.126) $dY/dM = 0$.

6.5.4 Angebotsorientierte Wirtschaftspolitik in einer kleinen offenen Volkswirtschaft

In diesem Abschnitt geht es um die Analyse der Wirkungen, die von einer angebotsorientierten Politikmaßnahme im Rahmen einer kleinen offenen Volkswirtschaft ausgehen. Konkret soll das Problem untersucht werden, welche Einkommens-, Preis- und Wechselkurseffekte sich ergeben, wenn es auf der Angebotsseite zu einer **Reduktion des Lohnnebenkostensatzes** für die Arbeitgeber kommt. Die Lohnneben- oder Personalzusatzkosten sind Bestandteil der gesamten Arbeitskosten einer Unternehmung und in Deutschland in den letzten Jahren sehr stark angestiegen (so zum Beispiel im produzierenden Gewerbe auf rund 76% des Entgelts für geleistete Arbeit).[50] Dadurch hat sich der Faktor Arbeit in erheblichem Maße verteuert, was wiederum isoliert gesehen zu einer Verschlechterung der preislichen internationalen Wettbewerbsfähigkeit geführt hat. Eine Reduktion der international wettbewerbsrelevanten Lohnnebenkosten kann zum Beispiel durch eine Einschränkung der Lohnfortzahlung im Krankheitsfall

---

[50] Die gesamten Arbeitskosten je geleistete Stunde im produzierenden Gewerbe stiegen zwischen 1992 und 2004 jährlich um 2,6%.

oder eine Verminderung des Arbeitgeberanteils zur Sozialversicherung erreicht werden. Wir fragen im Folgenden danach, ob für eine kleine offene Volkswirtschaft durch eine Senkung der gesetzlichen Personalzusatzkosten eine dauerhafte Output- und Beschäftigungssteigerung sowie eine Verbesserung der internationalen Wettbewerbsfähigkeit erreicht werden kann. Zur Beantwortung dieser Fragen wird das makroökonomische Totalmodell für die kleine offene Volkswirtschaft in geeigneter Weise modifiziert und von einem flexiblen Wechselkurssystem sowie vollkommener Kapitalmobilität ausgegangen. Die Nachfrageseite besteht wiederum aus dem traditionellen IS/LM-System sowie der Bedingung für die Zinsparität, während die Angebotsseite entweder durch eine keynesianische oder eine neoklassische Angebotsfunktion beschrieben wird. Es werden also sowohl ein keynesianisches Land, das durch Lohnsatzrigidität und Unterbeschäftigung gekennzeichnet ist, als auch ein neoklassisches Land, in dem Lohnsatzflexibilität und Vollbeschäftigung herrschen, zugrundegelegt.

Der Modellrahmen

Im Folgenden soll die Variable l den **Lohnnebenkostensatz** für die Arbeitgeber bezeichnen. Die Wirkungen, die sich aus einer Reduktion von l für eine kleine offene Volkswirtschaft ergeben, werden auf der Grundlage des folgenden makroökonomischen Totalmodells abgeleitet:

$$Y = C(\overset{(+)}{Y}) + I(\overset{(-)}{i}) + G + A(\overset{(-)}{Y}, \overset{(+)}{Y_a}, \overset{(-)}{\tau}) \tag{6.128}$$

$$\tau = P/(P_a \cdot e) \tag{6.129}$$

$$\frac{M}{P} = L(\overset{(+)}{Y}, \overset{(-)}{i}) \tag{6.130}$$

$$i = i_a \tag{6.131}$$

$$Y = Y(\overset{(+)}{P}, \overset{(-)}{l}) \tag{6.132}$$

$$Y = Y(\overset{(+)}{\tau}, \overset{(-)}{l}). \tag{6.133}$$

Gleichung (6.128) ist die übliche Gütermarkt-Gleichgewichtskurve (IS-Gleichung). Die aggregierte Güternachfrage setzt sich aus der einkommensabhängigen privaten Konsumgüternachfrage,[51] der zinsabhängigen privaten Investitionsnachfrage, den Staatsausgaben für Güter und Dienstleistungen sowie dem realen Außenbeitrag zusammen. Dabei wird von einer Normalreaktion des Außenbeitrages auf Änderungen der Terms of Trade τ ausgegangen. Diese werden durch Gleichung (6.129) definiert. Gleichung (6.130) ist die übliche Gleichgewichtskurve des Geldmarktes (LM-Kurve), während Gleichung (6.131) die Bedingung für die Zinsparität darstellt, der ein vollkommener internationaler Kapitalmarkt zugrundeliegt. Die Gleichungen (6.132) und (6.133) repräsentieren

---

[51] Aus Vereinfachungsgründen werden Steuer- und Sozialversicherungsbeitragssätze nicht explizit in der Konsumfunktion berücksichtigt. Diese Vorgehensweise ist gerechtfertigt, wenn unter einer Reduktion des Lohnnebenkostensatzes l keine Senkung der Sozialversicherungsbeitragssätze verstanden wird, sondern eine Reduktion der sonstigen Lohnnebenkosten (wie zum Beispiel die ersatzlose Streichung eines gesetzlichen Feiertages), und auch keine Gegenfinanzierung über eine Anhebung von Steuersätzen zu berücksichtigen ist.

jeweils die Angebotsseite des realen Sektors und sind alternative Ausprägungen der gesamtwirtschaftlichen Güterangebotsfunktion. Beide Funktionen lassen sich bei Zugrundelegung einer neoklassischen Produktionstechnologie aus dem unternehmerischen Gewinnmaximierungsansatz ableiten, wobei unterstellt wird, dass der Faktor Arbeit der einzige variable Produktionsfaktor ist und die Modellwelt der vollständigen Konkurrenz vorliegt:[52]

$$\pi = P \cdot Y^s - (1+l)W \cdot N - i \cdot P \cdot \overline{K} \to \max_{N} \qquad (6.134)$$

unter der Nebenbedingung

$$Y^s = Y(N, \overline{K}), \quad Y_N > 0, \quad Y_{NN} < 0. \qquad (6.135)$$

Für eine repräsentative Unternehmung setzen sich die gesamten Arbeitskosten aus den Bruttolöhnen der Arbeitnehmer ($W \cdot N$) und den unternehmerischen Lohnnebenkosten ($l \cdot W \cdot N$) zusammen. Der Lohnnebenkostensatz l wirkt dabei wie ein Steuersatz oder Zuschlag auf die Bruttolohnsumme, der die Kosten für den Einsatz des Produktionsfaktors Arbeit erhöht.[53]

Der Gewinnmaximierungsansatz führt auf die Optimalitätsbedingung

$$Y_N = \frac{(1+l)W}{P}, \qquad (6.136)$$

wonach im unternehmerischen Gewinnmaximum die Grenzproduktivität der Arbeit Y_N mit dem Reallohnsatz (genauer: dem **realen Arbeitskostensatz** $(1+l)W/P$ übereinstimmt. Bei unterstellter abnehmender Grenzproduktivität ($Y_{NN} < 0$) ist dann ein exogener Anstieg des Reallohnsatzes mit einem Rückgang der gewünschten Arbeitsnachfrage N^d verbunden:

$$N^d = N^d \left(\overset{(-)}{\frac{(1+l)W}{P}} \right). \qquad (6.137)$$

Wird jetzt Unterbeschäftigung auf dem Arbeitsmarkt unterstellt, so ist die Arbeitsnachfrage die kurze Marktseite, welche gleichzeitig die tatsächliche Beschäftigung bestimmt ($N = N^d < N^s$). Aus der neoklassischen Produktionsfunktion (6.135) resultiert dann bei Lohnsatzrigidität ($W = \overline{W}$) die folgende **keynesianische Güterangebotsfunktion**:

$$Y^s = Y \left(N^d \left(\frac{(1+l)\overline{W}}{P} \right), \overline{K} \right) = Y(\overset{(+)}{P}, \overset{(-)}{l}). \qquad (6.138)$$

Ein Anstieg des Güterpreisniveaus P ist ebenso wie eine Senkung des Lohnnebenkostensatzes l mit einem Rückgang des unternehmerischen Reallohnsatzes verbunden,

---

[52]Bezeichnungen: π = Gewinn, Y^s = Güterangebot, $\overline{K}$ = exogen vorgegebener Sachkapitalbestand, W = Geldlohnsatz, N = Nachfrage nach Arbeit, i = Zinssatz, P= Preisniveau.

[53]Personalzusatzkosten treten nicht nur in Form gesetzlicher, sondern auch in Form tariflicher und betrieblicher Lohnnebenkosten auf.

weshalb es zu einer Steigerung der gewünschten Arbeitsnachfrage und des Güterangebots kommt.

Im Unterschied zur Angebotsfunktion (6.132) liegt der Güterangebotsfunktion (6.133) ein stets preisgeräumter Arbeitsmarkt zugrunde ($N = N^d = N^s$). Das Arbeitsangebot lässt sich dabei in der Form

$$N^s = N^s \overset{(+)}{\left(\frac{W}{P_I} \right)} = N^s \left(\overset{(+)}{\frac{W}{P}}, \overset{(+)}{\tau} \right) \quad (P_I = \gamma \cdot P + (1-\gamma)P_a \cdot e, \ 0 < \gamma < 1)$$

$$(6.139)$$

darstellen. Aus (6.137) und (6.139) folgt dann durch Gleichsetzen, dass die gleichgewichtige Beschäftigungsmenge (N) in positiver Weise von den Terms of Trade τ und in negativer Weise vom Lohnnebenkostensatz l abhängig ist. In diesem Fall ergibt sich die **neoklassische Güterangebotsfunktion**

$$Y^s = Y(N(\tau, l), \overline{K}) = Y(\overset{(+)}{\tau}, \overset{(-)}{l}).$$

$$(6.140)$$

Lohnnebenkostensatzsenkung bei keynesianischer Angebotsstruktur

Wir betrachten im Folgenden die Wirkungen, die von einer Senkung der gesetzlichen Lohnnebenkosten bei Zugrundelegung einer keynesianischen Angebotsstruktur ausgehen. Die Analyse kann graphisch in einem P/Y-Diagramm erfolgen, welches neben der keynesianischen Güterangebotsfunktion Y^s die Güternachfrage-Gleichgewichtskurve IS und die Geldmarkt-Gleichgewichtskurve LM enthält. Die LM-Kurve verläuft dabei – ebenso wie die IS-Kurve – mit negativer Steigung, da eine Zunahme von Y bei gegebenem Zins ($i = i_a$) eine Senkung von P erfordert, um das Gleichgewicht auf dem Geldmarkt aufrechtzuerhalten. Da die LM-Kurve sowohl flacher als auch steiler als die IS-Kurve verlaufen kann, sind bei der graphischen Analyse zwei Fälle zu unterscheiden (Abbildung 6.57).

Im Folgenden soll unter einer Senkung von l die ersatzlose Streichung eines gesetzlichen Feiertages oder eine Reduktion der Lohnfortzahlung im Krankheitsfall durch teilweise Verrechnung von Krankheits- mit Urlaubstagen oder Verrechnung von krankheitsbedingten Fehlzeiten mit Überschussguthaben auf einem Arbeitszeitkonto verstanden werden. Es wird also keine Senkung der (implizit in l enthaltenen) Sozialversicherungssätze betrachtet, so dass kein direkter Effekt auf das verfügbare Einkommen der privaten Haushalte ausgeht und demzufolge die IS-Kurve durch die Verminderung von l nicht verschoben wird.

Eine Reduktion des Lohnnebenkostensatzes erhöht dagegen isoliert gesehen das Güterangebot, weshalb sich die Y^s-Kurve nach rechts verlagert. Da die LM-Kurve in ihrer Lage unverändert bleibt (die Geldmenge M ist im System flexibler Wechselkurse exogen; der Zinssatz i ist durch den exogen vorgegebenen Auslandszins i_a fixiert), markiert der neue Schnittpunkt Q_1 zwischen LM- und Y^s-Kurve das Endgleichgewicht des Systems. Die neue IS-Kurve muss demzufolge auch durch den Punkt Q_1 verlaufen, was im linken Schaubild eine (wechselkursbedingte) Rechtsverschiebung und im rechten Schaubild eine

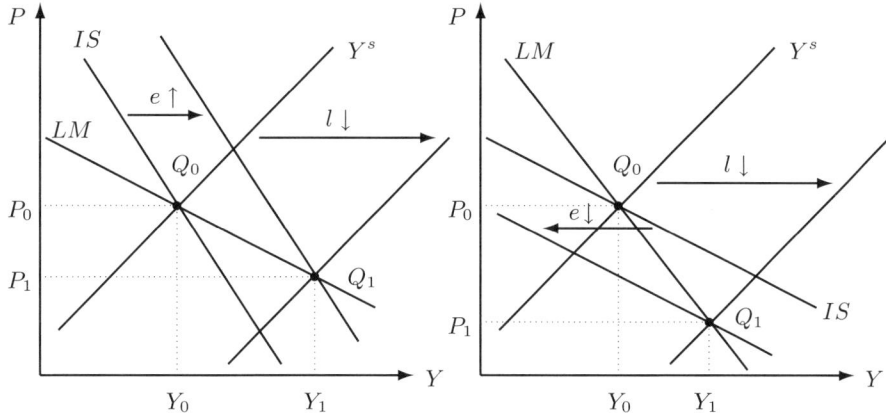

Abb. 6.57: *Senkung des Lohnnebenkostensatzes bei keynesianischer Angebotsstruktur*

Linksverlagerung dieser Kurve erfordert. Anhand von Abbildung 6.57 ist erkennbar, dass die Verminderung von l in beiden Schaubildern mit einer Einkommenssteigerung und einer Preisniveausenkung verbunden ist. Der Rückgang des Güterpreisniveaus P lässt sich damit begründen, dass die Senkung von l zunächst nur das Güterangebot tangiert,[54] weshalb es auf dem gesamtwirtschaftlichen Gütermarkt zu einem Angebotsüberschuss kommt, welcher über Preissenkungen beseitigt werden kann.

Der Rückgang des gesamtwirtschaftlichen Preisniveaus P hat zur Folge, dass sich – unabhängig von der (unbestimmten) Reaktion des nominalen Wechselkurses e – stets eine reale Abwertung (Terms-of-Trade-Senkung) und damit eine Verbesserung der preislichen internationalen Wettbewerbsfähigkeit ergibt. Dies lässt sich mit Hilfe des totalen Differentials der IS-Gleichung in der Formulierung

$$\underbrace{(1 - C_Y - A_Y)}_{> 0} dY = I_i di + dG + \underbrace{A_{Y_a} dY_a}_{= 0} + A_\tau d\tau \tag{6.141}$$

ableiten: Wegen $di = di_a = dG = dY_a = 0$ sowie $A_\tau < 0$ ist eine Einkommensexpansion nur mit einer Senkung von τ vereinbar. Gleichzeitig ist hiermit eine Verbesserung des realen Außenbeitrages verbunden: Da sich die private Investitionsgüternachfrage nicht ändert ($dI = 0$) und die marginale Konsumquote C_Y kleiner eins ist, fällt die Steigerung des realen Inlandsprodukts Y größer aus als die Erhöhung der realen gesamtwirtschaftlichen Absorption ($dY > dC + dI + dG = dC$); der inländische Außenbeitrag (als Differenz zwischen Inlandsprodukt und gesamtwirtschaftlicher Absorption) muss daher

---

[54]Auf das verfügbare Einkommen der privaten Haushalte geht annahmegemäß kein direkter Effekt aus. Wird unterstellt, dass durch die Reduktion von l die Konsumgüternachfrage der privaten Haushalte negativ beeinflusst wird, kommt es auch zu einer Verlagerung der IS-Kurve, und zwar nach links. Die Einkommens- und Preiseffekte werden dadurch weder quantitativ noch qualitativ tangiert (da das Endgleichgewicht Q_1 in der Lage unverändert bleibt), allerdings fällt in diesem Fall die Wechselkurssteigerung stärker (linkes Schaubild von Abbildung 6.57) bzw. die Wechselkurssenkung schwächer aus (rechtes Schaubild).

insgesamt gesehen steigen ($dA = A_Y dY + A_\tau d\tau > 0$). Bei einer Zunahme der einkommensinduzierten Güterimporte ($|A_Y| dY > 0$) ist eine Steigerung von A nur über eine Senkung des relativen Preises τ möglich. Die terms-of-trade-abhängigen Nettoexporte steigen dann stärker an als die einkommensabhängigen Güterimporte.

Die Verbesserung der preislichen internationalen Wettbewerbsfähigkeit (d.h. die reale Abwertung der Inlandswährung) braucht nicht mit einer nominalen Abwertung (Wechselkurssteigerung) einherzugehen. Die Reaktion des Wechselkurses e auf die Änderung des Lohnnebenkostensatzes ist im Fall des kleinen Landes unbestimmt, was sich graphisch anhand von Abbildung 6.57 demonstrieren lässt. Verläuft die IS-Kurve im P/Y-Diagramm steiler als die LM-Kurve (linkes Schaubild), muss sie nach rechts verlagert werden, damit sich ein neues gesamtwirtschaftliches Gleichgewicht (Punkt Q_1) einstellen kann. Im umgekehrten Fall einer flacher verlaufenden IS-Kurve (rechtes Schaubild) ist hierzu eine Linksverschiebung notwendig. Da der Wechselkurs e der einzige variable Lageparameter der IS-Kurve ist, muss e im ersten Fall steigen, im zweiten Fall dagegen zurückgehen. Eine Senkung des Lohnnebenkostensatzes l führt also nur dann zu einer Wechselkurserhöhung, wenn die Steigung dP/dY der IS-Kurve absolut gesehen größer ausfällt als die Steigung der LM-Kurve:

$$dl < 0 \quad \Rightarrow de \begin{array}{c} > 0 \\ (< 0) \end{array} \Leftrightarrow \left| \frac{dP}{dY} \right|_{IS} \begin{array}{c} > \\ (<) \end{array} \left| \frac{dP}{dY} \right|_{LM}. \tag{6.142}$$

Die unbestimmte Wechselkursreaktion, die sich bei vollkommener Kapitalmobilität einstellt[55], lässt sich damit begründen, dass die Preissenkung über die Zunahme der realen Geldmenge tendenziell den Inlandszins senkt (was über Kapitalabflüsse eine Abwertung der Inlandswährung bewirkt), während die Einkommenssteigerung über die damit verbundene Erhöhung der gewünschten Transaktionskassenhaltung tendenziell den Inlandszins ansteigen lässt (was – isoliert gesehen – eine Aufwertung der Inlandswährung zur Folge hat). Über die Richtungsänderung der Nettokapitalimporte lässt sich dann keine eindeutige Aussage treffen, so dass auch die Wechselkursreaktion unbestimmt ist.

Für die Beschäftigung und den unternehmerischen Reallohnsatz ergeben sich bei einer Senkung des Lohnnebenkostensatzes die folgenden Effekte: Gemäß der keynesianischen Güterangebotsfunktion (6.138) ist eine Erhöhung des Inlandsprodukts – bei gegebenem Kapitalstock – mit einer Mehrnachfrage nach Arbeit und damit einer Beschäftigungssteigerung verbunden. Die Zunahme der Arbeitsnachfrage erfordert wiederum eine Senkung des für die Produzenten relevanten Reallohnsatzes $(1 + l) W/P$. Da das Preisniveau P gefallen ist, ist eine Senkung des Produzentenreallohnsatzes $(1 + l) W/P$ nur dann möglich, wenn der Rückgang des nominalen Arbeitskostensatzes $(1 + l) W$ prozentual gesehen stärker ausfällt als die Preisniveausenkung:

$$d\left(\frac{(1+l)W}{P} \right) < 0 \quad \Leftrightarrow \quad \frac{d((1+l)W)}{(1+l)W} < \frac{dP}{P} < 0. \tag{6.143}$$

Die Senkung des nominalen Arbeitskostensatzes ist dabei allein auf den Rückgang des

---

[55]Im Gegensatz dazu haben eine Staatsausgabenerhöhung und eine Geldmengenexpansion im Falle $i = i_a$ stets eine eindeutige Wechselkursreaktion zur Folge ($de/dG < 0$, $de/dM > 0$). Dies gilt auch im Fall einer Steigerung der Auslandsvariablen i_a und Y_a ($de/di_a > 0$, $de/dY_a < 0$).

Lohnnebenkostensatzes l zurückzuführen, da der Geldlohnsatz W bei Zugrundelegung einer keynesianischen Güterangebotsfunktion annahmegemäß konstant ist ($dW = 0$).

Wir können **festhalten,** dass eine Lohnnebenkostensatzsenkung bei keynesianischer Angebotsstruktur mit einer Einkommens- und Beschäftigungssteigerung, einer Preisniveausenkung und einer Verbesserung der preislichen internationalen Wettbewerbsfähigkeit (Terms-of-Trade-Senkung) verbunden ist.[56] Die Wechselkursreaktion ist dagegen unbestimmt.

Lohnnebenkostensatzsenkung bei neoklassischer Angebotsstruktur

Wir ersetzen jetzt die keynesianische Güterangebotsfunktion (6.132) durch die neoklassische Angebotsfunktion (6.133), d.h. gehen von Vollbeschäftigung auf dem Arbeitsmarkt sowie von vollkommener Preis- und Lohnsatzflexibilität aus. Es stellt sich die Frage, ob die Ergebnisse, die für den Fall einer keynesianischen Angebotsstruktur abgeleitet worden sind, auch für ein Land mit neoklassischer Angebotsstruktur gelten. Wir führen dazu eine graphische Analyse in einem τ/Y-Diagramm (Abbildung 6.58) und in einem P/Y-Diagramm (Abbildung 6.59) durch.

Anhand von Abbildung 6.58 ist unmittelbar erkennbar, dass die Lohnnebenkostensatzsenkung auch im neoklassischen Fall eindeutig zu einer Einkommenssteigerung sowie einem Rückgang des gesamtwirtschaftlichen Preisniveaus und der Terms of Trade führt. Abbildung 6.59 verdeutlicht, dass sich wiederum eine unbestimmte Wechselkursreaktion ergibt. Ebenso wie im keynesianischen Fall tritt eine Abwertung des Inlandswährung ein, wenn die IS-Kurve steiler als die LM-Kurve im P/Y-Diagramm verläuft; andernfalls ergibt sich eine Aufwertung. Im Unterschied zur keynesianischen Angebotsfunktion ist jetzt die Angebotsfunktion auch vom Wechselkurs e abhängig, so dass es in Abbildung 6.59 zu einer zweifachen Verschiebung der Y^s-Kurve kommt. Im linken Schaubild bewirkt die durch die Senkung von l hervorgerufene Rechtsverschiebung der Y^s-Kurve einen neuen Schnittpunkt mit der IS-Kurve (Punkt Q_0'), der unterhalb der LM-Kurve liegt. Um ein neues gesamtwirtschaftliches Gleichgewicht (Q_1) auf der in ihrer Lage unveränderten LM-Kurve zu erhalten, das außerdem mit einer Einkommensexpansion verbunden ist, muss die IS-Kurve nach oben verlagert werden. Hierzu ist eine Abwertung der Inlandswährung erforderlich, die neben der IS-Kurvenverschiebung eine partielle Rückverlagerung der Y^s-Kurve bewirkt. Im rechten Schaubild von Abbildung 6.59 verläuft die LM-Kurve steiler als die IS-Kurve; der Hilfspunkt Q_0' liegt jetzt oberhalb der LM-Kurve. In diesem Fall kann das neue gesamtwirtschaftliche Gleichgewicht Q_1 nur über eine Aufwertung der Inlandswährung erreicht werden. Die neoklassische Angebotskurve wird dadurch ein weiteres Mal nach rechts verschoben.

Wir können **festhalten**, dass sich bei einer Senkung des Lohnnebenkostensatzes unabhängig von der zugrundegelegten Angebotsstruktur stets eine unbestimmte Wech-

---

[56] Anhand von Abbildung 6.57 lässt sich leicht zeigen, dass sich im System fester Wechselkurse (ohne Neutralisierungspolitik) qualitativ die gleichen Resultate ergeben. In diesem Wechselkursregime würde es zu keiner Verlagerung der IS-, jedoch zu einer unbestimmten Verschiebung der LM-Kurve kommen (da die Geldmenge sowohl zu- als auch abnehmen kann). Analoge Ergebnisse gelten auch bei einer Verbesserung der Angebotsbedingungen, die auf den technischen Fortschritt (im Sinne einer Zunahme der Grenzproduktivität der Arbeit) zurückzuführen sind. Auch hiermit ist eine Rechtsverschiebung der Güterangebotsfunktion verbunden.

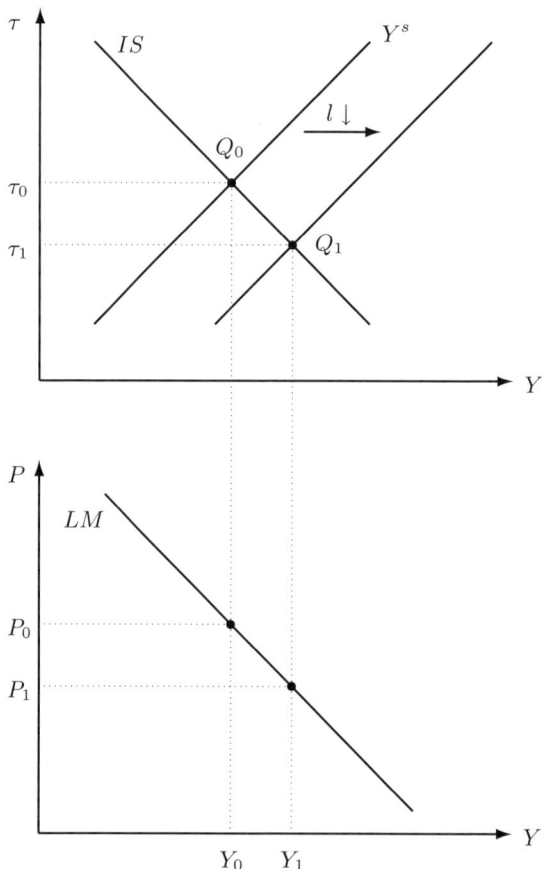

Abb. 6.58: *Senkung von l bei neoklassischer Angebotsstruktur*

selkursreaktion einstellt. Dagegen ist die Einkommens-, Preis- und Terms-of-Trade-Reaktion immer eindeutig: Ebenso wie im keynesianischen Fall kommt es auch bei einer neoklassischen Angebotsstruktur zu einer Erhöhung von Y und einer Senkung von P und τ.

Der einzige qualitative Unterschied zum keynesianischen Fall besteht in der unterschiedlichen Reaktion des Geldlohnsatzes W. Dieser ist im Fall der keynesianischen Angebotsfunktion annahmegemäß fixiert, so dass er nicht auf die Änderung des Lohnnebenkostensatzes l reagiert. Im neoklassischen Fall ergibt sich dagegen eine Änderung von W, die allerdings von der Richtung her nicht eindeutig ist. Zwar kommt es eindeutig zu einer (im Vergleich zu P) überproportionalen Senkung der gesamten Arbeitskostensatzes $(1+l)W$; wegen des Rückgangs von l ist damit aber nicht notwendigerweise eine Senkung von W verbunden. Eine Steigerung von W ist auch deshalb nicht ausgeschlossen,

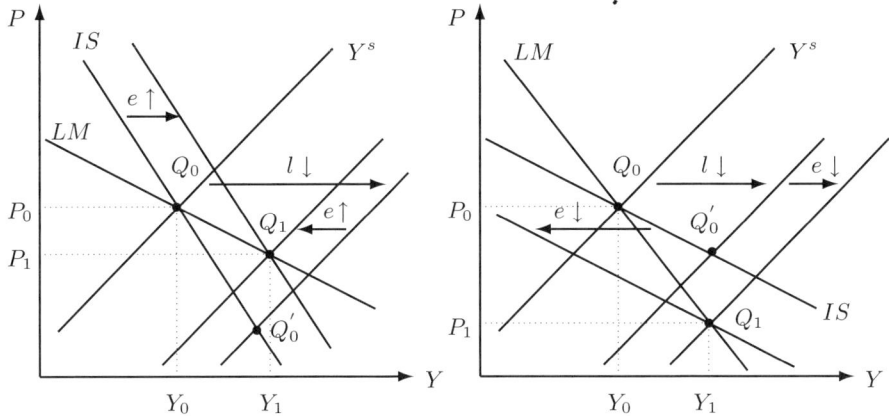

Abb. 6.59: *Wechselkursreaktion bei neoklassischer Angebotsstruktur*

weil der für die Arbeitnehmer relevante Reallohnsatz W/P_I gestiegen sein muss (das Arbeitsangebot N^s würde sich sonst nicht erhöhen). Im Unterschied zu P braucht dabei der Preisindex P_I nicht zurückgegangen zu sein, da die Wechselkursreaktion unbestimmt ist.[57]

6.5.5 Flexpreismodell einer kleinen Währungsunion

Es soll abschließend im Rahmen der makroökonomischen Totalanalyse kleiner offener Volkswirtschaften ein Flexpreismodell für eine kleine Zwei-Länder-Währungsunion analysiert werden. Wir beschränken uns auf den Fall einer neoklassischen Währungsunion, da die Analyse von Störungen im Rahmen des Keynesschen Unterbeschäftigungsfalls qualitativ zu den gleichen Resultaten führt wie der Fixpreisansatz für eine kleine Wechselkurs- bzw. Währungsunion (vgl. Abschnitt 4.3.7).

Bezeichnen wir mit A_{12} und A_{1a} die bilateralen Handelsbilanzsalden des Unionslandes U_1 gegenüber dem Partnerland U_2 bzw. dem großen Ausland (Rest der Welt), so hängen diese neben den Einkommensvariablen Y_1 und Y_2 bzw. Y_1 und Y_a auch von dem Preisverhältnis P_1/P_2 bzw. $P_1/(P_a \cdot e)$ ab. Für den gesamten Außenbeitrag des Landes U_1 gilt dann

$$
\begin{aligned}
A_1 &= A_{12} + A_{1a} \\
&= A_{12}(\overset{(-)}{Y_1}, \overset{(+)}{Y_2}, \overset{(-)}{\Pi_1}) + A_{1a}(\overset{(-)}{Y_1}, \overset{(+)}{Y_a}, \overset{(-)}{\tau_1}) \\
&= A_1(\overset{(-)}{Y_1}, \overset{(+)}{Y_2}, \overset{(+)}{Y_a}, \overset{(-)}{\Pi_1}, \overset{(-)}{\tau_1}).
\end{aligned}
\tag{6.144}
$$

Dabei bezeichnet $\Pi_1 = P_1/P_2$ das innergemeinschaftliche Preisverhältnis oder die **inter-**

---

[57]Außerdem gilt $P_I = P - (1 - \gamma)\tau$ mit $dP < 0$ und $d\tau < 0$.

nen **Terms of Trade** und $\tau_1 = P_1/(P_a \cdot e)$ die **externen Terms of Trade**. Innerhalb einer Währungs- bzw. Wechselkursunion besteht eine Einheitswährung bzw. ein fester, auf den Wert eins normierter Wechselkurs; daher sind die internen Terms of Trade nur von den Preisniveaus der beiden Unionsländer U_1 und U_2 abhängig. Entsprechend gilt für den gesamten Außenbeitrag A_2 des Landes U_2:

$$A_2 = A_2(\overset{(-)}{Y_2}, \overset{(+)}{Y_1}, \overset{(+)}{Y_a}, \overset{(-)}{\Pi_2}, \overset{(-)}{\tau_2}) \tag{6.145}$$

$$\text{mit} \quad \Pi_2 = \Pi_1^{-1} = P_2/P_1 \quad \text{und} \quad \tau_2 = P_2/(P_a \cdot e).$$

In einem neoklassischen Modell für eine kleine Währungsunion sind die internen und externen Terms of Trade auch auf der Angebotsseite zu berücksichtigen. Bei Preis- und Lohnsatzflexibilität sind die Arbeitsmärkte innerhalb der Union stets preisgeräumt. Wir müssen dabei zwischen dem Produzentenreallohnsatz, der die Arbeitsnachfrage determiniert, und dem Konsumentenreallohnsatz, der das Arbeitsangebot bestimmt, unterscheiden (vgl. Abschnitt 6.5.1). Für die Gleichgewichtsbedingung des Arbeitsmarktes des Unionslandes U_1 gilt dann

$$N_1 = N_1^d(\overset{(-)}{W_1/P_1}) = N_1^s(\overset{(+)}{W_1/P_1^c}). \tag{6.146}$$

Dabei ist der Konsumentenpreisindex P_1^c, der als Deflator des Nominallohnsatzes W_1 beim Arbeitsangebot N_1^s verwendet wird, eine Kombination der Preisniveaus P_1, P_2 und P_a:

$$P_1^c = \alpha_1 P_1 + \alpha_2 P_2 + \alpha_3 (P_a \cdot e) \tag{6.147}$$
$$(\alpha_1 > 0, \quad \alpha_2 > 0, \quad \alpha_3 > 0, \quad \alpha_1 + \alpha_2 + \alpha_3 = 1).$$

Der Kaufkraftindex P_1^c enthält neben dem heimischen Preisniveau P_1 auch das Preisniveau des Partnerlandes P_2 und das ausländische Preisniveau in Inlandswährung $P_a \cdot e$, da die Endprodukte der drei Länder, die von den Haushalten bzw. Arbeitsanbietern für Konsumzwecke nachgefragt werden, in unvollständiger Konkurrenzbeziehung zueinander stehen. Demzufolge wird die Kaufkraft des Geldlohnsatzes W_1 daran gemessen, wie viele Konsumgüterbündel aus den drei Ländern mit dem Lohnsatz W_1 erworben werden können.

Ebenso wie im Fall der kleinen offenen Volkswirtschaft (Abschnitt 6.5.1) lässt sich der Konsumentenreallohnsatz W_1/P_1^c als Funktion des Produzentenreallohnsatzes W_1/P_1 und der externen Terms of Trade τ_1 ausdrücken. Zusätzlich treten jetzt aber auch die internen Terms of Trade Π_1 auf, denn es gilt die Umformung

$$\begin{aligned}
\frac{W_1}{P_1^c} &= \frac{W_1}{P_1} \cdot \frac{P_1}{P_1^c} = \frac{W_1}{P_1} \cdot \frac{P_1}{\alpha_1 P_1 + \alpha_2 P_2 + \alpha_3 (P_a \cdot e)} \\
&= \frac{W_1}{P_1} \cdot \frac{1}{\alpha_1 + \alpha_2 \dfrac{P_2}{P_1} + \alpha_3 \dfrac{P_a \cdot e}{P_1}} \\
&= \frac{W_1}{P_1} \cdot \frac{1}{\alpha_1 + \alpha_2/\Pi_1 + \alpha_3/\tau_1}.
\end{aligned} \tag{6.148}$$

Gleichung (6.148) verdeutlicht, dass eine Steigerung der internen oder externen Terms of Trade (hervorgerufen etwa durch eine Senkung des Preisniveaus P_2 bzw. $P_a \cdot e$) isoliert gesehen zu einer Zunahme des Konsumentenreallohnsatzes W_1/P_1^c führt, wodurch sich das Arbeitsangebot N_1^s erhöht. Im Arbeitsmarktdiagramm (Abbildung 6.60) ergibt sich dann eine Erhöhung der gleichgewichtigen Beschäftigungsmenge N_1 und ein Rückgang des Produzentenreallohnsatzes W_1/P_1. Über die neoklassische Produktionsfunktion

$$Y_1 = Y_1(N_1, \overline{K}_1) \qquad (Y_{1N_1} > 0, \ Y_{1N_1N_1} < 0) \tag{6.149}$$

kommt es dann gleichzeitig zu einer Steigerung des Güterangebots und des Vollbeschäftigungseinkommens. Im Fall der kleinen Zwei-Länder-Währungsunion ist somit die neoklassische Güterangebotsfunktion des Unionslandes U_1 in positiver Weise von den internen und externen Terms of Trade abhängig:

$$Y_1^s = Y_1(\overset{(+)}{\Pi_1}, \overset{(+)}{\tau_1}). \tag{6.150}$$

Entsprechend gilt für die Güterangebotsfunktion des Partnerlandes U_2:

$$Y_2^s = Y_2(\overset{(+)}{\Pi_2}, \overset{(+)}{\tau_2}). \tag{6.151}$$

Unterstellen wir noch vollkommene Kapitalmobilität innerhalb der Währungsunion und gegenüber dem Rest der Welt ($i_1 = i_2 = i_a$), so lässt sich der reale Sektor der Union im Fall der vollkommenen Preis- und Lohnflexibilität durch das folgende Gleichungssystem beschreiben:

$$Y_1 = C_1(Y_1) + I_1(i_a) + G_1 + A_1(Y_1, Y_2, Y_a, \Pi_1, \tau_1) \tag{6.152}$$
$$Y_2 = C_2(Y_2) + I_2(i_a) + G_2 + A_2(Y_2, Y_1, Y_a, \Pi_2, \tau_2) \tag{6.153}$$
$$Y_1 = Y_1(\Pi_1, \tau_1) \tag{6.154}$$
$$Y_2 = Y_2(\Pi_2, \tau_2) \tag{6.155}$$
$$\Pi_2 = \Pi_1^{-1} \tag{6.156}$$
$$\tau_2 = \Pi_2 \cdot \tau_1 . \tag{6.157}$$

Die Gleichungen (6.152) und (6.153) sind IS-Gleichungen, die Gleichungen (6.154) und (6.155) neoklassische Güterangebotsfunktionen, während es sich bei (6.156) und (6.157) um definitorische Bezeichnungen zwischen den Relativpreisen der Länder U_1 und U_2 handelt. Das Gleichungssystem (6.152) bis (6.157) bestimmt in eindeutiger Weise die Gleichgewichtswerte der Realgrößen und Relativpreise Y_1, Y_2, Π_1, Π_2, τ_1 und τ_2 in Abhängigkeit der exogenen Variablen G_1, G_2, Y_a und i_a. Die Festlegung dieser Gleichgewichtswerte erfolgt unabhängig vom Niveau der Gesamtgeldmenge M der Währungsunion; diese legt über die gemeinsame Geldmarktgleichung

$$M = P_1 \cdot L_1(Y_1, i_a) + P_2 \cdot L_2(Y_2, i_a) = P_1[L_1(Y_1, i_a) + \Pi_2 \cdot L_2(Y_2, i_a)] \tag{6.158}$$

und die definitorischen Beziehungen

$$P_2 = \Pi_2 \cdot P_1 \tag{6.159}$$

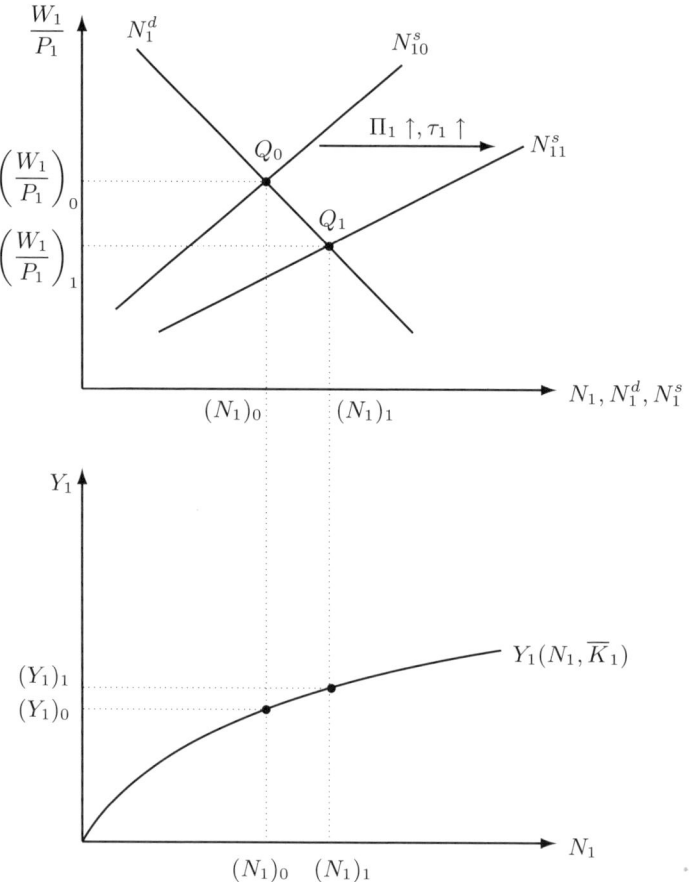

Abb. 6.60: *Arbeitsmarkt und Güterangebot in einer neoklassischen Währungsunion*

$$\tau_1 = \frac{P_1}{P_a \cdot e} \qquad \text{bzw.} \qquad P_a \cdot e = \frac{P_1}{\tau_1} \tag{6.160}$$

die Preisniveaus P_1 und P_2 sowie den nominalen Wechselkurs e fest. Ebenso wie im neo-klassischen Klein-Land-Modell (Abschnitt 6.5) tritt also auch im Fall einer neoklassi-schen Zwei-Länder-Währungsunion eine **Modelldichotomie** auf, die die **Neutralität des Geldes** in Bezug auf die Gleichgewichtswerte der Realgrößen und Relativpreise des Systems zur Folge hat. Änderungen der Gesamtgeldmenge der Union lassen die Einkommensvariablen Y_1 und Y_2 sowie die internen und externen Terms of Trade Π_1, Π_2, τ_1 und τ_2 unverändert (ebenso dann auch die gleichgewichtigen Beschäftigungsni-veaus N_1 und N_2) und bewirken lediglich gleichgerichtete proportionale Änderungen der Preisvariablen und des Wechselkurses. Es gilt also

$$\frac{dY_i}{dM} = \frac{d\Pi_i}{dM} = \frac{d\tau_i}{dM} = 0 \qquad (i = 1, 2) \tag{6.161}$$

und

$$\frac{dM}{M} = \frac{dP_1}{P_1} = \frac{dP_2}{P_2} = \frac{de}{e}. \tag{6.162}$$

Im Unterschied zum Fixpreisansatz für eine kleine Wechselkurs- bzw. Währungsunion (Abschnitt 4.3.7) ist die **Geldpolitik** bei Vorliegen von Preis- und Lohnsatzflexibilität ohne Realeinkommenswirkungen, da die Wechselkursanpassung mit einer prozentual gleich großen Preisanpassung einhergeht, so dass die internen und externen Terms of Trade unverändert bleiben.[58]

Für die Wirkungsweise der **Fiskalpolitik** in einer neoklassischen Währungsunion ergeben sich im Vergleich zum Fixpreisansatz ebenfalls Modifikationen. Eine unilaterale Staatsausgabenerhöhung in U_1 (d.h. $dG_1 > 0$, $dG_2 = 0$) führt zu einer Steigerung der internen und externen Terms of Trade von U_1 ($d\Pi_1 > 0$, $d\tau_1 > 0$), so dass gemäß der neoklassischen Güterangebotsfunktion $Y_1 = Y_1(\Pi_1, \tau_1)$ eindeutig eine Zunahme des Güterangebots eintritt, die gleichzeitig eine Steigerung des Realeinkommens im aktiven Land bewirkt (vgl. Abbildung 6.60). Trotz der Verschlechterung der bilateralen Außenbeiträge A_{12} und A_{1a} gilt also $dY_1/dG_1 > 0$, so dass die Staatsausgabenerhöhung absolut gesehen stärker ausfällt als die Verschlechterung des gesamten Außenbeitrages des Unionslandes U_1 ($dG_1 > d|A_1|$).

Wie sieht jetzt der Übertragungseffekt für das passive Unionsland U_2 aus? Gilt weiterhin – wie im Fixpreisansatz – ein negativer Output-Spillover, d.h. $dY_2/dG_1 < 0$? Betrachten wir dazu die neoklassische Angebotsfunktion des passiven Landes:

$$Y_2 = Y_2(\overset{(+)}{\Pi_2}, \overset{(+)}{\tau_2}) = Y_2(\overset{(-)}{\Pi_1}, \overset{(+)}{\tau_2}) \tag{6.164}$$

wobei

$$\tau_2 = \Pi_2 \cdot \tau_1 = \Pi_1^{-1} \cdot \tau_1. \tag{6.165}$$

Aus Sicht des aktiven Landes U_1 steigen im Fall $dG_1 > 0$ die internen Terms of Trade an ($d\Pi_1 > 0$).[59] Dies ist gleichbedeutend mit einem Rückgang des internen Preisverhältnisses aus Sicht des passiven Unionslandes ($d\Pi_2 < 0$). Angebotsseitig ist hiermit für das Land U_2 eine Verschlechterung der Angebotsbedingungen verbunden, da sich durch die

---

[58]Gilt dagegen Preisflexibilität bei rigiden Geldlohnsätzen (Keynessche Variante), gelten die Angebots- bzw. Preisniveaufunktionen

$$Y_i = Y_i(N_i^d(\overline{W}_i/P_i), \overline{K}_i) \quad \text{bzw.} \quad P_i = P_i(\overset{(+)}{Y_i}) \quad (i = 1, 2), \tag{6.163}$$

so dass die Modelldichotomie aufgehoben wird und eine Geldmengensteigerung mit einer Senkung der externen Terms of Trade τ_1 und τ_2 verbunden ist. Die Ergebnisse des Fixpreisansatzes (Abschnitt 4.3.7) bleiben dann qualitativ gesehen unverändert.

[59]Ökonomisch lässt sich die eindeutige Zunahme von Π_1 begründen, wenn eine Wechselkursunion (anstelle einer Währungsunion) unterstellt wird. In diesem Fall fließen Währungsreserven vom passiven zum aktiven Unionsland, so dass sich im aktiven Land die monetäre Basis und die Geldmenge erhöhen, während im passiven Land die Geldmenge zurückgeht. Aus diesen Geldmengeneffekten resultiert dann eine Steigerung des Preisverhältnisses P_1/P_2.

Senkung von Π_2 die Arbeitsangebotsfunktion

$$N_2^s = N_2^s \left(\overset{(+)}{\frac{W_2}{P_2}}, \overset{(+)}{\Pi_2}, \overset{(+)}{\tau_2} \right) \tag{6.166}$$

nach links verlagert (Abbildung 6.61).

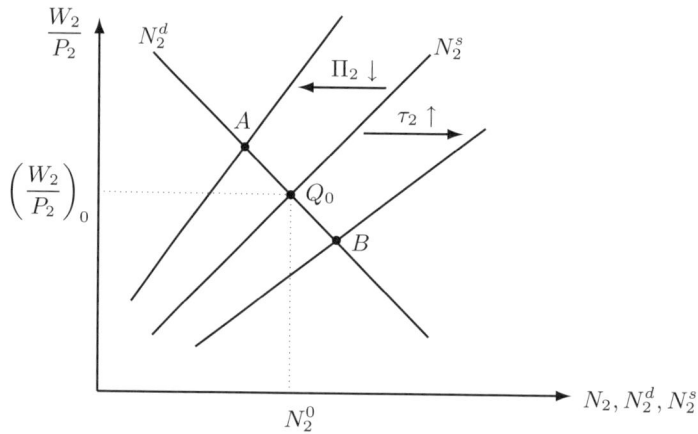

Abb. 6.61: *Arbeitsmarkt des passiven Unionslandes im Fall* $dG_1 > 0$

Andererseits erhöhen sich durch die Aufwertung der Einheitswährung ($de < 0$) neben den externen Terms of Trade des aktiven auch die externen Terms of Trade des passiven Unionslandes ($d\tau_1 > 0, d\tau_2 > 0$), was isoliert gesehen die Angebotskurve N_2^s nach rechts verschiebt. Für das passive Land U_2 ist dabei die Steigerung von τ_2 eindeutig, obwohl Gleichung (6.165) das Gegenteil vermuten lässt, da sich τ_1 erhöht und Π_2 zurückgeht. Tatsächlich muss aber τ_2 im Fall $dG_1 > 0$ eindeutig zunehmen, da bei einer (angenommenen) Senkung von τ_2 eindeutig das Güterangebot in U_2 zurückgehen würde ($dY_2^s < 0$) und sich wegen der Verbesserung des gesamten Außenbeitrages A_{2a} eindeutig die Güternachfrage des Landes U_2 erhöhen würde ($dY_2^d > 0$). Im Rahmen einer komparativ-statischen Gleichgewichtsanalyse würde sich dann kein neues Gleichgewicht auf dem Gütermarkt des Landes U_2 ergeben, was aber nicht sein kann. Also muss $d\tau_2/dG_1 > 0$ gelten. Damit liegt im Arbeitsmarktdiagramm des passiven Landes U_2 das Endgleichgewicht zwischen den Hilfspunkten A und B auf der in der Lage unveränderten Arbeitsnachfragekurve N_2^d.

Im neoklassischen Modell einer kleinen Währungsunion ist also eine unilaterale Steigerung der Staatsausgaben mit einem nicht eindeutigen Beschäftigungs- und Einkommenseffekt im passiven Land verbunden. Im Unterschied zum Fixpreisansatz, in dem eine einseitig durchgeführte Staatsausgabenerhöhung eine Beggar my Neighbour Policy darstellt, ist jetzt auch eine positive Konjunkturübertragung möglich. Angebotsseitig muss dazu der expansive externe Terms-of-Trade-Effekt (d.h. $Y_{2\tau_2} d\tau_2$) den kontraktiven internen Terms-of-Trade-Effekt (d.h. $Y_{2\Pi_2} d\Pi_2$) dominieren, während nachfrageseitig die Verbesserung des innergemeinschaftlichen Außenbeitrages, die sich für U_2 durch die Steigerung von Y_1 und Π_1 ergibt, stärker ausfallen muss als die Verschlechterung des externen Außenbeitrages, die aus der Zunahme der externen Terms of Trade τ_2 resultiert.

Literatur zu Kapitel 6

Geschlossene Volkswirtschaft

Blanchard, O. (2006), *Macroeconomics*, 4th Edition, Boston (Mass.), Kapitel 7.

Dieckheuer, G. (2003), *Makroökonomik. Theorie und Politik*, 5., vollständig überarbeitete Auflage, Berlin [u.a], Kapitel 4.

Dornbusch, R.; S. Fischer; R. Startz (2004), *Macroeconomics*, 9th Edition, Boston (Mass.), Kapitel 10.

Felderer, B.; S. Homburg (2005), *Makroökonomik und neue Makroökonomik*, 9. verbesserte Auflage, Berlin [u.a.], S. 133-187.

Heubes, J. (2001), *Makroökonomie*, München, 4. Auflage, Kapitel 1 (S. 64-78).

Jarchow, H.-J. (2003), *Theorie und Politik des Geldes*, 11., neu bearbeitete und wesentlich erweiterte Auflage, Göttingen, Teil IV, Kapitel 2.

Keynes, J.M. (1936), *The General Theory of Employment, Interest and Money*, London; deutsche Übersetzung: Keynes, J.M. (2006), *Allgemeine Theorie der Beschäftigung, des Zinses und des Geldes*, 10., verbesserte Auflage, Berlin.

Offene Volkswirtschaft

Blanchard, O. (2006), *Macroeconomics*, 4th Edition, Boston (Mass.), Kapitel 21.

Dieckheuer, G. (2003), *Makroökonomik. Theorie und Politik*, 5., vollständig überarbeitete Auflage, Berlin [u.a.], Kapitel 6 (S. 250-264).

Dornbusch, R.; S. Fischer; R. Startz (2004), *Macroeconomics*, 9th Edition, Boston (Mass.), Kapitel 19.

Gärtner, M. (2004), *Makroökonomik flexibler und fester Wechselkurse*, 3., vollständig überarbeitete und erweiterte Auflage, Berlin [u.a.], Kapitel 2.

Gärtner, M. (2006), *Macroeconomics*, 2nd Edition, London, Kapitel 7.

Jarchow, H.-J.; P. Rühmann (2000), *Monetäre Außenwirtschaft, I. Monetäre Außenwirtschaftstheorie*, 5., neubearbeitete und wesentlich erweiterte Auflage, Göttingen, Kapitel VIII.3 und Kapitel IX.

Spezialliteratur

Clower, R. (1965), The Keynesian Counterrevolution: A Theoretical Appraisal, in: *The Theory of Interest Rates. Proceedings of a Conference held by the International Economic Association* (ed. by Hahn, F.H. and Brechling, F.P.R.), London, New York, Kapitel 5.

7 Totalanalyse großer offener Volkswirtschaften

In diesem Kapitel wird die Klein-Land-Annahme aufgegeben und stattdessen zu einer großen offenen Volkswirtschaft übergegangen. Inländische wirtschaftspolitische Maßnahmen entfalten jetzt auch (nicht zu vernachlässigende) Wirkungen im Ausland, so dass internationale Rückwirkungen auftreten. Im Mittelpunkt der nachfolgenden Analyse steht die **Untersuchung der internationalen makroökonomischen Interdependenz** auf der Basis von Zwei-Länder-Modellen. Es wird danach gefragt, welche Konjunkturübertragungen sich für das Ausland ergeben, wenn im Inland stabilisierungspolitische Maßnahmen der Nachfrage- und Angebotssteuerung durchgeführt werden, und wie die stabilisierungspolitischen Resultate im Fall des kleinen Landes zu modifizieren sind, wenn internationale Rückwirkungen berücksichtigt werden.

Die Analyse der internationalen Konjunkturtransmission erfordert den **Übergang** von einer **kleinen** zu einer **großen offenen Volkswirtschaft**, d.h. die Aufgabe der Klein-Land-Annahme. Wird das Inland als große offene Volkswirtschaft aufgefasst, so haben exogene inländische Störungen nicht nur binnenwirtschaftliche Effekte, sondern bewirken auch eine Veränderung von ausländischen Variablen, wodurch wiederum, wenn das Ausland ebenfalls eine große offene Volkswirtschaft darstellt, eine weitere Beeinflussung der Inlandsvariablen stattfindet. Modelltheoretisch lässt sich die Berücksichtigung internationaler Rückwirkungen am einfachsten im Rahmen von **Zwei-Länder-Modellen** erfassen, in denen das Ausland wie eine einheitliche große offene Volkswirtschaft aufgefasst wird und ebenso wie das Inland durch ein explizites Gleichungssystem abgebildet wird. In einem makroökonomischen Kontext sind auf der Nachfrageseite neben einer inländischen IS- und LM-Gleichung auch entsprechende Gleichungen für das Ausland zu berücksichtigen. Auf der Angebotsseite treten im Falle zweier großer offener Volkswirtschaften zwei makroökonomische Güterangebotsfunktionen auf, und zwar eine inländische und eine ausländische.

Im Folgenden wird zunächst ein **Fixpreismodell** für die große offene Volkswirtschaft, das **Mundell/Fleming-Zwei-Länder-Modell**, analysiert (Abschnitt 7.1). Es werden die nationalen und internationalen Auswirkungen inländischer Geld- und Fiskalpolitik untersucht. Im Unterschied zum Fall des kleinen Landes treten in einer Zwei-Länder-Modellwelt, in der auch das Inland eine große offene Volkswirtschaft darstellt, internationale Übertragungseffekte (**Spillovers**) auf, so dass die Frage entsteht, ob inländische Maßnahmen der Nachfragesteuerung in positiver oder negativer Weise auf das Ausland übertragen werden. Außerdem ist zu untersuchen, inwieweit die Richtung der internationalen Konjunkturtransmission vom zugrundegelegten Wechselkurssystem abhängig ist. Bei einem **positiven Spillover** verändert sich das Auslandseinkommen in die gleiche Richtung wie das Inlandseinkommen, so dass ein expansiver Impuls des Inlands auch zu einer Steigerung des ausländischen Inlandsprodukts führt. Das Ausland profitiert in diesem Fall von der stabilisierungspolitischen Maßnahme des Inlands. Umgekehrt verhält es sich bei einem **negativen Spillover**: In- und Auslandseinkommen verändern sich hier entgegengerichtet; eine Steigerung des inländischen Realeinkommens geht in diesem Fall zu Lasten des Auslandseinkommens. Eine stabilisierungspolitische Maßnahme, die einen negativen Spillover verursacht, stellt eine **Beggar my Neighbour Policy** dar. Im Unterschied zu einer positiven internationalen Konjunkturtransmission sind hiermit internationale Rückwirkungen verbunden, die zu einer Dämpfung der inländischen Einkommensexpansion führen. Sinkt nämlich aufgrund einer expansiven Maßnahme des Inlands das ausländische Einkommen, so geht im Ausland die Nachfrage nach dem Inlandsgut zurück; die Folge ist eine Abnahme der inländischen Güterexporte.[1]

Abschnitt 7.2 hat ein **neoklassisches Zwei-Länder-Modell** zum Gegenstand. Im In- und Ausland wird jetzt von vollkommener Preis- und Lohnsatzflexibilität ausgegangen, so dass in beiden Ländern auf dem Arbeitsmarkt stets ein Zustand der Vollbeschäftigung herrscht. Analog zum Fall des kleinen Landes lässt sich die Angebotsseite jedes Landes auf eine terms-of-trade-abhängige Güterangebotsfunktion reduzieren. Stabilisierungspolitische Maßnahmen der Nachfragesteuerung führen in diesem Modellrahmen entsprechend dem Klein-Land-Fall nur dann zu einer Erhöhung des Inlandsprodukts eines Landes, wenn sie mit einer realen Aufwertung der zugehörigen Währung verbunden sind. Da eine Aufwertung der Inlandswährung gleichbedeutend mit einer Abwertung der Auslandswährung ist, kann es im neoklassischen Zwei-Länder-Fall durch stabilisierungspolitische Maßnahmen, die auf der Nachfrageseite eines Landes ansetzen, niemals zu einer gleichzeitigen Einkommenssteigerung in beiden Ländern kommen. Demgegenüber stellen – wie gezeigt werden wird – Maßnahmen der Angebotssteuerung (Senkung des Lohnnebenkostensatzes) im neoklassischen Zwei-Länder-Fall keine Beggar my Neighbour Policy dar, da sie in der Lage sind, gleichzeitig in beiden Ländern das Einkommen zu erhöhen.

In Abschnitt 7.3 wird die **Keynessche Variante** des makroökonomischen Zwei-Länder-Totalmodells betrachtet. Auch in diesem Modellrahmen werden die nationalen und internationalen Wirkungen von isolierten inländischen Maßnahmen der Nachfrage- und Angebotssteuerung analysiert und mit den entsprechenden Resultaten im neoklassischen Zwei-Länder-Fall verglichen.

In den Zwei-Länder-Modellen der Abschnitte 7.2 und 7.3 wird jeweils eine gleichartige Angebotsstruktur im In- und Ausland unterstellt; demzufolge erfolgt die internationale Konjunkturtransmission in **symmetrischer** Weise: Ist eine inländische stabilisierungspolitische Maßnahme mit einem positiven (negativen) Spillover verbunden, so gilt dies auch für die entsprechende Maßnahme des Auslands. Abschnitt 7.4 behandelt demgegenüber ein Zwei-Länder-Modell mit einer **asymmetrischen Angebotsstruktur** im In- und Ausland. Das Inland wird dazu als Land mit einer keynesianischen Struktur auf dem Arbeitsmarkt aufgefasst (d.h. als Volkswirtschaft mit Unterbeschäftigung sowie nach unten rigiden Geldlohnsätzen), das Ausland dagegen wie ein neoklassisches Land behandelt (d.h. als Volkswirtschaft mit Vollbeschäftigung auf dem Arbeitsmarkt sowie

---

[1]Auf der anderen Seite resultiert aus dem Rückgang des Auslandseinkommens und der damit verbundenen Senkung der inländischen Güterexporte isoliert gesehen auch eine inländische Zinssenkung, die wiederum das Einkommen des Inlands etwas erhöhen würde.

vollkommener Lohnsatzflexibilität). Es werden dann die Wirkungen, die durch inländische Maßnahmen der Nachfrage- und Angebotssteuerung für beide Länder entstehen,
den entsprechenden Maßnahmen ausländischer Stabilisierungspolitik gegenübergestellt.

7.1   Das Fixpreismodell im Zwei-Länder-Fall

Das Fixpreismodell für die große offene Volkswirtschaft ist analog zum entsprechenden
Modell für die kleine offene Volkswirtschaft aufgebaut. Neben einer inländischen IS-
und LM-Gleichung sind jetzt auch eine ausländische IS- und LM-Gleichung explizit zu
berücksichtigen. Wird vereinfachend von vollkommener Kapitalmobilität ausgegangen,
kann die Gleichgewichtsbedingung des Devisenmarktes ($Z = 0$) durch die Bedingung für
die Zinsparität ersetzt werden. Das Fixpreismodell im Zwei-Länder-Fall besteht dann
aus den folgenden Gleichungen:[2]

$$Y = C\left(\overset{(+)}{(1-t)Y}\right) + I\left(\overset{(-)}{i}\right) + G + A(\overset{(-)}{Y}, \overset{(+)}{Y^*}, \overset{(+)}{e}) \tag{7.1}$$
$$\text{(inländische IS-Gleichung)}$$

$$M/P_0 = L(\overset{(+)}{Y}, \overset{(-)}{i}) \tag{7.2}$$
$$\text{(inländische LM-Gleichung)}$$

$$i = i^* \tag{7.3}$$
$$\text{(Zinsparität)}$$

$$Y^* = C^*\left(\overset{(+)}{(1-t^*)Y^*}\right) + I^*\left(\overset{(-)}{i^*}\right) + G^* + A^*(\overset{(-)}{Y^*}, \overset{(+)}{Y}, \overset{(-)}{e}) \tag{7.4}$$
$$\text{(ausländische IS-Gleichung)}$$

$$M^*/P_0^* = L^*(\overset{(+)}{Y^*}, \overset{(-)}{i^*}) \tag{7.5}$$
$$\text{(ausländische LM-Gleichung).}$$

Die Gleichungen (7.1) und (7.4) beschreiben die Güternachfrageseite des In- und Auslands (jeweils ausgedrückt in Realgrößen). Da in einer Zwei-Länder-Modellwelt die (physischen) Güterexporte des Inlands gleichbedeutend mit den Güterimporten des Auslands
sind, besteht zwischen den nominalen Außenbeiträgen $P \cdot A$ und $P^* \cdot A^*$ die Beziehung

$$e \cdot P^* \cdot A^* = -P \cdot A \tag{7.6}$$

bzw.

$$A^* = -\tau \cdot A \qquad \left(\tau = \frac{P}{P^* \cdot e}\right). \tag{7.7}$$

Dabei ist $e \cdot P^* \cdot A^*$ der nominale ausländische Außenbeitrag ausgedrückt in Inlandswährung.

---

[2]Auslandsvariablen werden fortan mit einem hochgestellten „∗" gekennzeichnet.

Für die nachfolgende komparativ-statische Gleichgewichtsanalyse wird unterstellt, dass das Ausgangsgleichgewicht durch einen ausgeglichenen Außenbeitrag ($A_0 = A_0^* = 0$) und durch die Gültigkeit der Kaufkraftparität ($\tau_0 = 1$ bzw. $P_0 = P_0^* = e_0 = 1$) gekennzeichnet ist; das totale Differential der Gleichung (7.7) impliziert dann

$$
\begin{aligned}
dA^* = A^* - A_0^* &= A^* \\
&= -\tau_0 dA - A_0 d\tau = \\
-dA = -(A - A_0) &= -A.
\end{aligned}
\tag{7.8}
$$

Unter den genannten Bedingungen stimmt also der reale Außenbeitrag des Auslands bis auf das Vorzeichen mit dem inländischen realen Außenbeitrag überein ($A^* = -A$); wir können daher in der ausländischen IS-Gleichung (7.4) den ausländischen Außenbeitrag $A^*(Y^*, Y, e)$ durch den Term $-A(Y, Y^*, e)$ ersetzen. Dabei wird hinsichtlich der Wechselkursabhängigkeit des inländischen Außenbeitrags von einer Normalreaktion ausgegangen.

Die Gleichungen (7.2) und (7.5) sind die üblichen Geldmarkt-Gleichgewichtskurven für das In- und Ausland. Den LM-Gleichungen liegt die Annahme zugrunde, dass nur Inländer die heimische Währung zu halten wünschen. In der jeweiligen Geldnachfragefunktion treten dann nur Inlandsvariablen auf. Außerdem wird die nominale Geldmenge mit dem jeweiligen inländischen Preisniveau P bzw. P^* deflationiert, um die reale Geldmenge zu erhalten. Alternativ könnte man als Deflator von M bzw. M^* auch einen Preisindex für die offene Volkswirtschaft verwenden, was allerdings eine Wechselkursabhängigkeit der LM-Gleichung zur Folge hätte (vgl. Abschnitt 7.1.2).

Es wird zunächst von einem System flexibler und anschließend von einem System fester Wechselkurse (ohne Neutralisierungspolitik) ausgegangen. Im ersten Fall können die Geldmengen M und M^* als exogene Variablen aufgefasst werden, im zweiten Fall sind sie endogen. Im System **fester** Wechselkurse sind die Zentralbanken beider Länder zur Sicherung des festgelegten Austauschverhältnisses zwischen den beiden Währungen zu Devisenmarktinterventionen verpflichtet; daraus resultieren Änderungen der Währungsreserven, die wiederum die monetäre Basis und die Geldmenge des jeweiligen Landes verändern. M und M^* entwickeln sich dabei gegenläufig, falls exogene Störungen auftreten, die die heimische Komponente in beiden Ländern unverändert lassen ($dH = dH^* = 0$). Kommt es zum Beispiel aufgrund eines expansiven inländischen Nachfrageimpulses zu einem vorübergehenden positiven Zinsdifferential, welches mit massiven Kapitalzuflüssen verbunden ist, so ergibt sich ein Angebotsüberschuss auf dem Devisenmarkt (Markt für ausländische Währung), der im System fester Wechselkurse durch die Interventionsverpflichtung der heimischen Zentralbank ihre Währungsreserven erhöht. Durch den Ankauf ausländischer Währung gegen heimische steigt die inländische Geldmenge, während gleichzeitig die ausländische sinkt. Typischerweise interveniert auch die ausländische Zentralbank am Devisenmarkt, indem sie aus ihrem Bestand Währungsreserven verkauft. Da in einer Zwei-Länder-Modellwelt im System fester Wechselkurse ($e = \bar{e} = 1$) der ausländische Zahlungsbilanzsaldo (Devisenbilanzsaldo) Z^* bis auf das Vorzeichen mit dem inländischen Z übereinstimmt ($Z^* = -Z/\bar{e} = -Z$) und die Änderung der Währungsreserven (dR^* bzw. dR) definitionsgemäß dem jeweiligen Devisenbilanzsaldo entspricht ($Z^* = dR^*$, $Z = dR$), muss der Anstieg der Währungsreserven bei der inländischen Zentralbank genau der Senkung des Devisenbestandes bei der ausländischen Zentralbank entsprechen ($dR = -dR^*$). Bei unveränderter heimischer Komponente der monetären Basis erhöht sich dann die inländische Geldmenge im Ausmaße der Senkung der ausländischen ($dM = -dM^*$), so dass die nominale Gesamtgeldmenge in Inlandswährung ($M + \bar{e}M^*$) konstant bleibt.

Die fünfte Gleichung des Zwei-Länder-Fixpreismodells ist die Bedingung für die Zinsparität (7.3), welcher ein vollkommener internationaler Kapitalmarkt zugrundeliegt. Da es sich beim Inland annahmegemäß um eine **große** offene Volkswirtschaft handelt, ist der Inlandszins bei inländischen Störungen im Fall vollkommener Kapitalmobilität nicht mehr exogen fixiert (wie im Fall des kleinen Landes), sondern ebenso wie der Auslandszins eine endogene Variable. Stabilisierungspolitische Maßnahmen des Inlands führen im Vergleich zum Klein-Land-Fall zu **Änderungen des Weltzinsniveaus**, so dass gleichzeitig auch (gegenläufige) Änderungen der privaten Investitionsnachfrage stattfinden.

7.1.1 Stabilisierungspolitik im System fester und flexibler Wechselkurse

Im Folgenden werden auf der Grundlage des Zwei-Länder-Modells (7.1) bis (7.5) die Auswirkungen expansiver Maßnahmen der inländischen Fiskal- und Geldpolitik für das In- und Ausland im System flexibler und fester Wechselkurse untersucht. Für das entsprechende Modell im **Fall des kleinen Landes** gelten die in Tabelle 7.1 zusammengefassten Resultate (vgl. Abschnitt 4.3).[3]

	Fiskalpolitik	Geldpolitik
e flexibel	0 [4]	+
e fest	+	0

Bezeichnungen: Fiskalpolitik = (expansive) Fiskalpolitik; Geldpolitik = (expansive) Geldpolitik; + = positive Einkommenswirkung; 0 = keine Einkommenswirkung.

Tabelle 7.1: *Geld- und Fiskalpolitik im Fixpreismodell für die kleine offene Volkswirtschaft*

Staatsausgabensteigerung im System flexibler Wechselkurse

Die Effekte, die durch eine Erhöhung der inländischen Staatsausgaben G für die heimische und ausländische Volkswirtschaft entstehen, werden in Abbildung 7.1 veranschaulicht. Das linke Schaubild enthält das Hicks-Diagramm (IS/LM/Z-System) für das Inland, das rechte das entsprechende Diagramm für das Ausland.[5] Bei vollkommen

---

[3]Die Ergebnisse der Tabelle bleiben qualitativ unverändert, wenn anstelle eines konstanten Güterpreisniveaus eine keynesianische Preisniveaufunktion der Art $P = P(Y)$ $(dP/dY > 0)$ unterstellt wird (der Lohnsatz aber weiterhin konstant ist). Siehe dazu Abschnitt 6.5.3.

[4]Diese Ineffizienz im System flexibler Wechselkurse gilt nur bei vollkommener Kapitalmobilität.

[5]In den Schaubildern für das Ausland wird vereinfachend gesetzt: $IS^* := (IS)^*$, $LM^* := (LM)^*$.

zinselastischen Nettokapitalimporten verläuft die Z-Kurve horizontal. Im Unterschied zum Fall des kleinen Landes wird sie – da jetzt das Weltzinsniveau ansteigt – parallel nach oben verschoben.[6] Da sich die Lage der in- und ausländischen LM-Kurve aufgrund der Fixpreisannahme nicht ändert, markiert der neue Schnittpunkt Q_1 der Z-Kurve mit der Geldmarkt-Gleichgewichtskurve das Endgleichgewicht des Systems. Die inländische Staatsausgabenerhöhung muss demzufolge in beiden Ländern zu einer Rechtsverschiebung der IS-Kurve führen. Neben der inländischen erhöht sich also auch die ausländische gesamtwirtschaftliche Güternachfrage, so dass in beiden Ländern das reale Inlandsprodukt steigt. Im Unterschied zum Fall des kleinen Landes findet jetzt im Inland **kein totales Crowding out** der privaten Güternachfrage statt. Dies ist zunächst nicht ganz einsichtig, da neben einem aufwertungsbedingten zusätzlich noch ein zinsinduzierter Crowding-out-Effekt auftritt, der sich im Fall des kleinen Landes nicht ergeben kann.[7] Im vorliegenden Zwei-Länder-Modell kommt es zu einer dauerhaften Erhöhung des inländischen Zinssatzes, wodurch private Investitionsnachfrage zurückgedrängt wird. Im Klein-Land-Modell bleibt dagegen der Inlandszins auf dem Niveau des Auslandszinssatzes fixiert, weshalb sich in diesem Modellrahmen auch die private Nettoinvestition nicht ändert.

Die Steigerung des inländischen Einkommens bei einer Staatsausgabenerhöhung in einer großen offenen Volkswirtschaft lässt sich von der Güternachfrageseite damit begründen, dass der inländische Außenbeitrag weniger stark zurückgeht als im Fall des kleinen Landes. Einerseits kommt es zu **positiven internationalen Rückwirkungen**, da eine durch die Steigerung der inländischen Güterimporte hervorgerufene Zunahme des ausländischen Einkommens die inländischen Güterexporte erhöht. Andererseits fällt die Aufwertung der Inlandswährung nicht so stark aus wie im entsprechenden Klein-Land-Modell, weil jetzt auch der ausländische Zins ansteigt. Denkbar ist sogar eine Abwertung der Inlandswährung, da bei gegebenem Wechselkurs die relative Stärke der Zinseffekte über die Richtungsänderung von e entscheidet. Wenn beispielsweise die inländische Geldnachfrage sehr zinselastisch ist, die ausländische dagegen nicht, hat eine gewünschte Erhöhung der Transaktionskassenhaltung eine weniger starke Zinserhöhung im Inland als im Ausland zur Folge. Die inländische Staatsausgabensteigerung würde dann ei-

---

[6]Ökonomisch lässt sich die Erhöhung des in- und ausländischen Zinssatzes mit einer Zunahme der gewünschten Transaktionskassenhaltung in beiden Ländern begründen, die wiederum aus dem expansiven Multiplikatorprozess in beiden Ländern resultiert. Im Ausland wird dabei der expansive Impuls durch die Steigerung der ausländischen Güterexporte als Folge der inländischen Einkommenserhöhung ausgelöst. Da von einem vollkommenen internationalen Kapitalmarkt ausgegangen wird (perfekte Substituierbarkeit in- und ausländischer Wertpapiere), müssen sich die Zinssätze sofort angleichen.

[7]Hieraus ließe sich der Schluss ziehen, dass eine Staatsausgabenerhöhung zu einer Einkommenssenkung führen kann. Dieser Fall ist allerdings nicht möglich: Wenn wir nämlich unterstellen, dass Y tatsächlich sinkt, so muss auch der Inlandszins fallen, weil sonst im System flexibler Wechselkurse die Gleichgewichtsbedingung des inländischen Geldmarktes verletzt wäre. Aufgrund der Bedingung für die Zinsparität kommt es dann ebenfalls zu einem Rückgang des ausländischen Zinssatzes i^*, so dass gemäß der ausländischen LM-Gleichung auch das Auslandseinkommen Y^* sinken muss. Dieser Fall ist aber ausgeschlossen, da sich im Ausland bei einer Senkung von i^* notwendigerweise die gesamtwirtschaftliche Güternachfrage erhöht. Neben der ausländischen Investitionsnachfrage I^* muss nämlich auch der ausländische Außenbeitrag A^* angestiegen sein. Denn die angenommene Senkung des Inlandseinkommens lässt sich bei gestiegener Investitionsnachfrage I und gestiegenen Staatsausgaben G nur durch eine Verschlechterung des inländischen Außenbeitrages erklären, was gleichbedeutend mit einer Verbesserung des ausländischen Außenbeitrages ist. Eine Steigerung von G kann somit auch im Fall der großen offenen Volkswirtschaft nicht zu einem Rückgang von Y führen.

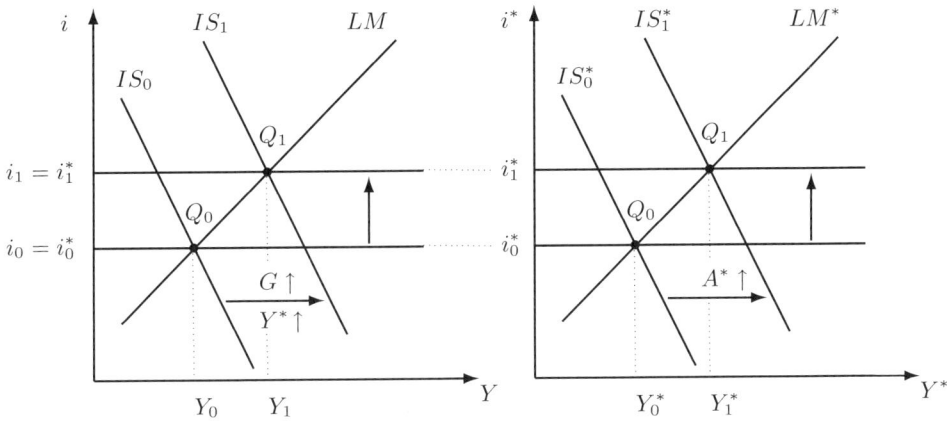

Abb. 7.1: *Staatsausgabensteigerung im System flexibler Wechselkurse*

ne Abnahme der Nettokapitalimporte und damit eine Abwertung der Inlandswährung bewirken.

Trotz der nicht eindeutigen Wechselkursreaktion ergibt sich in beiden Ländern ein Einkommensanstieg. Dies ist anhand der Geldmarkt-Gleichgewichtsbedingung erkennbar: Wenn der Zinssatz steigt und damit die Geldnachfrage aus dem Spekulationsmotiv zurückgeht, muss sich bei unveränderter realer Geldmenge die Transaktionskassenhaltung erhöhen, um das Gleichgewicht am Geldmarkt aufrechtzuerhalten. Eine Steigerung der Transaktionskassenhaltung erfordert aber einen Anstieg des Transaktionsvolumens, d.h. des realen Inlandsprodukts. Wegen der Erhöhung des Weltzinsniveaus nimmt in **beiden** Ländern die gewünschte Transaktionskassenhaltung zu; daher steigt in beiden Ländern das Realeinkommen. Anhand von Abbildung 7.1 ist erkennbar, dass der ausländische Einkommensanstieg $(Y_1^* - Y_0^*)$ mit dem inländischen $(Y_1 - Y_0)$ übereinstimmt, falls die Geldmarktkurve des Inlands (LM) die gleiche Steigung aufweist wie die Geldmarktkurve des Auslands (LM^*), d.h. falls $L_Y/L_i = L_{Y^*}^*/L_{i^*}^*$ gilt.

Von der Güternachfrageseite lässt sich die Zunahme des Auslandseinkommens mit der Verbesserung des ausländischen Außenbeitrages A^* erklären, die größer ausfallen muss als die Senkung der privaten Investitionsnachfrage I^*. Die Steigerung von A^* resultiert aus der Erhöhung des inländischen Einkommens Y und der damit verbundenen verstärkten Importgüternachfrage des Inlands; außerdem steigen bei einer Aufwertung des Inlandswährung die Nettoexporte des Auslands an.

Wir können **festhalten**, dass eine **Staatsausgabensteigerung** im System **flexibler** Wechselkurse bei Berücksichtigung internationaler Rückwirkungen mit einer Einkommenserhöhung im Inland verbunden ist. Für das Ausland ergibt sich ebenfalls eine Einkommenssteigerung, die aus der Verbesserung des ausländischen Außenbeitrages resultiert. Im Unterschied zum Fall des kleinen Landes kommt es im Zwei-Länder-Fall auch bei Vorliegen von vollkommener Kapitalmobilität zu einer dauerhaften Zinssteigerung. Außerdem kann jetzt neben einer Aufwertung auch eine Abwertung der Inlandswährung eintreten, da auch der ausländische Zinssatz steigt.

Geldmengensteigerung im System flexibler Wechselkurse

Im Unterschied zu einer Staatsausgabenerhöhung ist eine Zunahme der inländischen Geldmenge nicht mit einem positiven Spillover verbunden. Es findet jetzt stets eine Einkommenskontraktion im Ausland statt, die aus der Abwertung der Inlandswährung bzw. Aufwertung der Auslandswährung resultiert. Im Hicks-Diagramm (Abbildung 7.2) verlagert sich dadurch die ausländische IS-Kurve nach links (in die Position IS_1^*). Da außerdem die horizontale Z-Gerade durch die Senkung des Weltzinssatzes nach unten verschoben wird und die ausländische LM-Kurve (LM^*) in der Lage unverändert bleibt, ist das neue Endgleichgewicht Q_1 durch eine Senkung des Auslandseinkommens gekennzeichnet. Formal ist die eindeutige Senkung von Y^* anhand der ausländischen Geldmarkt-Gleichgewichtsbedingung erkennbar, da bei einem Rückgang von i^* auch Y^* abnehmen muss, um bei unveränderter ausländischer realer Geldmenge das Gleichgewicht auf dem ausländischen Geldmarkt aufrechtzuerhalten. Auf dem ausländischen Gütermarkt fällt somit die Verschlechterung des Außenbeitrages A^* stärker aus als die durch die Zinssenkung induzierte Erhöhung der Investitionsnachfrage I^*.

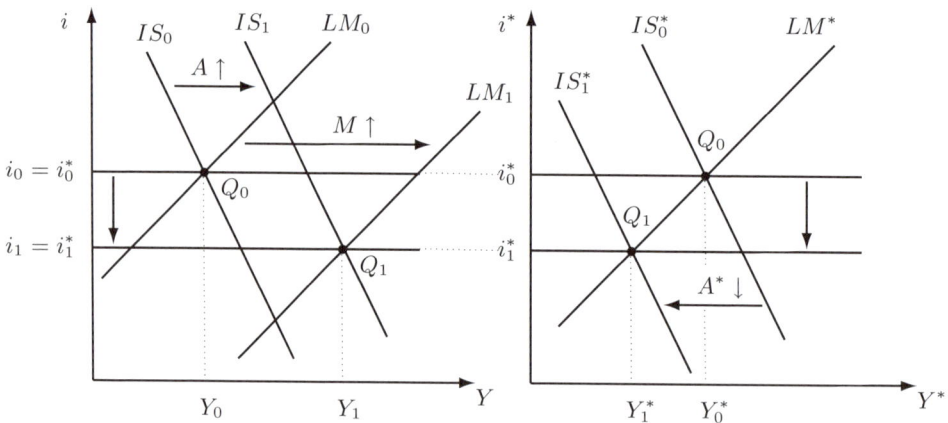

Abb. 7.2: *Geldmengensteigerung im System flexibler Wechselkurse*

Im Inland kommt es trotz der kontraktiven Rückwirkungen aus dem Ausland (in Form eines Rückgangs der von Y^* abhängigen inländischen Güterexporte) zu einer Einkommenssteigerung, die aus der Zinssenkung und der Wechselkurssteigerung resultiert. Durch die (eindeutige) Abwertung der Inlandswährung erhöhen sich die wechselkursabhängigen Nettoexporte; außerdem nimmt die private Investitionsnachfrage infolge der Zinssenkung zu. Diesen beiden expansiven Effekten auf dem inländischen Gütermarkt steht der kontraktive Effekt, der aus der ausländischen Einkommensreduktion resultiert, gegenüber. Trotz dieses gegenläufigen Effekts ist die Gesamtwirkung einer inländischen Geldmengenerhöhung für die heimische Güternachfrage eindeutig positiv. Eine Senkung von Y würde nämlich – da die Investitionsnachfrage I zunimmt – eine Verschlechterung des inländischen Außenbeitrages A implizieren. Im Ausland würde sich dann neben I^* auch A^* erhöhen, so dass sich dort eine Steigerung von Y^* ergäbe, was aber gemäß der ausländischen LM-Gleichung ausgeschlossen ist. Die inländische Geldmengensteigerung hat demnach stets eine expansive Wirkung auf das Inlandseinkommen. Für das Ausland stellt sie dagegen eine **Beggar my Neighbour Policy** dar.

Expansive Fiskalpolitik im System fester Wechselkurse

Geht man zum System fester Wechselkurse (ohne Neutralisierungspolitik) über, so ist die Übertragungsrichtung einer inländischen Staatsausgabensteigerung nicht mehr eindeutig bestimmt. Ebenso wie im System flexibler Wechselkurse kommt es wiederum zu einer (gleich großen) Zinserhöhung im In- und Ausland, weshalb in beiden Ländern die private Investitionsnachfrage zurückgedrängt wird. Andererseits erhöhen sich die ausländischen Güterexporte, da das Inlandseinkommen auch im Fall des großen Landes steigt. Auf dem ausländischen Gütermarkt stehen sich also zwei gegenläufige Effekte gegenüber. Im Unterschied zum System flexibler Wechselkurse ist jetzt auch ein Geldmengeneffekt zu beachten, der aus der Änderung der Währungsreserven resultiert. Wenn wir den Normalfall eines Angebotsüberschusses auf dem Devisenmarkt unterstellen, erhöhen sich die Währungsreserven der heimischen Zentralbank, während die der ausländischen entsprechend zurückgehen; demzufolge kommt es durch die Devisenmarktinterventionen der Zentralbanken zu einer Steigerung der inländischen und einer Senkung der ausländischen Geldmenge. Im Hicks-Diagramm für das Ausland

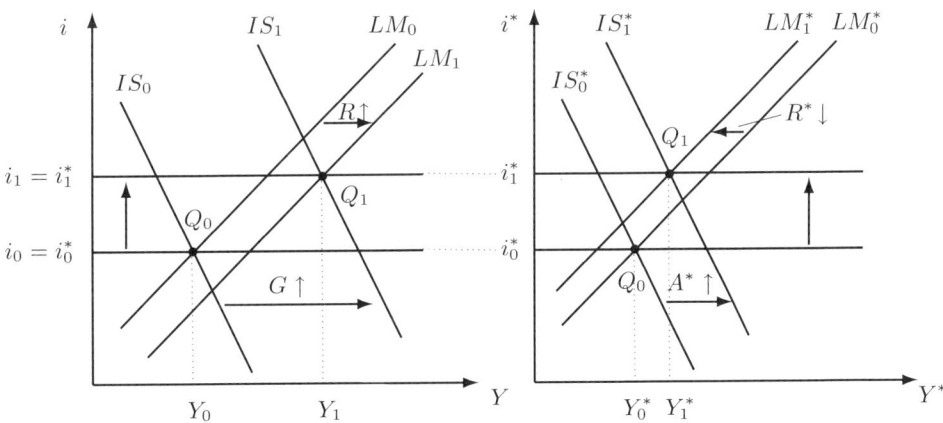

Abb. 7.3: *Staatsausgabensteigerung im System fester Wechselkurse*

(Abbildung 7.3) verschiebt sich somit die LM_0^*-Kurve nach links. Andererseits verlagert sich die Gütermarktkurve des Auslands (IS_0^*) nach rechts, da sich der Außenbeitrag A^* verbessert. Das neue binnenwirtschaftliche Gleichgewicht auf der nach oben verschobenen Z-Kurve (d.h. der Punkt Q_1) kann dann sowohl mit einer Erhöhung als auch mit einer Senkung des Auslandseinkommens verbunden sein. In Abbildung 7.3 ist eine relativ starke Rechtsverschiebung der IS_0^*-Kurve, d.h. eine relativ große Verbesserung des ausländischen Außenbeitrages, unterstellt worden, weshalb dort Y^* steigt. Die internationalen Rückwirkungen, die sich aus der inländischen Staatsausgabenerhöhung ergeben, können wegen der nicht eindeutigen Richtungsänderung von Y^* sowohl positiv als auch negativ sein. Im ersten Fall würden sie die Einkommensexpansion im Inland durch die Steigerung der Güterexporte verstärken, im zweiten Fall etwas abdämpfen. Im inländischen Hicks-Diagramm verlagert sich die LM_0-Kurve durch die Zunahme der Währungsreserven nach rechts;[8] ebenso kommt es durch den expansiven fiskalpolitischen Impuls zu einer Rechtsverschiebung der IS_0-Kurve. Das neue Endgleichgewicht Q_1 ist dann durch eine Steigerung des Inlandseinkommens gekennzeichnet.

Expansive Geldpolitik im System fester Wechselkurse

Eine Steigerung der heimischen Komponente H der monetären Basis ist im Unterschied zum Fall des kleinen Landes mit einer Einkommensexpansion im Inland verbunden, da jetzt der Rückgang der Währungsreserven der inländischen Zentralbank aufgrund positiver internationaler Rückwirkungen kleiner ausfällt als die Zunahme von H und somit die Geldmenge M steigt. Für das Ausland ergibt sich ein positiver Spillover, der aus der Zunahme der Währungsreserven R^* resultiert. In beiden Ländern erhöht sich also die Geldmenge, weshalb auch das Weltzinsniveau sinkt. Im Hicks-Diagramm

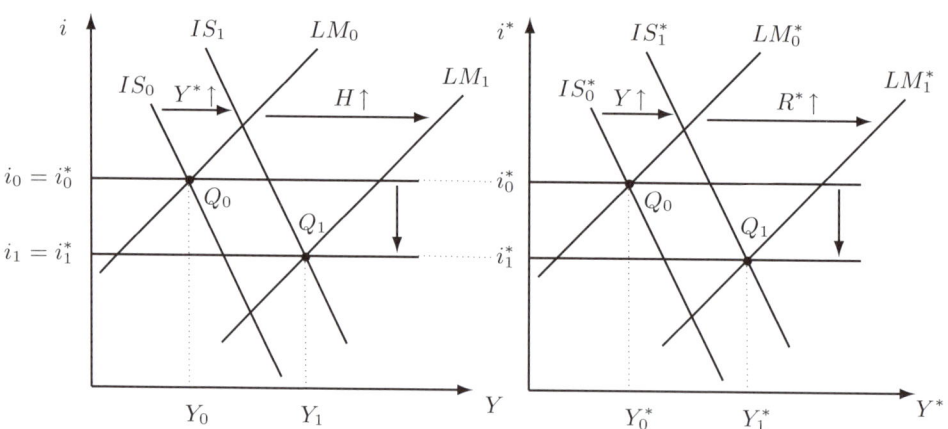

Abb. 7.4: *Expansive Geldpolitik im System fester Wechselkurse*

(Abbildung 7.4) verlagern sich demzufolge die Gelmarktkurven LM_0 und LM_0^* nach rechts und die Z-Kurve nach unten. Außerdem verschiebt sich die inländische IS-Kurve

---

[8]Theoretisch denkbar ist auch ein Nachfrageüberschuss auf dem Devisenmarkt (da in beiden Ländern der Zins steigt); in diesem Fall würde R sinken und R^* steigen, was graphisch eine Linksverschiebung der LM_0-Kurve und eine Rechtsverschiebung der LM_0^*-Kurve bedeuten würde. Im Ausland würde sich dann notwendigerweise eine Einkommenssteigerung ergeben.

(IS_0) nach rechts, was aus den positiven internationalen Rückwirkungen, d.h. der Zunahme der heimischen Güterexporte (X), resultiert. Entsprechend verlagert sich die ausländische IS-Kurve (IS_0^*) nach rechts, da durch die Steigerung von Y auch die ausländischen Güterexporte (X^*) zunehmen.

Zusammenfassung

Im **Fixpreismodell** für die **große** offene Volkswirtschaft erzielt die **Fiskalpolitik** im System **flexibler** Wechselkurse auch bei vollkommener Kapitalmobilität positive Einkommenseffekte im Inland. Diese ergeben sich aus der aus der Verbesserung des ausländischen Außenbeitrages resultierenden Steigerung des Auslandseinkommens und den damit verbundenen positiven internationalen Rückwirkungen für die heimische Einkommensentwicklung.

Im System **fester** Wechselkurse ist die Fiskalpolitik ebenfalls effizient; allerdings ist jetzt die Übertragungsrichtung auf das Ausland nicht mehr eindeutig bestimmt, da auf dem ausländischen Gütermarkt gegenläufige Effekte auftreten, die aus der Steigerung des ausländischen Zinssatzes und der Güterexporte sowie der Änderung der ausländischen Geldmenge resultieren.

Wird die **Geldpolitik** im Fall der großen offenen Volkswirtschaft betrachtet, so ist diese im System **flexibler** Wechselkurse weiterhin wirksam; jedoch ergeben sich aufgrund der Senkung des Auslandseinkommens negative internationale Rückwirkungen in Form eines Rückgangs der vom ausländischen Einkommen abhängigen Güterexporte des Inlands. Im System **fester** Wechselkurse ist die Geldpolitik im Unterschied zum Fall des kleinen Landes effizient, da trotz des Rückgangs der Währungsreserven die inländische Geldmenge insgesamt steigt und sich für das Ausland ein positiver Spillover ergibt, der wiederum die inländischen Güterexporte erhöht.

7.1.2 Geld- und Fiskalpolitik bei wechselkursabhängiger Geldmarktgleichung

Die Transmissionswirkungen, die im System flexibler Wechselkurse von inländischen Maßnahmen der Geld- und Fiskalpolitik auf das Auslandseinkommen ausgehen, sind **nicht** mehr **eindeutig** bestimmt, wenn die **Geldmarktgleichung** des **Auslands** vom **Wechselkurs e abhängig** ist. Um dies einzusehen, wird im Fixpreismodell (7.1) bis (7.5) in der LM-Gleichung des In- und Auslands das konstante Preisniveau P bzw. P^* durch den Preisindex

$$P_I = \gamma \cdot P + (1-\gamma)(P^* \cdot e) \qquad (0 < \gamma < 1) \tag{7.9}$$

bzw.

$$P_I^* = \gamma^* \cdot P^* + (1-\gamma^*)(P/e) \qquad (0 < \gamma^* < 1) \tag{7.10}$$

ersetzt. γ bzw. γ^* ist dabei ein Maß für die „Geschlossenheit" der jeweiligen Volkswirtschaft, da γ bzw. γ^* für den Anteil der Käufe heimischer Güter an der privaten Absorption steht und somit das Gewicht der heimischen Güter im Preisindex wiedergibt.

Gleichzeitig kann γ als Präferenzmaß für inländische Endprodukte aufgefasst werden. Wird der Kaufkraftindex P_I bzw. P_I^* als Deflator der nominalen Geldmenge M bzw. M^* verwendet, so wird dadurch zum Ausdruck gebracht, dass in einer offenen Volkswirtschaft Transaktionskasse nicht nur für den Kauf inländischer Güter, sondern auch für den Erwerb von Importgütern gehalten wird. In den LM-Gleichungen (7.2) und (7.5) steht jetzt auf der linken Seite die **kaufkraftmäßige Geldmenge** M/P_I bzw. M^*/P_I^*, welche über den zugehörigen Preisindex vom Wechselkurs e abhängig ist. Eine Aufwertung der Inlandswährung löst dann über die Senkung von P_I einen expansiven Realkasseneffekt im Inland aus (da M/P_I steigt und daher i tendenziell sinkt). Für das Ausland ist dagegen der entsprechende Effekt kontraktiv, da P_I^* im Falle einer Senkung von e zunimmt und daher M^*/P_I^* zurückgeht.

Wechselkursbedingte Realkasseneffekte haben zur Folge, dass die **Übertragungsrichtung** einer inländischen Störung auf das Auslandseinkommen im System flexibler Wechselkurse **nicht** mehr **eindeutig** ist. Dies gilt sowohl für eine reale ($dG > 0$) als auch monetäre ($dM > 0$) Störung. Im Falle einer **inländischen Staatsausgabensteigerung** ergibt sich (im Normalfall) eine Aufwertung der Inlandswährung. Hierdurch sinkt die kaufkraftmäßige Geldmenge im Ausland, da für das Ausland Importgüter aus dem Inland teurer werden und somit P_I^* zunimmt. Neben dem kontraktiven Zinseffekt ergibt sich jetzt für das Ausland ein **zusätzlicher kontraktiver** Effekt aus dem abwertungsbedingten Rückgang der realen Geldmenge M^*/P_I^*. Diesen beiden kontraktiven Effekten stehen zwei expansive Effekte gegenüber, die aus der Steigerung des Inlandseinkommens und der Abwertung der Auslandswährung resultieren und eine Verbesserung des ausländischen Außenbeitrages bewirken. Die Gesamtwirkung auf die ausländische Güternachfrage und damit auf das Auslandseinkommen Y^* ist jetzt von der Richtung her unbestimmt. Dies wird anhand der modifizierten LM*-Gleichung

$$M^*/P_I^* = L^*(Y^*, i^*) \qquad (7.11)$$

deutlich. Durch die Zinssteigerung sinkt – isoliert gesehen – die reale Geldnachfrage L^*. Außerdem geht jetzt auch das reale Geldangebot M^*/P_I^* durch die Abwertung der Auslandswährung zurück. Wenn der Rückgang von M^*/P_I^* schwächer ausfällt als die zinsbedingte Senkung von L^*, muss Y^* steigen, um wieder ein Gleichgewicht auf dem ausländischen Geldmarkt herzustellen. Im umgekehrten Fall ist dagegen eine Senkung von Y^* erforderlich, um die reale Geldnachfrage vollständig dem gesunkenen realen Geldangebot anzupassen. Nur für den Sonderfall, dass die inländische Staatsausgabenerhöhung eine Abwertung der Inlandswährung hervorruft, würde sich eindeutig eine Zunahme von Y^* ergeben, da dann M^*/P_I^* aufwertungsbedingt ansteigen würde.

Wird eine **inländische Geldmengensteigerung** betrachtet, so ist hiermit stets eine Wechselkurssteigerung verbunden. Durch die Aufwertung der Auslandswährung sinkt der ausländische Preisindex P_I^*, was wiederum eine Zunahme der realen Geldmenge M^*/P_I^* bewirkt. Durch die Senkung des Weltzinsniveaus ergibt sich außerdem eine Steigerung der ausländischen realen Geldnachfrage. Dominiert der Zinseffekt auf L^* den Wechselkurseffekt auf M^*/P_I^*, muss Y^* sinken, um wieder ein Geldmarktgleichgewicht herzustellen. Auf dem ausländischen Gütermarkt würde dann der kontraktive Effekt, der aus der Aufwertung der Auslandswährung resultiert, stärker ausfallen als die Gesamtheit der expansiven Effekte, die aus der Zinssenkung, der inländischen Einkommenserhöhung und der Zunahme der realen Geldmenge M^*/P_I^* resultieren. Im

Unterschied zum Grundmodell (7.1) bis (7.5) ist jetzt aber auch eine Steigerung von Y^* möglich, falls nämlich auf dem ausländischen Geldmarkt die wechselkursbedingte Zunahme von M^*/P_I^* stärker ausfällt als die zinsinduzierte Erhöhung von L^*.

7.2 Ein neoklassisches Zwei-Länder-Modell

In diesem Abschnitt wird die Fixpreisannahme aufgegeben und stattdessen der andere Extremfall der vollkommenen Preis- und Lohnsatzflexibilität im In- und Ausland unterstellt. Auf dem in- und ausländischen Arbeitsmarkt herrscht in diesem Fall stets ein Zustand der Vollbeschäftigung. Das Gesamtmodell besteht jetzt auf der Nachfrageseite aus dem in- und ausländischen IS/LM-System und der Bedingung für die Zinsparität; auf der Angebotsseite sind für beide Länder die Gleichgewichtsbedingungen des Arbeitsmarktes und die gesamtwirtschaftliche Produktionsfunktion zu berücksichtigen. Das neoklassische Zwei-Länder-Modell besteht dann aus den folgenden Gleichungen:

$$Y = C \overset{(+)}{((1-t)Y)} + I \overset{(-)}{(i)} + G + A(\overset{(-)}{Y}, \overset{(+)}{Y^*}, \overset{(-)}{\tau}) \tag{7.12}$$
(inländische IS-Gleichung)

$$\tau = P/(P^* \cdot e) \tag{7.13}$$
(Terms-of-Trade-Definition)

$$M/P = L(\overset{(+)}{Y}, \overset{(-)}{i}) \tag{7.14}$$
(inländische LM-Gleichung)

$$i = i^* \tag{7.15}$$
(Bedingung für die Zinsparität)

$$N = N^d(\overset{(-)}{W/P}) = N^s(\overset{(+)}{W/P_I}) \tag{7.16}$$
(Gleichgewichtsbedingung für den inländischen Arbeitsmarkt)

$$P_I = \gamma \cdot P + (1-\gamma)(P^* \cdot e) \qquad (0 < \gamma < 1) \tag{7.17}$$
(Preisindexdefinition)

$$Y = Y(\overset{(+)}{N}, \overline{K}) \qquad (Y_{NN} < 0) \tag{7.18}$$
(neoklassische Produktionsfunktion)

$$Y^* = C^* \overset{(+)}{((1-t^*)Y^*)} + I^* \overset{(-)}{(i^*)} + G^* - A(\overset{(-)}{Y}, \overset{(+)}{Y^*}, \overset{(-)}{\tau}) \tag{7.19}$$
(ausländische IS-Gleichung)

$$M^*/P^* = L^*(\overset{(+)}{Y^*}, \overset{(-)}{i^*}) \tag{7.20}$$
(ausländische LM-Gleichung)

$$N^* = N^{d^*}(\overset{(-)}{W^*/P^*}) = N^{s^*}(\overset{(+)}{W^*/P_I^*}) \tag{7.21}$$
(Gleichgewichtsbedingung für den ausländischen Arbeitsmarkt)

$$P_I^* = \gamma^* \cdot P^* + (1 - \gamma^*)(P/e) \qquad (0 < \gamma^* < 1) \tag{7.22}$$
(Preisindexdefinition)

$$Y^* = Y^*(\overset{(+)}{N^*}, \overline{K}^*) \qquad (Y_{N^*N^*}^* < 0) \tag{7.23}$$
(neoklassische Produktionsfunktion).

Bei flexiblem Güterpreisniveau sind die Terms of Trade τ, d.h. das Verhältnis zwischen inländischem Preisniveau und ausländischem Preisniveau in Inlandswährung ($P^* \cdot e$), als Argumentvariable des inländischen Außenbeitrages A zu berücksichtigen. Dabei wird eine Normalreaktion des Außenbeitrages auf Änderungen von τ unterstellt. Wird wieder für die Ausgangssituation $A_0 = A_0^* = 0$ sowie $\tau_0 = 1$ unterstellt, gilt – ebenso wie im Fixpreismodell – $A^* = -A$ (vgl. (7.8)) so dass in der ausländischen IS-Gleichung (7.19) von vornherein der ausländische durch den inländischen Außenbeitrag ersetzt werden kann.

Auf dem Arbeitsmarkt des In- bzw. Auslands treten jeweils zwei unterschiedliche Reallöhne auf, der Produzentenreallohnsatz W/P bzw. W^*/P^* und der Konsumentenreallohnsatz W/P_I bzw. W^*/P_I^*. Dies hat die Konsequenz, dass sowohl die Angebotsseite des Inlands als auch die Angebotsseite des Auslands durch eine terms-of-trade-abhängige Güterangebotsfunktion dargestellt werden können. Für das Inland gilt, dass sich das inländische Arbeitsangebot durch Umformung des Konsumentenreallohnsatzes W/P_I als positive Funktion des Produzentenreallohns W/P und der Terms of Trade τ auffassen lässt; daher hängt das gleichgewichtige inländische Beschäftigungsniveau in positiver Weise von τ ab. Gemäß der makroökonomischen Produktionsfunktion (7.18) muss dann zwischen dem Preisverhältnis τ und dem gesamtwirtschaftlichen Güterangebot des Inlands Y^s ($= Y$) eine **positive** Beziehung bestehen (vgl. Abschnitt 6.5.1):

$$Y = Y(\overset{(+)}{\tau}). \tag{7.24}$$

In entsprechender Weise lässt sich auch eine Kausalbeziehung zwischen den inländischen Terms of Trade τ und dem ausländischen Güterangebot herstellen. Für den ausländischen Konsumentenreallohnsatz gilt nämlich die Umformung

$$\begin{aligned} \frac{W^*}{P_I^*} &= \frac{W^*}{P^*} \cdot \frac{P^*}{\gamma^* \cdot P^* + (1 - \gamma^*)P/e} \\ &= \frac{W^*}{P^*} \cdot \frac{1}{\gamma^* + (1 - \gamma^*)P/(P^* \cdot e)} \\ &= \frac{W^*}{P^*} \cdot \frac{1}{\gamma^* + (1 - \gamma^*)\tau}. \end{aligned} \tag{7.25}$$

Aus (7.25) folgt, dass eine Verbesserung der inländischen Terms of Trade τ – welche gleichbedeutend mit einer realen Abwertung der Auslandswährung ist – ceteris paribus den ausländischen Konsumentenreallohnsatz senkt. Hieraus resultiert ein Rückgang des ausländischen Arbeitsangebots. Im Arbeitsmarktdiagramm für das Ausland (Abbildung 7.5) ergibt sich dann durch die Steigerung von τ eine Senkung des gleichgewichtigen Beschäftigungsvolumens N^* und eine Erhöhung des Produzentenreallohnsatzes W^*/P^*.

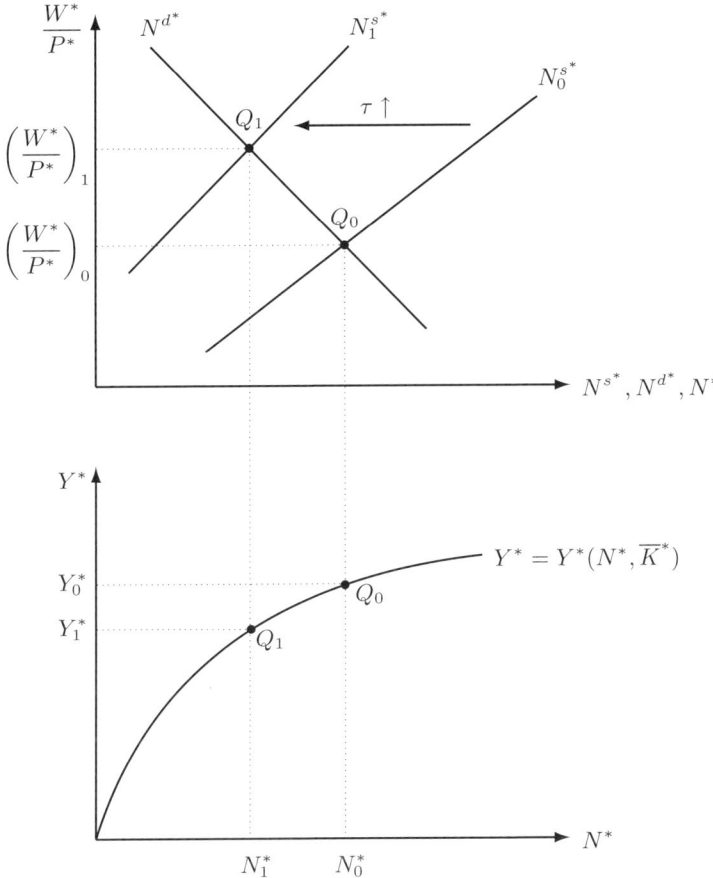

Abb. 7.5: *Steigerung der inländischen Terms of Trade und ausländisches Güterangebot*

Wenn aber N^* sinkt, geht gemäß der ausländischen Produktionsfunktion (7.23) auch das ausländische Güterangebot zurück. Somit besteht zwischen den Terms of Trade des Inlands und dem gesamtwirtschaftlichen Güterangebot des Auslands Y^{s^*} ($= Y^*$) eine **negative** Beziehung:

$$Y^* = Y^*(\overset{(-)}{\tau}). \tag{7.26}$$

Ein Vergleich der beiden Güterangebotsfunktionen (7.24) und (7.26) zeigt, dass im Rahmen des neoklassischen Zwei-Länder-Modells durch stabilisierungspolitische Maßnahmen der Nachfragesteuerung ein **gleichzeitiger** Anstieg des in- und ausländischen Inlandsprodukts **ausgeschlossen** ist. Eine inländische Einkommensexpansion erfordert eine Steigerung des Preisverhältnisses τ; eine ausländische Einkommenserhöhung dagegen eine Senkung von τ.[9] Da beides nicht gleichzeitig möglich ist, folgt, dass im Rahmen des neoklassischen Zwei-Länder-Modells (7.12) bis (7.23) eine Erhöhung des Inlandseinkommens stets mit einer Einkommenskontraktion im Ausland verbunden ist.[10]

7.2.1   Nachfragesteuerung im neoklassischen Zwei-Länder-Modell

Für die internationale Konjunkturtransmission lässt sich aus der negativen Beziehung zwischen Y und Y^* ableiten, dass inländische stabilisierungspolitische Maßnahmen der Nachfragesteuerung, die eine Einkommenserhöhung im Inland bewirken, für das Ausland mit einem **negativen Spillover** verbunden sind, also stets eine Beggar my Neighbour Policy darstellen. Damit stellt sich die Frage, welche inländischen Globalsteuerungsmaßnahmen das Inlandseinkommen erhöhen. Wir unterstellen wieder alternativ ein System flexibler und fester Wechselkurse. Zum Vergleich mit dem **Fall des kleinen Landes** werden die stabilisierungspolitischen Resultate im neoklassischen Klein-Land-Modell in Tabelle 7.2 zusammengefasst.

	Fiskalpolitik	Geldpolitik
e flexibel	$+$[11]	0[12]
e fest	$+$	0

Bezeichnungen: vgl. Tabelle 7.1

Tabelle 7.2: *Geld- und Fiskalpolitik im neoklassischen Makromodell für die kleine offene Volkswirtschaft*

Expansive Geldpolitik

Geldpolitische Maßnahmen sind – wie im entsprechenden Modell für die kleine offene Volkswirtschaft – sowohl im System fester als auch im System flexibler Wechselkurse ohne Realeinkommenswirkungen, da sie die Terms of Trade unverändert lassen. Formal folgt dies aus der auch im neoklassischen Zwei-Länder-Fall bestehenden **Modelldichotomie**, die den realen Sektor des In- und Auslands vom in- und ausländischen monetären Sektor trennt. Der reale Sektor der beiden Volkswirtschaften wird (ohne explizite Berücksichtigung der beiden Arbeitsmärkte) durch die IS-Gleichungen (7.12) und

---

[9]Hierbei wird unterstellt, dass der einzige Bestimmungsfaktor von Y^s und Y^{s*} die Terms of Trade τ sind.

[10]Wie später gezeigt wird, ist diese Aussage zu modifizieren, wenn die Güterangebotsfunktionen auch vom jeweiligen Lohnnebenkostensatz abhängig sind und dieser verändert wird.

[11]Im Unterschied zum entsprechenden Fixpreismodell (vgl. Tabelle 7.1) ist die Fiskalpolitik jetzt im System flexibler Wechselkurse effizient; außerdem ergibt sich eine Senkung des Preisniveaus (bei Verwendung der traditionellen Geldmarktgleichung).

[12]Die Geldpolitik ist jetzt auch im System flexibler Wechselkurse ineffizient. Es besteht eine Modelldichotomie zwischen dem realen und monetären Sektor.

(7.19), die Bedingung für die Zinsparität (7.15) und die Angebotsfunktionen (7.24) und (7.26) beschrieben. Dieses Gleichungssystem wird nicht von Vorgängen im monetären Sektor des In- und Auslandes beeinflusst und liefert die Gleichgewichtswerte der fünf endogenen Variablen Y, Y^*, τ, i und i^* in Abhängigkeit der in den IS-Gleichungen auftretenden exogenen Variablen (wie G, G^*, t und t^*). Änderungen der in- und ausländischen Geldmenge sind ohne Einfluss auf die Bestimmung dieser Gleichgewichtswerte; außerdem bleiben dann auch die Reallöhne und die gleichgewichtige Beschäftigung im In- und Ausland unverändert.

Im System **flexibler** Wechselkurse hat eine Erhöhung der inländischen Geldmenge – ebenso wie im Fall des kleinen Landes – lediglich eine prozentual gleich große Steigerung der inländischen Nominalgrößen (P, W, P_I) und des Wechselkurses zur Folge.[13] Darüber hinaus schirmt der flexible Wechselkurs das Ausland vollständig von monetären Störungen des Inlands ab, da neben den ausländischen Realgrößen auch alle Nominalgrößen des Auslands nicht verändert werden. Es gilt also

$$\frac{dP^*}{dM} = \frac{dP_I^*}{dM} = \frac{dW^*}{dM} = 0. \qquad (7.27)$$

Eine inländische Geldmengenerhöhung hat keine Wirkungen auf das ausländische Preisniveau. Dies folgt aus der bestehenden Modelldichotomie und der ausländischen Geldmarktgleichung (7.20): Da eine Steigerung von M die Größen Y^* und i^* nicht tangiert, bleibt auch die reale Geldnachfrage L^* unverändert. Daher ändert sich auch die reale Geldmenge M^*/P^* nicht. Wegen der Konstanz von M^* (im System flexibler Wechselkurse) bedeutet dies, dass auch das Preisniveau P^* konstant bleibt. Aus der Konstanz von P^* folgt dann aber auch die Konstanz des durch Gleichung (7.22) definierten Preisindex P_I^*, da P und e in prozentual gleich großem Ausmaße ansteigen. Eine Steigerung von M lässt außerdem den ausländischen Geldlohnsatz W^* unverändert, da sich W^* in der Form

$$W^* = \left(\frac{W^*}{P^*}\right) \cdot P^* \qquad (7.28)$$

schreiben lässt und der Reallohnsatz W^*/P^* sowie das Preisniveau P^* konstant bleiben.

Graphisch kann die Unwirksamkeit der Geldpolitik in Bezug auf Y und Y^* in einem Hicks-Diagramm veranschaulicht werden (Abbildung 7.6). Die Wirkung einer Geldmengensteigerung im System flexibler Wechselkurse lässt sich für beide Länder in einen Primär- und Sekundäreffekt zerlegen, wenn auf den Gütermärkten von einer verzögerten Preisanpassung und von einer vollkommen elastischen Mengenanpassung der Anbieter auf Nachfrageänderungen ausgegangen wird.[14] Der Primäreffekt entspricht dann der kurzfristigen Wirkung einer Geldmengensteigerung und kann mit Hilfe des Zwei-Länder-Fixpreismodells (Mundell-Fleming-Modells) beschrieben werden. In Abbildung

---

[13]So folgt beispielsweise aus der inländischen LM-Gleichung, dass bei gegebenem Y und i und damit gegebener realer Geldnachfrage notwendigerweise $dM/M = dP/P$ gelten muss.

[14]Das Hicks-Diagramm (IS/LM/Z-System) erfasst nur die Nachfrageseite der in- und ausländischen Volkswirtschaft, die Angebotsfunktionen bleiben hierbei unberücksichtigt. Dem IS/LM/Z-System liegt ein vollkommen elastisches Angebotsverhalten der Unternehmen zugrunde.

7.6 repräsentiert der Punkt Q_0' den kurzfristigen Effekt einer inländischen Geldmengen-steigerung für beide Länder. Während im Inland eine temporäre Einkommenssteige-rung eintritt, sinkt das Auslandseinkommen infolge der Aufwertung der ausländischen Währung. Außerdem ergibt sich in beiden Ländern eine vorübergehende Zinssenkung, die aus der expansiven inländischen Geldpolitik sowie aus der Annahme eines vollkom-menen internationalen Kapitalmarktes resultiert. Mittelfristig setzt im Inland ein Preis-steigerungsprozess ein, der den Inlandszins wegen der damit verbundenen Senkung der realen Geldmenge wieder ansteigen lässt und einen allmählichen Einkommensrückgang im Inland bewirkt.

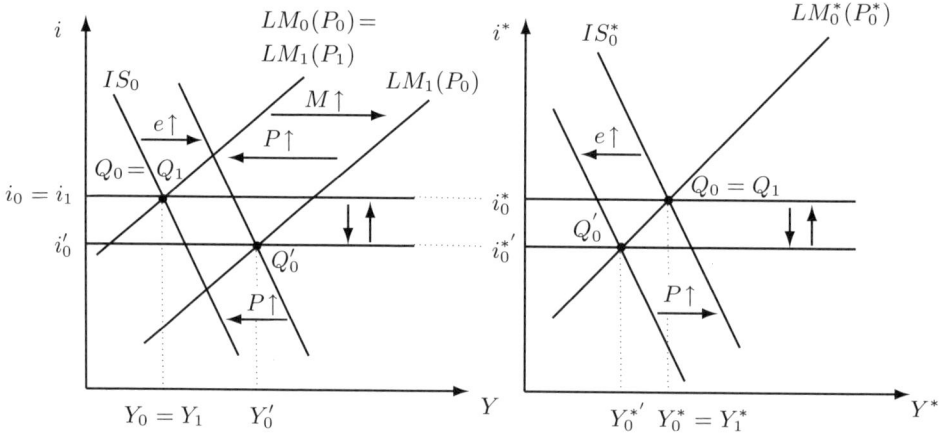

Abb. 7.6: *Geldpolitik im neoklassischen Zwei-Länder-Modell bei Vorliegen flexibler Wechsel-kurse*

Im Ausland ergibt sich dagegen in der mittleren Frist der Anpassung eine Einkommens-steigerung, da die ausländischen Güterexporte durch die preisinduzierte reale Aufwer-tung der Inlandswährung (Terms-of-Trade-Steigerung) zunehmen. Graphisch kommt dies in einer Rückverlagerung der in der Primärphase nach links verschobenen IS_0^*-Kurve zum Ausdruck. Die LM*-Kurve bleibt dagegen in der Lage unverändert, da kei-ne Preisänderung im Ausland stattfindet. Die im Inland auftretende Preissteigerung bewirkt, dass sich die inländische IS- und LM-Kurve wieder in die Ausgangsposition zurückverschieben. Das Endgleichgewicht Q_1 stimmt daher mit dem Anfangsgleichge-wicht Q_0 überein.

Die Unwirksamkeit inländischer Geldpolitik im neoklassischen Zwei-Länder-Modell lässt sich auch in einem P/Y-Diagramm für das Inland veranschaulichen (Abbildung 7.7). Durch die Geldmengensteigerung verlagert sich die mit negativer Steigung verlaufen-de LM-Kurve nach oben, während die daraus resultierende nominale Abwertung der Inlandswährung die IS-Kurve nach rechts und (wegen der Verschlechterung der An-gebotsbedingungen) die Y^s-Kurve nach links verschiebt. Weitere Kurvenverschiebun-gen treten im P/Y-Diagramm nicht auf, da es zu keiner Änderung der Zinssätze und der Auslandsvariablen P^* und Y^* kommt. Zu beachten ist, dass in einem analogen

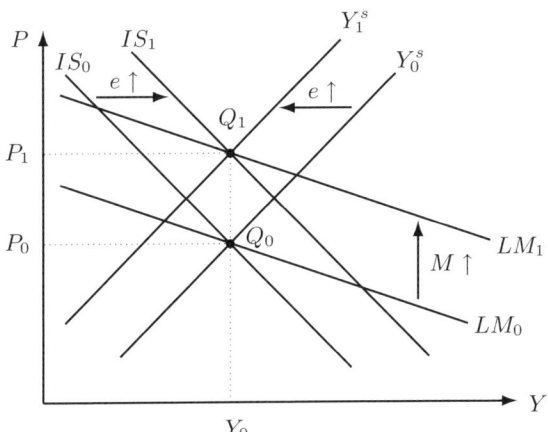

Abb. 7.7: *Unwirksamkeit der Geldpolitik*

P^*/Y^*-Diagramm für das Ausland alle Kurven in der Lage unverändert bleiben.[15] Im P/Y-Diagramm (Abbildung 7.7) liegt das Endgleichgewicht Q_1 genau über dem Anfangsgleichgewicht Q_0, da sich das reale Inlandsprodukt wegen der Modelldichotomie nicht ändert und lediglich proportionale Preissteigerungen im Inland stattfinden.

Im System **fester** Wechselkurse treten durch eine expansive inländische Geldpolitik (Steigerung der heimischen Komponente H der monetären Basis) auch im Ausland Preiseffekte auf, da jetzt die Währungsreserven der ausländischen Zentralbank zunehmen. Eine Erhöhung von H löst über die damit verbundene inländische Zinssenkung einen Nachfrageüberschuss am Devisenmarkt aus, weshalb Währungsreserven vom Inland zum Ausland abfließen. Dadurch erhöht sich die ausländische Geldmenge. Aufgrund der bestehenden Modelldichotomie sind hiermit allerdings keinerlei Realeffekte verbunden. Da in beiden Ländern die reale Geldnachfrage keine Änderung erfährt, erhöhen sich die Preisniveaus P und P^* proportional zur jeweiligen Geldmengensteigerung. Entsprechendes gilt dann auch für die Geldlöhne W und W^*. Es lässt sich sogar zeigen, dass die Preis- und Lohnsteigerungen jeweils gleich groß sind, wenn für die Ausgangssituation unterstellt wird, dass das in- und ausländische Preisniveau und das in- und ausländische Lohnniveau jeweils übereinstimmen ($P_0 = P_0^*, W_0 = W_0^*$).[16] Im Unterschied zum Fall des kleinen Landes treten im neoklassischen Zwei-Länder-Modell positive inländische Preiseffekte im System fester Wechselkurse auf. Dies liegt daran, dass der Abfluss an Währungsreserven kleiner als der Anstieg der heimischen Komponente H der monetären Basis ausfällt, so dass sich die inländische Geldmenge insgesamt erhöht.[17]

---

[15] Auch in einem τ/Y- bzw. τ/Y^*-Diagramm würde es zu keinen Kurvenverschiebungen kommen.

[16] Dies folgt unmittelbar aus der Konstanz der Terms of Trade τ und des nominalen Wechselkurses e.

[17] Im Gegensatz zum Klein-Land-Fall erhöht sich jetzt auch die ausländische Geldmenge M^*, was isoliert gesehen über Zinssenkungen im Ausland zu Kapitalzuflüssen ins Inland und damit zu einer Erhöhung der Währungsreserven bei der heimischen Zentralbank führt. Durch diese expansive monetäre

Graphisch wird die Unwirksamkeit der Geldpolitik in Bezug auf das in- und ausländische reale Inlandsprodukt in Abbildung 7.8 veranschaulicht. Wird eine verzögerte
Preisanpassung im realen Sektor beider Volkswirtschaften unterstellt und außerdem von
einer vollkommen elastischen Mengenanpassung der Produzenten und Arbeitsanbieter
ausgegangen, lässt sich der Primäreffekt (kurzfristige Wirkung) im Hicks-Diagramm
durch den Übergang von Q_0 nach Q_0' beschreiben. Dieser Effekt stimmt mit der Wirkung der Geldpolitik im Fixpreismodell überein. Im System fester Wechselkurse ergibt
sich kurzfristig in beiden Ländern eine Einkommenssteigerung, die außerdem mit einer
Senkung des Weltzinsniveaus verbunden ist. Mittelfristig setzt im In- und Ausland ein
Preissteigerungsprozess ein, der über die Senkung der realen Geldmenge die Zinssätze
wieder erhöht. Außerdem vermindert sich dann das Einkommen in beiden Ländern, da

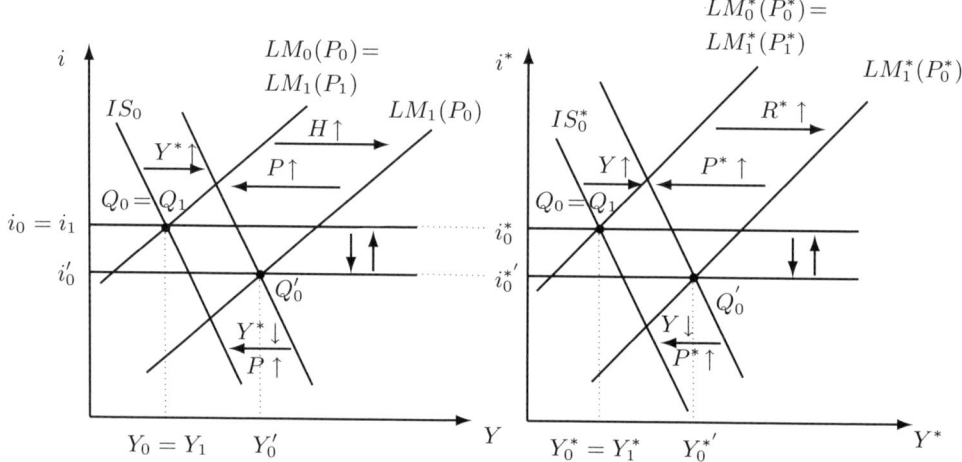

Abb. 7.8: *Geldpolitik im neoklassischen Zwei-Länder-Modell bei Vorliegen fester Wechselkurse*

die private Investitionsnachfrage zurückgeht. Durch den Preisanstieg werden die LM-
Kurven wieder in ihre Ausgangsposition zurückverschoben. Die Zurückverlagerung der
inländischen IS-Kurve ist dagegen eine Folge der allmählichen Einkommenskontraktion
im Ausland, weil dadurch die inländischen Güterexporte zurückgehen. Entsprechend
kehrt die ausländische Gütermarkt-Gleichgewichtskurve IS^* in ihre Ausgangslage
zurück, da auch die ausländischen Güterexporte kontinuierlich abnehmen. Dagegen
bleiben die Terms of Trade τ unverändert, da P und P^* in gleichem Ausmaße ansteigen.
Nach Abschluss aller Anpassungsprozesse ist es weder zu einer Einkommensänderung
noch zu einer Zinsänderung gekommen; in Abbildung 7.8 stimmen daher für beide
Länder Anfangs- und Endgleichgewicht überein ($Q_0 = Q_1$).

Rückwirkung gehen im Inland die Währungsreserven weniger stark zurück als im Fall des kleinen
Landes.

Expansive Fiskalpolitik

Im Unterschied zur Geldpolitik ist die Fiskalpolitik in beiden Wechselkurssystemen effizient. Eine Steigerung der inländischen Staatsausgaben bewirkt im System fester und flexibler Wechselkurse eine Terms-of-Trade-Verbesserung, so dass es im Inland gemäß der Angebotsfunktion (7.24) zu einer Erhöhung und im Ausland gemäß (7.26) zu einer Senkung des realen Inlandsprodukts kommt. Von der Güternachfrageseite lässt sich der **negative Spillover**, der von einer expansiven Fiskalpolitik des Inlands erzeugt wird, damit erklären, dass die von dem Anstieg des Weltzinsniveaus hervorgerufene Senkung der ausländischen Investitionsnachfrage stärker ausfällt als die Verbesserung des ausländischen Außenbeitrages. Die negativen internationalen Rückwirkungen, die von einer Steigerung von G ausgehen, führen zwar zu einer Abschwächung der inländischen Einkommensexpansion; dennoch kommt es – ebenso wie im neoklassischen Klein-Land-Modell – zu einem Anstieg von Y. Die reale Aufwertung der Inlandswährung verbessert im Inland die Angebotsbedingungen und führt über eine Zunahme der Beschäftigung zu einer Steigerung des Gleichgewichtseinkommens. Nachfrageseitig bedeutet dies, dass die kontraktiven Effekte, die von der Erhöhung von i und τ sowie der Senkung von Y^* ausgehen, insgesamt schwächer ausfallen als die Zunahme der staatlichen Nachfrage und der privaten Konsumgüternachfrage nach dem Inlandsgut.

Aus der Dichotomie des Zwei-Länder-Modells folgt, dass sich der Staatsausgabenmultiplikator dY/dG nur mit Hilfe der Gleichungen, die den in- und ausländischen realen Sektor beschreiben, berechnen lässt. Da diese Gleichungen weder auf der Nachfrage-noch auf der Angebotsseite explizit vom Wechselkurs e abhängen,[18] lassen sich die Gleichgewichtswerte von Y, Y^*, i, i^* und τ unabhängig vom zugrundegelegten Wechselkurssystem ermitteln. Eine Staatsausgabensteigerung erzielt somit im System flexibler Wechselkurse den gleichen Einkommenseffekt wie im System fester Wechselkurse:

$$\left.\frac{dY}{dG}\right|_{e\,flex.} = \left.\frac{dY}{dG}\right|_{e\,fest} > 0. \tag{7.29}$$

Ebenso gilt für das Auslandseinkommen Y^*, dass die Wirkung einer Erhöhung von G auf Y^* nicht vom zugrundegelegten Wechselkurssystem abhängt:

$$\left.\frac{dY^*}{dG}\right|_{e\,flex.} = \left.\frac{dY^*}{dG}\right|_{e\,fest} < 0. \tag{7.30}$$

Dagegen sind die Preiseffekte vom Wechselkurssystem abhängig. Ist e **flexibel**, ergibt sich für das Ausland eindeutig eine Steigerung des Preisniveaus P^*, während im Inland sowohl eine Senkung als auch eine Erhöhung von P möglich ist. Dies lässt sich anhand der Gleichung für die ausländische bzw. inländische Geldmarktkurve erkennen. Da es im Ausland aufgrund des Rückgangs von Y^* und der Erhöhung von i^* eindeutig zu einer Senkung der realen Geldnachfrage kommt, muss auch die reale Geldmenge M^*/P^* sinken, um das Geldmarktgleichgewicht weiterhin aufrechtzuerhalten. Im System flexibler Wechselkurse ist M^* exogen; eine Senkung von M^*/P^* erfordert daher eine Steigerung von P^*. Für das Ausland hat somit die inländische Politikmaßnahme $dG > 0$ im System

---

[18]Im Unterschied zum Fixpreismodell hängt der Außenbeitrag von den Terms of Trade τ ab. Ebenso ist die Angebotsseite von τ abhängig.

flexibler Wechselkurse eine **stagflationäre Wirkung** ($dY^* < 0$, $dP^* > 0$). Im Inland kann die reale Geldnachfrage sowohl steigen als auch fallen, da hier die gewünschte Transaktionskassenhaltung zunimmt. Die Richtungsänderung der inländischen realen Geldmenge M/P und des Preisniveaus P ist daher nicht eindeutig.[19]

Im System **fester** Wechselkurse sinken (im Normalfall) die Währungsreserven des Auslands, während sich die des Inlands entsprechend erhöhen; hieraus resultiert eine Abnahme der ausländischen Geldmenge, während die inländische entsprechend zunimmt. Die Preissteigerung im Ausland fällt dann weniger stark aus als im System flexibler Wechselkurse (eventuell ergibt sich sogar eine Senkung von P^*). Formal ist dies daran erkennbar, dass der Rückgang der realen Geldnachfrage L^* in beiden Wechselkurssystemen gleich groß ist. Das ausländische Güterpreisniveau P^* muss dann bei flexiblem Wechselkurs stärker steigen als bei festem Wechselkurs, da die Geldmenge M^* im ersten Fall konstant bleibt und im zweiten Fall sinkt. Bei einem starken Rückgang der Währungsreserven R^* kann sogar eine Senkung von P^* im System fester Wechselkurse auftreten. Im Inland wird dagegen eine im System flexibler Wechselkurse mögliche Preissenkung durch den Zustrom an Währungsreserven abgeschwächt. Auch dies ist formal anhand der LM-Gleichung erkennbar, da sich die reale Geldnachfrage durch den Übergang von einem System flexibler zu einem System fester Wechselkurse nicht ändert. Im Inland ist aufgrund einer expansiven Fiskalpolitik eher bei festem als bei flexiblem Wechselkurs mit einer Preissteigerung zu rechnen.

Die Wirkungen, die von einer inländischen Staatsausgabenerhöhung im neoklassischen Zwei-Länder-Modell ausgehen, lassen sich graphisch im τ/Y-Diagramm veranschaulichen (Abbildung 7.9). Die beiden Schaubilder gelten sowohl im System flexibler als auch im System fester Wechselkurse. Es ist zu beachten, dass die ausländische Angebotsfunktion Y^{s^*} im τ/Y^*-Diagramm mit negativer Steigung verläuft, da das ausländische Güterangebot gemäß Gleichung (7.26) eine negative Funktion der inländischen Terms of Trade τ ist. Entsprechend ist die ausländische Güternachfrage in positiver Weise von τ abhängig, da eine reale Aufwertung der Inlandswährung gleichbedeutend mit einer realen Abwertung der Auslandswährung ist. Die IS*-Kurve verläuft daher mit positiver Steigung. Durch die Staatsausgabensteigerung im Inland und die damit verbundene Zunahme des Weltzinsniveaus wird die inländische IS-Kurve nach rechts und die ausländische nach links verlagert, während die Angebotskurven in ihrer Position unverändert bleiben. Wegen der bestehenden Modelldichotomie hängt das Ausmaß der Kurvenverschiebungen nicht vom zugrundegelegten Wechselkurssystem ab. Die Rechtsverschiebung der inländischen IS-Kurve kommt trotz des zinsinduzierten Crowding-out-Effekts ($di < 0$) und der kontraktiven internationalen Rückwirkung ($dY^* < 0$) zustande; außerdem ergibt sich eindeutig eine Linksverlagerung der ausländischen IS-Kurve, da der kontraktive Zinseffekt stärker ausfällt als die Zunahme der ausländischen Güterexporte aufgrund der Erhöhung des Inlandseinkommens.

Den beiden Schaubildern in Abbildung 7.9 liegt implizit die Annahme zugrunde, dass die inländische Staatsausgabensteigerung mit einer Verbesserung der Terms of Trade τ, also einer realen Aufwertung der Inlandswährung, verbunden ist. In diesem Fall muss sich nämlich die IS-Kurve im τ/Y-Diagramm nach rechts und die IS*-Kurve im τ/Y^*-

---

[19]Im Fall des kleinen Landes kommt es dagegen eindeutig zu einer Preissenkung, sofern die traditionelle (wechselkursunabhängige) Geldmarktgleichung zugrundegelegt wird.

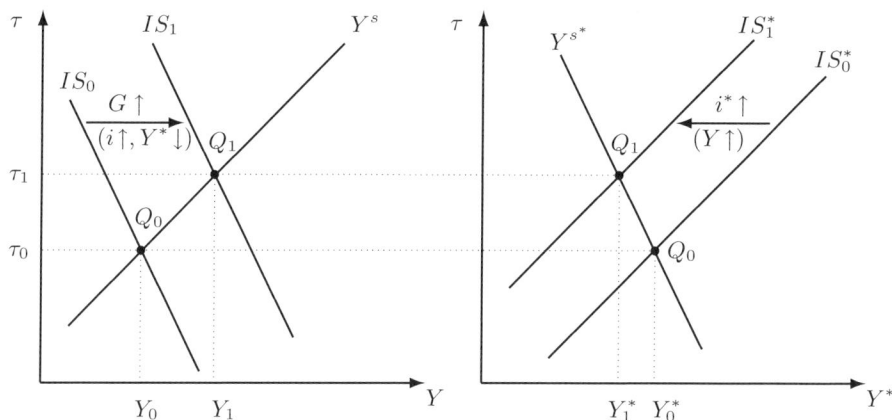

Abb. 7.9: *Fiskalpolitik im neoklassischen Zwei-Länder-Modell*

Diagramm nach links verlagern. Um zu zeigen, dass im vorliegenden neoklassischen Zwei-Länder-Modell tatsächlich $d\tau/dG > 0$ gilt, unterstellen wir das Gegenteil, eine Senkung von τ bei einer inländischen Staatsausgabenerhöhung ($d\tau/dG < 0$). Die Angebotsfunktionen des In- und Auslandes, d.h. die Gleichungen (7.24) und (7.26), implizieren in diesem Fall einen Rückgang des inländischen und eine Zunahme des ausländischen Inlandsprodukts. Weiter würde sich dann eine Verbesserung des inländischen und eine Verschlechterung des ausländischen Außenbeitrages ergeben.[20] Zusammen mit dem zinsinduzierten Rückgang der Investitionsnachfrage hätte dies aber eine Senkung der ausländischen Güternachfrage zur Folge, was sich anhand des totalen Differentials der ausländischen IS-Gleichung in der Formulierung

$$\left(1 - C^*_{Y^v{}^*}\,(1 - t^*)\right) dY^* = I^*_{i^*}\,di^* + dA^* \tag{7.31}$$

zeigen lässt: Da die rechte Seite dieser Gleichung im Falle $dA^* < 0$ und $d\,i^* > 0$ negativ ist, muss dies auch für die linke Seite gelten, was wegen einer marginalen Konsumquote $C^*_{Y^v{}^*} < 1$ nur dann der Fall ist, wenn $dY^* < 0$ gilt. Also folgt aus der Annahme $d\tau/dG < 0$, dass dann angebotsseitig das ausländische Inlandsprodukt zunimmt ($dY^* > 0$), nachfrageseitig dagegen sinkt ($dY^* < 0$). Im Rahmen einer komparativ-statischen Gleichgewichtsanalyse ist dies aber gleichzeitig nicht möglich, so dass die Annahme einer Senkung von τ zu einem Widerspruch führt. Demnach muss eine inländische Staatsausgabenerhöhung im neoklassischen Zwei-Länder-Modell mit einer Steigerung von τ verbunden sein. Dies ist gleichbedeutend mit einer Verbesserung der inländischen und einer Verschlechterung der ausländischen Angebotsbedingungen, so dass es im Inland zu einer Expansion und im Ausland zu einer Kontraktion des realen Inlandsprodukts kommt.

---

[20]Im Falle $dY < 0$, $dY^* > 0$ sowie $d\tau < 0$ gilt $dA = A_Y dY + A_{Y^*} dY^* + A_\tau d\tau > 0$ und $dA^* = -dA < 0$.

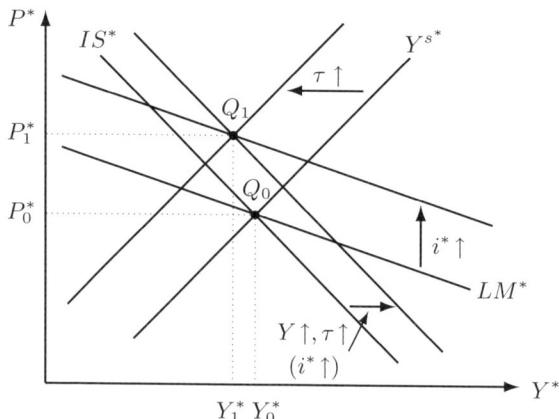

Abb. 7.10: *Übertragungseffekte einer Staatsausgabensteigerung im System flexibler Wechselkurse*

Ein bemerkenswertes Resultat ist, dass der negative Output-Spillover im System flexibler Wechelkurse mit einer Preissteigerung im Ausland verbunden ist, so dass sich dort das Output- und Preisniveau gegenläufig entwickeln. Dies wird auch durch Abbildung 7.10 verdeutlicht. Durch die Steigerung des Weltzinsniveaus verlagert sich die LM^*-Kurve nach oben. Gleichzeitig ergibt sich eine (nicht eindeutige) Rechtsverschiebung der IS^*-Kurve, die aus der Steigerung des Inlandseinkommens und der inländischen Terms of Trade resultiert. Die reale Abwertung der Auslandswährung induziert gleichzeitig eine Linksverschiebung der Y^{s^*}-Kurve. Bei gegebenem Preisniveau $P^* = P_0^*$ ergibt sich durch die gegenläufige Verschiebung der Kurven IS^* und Y^{s^*} ein Nachfrageüberschuss auf dem ausländischen Gütermarkt, der eine ausländische Preissteigerung induziert.

Konvoi-Strategie

Im neoklassischen Zwei-Länder-Modell handelt es sich bei der Fiskalpolitik um eine Beggar my Neighbour Policy. Eine Einkommenssteigerung im Inland wird „erkauft" mit einer Einkommenskontraktion im Ausland. Zusätzlich kommt es im System flexibler Wechselkurse zu einem Anstieg des ausländischen Preisniveaus, so dass eine inländische Staatsausgabensteigerung stagflationäre Wirkungen im Ausland erzielt. Reagiert das Ausland auf diesen kontraktiven Schock mit einer entsprechenden Erhöhung seiner eigenen Staatsausgaben, lässt sich der Einkommensrückgang zwar neutralisieren, jedoch tritt eine zusätzliche Senkung der privaten Investitionsnachfrage auf, da sich das Weltzinsniveau ein weiteres Mal erhöht. Außerdem ergeben sich jetzt in beiden Ländern Preissteigerungen.

Die Wirkungen, die von einer fiskalpolitischen **Konvoi-Strategie** ($dG = dG^* > 0$) ausgehen, lassen sich am besten beschreiben, wenn die Zinsabhängigkeit der privaten Nettoinvestition in beiden Ländern gleich groß ist ($I_i = I_{i*}^*$). In diesem Fall stimmt der zinsinduzierte Crowding-out-Effekt im In- und Ausland überein. Außerdem ergibt sich jetzt in jedem Land ein **totales Crowding out**.[21] Eine simultane und gleich große Steigerung von G und G^* hat unter der Voraussetzung $I_i = I_{i*}^*$ weder im Inland noch im Ausland einen Einkommenseffekt zur Folge; die Terms of Trade τ bleiben dann konstant. Dieses Ergebnis gilt in beiden Wechselkurssystemen. Im neoklassischen Zwei-Länder-Modell bewirkt die Politikkombination $dG = dG^* > 0$ lediglich Preis- und Zinssteigerungen.[22]

Für beide Länder ergibt sich durch die Steigerung des Weltzinsniveaus ein totales Crowding out der privaten Investitionsnachfrage. Dieses Ergebnis entspricht den Wirkungen einer Staatsausgabensteigerung im Rahmen der Neoklassischen Variante des makroökonomischen Totalmodells für die geschlossene Volkswirtschaft (Abschnitt 6.4.1). Diese Übereinstimmung ist nicht überraschend, da durch eine simultane Erhöhung der Staatsausgaben beider Länder Terms-of-Trade-Effekte vermieden werden können. Das Güterangebot beider Länder ändert sich dann nicht, so dass nur noch Preissteigerungen im In- und Ausland auftreten.

Zusammenfassung

Im **neoklassischen Zwei-Länder-Modell** sind **geldpolitische Maßnahmen** aufgrund der bestehenden Modelldichotomie sowohl im System fester als auch im System flexibler Wechselkurse ohne Realeinkommenseffekte. Bei flexiblem Wechselkurs wird das Ausland vollständig von monetären Schocks des Inlands abgeschirmt. Insbesondere treten dann Preissteigerungen nur im Inland auf. Im System fester Wechselkurse kommt es dagegen durch eine expansive Geldpolitik des Inlands auch im Ausland zu einem Preisniveauanstieg, da Währungsreserven ins Ausland abfließen, die dort die Geldmenge erhöhen. Im Unterschied zum neoklassischen Klein-Land-Modell ist die Geldpolitik im vorliegenden Zwei-Länder-Fall auch im System fester Wechselkurse mit inländischen Preiseffekten verbunden.

Im Gegensatz zur Geldpolitik ist die **Fiskalpolitik** in beiden Wechselkurssystemen effizient. Allerdings treten bei einer Staatsausgabensteigerung negative internationale Rückwirkungen auf, da durch eine reale Aufwertung der Inlandswährung das inländische Güterangebot steigt und das ausländische sinkt.[23] Im System flexibler Wechselkurse hat eine inländische Staatsausgabenerhöhung außerdem eine Preissteigerung im Ausland zur Folge, während die inländische Preisänderung von der Richtung her unbestimmt ist. Mit fiskalpolitischen Maßnahmen lassen sich im Rahmen des neoklassischen Zwei-Länder-Modells nur dann negative Spillovers vermeiden, wenn eine Konvoi-Strategie betrieben wird, d.h. wenn beide Länder simultan ihre

---

[21] Algebraisch lässt sich dies nachweisen, indem man die Gleichungen des realen Sektors beider Volkswirtschaften, d.h. die IS-Gleichungen, die Angebotsfunktionen und die Bedingung für die Zinsparität, total differenziert und nach dY oder $d\tau$ auflöst; im Falle $I_i = I_{i*}^*$ gilt dann $dY = d\tau = dY^* = 0$.

[22] Im Zwei-Länder-Fixpreismodell würde dagegen die Konvoi-Strategie $dG = dG^* > 0$ Einkommenssteigerungen in beiden Ländern hervorrufen. Dies liegt daran, dass die isolierte Politik $dG > 0$ (bzw. $dG^* > 0$) mit einem positiven Spillover verbunden ist.

[23] Der negative Spillover gilt auch, wenn eine wechselkursabhängige Geldmarktgleichung zugrundegelegt wird. Dadurch ändert sich nur die Nachfrageseite des Modells, nicht aber die Angebotsseite des In- und Auslands, so dass weiterhin zwischen Y und τ eine positive und zwischen Y^* und τ eine negative Beziehung besteht.

Staatsausgaben erhöhen. Bleiben hierdurch die Terms of Trade konstant, was bei gleicher Zinsabhängigkeit der privaten in- und ausländischen Investitionsnachfrage der Fall ist, kommt es in keinem Land zu einer Realeinkommensänderung, sondern nur noch zu Preiserhöhungen. Dies gilt sowohl im System fester als auch im System flexibler Wechselkurse.

Internationale Übertragungseffekte im Überblick

Tabelle 7.3 gibt eine Übersicht über die unterschiedlichen Spillovers, die im System flexibler und im System fester Wechselkurse von expansiven Maßnahmen der Fiskal- und Geldpolitik im Rahmen der bisher behandelten Zwei-Länder-Modelle ausgehen. Für die **Fiskalpolitik** gilt, dass diese im neoklassischen Zwei-Länder-Modell in beiden Wechselkurssystemen eine negative Konjunkturtransmission (im Sinne einer Einkommenskontraktion im Ausland) erzeugt, während der Spillover im Fixpreismodell entweder positiv (flexibler Wechselkurs) oder von der Richtung her unbestimmt (fester Wechselkurs) ist.[24] Im System **flexibler** Wechselkurse kommt es also durch den Übergang von Lohnsatzrigidität (Fixpreisansatz) zu Lohnsatzflexibilität (neoklassischer Ansatz) zu einer **Umkehrung der Übertragungsrichtung**.

Die **Geldpolitik** erzeugt im Rahmen des Zwei-Länder-Fixpreismodells einen negativen Output-Spillover im System flexibler und einen positiven Spillover im System fester Wechselkurse. Diese Übertragungseffekte verschwinden vollständig, wenn anstelle fester von flexiblen Geldlohnsätzen ausgegangen wird. Im neoklassischen Zwei-Länder-Modell bewirkt eine Geldmengensteigerung weder im Inland noch im Ausland Realeinkommenseffekte.

	Expansive inländische Fiskalpolitik	Expansive inländische Geldpolitik
Fixpreisansatz, e flexibel	$dY > 0$, $dY^* > 0$	$dY > 0$, $dY^* < 0$
Fixpreisansatz, e fest	$dY > 0$, $dY^* \lessgtr 0$	$dY > 0$, $dY^* > 0$
neoklassischer Ansatz, e flexibel	$dY > 0$, $dY^* < 0$	$dY = 0$, $dY^* = 0$
neoklassischer Ansatz, e fest	$dY > 0$, $dY^* < 0$	$dY = 0$, $dY^* = 0$

Tabelle 7.3: *Internationale Transmissionseffekte der Fiskal- und Geldpolitik*

Diese unterschiedlichen Übertragungseffekte der Fiskal- bzw. Geldpolitik in Abhängigkeit vom Flexibilitätsgrad des Wechselkurses und des Geldlohnsatzes werfen die Frage

---

[24]Der Übertragungseffekt ist im System flexibler Wechselkurse trotz der unbestimmten Wechselkursreaktion eindeutig (vgl. Abschnitt 7.1.1).

auf, inwieweit ein Land (beispielsweise die USA) als **internationale Konjunktur-**
lokomotive für andere Länder (wie zum Beispiel die Europäische Wirtschafts- und
Währungsunion oder die Bundesrepublik Deutschland) geeignet ist. Wir unterstellen
hierzu ein System flexibler Wechselkurse, da dieses Wechselkursregime in der Realität
am häufigsten zwischen großen offenen Volkswirtschaften anzutreffen ist. Interpretiert
man jetzt den **Fixpreisansatz** für die große offene Volkswirtschaft als ein Zwei-Länder-
Modell für die **kurze Frist** und den **neoklassischen** Ansatz als ein Modell, das die
lange Frist beschreibt,[25] so gilt für die **Fiskalpolitik**, dass diese kurzfristig als internationale Konjunkturlokomotive geeignet ist, langfristig dagegen nicht, da sie dann
eine Beggar my Neighbour Policy darstellt. Eine expansiv betriebene **Geldpolitik** ist
demgegenüber noch nicht einmal kurzfristig in der Lage, eine positive Konjunkturtransmission im System flexibler Wechselkurse zu erzeugen.

Wird anstelle der langfristig nicht erfolgreichen Lokomotivstrategie eine **internatio-**
nale Koordination der Nachfragesteuerung, d.h. ein **Policy Mix** simultaner in-
und ausländischer Globalsteuerungsmaßnahmen, betrachtet, so ergibt sich das **grund-**
legende Resultat, dass hiermit nur **kurzfristig** Einkommens- und Beschäftigungs-
steigerungen in **beiden** Ländern erzielt werden können. Dies ist zum Beispiel bei einer Konvoi-Strategie, d.h. bei einer gleichzeitigen Steigerung der in- und ausländischen
Staatsausgaben oder der Geldmenge, der Fall.[26] Langfristig ist jedoch auch eine solche
wirtschaftspolitische Strategie nicht in der Lage, gleichzeitig das reale Inlandsprodukt
im In- und Ausland anzuheben. Vielmehr treten langfristig durch die flexible Preis- und
Lohnanpassung nur Preis- und Lohnsteigerungen auf.

7.2.2 Angebotsorientierte Wirtschaftspolitik im neoklassischen Zwei-Länder-Modell

Es stellt sich die Frage, ob bei Vorliegen einer neoklassischen Angebotsstruktur im In-
und Ausland durch den Übergang von der Nachfrage- zur Angebotssteuerung negative
Übertragungseffekte vermieden werden können. Wir erweitern dazu die neoklassischen
Angebotsfunktionen (7.24) und (7.26) um den in- bzw. ausländischen **Lohnnebenko-**
stensatz:

$$Y = Y(\overset{(+)}{\tau}, \overset{(-)}{l}) \tag{7.32}$$

$$Y^* = Y^*(\overset{(-)}{\tau}, \overset{(-)}{l^*}). \tag{7.33}$$

Aus Vereinfachungsgründen unterstellen wir – entsprechend der Vorgehensweise im Fall
der kleinen offenen Volkswirtschaft (vgl. Abschnitt 6.5.4) – dass eine Senkung von l oder
l^* ohne direkte Auswirkungen auf das verfügbare Einkommen der privaten Haushalte
ist, d.h. dass die Pflichtbeitragssätze der Arbeitgeber und Arbeitnehmer zur Sozialversicherung unverändert bleiben und nur die sonstigen Lohnnebenkosten (wie zum Beispiel
die Lohnfortzahlung im Krankheitsfall) vermindert werden.[27]

---

[25]Langfristig weisen die Geldlöhne einen höheren Flexibilitätsgrad auf als kurzfristig.

[26]Eine gleichzeitige Erhöhung von M und M^* lässt – zumindest bei symmetrischen Ländern – den
Wechselkurs konstant, so dass negative Spillovers vermieden werden.

[27]Eine Einschränkung der Lohnfortzahlung im Krankheitsfall ist ohne Auswirkung auf das verfügbare
Einkommen der privaten Haushalte, wenn krankheitsbedingte Fehlzeiten teilweise mit Urlaubstagen

Die Wirkungen, die von einer Senkung des (sonstigen) Lohnnebenkostensatzes l auf das In- und Ausland im neoklassischen Zwei-Länder-Fall ausgehen, lassen sich graphisch durch Abbildung 7.11 veranschaulichen. Durch die Verbesserung der Angebotsbedingungen im Inland (in Form einer Kostenentlastung der Unternehmen) verlagert sich die inländische Angebotskurve nach rechts. Im Inland kommt es – ebenso wie im Fall des kleinen Landes – zu einer Preissenkung, die mit einer Verschlechterung der Terms of Trade τ verbunden ist. Dadurch ergibt sich aber eine Verbesserung der Angebotsbedingungen im Ausland, da eine Senkung von τ gleichbedeutend mit einer realen Aufwertung der Auslandswährung ist. Demzufolge erhöht sich auch das Auslandseinkommen, so dass die Reduktion des inländischen Lohnnebenkostensatzes im neoklassischen Zwei-Länder-Fall mit einer **positiven Konjunkturübertragung** verbunden ist. Graphisch verlagert sich daher die ausländische IS-Kurve nach rechts, was sich mit der Zunahme des Inlandseinkommens und der Senkung des Weltzinsniveaus, die im Fall der großen offenen Volkswirtschaft aus dem Rückgang des inländischen Preisniveaus und der damit verbundenen Steigerung der realen Geldmenge resultiert, begründen lässt. Die Erhöhung des Auslandseinkommens ist dann nachfrageseitig auf diese beiden expansiven Effekte zurückzuführen, die zusammengenommen stärker ausfallen müssen als die aufwertungsbedingte Verschlechterung des ausländischen Außenbeitrages.

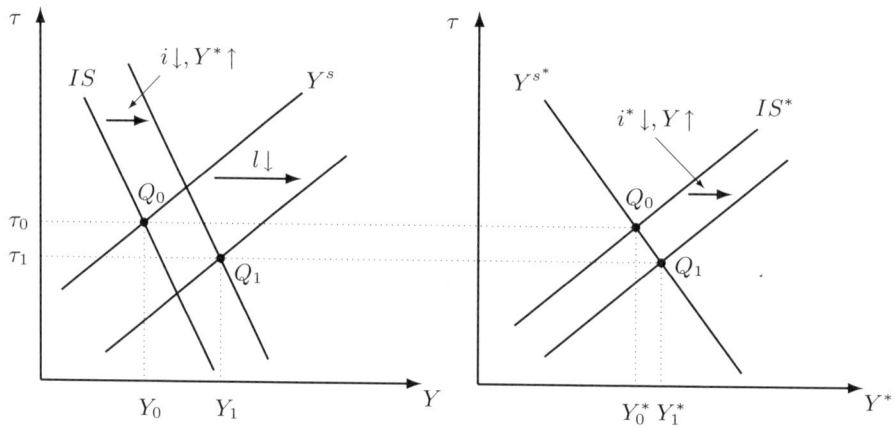

Abb. 7.11: *Lohnnebenkostensatzsenkung im neoklassischen Zwei-Länder-Fall*

Für das Inland bedeuten die Senkung des Weltzinsniveaus und die positiven internationalen Rückwirkungen aus dem Ausland, dass sich dort ebenfalls die IS-Kurve nach rechts verschiebt. Anhand von Abbildung 7.11 ist nicht eindeutig erkennbar, ob man trotz der Rechtsverlagerung der inländischen IS-Kurve immer eine reale Abwertung der Inlandswährung erhält.[28] Um zu zeigen, dass sich auch im Fall der großen offenen

---

oder mit Überschussguthaben auf einem Arbeitszeitkonto verrechnet werden.

[28]Die Rechtsverschiebung der IS-Kurve bewirkt isoliert gesehen eine Steigerung von τ, während die Rechtsverlagerung der Y^s-Kurve eine Senkung von τ zur Folge hat; graphisch ist daher nicht eindeutig, ob τ zunimmt oder zurückgeht.

Volkswirtschaft stets eine Senkung von τ bei einer Reduktion des inländischen Lohnnebenkostensatzes ergibt, unterstellen wir das Gegenteil, d.h. eine Zunahme der Terms of Trade. Aufgrund der Terms-of-Trade-Abhängigkeit der Güterangebotsfunktionen muss dann das Auslandseinkommen zurückgehen und sich außerdem das Inlandseinkommen erhöhen. Gleichzeitig wäre hiermit eine Verschlechterung des inländischen und eine Verbesserung des ausländischen Außenbeitrages verbunden. Die Steigerung von Y ließe sich in diesem Fall nur über eine Zunahme der privaten Investitionsnachfrage, d.h. einen Rückgang des Weltzinsniveaus, erklären. Das totale Differential der ausländischen IS-Gleichung, d.h. die Gleichung

$$\left(1 - C^*_{Y^{v*}}(1 - t^*)\right) dY^* = I^*_{i^*} di^* + dA^* \tag{7.34}$$

impliziert dann aber $dY^* > 0$, also eine Steigerung der ausländischen Güternachfrage und des Einkommens. Da das Auslandseinkommen nicht gleichzeitig zu- und abnehmen kann, liegt ein Widerspruch vor, so dass die Annahme einer Erhöhung von τ bei einem Rückgang des Lohnnebenkostensatzes l falsch ist. Es gilt also – ebenso wie im neoklassischen Klein-Land-Fall – $d\tau < 0$ im Fall $dl < 0$.

Eine Senkung des inländischen Lohnnebenkostensatzes bewirkt also eindeutig eine in- und ausländische Einkommensexpansion sowie eine reale Abwertung der Inlandswährung.[29] Gleichzeitig ist hiermit ein Rückgang des Weltzinsniveaus verbunden, da sich eine Erhöhung des Gesamteinkommens nachfrageseitig nur über einen Rückgang des in- und ausländischen Zinssatzes erklären lässt. Fasst man nämlich die in- und ausländische IS-Gleichung durch Aggregation zu einer Gleichung zusammen, so ergibt sich wegen $i = i^*$ der Ausdruck

$$(1 - C_{Y^v}(1 - t))dY + \left(1 - C^*_{Y^{v*}}(1 - t^*)\right) dY^* = (I_i + I^*_{i^*})di. \tag{7.35}$$

Da die linke Seite dieser Gleichung insgesamt positiv ist, muss dies auch für die rechte Seite gelten, was $di < 0$ impliziert.

Aus der Senkung des Weltzinsniveaus und der Einkommensexpansion in beiden Ländern folgt eine Zunahme der realen Geldnachfrage im In- und Ausland. Gemäß der in- und ausländischen LM-Gleichung erhöht sich dann auch in beiden Ländern die reale Geldmenge, was im System flexibler Wechselkurse nur bei einer Senkung des in- und ausländischen Preisniveaus möglich ist.[30] Ökonomisch lässt sich der Rückgang von P und P^* mit der Verbesserung der Angebotsbedingungen in beiden Ländern erklären.

Vergleicht man die Wirkungen einer Senkung des Lohnnebenkostensatzes im neoklassischen Zwei-Länder-Modell mit den entsprechenden Wirkungen im Fall des kleinen Landes, so erhält man hinsichtlich der Einkommens-, Preis-, und Terms-of-Trade-Reaktion

---

[29]Dagegen ist die Gesamtwirkung auf den ausländischen (und damit auch auf den inländischen) Außenbeitrag nicht eindeutig, da die Steigerung des Auslandseinkommens und die Senkung der inländischen Terms of Trade τ den ausländischen Außenbeitrag A^* verschlechtern, während die Zunahme des inländischen Einkommens den Außenbeitrag A^* verbessert. Auch anhand von Gleichung (7.34) ist erkennbar, dass $dY^* > 0$ wegen $dI^* > 0$ sowohl mit $dA^* > 0$ als auch $dA^* < 0$ vereinbar ist. Es lässt sich zeigen, dass es nur im Fall symmetrischer Länder zu einer eindeutigen Verschlechterung des ausländischen Außenbeitrages kommt.

[30]Im System fester Wechselkurse würde die inländische Geldmenge aufgrund der inländischen Zinssenkung zurückgehen, während sich die ausländische Geldmenge erhöhen würde; im Inland muss dann auch in diesem Wechselkursregime $dP < 0$ gelten, während im Ausland jetzt auch $dP^* > 0$ möglich wäre.

qualitativ die gleichen Resultate; aufgrund der positiven internationalen Rückwirkungen fällt jetzt allerdings die Einkommensexpansion stärker aus als im Klein-Land-Fall.[31] Unterschiede gegenüber dem Klein-Land-Fall liegen in der Senkung des Weltzinsniveaus; außerdem ist jetzt die Reaktion des Wechselkurses e eindeutig bestimmt. Die inländische Preisniveausenkung bewirkt im Fall der großen offenen Volkswirtschaft nicht nur einen Rückgang des Zinssatzes, sondern gleichzeitig auch eine Wechselkurssteigerung.

Wir können **festhalten**, dass eine Senkung des Lohnnebenkostensatzes im neoklassischen Zwei-Länder-Modell mit positiven internationalen Rückwirkungen verbunden ist. Hierin liegt ein wesentlicher Unterschied zu stabilisierungspolitischen Maßnahmen der Nachfragesteuerung. Im Inland bewirkt die Reduktion der Lohnnebenkosten eine Einkommenssteigerung, die mit einer Preis- und Zinssenkung sowie einer Verbesserung der preislichen internationalen Wettbewerbsfähigkeit verbunden ist.

7.3 Angebots- und Nachfragesteuerung bei Lohnsatzrigidität

In diesem Abschnitt soll untersucht werden, inwieweit die Resultate über die Wirkungsweise von Maßnahmen der Angebots- und Nachfragesteuerung bei Vorliegen einer großen offenen Volkswirtschaft zu modifizieren sind, wenn anstelle vollkommener Lohnsatzflexibilität in beiden Ländern von Lohnsatzrigidität ausgegangen wird. Wir betrachten also jetzt die **Keynessche Variante** des makroökonomischen Totalmodells für die große offene Volkswirtschaft. Im Unterbeschäftigungsfall sind dann die neoklassischen Angebotsfunktionen (7.32) und (7.33) durch die keynesianischen Güterangebotsfunktionen

$$Y^s = Y\left(N^d\left((1+l)\overline{W}/P\right), \overline{K}\right) = Y(\overset{(+)}{P}, \overset{(-)}{l}) \tag{7.36}$$

und

$$Y^{s^*} = Y^*\left(N^{d^*}\left((1+l^*)\overline{W}^*/P^*\right), \overline{K}^*\right) = Y^*(\overset{(+)}{P^*}, \overset{(-)}{l^*}) \tag{7.37}$$

zu ersetzen. Wir gehen wieder von vollkommener Kapitalmobilität aus und beschränken uns auf den Fall eines Systems flexibler Wechselkurse.

7.3.1 Senkung des inländischen Lohnnebenkostensatzes

Die Wirkungen, die von einer Reduktion des Lohnnebenkostensatzes l bei Vorliegen rigider Geldlohnsätze im In- und Ausland ausgehen, lassen sich graphisch in einem P/Y-Diagramm veranschaulichen (Abbildung 7.12). Durch die Senkung von l verschiebt sich die inländische Angebotsfunktion nach rechts. Da die unternehmerischen Kosten für den Einsatz des Faktors Arbeit zurückgegangen sind, kommt es isoliert gesehen

---

[31]Graphisch ist dies daran erkennbar, dass die IS-Kurve im Fall der großen offenen Volkswirtschaft nach rechts verschoben wird (vgl. Abbildung 7.11), während sie im Klein-Land-Fall in ihrer Position unverändert bleibt (vgl. Abschnitt 6.5.4).

zu einer Zunahme der Arbeitsnachfrage und des Güterangebots. Der hieraus entstehende Angebotsüberschuss an Inlandsgütern bewirkt eine Senkung des Preisniveaus P und über die damit verbundene Erhöhung der realen Geldmenge einen Rückgang des inländischen Zinssatzes. Dadurch verlagert sich die LM-Kurve im P/Y-Diagramm nach unten.[32]

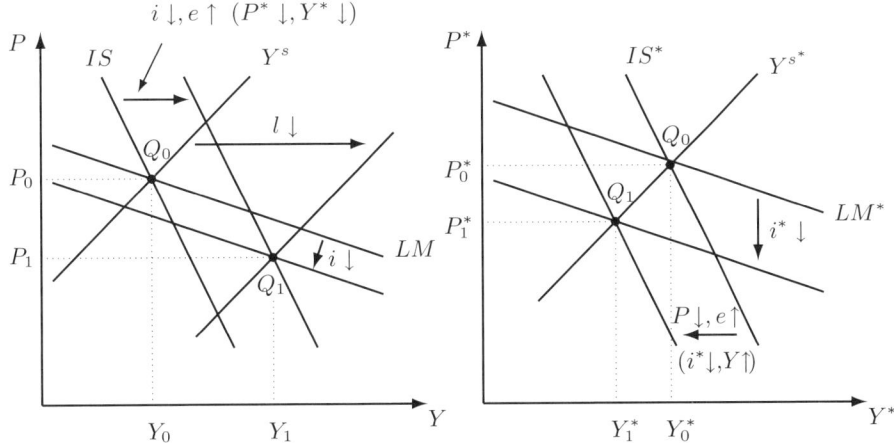

Abb. 7.12: *Senkung der Lohnnebenkosten bei keynesianischen Angebotsverhältnissen*

Aus der Erhöhung des realen Geldangebots M/P folgt zwar isoliert gesehen eine Zinssenkung, andererseits bewirkt die inländische Einkommensexpansion eine Zunahme der Geldnachfrage und damit eine Zinssteigerung. Die Zinsreaktion und damit die Richtung der Verschiebung der LM-Kurve sind daher zunächst unbestimmt.

Um zu zeigen, dass im Inland das Zinsniveau durch die Senkung von l eindeutig zurückgeht, unterstellen wir das Gegenteil, eine Zunahme von i. Aufgrund der Bedingung für die Zinsparität muss sich dann auch der Auslandszins i^* erhöht haben. Im P^*/Y^*-Diagramm bedeutet dies eine Verschiebung der LM*-Kurve nach oben. In diesem Fall muss aber das neue gesamtwirtschaftliche Gleichgewicht im Ausland nordöstlich des Ausgangsgleichgewichtes Q_0 auf der in der Lage unverändert gebliebenen ausländischen Angebotskurve Y^{s*} liegen.[33] Die Folge wäre eine Einkommensexpansion im Ausland, die sich aufgrund der unterstellten Steigerung des Weltzinsniveaus nur über eine Verbesserung des ausländischen Außenbeitrages erklären ließe. Für das Inland würde dies eine Verschlechterung des inländischen Außenbeitrages bedeuten. Zusammen mit dem aus der (angenommenen) Zinssteigerung resultierenden Rückgang der privaten Nettoinvestition ergäbe sich dann aber eine Einkommenskontraktion im Inland. Ein Rückgang

---

[32]Eine Senkung von i erhöht bei gegebenem Y die reale Geldnachfrage, so dass die Gleichgewichtsbedingung des Geldmarktes auch eine Zunahme der realen Geldmenge M/P erfordert, was über eine Preissenkung erreicht werden kann.

[33]Im System flexibler Wechselkurse ist i^* der einzige endogene Lageparameter der LM*-Kurve. Damit bestimmt die Zinsänderung, in welche Richtung diese Kurve verschoben wird. Im Schnittpunkt mit der Y^{s*}-Kurve muss dann das neue Auslandsgleichgewicht liegen.

von Y ist aber ausgeschlossen, da sich das Inlandseinkommen auch bei einer Steigerung des Zinssatzes erhöhen muss. Graphisch ist dies daran erkennbar, dass eine angenommene Zunahme des Inlandszinssatzes eine Rechtsverlagerung der LM-Kurve im P/Y-Diagramm bewirkt. Der neue Schnittpunkt mit der nach rechts verschobenen Y^s-Kurve muss dann mit einer Steigerung von Y verbunden sein. Insgesamt führt also die Annahme, dass die Reduktion des Lohnnebenkostensatzes das Weltzinsniveau ansteigen lässt, zu einem Widerspruch. Also gilt – ebenso wie im neoklassischen Zwei-Länder-Modell – eindeutig $di = di^* < 0$ im Fall $dl < 0$.

Wenn die Senkung des Lohnnebenkostensatzes zu sinkenden Zinsen im In- und Ausland führt, muss sich neben der LM-Kurve auch die LM*-Kurve nach unten verschieben (vgl. Abbildung 7.12). Im Ausland ist dann der neue Schnittpunkt Q_1 mit der in der Lage unverändert gebliebenen Angebotskurve Y^{s^*} durch einen Rückgang des Einkommens und des Preisniveaus gekennzeichnet.

Im Unterschied zum neoklassischen Vollbeschäftigungsfall kommt es also bei Vorliegen von Lohnsatzrigidität in beiden Ländern durch die Senkung von l zu einer **negativen Konjunkturübertragung**. Worauf ist dieser negative Spillover zurückzuführen? Im Inland steigt das Einkommen, dadurch nehmen die Güterexporte des Auslands zu. Außerdem ergibt sich ein Rückgang des Weltzinsniveaus und damit eine Steigerung der ausländischen privaten Nettoinvestition. Die Einkommenskontraktion im Ausland lässt sich dann nur über eine reale Aufwertung der Auslandswährung und die damit verbundene Verschlechterung des ausländischen Außenbeitrages erklären. Der aufwertungsbedingte Rückgang des ausländischen Außenbeitrages fällt dabei stärker aus als die Zunahme der ausländischen Güternachfrage, die aus der Zinssenkung und der inländischen Einkommensexpansion insgesamt resultiert. In Abbildung 7.12 wird dann auch die ausländische Gütermarkt-Gleichgewichtskurve IS^* insgesamt nach links verlagert.

Neben der Einkommenssenkung ergibt sich für das Ausland auch ein Rückgang des Preisniveaus P^*, da gemäß der keynesianischen Angebotsfunktion (7.37) zwischen P^* und Y^* eine positive Beziehung besteht. Bei einer Senkung des Güterangebots geht auch die Arbeitsnachfrage zurück, was bei gegebenem Geldlohnsatz ein insgesamt gesunkenes Preisniveau erfordert.

Im Inland kommt es ebenfalls zu einem Rückgang des Preisniveaus. Zwar resultiert aus der zinsinduzierten Zunahme der privaten Nettoinvestition sowie der Verbesserung des inländischen Außenbeitrages ein preissteigernder Effekt. Jedoch dominiert der preisdämpfende Effekt, der aus der Lohnnebenkostensatzsenkung resultiert, so dass P insgesamt zurückgeht. Dies ist auch anhand des linken Schaubildes von Abbildung 7.12 erkennbar, da sich die Y^s-Kurve durch die Senkung von l nach rechts und die LM-Kurve nach unten verlagert und daher der neue Gleichgewichtspunkt Q_1 mit einer Senkung von P verbunden sein muss. Die Abnahme des inländischen Preisniveaus ist auch anhand der LM-Gleichung erkennbar, da die reale Geldnachfrage angestiegen ist.

Im Unterschied zur Y^s- und LM-Kurve ist die Verschiebungsrichtung der inländischen IS-Kurve nicht eindeutig. Sie kann sich sowohl nach rechts (wie in Abbildung 7.12 unterstellt) als auch nach links verlagern. Ebenso wie im Klein-Land-Fall hängt die Richtung der Verschiebung davon ab, ob die IS-Kurve steiler oder flacher als die LM-Kurve verläuft. Im ersten Fall sind bei gegebenem Preisniveau P die expansiven Effekte, die aus der Zinssenkung und der (eindeutigen) Wechselkurssteigerung auf die inländische

Güternachfrage resultieren, zusammengenommen größer als der Rückgang des Außenbeitrages A und der Güternachfrage Y^d, der sich aus der Senkung von P^* und Y^*
ergibt. Die IS-Kurve verschiebt sich dann nach rechts (vgl. Abbildung 7.12). Im zweiten
Fall einer steiler verlaufenden LM-Kurve dominieren die kontraktiven Effekte, die aus
der Senkung von Y^* und P^* auf die inländische Güternachfrage resultieren, die expansiven Effekte auf Y^d, die sich aus der Zinssenkung und der Steigerung von e ergeben
(Abbildung 7.13).

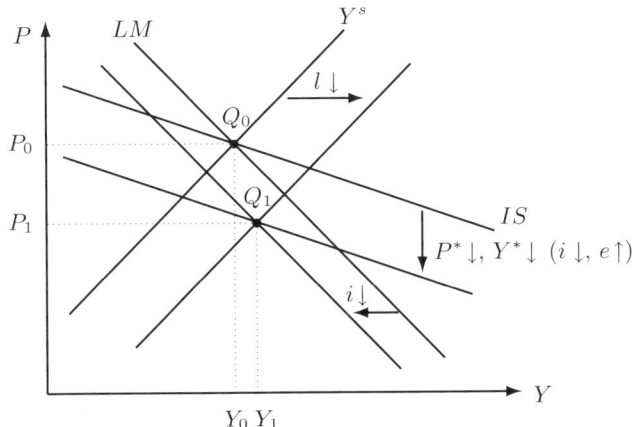

Abb. 7.13: *Senkung der Lohnnebenkosten bei steil verlaufender LM-Kurve*

Aufgrund der negativen internationalen Rückwirkungen erhält man im vorliegenden
keynesianischen Zwei-Länder-Fall eine geringere Einkommenssteigerung als im Fall des
kleinen Landes.[34] Dieses Ergebnis gilt unabhängig davon, ob die IS-Kurve steiler oder
flacher als die LM-Kurve im P/Y-Diagramm verläuft. Im Fall der kleinen offenen Volkswirtschaft ist das Niveau des Inlandszinssatzes bei vollkommener Kapitalmobilität durch
den Auslandszins festgelegt, so dass es zu keiner Verschiebung der LM-Kurve kommt;
das Endgleichgewicht im Klein-Land-Fall liegt dann im Schnittpunkt der alten LM-
Kurve mit der nach rechts verlagerten Y^s-Kurve, also nordöstlich des Endgleichgewich-
tes Q_1 im keynesianischen Zwei-Länder-Fall.

Festzuhalten bleibt folgendes: Im keynesianischen Zwei-Länder-Fall (d.h. bei rigidem Geldlohnsatz im In- und Ausland sowie Vorliegen von Unterbeschäftigung in
beiden Ländern) hat eine Senkung des inländischen Lohnnebenkostensatzes für das
Inland qualitativ die gleichen Wirkungen wie im neoklassischen Zwei-Länder-Modell.
Allerdings kommt es durch den Übergang vom neoklassischen Vollbeschäftigungs-
zum keynesianischen Unterbeschäftigungsfall zu einer Umkehrung der Übertragungsrichtung: Anstelle eines positiven ergibt sich jetzt ein negativer Output-Spillover, so
dass sich für das aktive Land negative internationale Rückwirkungen ergeben. Die

---

[34]Trotzdem steigt Y weiterhin an, da $dY < 0$ wegen $di < 0$ nur über $dA < 0$ zu erklären wäre, was
wiederum $dY^* > 0$ implizieren würde. Da das Auslandseinkommen aber eindeutig sinkt, muss $dY > 0$
gelten.

inländische Einkommenssteigerung im keynesianischen Zwei-Länder-Fall ist deshalb geringer als in einem analogen Klein-Land-Modell.

Internationale Koordination der Angebotssteuerung

Ein negativer Übertragungseffekt, der bei einseitigen angebotsorientierten Politikmaßnahmen im keynesianischen Zwei-Länder-Fall auftritt, wirft die Frage auf, ob eine negative Konjunkturtransmission durch eine internationale Koordination der Wirtschaftspolitik vermieden werden kann. Kann durch eine aufeinander abgestimmte simultane Senkung des in- und ausländischen Lohnnebenkostensatzes eine Einkommenssteigerung in beiden Ländern erzielt werden? Eine gleichzeitige Reduktion der Lohnnebenkostensätze l und l^* würde in Abbildung 7.12 neben der inländischen jetzt auch die ausländische Y^s-Kurve nach rechts verlagern. Hiermit wäre eine stärkere Preis- und Zinssenkung in beiden Ländern verbunden als bei einer isolierten Senkung von l. Im Inland würde sich daher die LM-Kurve in stärkerem Maße nach unten verlagern, so dass der positive Einkommenseffekt geringer ausfiele als bei einer einseitigen Verminderung des inländischen Lohnnebenkostensatzes. Dies lässt sich damit begründen, dass die Senkung des ausländischen Lohnnebenkostensatzes l^* isoliert gesehen das Einkommen und das Preisniveau im Inland verringert. Bei einem simultanen Rückgang von l und l^* ergibt sich daher eine geringere Einkommenssteigerung und stärkere Preisniveausenkung als bei einer einseitigen Reduktion von l. Bezogen auf die Abbildungen 7.12 und 7.13 würde jetzt das neue Endgleichgewicht südwestlich des Punktes Q_1 auf der nach rechts verlagerten Y^s-Kurve liegen. Im Ausland würde sich bei einer hinreichend starken Senkung von l^* ebenfalls eine Einkommensexpansion ergeben, da auf diese Weise der negative Übertragungseffekt einer inländischen Senkung des Lohnnebenkostensatzes überkompensiert werden könnte. Es lässt sich zeigen, dass es mit Hilfe einer koordinierten Senkung von l und l^* möglich ist, gleichzeitig in beiden Ländern eine Einkommenssteigerung zu erzielen. Neben einer Zins- und Preisniveausenkung in beiden Ländern ist hiermit jetzt allerdings eine unbestimmte Wechselkurs- und Terms-of-Trade-Reaktion verbunden, da eine Reduktion von l isoliert gesehen τ sinken und e steigen lässt, während eine Verringerung von l^* mit einer Zunahme von τ und Abnahme von e verbunden wäre.

7.3.2   Nachfragesteuerung im keynesianischen Zwei-Länder-Modell

Die Wirkungen, die von einer Steigerung der Staatsausgaben oder der Geldmenge im keynesianischen Zwei-Länder-Modell ausgehen, sind qualitativ mit den entsprechenden Wirkungen im Zwei-Länder-Fixpreismodell identisch (vgl. Abschnitt 7.1). Der einzige Unterschied besteht darin, dass jetzt in beiden Ländern zusätzlich Preiseffekte auftreten, die aufgrund der unterstellten Angebotsfunktionen (7.36) und (7.37) gleichgerichtet zur jeweils zugehörigen Einkommensänderung sind.

Graphisch lassen sich die Wirkungen einer Erhöhung der Staatsausgaben sowie einer Geldmengenexpansion im P/Y-Diagramm veranschaulichen (Abbildungen 7.14 und 7.15). Da eine **Staatsausgabensteigerung** mit einer Zunahme des Weltzinsniveaus verbunden ist,[35] verlagern sich die Geldmarktkurven LM_0 und LM_0^* nach oben; der neue

---

[35]Dass eine Erhöhung von G tatsächlich zu einem Anstieg von i und i^* führt, lässt sich wie folgt

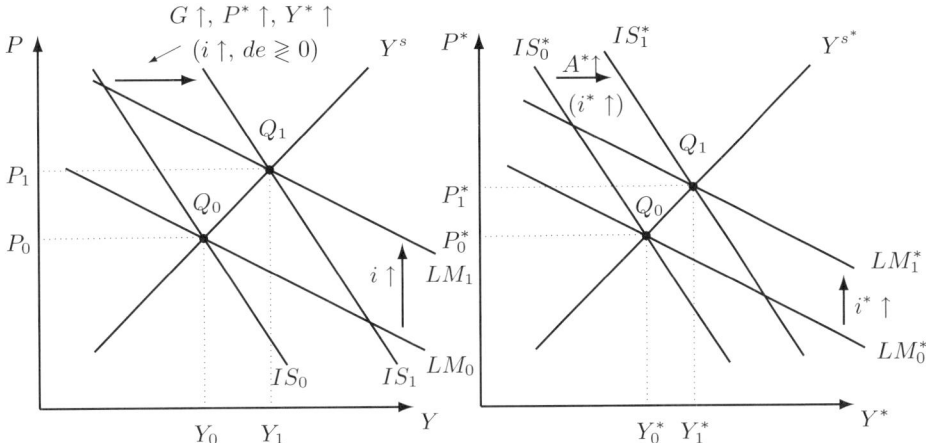

Abb. 7.14: *Staatsausgabensteigerung im keynesianischen Zwei-Länder-Modell*

Schnittpunkt Q_1 mit der Angebotskurve Y^s bzw. Y^{s^*} ist dann durch eine Einkommens- und Preisniveausteigerung in beiden Ländern gekennzeichnet. Die IS-Kurven müssen sich dann ebenfalls nach rechts verlagern, was sich im Inland mit der Staatsausgabensteigerung und im Ausland mit der Verbesserung des ausländischen Außenbeitrages begründen lässt. Im Inland muss dabei die Erhöhung von G stärker ausfallen als der Rückgang der Investitionsnachfrage und des Außenbeitrages zusammengenommen, da sich sonst keine inländische Einkommensexpansion ergeben würde.[36] Im Ausland lässt sich die Erhöhung von Y^* dadurch erklären, dass der zinsinduzierte Rückgang der Investitionsnachfrage schwächer ausfällt als die Verbesserung des Außenbeitrages A^*.[37] Angebotsseitig erfordert die Steigerung von Y und Y^* eine Senkung des jeweiligen Reallohnsatzes, d.h. bei Vorliegen von Lohnsatzrigidität eine Preisniveauerhöhung im In- und Ausland.

Eine **Geldmengensteigerung** im Inland ist mit einer Senkung des Weltzinsniveaus sowie einer Abwertung der Inlandswährung verbunden; im Inland verlagern sich daher

---

nachweisen: Angenommen dies sei nicht der Fall, d.h. es gelte $di = di^* < 0$ im Falle $dG > 0$. Im P/Y- bzw. P^*/Y^*-Diagramm würden sich dann die Geldmarktkurven LM_0 und LM_0^* nach unten verlagern, so dass der neue Schnittpunkt mit der Y^s- bzw. Y^{s^*}-Kurve mit $dY < 0$ und $dY^* < 0$ verbunden wäre. Aufgrund der unterstellten Zinssatzsenkung und des damit verbundenen Anstiegs der privaten Nettoinvestition ließe sich die Einkommenskontraktion im Ausland nur mit einer Verschlechterung des ausländischen Außenbeitrages A^* erklären. Wegen $A = -A^*$ muss dann aber $dA > 0$ und wegen $dI > 0$ und $dG > 0$ auch $dY > 0$ gelten. Eine gleichzeitige Steigerung und Senkung von Y ist aber ausgeschlossen, so dass die Annahme $di = di^* < 0$ auf einen Widerspruch führt. Also muss eine Staatsausgabensteigerung im keynesianischen Zwei-Länder-Modell mit einem Anstieg des Weltzinsniveaus verbunden sein.

[36] Dies folgt aus dem totalen Differential der inländischen IS-Gleichung: Wegen $(1 - C_{Yv}(1-t))dY = dG + dI + dA$ sowie $dY > 0$ muss $dG > |dI + dA|$ gelten.

[37] Im keynesianischen Zwei-Länder-Modell gilt also $dA^* > |dI^*|$. Im **neoklassischen** Zwei-Länder-Modell gilt dagegen $dA^* < |dI^*|$, da in diesem Modellansatz das Auslandseinkommen bei einer inländischen Staatsausgabenerhöhung sinkt (vgl. Abschnitt 7.2).

die Kurven IS_0 und LM_0 nach oben, während gleichzeitig die entsprechenden ausländischen Gleichgewichtskurven IS_0^* und LM_0^* nach unten verschoben werden (Abbildung 7.15).[38] Im Inland kommt es demzufolge zu einer Einkommens- und Preisniveaustei-

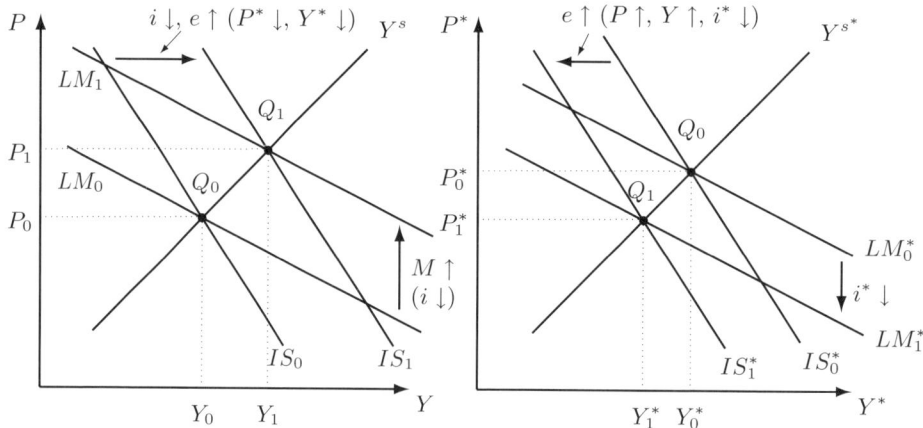

Abb. 7.15: *Geldmengensteigerung im keynesianischen Zwei-Länder-Modell*

gerung, während im Ausland das Einkommen und das Preisniveau zurückgehen. Die ausländische Einkommenskontraktion resultiert aus der realen Aufwertung der Auslandswährung,[39] die den ausländischen Außenbeitrag trotz der Zunahme des Inlandseinkommens vermindert; die Verschlechterung von A^* fällt dabei stärker aus als der zinsbedingte Anstieg der privaten Nettoinvestition ($|dA^*| > dI^*$). Angebotsseitig resultiert die Senkung von Y^* aus dem Rückgang des ausländischen Preisniveaus, wodurch aufgrund des rigiden Geldlohnsatzes der ausländische Reallohnsatz steigt. Für das Inland bewirkt die ausländische Einkommenskontraktion eine negative internationale Rückwirkung.[40] Demzufolge ist der positive Einkommenseffekt im Inland geringer

---

[38]Die LM-Kurve wird trotz der Senkung des Zinssatzes nach rechts verschoben. Anderenfalls (d.h. bei einer Linksverlagerung von LM_0) würde nämlich neben Y^* auch Y sinken, was sich nachfrageseitig wegen $dI > 0$ und $dI^* > 0$ nur mit einer gleichzeitigen Verschlechterung des in- und ausländischen Außenbeitrages erklären ließe ($dA < 0$, $dA^* < 0$). Dies ist aber unmöglich, da $A = -A^*$ gilt. Also kann Y nicht zurückgehen, d.h. muss die LM-Kurve nach rechts verschoben werden. In ähnlicher Weise lässt sich zeigen, dass die Geldmengensteigerung in eindeutiger Weise mit einer Senkung des Weltzinsniveaus verbunden ist. Wäre dies nämlich nicht der Fall, würde sich auch die LM*-Kurve nach oben verlagern, so dass neben $dY > 0$ auch $dY^* > 0$ gelten müsste. Die Annahme $di = di^* > 0$ impliziert außerdem $dI < 0$ und $dI^* < 0$; nachfrageseitig ließe sich dann die gleichzeitige Steigerung von Y und Y^* nur mit einer simultanen Erhöhung von A und A^* erklären, was aber in einer Zwei-Länder-Modellwelt ausgeschlossen ist.

[39]Die inländischen Terms of Trade τ gehen trotz der Steigerung von P und Senkung von P^* eindeutig zurück, da sonst $dA^* > 0$ und damit $dY^* > 0$ gelten würde, was aber wegen der eindeutigen Linksverlagerung der LM_0^*-Kurve nicht sein kann. Die eindeutige Terms-of-Trade-Senkung ist wegen $dP > 0$ und $dP^* < 0$ nur mit einer eindeutigen Wechselkurssteigerung zu erklären. Dagegen ist die Wechselkursreaktion im Falle einer Staatsausgabensteigerung nicht eindeutig.

[40]Im **neoklassischen** Zwei-Länder-Modell ist demgegenüber eine Geldmengensteigerung mit keinen

als im keynesianischen Klein-Land-Modell.[41]

7.4 Ein Zwei-Länder-Modell mit asymmetrischer Angebotsstruktur

Es sind bisher Zwei-Länder-Modelle diskutiert worden, in denen das Inland immer die gleiche Angebotsstruktur aufwies wie das Ausland. Entweder waren beide Länder auf der Angebotsseite neoklassisch geprägt oder beide wiesen eine keynesianische Struktur auf. Es soll jetzt ein Zwei-Länder-Modell mit unterschiedlich geprägten Arbeitsmärkten im In- und Ausland diskutiert werden. Wir unterstellen dazu für die Angebotsseite des Inlands eine keynesianische, für die des Auslands dagegen eine neoklassische Struktur. Genauer soll auf dem inländischen Arbeitsmarkt aufgrund rigider Geldlohnsätze ($W = \overline{W}$) ein Zustand unfreiwilliger Arbeitslosigkeit herrschen. Die realisierte Beschäftigung stimmt dann mit der (vom Lohnnebenkostensatz l abhängigen) Arbeitsnachfrage $N^d = N^d\big((1+l)\overline{W}/P\big)$ überein, so dass sich die Güterangebotsfunktion

$$Y^s = Y(N^d((1+l)\overline{W}/P), \overline{K}) = Y(\overset{(+)}{P}, \overset{(-)}{l}) \tag{7.38}$$

ergibt. Diese Funktion beschreibt eine positive Beziehung zwischen dem inländischen Güterpreisniveau P und dem Güterangebot Y^s und hängt nicht vom Wechselkurs e und vom ausländischen Güterpreisniveau P^* ab. Für das Ausland wird demgegenüber ein stets preisgeräumter Arbeitsmarkt unterstellt, d.h. von vollkommener Lohnsatzflexibilität ausgegangen. Das Güterangebot ist dann in negativer Weise von den inländischen Terms of Trade τ sowie vom ausländischen Lohnnebenkostensatz l^* abhängig:

$$Y^{s^*} = Y^*(\overset{(-)}{\tau}, \overset{(-)}{l^*}). \tag{7.39}$$

Die Angebotsfunktionen (7.38) und (7.39) sind im Gegensatz zum neoklassischen oder keynesianischen Zwei-Länder-Modell **asymmetrisch**. Das ausländische Güterangebot wird durch das Verhältnis zwischen in- und ausländischem Güterpreisniveau determiniert. Das Güterangebot des Inlands wird dagegen nur durch das inländische Preisniveau bestimmt. Aufgrund dieser unterschiedlichen Angebotsstruktur der beiden Länder ist die Vermutung naheliegend, dass von inländischen stabilisierungspolitischen Maßnahmen der Nachfrage- und Angebotssteuerung qualitativ andere Übertragungseffekte ausgehen als von entsprechenden ausländischen wirtschaftspolitischen Maßnahmen. Dieses Problem soll im Folgenden für den Fall flexibler Wechselkurse analysiert werden.

Rückwirkungen aus dem Ausland verbunden, da wegen der Modelldichotomie keine Realeffekte im In- und Ausland auftreten und außerdem das ausländische Preisniveau konstant bleibt (vgl. Abschnitt 7.2.1).

[41]Graphisch verlagern sich daher die inländische IS- und LM-Kurve weniger weit nach rechts als im Klein-Land-Fall.

7.4.1 Stabilisierungspolitische Maßnahmen des keynesianischen Inlands

Wir betrachten jetzt das folgende Zwei-Länder-Modell mit asymmetrischer Angebotsstruktur:

$$Y = C((1-t)Y) + I(i) + G + A(Y, Y^*, \tau) \qquad (7.40)$$

$$\tau = P/(P^* \cdot e) \qquad (7.41)$$

$$M/P = L(Y, i) \qquad (7.42)$$

$$i = i^* \qquad (7.43)$$

$$Y = Y(\overset{(+)}{P}, \overset{(-)}{l}) \qquad (7.44)$$

$$Y^* = C^*((1-t^*)Y^*) + I^*(i^*) + G^* - A(Y, Y^*, \tau) \qquad (7.45)$$

$$M^*/P^* = L^*(Y^*, i^*) \qquad (7.46)$$

$$Y^* = Y^*(\overset{(-)}{\tau}, \overset{(-)}{l^*}). \qquad (7.47)$$

Das **Inland**, das durch die Gleichungen (7.40) bis (7.44) beschrieben wird, weist eine **keynesianische Angebotsstruktur** auf. Bei isolierter Betrachtungsweise, d.h. bei Vernachlässigung der ausländischen Gleichungen (7.45), (7.46) und (7.47), entspricht das Gleichungssystem (7.40) bis (7.44) dem Keynes/Mundell/Fleming-Modell für die **kleine** offene Volkswirtschaft. Die Geldpolitik ist im Rahmen einer solchen Modellstruktur bei Vorliegen eines Systems flexibler Wechselkurse effizient, während von der Fiskalpolitik keine Realeinkommenswirkungen ausgehen.[42] Durch die Berücksichtigung internationaler Rückwirkungen wird die Ineffizienz der Fiskalpolitik aufgehoben, während die Effizienz der Geldpolitik erhalten bleibt.[43] Im vorliegenden Modellrahmen weist das Ausland keine dem Inland entsprechende Angebotsstruktur auf. Wäre auch das **Ausland** ein **keynesianisches Land** (d.h. eine Volkswirtschaft mit rigidem Geldlohnsatz und der Angebotsfunktion $Y^{s^*} = Y^*(P^*, l^*)$), so würde von einer **inländischen Staatsausgabenerhöhung** ein **positiver** und von einer **inländischen Geldmengensteigerung** sowie einer **Senkung des inländischen Lohnnebenkostensatzes** jeweils ein **negativer Spillover** ausgehen. Da das **Ausland** jetzt durch eine **neoklassische Angebotsstruktur** gekennzeichnet ist, kommt es bei allen genannten wirtschaftspolitischen Maßnahmen zu einer **Änderung der Übertragungsrichtung**. Wenn wir realistischerweise davon ausgehen, dass eine Zunahme der inländischen Staatsausgaben eine reale Aufwertung der Inlandswährung (Steigerung von τ) bewirkt[44], verschlechtern sich im neoklassischen Ausland die Angebotsverhältnisse, so dass dort gemäß der Angebotsfunktion (7.47) das reale Inlandsprodukt zurückgeht. Bei einer Steigerung der

---

[42]Vgl. Tabelle 7.1 in Abschnitt 7.1.1.

[43]Allerdings verringert sich der Wert des (positiven) geldpolitischen Multiplikators dY/dM durch den Übergang von der kleinen zur großen offenen Volkswirtschaft, da negative internationale Rückwirkungen im System flexibler Wechselkurse auftreten.

[44]Theoretisch denkbar ist auch der Fall einer Abwertung der Inlandswährung, da in beiden Ländern das Zinsniveau ansteigt. Über die Richtungsänderung des Wechselkurses entscheidet dann der relative Zinseffekt bei gegebenem Wechselkurs. Käme es zu einer realen Abwertung der inländischen Währung, würde sich ein positiver Spillover ergeben.

inländischen Geldmenge oder Senkung des inländischen Lohnnebenkostensatzes liegt dagegen eine positive Konjunkturtransmission vor, da sich in diesem Fall eine reale Abwertung der Inlandswährung bzw. reale Aufwertung der Auslandswährung ergibt, wodurch das ausländische Güterangebot steigt.

Im Unterschied zum rein keynesianischen Zwei-Länder-Modell ergibt sich im vorliegenden Asymmetriefall bei der **Fiskalpolitik** kein positiver, sondern ein **negativer Output-Spillover**.[45] Die **Geldpolitik** ist demgegenüber – ebenso wie eine **angebotsorientierte Wirtschaftspolitik** (Senkung des Lohnnebenkostensatzes) – nicht mehr mit einem negativen, sondern mit einem **positiven Übertragungseffekt** verbunden. Im vorliegenden Modellrahmen mit asymmetrischer Angebotsstruktur erzeugt eine **inländische Staatsausgabensteigerung** stagflationäre Wirkungen im Ausland ($dY^* < 0$, $dP^* > 0$). Die Politikmaßnahme $dG > 0$ führt im Ausland auf der Güternachfrageseite zu einem Rückgang der privaten Investitionsnachfrage I^* (da der Weltzinssatz steigt) und zu einer Verbesserung des Außenbeitrages A^*. Wegen der negativen Konjunkturtransmission fällt die Senkung von I^* stärker aus als der Anstieg von A^*. Weiter ergibt sich im Ausland eine Steigerung des Preisniveaus P^*, was sich mit Hilfe der ausländischen LM-Gleichung (7.46) zeigen lässt. Da die reale Geldnachfrage L^* aufgrund der Zinssteigerung und Einkommenssenkung zurückgeht, muss sich P^* erhöhen, um eine gleich große Senkung der realen Geldmenge M^*/P^* zu erzeugen. Im Inland erhöht sich ebenfalls das Güterpreisniveau, da zwischen P und Y gemäß der Angebotsfunktion (7.44) eine positive Beziehung besteht. Die inländische Einkommensexpansion, die sich im Falle $dG > 0$ trotz der Senkung der privaten Nettoinvestition I und des Außenbeitrages A einstellt, ist anhand der inländischen LM-Gleichung erkennbar. Würde nämlich Y sinken, so ergäbe sich gemäß der Angebotsfunktion (7.44) auch ein Rückgang des Preisniveaus P. Auf dem Geldmarkt käme es dann zu einer Erhöhung der realen Geldmenge und zu einer Senkung der realen Geldnachfrage, d.h. zu einem Angebotsüberschuss, was der Gleichgewichtsbedingung des Geldmarktes widerspräche.

Im Unterschied zu einer Staatsausgabenerhöhung ergibt sich bei einer **inländischen Geldmengensteigerung** auf dem ausländischen Gütermarkt eine Zunahme der Investitionsnachfrage und eine Verschlechterung der terms-of-trade-abhängigen Nettoexporte. Insgesamt steigt die Güternachfrage des Auslands, da das Güterangebot wegen der realen Aufwertung der Auslandswährung zunimmt. Die Senkung des ausländischen Zinssatzes i^* und die Erhöhung des Inlandsprodukts Y^* bewirken eine Steigerung der realen Geldnachfrage L^*; die ausländische LM-Gleichung impliziert dann eine Senkung des ausländischen Preisniveaus P^*. Im Inland erhöht sich dagegen gemäß der Angebotsfunktion (7.44) das Güterpreisniveau, da das Inlandsprodukt zunimmt. Die Steigerung von P fällt dabei geringer aus als die Geldmengenexpansion. Dies liegt daran, dass die reale Geldmenge aufgrund des Anstiegs der realen Geldnachfrage ebenfalls zunehmen muss.

Eine **Senkung des inländischen Lohnnebenkostensatzes** l bewirkt eine reale Aufwertung der Auslandswährung und über den Rückgang des inländischen Preisniveaus eine Reduktion des in- und ausländischen Zinssatzes. Da das Ausland durch eine neoklassische Angebotsstruktur gekennzeichnet ist, ergibt sich dort eine Ein-

---

[45]Hierbei wird unterstellt, dass die Staatsausgabensteigerung eine nominale und reale Aufwertung der heimischen Währung hervorruft.

kommenssteigerung. Nachfrageseitig lässt sich die Erhöhung von Y^* damit erklären, dass die expansiven Effekte, die aus der Zinssenkung und der inländischen Einkommensexpansion für den ausländischen Gütermarkt resultieren, zusammengenommen stärker ausfallen als der kontraktive Terms-of-Trade-Effekt auf den ausländischen Außenbeitrag. Weiter finden in beiden Ländern Preissenkungen statt, da sich sonst kein Gleichgewicht auf dem in- und ausländischen Geldmarkt einstellen würde.[46]

Graphische Analyse

Graphisch lassen sich die Wirkungen isolierter stabilisierungspolitischer Maßnahmen im asymmetrischen Zwei-Länder-Modell für das Inland in einem P/Y- und für das Ausland in einem P^*/Y^*-Diagramm veranschaulichen.[47] Abbildung 7.16 zeigt die Wirkungen einer **inländischen Staatsausgabensteigerung** auf das In- und Ausland. Dabei ist

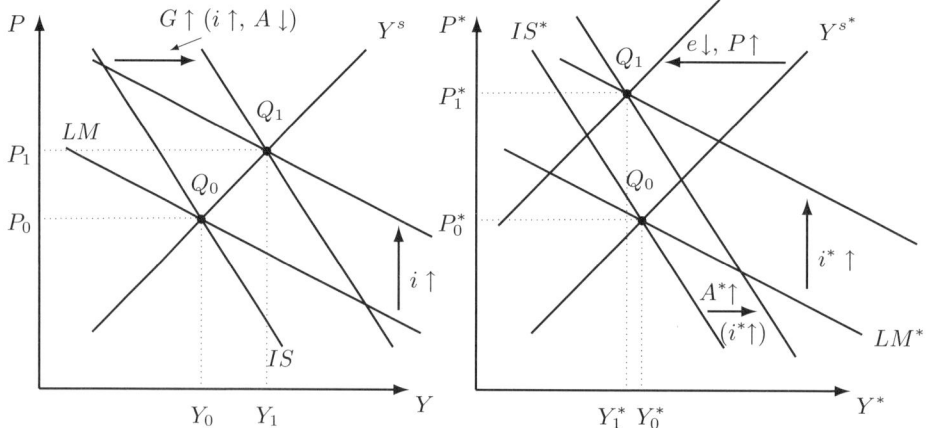

Abb. 7.16: *Inländische Staatsausgabensteigerung im asymmetrischen Zwei-Länder-Modell*

unterstellt worden, dass die heimische Währung durch die Erhöhung von G aufgewertet wird. Die Güterangebotskurve des Auslands, die im P^*/Y^*-Diagramm parametrisch vom Wechselkurs e und vom inländischen Preisniveau P abhängig ist, verlagert sich dann nach links. Die Steigerung des Weltzinsniveaus bewirkt eine Verschiebung der LM-Kurven nach oben. Da im neoklassischen Ausland das Einkommen wegen der realen Abwertung der Auslandswährung gesunken ist, liegt der neue Schnittpunkt Q_1 der Y^{s^*}-Kurve mit der LM^*-Kurve nordwestlich des Anfangsgleichgewichts Q_0. Die IS^*-Kurve verlagert sich durch die Verbesserung des ausländischen Außenbeitrages nach rechts, während die Zinssteigerung eine Linksverschiebung dieser Kurve impliziert. In Abbildung 7.16 ist insgesamt eine Rechtsverschiebung der IS^*-Kurve unterstellt worden.[48]

---

[46]Wegen $di = di^* < 0$ sowie $dY > 0$ und $dY^* > 0$ gilt ja $dL > 0$ und $dL^* > 0$. Daher müssen auch M/P und M^*/P^* zunehmen, d.h. P und P^* sinken.

[47]Alternativ könnte für das Ausland auch ein τ/Y^*-Diagramm verwendet werden.

[48]Verläuft die IS^*-Kurve flacher als die LM^*-Kurve, ergibt sich eindeutig eine Rechtsverschiebung der IS^*-Kurve. Im τ/Y^*-Diagramm würde man dagegen eine Verlagerung dieser Kurve nach links erhalten (vgl. Abbildung 7.9).

Im Inland, das durch Unterbeschäftigung und einen rigiden Geldlohnsatz gekennzeichnet ist, ergibt sich keine Lageveränderung der Angebotskurve Y^s, da diese nicht vom Wechselkurs e und vom ausländischen Preisniveau P^* abhängig ist. Demzufolge liegt das neue Gleichgewicht im Inland, d.h. der Punkt Q_1, nordöstlich von Q_0 auf der in der Lage unveränderten Y^s-Kurve. Die inländische IS-Kurve muss sich daher trotz der Verschlechterung des heimischen Außenbeitrages und des zinsinduzierten Rückgangs der privaten Investitionsnachfrage insgesamt nach rechts verlagern.

Abbildung 7.17 zeigt die Wirkungen einer **inländischen Geldmengensteigerung**. Aufgrund der realen Aufwertung der Auslandswährung kommt es im neoklassischen

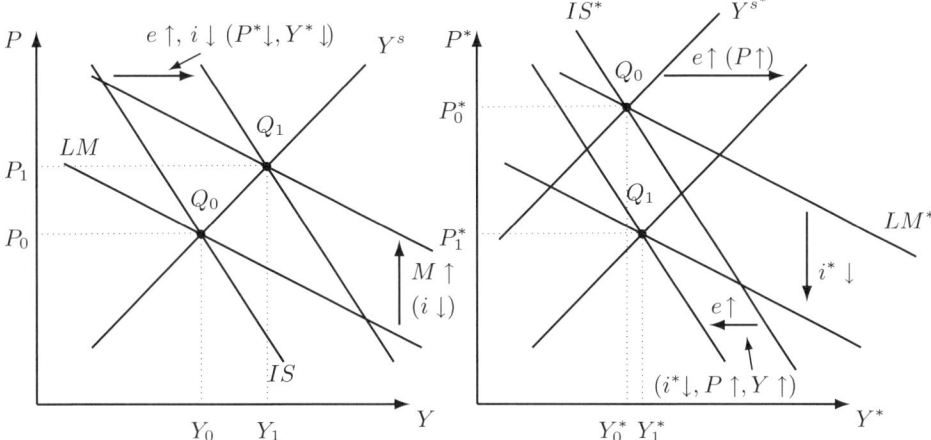

Abb. 7.17: *Inländische Geldmengensteigerung im asymmetrischen Zwei-Länder-Modell*

Ausland zu einer Einkommensexpansion. Die ausländische Angebotskurve Y^{s^*} wird durch die Aufwertung der ausländischen Währung nach rechts verschoben, während die Senkung des ausländischen Zinssatzes die LM*-Kurve nach unten verlagert. Der neue Schnittpunkt Q_1 zwischen Y^{s^*}- und LM*-Kurve liegt südöstlich des Ausgangsgleichgewichtes Q_0. Die IS*-Kurve wird durch die Zinssenkung und die Steigerung des inländischen Einkommens und Preisniveaus nach rechts und durch die Aufwertung der Auslandswährung nach links verschoben. In Abbildung 7.17 ist insgesamt eine Linksverlagerung der IS*-Kurve unterstellt worden.[49] Im keynesianischen Inland verschiebt sich die LM-Kurve trotz der Zinssenkung insgesamt nach oben, während die Y^s-Kurve in der Lage unverändert bleibt; demzufolge liegt das Endgleichgewicht Q_1 im P/Y-Diagramm nordöstlich des Anfangsgleichgewichts Q_0. Die Zinssenkung und die Verbesserung der internationalen Wettbewerbsfähigkeit bewirken außerdem eine eindeutige Rechtsverschiebung der IS-Kurve. Im Inland ist die Zunahme des Inlandsprodukts gemäß der keynesianischen Angebotsfunktion (7.38) mit einer Preisniveausteigerung verbunden,

---

[49]Eine eindeutige Linksverschiebung der IS*-Kurve im P^*/Y^*-Diagramm ergibt sich, falls die LM*-Kurve steiler als die IS*-Kurve verläuft. Im τ/Y^*-Diagramm würde sich dagegen die IS*-Kurve nach rechts verschieben.

während im neoklassischen Ausland das Preisniveau trotz der Einkommensexpansion zurückgeht. Ökonomisch lässt sich dies damit begründen, dass die Wechselkurssteigerung (Aufwertung der Auslandswährung) einen Angebotsüberschuss auf dem ausländischen Gütermarkt erzeugt.

Die Wirkungen einer **Senkung des inländischen Lohnnebenkostensatzes** sind graphisch in Abbildung 7.18 dargestellt. Für das Ausland ergeben sich qualitativ die glei-

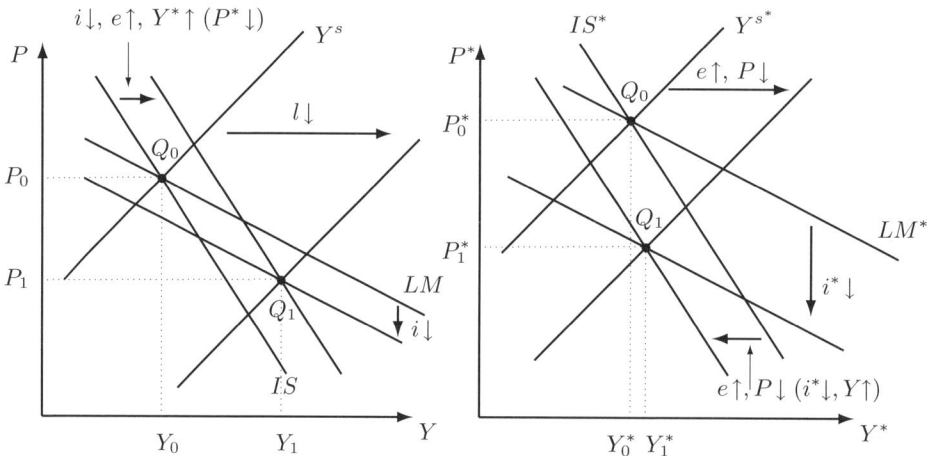

Abb. 7.18: *Inländische Lohnnebenkostensatzsenkung im asymmetrischen Zwei-Länder-Modell*

chen Effekte wie bei einer Erhöhung der inländischen Geldmenge, d.h. durch die Aufwertung der Auslandswährung eine Rechtsverschiebung der Y^{s^*}-Kurve und durch die Zinssenkung eine Verlagerung der LM*-Kurve nach unten. Das Endgleichgewicht im P^*/Y^*-Diagramm liegt dann südöstlich des Ausgangsgleichgewichtes, d.h. ist mit einer Steigerung von Y^* und einer Senkung von P^* verbunden. Die Senkung des ausländischen Zinssatzes sowie die inländische Einkommensexpansion wirken expansiv, die Verschlechterung der Wettbewerbsfähigkeit kontraktiv auf die ausländische Güternachfrage. In Abbildung 7.18 ist eine Linksverlagerung der IS*-Kurve unterstellt worden. Im keynesianischen Inland wird die Angebotskurve Y^s durch die Senkung des Lohnnebenkostensatzes nach rechts und die LM-Kurve durch den Rückgang des Zinssatzes nach unten verschoben. Die Zinssenkung bewirkt gleichzeitig eine Rechtsverschiebung der inländischen IS-Kurve, ebenso die Abwertung der Inlandswährung und die ausländische Einkommensexpansion. Der Rückgang des ausländischen Preisniveaus bewirkt dagegen eine Linksverlagerung der IS-Kurve, da dadurch isoliert gesehen die Güterexporte des Inlands zurückgehen. In Abbildung 7.18 ist insgesamt eine Rechtsverschiebung der IS-Kurve unterstellt worden, was nur dann der Fall ist, wenn die IS-Kurve im P/Y-Diagramm steiler als die LM-Kurve verläuft.[50] Unabhängig von der Lageveränderung der inländischen IS-Kurve ergibt sich auch im keynesianischen Inland ein Rückgang des

---

[50]Im umgekehrten Fall muss sich die inländische IS-Kurve immer nach links verlagern, um zu einem neuen gesamtwirtschaftlichen Gleichgewicht zu gelangen.

Preisniveaus, was auf die Senkung des Lohnnebenkostensatzes und die damit verbundene Verringerung der unternehmerischen Arbeitskosten zurückzuführen ist.

Der **positive Übertragungseffekt** einer inländischen Lohnnebenkostensatzsenkung auf das neoklassische Ausland hängt maßgeblich davon ab, dass sich die ausländische Währung real gesehen aufwertet, d.h. die inländischen Terms of Trade τ sinken. Um dies zu zeigen, unterstellen wir das Gegenteil, d.h. eine Steigerung von τ. In diesem Fall würden das ausländische Güterangebot und das ausländische Inlandsprodukt zurückgehen. Auf der Nachfrageseite käme es im Fall $d\tau > 0$ zu einer Verbesserung des ausländischen Außenbeitrages, so dass der Rückgang von Y^* nachfrageseitig nur durch eine Senkung der Investitionsnachfrage zu erklären wäre. Dies würde aber eine Steigerung des Weltzinsniveaus und demzufolge auch eine Senkung der inländischen Investitionsnachfrage implizieren.[51] Die Verbesserung des ausländischen bedeutet gleichzeitig eine Verschlechterung des inländischen Außenbeitrages. Zusammen mit dem Rückgang von I würde hieraus eine inländische Einkommenskontraktion resultieren. Eine Senkung von Y ist aber im Falle $di > 0$ ausgeschlossen, da sich dann neben der Y^s-Kurve auch die LM-Kurve nach rechts verlagern würde, was graphisch eine Zunahme von Y zur Folge hätte. Also muss die Senkung des inländischen Lohnnebenkostensatzes auch bei Vorliegen einer asymmetrischen Angebotsstruktur mit einer realen Abwertung der Inlandswährung verbunden sein.

Außerdem ergibt sich – ebenso wie im rein keynesianischen und im rein neoklassischen Zwei-Länder-Fall – eindeutig eine Senkung des Weltzinsniveaus. Wenn dies nämlich nicht der Fall wäre, käme es nicht zu einem gleichzeitigen Anstieg von Y und Y^*. Dies wird anhand der Aggregation der IS-Gleichungen deutlich: Wegen $A = -A^*$ folgt aus dem totalen Differential der in- und ausländischen IS-Gleichung

$$(1 - C_{Y^v}(1 - t))dY + (1 - C_{Y^{v*}}^*(1 - t^*))dY^* = I_i di + I_{i^*}^* di^*. \qquad (7.48)$$

Wenn $di = di^* > 0$ angenommen wird, ist die rechte Seite dieser Gleichung negativ, so dass auch die linke Seite von (7.48) negativ sein muss. Dann muss es aber in mindestens einem Land zu einer Einkommenskontraktion gekommen sein. Graphisch ist anhand von Abbildung 7.18 erkennbar, dass das Inlandseinkommen auch im Falle $di > 0$ (d.h. bei einer Rechtsverschiebung der LM-Kurve) zunimmt. Also impliziert die Annahme $di = di^* > 0$, dass im Ausland das Einkommen gesunken sein muss. Dies ist aber ein Widerspruch dazu, dass sich im neoklassischen Ausland das Einkommen aufgrund der realen Aufwertung der ausländischen Währung erhöht. Die Annahme, dass das Weltzinsniveau bei einer Senkung des Lohnnebenkostensatzes ansteigt, ist somit falsch, so dass die Verminderung von l auch im asymmetrischen Zwei-Länder-Fall mit einem Rückgang von i und i^* verbunden ist.

---

[51]In einem τ/Y^*-Diagramm, in dem die Y^{s^*}-Kurve in ihrer Lage unverändert bleibt, bedeutet die Annahme $d\tau > 0$ eine Linksverlagerung der IS*-Kurve. Wegen der Erhöhung des Inlandseinkommens, die die IS*-Kurve isoliert gesehen nach rechts verschieben würde, müsste dann i^* angestiegen sein, um überhaupt die Linksverschiebung von IS* begründen zu können.

7.4.2   Stabilisierungspolitische Maßnahmen des neoklassischen Auslands

Den stabilisierungspolitischen Maßnahmen des keynesianischen Inlands (Fiskalpolitik, Geldpolitik, Angebotspolitik) lassen sich entsprechende Maßnahmen des neoklassischen Auslands gegenüberstellen. Für das neoklassische Zwei-Länder-Modell (Abschnitt 7.2) wurde gezeigt, dass eine Staatsausgabensteigerung mit einem negativen Transmissionseffekt für das andere Land verbunden ist, während geldpolitische Maßnahmen für beide Länder ohne Realeinkommenswirkungen sind. Eine Senkung des Lohnnebenkostensatzes hat dagegen im neoklassischen Zwei-Länder-Ansatz einen positiven Output-Spillover zur Folge. Im vorliegenden Zwei-Länder-Modell weist das Inland keine neoklassische, sondern eine keynesianische Struktur auf. Führt eine exogene Störung im neoklassischen Ausland zu einer realen Aufwertung der Auslandswährung, so ist hiermit im vorliegenden Zwei-Länder-Modell keine Verschlechterung der inländischen Angebotsbedingungen verbunden, da die Angebotsfunktion des Inlands vom Wechselkurs e unabhängig ist. Im keynesianischen Inland wird das Güterangebot vor allem durch die Güternachfrage determiniert. Diese wiederum wird bei einer realen Aufwertung der ausländischen Währung in positiver Weise tangiert, da sich dadurch der inländische Außenbeitrag (bei Normalreaktion) verbessert.

Kommt es jetzt im **neoklassischen Ausland** zu einer **Staatsausgabensteigerung**, so ergeben sich für den inländischen Gütermarkt zwei gegenläufige Effekte. Durch die Senkung der inländischen Terms of Trade τ sowie die Steigerung des ausländischen Güterangebots bzw. Einkommens Y^* nimmt der Außenbeitrag des Inlands zu. Auf der anderen Seite gehen die privaten Nettoinvestitionen zurück, da sich das Weltzinsniveau erhöht. Ebenso wie im keynesianischen Zwei-Länder-Modell dominiert die Verbesserung des inländischen Außenbeitrages den kontraktiven Zinseffekt, so dass sich insgesamt eine **positive Konjunkturübertragung**, also eine Einkommensexpansion im Inland, ergibt. Die eindeutige Steigerung von Y ist anhand der Gleichgewichtsbedingung des Geldmarktes erkennbar. Da sich dieser Markt annahmegemäß stets im Gleichgewicht befindet, kann es zu keiner Senkung von Y kommen, da sich sonst ein Angebotsüberschuss auf dem Geldmarkt ergeben würde.[52]

Wird anstelle einer Staatsausgabenerhöhung eine **Geldmengensteigerung** im **neoklassischen Ausland** betrachtet, ergeben sich – ebenso wie im neoklassischen Zwei-Länder-Modell – **keine Realeinkommenseffekte** in beiden Ländern. Formal ist dies daran erkennbar, dass sich das vorliegende Zwei-Länder-Modell mit asymmetrischer Angebotsstruktur in zwei Teilsysteme zerlegen lässt. Das erste Teilsystem besteht aus dem realen Sektor des In- und Auslands sowie der inländischen Geldmarktgleichung, d.h. aus den Modellgleichungen (7.40), (7.42), (7.43), (7.44), (7.45) und (7.47). Dieses sechsdimensionale Gleichungssystem ist vom zweiten Teilsystem, der ausländischen LM-Gleichung (7.46) und der Definitionsgleichung für τ (Gleichung (7.41)), unabhängig und bestimmt die Gleichgewichtswerte der sechs endogenen Variablen Y, Y^*, i, i^*, τ und P. Diese Gleichgewichtswerte hängen von den Werten der fiskalpolitischen Instrumentvariablen und der Lohnnebenkostensätze beider Länder sowie von der inländischen

---

[52]Im Falle $dY < 0$ sowie $di > 0$ würde die nominale Geldnachfrage $P(Y) \cdot L(Y, i)$ zurückgehen, während das nominale Geldangebot M unverändert bliebe.

Geldmenge ab. Dagegen werden sie durch Änderungen der ausländischen Geldmenge nicht tangiert. Kommt es zu einer Erhöhung oder Senkung von M^*, wirkt sich dies aufgrund der bestehenden Modelldichotomie nur auf das ausländische Preisniveau P^* und den Wechselkurs e aus:

$$\frac{dM^*}{M^*} = \frac{dP^*}{P^*} = -\frac{de}{e}. \tag{7.49}$$

Eine Steigerung der ausländischen Geldmenge führt gemäß der LM*-Gleichung (7.46) sowie der Konstanz der ausländischen realen Geldnachfrage zu einer prozentual gleich großen Steigerung des Preisniveaus P^*.[53] Weiter ergibt sich eine Abwertung der Auslandswährung, die proportional zur Geldmengensteigerung ausfallen muss, da die Terms of Trade τ und das inländische Preisniveau P keine Änderung erfahren. Außerdem bleiben alle Realgrößen des In- und Auslands sowie die Zinssätze konstant. Der flexible Wechselkurs verhindert ein Übergreifen der monetären Störung aus dem neoklassischen Ausland auf das keynesianische Inland. Dagegen ist er nicht in der Lage, das Ausland von monetären Schocks des Inlands abzuschirmen, da eine inländische Geldmengensteigerung zu einer Einkommenserhöhung und Preisniveausenkung im Ausland führt (vgl. Abschnitt 7.4.1).

Findet im neoklassischen Ausland eine **Senkung des Lohnnebenkostensatzes** l^* statt, so ist hiermit für das keynesianische Inland eine **negative Konjunkturübertragung** verbunden, die aus der realen Abwertung der Auslandswährung bzw. Steigerung der inländischen Terms of Trade τ resultiert. Zwar wirken die Senkung des Weltzinsniveaus und die Einkommenserhöhung im Ausland expansiv auf die gesamtwirtschaftliche Güternachfrage des Inlands, jedoch dominiert der kontraktive Effekt der Terms-of-Trade-Steigerung auf den ausländischen Außenbeitrag. Die Einkommenssenkung im Inland lässt sich wieder aus der LM-Gleichung ableiten: Durch die Zinssenkung kommt es zu einer Steigerung der nominalen Geldnachfrage $P(Y) \cdot L(Y, i)$; demzufolge muss Y sinken, um wieder ein Gleichgewicht auf dem inländischen Geldmarkt herzustellen.

Graphische Analyse

Die Wirkungen einer **ausländischen Staatsausgabensteigerung** lassen sich graphisch durch Abbildung 7.19 veranschaulichen. Durch die Aufwertung der Auslandswährung[54] verlagert sich die ausländische Angebotskurve Y^{s^*} nach rechts. Die Steigerung des Weltzinsniveaus verschiebt die in- und ausländische LM-Kurve nach oben. In beiden Ländern ist dann der neue Schnittpunkt Q_1 zwischen Angebots- und Geldmarktkurve mit einer Einkommenssteigerung verbunden. Im keynesianischen Inland erhöht sich gleichzeitig das Preisniveau, während im neoklassischen Ausland die

---

[53]Ökonomisch lässt sich die Preiserhöhung mit der nominalen Abwertung der Auslandswährung begründen, die zu einer Steigerung der ausländischen Güternachfrage und zu einer Senkung des ausländischen Güterangebots führt.

[54]Die Staatsausgabensteigerung im neoklassischen Ausland führt eindeutig zu einer Terms-of-Trade-Senkung ($d\tau < 0$). Wäre dies nämlich nicht der Fall, würden Y^* und A zurückgehen. Aus der Zinssteigerung würde weiter $dI < 0$ und $dI^* < 0$ folgen. Also müsste auch im Inland $dY < 0$ gelten. Dies kann aber nicht sein, da sich sonst ein Widerspruch zur LM-Gleichung ergeben würde. Wenn i steigt, geht die nominale Geldnachfrage $P(Y) \cdot L(Y, i)$ zurück, so dass eine Steigerung von Y erforderlich ist, um das Gleichgewicht am Geldmarkt aufrechtzuerhalten.

Preisänderung von der Richtung her unbestimmt ist. In Abbildung 7.19 ist entsprechend dem neoklassischen Klein-Land-Fall eine Preissenkung unterstellt worden. In
Abbildung 7.19 ist weiter angenommen worden, dass die IS*-Kurve steiler als die LM*-
Kurve verläuft. Wegen der Rechtsverschiebung der LM*-Kurve verschiebt sich in diesem Fall insgesamt auch die IS*-Kurve nach rechts. Die positiven Effekte, die aus der
Steigerung der ausländischen Staatsausgaben, des inländischen Einkommens und des
inländischen Preisniveaus für die gesamtwirtschaftliche Güternachfrage des Auslands
resultieren, sind dann zusammengenommen größer als der zins- und wechselkursindu-
zierte Crowding-out-Effekt. Im umgekehrten Fall einer steil verlaufenden LM*-Kurve
wäre dagegen auch eine Linksverschiebung der IS*-Kurve möglich. Im Inland ergibt
sich dagegen stets eine Rechtsverschiebung der IS-Kurve. Die Verbesserung des inländischen Außenbeitrages ist stärker ausgeprägt als der Crowding-out-Effekt, der aus der
Steigerung des inländischen Zinssatzes resultiert.

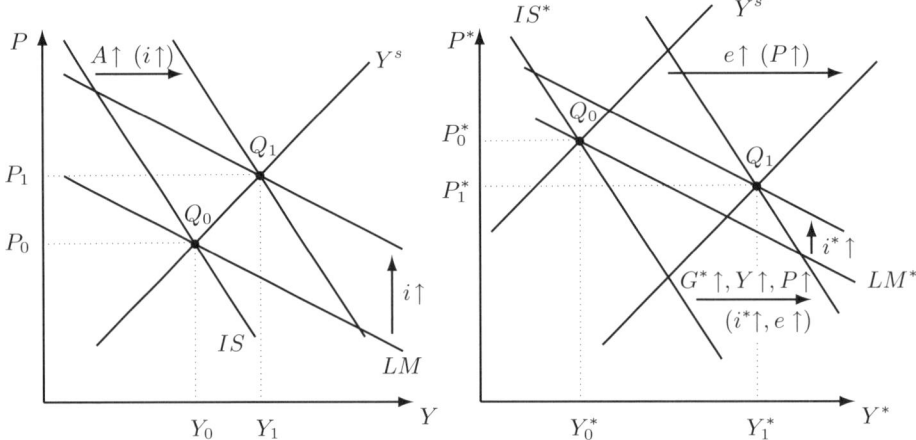

Abb. 7.19: *Staatsausgabensteigerung im neoklassischen Ausland*

Abbildung 7.20 zeigt die Wirkungen einer **Erhöhung der ausländischen Geldmenge**
im P^*/Y^*-Diagramm.[55] Die Geldmarktkurve LM^* wird durch die Geldmengensteigerung nach oben verlagert, während die Abwertung der Auslandswährung die Güternachfragekurve IS^* nach rechts und die Angebotskurve Y^{s^*} nach links verschiebt. Da
die ausländische Geldmengensteigerung weder mit Realeinkommens- noch Zinseffekten
verbunden ist, kommt es im neoklassischen Ausland nur zu proportionalen Preiseffekten.

Die Wirkungen einer **Senkung des ausländischen Lohnnebenkostensatzes** sind in
Abbildung 7.21 dargestellt. Im Ausland ist hiermit eine Rechtsverschiebung der Angebotskurve Y^{s^*} verbunden. Die Senkung des Weltzinsniveaus, die aus dem Rückgang des
ausländischen Preisniveaus resultiert, verlagert in beiden Ländern die LM-Kurve nach
unten. Im Inland ist damit das Endgleichgewicht Q_1 festgelegt. Dieses liegt südwestlich von Q_0 auf der in der Lage unverändert gebliebenen Y^s-Kurve und ist durch eine

---

[55]Im entsprechenden Diagramm für das Inland finden keine Kurvenverschiebungen statt, da $dY = dP = 0$ gilt.

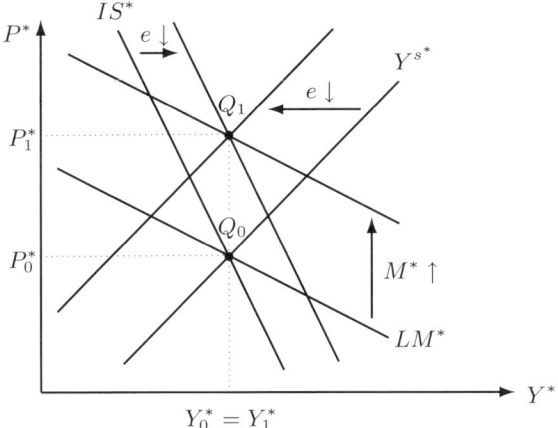

Abb. 7.20: *Geldmengensteigerung im neoklassischen Ausland*

Einkommens- und Preisniveausenkung gekennzeichnet. Trotz des Rückgangs des Weltzinsniveaus und der ausländischen Einkommenssteigerung verlagert sich die inländische
IS-Kurve aufgrund der Verschlechterung der internationalen Wettbewerbsfähigkeit insgesamt nach links. Im Ausland ist dagegen die Richtung der Verschiebung der IS*-Kurve
nicht eindeutig. In Abbildung 7.21 ist insgesamt eine Rechtsverschiebung der IS*-Kurve
unterstellt worden.[56]

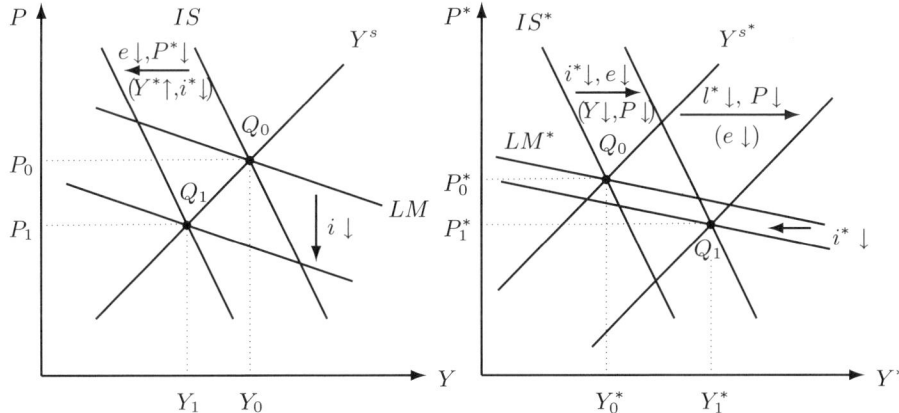

Abb. 7.21: *Senkung des Lohnnebenkostensatzes im neoklassischen Ausland*

---

[56]Verläuft die LM*-Kurve steiler als die IS*-Kurve, würde sich immer eine Linksverlagerung der
IS*-Kurve ergeben.

Die negative Konjunkturübertragung, die mit einer Reduktion des Lohnnebenkostensatzes im neoklassischen Ausland verbunden ist, hängt gemäß Abbildung 7.21 maßgeblich davon ab, dass hiermit ein Rückgang des Weltzinsniveaus einhergeht. Wäre dies nämlich nicht der Fall, würde sich im Inland die LM-Kurve nach oben verlagern mit der Folge einer inländischen Einkommenssteigerung.[57] Nachfrageseitig ließe sich dies nur mit einer Verbesserung des inländischen bzw. Verschlechterung des ausländischen Außenbeitrages erklären. Im Ausland würde dann das Einkommen zurückgehen, was ein Widerspruch dazu ist, dass Y^* auch bei einer Verlagerung der LM*-Kurve nach oben zunehmen muss. Also ist die Senkung von l^* stets mit einem Rückgang des Weltzinsniveaus verbunden. Außerdem ergibt sich eindeutig eine reale Aufwertung der Inlandswährung, da sich anderenfalls das Inlandseinkommen erhöhen würde, was wiederum wegen der Verlagerung der LM-Kurve nach unten ausgeschlossen ist.

Zusammenfassung

Im Zwei-Länder-Modell mit **asymmetrischer Angebotsstruktur** (keynesianisches Inland, neoklassisches Ausland) gehen von inländischen stabilisierungspolitischen Maßnahmen der Nachfrage- und Angebotssteuerung andere Übertragungseffekte aus als von entsprechenden Maßnahmen des Auslands. Eine **inländische Staatsausgabensteigerung** hat im System **flexibler** Wechselkurse eine negative internationale Konjunkturtransmission zur Folge (vorausgesetzt es ergibt sich eine reale Aufwertung der Inlandswährung). Dagegen bewirkt eine Erhöhung der **ausländischen Staatsausgaben** in beiden Ländern eine Einkommensexpansion. Das Einkommen beider Länder wird ebenfalls simultan erhöht, wenn eine **expansive Geldpolitik** im **keynesianischen Inland** betrieben wird. Dagegen ist eine **Geldmengensteigerung** im **neoklassischen Ausland** ohne in- und ausländische Realeinkommenseffekte. Im Ausland kommt es lediglich zu Preissteigerungen, während das inländische Preisniveau konstant bleibt. Eine **Senkung** des **inländischen Lohnnebenkostensatzes** führt ebenso wie eine inländische Geldmengenerhöhung in beiden Ländern zu einer Einkommenssteigerung und hat in beiden Ländern eine Reduktion des Preisniveaus zur Folge. Eine **Verminderung** des **ausländischen Lohnnebenkostensatzes** bewirkt dagegen eine Einkommenskontraktion im keynesianischen Inland und senkt ebenfalls das in- und ausländische Preisniveau.

7.4.3   In- und ausländische Stabilisierungspolitik im Überblick

Tabelle 7.4 vermittelt einen Überblick über die Einkommens- und Preiseffekte, die im System flexibler Wechselkurse von isolierten in- und ausländischen Maßnahmen der Fiskal-, Geld- und Angebotspolitik bei gleicher und unterschiedlicher Angebotsstruktur im In- und Ausland ausgehen.[58]

Der Tabelle ist zu entnehmen, dass eine **inländische Staatsausgabenerhöhung unabhängig** von der Angebotsstruktur im Inland (keynesianisch oder neoklassisch) mit

---

[57]Q_1 würde dann nordöstlich von Q_0 auf der Y^s-Kurve liegen.
[58]Die Tabelle basiert auf der Annahme wechselkursunabhängiger Geldmarktgleichungen.

einem positiven Output-Spillover ($dY^* > 0$) verbunden ist, falls das Ausland eine keynesianische Angebotsstruktur aufweist. Dagegen ist der Übertragungseffekt negativ, falls es sich um ein neoklassisches Ausland handelt. Eine entsprechende Aussage gilt auch für eine ausländische Staatsausgabensteigerung. Eine **inländische expansive Fiskalpolitik** bewirkt (im Normalfall) eine reale Aufwertung der Inlandswährung (Terms-of-Trade-Steigerung) sowie eine Steigerung des Weltzinsniveaus. Trotz dieser Crowding-out-Effekte erhöht sich im Inland das Einkommen. Im Ausland verbessert sich der

	$Y = Y(P,l)$ $Y^* = Y^*(P^*,l^*)$	$Y = Y(\tau,l)$ $Y^* = Y^*(\tau,l^*)$	$Y = Y(P,l)$ $Y^* = Y^*(\tau,l^*)$	$Y = Y(\tau,l)$ $Y^* = Y^*(P^*,l^*)$
$dG > 0$	$dY > 0, dP > 0$ $dY^* > 0, dP^* > 0$	$dY > 0, dP \gtreqless 0$ $dY^* < 0, dP^* > 0$	$dY > 0, dP > 0$ $dY^* < 0^{59}, dP^* > 0$	$dY > 0, dP \gtreqless 0$ $dY^* > 0, dP^* > 0$
$dG^* > 0$	$dY > 0, dP > 0$ $dY^* > 0, dP^* > 0$	$dY < 0, dP > 0$ $dY^* > 0, dP \gtreqless 0$	$dY > 0, dP > 0$ $dY^* > 0, dP^* \gtreqless 0$	$dY < 0^{60}, dP > 0$ $dY^* > 0, dP^* > 0$
$dM > 0$	$dY > 0, dP > 0$ $dY^* < 0, dP^* < 0$	$dY = 0, dP > 0$ $dY^* = 0, dP^* = 0$	$dY > 0, dP > 0$ $dY^* > 0, dP^* < 0$	$dY = 0, dP > 0$ $dY^* = 0, dP^* = 0$
$dM^* > 0$	$dY < 0, dP < 0$ $dY^* > 0, dP^* > 0$	$dY = 0, dP = 0$ $dY^* = 0, dP^* > 0$	$dY = 0, dP = 0$ $dY^* = 0, dP^* > 0$	$dY > 0, dP < 0$ $dY^* > 0, dP^* > 0$
$dl < 0$	$dY > 0, dP < 0$ $dY^* < 0, dP^* < 0$	$dY > 0, dP < 0$ $dY^* > 0, dP^* < 0$	$dY > 0, dP < 0$ $dY^* > 0, dP^* < 0$	$dY > 0, dP < 0$ $dY^* < 0, dP^* < 0$
$dl^* < 0$	$dY < 0, dP < 0$ $dY^* > 0, dP^* < 0$	$dY > 0, dP < 0$ $dY^* > 0, dP^* < 0$	$dY < 0, dP < 0$ $dY^* > 0, dP^* < 0$	$dY > 0, dP < 0$ $dY^* > 0, dP^* < 0$

Tabelle 7.4: *Fiskalpolitik, Geldpolitik und Angebotspolitik bei symmetrischer und asymmetrischer Angebotsstruktur im In- und Ausland*

Außenbeitrag, während die Investitionsnachfrage durch die Zinssteigerung zurückgeht. Weist das Ausland eine **keynesianische Struktur** auf der Angebotsseite auf (Unterbeschäftigung, rigider Geldlohnsatz), determiniert die Güternachfrage weitgehend das Güterangebot, so dass auch im **Ausland** das **Einkommen steigt**. Der kontraktive Zinseffekt, der aus der Zunahme des Weltzinsniveaus entsteht, kann in diesem Fall die expansiven Effekte, die für das Ausland aus der inländischen Einkommenserhöhung und der realen Aufwertung der Inlandswährung resultieren, nicht überkompensieren. Handelt es sich dagegen beim **Ausland** um eine Volkswirtschaft mit einer **neoklassischen Angebotsseite**, bewirken Änderungen der inländischen Terms of Trade gegenläufige Änderungen des ausländischen Güterangebots, so dass bei einer Erhöhung der

---

[59] Dem Übertragungseffekt liegt die realistische Annahme $d\tau/dG > 0$ zugrunde.

[60] Für den Spillover wird $d\tau/dG^* < 0$ unterstellt.

inländischen Staatsausgaben das ausländische Einkommen und die ausländische Beschäftigung zurückgehen. Eine expansive Fiskalpolitik bewirkt also eine
Umkehrung der Übertragungsrichtung auf das passive Land, falls sich in diesem Land die Angebotsbedingungen in dem Sinne ändern, dass aus einer keynesianischen Struktur (Lohnsatzrigidität) eine neoklassische Struktur (Lohnsatzflexibilität)
wird. Aus einem positiven Output-Spillover wird dann ein negativer.

Auch für die Geldpolitik ändert sich die Richtung der Konjunkturübertragung, wenn
im passiven Land von keynesianischen zu neoklassischen Angebotsverhältnissen übergegangen wird. Voraussetzung dafür ist, dass von geldpolitischen Maßnahmen überhaupt
internationale Transmissionswirkungen ausgehen, d.h., dass es sich bei dem aktiven
Land um eine große offene Volkswirtschaft mit einer keynesianischen Angebotsstruktur
handelt. In diesem Fall geht von einer Geldmengensteigerung des keynesianischen
Landes ein negativer Output-Spillover aus, sofern das Ausland ebenfalls eine keynesianische Struktur aufweist. Die ausländische Güternachfrage geht dann trotz der
Senkung des Weltzinsniveaus aufgrund der Aufwertung der Auslandswährung zurück, so
dass dort das ausländische Einkommen sinkt. Dagegen ergibt sich ein positiver Spillover, falls das Ausland eine neoklassische Angebotsstruktur besitzt. In diesem
Fall verbessern sich durch die reale Aufwertung der Auslandswährung die Angebotsbedingungen des Auslands, so dass das Einkommen und die Beschäftigung in diesem Land
zunehmen.

Für die Angebotspolitik (Senkung des Lohnnebenkostensatzes) ergeben sich Übertragungseffekte auf das ausländische Einkommen, die qualitativ denen der Geldpolitik
entsprechen. Ist das Ausland auf der Angebotsseite durch Unterbeschäftigung und
Lohnsatzrigidität gekennzeichnet, bewirkt eine Senkung des inländischen Lohnnebenkostensatzes eine Einkommenskontraktion im Ausland, die sich mit der realen Aufwertung
der ausländischen Währung begründen lässt. Bei Vorliegen eines neoklassisch geprägten
ausländischen Arbeitsmarktes hat die reale Aufwertung der Auslandswährung eine Verbesserung der Angebotsbedingungen im passiven Land zur Folge, so dass in diesem Fall
das ausländische Einkommen steigt. Im Unterschied zur Geldpolitik ist die Angebotspolitik auch dann effizient, wenn das aktive Land eine neoklassische Angebotsstruktur
aufweist. Außerdem ergeben sich bei einer Senkung des Lohnnebenkostensatzes
stets Preissenkungen im aktiven und passiven Land, während Maßnahmen der Nachfragesteuerung immer in mindestens einem Land mit Preissteigerungen verbunden sind.

Internationale Koordination der Stabilisierungspolitik

Auf der Grundlage von Tabelle 7.4 lässt sich die Frage beantworten, welche interna-
tionalen Politikkombinationen geeignet sind, gleichzeitig im In- und Ausland das
Inlandsprodukt und die Beschäftigung zu erhöhen. Hierfür kommen in erster Linie sol-
che stabilisierungspolitischen Instrumente in Frage, die erstens in der Lage sind, das
Einkommen des aktiven Landes zu erhöhen, und zweitens mit einem positiven Output-
Spillover verbunden sind. Eine Lokomotivpolitik ist immer einer Beggar my Neighbour
Policy vorzuziehen!

Anhand von Tabelle 7.4 ist zu ersehen, dass die Struktur einer internationalen Politik-
Kombination, die diesen beiden Bedingungen genügt, maßgeblich davon abhängt, welche
Angebotsbedingungen im In- und Ausland vorliegen. Im Fall zweier keynesianischer

Länder ist die **fiskalpolitische Konvoi-Strategie**, d.h. die simultane Erhöhung von G und G^*, jeder anderen Politikkombination vorzuziehen, da bei dieser Angebotsstruktur nur die Fiskalpolitik eine positive Konjunkturtransmission erzeugt. Handelt es sich bei den beiden Volkswirtschaften um zwei vollkommen symmetrische Länder[59], lässt eine simultane und gleich große Erhöhung der in- und ausländischen Staatsausgaben die Terms of Trade konstant, so dass keine aufwertungsbedingten Crowding-out-Effekte auftreten können. Die Einkommensexpansion ist in diesem Fall für beide Länder gleich groß. Allerdings sind hiermit – neben einer Zunahme des Weltzinsniveaus – auch Preissteigerungen im In- und Ausland verbunden, die aus der Nachfragesteigerung resultieren und im keynesianischen Unterbeschäftigungsfall über die Senkung des Reallohnsatzes eine Erhöhung des Güterangebots bewirken.

Weisen **beide Länder** eine **neoklassische Angebotsstruktur** auf, können nur durch eine **angebotsorientierte Wirtschaftspolitik**, d.h. durch eine Senkung des Lohnnebenkostensatzes, negative Übertragungseffekte vermieden werden. Geldpolitische Maßnahmen sind im neoklassischen Zwei-Länder-Modell ohne Einkommenswirkungen, während die Fiskalpolitik in diesem Modellrahmen mit einer negativen Konjunkturtransmission verbunden ist. Bei vollkommen symmetrischen Ländern würde eine fiskalpolitische Konvoi-Strategie lediglich Preiseffekte im In- und Ausland hervorrufen. Dagegen hat eine simultane Absenkung des in- und ausländischen Lohnnebenkostensatzes in beiden Ländern eine Einkommenssteigerung und Preisniveausenkung zur Folge.

Sind die Volkswirtschaften durch eine **unterschiedliche Angebotsstruktur** gekennzeichnet (im Sinne unterschiedlicher Lohnsatzflexibilität), ist eine **kombinierte Geld- und Fiskalpolitik** wirkungsvoller als die fiskalpolitische Konvoi-Strategie. Die **Geldpolitik** ist dabei dem **keynesianischen**, die **Fiskalpolitik** dem **neoklassischen Land zuzuordnen**. Weist beispielsweise das **Inland keynesianische** und das **Ausland neoklassische Angebotsverhältnisse** auf, erzielt eine „Mischung" aus **expansiver inländischer Geldpolitik** und **expansiver ausländischer Fiskalpolitik** ($dM > 0$, $dG^* > 0$) bessere Ergebnisse als die simultane Erhöhung der in- und ausländischen Staatsausgaben. Die inländische Geldpolitik ist ebenso wie die ausländische Fiskalpolitik im eigenen Land effizient und jeweils mit einem positiven Output-Spillover verbunden. Allerdings entstehen durch eine solche gemischte Strategie der Nachfragesteuerung unterschiedliche Preiseffekte, da sich das Preisniveau im keynesianischen Inland erhöht, während das Preisniveau im neoklassischen Ausland sogar fallen kann.[60] Die genau umgekehrte Zuordnung der beiden Instrumentvariablen, d.h. eine expansive Fiskalpolitik des Inlands und eine expansive Geldpolitik des Auslands ($dG > 0$, $dM^* > 0$), würde dagegen stagflationäre Wirkungen für das Ausland bewirken ($dY^* < 0$, $dP^* > 0$)[61] und nur im keynesianischen Inland das Einkommen erhöhen.

Bei Vorliegen einer **asymmetrischen Angebotsstruktur** (keynesianisches Inland, neoklassisches Ausland) kann die kombinierte Nachfragepolitik ($dM > 0$, $dG^* > 0$) auch

---

[59]Die jeweils entsprechenden Modellparameter des In- und Auslands (wie zum Beispiel die in- und ausländische marginale Konsumquote) stimmen dann überein.

[60]Es gilt ja $dP^*/dM < 0$ sowie $dP^* \lessgtr 0$ im Falle $dG^* > 0$.

[61]Voraussetzung für $dY^* < 0$ ist eine durch die expansive inländische Fiskalpolitik induzierte Terms-of-Trade-Steigerung ($d\tau > 0$). Die durch die Politik $dG > 0$ hervorgerufene ausländische Preisniveauerhöhung könnte durch eine Senkung der ausländischen Geldmenge neutralisiert werden. Die ausländische Geldpolitik ist jedoch nicht in der Lage, Realwirkungen zu erzielen.

durch eine **gemischte Angebots-Nachfragesteuerung** ersetzt werden. Wird anstelle einer expansiven Geldpolitik im keynesianischen Inland eine Senkung des inländischen Lohnnebenkostensatzes vorgenommen, so erhöht der Policy Mix ($dl < 0$, $dG^* > 0$) in beiden Ländern das Einkommen. Außerdem sind jetzt auch im keynesianischen Land Preissenkungen möglich, da die Angebotspolitik $dl < 0$ das in- und ausländische Preisniveau senkt. Daneben verbessert die kombinierte Angebots-Nachfragepolitik ($dl < 0$, $dG^* > 0$) – ebenso wie die gemischte Nachfragesteuerung ($dM > 0$, $dG^* > 0$) – die internationale Wettbewerbsfähigkeit des keynesianischen Inlandes, da hiermit eine Terms-of-Trade-Senkung, also eine reale Abwertung der Inlandswährung, verbunden ist. Die damit einhergehende Verschlechterung der preislichen Wettbewerbsfähigkeit des neoklassischen Auslandes ließe sich nur dadurch vermeiden, dass auch in diesem Land die Lohnnebenkosten gesenkt werden.[62]

Preisfixiererverhalten auf dem Güter- und Arbeitsmarkt

Die Ergebnisse der Tabelle 7.4 basieren auf der Annahme, dass das Güterpreisniveau P und der Geldlohnsatz W für die Produzenten und Haushalte **Datenvariablen** sind, an die sie sich nur durch Variation ihrer Mengen (Güterangebot, Arbeitsangebot) anpassen können. Die Annahme des **Preisnehmerverhaltens** ist aber für die Ableitung der in der Tabelle angegebenen Resultate nicht maßgeblich. Sie gelten auch dann, wenn sich die Unternehmen und privaten Haushalte als **Preisfixierer** verhalten, also über Marktmacht verfügen. Um dies zu zeigen, unterstellen wir eine Preisgleichung gemäß der **Zuschlagshypothese**, wonach die Preisbildung auf der Grundlage der durchschnittlichen Lohnstückkosten $(1 + l)W \cdot N/Y$ erfolgt, auf die ein konstanter Gewinnaufschlag r erhoben wird:[63]

$$P = (1 + r)\frac{(1 + l)W \cdot N}{Y} \qquad (r > 0). \tag{7.50}$$

Für die Lohngleichung wird unterstellt, dass die Lohnsetzung auf der Basis des Konsumentenpreisindex in Cobb-Douglas-Form

$$P_x^\varepsilon = P^\gamma \cdot (P^* \cdot e)^{1-\gamma} \qquad (0 < \gamma < 1) \tag{7.51}$$

und des Produktionsniveaus Y erfolgt:

$$W = A \cdot P_x^\varepsilon \cdot Y^\delta \qquad (A > 0, \ 0 \leq \varepsilon \leq 1, \ \delta \geq 0). \tag{7.52}$$

In der Lohngleichung misst ε den **Grad der Lohnindexierung**, d.h. den Grad der Überwälzbarkeit (perfekt antizipierter) Preisindexänderungen auf die Lohnbildung. Im Sonderfall $\varepsilon = 0$ (**keine Lohnindexierung**) hängt der Geldlohnsatz W nur vom Outputniveau Y ab; gilt zusätzlich noch $\delta = 0$, ist W sogar konstant (**Nominallohnrigidität**). Im Falle $\varepsilon = 1$ liegt **vollständige Lohnindexierung** vor;

---

[62]Es lässt sich zeigen, dass zu jeder vorgegebenen Zielkombination ($dY > 0$, $dY^* > 0$, $d\tau = 0$) stets eine geeignete Kombination der Instrumentvariablen G^*, l und l^* existiert, die diese Zielsetzung realisiert.

[63]Siehe dazu bereits Abschnitt 6.4.2.

gilt außerdem $\delta = 0$, ergibt sich der Sonderfall der (Konsumenten-) **Reallohnrigidität**.[64]

Kombiniert man die Preisgleichung (7.50) mit der Lohngleichung (7.52) und unterstellt der Einfachheit halber eine **konstante durchschnittliche Arbeitsproduktivität** $Y/N = a$, erhält man die Preisgleichung

$$P = \phi \cdot (1 + l)P_x^\varepsilon \cdot Y^\delta \qquad (\phi = \frac{1 + r}{a} \cdot A, \ \ a = \frac{Y}{N}). \tag{7.53}$$

Im Sonderfall $\varepsilon = 0$ resultiert hieraus eine **keynesianische Preisniveaufunktion** bzw. **Angebotsfunktion**:

$$\varepsilon = 0: \ P = \phi \cdot (1 + l) \cdot Y^\delta = P(\overset{(+)}{Y}, \overset{(+)}{l}) \quad \text{bzw.} \quad Y = Y(\overset{(+)}{P}, \overset{(-)}{l}). \tag{7.54}$$

Im Fall der **vollständigen Lohnindexierung** ($\varepsilon = 1$) erhält man aus der Preisgleichung (7.53) eine **neoklassische Angebotsfunktion**:

$$\varepsilon = 1: \ \tau^{1-\gamma} = \phi \cdot (1 + l) \cdot Y^\delta \quad \text{bzw.} \quad Y = Y(\overset{(+)}{\tau}, \overset{(-)}{l}). \tag{7.55}$$

Entsprechende Gleichungen lassen sich auch für das Ausland aufstellen. Bezeichnet ε^* den ausländischen Lohnindexierungsgrad, so ist der Fall der **Nichtindexierung** des in- und ausländischen Geldlohnsatzes, d.h. $\varepsilon = \varepsilon^* = 0$, **gleichwertig** zum **keynesianischen Zwei-Länder-Fall**, während der Fall der **Vollindexierung**, d.h. $\varepsilon = \varepsilon^* = 1$, zum **neoklassischen Zwei-Länder-Fall** äquivalent ist. Die Ergebnisse der Tabelle 7.4 gelten dann auch bei Preisfixiererverhalten auf dem Güter- und Arbeitsmarkt, wenn man in der Lohngleichung (7.52) die Grenzfälle $\varepsilon = 0$ und $\varepsilon = 1$ zugrundelegt. Allerdings ist der Fall der vollständigen Lohnindexierung nicht mit einem stets preisgeräumten Arbeitsmarkt gleichzusetzen; vielmehr liegt den Preis- und Lohngleichungen implizit die Annahme zugrunde, dass die Arbeitnehmer bereit und in der Lage sind, jede von den Unternehmen gewünschte Arbeitsnachfrage auch bereitzustellen, während sich umgekehrt die Produzenten auf dem Gütermarkt vollkommen elastisch jeder gewünschten Nachfrageänderung anpassen.

---

[64]Wie zahlreiche empirische Studien belegen, herrscht in vielen westeuropäischen Ländern (insbesondere in Deutschland, Frankreich und Italien) ein hohes Maß an Reallohnrigidität, während die USA und Großbritannien eher durch Nominallohnrigidität gekennzeichnet sind.

Literatur zu Kapitel 7

Dieckheuer, G. (2003), *Makroökonomik. Theorie und Politik*, 5., vollständig überarbeitete Auflage, Berlin [u.a], Kapitel 6.3.

Gärtner, M. (2006), *Makroökonomik flexibler und fester Wechselkurse*, 3., vollständig überarbeitete und erweiterte Auflage, Berlin [u.a.], Kapitel 3.

Heubes, J. (2001), *Makroökonomie*, 4. Auflage, München, Kapitel 3 (S. 220 ff.).

Jarchow, H.-J.; P. Rühmann (2000), *Monetäre Außenwirtschaft, I. Monetäre Außenwirtschaftstheorie*, 5., neubearbeitete und wesentlich erweiterte Auflage, Göttingen, Kapitel VIII.2 und IX.2.

Mankiw, N.G. (2006), *Macroeconomics*, 6th Edition, New York, Kapitel 5.4 (S. 141-153) und 12.7.

Wohltmann, H.-W. (1987), *Quantitative Wirtschaftspolitik bei alternativen Erwartungen. Die Bedeutung der Erwartungsbildung für die Steuerung und Stabilisierung offener Volkswirtschaften*, Frankfurt am Main [u.a.], Teil III.

Wohltmann, H.-W.; A. Jöhnk (1997), Angebots- und Nachfragesteuerung in einer großen offenen Volkswirtschaft, in: *Das Wirtschaftsstudium (WISU)* 4, S. 386-404.

Wohltmann, H.-W.; A. Jöhnk (1997), Budgetneutrale Staatsausgaben- und Steuersatzänderungen in offenen Volkswirtschaften bei Wechselkursflexibilität, in: *Das Wirtschaftsstudium (WISU)* 10, S. 960-976.

Sachregister